中华传世藏书

【图文珍藏版】

诸子百家

王艳军⊙主编

线装书局

列子名言

营营而求生，非惑乎?

林类年且百岁，底春被裘，拾遗穗于故畦，并歌并行①……

子贡曰："先生少不勤行，长不竞时，老无妻子，死期将至，亦有何乐而拾穗行歌乎?"林类笑曰："吾之所以为乐，人皆有之，而反以为忧。少不勤行，长不竞时，故能寿若此。老无妻子，死期将至，故能乐若此。"②子贡曰："寿者人之情，死者人之恶。子以死为乐，何也?"林类曰："死之与生，一往一反。故死于是者，安知不生于彼? 故吾(安)知其不相若矣，吾又安知营营而求生非惑乎? 亦又安知吾今之死不愈昔之生乎?"③(《列子·天瑞》)

【注释】

①林类：孔子率弟子周游列国时在卫国遇见的一位隐士。且：将。被：披。畦：由埂分割成的小块田地。②子贡：姓端木，名赐，孔子的弟子，因经商致富著称。竞时：竞争时运。妻子：老婆、孩子。③情：人之常情。恶：讨厌，厌恶。相若：相类。

【译文】

隐士林类年近百岁，暮春时节还披着皮袄，在田垄上拾别人收割后遗落下的庄稼穗，他边拾边唱……

子贡问道："先生您年少时不勤奋，长大了不努力去竞争时运，年老了无妻子儿女，又死到临头了，有什么可快乐的而边拾边唱呢?"林类笑着回答道："能够让我快乐的，别人都有，只是他们反而把那些看作忧愁和困苦了。年少时不勤奋、长大了不努力去竞争时运，(不苦心累身)所以能够这么长寿。年老了无妻子儿女，又死到临头了，(没有老而牵挂、死而哀伤)所以能够这么快乐。"子贡问道："长寿是人们所向往的，是人之常情，死亡是人们所厌恶的。您对死亡却那么乐观，为什么?"林类答道："死与生，一往一返。因此在这里死了的，怎么知道不在那里又重生了呢? 因此我怎么知道死与生不是一回事呢，我又怎么知道苦苦求生谋生而不困惑呢，又怎么知道我现在死了不好于过去的活着呢?"

【感悟】

在生死观上，道家重生而不恶死，认为生死同状，都是自然界中的一种客观现象，甚至视死如归——生为行，死为归。因而有庄子妻死而歌、《列子》死乐于生的傲视死亡的达观。

道家的这种自然主义的思想，为我们树立科学的生死观提供了哲学理论根据。

须臾之忘,可复得乎?

宋阳里华子中年病忘,朝取而夕忘,夕与而朝忘;在途则忘行,在室则忘坐;今不识先,后不识今[1]。

(儒生治之)华子既悟,乃大怒,黜妻罚子,操戈逐儒生。宋人执而问其以[2]。华子曰:"向吾忘也,荡荡然不觉天地之有无。今顿识既往,数十年来存亡、得失、哀乐、好恶,扰扰然万绪起矣。吾恐将来之存亡、得失、哀乐、好恶之乱吾心如此也。须臾之忘,可复得乎?"[3](《列子·周穆王》)

【注释】

①病忘:患了健忘症。②执:抓住。以:故,原因。③向:先前。须臾:片刻,一会儿。

【译文】

宋国有一位叫阳里华子的中年人得了健忘症。早上拿的晚上就忘,晚上给的早上就忘;在路上不知道往哪里去,在家里不知道就座;现在不记得先前的事,现在的事以后也记不着。(家人请一位读书人治好了他的病)华子病愈醒悟后,很是恼怒,责怪妻子、惩罚儿子,拿起戈器去追打那位治愈了他的病的读书人。邻居劝住了他,问他缘故。华子说:"这以前我健忘的时候,心中空旷高远,连天地都没有感觉到是有还是没有。现在,以前的事突然又都想起来了,数十年来的存亡、得失、哀乐、好恶,纷繁嘈杂、千头万绪都来了。我担心以后的存亡、得失、哀乐、好恶像这样扰乱我的心。要想片刻的健忘,还能够再有吗?"

【感悟】

人生应该有所忘、有所不忘。有所忘的是"小我"、有所不忘的是"大我"。有所忘的是个人的名利、权势、声色犬马,有所不忘的是父母的恩情、人民的苦乐、国家的昌盛。

生死有命

可以生而生,天福也;可以死而死,天福也。可以生而不生,天罚也;可以死而不死,天罚也[1]……然而生生死死,非物非我,皆命也[2]……不知所以然而然,命也[3]。(《列子·力命》)

【注释】

①福:祝福,保佑。罚:惩罚。③然:那样,如此。

【译文】

想活着就活着,这是上天的保佑;想死去就死去,这也是上天的保佑。想活着而不能,这是上天的惩罚;想死去而不能,这也是上天的惩罚。然而活着的活着、死去的死去,不是外物,也不是自己能够决定的,而是命运。不知道为什么这样而这样,就是命运。

【感悟】

想生就生、想死就死,这就是自由、"天福";想生而不能、想死而不得,这就是厄运、"天罚"。

命运就是必然性,而必然是由一个个偶然构成的。幸福的命运就是幸福的必然,是由一个偶然的幸福构成的。

安时知命

不骇外祸,不喜内福;随时动,随时止①……死生自命也,贫富自时也。怨夭折者,不知命者也;怨贫穷者,不知时者也。当死不惧,在穷不戚,安时知命也②。(《列子·力命》)

【注释】

①时:时势,时机。②自:来自。贫富:原文为"贫穷",根据上下文改正。

【译文】

(不为一时的现象所迷惑,安时知命)就不会因身外突降的祸患而忧惧,不会为自身偶遇的好事而喜悦,能够与时俱变。生死来自命运,贫富来自时机。埋怨夭折的,是不懂得命运的人;埋怨贫穷的,是不懂得时机的人。临死而不害怕,困顿而不忧心,是安于时机懂得命运的人。

【感悟】

把握时机、挑战命运、争做强者,是我们应有的人生态度。但是有时,积极的妥协、安时知命则可以平衡我们失衡的心态。

人生奚为哉,奚乐哉?

人之生也,奚为哉? 奚乐哉①?(《列子·杨朱》)

【注释】

①奚为、奚乐:为奚、乐奚,干什么、乐什么。

【译文】

人活着，干什么啊？有什么快乐啊？

《列子》借道家人物杨朱之口，提出了人生的价值、意义和人生的质量问题。

人的一生中能有多少快乐的时光呢？

杨朱为我们算了一笔账，他说：百岁是人生的大限了，千人中未必有一个。假设有一个活了一百岁的人，他那懵懂的童年和昏花的老年几乎占去了岁月的一半，昼夜的睡眠又占去那一半中的一半，疾病哀苦、亡失忧惧再占去那一半中的一半。这样算下来就只剩十多年了。这十多年里，真正能够无牵无挂、无忧无虑、悠然自得的快乐时光还能有多少呢？何况我们对锦衣美食、歌舞女色的追求，除了顾忌荣誉，还要受到刑罚的限制、道德的约束！因此只能"徒失当年之至乐，不能自肆于一时"了。

【感悟】

《列子》的这种激越的纵欲思想，是针对当时束缚人性的名教和礼制的，因此在当时是进步的。

纵性而游，不逆万物所好

太古之人知生之暂来，知死之暂往。故从心而动，不违自然所好；当身之娱非所去也，故不为名所劝。从性而游，不逆万物所好；死后之名非所取也，故不为刑所及[①]。名誉先后，非所量也[②]。（《列子·杨朱》）

【注释】

①太古：远古。从：任从，通"纵"。劝：劝诱。②誉：颂扬，赞美。非：非难，贬损。

【译文】

远古时代的人知道生是暂时来的、死是暂时去的。因此随心而动，不违背自然的喜好，不有意规避今生今世当下的快乐，从而不受名誉的左右。放任本性而行，不悖逆万物的喜好，不考虑身后的名誉，也不触犯刑罚。

【感悟】

自己的这一生活得快乐最重要。而为别人带来快乐是最大的善。为善求名、为恶触刑，都是苦心累身、违反人的自然本性的。

《列子》的这种思想有个人主义的倾向。

诸子百家——道家

且趣当生,奚遑死后

万物齐生齐死,齐贤齐愚,齐贵齐贱①。十年亦死,百年亦死。仁圣亦死,凶愚亦死。生则尧、舜,死则腐骨;生则桀、纣,死则腐骨。腐骨一矣,孰知其异②?

且趣当生,奚遑死后③?(《列子·杨朱》)

注释

①齐:齐同,相等。②亦:也是。腐骨:腐朽的臭骨头。③遑:闲暇。

【译文】

万物(都是出于自然又归于自然,因此)一样的生、一样的死、一样的贤、一样的愚、一样的贵、一样的贱。活了十年是死,活了一百年也是死。仁爱、圣贤的要死,凶残、愚笨的也要死。活着时是尧、舜那样的明王,死后变成一堆腐朽的臭骨头;活着时是桀、纣那样的暴君。死后也变成一堆腐朽的臭骨头。腐朽的臭骨头是一样的,谁能辨别出尧、舜的臭骨头与桀、纣的臭骨头有什么不同吗?

姑且追求当生的快乐,哪有闲暇顾及死后的事情?

【感悟】

这段话表明了《列子》的功利主义思想和宿命论。

久生奚为

孟孙阳问杨朱曰:"有人于此,贵生爱身,以祈不死,可乎?"曰:"理无不死。"①。"以祈久生,可乎?"曰:"理无久生。生非贵之所能存,身非爱之所能厚。且久生奚为? 五情好恶,古犹今也;四体安危,古犹今也;世事苦乐,古犹今也;变易治乱,古犹今也。既闻之矣,既见之矣,既更之矣,百年犹厌其多,况久生之苦也乎"②?(《列子·杨朱》)

【注释】

①孟孙阳:可能是杨朱的弟子。②奚为:为奚,干什么。更:经历。

【译文】

孟孙阳问杨朱:"这里有个人,他贵重生命,爱惜身体,以祈求不死,能够吗?"杨朱答道:"没有不死的道理。"孟孙阳继续问道:"以祈求长生,可以吗?"杨朱答道:"也没有长生的道理。因为生命不是贵重它就能够长久存在的,身体不是爱惜它就能够长久健壮的。而且,要长生干什么? 人的喜怒哀乐五情好恶,古时的与现在的一样;四肢躯体的安

諸子百家 —— 道家

危,古时的与现在的一样;世事的变化、苦乐的更迭,古时的与现在的一样:社会的变动、治乱的交替,古时的与现在的一样。已经听过了、见过了、经历过了,百年的人生还嫌长,何况还有长生的痛苦呢?"

【感悟】

老子说过,要"长生久视"。即生命要活得有数量,更要有质量。连自理都不能,纯粹的长寿有什么意义呢? 你的长寿,对别人、对社会,甚至对你自己,可有价值?

活着或继续活着,是不是因为生命的需要?

使人不得休息者:寿、名、位、货

杨朱曰:"生民之不得休息,为四事故:一为寿,二为名,三为位,四为货。有此四者,畏鬼、畏人、畏威、畏刑:此谓之遁民也。"[①](《列子·杨朱》)

【注释】

①民:人。遁:隐藏,逃避,这里指逆性。

【译文】

杨朱说:"令人们不得安宁的,因为以下四件事的缘故:长寿、名声、地位、财富。心里想着这四件事,就会畏惧鬼神、畏惧人言、畏惧权威、畏惧刑罚,这种人就是违逆自然之性的人。"

【感悟】

一个人怕这怕那、唯唯诺诺,就难免行为和心灵上的猥琐。

丰屋美服,厚味娇色

杨朱曰:"丰屋、美服、厚味、姣色,有此四者,何求于外? 有此丽求外者,无厌之性。无厌之性,阴阳之蠹也。"[①](《列子·杨朱》)

【注释】

①姣:貌美。外:另外的,别的。蠹:蛀蚀器物的虫子。

【译文】

杨朱说:"高大的房屋、华丽的服饰、可口的美味、漂亮的女人,有了这四样,怎么会还要求别的? 有了这些,还要求别的,那就是贪得无厌。贪得无厌,是阴阳自然之道的害虫。"

【感悟】

贪,就像一口井,我们掘得越深,被埋藏得就越深。

持后而处先

持后而处先①。(《列子·说符》)

【注释】

①持后:保持谦虚,身居后位。

【译文】

不争而得,后来居上。

【感悟】

"持后"而"处先",能够不争而得,这是一种人生智慧。

投隙抵时,应事无方

投隙抵时,应事无方,属乎智。智苟不足,使若博如孔丘,术如吕尚,焉往而不穷哉①?
(《列子·说符》)

【注释】

①隙:空隙。时:时机。吕尚:姜太公,精于兵法。

【译文】

钻好空子,抓住时机,随机应变,这些都属于智巧。智巧不足的话,即使你博学如孔
夫子、计谋如姜太公,到哪里去能不穷困呢?

【感悟】

儒家讲天时、地利、人和。
所谓"天时",就是适当的时候、时机、时运。

君子不以所以养害其所养

君子不以所以养害其所养①。(《列子·说符》)

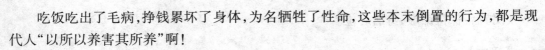

【注释】

①所以养:用来养活(身心)的东西,如衣食钱财等身外之物。所养:被养的对象,指身心。

【译文】

君子不用本来是用于养活身心的身外之物来伤害身心。

【感悟】

吃饭吃出了毛病,挣钱累坏了身体,为名牺牲了性命,这些本末倒置的行为,都是现代人"以所以养害其所养"啊!

三、养生保精

道家在生死问题上的态度是客观的,认为它们是一种自然现象,因而贵生乐生而不畏死不恶死,像庄子甚至还有乐死的放达思想。

道家养生保精的目的是致道、自然,从而形全精复、与天为一。其养生保精的前提是不伤生、不害性、不累形,当然首先是保命。如庄子在"养生主"篇中所说的"为善无近名,为恶无近刑,缘督以为经,可以保身,可以全生,可以养亲,可以尽年"。

道家没有长生不老或不死的思想。长生不老是道教的思想。

在养生问题上,道家与道教是有所区别的:道家所养的是心或精神,道教所养的是身或形体;道家所修的"气"是生命意义上的,道教所修的"气"是生理意义上的;道家所养的多半是无形的,道教所养的多半是有形的。

道家思想是道教的理论渊源。

老子名言

专气致柔,能如婴儿

专气致柔,能如婴儿乎①?(《老子·十》)

【注释】

①专气:抟气,把形气和精气结聚在一起。

把形气和精气结聚在一起,达到自然的柔和,能像婴儿那样恬淡吗?

【感悟】

像婴儿那样柔和无比,淳朴无比、且生机勃勃,是老子修身养性的理想状态,也是他所倡导的人生的最高境界。

生生之厚,害生

出生入死。生之徒,十有三;死之徒,十有三;人之生(生),动之于死地,亦十有三。夫何故? 以其生生之厚①。(《老子》·五十)

【注释】

①徒:类。动:为,妄为。死地:危险、死亡的境地。生生之厚:过度地奉养生命。

【译文】

出世为生、入地为死。属于自然长寿一类的,占十分之三;属于自然短命一类的,占十分之三;因为过度地奉养,违反了自然的妄为而死亡的,也占十分之三。为什么会这样呢? 因为过度地奉养生命(反而害了生命)啊!

【感悟】

现在,人们的生活水平高了,各种营养品、保健品进入了寻常百姓之家。营养品、保健品本来是为了养生、保健的,但不当地滥用了,反而会损害生命和健康。

眼下,减肥之所以成为一种时尚,就是因为"生生之厚"、过分的营养导致了肥胖,从而威胁到人们的健康。

精之至,和之至

含德之厚,比于赤子①。蜂虿虺蛇不螫,攫鸟猛兽不搏。骨弱柔而握固。未知牝牡之合而朘作,精之至也。终日号而不哑,和之至也②。(《老子·五十五》)

【注释】

①赤子:婴儿,婴儿得天地之精华,纯真柔和。②虿:蝎类动物。虺:毒蛇类动物。螫:蜇。攫:用脚爪抓取。牝牡:雌雄。朘作:指婴儿的生殖器翘起。

【译文】

初生的婴儿,蜂蝎毒蛇不伤害他,凶鸟猛兽不攻击他。他的筋骨虽然柔和,拳头却握得很紧。他还不懂得男女交合之事,小生殖器却偶尔能坚挺翘起,那是精气旺盛的缘故;他终日号啕,嗓子却不哑,那是元气醇和的缘故。

【感悟】

像婴儿那样,思想单纯、生活简单,是最好的养生之道。

啬,长生久视之道

治人事天,莫若啬①……深根固柢,长生久视之道②。(《老子·五十九》)

【注释】

①事天:全其天赋,指修身。啬:吝啬,爱惜,节制。②深根固柢:根深柢固。柢,树根。

【译文】

治理国家、修养身心,没有比爱惜、节制精力更有效的了。根深柢固,是长生久视之道。

【感悟】

老子由农作物的生长感悟人生,提出要想长生久视,就必须"早啬""根深柢固",即要早有节制、厚藏根基、储备精力和生机。

庄子名言

乘物以游心

美成在久,恶成不及改,可不慎欤①!且夫乘物以游心,托不得已以养中,至矣②。(《庄子·人间世》)

【注释】

①不及改:来不及悔改。②至矣:至高无上了。

【译文】

美德的形成是长期的,恶德的形成却很快,快得甚至来不及悔改,怎么能不慎重呢!随顺外物的变化、让心神悠然自得,借助不得已、无所作为而保养心性,这是养生的最高境界了。

【感悟】

比之"游世","游心"这种心灵上的自由更能体现自由的本质。

常因自然,不以好恶内伤其身

有人之形,无人之情。有人之形,故群于人;无人之情,故是非不得于身[1]……(无情者)不以好恶内伤其身,常因自然而不益生也[2]。(《庄子·德充符》)

【注释】

[1]情:人主观上的情欲,指人世间的是非。[2]益生:使生有益,有意养生。

【译文】

圣人有常人的形体,没有常人的情欲。有常人的形体,因此能够与人为群;没有常人的情欲。因此能够身无是非。圣人不因主观好恶而伤身害性,常顺应自然而不人为地去养生。

【感悟】

自然美是美的原则。
生命自然是生命的原则。

形全精复,与天为一

弃事则形不劳,遗生则精不亏。夫形全精复,与天为一[1]。(《庄子·达生》)

【注释】

[1]弃事:丢弃世事。遗生:忘怀生命。

【译文】

抛开纷繁的世事,形体就不会劳累;忘怀虚伪的生命,精神就不会亏耗。形体不劳累则得以健全、精神不亏耗则得以复原,从而与天地自然融为一体。

诸子百家——道家

【感悟】

抛开世事,忘却人生,自然无为,是最好的养生之道。

你能做到吗?

神全

子列子问关尹曰:"至人潜行不窒,蹈火不热,行乎万物之上而不栗。请问何以至于此?"关尹曰:"是纯气之守也,非智巧果敢之列。"①

"……壹其性,养其气,合其德,以通乎物之所造。夫若是者,其天守全,其神无隙,物奚自入焉! 夫醉者之坠车,虽疾不死。骨节与人同而犯害与人异,其神全也。乘亦不知也,坠亦不知也,死生惊惧不入乎其胸中,是故啎物而不慑。彼得全于酒而犹若是,而况得全于天乎? 圣人藏于天,故莫之能伤也。"②(《庄子·达生》)

【注释】

①列子:名御寇,春秋战国时期的道家人物,著有《列子》一书。关尹:老子的弟子,姓尹名喜,曾为函谷关令,因此又称关尹。相传老子西去过函谷关时,就是因为他的提议,老子才作《道德经》一书传世。纯气:没有杂念的纯正之气。②物之所造:道,自然。頯:遇到。

【译文】

列子向关尹问道:"得道的圣人在水中潜行而不会窒息,在火上踩踏而感觉不到灼热,在万物的高处行走也不会因为害怕而战栗。请问为什么会这样?"关尹答道:"是因为他心中保持着没有杂念的纯正之气,而不是由于智慧、灵巧、果断、勇敢等。"关尹接着说道:"统一心性,保养纯气,使性情舍符天道,从而与天道相通。如果做到了这些,他的心性就圆满、精神就无缺口,那么外物从哪里能侵犯他呢! 醉酒的人意外地从车上掉下来,虽有伤害但不会像非醉酒的人那样被摔死。他的骨骼、关节与非醉酒的人一样而受伤的结果却不同,因为他无心生死得失、心性和精神是完全的。坐在车上不

关尹

知道,掉下来也不知道,生死惊惧不在心中,因此碰到外物而不害怕。从醉酒中得到心神的完全尚且如此神奇,何况从天道自然中得到的呢? 得道的圣人把自己藏在天道自然

中,因此没有什么能够伤害到他。"

【感悟】

把盐藏在水里,最好的办法是溶入水中。得道的圣人忘我忘物、忘生死得失,他通过物化把自己藏在自然万物之中。他已经成为万物中之一物,而且由于得自然之"神全",因此能够处处与物为一:遇水为水,遇火为火,遇车为车,遇地为地,无我无你,无痛无惧。

这就是得道的圣人所达到的与天为一的境界。

虽富贵不以养伤身,虽贫贱不以利累形

能尊生者,虽贵富不以养伤身,虽贫贱不以利累形[①]。(《庄子·让王》)

【注释】

①尊生:尊重、珍惜生命。养:赖以供养的,古代指土地、人民等。

【译文】

懂得珍惜生命的人,虽然富贵却不因财货而伤害身心,虽然贫贱却不因为利益而劳苦形体。

【感悟】

富贵钱财都是身外之物,健康、快乐的身心才是根本。

如果上天赐你一百万元钱,同时给你不治之症,相信一般的人都不会接收。可是生活中以命换钱、有钱后又以钱赎命的事,每天都在上演着:没钱的人拼命挣钱,在卖健康;有钱的人花钱疗养,在买健康。

道之真以治身,其绪余以为国家

道之真以治身,其绪余以为国家……由此观之,帝王之功,圣人之余事也,非所以完身养生也[①],今世俗之君子,多危身弃生以殉物,岂不悲哉!(《庄子·让王》)

【注释】

①真:根本,精华。完身养生:保全生命、保养身体。

【译文】

道的精华是用来修身的,其余的部分用来治理国家。由此看来,帝王的功业,不过是有道之士的副业,不是保全生命、保养身体的途径。现在世俗的君子,不知内外轻重,多

諸子百家——道家

为了身外之物而伤身害性甚至丧命,这怎么能不悲哀呢!

【感悟】

功名利禄,物欲迷眼蒙心啊!

养志者忘形,致道者忘心

养志者忘形,养形者忘利,致道者忘心①。(《庄子·让王》)

【注释】

①志:心志,志向。

【译文】

修养心志的人忘了自身的形象,修养形象的人忘了身外的利禄,得道的人全忘了,不再想什么。

【感悟】

忘物忘我、忘形忘心,修炼到全忘了、不再想什么的人,在精神和心灵上是独立而自由的;独立而自由到"天子不得臣,诸侯不得友"。

法天贵真

真者,精诚之至也。不精不诚,不能动人。故强哭者,虽悲不哀;强怒者,虽严不威;强亲者,虽笑不和①……故圣人法天贵真,不拘于俗。愚者反此,不能法天而恤于人,不知贵真,碌碌而受变于俗②。(《庄子·渔父》)

【注释】

①真:自然、真诚。②法天:效法自然。

【译文】

真,是精诚最大的体现。不精不诚,不能感动人。因此强装哭泣的人,虽然悲戚却不哀伤;强装愤怒的人,虽然严肃却不吓人;强装亲切的人,虽然满面笑容却感觉不到和蔼。因此得道的圣人能够效法自然、珍重真诚,不拘泥世俗的礼仪。愚昧的人与此相反,不能够效法自然而体恤人的性情,不懂得珍重真诚,受世俗的影响而一辈子庸庸碌碌。

【感悟】

法天贵真。要想活得自然、真诚、个性,在我们这样一个历来崇尚集体主义价值观的

诸子百家——道家

社会,是很不容易的。

但是活出自我、活出色彩,依然是历代青年追求的人生目标。

列子名言

昼想夜梦,神形所遇

子列子曰:"神遇为梦,形接为事。故昼想夜梦,神形所遇。故神凝者想梦自消。"①(《列子·周穆王》)

【注释】

①神、形:是中国古代一对哲学范畴,指精神与形体;有神论者认为,人死后形灭而神不灭,神可传递,神与形如火与薪。

【译文】

列子说:"精神接触到了什么东西就成了梦,形体接触到了什么东西就成了事。因此白天有所想、夜里有所梦,是由于形体有所接触、精神有所接触。所以神情专注的人,就不会妄想,也不会做梦。"

【感悟】

《列子》对梦这一精神现象的解释,是朴素的,带有猜想的成分。但它提出的"凝神"、不要杂多的胡思乱想,对于修养身心则是有益的。

役夫夜夜梦为国君

(有一老者,昼为苦役而夜梦为国君。有人慰其苦)役夫曰:"人生百年,昼夜各分。吾昼为俘虏,苦则苦矣;夜为人君,其乐无比。何所怨哉?"①(《列予·周穆王》)

【注释】

①各分:各半。俘虏:雇工老役夫的自我贱称。

【译文】

(有一位老役夫,白天受雇替人做苦工,劳累一天之后,夜里就做梦成国王。有人同情、安慰他)老役夫说:"人生百年,昼夜各半。我白天做俘虏,苦是苦;但夜夜梦中做国王,快乐无比。哪里还有什么怨言啊?"

諸子百家——道家

449

【感悟】

梦做多了也累人。睡得香甜,是一种幸福。

养神与养身一样重要啊。

善乐生者不窭,善逸身者不殖

杨朱曰:"原宪窭于鲁,子贡殖于卫。原宪之窭损生,子贡之殖累身。""然则窭亦不可,殖亦不可,其可焉在?"曰:"可在乐生,可在逸身。故善乐生者不窭,善逸身者不殖②。"(《列子·杨朱》)

【注释】

①原宪:字子思,孔子的学生。窭:贫穷。子贡:也是孔子的学生。殖:货殖,经商。②可:可以,应该。

【译文】

杨朱说:"原宪在鲁国居住时,乐道安贫;子贡在卫国居住时,经商致富。原宪的贫穷损害生命,子贡的经商劳累身心。"有人反问道:"乐道安贫也不应该,致富经商也不应该。那到底应该怎么办呢?"杨朱答道:"应该快乐生活,应该安逸身心。因此善于快乐生活的人不乐道安贫,善于安逸身心的人不经商致富。"

【感悟】

不要太苦了自己,也不要太累了自己。因此在生活上,要避免贫穷,但也不求大富;不以贫害生,不以富累形。

忧苦,犯性者也

忧苦,犯性者也;逸乐,顺性者也①。(《列子·杨朱》)

【注释】

①犯:侵犯,这里指违反。顺:顺达,符合。

【译文】

忧愁悲苦,是违反人的自然本性的;安逸快乐,是符合人的自然本性的。

【感悟】

人生应该顺性、率性、乐观、自然;要有风有水地活着,而不是有风有雨地活着。

四、无为而治

相对于诸子其他各家尤其是儒家，道家偏重于个体生命的价值，注重自然和自我，以全生、保命和追求心灵的自由及人格的独立为原则。

但道家同样关注社会和民生，它的政治思想因其独特的视角和思维让人耳目一新。如"无为而治"，"无为则无不为"，"君无为而臣有为"，"治大国，若烹小鲜"，"大邦者，下流"，"民不畏威，则大威至"，"民之饥，以其上食税之多"，"小国寡民"，"绝智弃辩，民利百倍"，"大道废，有仁义"，"人人不利天下，天下治矣"，"天下非一人之天下，天下之天下也"，"治天下，必先公"等。

道家无为而治的目的还是"治"，只是要求施政者不可妄为，而应该顺应自然、合乎大道。

老子名言

圣人处无为之事，行不言之教

圣人处无为之事，行不言之教。万物作而不为始，生而不有，为而不恃，功成而弗居[1]。（《老子·二》）

【注释】

①圣人：道家指得道的人，其意义与儒家的有所不同。

【译文】

得道的圣人以无为的态度处理世事，以无言的态度施行教化。（道自然无为）使万物各自自然成长而不事先拟定一个应该的模样，生育万物而不占为己有，促成万物而不自恃有功，不以成功而自居。

【感悟】

道生万物，但是道"生而不有，为而不恃"，没有占有欲和功德心。我们人类应该向道学习，有一些道性。

不见可欲，使民心不乱

不尚贤，使民不争；不贵难得之货，使民不为盗；不见可欲，使民心不乱[1]。是以圣人

之治，虚其心、实其腹、弱其志、强其骨。常使民无智无欲。使夫智者不敢为也。为无为，则无不治②。(《老子·三》)

【注释】

①尚贤：崇尚贤能，并授予爵禄或予以名利。②是以：因此。为无为：以无为方式而为。

【译文】

不崇尚贤能并予以名利，人们就不会竞相争夺；不珍贵难得的东西，人们就不会去盗窃；不见想要的东西，人们就不会心迷意乱。因此圣人施行政治，就是要让人们心胸开阔、温饱无忧、思想简单、身体健壮。常使人们不存虚伪欺诈的心智和侵占的欲念，使有虚伪欺诈心智的人不敢妄为。以自然无为的方式施政，则没有什么治理不好的。

【感悟】

现在物质丰富了，人心也大了。每天睁开眼就是琳琅满目、花花绿绿的世界，"不见可欲"不容易了。问题是怎样能够见到"可欲"心不乱？

天地不仁，以万物为刍狗

天地不仁，以万物为刍狗；圣人不仁，以百姓为刍狗①。(《老子·五》)

【注释】

①刍狗：刍，喂牲口用的草；刍狗，指祭祀时用草扎成的草狗，用过就丢弃了。

【译文】

天地自然无为、无所谓仁爱，对待万物像草狗一样，任它们自生自灭、自然生长；得道的圣人自然无为、无所谓仁爱，对待百姓像草狗一样，任他们自作自息、自由发展。

【感悟】

任物即爱物，任民即爱民。
尊重人民的意志，是最好的民主。

贵以身为天下，若可寄天下

贵以身为天下，若可寄天下；爱以身为天下，若可托天下①。(《老子·十三》)

诸子百家——道家

【注释】

①贵以身:以身为贵,就不会轻身以殉物。爱以身:以身为爱,就不会危身以掇(拾取)患。若:乃。身:生命。

【译文】

能以贵身而轻物的态度为天下的人,才可以把天下寄托给他;

能以爱身而远患的态度为天下的人,才可以把天下委托给他。

【感悟】

热爱生命、热爱自由。说起来容易,做起来难。现在的人,能够做到不因金钱而卖身、不因金钱而陷身就行了。

大道废,有仁义

大道废,有仁义;六亲不和,有孝慈;国家昏乱,有忠臣①。(《老子·十八》)

【注释】

①六亲:父、子、夫、妻、兄、弟六种人伦关系。

【译文】

自然无为的大道废弛了,仁义的说教就产生了;父子夫妻兄弟之间不和睦,父慈子孝的伦理就产生了;国家动乱、国君昏聩,忠臣良将就产生了。

【感悟】

现在国家大力弘扬中华传统文化、提倡社会主义荣辱观,要求认真学习"八耻八荣",就是因为我们的社会尤其是其中的一些人丧失了起码的荣辱观,竟然以荣为耻、以耻为荣,甚至恬不知耻。

绝智弃辩,民利百倍

绝智弃辩,民利百倍;绝伪弃诈,民复孝慈;绝巧弃利,盗贼无有。(《老子·十九》)

【译文】

杜绝了社会上的伪智和巧言,人民就能够得到百倍的好处;杜绝了社会上的虚伪和欺诈,人民就能够恢复到从前的父慈子孝;杜绝了巧技和货利,盗贼就没有了。

诸子百家——道家

【感悟】

一个人为什么要去偷？因为他没有。当然，也有有了还去偷的，那是因为他不多。多了还去偷，那就是有病、成瘾了。

圣人去甚、去奢、去泰

圣人去甚、去奢、去泰①。（《老子·二十九》）

【注释】

①泰：太，过度。

【译文】

得道的圣人治世，（顺性自然、因势利导）远离极端的、奢侈的、过度的行政。

【感悟】

苛行、暴政、酷法，得财利而失天下，逆自然而背大道，不可能长久。诚如《老子·二十三》章所言："飘风不终朝，骤雨不终日。"

师之所处，荆棘生焉

以道佐人主者，不以兵强天下。其事好还。师之所处，荆棘生焉；大军之后，必有凶年①。（《老子·三十》）

【注释】

①还：还报，回报。

【译文】

以道辅助国君的人，不以兵力（武装）逞强天下。以兵力逞强天下的一定有回报：军队所到过的地方。就长满了荆棘；战争过后，必有荒年。

【感悟】

对于平民，任何战争都是灾难。所谓正义与非正义，是相对的。
和平是人类共同的期盼。

兵者不祥之器，非君子之器

兵者不祥之器，非君子之器，不得已而用之，恬淡为上。胜而不美，而美之者，是乐杀

人。夫乐杀人者,则不可得志于天下矣①。(《老子·三十一》)

【注释】

①兵:兵器。器:器物,东西。美:自以为是,得意扬扬。乐杀人:以杀人为乐。

【译文】

兵器是不祥的东西,不是君子应该拥有或使用的,不得已而使用了,最好持淡漠的态度。胜利了,不自以为是;如果自以为是,就是以杀人为乐。以杀人为乐的人,不可能得天下。

【感悟】

反对战争、爱好和平。这是古代智者的呼声,也是现代世界各国各族人民的心声。

上德不德,是以有德

上德不德,是以有德;下德不失德,是以无德①……失道而后德,失德而后仁,失仁而后义,失义而后礼。夫礼者,忠信之薄而乱之首。(《老子·三十八》)

【注释】

①上德:德比较多的人。下德是指德比较少的人。是以:因此。

【译文】

上德的人不以德自恃、炫耀,因此是有德的;下德的人以德自恃、炫耀,因此是无德的。道丧失了,就有了德;德丧失了,就有了仁;仁丧失了,就有了义;义丧失了,就有了礼。礼,是忠信淡薄的结果,是祸乱的开始。

【感悟】

道德的最高境界是自然的、自觉的。为道德而道德的行为是功利的。

无为则无不为

为学日益,为道日损。损之又损,以至于无为。无为而无不为。取天下常以无事,及其有事,不足以取天下①。(《老子·四十八》)

【注释】

①为学:追求外在的知识,如礼乐、政教、自然常识等。为道:追求对道的体会,如体

道、悟道。损：减少心中的妄想杂念。无为：不妄为。无事：不滋事，无扰民之事。

【译文】

追求外在的知识，多多益善；追求对道的体会，则（妄想妄为）越少越好。少之又少，从而达到不妄想不妄为。不妄想不妄为，则没有什么事做不成的。天下是以无事、不扰民的无为取得的，等到有事、妄为了，就不能够取得天下了。

【感悟】

有作为，不妄为。

在现在，这不仅是对公务人员的要求，也可以作为我们每个公民的行为准则。

圣人无常心，以百姓之心为心

圣人无常心，以百姓（之）心为心。善者吾善之，不善者吾亦善之，得善；信者吾信之，不信者吾亦信之。得信①。（《老子·四十九》）

【注释】

①无常心：有的版本是"常无心"；没有成见、私心。得善：有人译为圣人得到了善良，有人译为百姓得到了善良。本书从后一种译注。

【译文】

得道的圣人没有主观私心，以百姓的心为心。善良的人我用善良待他，不善良的人我也用善良待他，他们一律得到的是善良；诚信的人我用诚信待他，不诚信的人我也用诚信待他，他们一律得到的是诚信。

【感悟】

如果真正做到了事事"以百姓之心为心"，想百姓所想、急百姓所急，那么想让老百姓不拥护、不支持都难。

以正治国，以奇用兵

以正治国，以奇用兵，以无事取天下①……圣人云："我无为而民自化，我好静而民自正，我无事而民自富，我无欲而民自朴。"②（《老子·五十七》）

【注释】

①正：清静无欲，正道。奇：出其不意，奇法。无事：不妄为、不滋扰，自然无为。②自

諸子百家

道家

化：自我化育，自然发展。

【译文】

以清静无欲之道治理国家，以出其不意的方法用兵，以不滋扰、自然无为的策略取得天下。得道的圣人说："我自然无为，人民就自然发展；我喜欢清静，人民就自然自立；我不滋扰，人民就自然富裕；我不贪婪。人民就自然朴实。"

【感悟】

道家在政治上主张自然、无为、无欲，这是对当时的统治阶层君权、苛政、化民等政治思想的警示和修正。

亲民、富民、安民的根本途径是以民为本、以民为主，给予人民充分的自主权。

治大国，若烹小鲜

治大国，若烹小鲜①。（《老子·六十》）

【注释】

①小鲜：小鱼。（要小心谨慎，不可频繁地用大锅铲翻来翻去。）

【译文】

治理大国，就像烹饪小鱼。

【感悟】

政策需要一个相对的稳定，人民需要一个相对的平静。

治理大国，更应该谨慎。

大邦者，下流

大邦者，下流；天下之牝，天下之交也；牝常以静胜牡，以静为下①。故大邦以下小邦，则取小邦；小邦以下大邦，则取大邦。故或下以取，或下而取。大邦不过欲兼畜人，小邦不过欲人事人。夫两者各得所欲，大者宜为下②。（《老子·六十一》）

【注释】

①邦：诸侯国。下流：处下，居于下位。牝：雌性的动物或雌性生殖器，与"牡"相对。老子多次由生命现象感悟人生哲学和政治，体现了老子思想的朴素和敏锐。②以下：用下流、下位的态度对待，谦虚、处下。取：取得信任、认同；也有人注释为"聚"，会聚、聚拢。

諸子百家 —— 道家

457

或:有的。

【译文】

（相对于小国）大国应该居于下位；居于下位的雌是天下交汇的地方；雌经常以静胜雄，以静处下。因此大国用甘居下位的态度对待小国，就取得小国的信任；小国用甘居下位的态度对待大国，就取得大国的认同。所以有的用下位取得了信任，有的用下位取得了认同。大国不过想兼容小国，小国不过想被大国包容。这样大国小国的需求都得到了满足，大国更应该身居下位。

【感悟】

《联合国章程》规定，所有成员国不分大小、一律平等。

因此在当今的国际关系中，大国不可一味以武力称霸，小国也不应无原则地一味谄媚。大国应该培养亲和力，小国应该增强独立性。

圣人欲不欲，不贵难得之货

为者败之，执者失之。是以圣人无为故无败，无执故无失。民之从事，常于几成而败之；慎终如始，则无败事[①]。是以圣人欲不欲，不贵难得之货；学不学，复众人之所过，以辅万物之自然而不敢为[②]。（《老子·六十四》）

【注释】

①为:妄为。执:强持。几成:近乎成功。②欲不欲:求人所不求，如谦下、柔弱、朴素等。学不学:学人所不学，如"道"等。

【译文】

妄为的人，终究会遭遇失败；强行持有的人，早晚还会失去。因此得道的圣人不妄为就不会遭遇失败，不强行持有就不会失去。人们干事情，常常是在快要成功的时候失败了；如果自始至终谨慎重视，就不会有因为松懈、轻心而导致的失败了。因此得道的圣人追求人们所不要的，不珍贵难得的财货；学习人们所不愿意学的，弥补众人的过失，以辅助万物的自然变化而不敢妄为。

【感悟】

欲不欲、不欲欲，追求常人所不要的、不求常人所要的，这也只有得道的圣人才能够做得到。

诸子百家——道家

以其不争,故天下莫能与之争

江海之所以能为百谷王者,以其善下之,故能为百谷王①。是以圣人欲上民,必以言下之;欲先民,必以身后之。是以圣人处上而民不重,处前而民不害。是以天下乐推而不厌。以其不争,故天下莫能与之争②。(《老子·六十六》)

【注释】

①百谷:百川,"泉出通川为谷"。②上民:位居民之上,统治人民。先民:位居民之前,率领人民。不重:不累。

【译文】

大江大海之所以能够海纳百川、成为许多河流汇聚的地方,是因为它善于处下,因而能够成为许多河流汇聚的地方。因此得道的圣人要想在上面统治人民,言语必须谦让,让人民有优先的话语权;要想在前面率领人民。利益必须谦让,做到先人后己。因而圣人在上面而人民感觉不到压迫,在前面而人民感觉不到危害。所以天下百姓乐于拥戴他而不觉得厌倦。由于他不与人争,所以天下也就没有人能够与他争。

【感悟】

大江大海与谁争流水了?可是流水自来。圣人与谁争功名了?可是功名自来。为什么?

因为他们谦下处后、虚怀若谷。

祸莫大于轻敌

用兵有言:"吾不敢为主而为客,不敢进寸而退尺。"是谓行无行,攘无臂,扔无敌,执无兵①。祸莫大于轻敌,轻敌几丧吾宝。故抗兵相若,哀者胜矣②。(《老子·六十九》)

【注释】

①主、客:主,主动进攻;客,被动以守待攻。行无行:行军没有一定的行列、阵势。攘臂:激奋时援起袖子、伸出胳膊。扔:投掷,攻击。执无兵:手中没有兵器可持。②抗兵相若:双方的兵力相当、差不多。哀:闵,戚然,不以用兵为喜。

【译文】

用兵有一种说法:"(两军相对峙时)我不敢主动地进攻而是被动地以守待攻,不敢前进一寸反而后退一尺。"这就是说行军好像没有一定的阵势,奋臂时好像没有胳膊,攻击时好像没对象,握在手中好像没有兵器。没有比轻敌更大的祸患了,轻敌几乎丧失了我的法宝。(老子以"俭,慈,不敢为天下先"为三宝)两军相当时,悲戚的一方胜。

【感悟】

老子的思想是反战的。他描述了战争的残酷,并揭示了战争的根源:统治者的贪婪和强权思想。而他的关于用兵的具体战术,如主张以退为进、以守待攻、藏而不露等,则充满了军事辩证法。

民不畏威,则大威至

民不畏威,则大威至。(《老子·七十二》)

【译文】

人民(忍无可忍、以命抗争)不怕威胁和压制时,那么(相对于统治者)最大的危险就到了。

【感悟】

毛泽东同志曾经说过:哪里有压迫,哪里就有反抗。

牛顿第一定律则从经典力学的角度,证明了自然界中"作用"与"反作用"并存的客观规律。

不可欺人太甚。

民不畏死,奈何以死惧之?

民不畏死,奈何以死惧之?若使民常畏死,而为奇者,吾将得而杀之,孰敢①?(《老子·七十四》)

【注释】

①为奇:干歪门邪道的事、横事。孰:谁。

【译文】

人民不害怕死亡,为什么要用死亡来吓唬他们呢?倘若使人民平时生活得很好、害怕死亡,而对那些行凶作恶的人,我们抓住了就杀死他们,那么谁还敢行凶作恶呢?

【感悟】

为什么"民不畏死"?因为他们的命贱、生轻啊!因为他们活得太苦、太乏味,甚至生

诸子百家——道家

不如死啊!

民之饥,以其上食税之多

民之饥,以其上食税之多,是以饥。民之难治,以其上之有为,是以难治。民之轻死,以其上求生之厚,是以轻死①。夫虽无以生为者,是贤于贵生②。(《老子·七十五》)

【注释】

①以:因为,由于。有为:拂逆民意的苛政、妄为。求生之厚:生活奢侈,厚养身心。②无以生为:不为生,不以厚生奢养为目标。贤:胜过,贤明。

【译文】

人民的饥饿,是由于统治者的税赋太多,因此饥饿。人民难以治理,是由于统治者拂逆民意的妄为,因此难以治理。人民轻视死亡,是由于统治者厚养身心、生活奢侈,因此轻视死亡。因此清静恬淡,不以厚生奢养为目标的人,比厚生奢养的人贤明。

【感悟】

人民永远是好人民,只要在上的以"好"待他们。

以德报怨,安可为善?

和大怨,必有余怨。以德报怨,安可以为善①?(《老子·七十九》)

【注释】

①和:调和。以德报怨:原文为"报怨以德"。孔子在《论语》中说,应该"以德报德,以直(正直)报怨"。

【译文】

调和了深仇大恨,必然在心里还会留有仇恨。用恩德来报答怨恨,怎么能够算是妥当的呢?

【感悟】

我们现在提倡构建和谐社会,其措施之一就是防范并正确地处理好各种人民内部矛盾,消除各种不和谐的因素,做到不积累矛盾,更不激化矛盾。即不与人民积怨,更不积大怨。

小国寡民

小国寡民。使有什伯人之器而不用;使民重死而不远徙。虽有舟舆,无所乘之;虽有甲兵,无所陈之。使民复结绳而用之①。甘其食,美其服,安其居,乐其俗。邻国相望,鸡犬之声相闻,民至老死不相往来②。(《老子·八十》)

【注释】

①什伯人之器:相当于十倍、百倍人的器物,如船、车等。徙:迁移。结绳而用:指古代没有文字时,以结绳的方式记事。②甘、美、安、乐:都是动词,以什么为甘、为美、为安、为乐。

【译文】

国家小、人口少。让有十倍百倍人力的各种器械没有用处;让百姓重视生死之地而不往远方迁移。虽然有船只、车辆,却没有人乘用;虽然有铠甲、兵器,却没有地方展示。让百姓重新过上结绳记事那样原始纯朴的生活。让百姓吃得甘甜、穿得漂亮、住得安生、依照当地的风俗活得快乐。尽管国家与国家之间彼此望得见、鸡鸣狗叫的声音彼此听得见,但是百姓自给自足、安居乐业,到老至死也不相往来。

【感悟】

老子的这段话,表述了他的理想社会。老子并不是要求人们倒退到原始社会,而是要求人们"知其文明,守其朴素"。(冯友兰语)

老子的小国寡民,针对的是当时已经开始的、危害人民的大国兼并行为——通过战争兼并土地、掠夺人民。

老子"小而关"的社会政治思想,对"以大为美"的人是一个警示。

现在北欧一些国家"小而美",个个国昌民富,人民安居乐业,不失为现代社会的一个典范。

庄子名言

圣人不死,大盗不止

夫川竭而谷虚,丘夷而渊实。圣人已死,则大盗不起,天下平而无故矣。圣人不死,大盗不止①。(《庄子·胠箧》)

諸子百家——道家

【注释】

①川、谷：两山之间的流水叫川、水道叫谷。夷：平。实：满。平而无故：太平无事。

【译文】

山间的川水流尽了，作为水道的峡谷就空了；土丘被夷为平地，旁边的深沟就被填满了。圣人死了，大盗就没有了，天下就太平无事了。圣人不死，大盗就不会消失。

【感悟】

庄子把儒家所标榜的圣人对社会的危害与大盗相提并论，可谓惊世骇俗、一针见血。假圣人之名、行大盗之实的人，两千多年后的今天仍大有人在啊。

窃钩者诛，窃国者为诸侯

窃钩者诛，窃国者为诸侯；诸侯之门而仁义存焉，则是非窃仁义圣智邪？①（《庄子·胠箧》）

【注释】

①钩：衣带钩，指不值钱的东西。是：此，这。

【译文】

偷了个衣钩的小偷被杀了，偷了整个邦国的大盗却做了诸侯；诸侯的门楣上还贴着"仁义"的招牌，这不是盗窃了仁义圣智的名义吗？

【感悟】

能够窃国的人，还会去窃钩吗？
作为政治人物，窃钩之心不可有，窃国之心当可存。

无欲而天下足，无为而万物化

古之畜天下者，无欲而天下足，无为而万物化，渊静而百姓定①。（《庄子·天地》）

【注释】

①畜：养。历代统治者及其思想家都认为，是统治者养活着被统治者。马克思通过剩余价值理论，揭示出恰恰是工人养活了资本家而不是相反。

古时养、治天下的圣人,他没有贪欲,天下百姓就衣食自足;他不妄为,万物就自然变化;他像深渊里的水一样清静,百姓的生活就安定了。

【感悟】

怎么才能使统治者不妄为呢?制衡。那就是要对权力者手中的权力有所制约和平衡。

法国18世纪启蒙思想家孟德斯鸠提出的立法、司法、行政三权分立、相互制衡的政治思想,是反对专制、防治腐败的有效途径,已被欧洲一些国家的实践所证明。

爱民,害民之始也

爱民,害民之始也;为义偃兵,造兵之本也[①]。(《庄子·徐无鬼》)

【注释】

①偃兵:放下兵器、停止用兵。本:源头,本源。

【译文】

爱民,其实是害民的开始;为仁义而息兵,正是可以兴兵的理由。(因为有所爱就会有所憎。有所憎就会起伤害之心;讲仁义就会有不仁义,有不仁义就会起征伐,征伐当然要制造兵器。)

【感悟】

庄子这种相对的爱和仁义还不是"大爱""大仁义"。大爱无恨、大义无亲。如基督教教义所宣扬的博爱:上帝爱一切人,无论是信的人还是不信的人;因为我们都是上帝的子民。

道家认为,我们人类和万物都是"道"的产物,万物一齐,都是平等的。人与人当然也是平等的。

内圣外王

内圣外王。(《庄子·天下》)

【译文】

对内,己修身成圣;对外,可治国为王。

诸子百家——道家

【感悟】

圣人为王，无为而治，这是道家的政治理想。有学者把庄子学派的"内圣外王"思想类比于柏拉图的"哲学王"，他们都主张智者治世。

列子名言

善治内者，不治外

夫善治外者，物未必治，而身交苦；善治内者，物未必乱，而性交逸。以若之治外，其法可暂行于一国，未合于人心；以我之治内，可推之于天下，君臣之道息矣①。（《列子·杨朱》）

【注释】

①善：善于。外、内：外，外物，指礼义、制度等；内，内心，指性情、自然等。

【译文】

善于治理外物的，外物未必就治理了，而自己的身心却受劳苦；善于治理内心的，外物未必就混乱，而自己的性情却得安逸。用你的方法治理外物，那种措施可暂时在一个国家施行，却未必合乎人心；用我的方法治理内心，这种自治的方法可以在全天下推行，君臣之道就用不着了。

【感悟】

用自然反对名教，用人性反抗礼俗。有学者认为这是魏晋玄学中名士的思想。其实，老子、庄子都不乏这种思想，甚至比这更激越。笔者认为，这应该是道家学派中杨朱学派"自治"的思想。

人人不利天下，天下治也

杨朱曰："伯成子高不以毫利物，舍国而隐耕。大禹不以一身自利，一体偏枯。古之人损一毫利天下不与也，悉天下奉一身不取也。人人不损一毫，人人不利天下，天下治矣。"①

禽子问杨朱曰："去子体之一毛以济一世，汝为之乎？"杨子曰："世固非一毛之所济。"禽子曰："假济，为之乎？"杨子弗应②。（《列子·杨朱》）

【注释】

①伯成子高：传说他曾帮助禹治水有功，禹有意传位给他，他坚决不受，后隐居了。一毫：一根毫毛，比喻自我微小的利益。悉天下奉一身不取也：有两种解释，其一，全天下的人都来供奉他一人，不取；其二，奉献自己一身而获得天下，不取。②禽子：禽滑釐，墨家人物，主张兼爱，非难杨朱学派的"为我""重生""贵己"思想。汝：你。

【译文】

杨朱说："隐士伯成子高不以自己的一毫一毛利他，舍弃王位而隐居农耕；大禹不以自身的王位利己（而是一生利天下、劳苦一生），（结果）一身偏瘫。古代的人。以损失自己的一根毫毛而有利于天下的事，不干；让全天下的人都来供奉他一个人的事，也不要。人人不干损自己一毫而利他的事，人人不干损自己一生而利天下的事，那么天下就太平了。"墨家人物禽子问杨朱："拔你身上的一根毛发来救济人世，你干吗？"杨朱答道："人世本来不是一根毛发所能够救济的。"禽子又问："假如能够救济，你干吗？"杨朱没有应答。

【感悟】

"拔一毛利天下而不为"，"人人不损一毫，人人不利天下，天下治矣"。

杨朱由"重生""贵己"的人生哲学导出了他的人人自利、人人自治而天下治的政治思想。这种政治思想必然导致无政府主义、"无君"论，因此遭到儒家代表人物孟子的猛烈抨击。

历史上，杨朱几乎成了自私自利的化身（自利并非就自私），与孟子的曲解有关。

治民如牧羊

杨朱见梁王，言治天下如运诸掌①。梁王曰："先生一妻一妾而不能治，三亩之园而不能芸，而言治天下如运诸掌，何也？"对曰："君见其牧羊者乎？百羊而群，使五尺童子荷箠而随之，欲东而东，欲西而西。使尧牵一羊，舜荷箠而随之，则不能前矣。且臣闻之：吞舟之鱼，不游支流；鸿鹄高飞，不集污池。何则？其极远也。黄钟大吕不可从烦奏之舞，何则？其音疏也。将治大者不治细，成大功者不成小，此之谓矣。"（《列子·杨朱》）

【注释】

①梁王：梁惠王，也称魏惠王，战国时魏国国君。运诸：运之于。②芸：耘，除草。荷箠：扛着羊鞭。烦奏之舞：节奏快的舞蹈。

【译文】

　　杨朱面见梁惠王,说治理天下就像在手掌中把玩东西一样容易。梁惠王说:"先生您连自己的一妻一妾都管不好,三亩田地里的草都除不尽,却说治理天下易如反掌,为什么?"杨朱答道:"您见过那些放羊的吗? 上百只的一群羊,让一位孩童扛着羊鞭跟随着,想让羊群向东,羊群就向东,想让羊群向西,羊群就向西。如果让尧在前面强行牵着一只羊,让舜扛着羊鞭在后面赶着,那么羊反而不能顺顺当当、自由自在地往前走了。而且我听说过:吞舟那么大的鱼,不会在浅滩支流里游;目标高远的鸿鹄鸟在空中高高飞过,不会在污池脏水里集聚。为什么? 因为它们的志向宏大、目标高远。黄钟大吕不可以演奏快节奏的舞曲,为什么? 因为它们的音节舒缓。要干大事的不着眼于细小的事,要成就大功业的不致力于小功业,就是这个道理。"

【感悟】

　　牧羊要懂羊性、顺羊性,治民要知民心、顺民意。

八仙过海

民有耻心,则何盗之有?

　　晋国苦盗。赵文子谓晋侯曰:"君欲无盗,莫若举贤而任之;使教明于上,化行天下,民有耻心,则何盗之有?"[①](《列子·说符》)

【注释】

　　①苦:以什么为苦恼。

【译文】

晋国苦于盗贼横行、猖獗。赵文子对晋侯王说："君王若想要本国无盗贼，没有比推举贤能、任用贤能更好的办法了。通过礼义廉耻的道德教化，让百姓有以盗为耻的羞耻之心，那么哪里还会有盗贼呢？"（后来果然，晋国的盗贼在晋国呆不下去，都跑到秦国去了。）

【感悟】

这个故事是道家对儒家德治、礼乐教化的一个反讽。

实则，治理盗贼光有"耻心"是远远不够的，最根本的是要有"不盗之心"——富有了，还会去偷盗吗？

这对于我国治安方面的"综合治理"，应该有所启迪。

五、至养至乐

道家的美学思想不多，但对后世的影响不小。

道家崇尚自然、主张无为的哲学和政治思想，表现在美学上，就是提倡朴素、自然、无胜于有，以自然美为美的最高标准。如"五色令人目盲，五音令人耳聋""朴素而天下莫能与之争美""天地有大美而不言""至乐无乐""天籁之音"等。

道家最先提出了美丑的相对性和客观性，如"天下皆知美之为美，斯恶已""美者自美，吾不知其美也""美不能有所贱，恶不能有所责"。

道家还揭示了美与真、美的形式与内容之间的辩证关系，如"信言不美，美言不信""得鱼忘筌，得意妄言"。相对于儒家的以善为美，道家则偏向于真。

道家对以大为美的美学原则给予了批评，说那是"侈乐"。

道家还对人们的幸福观作了朴素的判断，说"所谓乐者，人得其得者也"。

道家的美学思想与佛教的美学思想，共同对我国的文学、绘画、音乐产生了较为深远的影响。

老子名言

天下皆知美之为美，斯恶已

天下皆知美之为美，斯恶已[①]。（《老子·二》）

【注释】

①斯:语气词,相当于"夫"。恶已:恶矣,丑。

【译文】

天下的人都知道美的东西之所以是美的,那么丑的观念就产生了。

【感悟】

美与丑是相对的。

可是,美的东西为什么是美的? 美是什么?

常识告诉我们:美是善的,是自然的,是赏心悦目的,甚至是悲壮的。

美学家告诉我们:美是"理念的感性显现"(黑格尔),是一种主观的假象。

五色令人目盲,五音令人耳聋

五色令人目盲,五音令人耳聋①。(《老子·十二》)

【注释】

①五色:五彩,形容色彩斑斓、缤纷多彩。五音:形容许多声音、嘈杂之声。

【译文】

斑斓、缤纷的色彩让人眼花缭乱,嘈杂、繁多的音乐让人听觉失聪。

【感悟】

美的魅力在于朴素、含蓄、易变。

半裸永远胜过全裸。

贪婪和美的泛滥,将会引起审美疲劳和感观厌倦,进而伤害审美主体的身心健康。

庄子名言

天籁之音

子游曰:"地籁则众窍是已,人籁则比竹是已,敢问天籁。"子綦曰:"夫吹万不同,而使其自己也。咸其自取,怒者其谁邪?"①(《庄子·齐物论》)

【注释】

①子游:子綦的弟子。子綦是楚昭王的弟弟。籁:箫。比竹:由多根竹管并排制作的乐器,如笙。咸:都。怒:怒号,吹响。

【译文】

子游说:"地籁之音是由于风吹许多孔洞发出的,人籁之音是由于吹笙竽等乐器的竹管发出的,请问天籁之音是怎么形成的?"子綦答道:"天地呼吸成风,风吹千万个孔洞而成千万种声音,它们随风自成自息。它们都是各自自然成音的,有谁让它那样呢?"

【感悟】天籁之音,自然天成。

孰知天下之正色?

毛嫱丽姬,人之所美也,鱼见之深入,鸟见之高飞,麋鹿见之决骤,四者孰知天下之正色哉?①(《庄子·齐物论》)

【注释】

①毛嫱、丽姬:都是古代的美女。正色:真正的美丽、容颜。

【译文】

毛嫱、丽姬那样的美女,人认为是美丽的,可是鱼见了她们都立刻深入水底,鸟儿见了她们却马上高高飞起,麋鹿见了她们却迅速逃跑,这四者谁懂得天下真正的美丽呢?

【感悟】

情人眼里出西施,毛猴爱的是毛猴。

朴素而天下莫能与之争美

朴素而天下莫能与之争美①。(《庄子·天道》)

【译文】

朴素,天下就没有能够美过他的了。

【感悟】

朴素是天下最高的美、最大的美。

至乐无乐，至誉无誉

至乐无乐，至誉无誉[①]。（《庄子·至乐》）

【注释】

①至乐、至誉：无限无极的快乐、荣誉。

【译文】

最高境界的快乐就是无所谓快乐，最高境界的荣誉就是无所谓荣誉。（因为有快乐就会有不快乐，有不快乐当然不是"至乐"；有荣誉就会有辱患，有辱患当然不是"至誉"）

【感悟】

情由景生，乐由心生。

拥有一颗快乐的心，便拥有了快乐的世界。

美者自美，吾不知其美也

阳子之宋，宿于逆旅[①]，逆旅人有妾二人，其一人美，其一人恶。恶者贵而美者贱。阳子问其故，逆旅小子对曰："其美者自美，吾不知其美也；其恶者自恶，吾不知其恶也。"阳子曰："弟子记之；行贤而去自贤之行，安往而不爱哉！"[②]（《庄子·山木》）

【注释】

①阳子：杨朱。之：至。逆旅：旅舍，旅店。②恶：丑。自美、自贤：自以为美、自以为贤。

【译文】

杨朱带着弟子到宋国去，途中住宿在一家小旅店里。店主有两个妾，一个长得漂亮，一个长得丑陋。那丑陋的被看重、那漂亮的却遭轻视。杨朱问是什么缘故，店主说："那漂亮的自以为漂亮，我不知道她漂亮在哪里；那丑陋的自认为丑陋，我不知道她丑陋在哪里。"杨朱说："弟子们请记着：行为高尚而不自以为高尚，到哪里会不受人喜欢呢？"

【感悟】

自美不美。

美需要容貌，更需要行为和心灵。

一个行为丑陋、心灵肮脏的人，是不可能美的。

诸子百家 —— 道家

471

善良是女人最好的化妆品。

得至美而游乎至乐

得至美而游乎至乐,谓之至人①。(《庄子·田子方》)

注释

①至美、至乐:极美、极乐。至人:是道家最高的理想人格,是人生的最高境界。

【译文】

精神自然地美到极点并自由自在到极点,那就是达到人生理想境界的圣人了。

【感悟】

"洞房花烛夜,金榜题名时。"
美极了!快乐极了!幸福极了!
人生能有几回这样的美事、几次这样的时刻呢?

天地有大美而不言

天地有:大美而不言,四时有明法而不议①。(《庄子·知北游》)

【注释】

①美:美德,功德。四时有明法:四季有明显的规律。

【译文】

天地无私化育万物,有美德而不言说;春夏秋冬周而复始,有明显的规律而不谈论。

【感悟】

谦虚是一种美德。
大美无美,无不美。

不告诉,不知道比人美

生而美者,人与之鉴,不告则不知其美于人也①。(《庄子·则阳》)

【注释】

①鉴:古代指镜子;也有人注释为"鉴别,评价"。

【译文】

天生就貌美的,人们给他一面镜子,但如果不告诉他,他还是不会知道自己比别人美。

【感悟】

美是客观的,具有一定的质的稳定性;美又是主观的,具有一定的相对性,是一种赋有功利性质的价值判断。

纯粹的美是抽象的。

得鱼忘筌,得意妄言

筌者所以在鱼,得鱼而忘筌;言者所以在意,得意而妄言①。(《庄子·外物》)

【注释】

①筌:一种捕鱼的工具。所以在鱼:使用(筌)的目的在于捕到鱼。

【译文】

筌是为捕鱼用的,捕了鱼就忘了筌;言语是为表达意义用的,明白了意义就忘了言语。

【感悟】

得意妄言,这种美学观念开启了中国美学的境界说。

列子名言

高山流水

伯牙善鼓琴,钟子期善听。伯牙鼓琴,志在登高山。钟子期曰:"善哉!峨峨兮若泰山!"志在流水。钟子期曰:"善哉!洋洋兮若江河!"伯牙所念,钟子期必得之①。(《列子·汤问》)

【注释】

①伯牙、钟子期:古代传说中的人物,一位善弹琴、一位善听,是一对知音。志:意向。

诸子百家 —— 道家

伯牙弹琴

诸子百家

——

道 家

【译文】

伯牙善于弹琴,钟子期善于欣赏。伯牙弹琴,曲意表达的是高山,钟子期感叹道:"好啊!巍峨似绵延的泰山!"曲意表达的是流水,钟子期感叹道:"好啊!浩瀚似滚滚江河!"伯牙弹琴时所表达的,钟子期都能感悟到。

【感悟】

高山流水遇知音。音乐的鉴赏,是通过"同感"而产生共鸣。
音乐是想象的翅膀。不懂音乐,便失去了一个神奇的世界。

言美则响美,言恶则响恶

言美则响美,言恶则响恶①。(《列子·说符》)

【注释】

①响:反响,回应。

【译文】

发出的言辞美好,回响就美好;发出的言辞丑恶,回响就丑恶。

【感悟】

善有善报,恶有恶报;美有美报,丑有丑报。
人人献出一点爱,人人献出一点美;让世界充满爱,让世界充满美。

第四节　道家故事

老子的故事

《史记》记载:老子,姓李,名耳,字聃。著书《道德经》上下篇五千余言八十一章。修道而长寿,大概活了一百六十余岁,或说二百余岁。

也有人认为是老莱子,楚国人;还有人认为是周太史儋,生活在孔子死后一百多年的时间里。现在很多学者都采用第一种说法,认为老子就是李耳,春秋末年人,长孔子二十余岁。我国古代伟大的哲学家和思想家,是道家学派创始人,世界文化名人。

神龙见首不见尾

老子是中华民族智慧的最高代表,他的《道德经》(又称《老子》)为我们打开了一扇智慧大门。老子的话是简单的,又是复杂的;他的思想是朴素的,又是深刻的。最深刻的思想,往往就是最平常的句子、最简单的话、最常识性的认识。

读老子的《道德经》,感触颇多。大象无形、大音希声、大巧若拙、大辩若讷、大智若愚、大盈若冲,大方无隅、大直若屈、大成若缺、大道至简,还有什么自知者明、出生入死、天网恢恢疏而不失、视而不见、听而不闻、物极必反、祸福相依、适可而止、以弱胜强、出奇制胜、急流勇退、合抱之木生于毫末、九层之台起于累土、千里之行始于足下、天长地久、上善若水等,我们熟知的这些成语,都来自《道德经》。正如有人所说的那样:"老子的《道德经》天下无人不知,无人不晓。可是,真正读过它的人,不多;真正读完它的人,很少;真正读懂它的人,更少。"

老子留给后人的是一串谜。

传说老子是个神龙见首不见尾的人物。在孔子眼中,老子就像一条龙,难以捉摸。作者神秘,作者留下的著作《道德经》更神秘、更玄妙。它就像一个格言集,东一句西一句的。有的话前面说过了后面又说,颠三倒四、不厌其烦地说。

道家的创始人老子到底是个什么样的人? 学界历来说法不一。一说即老子老聃,姓李名耳,字伯阳,楚国苦县(今河南鹿邑东)厉乡曲仁里人,在东周帝国的首都洛阳担任"守藏室之史"(相当于今天的国家图书馆馆长)。但也有其他说法。比如说,有人把老莱子、太史儋,说成是老子之传人。

按司马迁《史记·老子列传》记载,先秦的老子就有三个,一位是楚苦县的李耳,一位是楚人老莱子，还有一位是周太史儋。孔子这样形容老子："鸟，吾知其能飞；鱼，吾知其能游；兽，吾知其能走。走者可以为网，游者可以为纶，飞者可以为矢曾。至于龙，吾不能知，其乘风而上天。吾今见老子，其犹龙邪！"在孔子眼中，老子就像一条龙，难以捉摸，"合而成体，散而成章，乘云气养乎阴阳言"。

从司马迁的记述中看，他是倾向于第一位老子李耳。他说："老子修道德，其学以自隐无名为务。居周久之，见周之衰，乃遂去。"至关，关令尹喜曰："子将隐矣，疆为我著术。"于是老子乃著书上下篇，言道德之意五千余言而去，莫知其所终。老子到底活了多少年？也是个谜。有说八千年，有说九千年，也有人说老子是不死的。传说他的母亲有一次看见空中大流星飞过后就怀了身孕。由于是上界的神灵之气出现在李家，所以老子生下后姓了凡人的李氏。有人说，老子生于开天辟地之前，是天的精灵神魄，自然就是神灵了。又有人说，老子的母亲怀了他七十二年才剖开左腋生下了他，一出生就是白发苍苍，所以才名叫老子。也有人说，老子的母亲碰巧是在李树下生了老子，老子一出生就能说话，指着李树说："就用它做我的姓吧。"还有人说。老子在上三皇时是玄中法师，下三皇时是金阙帝君，伏羲氏时是郁华子，神农氏时是九灵老子，祝融时是广寿子，黄帝时是广成子，颛顼时是赤精子，帝喾时是禄图子，尧时是务成子，舜时为尹寿子，夏禹时是真行子，殷商时是锡则子，周文王时是文邑先生。还有一种说法，说老子是文王的守藏史。这些传说在各种书籍中都有记载，但都不是出自经书或正式传记中，没有什么依据。《道德经》的作者之所以被称为"老子"，大概首先是因为他年老，长寿。当然，《老子》一书是否为老子所作，历来有争论。

老子被誉为道家的宗师，道教的教主。其实，道家的"巨擘"，不止老子一人，也有人说庄子才是宗师。南怀瑾先生曾经开玩笑说，道家有三代人物，老子、儿子——倪子、孙子。当然，老子、儿子、孙子三代的说法，不过是说笑，是游戏之言，他们并没有血缘的祖孙父子关系。

不过孙子——春秋时齐国人孙武，他的军事哲学思想，确实是由道家思想而来，他写的《兵法》十三篇，处处表现了道家的哲学。

倪子，本姓倪，而倪字原有儿子的含义。一说倪子就是计然子，究竟确否？后世很难考证。但可以确定的，计然子实有其人。又有说他是范蠡的老师。

被逼写下《道德经》

老子出关，是国画中人物画的常见题材。

据《神仙传》上记载：有一天，函谷关的守关官员尹喜，大概像现在机场、码头海关的联检队长，早晨起来望气——中国古代有一种望气之学——他看到紫气东来，有一股紫色的气氛，从东方的中国本土，向西部边疆而来，因此断定，这天必定有圣人过关。心下打定主意，非向他求道不可。

果然，一位须发皆白的老头子，骑了一条青牛，慢慢地踱到函谷关来了。尹喜向他索取关牒，他却拿不出来，这一下，可正给了尹喜一个机会，他正色道："没有关牒，依法是不能过关的。不过嘛，你一定要过关，也可以设法通融，你可也得懂规矩。"所谓"规矩"就是陋规，送贿赂。这时，老子似乎连买马的钱都没有，哪儿凑得出"规矩"。好在这位关吏，对于老子的规矩，志不在钱，所以对他说："只要你传道给我。"老子没法，只好认了，于是被逼写了这部五千字的《道德经》，然后才得出关去。老子以变相红包，留下了这部著作，西度流沙不知所终。

道教就是这样传说，由老子传给关尹子，继续往下传，更是壶子、列子、庄子。一路传下去，到了唐朝，便摇身一变而成为国教，而《老子》一书，也成了道教的三经之首。道教三经，是道教主要的三部经典，包括：由《老子》改称的《道德经》《庄子》改称的《南华经》与《列子》改称的《冲虚经》。

古人说起自己的书，常常自谦说，拙作徒有虚名，不过用来盖酱油缸罢了。智者不言，真正有智慧的人不轻易说话的，不乱说的。

真正大学问者，甚至一辈子都不写一个字。释迦牟尼只讲述，一辈子没有写过一篇文章，更没有出过一本书，没写过一个字。六祖慧能甚至不识字。老子一辈子被逼无奈，才留下了五千字的《道德经》，而后人阐述、解读《道德经》的文字已经汗牛充栋，不知道多少人靠研究《道德经》拿到教授的职称和学者的头衔。纪晓岚对道家下了八个字的评语："综罗百代，广博精微。"圣人和凡人的区别，一目了然。老子在《道德经》中说，有智慧的人，必定是沉默寡言的。唐朝诗人白居易，曾经写了一首七言绝句来质疑老子：

言者不如知者默，此语吾闻于老君；

若道老君是知者，缘何自著五千文。

智者不言，真正有智慧的人是不轻易说话的，不乱说的。当然，也不会乱写的，更不会吹嘘出了多少多少的书。

关于老子的诞生，有这么一个故事：老子在李树下出生，所以就姓李。更传说他母亲怀胎了八十一年之久，因此生下来时，须发皆白，立刻就成为太上老君。据说，唐太宗的第一代始祖就是老子。唐太宗捧老子就像朱元璋捧朱熹一样，所以，道教实际上也成为唐朝正式的国教，唐玄宗、杨贵妃这些人，都曾受符箓。

老子晚年的归宿在何处？不知道。史书只说他到西域去了。他死在哪里？不知道。他活了多少岁？也不知道。

人往低处走

道教是中国土生土长的宗教。既然是宗教，那么就该有教主了。被道教奉为教主的，除了黄帝，就是诸子百家中的"老子"，他被道教尊称为"太上老君"。与黄帝一起被称为"黄老"。他传世的唯一著作《道德经》，是道教文化的开山之作。道家的代表人物

诸子百家 —— 道家

有战国时的庄子（唐玄宗封他为"南华真人"，宋徽宗时封他为"微妙方能真君"）、鬼谷子、秦时方士徐福、西汉方士东方朔、东汉人张道陵、东晋道士葛洪、金代著名道士王重阳（道教中全真教的创始人，著有《明阳立教十五论》，是道教养生学的倡导者）、明代著名道士张三丰等。

前面我们说了，老子出生在哪里、从事过什么职业，还是个谜。《史记》里也只是说他故里在苦县厉乡曲仁里（今河南鹿邑县），那地方直到晋时还有濑乡祠，祠址即老子诞生的地方。民间流传有老子童年买牡丹根的故事。大家都知道洛阳是著名的牡丹之乡，老子的家乡曲仁里也盛产牡丹。一天家乡来了个卖牡丹的老人，嘴上功夫了得，他的吆喝也与众不同。只听他喊道："一朵牡丹放红光，光彩照人满院香。"老子一听，出口成章啊，冲他的口才，买了一棵牡丹根，回到家种上，结果呢？上当了。后来并没有开出牡丹花，原来老人卖给他的是一棵狗尿蒺子树。

第二年，又来了个卖牡丹根的，这个人说话很难听，口才也不好。老子问他，你卖的是狗尿蒺子还是牡丹？小贩没好气地呵斥他说："我卖的就是这东西，随你要不要。"态度十分生硬，老子有点不好意思，犹豫了一会儿还是买了。这一次他没有上当，牡丹根开出了鲜艳的牡丹花。

据说，老子后来在《道德经》中写出的话"信言不美，美言不信。善者不辩，辩者不善"，就是由此启发而来。

这句话出自《老子·八十一章》。在老子看来，真话是不美的，美的言词是不真实可信的，即美者不真，真者不美。大意是：真实的话不漂亮，漂亮的话就不真实；好人的嘴不巧，巧嘴的人不是好人；真懂的不卖弄，卖弄的就是不真懂。

老子的话太有智慧了！不但中国人听起来受启发，老外也一样。《道德经》第六十章有这么一句话："治大国，若烹小鲜"意思是说，治理一个大国，就像烹煎小鱼一样。美国前总统里根就非常喜欢"治大国，若烹小鲜"这句话，他在1987年国情咨文中引用了老子的这句话，引起强烈反响。后来《道德经》一书的英译本畅销美国，一时"纽约纸贵"。里根并不是故作高深，用中国古人的话充门面，而是深悟其妙。众所周知，里根时期美国经济得到了复苏和繁荣。

老子说："上善若水。水善利万物而不争，处众人之所恶，故几于道。"

意思是说上善之人好像流水一样，水善于滋润万物而不与万物争利，最后流到众人都不愿去的地方，所以最接近于道。老子很崇尚水德，认为水性最接近道。他用水性来比喻具有高尚品德者的人格，一：是柔弱，二是停留在卑下的地方，三是滋润万物而不争。

有句俗话说，水往低处流，人往高处走。这话的后半句是很有问题的，完全违背老子"善利万物而不争"的思想，不符合道，是逆道而行。真正顺道而行，就应该学会：人往低处走。这才符合老子的处世哲学。

也就是说，做人要像水一样，性柔而能变形：在海洋中是海洋之形，在江河中是江河之形，在杯盆中是杯盆之形，在瓶罐中是瓶罐之形。

为《道德经》写后记：信言不美，美言不信

老子在《道德经》里说，"信言不美，美言不信。善者不辩，辩者不善。知者不博，博者不知。圣人不积，既以为人，己愈有；既以与人，己愈多。天之道，利而不害；圣人之道，为而不争。"

这就好像老子为《道德经》写的后记。

一部《道德经》快讲完了，来个简单的总结。

老子说，我的话该说的都说完了，说不说在我，听不听在你。你看着办。要知道，"信言不美，美言不信"。用国学大师王国维的话来说，"哲学上之说，大都可爱者不可信，可信者不可爱。"

老子的意思是说，实话难听，忠言逆耳，好听的话不真实。善良之人不巧辩，巧辩之人不善良。悟性高的人不一定渊博，但渊博的人未必悟性高。圣人不积累钱财宝物，唯"道"是从。圣人越是帮助他人，自己越富有。越是舍弃，越是得到的更多。

天道，是利人利物而不加伤害；圣人之道，是顺应自然、帮助人而不与之争。

老子有时候也郁闷，也纠结。他曾苦恼地说，我的话其实不难懂，只是没有人愿意懂。老子不是一个善于讨好权贵的人，也不是一个讨好大众的人。他谁的马屁都不拍。

老子太了解众人的心理，所以最后来个小结，就像后记一样，说你们不要只听想听的话。那些糊弄人的话，听起来再好听，但你听这样的话干什么呢？

"信言不美，美言不信。"这话真是至理名言，他在最后一章还要给后人说这样的话，因为老子是位少有的智者。他太知道人性的弱点，大家都爱听好话，可是好话不一定可信，可信的话不一定好听。所谓忠言逆耳，良药苦口。

"善者不辩，辩者不善。"老子劝人们，少说废话，少辩论，少争论，善者一般不辩，懒得去辩。那些巧舌如簧、靠三寸不烂之舌混饭吃的人，往往不是什么好人。真正的大智慧者往往"若愚"，真正的大巧看上去往往"若拙"。最伟大的辩才看起来好像结结巴巴。

孔子也表达过类似的意思，"巧言乱德。小不忍，则乱大谋。"

老子庄子：勾什么总批评孔子呢？因为孔子总在讲话，给弟子讲，又想给国君讲，还给国君小妾南子讲，他似乎讲得有点多了，而且总在争——争取机会说服统治者重用他，以实现"仁"政的理想。孔子太"有为"，而老子讲的却是"无为"。

庄子的故事

庄子，名周，字子休（一说子沐），战国时代宋国蒙人。

原系楚国公族，楚庄王后裔，后因乱迁至宋国蒙（今安徽蒙城县），是道家学说的主要创

始人。著名思想家、哲学家、文学家,道家学派的代表人物,老子哲学思想的继承者和发展者。先秦庄子学派的创始人。后世将他与老子并称为"老庄"。他们的哲学为"老庄哲学"。

著作有《庄子》,亦称《南华经》,道家经典之一。《汉书·艺文志》著录《庄子》五十二篇,但留下来的只有三十三篇。其中内篇七篇,一般定为庄子著;外篇杂篇可能掺杂有他的门人和后来道家的作品。

《庄子》在哲学、文学上都有较高研究价值。名篇有《逍遥游》《齐物论》《养生主》,《养生主》中的"庖丁解牛"尤为后世传诵。

鲁迅先生说庄子文章"汪洋辟阖,仪态万方,晚周诸子之作,莫能先也"(《汉文学史纲要》)。庄子被唐玄宗封为南华真人,代表作《庄子》受封为《南华经》,并被尊崇者演绎出多种版本。

做一只在烂泥中摇头摆尾的乌龟

庄子乘物以游心,可以独与天地精神往来。《庄子》这本书有内篇七篇,外篇十五篇,杂篇十一篇,通过阅读,便可以了解庄子这个人。

庄子是一个啥样的人呢? 根据司马迁的《史记》记载,庄子名周,字子丘,是战国时期宋国蒙地人。宋国,那可是当时政治、经济、文化的中心,那个时候,人们说起宋国来,那就是像是欧洲人说起希腊来一样。文化名人一般出在宋国,孔子,也是宋国的后代嘛。这大概是因为,宋国曾经是殷商的封地。庄子生卒年学界有争论,还不能确定下来,大约生于公元前369~公元前286年之间,与梁惠王、齐宣王、孟子、惠施等同时期。他曾经隐居南华山,故唐玄宗天宝初年,追号庄子为南华真人。

庄子经常用一些怪人来说故事,比如说怪人子桑和子舆是好朋友,有一次,子舆去上门看子桑,子桑家穷得吃上顿没下顿,大约饿了几天,没力气说话了,一个人在那里有气无力地唱歌,那歌声像哭又像笑,特别刺耳,什么"父邪! 母邪! 天乎! 人乎!"不让我吃饱穿暖,为什么要生我呀,一副令人哭笑不得的样子,感觉他连气都快没有了。看到子舆说,"你来了。你看我学问做得那么好,为人也不差,文凭也有,可是就因为学文科的,没有一技之长,找不到工作,我就关在家里想啊,拼命想,还是想不通。既然上天给了我生命,怎么又让我挨饿? 让我求职四处碰壁? 真的有命运吗? 不是说天地是无私的吗? 那为什么命运之神就不光顾我一下? 难道这就是我的命吗?"

当一个人找不到答案的时候,"命也夫",就是命了,命就是答案了。但是,庄子说,一个得道的人,没有命运之神,你自己就是神,只不过找不到。庄子的"命也夫"也不过是一种幽默的说法而已。

庄子说,什么叫快乐? 我问你"人有能游,且不得游乎? 人而不能游,且得游乎?"什么意思呢? 就是说,一个人,如果能够悠游自在,那么他在哪个单位不自在? 一个人如果他就是一个性格古板、多事、闲不住的人,那么即使让去务虚协会养老,也不会悠游自在的，一样会给自己找麻烦也给别人找麻烦的。没有办法，人与人不同，你就这性格，受苦的命，改不了啦。林语堂有一本书，叫《生活的艺术》，相信大家都看过，这是林语堂在西方的大学课堂上讲课的讲义，讲的就是传统中国人的快乐观。很明显，林语堂是受了庄子的影响。苏东坡的文章写得好吧，还不是从庄子那里偷学了几招。

那么，怎么才能真正快乐呢？在庄子看来，很简单，就是自己主动卸掉各种各样的拖累，像名呀，金钱呀，知识呀，大房子呀，乌纱帽呀，美人呀，荣誉呀等等。庄子不是说嘛："吾生也有涯，而知也无涯。以有涯随无涯，殆已；已而为知者，殆而已矣。"意思是人的一生是有限的，短暂的，而知识浩如烟海，无边无涯，用短暂的生活去追求：无止境的知识，是很危险的；而明知道危险还要那样做，那就更危险了，无可救药了。

一般人把庄子这段话解释成，追求知识，比如现在钻研学问，考学位等等，其实，这只是庄子借求知来说事罢了。求知如此，追求官位，追求金钱，追求美女，追求名声等等，又何尝不是如此？道理是一样的。

一般人怕官，怕权贵，庄子呢？他视权贵如腐鼠。《庄子·秋水》载：惠施在梁国做宰相，庄子想去见见这位老朋友。有人急忙报告惠子说，"庄子来看你了，他可是名人哦，学问比你大，你的相位危险了。"

惠子一听，我刚当上宰相，他就来打我的注意了，非常心虚，马上安排下面的人找到庄子，让他尽快离开，否则不客气了。派去的公差在大街搜了三日三夜，还是没有找到庄子。不料庄子从容地来到惠子的府上，见到惠子，开门见山地说寓言：南方有只鸟，其名为凤凰，不知道相爷听说过没有？这凤凰展翅而起。从南海飞向北海，非梧桐不栖，非练实不食，非醴泉不饮。这时，有只猫头鹰正津津有味地吃着一只腐烂的老鼠，恰好凤凰从头顶飞过。猫头鹰急忙护住腐鼠，仰头视之道："吓！"现在阁下也想用您的梁国来吓我吗？

惠子听了，面红耳赤，羞愧得无言以对。心想，好你个庄子！你不想当官也就罢了，怎么变着法讲寓言来骂我！把我说成"津津有味地吃着一只腐烂的老鼠"的猫头鹰！岂有此理。

又有一天，庄子正在涡水垂钓。楚王委派的二位大夫前来聘请他道："吾王久闻先生贤名，欲以国事相累。深望先生欣然出山，上以为君王分忧，下以为黎民谋福。"庄子持竿不顾，淡然说道："我听说楚国有只神龟，被杀死时已三千岁了。楚王珍藏之以竹箱，覆之以锦缎，供奉在庙堂之上。请问二大夫，此龟是宁愿死后留骨而贵，还是宁愿生时在泥水中潜行曳尾呢？"二大夫道："自然是愿活着在泥水中摇尾而行啦。"庄子说："二位大夫请回去吧！我也愿在泥水中曳尾而行哩。"

以今人眼光，谁愿意当一只缩头乌龟？大家争先恐后，挤破脑袋，都想做一匹千里马，忧心忡忡、翘首以待地等着被伯乐看中。而庄子怎么想的呢？他不做人人羡慕的千里马，而宁愿做一只在烂泥中摇头摆尾的乌龟。

老婆死了，鼓个破盆唱歌

庄子妻死，鼓盆而歌，这是一个众所周知的故事。

《庄子·至乐》中关于这个故事的原文是：

庄子妻死，惠子吊之，庄子则方箕踞鼓盆而歌。惠子曰："与人居、长子老身死，不哭亦足矣，又鼓盆而歌，不亦甚乎！"庄子曰："不然。是其始死也，我独何能无概然！察其始而本无生；非徒无生也，而本无形；非徒无形也，而本无气。杂乎芒芴之间，变而有气，气变而有形，形变而有生。今又变而之死？是相与为春秋冬夏四时行也。人且偃然寝于巨室，而我嗷嗷然随而哭之，自以为不通乎命，故止也。"

流沙河先生对这段话是这样翻译的：庄子晚年丧妻，惠施闻讯，前去吊唁。他是庄子的老朋友，此时已非梁国宰相，不必再摆官架子了，有必要去安慰庄子。庄子家居陋巷，马车进不去。巷口下了车，惠施走进去。庄子的长子跪在门外迎接吊客，口称："俺娘给伯父道谢了。"惠施扶起孝子，说了两句按照礼仪应说的话，然后面罩悲悯之容，很严肃地进了大门，步入灵堂。

庄子坐守棺旁，两腿八字张开，撮箕似的很不雅观，手拍瓦盆伴奏，毫无愁容，放声歌唱。看见惠施吊丧来了，也不招呼，仍唱他的。

惠施说："伉俪多年，同床共枕，她为你养儿成人，自己送走青春，老了，死了。你看得淡，不哭也行，可你，唉，竟然敲盆唱歌。你不感到做得太过分了吗？"

庄子说："你说错了。我也是人啊，哪能不悲伤。但我不能一味地受感情支配，还得冷静地想想呀。我想起从前，那时她未生，不成其为生命。更早些呢，不但不成其为生命，连胚胎也未成。更早些呢，不但未成胚胎，连魂气也没有。后来恍恍惚惚之际，阴阳二气交配，变成一缕魂气。再后来呢，魂气变成一块魄体，于是有了胚胎。再后来呢，胚胎变成幼婴，她生下来，成为独立生命。生命经历了种种苦难，又变成死亡。回顾她的一生，我联想到春夏秋冬时序的演变，多么相似哦。现在她即将从我家小屋迁往天地大屋，坦然安卧。我不唱欢送，倒去嗷嗷哭送，那就太不懂得生命原理了。这样一想，我便节哀，敲盆唱起歌来。"

惠施双手奉上一袋赙金，放入瓦盆，暗自骂了一句"活见鬼"，便告辞了。

在庄子看来，大自然赋给我们形体，用生活来使我们劳顿，用岁月来使我们年老，用死亡来使我们永远休息，自然是变化的。人必须顺应自然，这样才能不喜不惧生死。甚至，死也是快乐的。

有一天，庄子骑着一匹瘦马，慢慢行走在通向楚国的古道上。凛冽的西风扑打着庄子瘦削的面孔，掀起他萧瑟的鬓发。庄子顾目四野，但见哀鸿遍野，骷髅遍地，一片兵荒马乱后的悲惨景象。夕阳西下，暮霭四合。庄子走到一棵枯藤缠绕的老树下，惊起树上几只昏鸦盘旋而起，聒噪不休。庄子把马系好后，想找块石头坐下休息，忽见树下旁边草丛中露出一个空头骨来。庄子走近去，用马鞭敲了敲，问它道："先生是贪生患病而落到此地步的吗？还是国破家亡、刀斧所诛而落到此地步的呢？先生是因有不善之行、愧对父母妻子而自杀才到这地步的吗？还是因冻馁之患而落到此地步的呢？亦或是寿终正寝所致？"说完，拿过一骷髅，枕之而卧。不一会儿，便呼呼入睡。

半夜时，骷髅出现在庄子梦中，说道："先生，刚才所问，好像辩士的口气。你所谈的那些情况，皆是生人之累，死后则无此烦累了。您想听听死之乐趣吗？"庄子答："当然。"骷髅说："死，无君于上，无臣于下，亦无四时之事。从容游侠，以天地为春秋。即使南面称王之乐，亦不能相比也。"庄子不信，问："如果让阎王爷使你复生，还你骨肉肌肤，还你父母、妻子、乡亲、朋友，您愿意吗？"骷髅现出愁苦的样子，道："吾安能弃南面王乐而复为人间之劳乎！"

庄子看穿了生死。这么说来，庄子的人生就没有迷茫了吗？我们来看一则故事：一天，庄子靠椅而坐，仰天而叹，沮丧得如失魂落魄一样。弟子侍立在旁，说："先生为何嘘叹？人之形体真可以使如槁木，而心固可使如死灰吗？今之靠椅而坐者，不是昔之靠椅而坐者吗？"庄子道："问得好。而今我丧失了自我，你可明白？"弟子道："自我是什么？弟子愚钝，实不明白。"庄子道："天下万物，都是彼此相对。故没有彼就没有此，没有你就没有我，这就是相反相成，可不知是谁使成这样的？是冥冥之中的道吗？道又是什么样子？骨骼、五脏六腑，遍存于一身，自我是什么？我与谁亲近些呢？都喜欢它们，还是有所偏爱？如此，则百骨九窍、五脏六腑彼此有臣妾关系吗？如果皆是臣妾，这些臣妾之间到底是相互制约呢？或是轮流为君臣呢？难道其中真有主宰者吗？唉，人生一旦接受精气，成就形体，不知不觉中精力就耗尽了。天天与外物争斗摩擦，精神耗尽像马飞奔一样，而自己却不能制止，不亦太可悲了？终身忙碌而不见成功，颓然疲役而不知归宿，可不哀邪！虽说身体不死，有何益处？心神也随身体消亡，可不谓大哀乎！人之生时。本来就这样茫然吗？亦或只我独觉迷茫而别人都不迷茫吗？"

在《论语·雍也》里有这样的话，子曰："贤哉！回也。一箪食，一瓢饮，在陋巷。人不堪其忧，回也不改其乐。贤哉！回也。"意思是说，孔子夸奖弟子颜回，颜回的品性高，一箪饭，一瓢水，住在陋巷里，别人都忍受不了这种穷困清苦，颜回却没有改变他好学的乐趣。

庄子也看穿了穷富。庄子的境界比颜回高多了，颜回还坚持说"君子固穷"，而庄子根本就没有了穷的概念了。《庄子·山木》载：一次，庄子身穿粗布补丁衣服，脚着草绳系住的破鞋，去拜访魏王。魏王见了他，说："先生怎如此潦倒啊？"庄子纠正道："是贫穷，不是潦倒。士有道德而不能体现，才是潦倒；衣破鞋烂，是贫穷，不是潦倒，此所谓生不逢时也！大王您难道没见过那腾跃的猿猴吗？如在高大的楠木、樟树上，它们则攀缘其枝而往来其上，逍遥自在，即使善射的后羿、逢蒙再世，也无可奈何。可要是在荆棘丛中，它们则只能危行侧视，怵惧而过了，这并非其筋骨变得僵硬不柔灵了，乃是处势不便，未足以逞其能也，'现在我处在昏君乱象之间而欲不潦倒，怎么可能呢？'"

畅论三剑

刀剑在古代被视为武士的灵魂与精神象征，故在所有的古武术门类中，剑术是武士必须掌握、流传也最为普及的武艺技法之一。剑术在古时又称剑法、击剑、平法、兵法、小兵法、刀法、太刀打等。明治以后始称剑道。

金庸笔下的剑客，曾经让我们神往。尤其是那些高人所使用的武功，什么"北冥神功""化功大法"，什么"乾坤大挪移"等等，很是佩服金庸对剑道的理解。比如他说，侠客的至高境界仍旧是无招胜有招等。

后来看了李白《侠客行》一诗，曾经以为李白能写下"十步杀一人，千里不留行，事了拂衣去，深藏身与名"的绝妙诗句，一定是剑道高人，让我等小辈佩服得五体投地。等到读了《庄子·杂篇》中的《说剑》之后，才明白，原来他们都是从庄子那里"偷"来的，他们武学的始祖是庄子。在《天龙八部》中，"北冥神功"，"化功大法"等著名武功直接来源于庄子的《逍遥游》，《逍遥游》中不是说了嘛，"北冥有鱼，其名曰鲲……"

庄子讲"大音希声"，李连杰在谈到剑术的心得体会时也说：剑术与琴韵相仿，都讲究大音希声之境界。武侠电影《英雄》里也讲了剑术的三层境界：第一，手中有剑，心中有剑；第二，手中有剑，心中无剑；第三，手中无剑，心中无剑。这三种剑，赤裸裸地脱胎于庄子的天子剑、诸侯剑、庶人剑，只不过改了一下名称而已。电影《英雄》里所讲的武功藏有一式：十步一杀，与庄子十步杀一人，千里不留行相比，其内功更不敢望庄子之项背。庄子的剑术前无古人，后无来者，已达到登峰造极，后世只能高山仰止，无法逾越。

《庄子》中的《论剑》，其实就是论勇。庄子时代，赵国的大王赵文王酷爱剑术。天下的剑士纷纷投其所好，想从大王那里捞点好处。大王就命令他们比试一下，看谁最厉害。宫门左右云集天下众多剑士，多的时候达三千人。他们互相拼杀，都想得天下第一。

这种血腥的比赛经常举行，以至于每年因为比剑而死而伤的人一百个都不止，但赵文王就爱这一口，乐此不疲。上行下效，当时赵国民间的尚剑之风愈演愈烈，侠客蜂起，是人不是人的都号称自己是剑士，这是因为只要有幸被赵文王看上了，那荣华富贵就不在话下，所以老百姓像梦想中大奖一样地梦想当一流剑士，到最后就没几个人在踏实地上班，甚至也没几个农民安心种田了，结果导致上班迟到早退，农民的田园荒芜，纵然再强的国力也撑不住啊。如此下去，赵国不玩完才怪。

太子赵悝是个明白人，他是法定接班人，赵家天下早晚是他的。这样下去，恐怕等不到自己即位，国家就被其他诸侯国给灭了。赵悝就悄悄地把几个心腹叫到家里喝茶，商量怎么办。赵悝说，你们都是我信得过的人，帮我想想办法，看能不能在大王不反感的情况下，阻止这种无聊的剑士比赛。谁能想出一个好法子来，"吾将赏赐千金"。

大家七嘴八舌地议论着，有个人说，这样的事，我们几个实在没招，但有一个人可以

诸子百家——道家

办到。这个人就是庄子。

庄子是谁？太子问。一大臣说，庄子呀，他是个隐士。"其才足可经邦，其能足可纬国，其辩可以起死回生，其说可以惊天动地。如能请他前来，定能顺大王之意，又能救民于水火。"太子兴奋了，马上派使者带上千金红包去请庄子。

使者见了庄子，如此这般说明来意。庄子说，这事有什么难的？还用得着千金之赏？红包你们拿回去，事情我照办就是了。就这样，庄子和使者一道来见太子。庄子开门见山问太子，"太子赐我庄周千金大礼，不知有什么指示？"

太子客气地说，"久闻庄先生大名，特奉上千金就当茶钱吧。先生不收，是不是事情很难办呢？"庄子说，"听说太子想要用我庄子的地方，是劝大王放弃好剑的癖好。如果劝大王不成，逆了大王的意，那么，我有负太子重托，就会受刑而死，要千金还有个屁用？如果我能成功地游说大王，帮太子解除了后顾之忧，那么，我在赵国还有什么求不到的呢？还用得着拿那区区千金红包吗？"

太子一听，果然是了不得的高人，有见识。

三天后，庄子身穿儒服来见太子。太子便带他去见赵文王。文王长剑出鞘，白刃相待。庄子气宇轩昂，神色严肃庄重，看见大王也不拜。大王非常傲慢地说，"太子介绍你来，你打算拿什么来和寡人切磋？"

庄子不卑不亢，说，"我听说大王好剑，所以我就用剑术来拜见大王。"大王一听，欣喜地说，"阁下的剑术有什么特点？"庄子说，"我的利剑锋利无比，天下无双，能够'十步杀一人，千里不留行'。"

文王一听，这么厉害，果真如此的话，那就可以天下无敌了。庄子说，"夫善舞剑者，示之以虚，开之以利，后之以发，先之以至。愿大王给机会，让我得以一试。"文王说，"不急，先生且休息几天，在酒店里待命，等我安排好后，再请先生献技比剑。"于是，赵文王以比剑选择高手，连赛七天，死伤者六十余人，得五六位佼佼者。便让他们持剑恭候于殿下，请庄子来一决雌雄。庄子欣然前来，赵文王下令，"此六人都是高手，先生你尽管大显身手，让寡人开开眼。"庄子说，"微臣盼望已久的时刻终于到了。"

赵文王问，"不知先生要持什么样的剑？长短何如？"庄子说，"任何剑都可以。不过臣有三剑，专为大王所用。请允许我先说完然后再试。"大王点头说，"说吧，哪三剑？"庄子口才十分了得，就从容地说，"此三剑分别是：天子剑、诸侯剑、庶人剑。"

赵文王好奇了，居然有这样三剑？说来听听。

庄子说，"天子之剑，以燕谿石城为剑锋，齐国泰山为剑刃，晋卫为剑脊，周宋为剑环，韩魏为剑把；包以四夷，镶以四时；绕以渤海，带以常山；用五行制衡，用刑德论断；阴阳开合，春夏养持，秋冬运作。这种剑，直刺一往无前，高举冲破云霄，下探穿透黄泉，左右挥劈旁若无物，上断浮云，下斩地维。这种剑一用，诸侯听命，天下顺服。这就是天子之剑。"

文王听后，茫然若失。又问，"诸侯之剑呢？"

庄子说，"诸侯之剑，以智勇之士为锋，以清廉之士为愕，以贤良之士为背，以忠圣之士为首，以豪杰之士为靶子。此剑直之亦不见前，举之亦不见上，按之亦不见下，挥之亦不见旁。上效法圆天，以顺三光；下效法方地，以顺四时；中和民意，以安四乡。此剑一用，如雷霆之震动，四海之内，无不宾服而听从君命。此乃诸侯剑也。"

文王听了，频频点头。文王接着问，"庶人之剑又如何？"

庄子说，"庶人之剑，蓬头突鬓垂冠，浓眉长须者所持也。他们衣服前长后短，双目怒光闪闪，出语粗俗不堪，相击于大王之前，上斩脖颈，下刺肝肺。此庶人之比剑，无异于斗鸡，一旦不慎，命丧黄泉，于国事无补。今大王坐天子之位却好庶人之剑，臣窃为大王深感遗憾！"

赵文王听了，马上起身拉着庄子双手说，"请先生上殿座谈。吩咐厨师杀鸡宰羊，好酒好菜款待庄子。"赵文王绕桌三圈。庄子见了，说，"大王安坐，定气，臣剑事已奏完毕了。"

赵文王坐下，沉思良久。

赵文王自听庄子畅论三剑后，三月未出宫门。自此戒绝好剑之乐，一心治理国家。那些剑士自觉再无出头之日，个个心怀忧惧，不久都纷纷逃散或自杀了。

这就是庄子。中国人的达观有一部分来自他，来自距我们两千四百年的这个我们称作"庄子"的人。论成败，人生豪迈，大不了从头再来。好一个豪迈豁达的庄子。

诸子百家 —— 道家

"子非鱼"之辩

庄子与惠施在濠水的桥上游玩。庄子说，你看那鱼，在河中游得那么悠闲自得，多么快乐啊。

著名的辩论家惠施说，你不是鱼，怎么知道鱼的快乐呢？

庄子马上反驳说，你不是我，怎么知道我不知道鱼的快乐呢？

惠施说，我不是你，固然不知道你；你本来就不是鱼，你不知道鱼的快乐，这是肯定的。

庄子说，请从我们最初的话题说起。你说"你哪儿知道鱼快乐"的话，说明你已经知道我知道鱼快乐而在问我。我是在濠水的桥上知道的。

无乐方为至乐，无为方可保命

一天，庄子带着一帮弟子在崇山峻岭中深一脚浅一脚地穿行。那个季节，正是深秋，寂寞的季节，万木凋零，枯草遍野，黄叶漫卷，乌鸦哀号。庄子穿着粗布衣，戴着破草帽，穿着烂麻草鞋，像个奇怪的老渔民。自古逢秋悲寂寥，庄子在萧瑟的秋风，感觉有点冷。仰望着空旷的天空，他老人家放声高唱道：

凤兮凤兮,何如德之衰也!

来世不可待,往世不可追也。

天下有道,圣人成焉;

天下无道,圣人生焉!

方今之时,仅免刑焉!

福轻于羽,莫之知载;

祸重于地,莫之知避。

已乎,已乎! 临人以德。

殆乎,殆乎! 画地而趋。

迷阳迷阳,无伤吾行。

吾行却曲,无伤吾足。

跟随的众弟子们一听,蒙了。老师不是一向豁达大度的吗? 江湖上都知道庄周化蝶的故事。这是老师最有名的一个故事呀。

昔者庄周梦为胡(蝴)蝶,栩栩然胡蝶也。自喻适志与! 不知周也。俄然觉,则蘧蘧然周也。不知周之梦为胡蝶与? 胡蝶之梦为周与? 周与胡蝶则必有分矣。此之谓物化。

什么意思呢? 就是说,为了讲清楚"齐物",庄子拿自己做例子,来个现身说法。他说,"前段时间,我做了个梦,梦到我变成一只蝴蝶了,在花丛中惬意地飞舞着,飞舞着,舒服极了,我不知道自己是庄周了。突然醒了,吓一跳,哎呀,我还是庄周。这下麻烦了,蒙了,我糊涂了。弄不清楚究竟是蝴蝶在梦中化成了庄周呢,还是我庄周做梦梦到化成蝴蝶呢?""周与蝴蝶则必有分矣。此之谓物化。"搞不清楚谁是谁了,而庄周与蝴蝶又必定是有区别的,这样的变幻形态,就叫物化。想必刚才是梦里,现在醒来了;哎,不对,不对,一定是刚才是醒的,现在在梦中。于是庄周化为蝴蝶,翩翩起舞,到了"忘我"的境界了,也就是"无己"了,这个嘛,就叫"物化"。《庄子·齐物论》的核心就是讲这个。在道家,人的死不叫死,叫物化,是另一个生命变化的开始。死不可悲,活着也没有什么可喜,差不多,一个是睡觉去了,一个来做梦。

"庄周化蝶"这个故事,对中国文化的影响太大了。很多文人都受了这个故事的影响。常常浪漫主义地让自己笔下的人物"羽化"。明末有个著名的畅销书作家叫冯梦龙,他编写了一部'三言',影响很大。在《喻世明言》第二十七卷,讲到一个故事《金玉奴棒打薄情郎》。说的是临安城里有个金老大,从祖上到他,做了七代团头(乞丐头目),吃的住的都很好,但是富而不贵。金老大有个漂亮的女儿名叫玉奴,有才有貌,很想攀一个官宦之家的少爷,无奈门户不对,只好嫁给一个穷困潦倒的书生莫稽。玉奴婚后不惜财力物力供相公莫稽读书。三年后,莫稽金榜题名,得授官职。在携眷上任的路上,因怕乞丐之女的身份丢人,索性将玉奴推下河里……金玉奴获救,恩人许德厚收她为义女。那许公恰巧是莫稽的顶头上司。许公以嫁女为名,让一对旧夫妻二次圆房。"羽化"为官宦千金的金玉奴指挥丫头棒打薄情郎后，与莫稽破镜重圆，夫妻和好，比前加倍。

"庄周化蝶"这个故事告诉我们，既然你知道做梦的状态，那你怎么知道你现在是清醒的呢？

弟子想，一向乐观大度的老师今天居然伤感起来。太奇怪了，一定又有了新的感悟，于是马上上前问："老师，今天为什么悲伤呢？"

庄子说："在当今乱世，天下哪里有乐土？哪里有可以养生全身的诀窍？哪里才是安全的地方？什么是合理的？什么是正当的？世俗眼中的富贵、长寿、美色、音乐真的快乐吗？贫贱、病夭、丑陋，眼不得好色，耳不得好音乐，这些真的痛苦吗？世俗之所乐，不过是举世群起追赶时髦，蜂拥向前如被鞭之羊，洋洋自得而不知何求，都自以为乐，我也不知是否真乐。不过，我视无为恬淡方是真乐，而世俗却不以为然，以为是大苦。"

弟子问："老师，道德之乡，人只能神游其中；当今乱世，人究竟怎样安息？"

庄子不正面回答。反问学生："你们知道鹌鹑、鸟是怎样饮食起居的吗？"

弟子这才恍然大悟，"先生的意思是说：人应像鹌鹑一样起居、以四海为家，居无常居，随遇而安；像鸟一样饮食：不择精粗，不挑肥瘦，随吃而饱；像飞鸟一样行走：自在逍遥，不留痕迹？"

庄子微笑着点点头。

鲁王养鸟的故事可以解释一下庄子上面的话。有一天，鲁国的城郊飞来了一只海鸟。鲁王从来没见过这种鸟，以为是神圣，就派人把他捉来，亲自迎接供养在庙堂里。鲁王为了表示对海鸟爱护和尊重，马上吩咐把宫廷最美妙的音乐奏给鸟听，用最丰盛的筵席款待鸟吃。可是鸟呢，它体会不到国王这番招待盛情，只吓得神魂颠倒，举止失常，连一片肉也不敢尝，一滴水也不敢沾，这样，只三天就活活饿死了。

这篇寓言告诉我们什么呢？对海鸟的过度保护反而害死了它。所以庄子说，至乐无乐，至誉无誉。

无乐方为至乐，无为方可保命。想想看，天无为而自清，地无为而自运。此两无为相合，万物皆化生。万物纷纭，皆从无为而生。因此，天地无为而无不为，人谁能体会到无为的益处呢？

列子的故事

列子，名寇，又名御寇（又称"圄寇""国寇"），相传是战国前期的道家人物，郑国（今河南郑州新郑市）人，与郑缪公同时。其学术于黄帝老子，主张清静无为。著有《列子》，又名《冲虚经》，是道家重要典籍。所著年代不详，大体是春秋战国时代。该书按章节分为《天瑞》《黄帝》《周穆王》《仲尼》《汤问》《力命》《杨朱》《说符》等八篇，每一篇均有多个寓言故事组成，寓道于事。

諸子百家——道家

"御风而行"的秘诀

列子思想上崇尚虚无缥缈,生前被称作"有道之士"。古书中说他已经修持到了"御风而行"的境界,庄子也曾经提到这一点。《述异记》中说,列子常在立春日乘风而游八荒,立秋日就反归"风穴",风至则草木皆生,去则草木皆落。《吕氏春秋》说:"子列子贵虚。"他想到哪里,不用乘飞机,不用坐车,"御风而行"。像孙悟空一样,腾云驾雾,潇洒吧? 然而现实中的列子却一点也不像潇洒之人,时常处于困顿之中。《庄子》中留下了这样的记载:"子列子穷,容貌有饥色。"

那么,列子:是如何修持到"御风而行"境界的呢? 这得益于他的缘分——他遇到的老师全是大师级的人物。相传他曾向关尹子问道,拜壶丘子为师,后来又先后师事老商氏和支伯高子,得到他们的真传,而友伯昏无人。修道九年之后,他就能御风而行。

他的弟子尹生一有机会就问,"老师,我什么时候才'御风而行'? 你是怎么修炼到这个境界呢? 有什么秘诀吗? 传授给弟子好吗? 求您了,老师。"

列子置之不理。终于有一天,他被这个讨厌的弟子问得不耐烦了,才开口说:"我曾经以为你很有智慧,现在看来,我错了,你和那些凡夫俗子没有两样,甚至你比一般人更粗俗。你不就是想走捷径、想学秘诀吗? 好,我现在告诉你我从我的师父那里学到了些什么。"

我的老师是壶丘子。他教了我什么呢? 头三年中,我只是侍奉师父。端茶倒水,扫地洗衣,我发自内心地对师父充满敬仰、爱与信任。三年中,自己只不过是师父的影子,通过师父,看到了包含着一切的整体。可是,师父根本就不看我一眼,既不表扬,也不批评。

侍奉师父三年之后,我的头脑不再敢去想到是非,我的嘴巴不再敢去谈到利弊。我仍然勤勉地侍奉师父,一如既往,这个时候,师父才瞥了我一眼。在"一瞥"中,师父的能量像一粒种子一样,移到我的心里,我内心在那个时刻发生了奇妙的变化。

五年之后,我的头脑又想到了是非,我的嘴巴又谈到了利弊。我从师父的脸上第一次看到了微笑。

七年之后,我达到了一个更高的层次,真正地放松了,自然了。开始时,虚假的道德心崩溃,而内在的本心复明。现在,连内在的本心也消失了。是与非不再去分辨,利与弊也不多加区分。第一次,师父把我拉过去与他同席而坐。

九年之后,我做什么事、说什么话都毫无拘束,连什么是与非、利与弊,都不知道,不知道有这回事了。我看一切都齐了,师父是我的老师吗? 我对待他和对待别人没有区别,我周围的一切都没有区别。

现在你做了我的弟子,一年还没有过去,你就迫不及待地想学秘诀,你甚至对我表现出不满了,我不知道你什么时候能够消除心里的欲望,你太急功近利了! 你的心不安分。

諸子百家 —— 道家

489

只有等你的心态恢复到平静,师父才会把秘诀当作礼物送给你,那些生命修持的最深层奥秘不是概念,不是哲学,不是教条,他是师父的能量。是一颗被欲望所充塞的世俗头脑无法理解的。

所以,佛道密宗派传法择徒,只有师父选择弟子,没有弟子选择师父,而且要对弟子进行长年的、艰难的考验,让他的欲望泯灭,离师父越来越近时,师父才会把秘诀与弟子共同分享。

愚公和智叟

愚公移山的故事,大家都很熟悉吧? 这个故事就来自于《列子》一书的记载。

故事说,有一名老人,名叫愚公,快九十岁了。他家的门口有两座大山,一座叫太行山,一座叫王屋山,人们进进出出非常不方便。

愚公移山

一天,愚公召集全家人说:"这两座大山,挡住了咱们家的门口,咱们出门要走许多冤枉路。咱们不如全家出力,移走这两座大山,大家看怎么样?"

愚公的儿子、孙子们一听,都说:"你说得对,咱们明天开始动手吧。"可是,愚公的妻子觉得搬走两座大山太难了,提出反对意见说:"咱们既然已经在这里生活了许多年,为什么不能这样继续生活下去呢? 况且,这么大的两座山,即使可以一点点移走,哪里又放得下这么多石头和泥土?"

愚公妻子的话立刻引起大家的议论,这确实是一个问题。最后他们一致决定:把山上的石头和泥土,运送到海里去。

第二天,愚公带着一家人开始搬山了。他的邻居是一位寡妇,她有一个儿子,才七八岁,听说要搬山,也高高兴兴地来帮忙。但愚公一家搬山的工具只有锄头和背篓,而大山与大海之间相距遥远,一个人一天往返不了两趟。一个月干下来,大山看起来跟原来没有两样。

有一个老头叫智叟,为人处事很精明。他看见愚公一家人搬山,觉得十分可笑。有一天,他就对愚公说:"你这么大岁数了,走路都不方便,怎么可能搬掉两座大山?"

愚公回答说:"你名字叫智叟,可我觉得你还不如小孩聪明。我虽然快要死了,但是我还有儿子,我的儿子死了,还有孙子,子子孙孙,一直传下去,无穷无尽。山上的石头却是搬走一点儿就少一点儿,再也不会长出一粒泥、一块石头的。我们这样天天搬,月月搬,年年搬,为什么搬不走山呢?"自以为聪明的智叟听了,再也没话可说了。

愚公带领一家人,不论酷热的夏天,还是寒冷的冬天,每天起早贪黑挖山不止。他们的行为终于感动了天帝,天帝派遣两名神仙到人间去,把这两座大山搬走了。愚公移山的故事一直流传至今。

故事中的愚公和智叟到底谁更聪明一些呢?有人说,列子讲这个故事,目的是告诉人们,无论什么困难的事情,只要有恒心有毅力地做下去,就有可能成功。这恐怕不是列子的原意。列子的意思应该是说,愚公其实一点也不愚,智叟其实也说不上智。有时候,聪明和愚蠢不在于一时,要从长远来看。

拒绝无故之福

《历世真仙体道通鉴》记述列子是郑国人,他居住在郑国四十年,无人知其是何人。但还是有圈内人打听到了他的情况,知道这样的人是道德高人。那时候列子家里很穷。有一位门客知道列子不是凡人,便对郑相子阳说,列子是高人,德才兼备,却淡泊名利,清静修道,这样的高人却在郑国忍受饥饿,郑国对这样的高人都不重视,传出去显得郑国太不把人才当回事了,为什么不堵一下社会舆论之口呢?子阳便让民政部门给列子送去了几袋小米。但他穷得非常有骨气,婉言谢绝了政府的救济粮。

民政官走后,列子的老婆就絮絮叨叨地抱怨说,"家里穷得都揭不开锅了,你还在那里装清高,官府的救济都不要,死要面子活受罪。"列子说:"国相听了别人说我的好话才送给我米,说不定过几天听了别人说我的坏话又要处罚我了,所以这种赠送不能接,今天不受其赏,正是为避免他日而受其罚。你妇道人家,女流之辈,头发长见识短,自然只顾眼前不顾他年了。"

果然,没过多久,子阳因经济问题激起民愤,郑国人民纷纷叛乱反对他,郑国君王为了平息风波便把子阳杀了,列子因为拒粟而免受牵连。

这个故事说明什么呢?说明无故之福和无故之祸是纠结一体的,为了避免无故之祸,深明事理的列子所以拒绝了无故之福。

列子学射

再看看列子学射的故事。故事出现在《列子·说符》:

列子学射，中矣，请于关尹子。尹子曰："子知子之所以中者乎？"对曰："弗知也。"关尹子曰："未可。"退而习之。三年，又以报关尹子。尹子曰："子知子之所以中乎？"列子曰："知之矣。"关尹子曰："可矣，守而勿失也。非独射也，为国与身亦皆如之。"

意思是说，列子在开始学习射箭的时候，射中了靶子，去请教关尹子。关尹子说："你知道你能射中靶子的原因吗？"列子回答说："不知道。"关尹子说："还不行。"列子回去继续学习了三年。又把学习的情况报告了关尹子。关尹子说："你知道你是怎样射中靶子的吗？"列子回答说："我知道能射中的缘故了。"关尹子说："可以啦，要牢记住这个道理，不要轻易地丢掉。不仅学习射箭是这样，治理国家和修身做人，都要像这个样子。"

这则寓言告诉人们，学习也好，做事也好，不仅要知其然，而且要知其所以然。

列子死后，葬在了家乡郑州。在郑州市东三十里的莆田村，村东南有一座小型墓冢及墓碑，传为列子墓。

杨子的故事

杨朱，战国时期魏国人，反对儒墨，主张贵生，重己，他的见解和思想散见于《庄子》《孟子》《韩非子》《吕氏春秋》等书。

"千古一毛"：率先喊出"为我"的口号

诸子百家真有意思，有的人凭借一本书传世，可有的人仅凭只言片语，就足以在中国古代思想史上占有一席之地。杨朱正是这样的人。这个人与其说是个哲学家，不如说是个诗人。他不说则已，一说就是奇谈怪论。比如说，有一次，他的弟弟出门时穿了身白衣服，回来时因为下雨就换了身黑衣，结果家里的狗愣没认出来，朝他汪汪叫，弟弟气得要揍它，杨朱却对弟弟说："你不要打它。如果这条狗出门时为白色，回来时却变成了黑色，作为人你也一样感到奇怪，对不对？"

杨子学说的内核是"为我"，经典阐释就是"人不为己，天诛地灭"。为此，主张"仁义"的孟子评价："杨子取为我，拔一毛而利天下，不为也。"（《孟子·尽心上》）因此，杨子被诸子百家视为利己主义者遭口诛笔伐淹没两千余年。

也有人称赞杨子，说他不拔的"一毛"是"千古一毛"。

杨子到底是个什么样的人？他为什么说那样的话？他是在什么情况下说这种话的？

杨子，就是杨朱。别看现在人都嚷嚷着骂他自私，甚至还专门因为他而留下一个成语：一毛不拔。事实上，很多人没有明白他真正的意思，更不了解他的思想，只是听大家都骂他，于是也跟着骂，属于瞎起哄那种。

事实上，杨子在当时可谓大名鼎鼎。当时的名人，如孔子、孟子、庄子、老子、韩非子、孙子，以及后来《淮南子》《说苑》《吕氏春秋》《论衡》等著作中都提及他。《孟子·滕文公下》说："圣王不作，诸侯放恣，处士横议，杨朱、墨翟之言盈天下。天下之言，不归杨，则归

诸子百家——道家

492

墨。"可见杨子盛极一时。

也许，他没有想到，两千五百年之后，当时名气远不比他的人，像墨子、孙子、韩非子等，著作都比他传播得广泛，名气也比他大得多，更不用说和他实力相当的老子、孔子、孟子、庄子了。杨朱，从先秦至今两千多年，既没有著作传世，也没有人记起他。他在中国思想史文化史上湮灭于历史的长河中。"拔一毛而利天下不为也"的话也是我们从孟子那里听来的，是骂他的话。

在公众的印象中，杨子是铁公鸡——一毛不拔。《列子·杨朱篇》做了这样的诠释：

杨朱曰："伯成子高不以一毫利物，舍国而隐耕。大禹不以一身自利，一体偏枯。古之人，损一毫利天下，不与也，悉天下奉一身，不取也。人人不损一毫，人人不利天下，天下必治矣。"禽子问杨朱曰："去子体之一毛，以济一世，汝为之乎？"杨子曰："世固非一毛之所济。"禽子曰："假济，为之乎？"杨子弗应。禽子出，语孟孙阳。孟孙阳曰："子不达夫子之心，吾请言之。有侵若肌肤获万金者，若为之乎？"曰："为之。"孟孙阳曰："有断若一肢微于一节得一国，子为之乎？"禽子默然有间。孟孙阳曰："一毛微于肌肤，肌肤微于一节，省矣。然则积一毛以成肌肤，积肌肤以成一节。一毛固一体万分中之一物，奈何轻之乎？"

一毛固轻，然人之躯体，正是由一毛开始的。今天听任一毛，明天就会是丧失全身！今天你任人摆布，不为自己的利益去争，明天你将失去整个自由！

大家看看，这就是"拔一毛而利天下，不为也"的背景。也就是说，杨子被误读了两千多年！禽子问杨朱曰："去子体之一毛，以济一世，汝为之乎？"杨子曰："世固非一毛之所济。"禽子曰："假济，为之乎？"杨子弗应。——这句话就是证据。杨朱真正要说的话是："人人不损一毫，人人不利天下，天下必治矣。"

春秋战国时期，列国争雄，狼烟四起。围绕诸国统一，诸子游说，百家争鸣，各个为诸侯献计献策。在一片强国争霸，合纵连横，用权术势，变法改道，弃世无为的喧嚣声中，杨子独善其身，提出与众不同的"反调"。被孟子总结为"拔一毛而利天下，不为也"，这种看上去不合时宜有悖常理的学说，给人一种不和谐的感觉，有点像是奇谈怪论。

其实，杨子的意思是说，天下就是被治理坏的，越管理越乱。不管帝王用什么方法来治世，都是治老百姓的，都是对百姓利益的掠夺。这种"治"，只能越治越乱。是人恐怕都有私利之心，对帝王来说，更是如此，贪婪之心无边无际，"悉天下奉一身"，天下人供奉帝王一个人，也填不满他的欲望。

黄宗羲淋漓尽致地揭露封建君主"荼毒天下之肝脑"，"敲剥天下之骨髓，离散天下之子女，以奉我一人之淫乐"的惨烈画面，大胆地提出了"天下之大害者，君而已矣"。（黄宗羲：《明夷待访录》）明确主张"天子之所是未必是，天子之所非未必非"。王夫之更是对封建君主专制制度进行了大胆揭露和批判，指出："天下者，非一姓之私也。""一姓之兴亡，私也；而生民之生死，公也。"（王夫之：《读通鉴论》卷十七、十八）主张"不以一人疑天下，不以天下私一人"。我们曾经把黄宗羲、王夫之看成思想启蒙的先行者，殊不知。真正的先行者是杨子。杨子的思想是：如果人人不损一毛，不利帝王的天下，人人都明白自己的利益所在，为自己的利益奋争，就能限制帝王的欲望。

其他诸子学说都是以"忠"为前提，维护君权统治的，要人们为君王无私奉献。杨子学说的理论却是对帝王欲望的限制，是为百姓争自身利益。这种直接威胁君权的"无君"理论，又怎能大行于天下呢。所以杨子被边缘化几乎是必然的命运。

梁启超特别赞同杨子的观点，他认为社会应以个人为基本单位，一反中国轻视个人，抹杀个性的传统。大力提倡被视为大逆不道的个人主义，为做一个真正的人而奋斗。他说："今日欲言独立，当先言个人之独立，乃能言全体之独立……为我也，利己也，中国古义以为恶德者也，是果恶德乎？天下之道德法律，未有不自利而立者也……故人而无利己之思想者，则必放弃其权利，弛掷其责任，而终至于无以自立。盖西国政治之基础在于民权，而民权之巩固由于国民竞争权利寸步不肯稍让。即以人人不拔一毫之心，以自利者天下。"他从杨子哲学中认识到："昔中国杨朱以为我立教，曰：'人人不拔一毫，人人不利天下，天下治矣。'吾昔甚疑其言，甚恶其言"，现在却认为这是至理名言，因为"一部分之权利。合之即为全体之权利；一私人之权利思想，积之即为一国家之权利思想。故欲养成此思想，必自个人始。人之皆不肯损一毫，则亦谁复敢撄他人之锋而损其一毫者，故曰天下治矣。非虚言也"。

梁漱溟指出"中国没有个人观念"，并称之为中国文化的最大偏失。张东荪也认为："在中国思想上，所有传统的态度是不承认个体的独立性。"在长期的中国历史中，个人是微不足道的，被淹没在群体之中。个人的价值与尊严被剥夺。个人的独立性完全丧失。

杨朱的学说，尽管昙花一现，犹如流星消逝在遥远的夜空。但他在两千多年前就石破天惊地喊出了"为我"的口号，最早发现了个人，关注到个体价值，冲破宗法伦理的束缚，勇敢地突现"我"，强调自个儿的权利，重视个性发展，他的思想闪耀着人性的光辉。

遭受老子训斥

对于现代文明社会，孔子的儒家思想可谓最现实的最适宜而又最完美的思想。我们今天的民本思想、民生思想、民主思想、人权思想、人格独立思想、自由思想、平等思想、博爱思想，无不出于孔子。杨子的思想呢？过于理想主义。按孟子的说法，杨氏为我，拔一毛利天下而不为，是无君也，只有自己，没有他人、社会、君国。杨子受了老子无为思想的影响，认为大家都不要去做圣人，不要去管别人的事情、社会的事情，也不要侵害别人、侵害社会。当圣人是很苦的，杨子说，天下都赞美舜、禹、周公、孔子这些圣人，但是你看，他们多苦！当圣人这么苦，有什么意思呢？杨子苦口婆心劝大家，不要去管他人的事情、天下的事情，大家不管，天下就无争了，天下无争，那天下就太平了、大治了。当时各国都想吞并他国，一统天下，人民饱受兵战之苦，如果大家都不要有这样的野心，那么就没有战争了,所以人民就安定了,天下就太平了。

杨子的个人主义,是为了天下太平。他的个人主义,实际是个人自治,人人管自己,不要去干涉他人,去侵犯、去奴役他人,天下自然就治了'。同时,承认人的天性、欲望。其他各种学说信仰,都宣扬要压制人的欲望,为什么呢?因为要满足这个欲望,会侵犯他人,就会造成人与人之间的争斗。所以,杨子思想超乎世界所有宗教家学说之上,他教导大家,不要压制自己的天性、欲望,同时不要去侵犯他人,这样,你、我、他,天下,都有利,利己利人利天下。

今人提倡个人主义、自私自利,往往以杨子为领袖,却不知道伟大思想家的真正意义。杨子的自私自利,绝不是俗人所理解的损人利己。所以,按照杨子的思想,即使让我当国王、当上帝,让天下人都来崇拜我、侍奉我,也不要去做。"损一毫利天下,不与也。悉天下奉一身,不取也。人人不损一毫,人人不利天下,天下治矣。"但,这太理想了,只有保证人人信仰杨子思想才能实现。所以,从现实来说是不可能的。你不去侵犯别人,但是你要有实力防止别人侵犯你,或者更进一步的,有实力主持世界的公道。

中国佛教史上有一位叫作慧能的高僧,他就是一位"大智若愚"的人物。中国僧史两千年,最著名的高僧,除了玄奘,恐怕就数慧能了。玄奘以他超绝的学问、意志和功绩彪炳僧史,慧能却完全不同,他以他绝顶的聪明,单刀直入,顿悟成佛,倡扬不立文字,以心传心,以法传法的修行方法,给以念经坐禅为务的唐代佛教界吹来一股清新的风。若论对中国思想的影响,慧能恐怕不在玄奘之下。说他是千古奇僧,还有一个奇处,他本不识字。

大智若愚,这正是老子提倡的。春秋战国时期的利己主义的思想家杨子,曾经被孟子义愤填膺地大骂:"圣王不作,诸侯放恣,处士横议,杨朱、墨翟之言盈天下。天下之言,不归杨,则归墨。杨氏为我,是无君也;墨氏兼爱,是无父也。无父无君,是禽兽也。"

"杨朱、墨翟之言盈天下。天下之言,不归杨,则归墨。"可见,杨子思想和墨子思想曾经非常盛行。墨家出于儒家,墨子曾"学儒之业,受孔子之学",墨家第二大矩子、墨子的大弟子禽滑厘也曾学于孔子的弟子子夏。后来,法家兴起,法家的奠基人韩非子曾学于孔子的弟子子弓和子夏的弟子荀子。这些都曾是拥有很大影响的显学。

但是,杨子、孔子的学问再大,见了老子,他们就得毕恭毕敬了。同样是大学问家,孔子曾向老子问礼。杨子曾学于老子,可谓出自道家。

杨子也很崇拜老子。由于听说老子在秦国旅游,所以杨子就逗留在大梁,以便等老子归来。老子见到杨子,爱理不理,一副旁若无人的样子。杨子跟在后面问道,老子被问烦了,就说:"从前听说你还有点学问,现在看来,你差得太远。"然后骂了他一顿。

杨子并没有气馁,一路跟着老子来到他下榻的客栈。一进门,杨子就毕恭毕敬跪在老子面前:"请先生开示。"

老子看也不看他一眼,冷冷地说:"你能不能悠然自得一些?能不能不着急?能不能不要强？我告诉你，心地真正纯白无垢的人，往往看起来很脏，人格真正超凡脱俗的人，往往看起来有点愚蠢。所谓'大智若愚'，'君子盛德，容貌若愚。子去骄气与多欲，态色与淫志。此皆无益子身，吾以告子，如斯耳'。"老子想了想，又送给杨子几句话："太上不知有之。其次亲而誉之；其次畏之；其次侮之。"什么意思呢？意思是说，最好的老板能使员工忘却其存在；次好的老板能使员工亲近、赞美；再其次的老板使员工望而生畏；而最坏的老板，是那种轻视员工的人。

杨子仿佛明白了。从此不再张扬，不再言语激烈，而是变成了一个平凡的人。

田骈的故事

田骈，齐国（今山东临淄）人。齐国临淄稷下道家学派的中坚人物。又名广，一名陈骈。学识渊博，才华横溢，特别能言善辩，人称"天口骈"，著名的稷下学者。

对于田骈的著作，在他以后的诸子著作如《荀子》中有所论述。《汉书·艺文志》道家著录《田子》二十五篇，今均已亡佚。

著名"稷下先生"

田骈也是当时著名的"稷下先生"。什么叫"稷下先生"呢？就是拿着政府津贴在稷下学宫登台讲学的学者、知识分子。在齐国，从齐威王的父亲齐桓公开始，就在国都临淄（今山东临淄北）西边的稷下设立学宫，政府出资邀请各国学者、游士等来辩论、讲学，听众有国王和王公大臣，这些学者、游士被当作政府智囊，为齐国上层决策者充当参谋。被请来讲学的人，称作"稷下先生"。

《战国策》记载着这样一个故事：

齐人见田骈，曰："闻先生高议，设为不宦，而愿为役。"田骈曰："子何闻之？"对曰："臣闻之邻人之女。"田骈曰："何谓也？"对曰："臣邻人之女，设为不嫁，行年三十而有七子，不嫁则不嫁，然嫁过毕矣。今先生设为不宦，訾养千钟，徒百人，不宦则然矣，而富过毕也。"田子辞。

用今天的话来说，大意是：有个齐国人去见田骈，当面问："听说田先生道德很高，主张不入仕途、不当官，宁愿当仆役。"田骈问："谁告诉你的？"那人回答："从邻家女处听来的。"田骈问："什么意思？"那人说："邻家之女立志不嫁人，年龄还没到三十岁却有七个子女，这不嫁人比嫁人还厉害。如今田先生声称不当官，可自己有俸禄千种，弟子百人，说是不做官，可比做官还富贵。"田骈听了后，很是惭愧。自己讲"齐"，可自己没有做到"齐"。

田骈在稷下学宫里开口闭口讲"齐"的大道。据说田骈师从于彭蒙，学得不言之教，掌握了"贵齐"的诀窍。他讲课一开口就是"齐万物以为首"，无论做什么事，先问问自己

诸子百家——道家

"齐"了没有。没"齐"则烦恼生，没"齐"则事不成。如何才能做到"齐"呢？摆脱是非、摆脱利害，回归自然——即"明分""立公"的自然之理。可现在不"齐"怎么办？那就从"不齐"中实现"齐"。

台下的听众听得索然无味，有的窃窃私语，说难怪有人把田骈与慎到"之道"称为死人之理，实非生人可行，太脱离现实，太"诡怪"了。

《吕氏春秋》上有这样的记载，说有一天，田骈心血来潮，去见齐王，要给他讲讲道家的课，意思是说，齐王齐王，你自己先要"齐"，自己都不"齐"，如何要求他人"齐"。

齐王有些不耐烦地打断他说："又是那套天下的大道理，你能不能不讲这样的话？我所拥有的地盘就是齐国，我现在迫切想知道的只是如何搞好齐国政治。"

田骈平和地回答说："大王，微臣所讲的大道，就能帮您搞好齐国政治。想想看，'无为'两个字就可以了。它好像是个大树林，如果缺少木材就可以随心所欲地从中得到。这是我从小处说。如果从大处着眼的话，顺道而行，又岂止能帮您搞好齐国政治。如果依了道，万事万物的变化都有章可循，遇事都可以顺乎情势恰当处理。彭祖的长寿，三代的兴盛，五帝的昭明，神农的伟大，都是由于懂得了'道'。懂道理，顺道行，搞好齐国政治还不简单吗？"

田骈认为万物是齐一的，即一致的，强调"变化应求而皆有章"，反对"好得恶予"，认为"好得恶予，国虽不大为王，祸灾日至"。理论上推崇法治。

后来"格物、致知、修身、齐家、治国、平天下"的哲学思想就是从田骈这里来的。

第五节　道家典籍

一、《道德经》

1.简介

《道德经》，又称《道德真经》《老子》《五千言》《老子五千文》，传说是老子所撰写。这是道家思想的重要来源，是一部用诗化语言阐述中国哲学的巨著，是中国传统文化的优秀代表。《道德经》文约意丰、博大精深、玄奥无极、包容万物，涵盖哲学、伦理学、政治学、军事学等诸多学科，但皆有一条主线贯通其中，这就是自然无为的法则。

《道德经》分上下两篇，原文上篇《德经》、下篇《道经》，不分章，后改为《道经》在前，《德经》在后，共分为八十一章。《道经》讲述了宇宙的根本，道出了天地万物变化的玄机。《德经》说的是处世方略。《道德经》之学旨在于从天人合一之立场出发，穷究作为天地万物本源及宇宙最高理则之"道"，以之为宗极，而发明修身治政等人道。所谓"人法地，地法天，天法道，道法自然"，人道当取法于地，究源及道所本之自然，因而人们应自然无为听天由命，当"处无为之事，行不言之教"，还刀兵，离争斗，不尚贤，不贵难得之货，不见可欲，使民虚心实腹，无知无欲，如此，则无为而治。《庄子·天下篇》总结《道德经》思想时说："以本为精，以物为粗，以有积为不足，澹然独居神明居。……建之以常无有，主之以太一，以濡弱谦下为表，以空虚不毁万物为实。"从"道"的哲学观出发，老子面对春秋末年诸侯纷争的社会状况，提出了绝圣弃智、绝仁弃义、绝巧弃利、忘情寡欲、绝学无忧、见素抱朴、无为而治、小国寡民等极端的政治主张。

《道德经》不仅是一部哲学经典，而且文字简洁、辙韵强劲，因此还被称作是一种特殊形式的哲理诗。它在先秦诸子散文中独具一格，只述论点，略去论据，适当采用整齐的句式说理；语句凝练，精警深邃，三言两语就能揭示事物的本质和规律，具有格言的特性，警句广为流传；善于运用生动形象的比喻来阐明抽象的哲理，同时善于对复杂的事物作抽象的概括；韵散结合，某些章节全用韵语，大多随文成韵，音调和谐，富于节奏感，呈现为形式精美的哲理诗；提出"大音希声""大象无形""信言不美""美言不信"等看法，在辩证中给人更多的思考余地，对后世玄学和文学有一定的影响。

《道德经》被誉为"万经之王"，以其博大精深的思想和人文精神对中国古老的哲学、科学、政治、宗教等，产生了深刻的影响。早在16世纪，它就被西方人译成西方文字，17世纪以后，借助西方的商船往返，顺着西方传教士的足迹，逐步由中国传入欧洲。《道德经》已成为世界历史文化遗产的宝贵财富，越来越多的西方学者不遗余力地探求其中的奥秘，德国、法国、英国、美国、日本等发达国家相继兴起了"老子热"。《道德经》的西文译本总数近500种，在译成外国文字的世界文化名著发行量上，《道德经》仅在《圣经》之后。

2.思想

（1）尊道贵德的哲学观

老子思想体系的核心是"道"。老子认为，道是"万物之宗"，是宇宙的本源，天下万物都来自道，"道生一，一生二，二生三，三生万物，万物负阴而抱阳，冲气以为和"。"一"是指原始混沌之气；"二"是指"万物负阴而抱阳"的阴阳两气；"三"是指阴阳两气经过相互冲动而形成统一，即"冲气以为和"，"万物"就是由于这样"冲气以为和"而产生的。道是世界的本原和规律，是一个自然的、独立的、不可名状的存在，世界万物从道产生，最后又回复到道，道本身则是永恒的。同时，道是"生而不有，为而不恃，长而不宰"的，就是说，道生长万物而不据为己有，有所作为而不居功自恃，有所成长而无意做主宰。

作为世界本原的道，既不是有形的物质，也不是无形的精神，而是超越物质和精神的独立存在。"天下万物生于有，有生于无"。在这里生于无，即生于道，道就是无，二者都是虚无的本体或精神的实体。道是恍惚不定，深邃幽远不可捉摸的。"道之为物，惟恍惟

诸子百家——道家

忽。忽兮恍兮，其中有象；恍兮忽兮，其中有物。窈兮冥兮，其中有精，其精甚真，其中有信。"又："无状之状，无象之象，是谓惚恍"。道体是虚空的，然而作用却不穷竭。它渊深好像是万物的宗主，幽隐似亡而又实存，即"道冲，而用之或不盈。渊兮，似万物之宗；湛兮，似或存。吾不知谁之子，象帝之先"。

在恍惚状态下，"道隐无名"，老子"不知其名，字之曰道，强为之名曰大"。道是不可言说的，但是我们还是希望对于道有所言说，只好勉强称之为道，其实道根本不是名。这就是说，"道可道，非常道；名可名，非常名。无名天地之始，有名万物之母"。可以用言语表达的道，就不是常道；可以说得出来的名，就不是常名。因为天有天之名，地有地之名，每一类事物有此类之名。有了天、地和万物，接着就有天、地和万物之名，这就是"始制有名"。但是道是无名，同时一切有名都是由无名而来，所以，"无名天地之始，有名万物之母"。万物都是由道而生，万物恒有，所以道永远不去，道的名也永远不去，即"自古及今，其名不去，以阅众甫"。

老子认为，道生万物，同时又用德来抚育万物。他提出："道生之。德畜之，物形之，势成之。是以万物莫不尊道而贵德。道之尊，德之贵，夫莫之命而常自然。故道生之，德畜之。长之育之。亭之毒之。养之覆之。生而不有，为而不恃，长而不宰。是谓玄德。"这就是说，万物由道生，道又存在于万物之中，成为万物各自的属性——"德"。万物各有属性，形成各自形体，并凭借环境而生长成熟。因此，"万物莫不尊道而贵德"。然而道之所以被尊崇，德之所以被重视，就在于"道德"从不命令或支配万物，一切纯任自然、顺其自然。因此，也从不将生长万物或据为己有，或自以为尽力，便对它们宰制，即"上德不德，是以有德。下德不失德，是以无德。上德无为而无以为；下德无为而有以为"。

老子认为，"损不足以奉有余"的"人之道"是不公平的，"天之道，其犹张弓欤？高者抑之，下者举之。有余者损之，不足者补之。天之道，损有余而补不足。人之道，则不然，损不足以奉有余。孰能有余以奉天下？唯有道者"。因此，老子希望用其推崇的"道德"代替"人之道"，听任百姓自作自息，不加干涉，遵循天道自然的规律。

此外，老子主张，要尽量使心灵的虚寂达到极点，使生活清静坚守不变，即"致虚极，守静笃"，这是达到道的途径。"致虚"必"守静"，因为"虚"是本体，而"静"则在于运用。"虚"和"静"都是形容人的心境空明宁静的状态，为避免外界的干扰、诱惑，必须注意"致虚"和"守静"，以期恢复心灵的清静。老子又说："归根曰静，静曰复命。"意思是说，返回到它的本根就叫作清静，清静就叫作复归于生命，老子希望回归到一切存在的根源，这里是完全虚静的状态，这是一切存在的本性。同时，老子提倡宽容待物，"知常容，容乃公，公乃全，全乃天，天乃道，道乃久，没身不殆"。这就是说，认识自然规律的人是无所不包的，无所不包就会坦然大公，坦然大公正就能周全，周全才能符合自然的道，符合自然的道才能长久，终身可免于危殆。

（2）以柔克刚的辩证法

《道德经》包含着朴素的辩证法思想，认为一切事物，如美和丑、高和下、刚和柔、福和祸等，都是互相依存，可以互相转化的，体现着一种很强的"变"的精神。老子的辩证法思想是系统而丰富的，但老子比较侧重于"柔"和"阴"的一面，这对我国民族心理有较大的影响。

　　老子认为，事物之间普遍存在对立的矛盾，比较系统地揭示出事物的存在是相互依存的，例如："有无相生，难易相成，长短相形，高下相倾，音声相和，前后相随"。这种对立的范畴，在《道德经》中处处可见，例如：

　　大小、多少、高下、远近、厚薄、轻重、静噪、生死、荣辱、强弱、利害、祸福、愚智、吉凶、黑白、寒热、光尘、壮老、实华、正反、同异、美丑、善恶、雌雄、母子、兴废、进退、是非、辩讷、难易、公私、真伪、贵贱、怨德、贫富……

　　这些对立的范畴，已经广泛涉及政治、经济、军事、道德、美学、数学、天文、生物、语言等方面，说明了矛盾的普遍性。

　　同时，老子又认识到，各种事物在矛盾中经常向它的反面运动转化，这是变化的自然规律，所以他说："反者道之动"。如："曲则全，枉则正；洼则盈，敝则新；少则得，多则惑"。又如："大直若屈，大巧若拙，大辩若讷"。还如："轻诺必寡信，多易必多难"。再如为人熟知的："祸兮福之所倚，福兮祸之所伏。孰知其极？其无正邪？正复为奇，善复为妖"，等等。对于转化的条件，老子也做了一定的探讨。他说："持而盈之，不如其已；揣而锐之，不可长保；金玉满堂，莫之能守；富贵而骄，自遗其咎；功遂身退，天之道。"这里所说的"盈""锐""满""骄""遂"，就是导致转化的条件。

　　然而，老子把事物的运动变化看作不是上升前进的，而是循环反复的过程。他把柔弱的、虚静的一面看作根本的一面，表现出贵柔尚弱的特色。老子认为，"弱者道之用"，原来刚强的到了饱和点就会转向衰弱，归于失败；而原来柔弱的可以坚持斗争，逐渐增强，反而能够取得胜利。他说："天下之至柔，驰骋乎天下之至坚。"又说："强梁者不得其死。"还说："静胜躁，寒胜热。清静为天下正。"由此，老子提出"以柔克刚""以弱胜强"的指导思想。

　　《吕氏春秋》说："老聃贵柔。"老子认为天下没有比水更柔弱的东西，但攻坚的力量莫过于它，"天下莫柔弱于水。而攻坚强者，莫之能先，以其无以易之。弱之胜强，柔之胜刚，天下莫不知，而莫之能行"。老子观察到，无论人类还是草木，在初生时都是柔弱幼嫩的，具有旺盛的生命力；刚强枯槁了反而会走向死亡，即"人之生也柔弱，其死也刚强；万物草木之生也柔弱，其死也枯槁"。由此，老子得出，"坚强者死之徒，柔弱者生之徒。是以兵强则不胜，木强则拱。故坚强处下，柔弱处上"。老子认为，这些现象说明，柔弱是新生事物的标志，柔弱的东西是不可战胜的，刚强的东西面临的却是死亡。因此老子主张，人生在世应该守柔处弱，避用刚强，柔弱无争，"复归于朴"，这才符合大道的德性，也是一条走向成功的道路。老子指出，要做到"柔弱胜刚强"，必须注意不与强大的敌人做斗争，

諸子百家——道家

而应用"以柔克刚"、迂回曲折的办法去争取胜利,"将欲弱之,必固强之;将欲废之,必固兴之;将欲夺之,必固与之"。这种欲收故放、欲弱故强、欲废故兴、欲取故与的策略称为"微明"(微妙而明智),可以助长敌人的骄气,从而加速敌人由盛而衰的转化。

具体到个人,老子认为,谦虚退让是人们应该注意的一种明哲保身之术。他说:"功遂身退,天之道","圣人为而不持,功成而不处,其不欲见贤。"意思是说,事业成功了,不居功自傲,不借此去追名逐利,而要抽身隐退。只有不求其功,才能功不可没;如若追名逐利,反而会引火烧身。这是一条自然规律,是天之大道。由此可知,老子所说的柔弱并不是懦弱和消极,而是一种居后不争的智慧与生活态度。老子说:"圣人后其身而身先,外其身而身存。非以其无私耶,故能成其私。"意思是说,圣人以居后不争的态度处世,反而可以处在前列;不大考虑自己的利益,反而可以获得利益。这是一种辩证的智慧,是通过无而实现有,通过表面的否定达到事实上的肯定。

(3)自然无为的政治观

儒家重礼乐,道家贵自然。自然无为是老子哲学中最重要的观念,其中包含着自然与无为两层内容。自然是一种观念、态度和价值,也是一种状态和效果;无为则是一种行为,是实现自然的手段和方法。

老子把"道法自然"的哲学观运用于天道观上,提出了"天道自然"的观念,认为天地的运行是自然而然,不假外力的;他又将其运用于人生论上,认为人也和万物一样是自然的,因此,人生也须消除外在的干涉,使其自然化育,自然发展,自然完成。老子说:"人法地,地法天,天法道,道法自然。"道按照一定的自然法则和规律运行,也就是说,道的本性是自然的,离开了自然,也就不成其为道。既然"道法自然",那么,法"道"的天、地、人,也就必然应以自然为理法,并且其本性也同道一样,是自然的。

那么如何做到"道法自然"呢?那就是"无为"。老子认为,清静无为是人生自然之本,他说:"夫物芸芸各复归其根。归根曰静,是谓复命;复命曰常,知常曰明。不知常,妄作凶。"故"清静无为天下正"。"人之道"就在于"为无为,事无事,味无味"。老子还具体指出:"不自见,故明;不自是,故彰;不自伐,故有功;不自矜,故长;夫唯不争,故天下莫能与之争。古之所谓'曲则全'者,岂虚言哉?诚全而归之。"不自我炫耀、不争名夺利,反而会名扬四方,会得到多数人的拥护。由此可以看出,老子的无为也包含着"不争",不争亦能"保全"自身之自然本性。"不争"要求不带个人偏见,以忘我与淡泊宁静的态度去对待世间万事万物,努力做到清心寡欲,自足知止,"知足不辱,知止不殆",避免患得患失的烦恼,从而融入自然与社会之中。

老子认为,人心应该向真朴的自然之性复归,婴儿只有有限的知识和欲望,距离原有的"德"不远。他们的淳朴、天真和自然,是每个人都应当尽可能保持的特性。老子说:"含德之厚,比于赤子",又说"常德不离,复归于婴儿",因此"圣人皆孩之"。只有这样,才能体现出人的自然纯朴的人陛。老子说:"圣人在天下,歙歙焉,为天下浑其心。""古之善为道者,非以明民,将以愚之。""愚"在这里的意思是淳朴和天真。圣人不只希望他的人民愚,而且希望他自己也愚。老子说:"我愚人之心也哉!"道家说的"愚"不是一个缺点,而是一个大优点。那么如何才能达到婴儿般的自然状态呢? 老子认为要无知寡欲,他指出,"为学日益,为道日损",同时,"祸莫大于不知足,罪莫大于可欲,咎莫大于欲得"。因此,"圣人欲不欲,不贵难得之货。学不学,复众人之所过,以辅万物之自然而不敢为"。

在"自然"哲学的基础上,老子建立了他的无为而治的政治论。无为与自然是关系密切的概念。无为是对道或君主的要求,自然指道或君主无为下万物或百姓的自主状态。统治者无为,百姓生活就自然。老子耳闻目睹当时大大小小的统治者竞尚骄奢,对外尔虞我诈、互相攻伐,对内政令烦苛、剥削严重,认为这都是统治者背弃大道、恣意妄为所造成的恶果,"天下多忌讳,而民弥贫。民多利器,国家滋昏。人多伎巧,奇物滋起。法令滋彰,盗贼多有"。因此老子主张效法自然,以清静无为治理天下。

老子说:"爱民治国,能无为乎!"又说:"道常无为而无不为。侯王若能守之,万物将自化"。老子认为当时社会的畸形病态是"有为"所致,他说:"民之饥以其上食税之多,是以饥;民之难治以其上之有为,是以难治;民之轻死以其求生之厚,是以轻死。"因此,老子主张无为而治,"我无为,而民自化;我好静,而民自正;我无事,而民自福;我无欲,而民自朴"。"无为"并不是消极怠惰,无所作为,而是顺其事物之自然,即"辅万物之自然",排除不必要的作为或妄为。顺其自然不妄为,实际上也是"为",治理好一个国家,就必须采取这种顺其自然不妄为的方式。侯王如果能谨守大道,按规律办事,切实做到"无为无不为",老百姓不受干扰侵犯,就可以自生自化,安宁质朴地生活,社会自然就会走上正轨。

老子认为,"治大国,若烹小鲜",即治理国家,如同煎小鱼一样,不要经常翻搅,而要"以道莅天下",这样才会"其鬼不神,非其鬼不神,其神不伤人;非其神不伤人,圣人亦不伤人。夫两不相伤,故德交归焉。"这就是说,用道治理天下,鬼怪起不了作用;不但鬼怪起不了作用,神祇也不侵越人;不但神祇不侵越人,圣人也不侵越人。鬼神和有道者都不侵越人,所以彼此能相安无事。

无为而治要求统治者"少私寡欲","以百姓心为心",减少私心,降低欲望;政令不可烦苛琐碎,朝令夕改;薄赋敛,减轻人民的负担;"以正治国,以奇用兵,以无事取天下",谨慎用兵,不要发动不义的战争;"以智治国国之贼,不以智治国国之福",删减法令,减轻刑罚,不玩弄权术,不用高压政策对付老百姓,而以质朴善良的政风感化人民。归结为一句话,就是"为无为,则无不治"。

(4)小国寡民的社会理想

老子反对"法治",认为"法令滋彰"反而造成"盗贼多有";反对有为而治,认为"民之难治,以其上之有为";反对多征地税,认为"民之饥,以其上食税之多";反对墨家和法家的"尚贤",说:"不尚贤,使民不争";反对战争,认为"兵者,不祥之器";也反对儒家主张的"礼治",认为"礼"已成大乱的祸首。为了达到无为而治,老子提出了"小国寡民"的理想:"使有什伯之器而不用;使民重死而不远徙。虽有舟舆,无所乘之;虽有甲兵,无所陈之。使民复结绳而用之。甘其食,美其服,安其居,乐其俗。邻国相望,鸡犬之声相闻,民至老死不相往来"。他企图恢复到小国寡民的远古时代去,有了器械不用,有了舟车不乘,有了甲兵不打仗,废除文字,仍旧用结绳来记事。人民有甜美的饮食,美观的衣服,安适的居所,欢乐的习俗。国和国之间能够望得到,鸡鸣犬吠可以相互听见,人们直到老死不相往来。在他看来,有智慧是坏事,有技巧是坏事。有物质文明是坏事,有欲望也是坏事,多活动也是坏事。小国寡民表达了老子强烈的社会批判精神,实质上是一种相当激进的政治思想。

老子主张以"无事"的办法来"取天下"。他说:"取天下常以无事,及其有事,不足以取天下。"所谓"无事"就是"无为",他认为"无为"才能争取天下的归向,用"有为"的办法去争取将要失败,用"执之"的办法去掌握将要丢失,即"将欲取天下而为之,吾见其不得已。天下,神器,不可为也;为者败之,执者失之。"老子主张讲求"不争之德",认为有了不争之德,就可以防止失败,立于不败之地,所以他说:"天之道,不争而善胜"。

老子尤其反对儒家的政治主张,认为大道之中原本就囊括了仁、义、礼的内容,而且它们不过是大道的末节,不是最高境界。在大道衰微甚至被废弃之时,仁义之类才作为道德的或哲学的范畴为人们所重视,这就是"失道而后德,失德而后仁,失仁而后义,失义而后礼,夫礼者忠信之薄而乱之首"。老子认为,到了对"礼"津津乐道、要靠其来维持正常的社会秩序之际,就表明淳厚诚朴之自然天性已经销蚀得所剩无几,社会动乱即将降临。所以他说:"大道废,有仁义;智慧出,有大伪;六亲不和,有孝慈;国家昏乱,有忠臣。"过分标榜仁义或忠孝,反而是大道废、国家乱才有的现象。因此,老子主张"绝圣弃智""绝仁弃义"。具体地说,"绝圣弃智,民利百倍;绝仁弃义,民复孝慈;绝巧弃利,盗贼无有。此三者,以为文,不足。故令有所属:见素抱朴,少私寡欲,绝学无忧。"抛弃聪明和智巧,人民可以得到百倍的好处;抛弃仁和义,人民可以恢复孝慈的天性;抛弃巧诈和货利,盗贼就自然会消失。圣智、仁义、巧利这三者全是巧饰的,不足以治理天下。保持朴质,减少私欲,抛弃圣智礼法的学问,才能使人没有忧虑,找到真正的归属。

要实现小国寡民的理想,老子主张还要"常使民无知无欲"。"不尚贤,使民不争;不贵难得之货,使民不为盗;不见可欲,使民心不乱。是以圣人之治:虚其心,实其腹,弱其志,强其骨。常使民无知无欲,使夫智者不敢为也。"不标榜贤才异能,使人民不争功名;不珍贵难得的财货,使人民不做盗贼;不显耀可贪的事物,使人民不被惑乱。所以有道的人治理政事,要净化人民的心思,满足人民的安饱,减损人民的心志,增强人民的体魄。常使人民没有伪诈的心智、没有争盗的欲念,使一些自作聪明的人不敢妄为。"古之善为道者,非以明民,将以愚之。民之难治,以其智多。"从前善于行道的人,不是教人民精巧,而是使人民淳朴。人民之所以难治,乃是因为它们使用太多的智巧心机,而让人和事物复归到真朴,天下就会大治。

諸子百家 —— 道家

二、《庄子》

1.简介

《庄子》是发挥道家思想和具有集大成意义的文献。《汉书·艺文志》著录《庄子》五十二篇,但留下来的只有三十三篇,分"内篇""外篇""杂篇"三个部分,一般认为"内篇"(《逍遥游》《齐物论》《养生主》《人间世》《德充符》《大宗师》《应帝王》)的七篇文字肯定是庄子所写,《齐物论》《逍遥游》《大宗师》集中体现了庄子的思想;"外篇"(《骈拇》《马蹄》《胠箧》《在宥》《天地》《天道》《天运》《刻意》《缮性》《秋水》《至乐》《达生》《山木》《田子方》《知北游》)十五篇是庄子及其弟子合作写成;"杂篇"(《庚桑楚》《徐无鬼》《则阳》《外物》《寓言》《让王》《盗跖》《说剑》《渔父》《列御寇》《天下》)当是庄子学派或者后来的学者所写,《盗跖》《说剑》等篇不是庄子之思想。

《庄子》有哲学的睿智、文学的风采、美学的情趣,更体现了洒脱的人生。《庄子》之文章生动细腻,挥洒自如,意象雄浑飞越,想象汪洋恣肆,情致滋润旷达,文笔变化多端,具有浓厚的浪漫主义色彩,在中国的文学史上独树一帜。《庄子》结构上允总自然,意到笔随,得心应手,千姿百态;句式富于变化,或顺或倒,或长或短,加之词汇丰富,描写细致,又常常不规则地押韵,显得极富表现力,极有独创性。《庄子》还善于用寓言说哲理,构思奇特,随意夸张,将自然万物赋予灵性,对历史人物加以虚构,故事密度大,富有幽默讽刺的意味,对中国的古代小说和传奇的文本表达有重大的影响。《庄子》标志着先秦散文已经发展到成熟的阶段,司马迁评其"洸洋自恣以适己",鲁迅则称赞"其文则汪洋捭阖,仪态万方,晚周诸子之作,莫之或能先也"。

《庄子》之论,无论在政治、军事、教育、经济等各方面都可以致用,在个人修为、养气以及立身、处世等诸多方面,也有大用处,对后世的影响深远且巨大。

2.思想

(1)"道"与"自然"的继承与发展

庄子继承了老子的思想,以道统摄万物,驾驭宇宙,认为道是世界的本源,化育万物的本根。他指出,道"有情有信,无为无形,可传而不可受,可得而不可见",且"自本自根,未有天地,自古已固存"(《大宗师》)。故道是永恒的、绝对的、无变化的;而万物则是暂时的、相对的、有变化的。因此"道无终始,物有生死","先天地生而不为久,长于上古而不为老"。道又存在于万物之中,"夫道,于大不终,于小不遗,故万物备。广广乎其无不容也,渊渊乎其不可测也"(《人道》)。道还是不可感知、不可言说、不可命名的,"道不可闻,闻而非也;道不可见,见而非也;道不可言,言而非也! 知形形之不形乎! 道不当名"(《知北游》)。

庄子所说的道,指的是人的主体精神与物质实体的统一,是有与无的统一。他认为

诸子百家——道家

人只要精神上得到"道",就可以与"道"同体。他把天地和万物与"我"说成是合二为一的东西,道既然存在于大地万物之中,也就存在于"我"。因此,我就是道,道就是我。庄子从这一观点出发,认为天即人,人即天,"天地与我并生,万物与我齐一"。这就是"天人合一"的思想。

庄子主张顺应自然,不破坏自然,认为"天与人不相胜"。《秋水》云:"天在内,人在外","牛马四足,是谓天;落马首,穿牛鼻,是谓人。故曰:'无以人灭天,无以故灭命,无以得殉名。谨守而勿失,是谓反其真。'""牛马四足"即是天然,可是"落(络)马首,穿牛鼻",加上不自由的束缚,这即是人为。庄子主张"反其真",返回人的自然本性。他指出,人的"生死、存亡、穷达、贫富、贤与不肖、毁誉、饥渴、寒暑,是事之变、命之行也"(《德充符》)。因此,人之有德者是"知不可奈何而安之若命",人之性就是与生俱来的天然本性。《养生主》以寓言"庖丁解牛"说明了万物"依乎天理,批大郤,道大窾,因其自然"的道理,还用一个故事加以说明:老子死后,他的朋友秦失前来吊唁,却批评别人的痛哭,他说:"是遁天倍情,忘其所受。古者谓之遁天之刑。适来,夫子时也。适去,夫子顺也。安时而处顺,哀乐不能人也。古者谓是帝之悬解。"

(2)相对主义的"齐物论"

庄子认为,天下的万事万物都是齐一的、平等的,提倡把相反的万物视为齐一,认为彼此并没有什么分别。由此推而广之,天下间便没有了高低、强弱、古今、大小、是非、善恶、先后之分,这就把将老子辩证法的相对性加以夸大,发展为相对主义。庄子认为,人间的真伪、是非之分来自此物与彼物的区别及言与物、言与言的对立。《齐物论》云:"道恶乎隐而有真伪?言恶乎隐而有是非?道恶乎往而不存?言恶乎存而不可?道隐于小成,言隐于荣华。"只有持有局部见解("小成")的人,才看不见道而谈论真伪;只有喜好争辩("荣华")的人,才不理解素朴之言而谈论是非。

庄子认为,事物都有其自然本性,都体现了无所不在的道,故而"道通为一"。他在《秋水》中以"河伯观海"的寓言加以说明,"以道观之,物无贵贱;以物观之,自贵而相贱;以俗观之,贵贱不在己。以差观之,因其所大而大之,则万物莫不大;因其所小而小之,则万物莫不小。……以趣观之,因其所然而然之,则万物莫不然;因其所非而非之,则万物莫不非。"从人们对事物的认识趋向来看,顺着万物一面去观察便会认为是对的,那么万物没有什么不是对的;顺着万物否定的一面去观察便会认为是不对的,那么万物没有什么不是错的。可见是非难辨,"是亦彼也,彼亦是也,彼亦一是非,此亦一是非","是亦一无穷,非亦一无穷也。"因此,庄子把万物看作是齐一的,不要强分彼此、是非,而要采取一种"和之以是非,而休乎天钧"的态度,即不执着于是非的争论,而保持事理的自然均衡。

庄子认为,既然一切万事万物都是齐一的,那么生死皆齐一、自然。庄子说:"方生方死,方死方生。"又说:"杂乎芒芴之间,变而有气,气变而有形,形变而有生,今又变而之死,是相与春秋冬夏四时行也。"(《至乐》)人之生死只是如春夏秋冬一般循环不息,因此

诸子百家——道家

必须顺乎自然，破除一切的拘执。庄子认为，生固可喜，死亦无悲，由是可齐生死，人亦可无生死，人生在世就要安之若命。庄子在其妻子死时鼓盆而歌，就是庄子这一思想的力证。

（3）"君道无为"的政治主张

庄子尖锐地揭露了当时社会的病态和丑恶："无耻者富，多信（言）者显"（《盗跖》），"钱财不积，则贪者忧，权势不尤，则夸者悲"（《徐无鬼》）。他反对儒家的以仁义治国和法家的以刑罚治国的主张，主张无为而治，回到原始的"至德"社会。他认为，"圣人生而大盗起"，将现实社会视为强盗世界，认为仁义礼智是窃国大盗的工具和赃物。他指出，"捐仁义者寡，利仁义者众"，那些高唱仁义之道的人，多假借仁义以取利，"仁义之行，唯且无诚，且假夫禽贪者器"（《徐无鬼》）。他认为推行儒家学说，非但不能救世，反而违背人性，致使"彼窃钩者诛，窃国者为诸侯，诸侯之门而仁义存焉"（《胠箧》）。他又论述法家主张不足取，"昔尧治天下，不赏而民劝，不罚而民畏。今子赏罚而民且不仁，德自此衰，刑自此立，后世之乱自此始矣"（《天地》）。

庄子认为，"绝圣弃知而天下大治"，"绝圣弃知，大盗乃止；擿珠毁玉，小盗不起；焚符破玺，而民朴鄙；剖斗折衡，而民不争。"（《胠箧》）庄子认为，君王为政，以道德为根本，以无为为常态，"上无为也，下亦无为也，是下与上同德，下与上同德则不臣。下有为也，上亦有为也，是上与下同道，上下同道则不主，上必无为而用天下，下必有为而天下用，此不易之道也。……故古之王天下者，知虽落天地，不自虑也，辩虽形万物，不自说也，能虽穷海内，不自为也。天不产而万物化，地不长而万物育，帝王无为而天下功"（《天道》）。

庄子还描绘了理想中的"至德之世"："不尚贤，不使能，上如标枝，民如野鹿。端正而不知以为义，相爱而不知以为仁，实而不知以为忠，当而不知以为信，蠢动而相使，不以为赐。是故行而无迹，事而无传。"他羡慕远古的神农之世，认为那时"卧则居居，起则于于，民知其母，不知其父，与麋鹿共处，耕而食，织而衣，无有相害之心"（《盗跖》），"民结绳而用之，甘其食，美其服，乐其俗，安其居，邻国相望，鸡狗之音相闻，民至老死而不相往来"（《胠箧》），是"至德之世"最为兴盛的时候。

（4）无待与逍遥的人生态度

庄子追求绝对的、逍遥的精神自由。在庄子看来，只要"犹有所待"，即人为外物所累和受外力的牵绊，就不能获得绝对的自由，能够顺着自然的本性，不受时间和空间的限制，才是真正的自由。庄子认为，"至人无己，神人无功，圣人无名"，所以人生应当逍遥无为，即不受时间和空间的任何限制，超越物质世界的束缚，不感到自己的存在，不追求名誉，不追求成功，做到无名、无功、无己，也就是无待、无为。这样就可以处于逍遥状态——一个内心自由自在、无拘无束的至高境界。人之逍遥，抛弃了私心、功名与利禄，彻底置身于宇宙大化之中，一切皆无，顺性而行，"得而不喜，失而不忧"，"乘天地之正，而御六气之辨，以游无穷"。这是一种心与道合一的境界。

庄子认为，真正的道德境界，超越了世俗道德的束缚，不为世俗的名誉所动，"举世誉之而不加劝，举世非之而不加沮，定乎内外之分' 辩乎荣辱之境"。《养生主》以"庖丁解牛"为喻，阐述人生之道，认为"吾生也有涯，而知也无涯。以有涯随无涯，殆矣。已而为知者，殆而已矣。为善无近名，为恶无近刑，缘督以为经，可以保身，可以全生，可以养亲，可以尽年。"这即是说，人生苦短，不能以有限的生命去追求无限的种种。做好事不要追求名誉，做坏事不要触犯刑律，最好是忘记善恶的界限，不好不坏，不去惹人注意，这样对自己才有利。

　　庄子主张用"心斋""坐忘"的方法达到逍遥境界。《人间世》云："若一志，无听之以耳，而听之以心；无听之以心，而听之以气。听止于耳，心止于符。气也者，虚而待物者也。唯道集虚。虚者，心斋也。""心斋"就是排除一切杂念，使心境保持虚静纯一的状态。《大宗师》云："堕肢体，黜聪明，离形去知，同于大通，此谓坐忘。""坐忘"指内心虚寂，心神安静，涤除思虑，物我两忘，不仅忘掉一切客观事物，而且不记得自己形体的存在，达到心与天地万物浑然一体的精神境界。在《大宗师》中，庄子对"坐忘"的方法做了详细介绍："参日而后能外天下；已外天下矣，吾又守之，七日而后能外物；已外物矣，吾又守之，九日，而后能外生；已外生矣，而后能朝彻；朝彻，而后能见独；见独，而后能无古今；无古今，而后能入于不死不生。杀生者不死，生生者不生。其为物，无不将也，无不迎也；无不毁也，无不成也。"修道之人经过"外天下""外物""外生"三个阶段，然后达到"朝彻"，即一下子豁然贯通，随之可以"见独"，即见别人所不见，至此，便可以不分古今生死，不计往来成败，内心宁静自如，静如止水。

三、《列子》

　　《冲虚真经》即《列子》。唐玄宗于天宝元年（公元 742 年）诏封列子为冲虚真人，尊《列子》一书为《冲虚真经》，道教奉为"四子"真经之一。宋真宗于景德四年（公元 1007 年）加赠"至德"二字，故又名《冲虚至德真经》。《列子》关于万物化生，形神聚散的思想；关于华胥氏之国的自然化理想社会，关于周穆王游昆仑之丘会西王母于瑶池之上的故事；关于愚公移山、夸父追日的神话等等，对后世影响颇大，特别受到道教的崇信。注解《冲虚至德真经》的著作，收入《正统道藏》的有：林希逸述《冲虚至德真经庸斋口义》8 卷，江通《冲虚至德真经解》20 卷，宋徽宗《冲虚至德真经义解》六卷，高守元集《冲虚至德真经四解》（即晋张湛、唐卢重玄解；宋政和训；宋范致虚解）20 卷，以及唐殷敬顺撰、宋陈景元补遗之《列子冲虚至德真经释义》2 卷等。

諸子百家 —— 道家

四、《通玄真经》

《通玄真经》即《文子》。唐玄宗于天宝元年(公元742年)诏封文子为通玄真人,尊《文子》一书为《通玄真经》,道教奉为"四子"真经之一。

《汉书·艺文志》仍刘向《七略》之旧,著录《文子》九篇,并注曰:"老子弟子,与孔子并时,而称周平王问,似依托者也。"于是,文子其人和他生活的时代,就众说纷纭,莫衷一是。比较普遍的看法为楚平王(公元前528~前516年)时人,老子弟子(其姓名则有多种说法)。有的道士也持此说,并予以仙化。

今本《文子》与《隋书·经籍志》《旧唐书·经籍志》《新唐书·艺文志》均作12卷(篇)。该书以老子之言为教,特别强调以老子之道德论治国。《正统道藏》所收注本有:唐默希子《通玄真经注》12卷,宋朱弁《通玄真经注》7卷(缺《自然》《下德》《上仁》《上义》《上礼》5篇),元杜道坚《通玄真经缵义》12卷,其自注云:《文子》12篇,凡188章,道坚随义析之,增81章,章别其旨,题曰《缵义》,以便观览云。

五、《洞灵真经》

《洞灵真经》即《庚桑子》,或称《亢仓子》《亢桑子》。唐玄宗于天宝元年(公元742年)诏封庚桑子为洞灵真人,尊《庚桑子》一书为《洞灵真经》。道教奉为"四子"真经之一。

关于庚桑子其人,《庄子·庚桑楚》称庚桑子,为老聃之弟子,"偏得老聃之道"。《历世真仙体道通鉴》卷四谓:庚桑子,陈人,得老君之道,能以耳视而目听。居畏垒之山,其臣去之,其妾远之,居三年,畏垒大穰。后游吴,隐毗陵盂峰,道成仙去。《亢桑子》全书,以论道为中心,分为《全道》《用道》《政道》《君道》《臣道》《贤道》《训道》《农道》《兵道》9篇,多方发挥了老子思想。

六、《太平经》

《太平经》是流传至今的最早的道教经典,《太平经》的历史可以上溯至西汉;《汉书》记载西汉成帝时,曾有齐人甘忠可作《天官历包元太平经》。《太平经》产生于东汉安帝、顺帝时,出自于吉等人,后于桓帝时由襄楷进献给朝廷;原经本有170卷,但今现存于《道藏》中只有57卷。《太平经》的宗旨,为兴国广嗣之术,是讲"气"以养长生,则为生命存在和长生方法。《太平经钞·癸部》说:三气共一,为神根也,一为精,一为神,一为气,此三共一位,本天地人之气。神者受于天,精者受于地,气者受于中和,相与共为一道。故神者乘气而行,精者居中也,三者相助为治。故人欲寿者,乃当爱气、尊神、重精也。说明"精、气、神"是人生命存在的基础。《太平经钞·壬部》说:"人有一身,与精神相合配也。形者乃主死,精神者乃主生;常合则吉,去则凶;无精神则死,有精神则生。相合则为一,可以长存也。"

《太平经》是早期道教的主要经典。它的社会政治思想以及教理教义和方术,对道教的发展具有重要影响。

七、《黄庭经》

《黄庭经》分《黄庭内景玉经》《黄庭外景玉经》和《黄庭中景玉经》三种。《中景经》系晚出道书,通常不列于《黄庭经》之内。《黄庭经》为道教养生修仙专著,它继承汉代纬书和早期道教的人身各部位皆有神之说,又吸收古代医学有关脏腑、经络、精气的理论,着重阐述存思身神、守固精气的理论和方法。《黄庭经》系统地提出了三丹田、八景二十四真理论和相应的存真修炼方法,这对上清派的形成有着特殊的意义。其中有些内容较之《大洞真经》更为接近唐宋内丹术,故而亦被后世内丹家奉为内丹要籍。经中的脏腑、经络、穴位、精气及阴阳五行学说,反映了古代生理、医理知识。历史上有不少书法家、文学家喜好《黄庭经》,或写法帖,或为文作序,王羲之书《黄庭经》换鹅的故事,更传为千古佳话,故此经的持久影响,已远远超出道教范围。

八、《老子化胡经》

《老子化胡经》,西晋道士王浮撰,1卷,以后陆续扩增为10卷。主要内容是敷衍老子携关令尹喜西入天竺,化为佛陀,立浮屠教,从此才有佛教产生的故事。《老子化胡经》产生后,很快成为佛道二教斗争的一大公案,双方围绕此书的真伪,辩论了近1000年。道教方面力证此书之真,并以此为基础,相继造作了许多具有明显化胡内容的道书。至唐高宗、武周时,佛教方面将此事诉诸朝廷,请求禁毁《老子化胡经》,中间虽有较大争议(如八学士奉敕议《老子化胡经》,回言此经不假),终于两次下令焚毁。但是当时焚毁令不严,《老子化胡经》照样流传。直至元宪宗、世祖二朝,佛教以《老子化胡经》是伪经为由头,两教再次展开大辩论。全真道在宪宗八年和至元十八年的两次辩论中败北,元朝廷两次下令焚毁道经,《老子化胡经》首当其冲,彻底被焚毁。从此该经亡佚,明《正统道藏》和《万历续道藏》皆无存录。

九、《上清大洞真经》

《上清大洞真经》一名《大洞真经三十九章》,简称《大洞真经》《洞经》,或《三十九章经》。其名始见于东晋时造《紫阳真人内传》和梁陶弘景编次之《真诰》。《真诰·甄命授》篇云："仙道有《大洞真经》三十九篇，在世。"盖为东晋杨羲等假托降神所造。

此经被上清派奉为诸经之首，比较典型地反映了上清派的修习方术。全书 39 章，以歌诀形式叙述存神法。此经在唐宋以前影响很大，其后因内丹术之兴起，影响渐衰。但经中的穴位名称及气血津液、人体结构观念，多与传统医学相通，对研究道教的养生气功有一定参考意义。

十、《阴符经》

《阴符经》全名《黄帝阴符经》。旧题黄帝撰，当为假托。

其作者与成书年代，历来学者看法不一。邵雍、程颐、梁启超等认为是战国时书；姚际恒、全祖望等认为是北魏寇谦之所作；朱熹认为是唐李筌所作；今人余嘉锡认为是杨羲、许谧所作；今人王明认为成书年代的上限为公元 531 年之后，下限为唐初，作者大抵是北朝一位久经世变的隐者。《阴符经》之名，据李筌《黄帝阴符经疏》称：阴者暗也，符者合也。

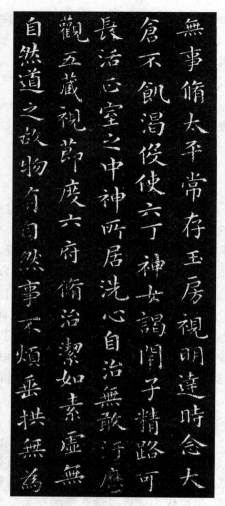

《黄庭经》书法

天机暗合于行事之机，故称阴符。任照一在《阴符经》的注解中也认为：明天道与人道有暗合大理之妙，谓之阴符。盖皆谓人事必须暗合天机，不违自然之道。这是此书所阐述的中心思想。

此书对后世道教有很大的影响。大约在唐宋以后，一般道教内、外丹家，皆将它和《老子》一起看作炼丹之祖经，用它的思想指导丹术修炼。它对社会的影响也较大，许多儒家学者皆为之作注，注家之多，除《老子》外，道教书中只有《周易参同契》才能与之相比。唐以后，各家注代有所出。宋《通志·艺文略》即著录各家注 39 部，54 卷。今《正统道藏》留存注本 20 余种，其中李筌注有较大影响。

十一、《老子想尔注》

《老子想尔注》，全名《老君道德经想尔注》，2卷。据唐玄宗《道德真经疏外传》、杜光庭《道德真经广圣义》所载，作者为东汉张陵。宋代谢守灏《老君实录》、彭耜《道德真经集注杂说》、董思靖《道德经集解》都承袭此说。唐陆德明《经典释文·序录》存《老子想尔》2卷，注称："不详何人，一云张鲁或云刘表。"《传授经戒仪注诀》称：张鲁得道，化道西蜀，蜀风浅末，未晓深言，托构《想尔》，以训初回。也以《想尔》作者为张鲁。《云笈七签》卷33孙思邈《摄养枕中方》曾引《想尔》的话，注称"想尔盖仙人名"。也有人认为可能是张陵开其端，陵孙张鲁最终完成并托称其祖所作。隋唐以前，《想尔注》在道教中颇受重视。《传授经戒仪注诀》列举道士当诵习10卷经，第5、第6即是《想尔注》。

唐张万福《传授三洞经戒法箓略说》列有"想尔二十戒"，存录《想尔注》上下卷。《太上老君经律》也有"道德真经想尔戒"。但唐以后《想尔注》在道教中不显。据史载，东汉末张修、张鲁在汉中传播五斗米道，以《老子》为徒众的主要经典，故《想尔注》当是五斗米道祭酒讲解《道德经》的教材，是研究早期道教史及道教思想史的重要文献。

十二、《抱朴子内篇》

《抱朴子内篇》为道教经典著作。东晋葛洪撰。葛洪号抱朴子，因以名书。西晋光熙元年（公元306年），葛洪避兵南土，羁留广州，开始着手写作《抱朴子》，于东晋建武元年（公元317年）成书。全书20卷，每卷一篇，皆有题目。葛洪自称"内篇言神仙方药、鬼怪变化、养生延年、禳邪祛祸之事，属道家"。此书包括道教理论、神仙方药、鬼怪变化、养生延年等内容，为道教集成之作。书中阐述了长生不老学说，提供了先秦以来各类内炼养生方法。其中有关气功的内容，集中地反映在《对俗》《至理》《释滞》《杂应》《地真》等篇章中。明代的刊本《抱朴子内篇》，末附《别旨》1卷，专述吐故导引，为气功专篇，极有参考价值。清人孙星衍有校刊本行世，今人王明有《抱朴子内篇校释》一书刊行。

十三、《化书》

《化书》为五代道士谭峭（字景升）撰。《化书》以黄老道家思想为主，兼论养生成仙之术。其顺则生物成人、逆则返虚复本之论，"元精""坎离""纯阳""神化"等说，同于内丹道。体现出道教典型的哲学、修炼观点，故而历来为道教徒、内丹家和道教学者所重视。

十四、《〈正易心法〉注》

《〈正易心法〉注》，五代宋初道士陈抟撰。收入《范氏奇书》《学津讨原》《艺海珠尘》等丛书中。所注之《正易心法》为麻衣道者所作。《正易心法》及其注释，乃以道教心学为本，以卦爻象数之心悟为法门，杂采医卜、佛学之说，以成体系。宋元以来，影响颇大。

陈抟是宋初著名道教学者，在《老》学和《易》学方面都有很深的造诣。其《老子》学说，通过弟子张无梦传于陈景元，推动了宋代之后道教教理的研讨。《易》学方面造诣尤深，他打破了儒家传统的《易》学体系，创立了《易》"图书"之学，传有《太极图》《先天图》《易龙图》等，《〈正易心法〉注》为其《易》学体系的重要组成部分。他所创立的《易》学体系，不仅在道教内，在儒家学者中也产生了很大的影响。

十五、《易图通变》

《易图通变》，5 卷。元初道士雷思齐（公元 1231～1303 年）撰。雷思齐把《易图通变》的"河图"之说应用到《易》学"筮法"的解释之中，认为筮法本身包含着数，数之推演就能导出河图来，这就把占筮之学与《易》的宇宙发生模式统一起来，初步具有世界统一论思想和辩证法思想。他以"图"来演示《易》的象数之学，又由此而伸发其发展的观点，较少神秘成分，对道教方术和教理的建设起了一定的推动作用。

十六、《重阳立教十五论》

《重阳立教十五论》为全真道的初期论著，1 卷，作者不详。一说为王重阳撰，一说为王之弟子据其语录编纂而成。该书论述了全真道初创之时的基本思想，此书既揭示了全真道的基本信仰——"阳神"不死；又阐述了达到此目标的基本手段——内丹修炼；还规定了道士修行的准则——苦己利人；并标榜立教之主旨——三教合一。故此书实为全真教义之大纲和基本内容，在全真道众书中占有十分重要的地位。

十七、《太上感应篇》

《太上感应篇》，简称《感应篇》。作者尚无定论。《太上感应篇》仅约 1200 余字，以开头的"祸福无门，唯人自召；善恶之报，如影随形"16 字为纲，接着叙说人若想长生多福，必须行善积德，并列举了 20 多条善行，100 多条恶行，作为趋善避恶的准绳。《感应篇》问世以后，受到封建统治阶级的欢迎，不少皇帝都大力推动它的流布。南宋皇帝出资

诸子百家——道家

官刻；明成祖皇后徐氏还仿之作《仁孝皇后劝善书》，为之推波助澜；清顺治皇帝还御制劝善要言序，以示提倡。在封建帝王的推动下，明清时期民间富有之家都纷纷捐资刊刻，免费散发，从而使此书在社会上广为流传，影响十分广泛，以至边远地区，乃至日本，皆有此书的流布。

十八、《周易参同契》

《周易参同契》简称《参同契》，3 卷，或称上中下 3 篇。东汉魏伯阳撰。全书约 6000 余字，基本上为四字、五字一句的韵文及少数长短不一的散文体和离骚体。

《周易参同契》是关于炼丹术的最早理论，被后人称为"丹经王"，它是对以前还丹金液烧炼技术的总结。"参同契"是指将易学、黄老、炉火三者综合为一：太易性情，各如其度；炉火之事，真有所据；黄老用究，较而可御；三道由一，俱出经路。该书是汉代黄老学派炼丹家魏伯阳所著，记述炼丹器具的制备，与药物的种类、剂量，和炉火的调节，及药物的反应过程，或炼成后服食的方法，以及产生的效果等。书中特别对丹药的反应原理、火候的掌握方法，记述很详细，一直为后人奉为准则。

十九、《葛仙翁肘后备急方》

《葛仙翁肘后备急方》系以葛洪《肘后备急方》和陶弘景的《补阙肘后百一方》为主体，加上宋唐慎微《证类本草》之附方摘录合编而成。由金汴京国子监博士杨用道于皇统四年（公元 1144 年）编成刊行。此书在医学或药学上都有很大成就，特别是它照顾广大下层群众经济负担能力，力求处方的简易实效和药物的大众化，使之具有很大的现实意义。因此为历代医家所重视，被广泛引用于他们的医学著作中。书中所载的许多医理、医方、药方，时至今日，仍有实用价值。此书曾传入日本、朝鲜，对亚洲医学也有一定影响。

二十、《坐忘论》

《坐忘论》，1 卷。唐道士司马承祯撰《坐忘论》，集中讲坐忘收心、主静去欲的道教修炼理论和方法，为司马承祯神仙道教理论的代表作之一。全书分 7 部分，即修道的 7 个步骤、层次。《坐忘论》也受到佛教思想方法特别是天台宗"止观"学说的影响。书中具有道、释、儒三家的思想因素。

在当时道教修炼外丹的风气中，司马承祯以老庄思想为依据，汲取佛教"止观"方法，力倡"坐忘说"，对道教修炼术由外丹转向内丹，起了重要的理论推进作用，实开宋元内炼家风气之先。直至近代道教气功诸家对此书仍十分推崇。此外,其"主静"说对周敦颐、程颢、朱熹等宋代理学家也颇有影响。

二十一、《玄纲论》

《玄纲论》1卷。唐开元至大历间道士吴筠撰。《玄纲论》的主要内容,也是吴筠道教理论的重要组成部分。据唐礼部侍郎权德舆所撰《宗玄集序》称,吴筠献《玄纲论》三篇,得到唐玄宗的"优诏嘉纳";并称此论"总论谷神之妙"。权德舆《吴尊师传》称其"尤为达识之士所称"。可见《玄纲论》在唐代便有一定的社会影响。吴筠为唐代道教茅山宗重要学者之一,其思想与司马承祯较接近,《玄纲论》与司马承祯《坐忘论》一样,体现了唐代茅山宗的理论水平。

二十二、《道门科范大全集》

《道门科范大全集》是一部斋醮科仪书,87卷。大部为唐末五代道士杜光庭撰,其中卷25至45和63至68(共27卷),署"三洞经箓弟子仲励修(或撰)"。杜光庭是继陆修静、张万福之后的道教斋醮仪范的集大成者,陆修静、张万福所撰之书留存不多,杜光庭则留存甚富,他所撰的新篇,尚有若干种,如黄箓斋仪等。此书非其新制,而是对唐及唐前斋仪的删定,正因如此,才大体保存了唐及其前多种斋仪的面貌。

二十三、《灵宝毕法》

《灵宝毕法》,内丹著作。全名《秘传正阳真人灵宝毕法》,又名《钟离授吕公灵宝毕法》。相传为吕洞宾之师、五代道士钟离权撰。全书要旨,归于明阴阳互含之理,"配合甲庚,方验金丹之有准;抽添卯酉,自然火候之无差。红铅黑铅,彻底不成大药;金液玉液,到头方是还丹。从无入有,常怀征战之心;自下升高,渐人希夷之域。抽铅添汞,致二八之阴消;换骨炼形,使九三之阳长。水源清浊,辨于既济之时;内景真虚,识于坐忘之日",如此即可"超凡入圣"。书中还对部分内丹隐名做了解释。

此书是钟吕金丹派的基本教典,阐述了钟吕金丹派的教理、哲学观点,奠定了宋元以后内丹学的理论基础。为唐宋内丹学的最高水平,故研习内丹者皆视为必读之要典。

二十四、《悟真篇》

《悟真篇》是内丹术的主要著作之一。北宋熙宁八年(公元1075年)张伯端撰。全部

诸子百家——道家

由诗词歌曲等体裁写成。其中七言律诗 16 首,绝句 64 首,五言 1 首,《西江月》词 12 首,以及歌曲 32 首。《悟真篇》与《周易参同契》齐名,被道教推为内丹术之正宗。

北宋后,道教之主内丹者,莫不祖述《悟真篇》。张伯端四传弟子白玉蟾于南宋嘉定(公元 1208~1224 年)年间创金丹派南宗,也奉之为祖经。该书广泛流布后,注家蜂起。据元工部尚书张士弘称:"前后注释可见 30 余家。"直至明清,此风不衰,蔚然成为一家之学。传世注本甚多。收入《正统道藏》或《道藏辑要》的有宋翁葆光的《悟真篇注释》《悟真篇直指详说三乘秘要》,宋夏元鼎的《悟真篇讲义》以及翁葆光注、元戴起宗疏的《悟真篇注疏》和元陈致虚的《悟真篇三注》、清朱元育的《悟真篇阐幽》等。

二十五、《列仙传》

《列仙传》,2 卷,旧题汉光禄大夫刘向撰。《列仙传》,记述上古三代秦汉神仙 71 人。上卷 41 人(内"江妃二女"应作二人);下卷 30 人。此与葛洪《神仙传》序所言相符。首为赤松,终于玄俗,人系以赞,全如《列女传》之体。传末附有总赞一篇。

该书虽系伪托,然其博采诸家言神仙之事,实开神仙传说著作之先河。自《隋书·经籍志》始,历代书目多予著录,且东汉王逸注《楚辞》、应邵《汉书音义》、东晋葛洪《神仙传》已引其文。晋以后言神仙事多据之;历代文人多用其神仙事迹为典故,屡见于诗文创作之中。

二十六、《神仙传》

《神仙传》,10 卷。东晋道士葛洪撰。葛洪自谓在《抱朴子内篇》撰成之后,因弟子滕升问古仙之有无,乃作此书。书前自序云:"昔秦大夫阮仓所记有数百人,刘向所撰(指《列仙传》——引者注)又 71 人。盖神仙幽隐,与世异流,世之所闻,犹千不及一者也。……余今复抄集古之仙者,见于仙经服食方及百家之书,先师所说,耆儒所论,以为十卷,以传知真识远之士。"《四库全书》收入子部道家类。全书共录仙人 84,除容成公、彭祖二人外,皆为《列仙传》所未收。《神仙传》曾在社会上产生过相当影响。其所记神仙人物曾被史家所征引,如裴松之注《三国志》,于《蜀书·先主传》中注引李意期,《吴书·士燮传》注引董奉,《吴范、刘惇、赵逵传》注引介象。此外,一些诗人则作为典故引用,小说家据之演成故事。

二十七、《洞天福地岳渎名山记》

《洞天福地岳渎名山记》为五代道士杜光庭编录。1 卷。

杜在自序中称:"太史公云:大荒之内,名山五千,其间五岳作镇,十山为佐。"又《龟山玉经》云:"十天之内,有洞天三十六,别有日月星辰灵仙宫阙,主御罪福,典录死生有高真所居,仙王所理。又有海外五岳,三岛十洲,三十六靖庐,七十二福地,二十四化,四镇诸山。今总一卷,用传好事之士。"总之,杜光庭将古神仙家及道教所谓神仙住在天上、海中、山里洞天福地的各种神话传说,统一集录于《洞天福地岳渎名山记》中,实际上是一部比较全面而又简要的道教地理集,对研究道教宇宙观和道教历史都有重要的参考价值。

第六节　道家智慧

诸子百家——道家

一、知足不贪的人生智慧

天下之道,知足则足,不足则缺

【道者说】

"故知足之足"

——《道德经》四六章

【智慧细语】

所以知道满足的人才能快乐

人生在世,名利财物,都是身外之物,你就是时时刻刻永不停息、永无止境地去追求和索取它,也不会有满足的时候。相反,它还会给你带来无尽的坎坷和烦恼。有许多时候,我们之所以感觉不幸福、不快乐,多半是由于我们的不知足。如果把不知足归结为人类后天的变异,这不免有失公允。其实,不知足是一种最原始的心理需求,而知足则是一种理性思维后的达观与开脱。

有许多时候,我们不知道满足,甚至为了"了却君王天下事",对生前身后的功名也期待颇多。对于前世,我们会埋怨父母没有把我们生养在富贵之家,对于后世,总是抱怨子孙们不能个个如龙似凤,但我们更多的不满足还是来自自身。有这样一个故事:

有一个农夫,日出而作,日落而息,辛苦耕作于田间,日子过得虽不是富裕,倒也和美快乐。

有一天，农夫在田里偶然挖到了一个价值连城的金罗汉，他的家人和亲友都为此而高兴不已，可是农夫却闷闷不乐，整天心事重重，愁眉苦脸的样子。

别人问他："你已经成了百万富翁了，还有什么不满意的呢？"

农夫回答："我在想，另外 17 个罗汉在哪儿？"

得到一个金罗汉，却失去了生活的快乐，究其原因不过是人的贪心在作怪。

这个故事清楚地说明了贪婪不知足的后果，而老子也告诉我们，贪心和不知足往往给我们带来不幸和灾难，只有知足，才不会贪心，只有知道满足才会得到永远的幸福。

《老子》说："祸莫大于不知足，咎莫大于欲得。故知足之足常足矣。"

知足常足，也就是我们通常说的知足常乐。一个人知道满足，心里面就时常是快乐的，达观的，有利于身心健康。相反，贪得无厌，不知满足，就会时时感到焦虑不安。用叔本华的观点来说，就会使人生在欲望与失望之间痛苦不堪。面对现实，我们看到不少铤而走险而落得身败名裂的人正是因为欲壑难填，贪得无厌而走上犯罪道路的。看到这些人的犯罪事实，很多人都会由衷感叹说："要是他早一点收手，大概也不会走到这一步罢了！"不知大家注意到没有，这些感叹所流露的，正是"知足"的思想。问题是，一旦受贪欲支配，又哪里会知足，哪里会收得住手呢？

所以，"知足"不是没有追求；"知足常乐"更不是平庸的表现。相反，倒是很难得修炼成的德性，尤其是在我们这个物欲诱惑滚滚而来，挡也挡不住的时代。

知足使人平静、安详、达观、超脱；不知足使人骚动、搏击、进取、奋斗；知足智在知不可行而不行，不知足慧在可行而必行之。若知不行而勉为其难，势必劳而无功，若知可行而不行，这就是堕落和懈怠。这两者之间实际是一个"度"的问题。度就是分寸，是智慧，更是水平，只有在合适温度的条件下，树木才会发芽，而不至于把钢材炼成生铁。《渔夫和金鱼》中的那个老太婆是不懂得知足的最大失败者，她就是没有把握好知足这个"度"。在知足与不知足之间，要更多地倾向于知足。因为它会让我们心地坦然。无所取，无所需，就不会有太多的思想负荷。在知足的心态下，一切都会变得合理、正常、坦然，我们还会有什么不切合实际的欲望和要求呢？

知足是一种境界。知足的人总是微笑着面对生活，在知足的人眼里，世界上没有解决不了的问题，没有蹚不过去的河，他们会为自己寻找合适的台阶，而绝不会庸人自扰。

知足是一种大度。大"肚"能容天下事，在知足的人眼里，一切过分的纷争和索取都显得多余。在他们的天平上，没有比知足更容易求得心理平衡了。

知足是一种宽容。对他人宽容，对社会宽容，对自己宽容，这样才会得到一个相对宽松的生存环境，这难道不值得庆贺嘛。知足常乐，此之谓也。

有一首《不知足歌》曾广为流传，其中固然有一些封建的局限性，但是其间描写的人生百态，也不失诫世意义。

终日忙碌只为饥，才得饱来便思衣。

诸子百家——道家

517

绫罗绸缎买几件，回头看看房屋低。

高楼大厦盖几座，房中又少美貌妻。

娶下娇妻并美妾，恨无田地少根基。

置得良田千万顷，出入无轿少马骑。

骡马成群轿已备，叹无官职被人欺。

县丞主簿不愿做，想要朝中挂紫衣。

五品六品他嫌小，三品四品还嫌低。

当朝一品为宰相，还想面南去登基。

心满意足为天子，更望万世无死期。

人心不足蛇吞象，不种善根费心机。

若要世人心满足，除非南柯一梦西。

这首歌的作者最后哀叹说：不知足，乃人间活地狱，活一百岁也享受不到人间乐境，每日只有无尽的哀愁。

不与他人比，坚持自己的幸福观，不去处心积虑的无度的追求名誉、财富、地位，懂得知足，那么你将享受真正长久的快乐。

知足常乐，安泰福至，不贪心则安心

诸子百家——道家

【道者说】

天下有道，却走马以粪；天下无道，戎马生于郊。罪莫大于可欲，祸莫大于不知足，咎莫大于欲得。故知足之足，常足矣。

——《老子·俭欲第四十六》

【智慧细语】

如果遵循大道来治理天下，那么就可以做到太平安定，人们就卸下战马来耕田；如果不遵循大道来治天下，那么连怀胎的母马也要送上战场，战马就会在野外生马驹。没有什么罪恶比纵欲更大了，没有什么灾祸比不知满足更大了，没有什么过错比贪得无厌更大了。所以，只要内心体会到满足的那种充实感，就会永远感到充实。

老子把知足看得非常重要，以为知足可以决定人们的荣辱、生存、祸福……不仅如此，他还将知足作为从主观上分辨贫富的标准。如知足，则虽客观财富不多而主观上亦可自认为富有，"知足者富""富莫大于知足"。因此知"足"之所以为足，则常足矣，常足当然可以看作是富裕。反之，客观财富虽多，由于主观的不知足，贪得无厌，能酿成极大的祸害。从这里可以看出老子的财富决定于主观的知足与不知足，亦即决定于"欲不欲",所以带有唯心主义色彩。但他们很重视客观刺激对产生欲望的作用。如他们说"乐与饵,过客止"。寡俗与知足是不可分割的。未有能寡欲而不知足者,亦未有不寡欲而能知足者。

国家间之所以会发生战争,统治者之所以会失"道",最根本的原因在于统治者欲望深重,失去了理智,违背了治国之"道"。为了一个女人,不惜和邻国开战;为了贪得一块美玉,不惜以武力相加。所以对一个国家的决策者来说,最大的祸患莫过于不知足,最大的罪过莫过于贪得无厌。

治国是这样,为人处世也是这样。有些人权有了,钱也有了,本该知足了,可是他偏偏不知足,于是利用手中的职权,营私舞弊,等待他的当然是东窗事发、人财两空。有的人自己家里有娇妻还嫌不够,还要去追求其他女子,结果很可能是新欢没有追到,原来的妻子也愤然离去,而且还留下不光彩的骂名!

好好记住老子这句话吧:珍惜已经拥有的,要懂得知足,懂得知足就是一种富足,这样的富足,就永远富足。记住了这话,在任何环境中你都是一个快乐的人。

现代管理大师普遍认为,员工是帮老板实现梦想的最强有力的工具。让员工获得一种满足感非常重要。

弗兰克·康塞汀——美国国家罐头食品有限公司的总裁,他就深知这个道理,他的信条是:多跟员工进行交流,多给他们地位、被认可感和满足感……让他们在一个温馨的环境中工作,让他们以企业的兴衰为自己的荣辱。

在亚利桑那费尼克斯的工厂成绩卓著,也难怪,这个新工厂充满了家庭气息,有野餐,工作中还洋溢着抒情的音乐,作为一位员工,还有什么比这更快乐的呢?

该公司为了进一步激起员工的自豪感,搭起了一个露天马戏场让员工们工作之余开心快乐。在马戏场建起的那一天,94名工人的日产量达到了100万个罐头的目标。那一天,马戏场成了欢乐的大本营。而3年以后,工人们将日产量提高到了差不多200万个罐头。

康塞汀为了能让员工在心理上获得满足,把管理人员找来,跟他们讲:"管理人员的工作就是把员工们放在合适的岗位上。如果你把适当的人安排在适当的岗位,他们就会得到心理上的满足,这种满足是他们在他们所不能胜任的更高一点的职位上得不到的。"

康塞汀常常说:"我们公司也许不会成为同行业中最大的一家公司,但是只要我们诚心地对待职员,就能最大限度地激起员工对工作的自豪感,为公司创造相当多的财富。"

美国国家罐头食品有限公司无疑为员工们创造了一个天堂。公司在不断地壮大,现已成为世界上第三大罐头食品公司。

知足常乐,康塞汀利用这一心理原理,努力使员工们感到满足,然后员工们就会尽心尽力地做事了。

祸患来自贪得无厌,人最大的灾难就是不知足。不知足就不合乎大道的德性,因为

諸子百家 ——道 家

大道的德性就是知足而无争无求。

心里不知足，就想去占有，这山望着那山高，这样的人对什么都不会感到满足，所以整天只能生活在对各种事的不满之中。

有这样一个比赛。两个人被同时允许进入一个梨园摘梨子，条件是一个人只摘一个，不论大小。甲进入梨园后一直都在紧张地搜寻，但每当他看到一个大梨子时就想："这个还不够大，前面还有更大的"，结果他放过了很多大梨子，等到快要出梨园的时候，他才意识到自己已经没有机会选择了，所以只好匆忙摘了一个并不很大的梨子。乙则不然，他进梨园后不久就发现一个很大的梨子，并将其摘了下来，然后一路悠闲地欣赏梨园风光，直到走出梨园。出梨园后两个人一比，乙摘的梨子比甲的大多了，乙取胜了。

托尔斯泰1886年曾写过一个短篇小说《一人需要多少土地》，小说的警示也正是老子本章的原意，值得我们每一个人去好好地体会。故事讲的是：

贪心的农民帕霍姆要买一块土地，人家告诉他只要他太阳落山前能回到出发地，跑了多少地就能得到多少地，他跑啊跑，越大越好，越多越好，最后在太阳落山前回到了出发地，但是人也累得吐血死了。

帕霍姆贪多求大，不知道知足，最后得到的土地其实只有他身体那么大的一小块。

托尔斯泰

不知足的人，对本不可强求的东西有太多的奢望，只能是空想。不知足的人，在追求业、名利、地位、信念、财富时，往往因各种因素与自己的愿望有很大出入，对金钱财富之类心存过高贪欲，那就是贪心。贪心常常使人自掘坟墓。

由此可见，知足实在是一种聪明的生存方式，我们应学会知足。

顺应规律，顺势而去，逍遥自在

【道者说】

"无为为之谓天。"

——《庄子·天地》

【智慧细语】

用无为的态度去做就叫作自然。"做事而无意叫作天然。"

其实，许多事都是在一种"无心插柳柳成荫"的情况下解决的。一切随性、随缘、随自然，才能够得失泰然。无为并不是无所作为，而是掌握、顺应规律，不破坏自然规律，不违背自然法则，在尊重的前提下行事，就会"浑然天成"。

一个人越是有私心，就越难以做自己；越想有所为，就越不能有所为。如果你与全国人去争国家，与全天下人去争天下，与全事业领域中的人去争成败，结果必然是一无所获。

你如果不与人们去争，恬淡无为，反而必有所得，不争之争反而天下莫能与之争。所以庄子说："深知什么是雄强，却安雌柔的本分，甘愿做天下的溪涧。甘愿做天下的溪涧，永恒的德性就不会离失，回复到婴儿一样单纯的状态。深知什么是明亮，却安守于昏暗的本分，甘愿做天下的模式。甘愿做天下的模式，永恒的德行就没有过失，恢复到不可穷极的真理。深知什么是荣耀，却安守卑下的本分，甘愿当天下的川谷。甘愿当天下的川谷，永恒的德性才能得到充足，回复到自然开端的朴素、纯真的状态之中。"

委曲便会保全，屈枉便会直伸；低洼便能充盈、陈旧便会更新；少取便会获得，贫多便会迷茫。这就是主张以柔克刚、以弱克强的阴柔手段。用无为治国，以不争天下而得天下为策略。

黄帝的百战征讨，罔公的礼典政制，秦始皇的修筑长城，隋炀帝的开掘大运河，都是为子孙后代的伟大行动。它们都影响着国家民族的千秋后世，如果他们没有远大的雄图和计划，就不会有那样大的力量，也不会取得那样巨大的效果。

同时，在一个远大的计划之中，每一件大事都有它的计划，分门别类，按部就班。而每一个计划又有若干阶段的独立计划，每一独立计划，前后彼此，都有着密切的联系，并且是相互衔接的。

春秋时期，齐国宰相管仲，把齐国治理得有条不紊，征服了许多割据一方的诸侯小国。后来，只剩下楚国不听齐国的号令。于是，齐国又准备征服楚国。

当时，齐国有好几位大将军纷纷向齐桓公请战，要求率重兵去攻打楚国。担任宰相的管仲却连连摇头，他激动地对大将军们说："齐楚交战，旗鼓相当，够一阵拼杀的。就粮草而言，得把辛辛苦苦积蓄下来的粮草清仓用光；更有齐楚两国万人的生灵将成尸骨！"

大将军们哑口无言，都用询问的目光注视着智慧超人、功劳卓著的管仲。管仲却不慌不忙，带领大将军们看齐人炼铜铸钱去了。

一天，管仲派 100 多名商人到楚国去购鹿。鹿是较稀少的动物，仅楚国才有，但当时人们只把鹿作为一般的可食动物，两枚铜币就买一头。管仲派的商人在楚国到处扬言："齐桓公好鹿，不惜重金。"

齐商人开始购鹿，3 枚铜币一头，过了 10 天，加价为 5 枚铜币一头。

楚国成王和大臣闻此事后，颇为兴奋。他们认为繁荣昌盛的齐国即将遭殃，因为 10

年前卫国的卫懿公好鹤而把国亡了，齐桓公好鹿正蹈其覆辙。他们在殿里大吃大喝，等待齐国大伤元气，他们好坐得天下。

管仲却把鹿价又提高到10枚铜币一头。

楚人见一头鹿的价钱如此之高，纷纷做猎具奔往深山去捕鹿，不再种田；连楚国官兵也陆续将兵器换成猎具，偷偷上山了。

又一年，楚国遭到大荒，铜币却堆成了山。

楚人欲用铜币去买粮食，却无处买。管仲已发号施令，禁止各诸侯国与楚通粮商。

这么一来，楚军人枯马瘦，大大削弱了战斗力。管仲见时机已到，即集合八路诸侯之军，浩浩荡荡，开往楚境，大有席卷残云之势。楚成王内外交困，无可奈何，忙派大臣求和，同意不再割据一方，欺凌小国，保证接受齐国的号令。

战争也是有规律的，长期分裂则战乱不止，长期战乱让各方民不聊生，百姓流离失所，自然怨声载道。管仲不动一刀，不杀一人，就制服了本来强大的楚国，为东周列国赢得了一个安定的时期。后来，有人把管仲这次用的计策称为"买鹿之谋"。

生命对于个体的人来说就是他的一切，为政者能够尊重"芸芸众生"，能够尊重生命，不妄生战事，不使生民涂炭，让天下苍生"安居乐业"，就是最大的"道"，是最好的顺应自然，那么它受到各方拥戴就理所当然。

古人说：天地以顺为动，所以日月就以四季更替而不差失；圣人以顺为动，所以刑罚清明而人民归服。阴阳以顺则豫，天地以顺动而有规有序，圣贤以顺动就能正直，国家以顺动就能富强，战争以顺动就能取得胜利，全人类与天下所有万事万物以顺动就能宜而可止，达到至善。宜就适当，适当就真实无妄，真实无妄就不停息，不停息就久远，久远就宽厚，宽厚就高明。这样不见自彰，不动自变，不战自胜，不争自有，无为自成，无私自大，就是顺应的功效。

作为领导来说，想要在历史上写上光辉的一页，最上乘的成功秘诀在于顺应，以退为进，以守为攻，以小为大，以卑为高，以辱为荣，以屈为直，以不争为争。

做事情要顺时而动，不能顽固不化、墨守成规，顺应自然的前提是需要掌握其规律，对规律视而不见，不懂得变通必然受到惩罚。

一次，一艘远洋海轮不幸触礁，沉没在汪洋大海里，海轮上的9位船员漂泊拼死登上一座孤岛，才得以幸存下来。

但接下来的情形更加糟糕，岛上除了石头，还是石头，没有任何可以用来充饥的东西，更为要命的是，在烈日的曝晒下，每个人口渴得冒烟，水成为最珍贵的东西。

尽管四周都是水——海水，可谁都知道，海水又苦又涩又咸，根本不能用来解渴。现在，9个人唯一的生存希望是老天爷下雨或别的过往船只发现他们。

等啊等，没有任何下雨的迹象，天际除了海水还是一望无边的海水，没有任何船只经过这个死一般寂静的岛。渐渐地，他们支撑不下去了，有8人渐渐渴死在孤岛。

诸子百家——道家

当最后一位船员快要渴死的时候,他实在忍受不住,便扑进海水里,"咕嘟咕嘟"地喝了一肚子。船员喝完海水,一点儿觉不出海水的苦涩味,相反觉得这海水又甘又甜,非常解渴。他想:也许这是自己渴死前的幻觉吧,便静静地躺在岛上,等着死神的降临。

他睡了一觉,醒来后发现自己还活着,船员非常奇怪,于是他每天靠喝这岛边的海水度日,终于等来了路过的船只被救。

后来,人们化验这儿的水发现,这儿由于有地下泉水的不断翻涌,所以岛边的海水实际上全是可口的泉水。

谁都知道"海水是咸的","根本不能饮用",这是基本的常识,因此,8名船员被渴死了。是"环境"害死了他们,还是"经验"?

不顽固不化,不墨守成规,才有生存和成功的希望。反之,只能像"8名船员"一样,可悲可泣啊!

尊重自然就会为自己赢得生存的机会。这其实也是适者生存法则的体现,是"道"的体现。万事万物都脱离不了这个法则,只有顺应自然规律才会赢得生存和发展的权利。

适者生存,战胜贪婪,战胜自己

【道者说】

知人者智,自知者明。胜人者有力,自胜者强。知足者富,强行者有志,不失其所者久,死而不亡者寿。

——《老子·辩德第三十三》

【智慧细语】

能了解别人的人,是智者;能认识自己的人,才算聪明人。能战胜别人的人,是有力的;能战胜自己的人,才是真正的强者。知道满足的人,就是富有的,努力不懈的人,才是有志气的。不离开适于自己生存的环境,就能长久;身虽死而精神仍存的,就不被人遗忘,才算真正的长寿。

在老子看来,"知人""胜人"十分重要,但是"自知""自胜"更加重要。他认为,一个人倘若能审视自己、坚定自己的生活信念,并且切实推行,就能够保持旺盛的生命力和饱满的精神风貌。

人吃五谷杂粮,七情六欲天生附体,因而,易于产生放纵之心而失去理智。于是,在人的灵魂和肉体里,便多出一种不可或缺的主宰力量——克制力。人区别于动物很重要的一点就是人有克制力。这种克制力大大超出了动物的本性。在很多时候,人与人的差别,正是体现在克制力上。

强者之所以为强者，不仅仅是因为他能战胜别人，更大程度上是因为他能战胜自己。

一个人要战胜自己，就意味着他要否定自己，这其中有很多珍贵的东西，甚至曾经给他带来过的辉煌和荣誉，他曾引以为自豪，而现在他要亲手毁掉它，这是一个痛苦的抉择。如果他不能当机立断，痛下决心，他就战胜不了自己。很多人的失败都不是因为对手太强大，而是因为他们自己太固执，说服不了自己，战胜不了自己，最后被自己打败。

在东周时期，楚庄王有一次大宴文武群臣。在酒席宴上，楚庄王命他的爱姬给群臣敬酒。其中有一员偏将叫唐狡，见楚庄王的爱姬美貌至极，他就动心了。

恰在这时，突然刮来一阵风，把酒宴上的灯全都吹灭了。唐狡借这机会伸手扯了扯爱姬的衣服。她一伸手就把唐狡头盔上的盔缨摘掉了，然后跪在楚庄王的面前，声称刚才有人调戏自己，她还把那个人头盔上的盔缨抓下来了。

有人提议点上蜡烛，看谁的帽子上没有带子，那么谁就是调戏宠姬的人。

唐狡心中有鬼，吓得直冒冷汗。

这时候，楚庄王面临着一个两难的选择，自己身为一国之君，居然有人趁黑调戏自己的妃子，是可忍，孰不可忍！可是真要追究下去，就有人要被杀头，当然也有人会借此做文章，说自己居然为了一个女人就滥杀朝廷大员。

最后，理智最终战胜了冲动，楚庄王最终战胜了自己，他说不碍事，酒后失态，人之常情，于是让所有的臣僚在点烛之前，都摘掉帽带。

一场风波就这样平息了。

后来楚庄王跟秦国打仗，身陷重围，唐狡奋不顾身杀到他身边救驾，冒死保护楚庄王杀出重围，楚庄王终于得以脱险。楚庄王就问他："你为何舍命救我？"唐狡跪在庄王面前："大王，我谢您绝缨会上不斩之恩，誓死效忠您！"楚庄王心里感叹不已：如果那天听了爱姬和群臣的话，把这唐狡杀了，今天我可就死定了。

从这个故事可以看出，楚庄王之所以能成为春秋五霸之一，一个重要的原因在于他能战胜自己，他就是那个时代的强者。

有的人天天喊口号，说自己一定要干出点什么名堂，可是活了大半辈子，一件像样的事也没有干成，你说这种人算得上有志气的人吗？而有的人平常一句口号也不喊，默默无闻地干着那些不起眼的事，日积月累，最后居然干成了大事。这就应了这样一句话：有志之人立长志，无志之人常立志。

人生在世，可怕的是丧失了自己的本性。一个人生下来的时候本性是善良的、单纯的，后来有些人有了欲望，就变得不那么淳朴了。特别是那些被欲望冲昏了头脑、丧失了理智的人，做事更是不计后果，什么事都敢干，一步一步把自己推向危险的境地、死亡的边缘。这种人又怎么可能长久呢？只有单纯的人，不丧失自己本性的人才会长久。

成吉思汗取得了伟大的成就，与他善于制怒有关；而他之所以善于制怒，则与他的一段传奇经历有关。

有一次，成吉思汗带人去打猎。他们一大早便出发，可到了中午仍没有收获，只好返回山上的马主地。成吉思汗不甘心，便独自一人走回山上。

烈日当空之下，他沿着羊肠小径向山上走去，走了好久，他感到口渴。他来到了一个山谷，见有细水从上面一滴一滴地流下来，成吉思汗非常高兴，就从皮袋里取出杯子，耐着性子去接一滴一滴流下来的水。

当水接到七八分满时，他高兴地把杯子拿到嘴边，想把水喝下去。就在这时，一股疾风猛然把杯子从他手里打了下来，将水弄洒了。成吉思汗又急又怒，抬头一看，原来是一只飞鹰捣的鬼。他非常生气，却又无可奈何，只好拿起杯子重新接。

当水再次接到七八分满时，又有一股疾风把水杯弄翻了，原来又是那只鹰。成吉思汗非常愤怒，于是，他一声不响地拾起水杯，再从头接着一滴滴的水。当水接到七八分满时，他悄悄取出尖刀，拿在手中，然后把杯子慢慢地移近嘴边。老鹰再次向他飞来，成吉思汗迅速拿出尖刀，把鹰杀死了。

由于他的注意力过分集中于杀老鹰，疏忽了手中的杯子，杯子掉进了山谷里。成吉思汗无法再接水喝了，不过他想到既然有水从山上滴下来，那么上面也许有蓄水的地方，很可能是湖泊或山泉。于是他忍住口渴的煎熬，拼尽气力向上爬，终于攀上了山顶，发现果然有一个蓄水的池塘。

成吉思汗兴奋极了，正要弯下身子想要喝个饱。忽然，他看见池边有一条大毒蛇的尸体，这时才恍然大悟："原来飞鹰救了我一命，正因它刚才屡屡打翻我杯子里的水，才使我没有喝下被毒蛇污染了的水。"

成吉思汗明白自己做错了，他带着自责的心情，忍着口渴返回了帐篷。他对自己说："从今以后，我绝不在愤怒的时候做决定！"这一决心，使成吉思汗避免了很多错事，给他的雄图霸业带来了莫大的帮助。

孟子说："骤然临之而不惊，无故加之而不怒，此之谓大丈夫。"很多有智慧、有成就的人，也都反复告诫人们：千万别被愤怒左右。如果一个人动不动就怒火中烧，结果就会伤人伤己，不可能与别人融洽地相处和友好地交往。一旦如此，便会失去理智，难以保持清醒的头脑、做出正确的判断，因而做错事、蠢事的概率便大大增加。所以，必须学会自制，这不仅是一种很高的人生修养，而且是人在社会上生存、发展所必不可少的能力。

所以，一个人活在世上，还是应该多一点自知之明，了解自己，克制自己，战胜自己，这样你的内心才能归于平静，无为无欲，顺其自然，与"道"翱翔，成为有"道"之人。一个有"道"之人即使形体消失了，他的精神也将长存于世，比如文王、武王、周公、老子、孔子、庄子、孟子等，他们才是真正的长寿者，不仅现在的人们记得他们，今后的人们依然记得他们。

歌德说："谁不能克制自己，他就永远是个奴隶。"我们的生活在不断诠释这个道理——善于克制自己，才有可能走向成功，拥有完美无憾的人生。而克制不住激情和欲望的魔力,就会被它们所牵制,扬其波逐其流,难以成就事业,甚至走向自取灭亡的可悲境地。

这个道理人人都懂,可惜我们人类由于私心和贪婪,每到了那个关键时刻,名利心一重,就忘乎所以,不由地做出了错误的选择。

清末杭州知府陈鲁原是个很受百姓拥戴的清官,他不贪财不好色不嗜酒。想用这些东西拉他下水的人只好望而却步。但他有一样嗜好:喜爱古字画。遇到好的古字画,他茶饭不思。正好,他治下的余杭知县得了一幅唐伯虎的真迹,送上门来请他观赏。他爱不释手。知县善解人意,便慷慨相送。自此两人关系非同一般。

过了不久,余杭县报上来一桩大案,他阅读案卷,明知事有蹊跷,却碍于情面,照准了。这桩案子就是当时震动朝野的杨乃武与小白菜冤案。案发后,朝廷追究涉案官员的责任,陈鲁原自知罪责难逃,加上羞愧难当,便悬梁自尽了。

从一幅字画开始,清官成赃官,贪欲害人可见一斑。出现这样的结果,是由于我们人类未达到"和"的标准,与大道的德性相违自然受到了自然规律的惩罚。所以老子又说,过分的贪必会付出更大的代价;过分地聚藏,结果必会有更大的损失。

所以,对于名利和财富,只要能够知道满足,顺其自然,不贪婪,那么自然不会有什么耻辱和失败;知道事情都要适可而止,不为己甚,那么也就不会走向灭亡,自然也就会保持长久而不败了。

人如果不能克制自己的贪欲,势必会遭其所害。看看历史上的那些因嗜好而铸成大错、酿成大祸的官员有多少?且不说那些因沾上不良嗜好如贪财好色而坏事丢官掉脑袋的,就算是一种好的嗜好,如果不小心,也会出事。

但丁说过,测量一个人的力量大小,应看他的自制力如何。每个人在走向成功的道路上,都可能遇到形形色色的诱惑,闪现出本能的贪欲。如何消除贪欲之心,免去贪欲之害?只有克制。"无求于物心常乐,自静其事品自高。"老子也曾说:"见欲而止为德"。如若克制不住自己,那么"一念之欲不能制,而祸流于滔天。"往往会在贪欲中开始,在牢狱中结束。因为人的欲望无穷期,所以克制自己,并非易事。只有常怀律己之心,常思贪欲之害,不该自己管的事不插手,不该自己拿的东西不伸手,始终保持一颗平常心、平民心、好人心,如此这般,才能克制欲望的纷扰,心胸坦荡地走好人生之路。

懂得克制自己的人,不会被自己的欲望牵引得盲目地乱走。懂得克制自己的人是理性的人,这样的人冷静从容,有十足的信心控制局势,能够不急躁、有次序地前进,而且有始有终。

一个我行我素的人,是难以在某一领域取得突破的。因此,必须要约束自己,制约自己。比尔·盖茨深刻地说:"我们唯一能控制的便是我们的头脑,如果我们不能控制它的话,别的力量就会来左右它了……"一个人若不能控制自己的头脑,思想总被其他各种思想干扰、左右的话,这样的头脑就成了大杂烩。

诸子百家——道家

会限制自己的人,就会发展自己;会发展自己的人,也会限制自己。坚持自己该做的事情,是一种勇气。限制自己需要顽强的意志和毅力,这种意志是一个逐步积累的过程。平时,要从调节自己的情绪起步。能以自己的思绪控制其行动的人是弱者;反之,能用行动来控制自己思绪的人,则是强者。经常注意将情绪调整到较佳的位置,久而久之,就能增强自己的聚焦意志,使聚焦效应结出丰硕的果实。

有这样一个故事:

一天,小镇上贴出了一个新奇的招聘启事,吸引了小镇上众多的人驻足观看。那启事写着:招聘一名懂得克制自己的年轻人,月薪40美元,表现优异的可增加至60美元,有升迁机会。

说它不寻常就是因为它的内容是"懂得克制自己的人",大人和小孩都无法理解这一点。很多大人鼓励自己的孩子去参加应聘。负责招聘的人给前来应聘的年轻人一段文字,问:"你能够读吗?"

"能啊。"

"那持续不断地阅读这一段,可以做到吗?"

"可以啊。"几乎所有的应聘者都脱口而出。

"那么好吧,你们一个一个来。"

那段文字被交到一个年轻人手里。他开始阅读,这时,负责招聘的人放出几只漂亮的小狗。小狗绒球一般滚动,打打闹闹,十分可爱。年轻人很快读不下去了,他的眼睛被小狗深深吸引去了。

第二个年轻人,只读了两句便错了。他也受不了小狗那么可爱的诱惑。一个又一个年轻人读不下去了。到了最后一个年轻人,小狗咬着他的衣服,他也不为所动,一字不错地读了一遍又一遍。

负责招聘的人十分高兴,说:"小伙子,你承诺的事总会去做吗?"

"我会尽自己最大努力去做。"

"好,你被录取了。"

学会努力克制,就要有坚定的目标。风云变幻我自岿然。只向着一个目标前进,岔路便分不了你的神,你也不会转来转去,在人生的岔路口花时间精力去判断,你只要一心向着自己的目标走去,就可以了。

能够克制自己的人永远从容,因为他分得清轻重缓急,他知道怎样平衡生活中紧急的事和主要的事,他不会手忙脚乱,左手做一件,右手做一件,像在耍杂技,但一件事都做不好。他知道,该阅读的时候,像手里的文字就是上帝,小狗再可爱,也是魔鬼,不可理喻。

如果你能够克制自己,你的努力便永远指向成功的方向,不管成功的路多么崎岖漫长。

你要是今天自我克制一下，下一次就会觉得这种自制的功夫并不难为，慢慢就可以习以为常；因为习惯简直有一种改变气质的神奇力量，它可以使魔鬼主宰人类的灵魂，也可以把它从人们心里驱逐出去。

自我克制是一种高贵的品质，一切美德的根本体现便是人的自我克制。如果一个人仅由本能和激情来支配，那么他极易丧失道德上的行动能力和良心的自由，他就会沦为强烈的个人欲望的奴隶。由于有道德戒律和自我克制，人才能抵制本能的冲动，也正是通过抵制本能的冲动，人类才把握了自我发展的主动权。所以是自我克制能力区分了纯粹的物欲生活与道德生活，也是自我克制能力构成了所有高尚品德的主要基础。

如果不够坚决地克制自己的欲望，并且不想办法使自己摆脱欲望的控制，那么人类的灵魂就会被欲望的魔鬼所控制，看看拉斯维加斯那些赌红了眼的赌鬼，再看看那些因为痴迷于不劳而获最终银铛入狱的恶棍，还有那些因为酗酒甚至吸毒而妻离子散的流浪汉……所有这些人，都枉活一世，因为他们的灵魂早就不属于自己，使他们失去灵魂的正是不加克制的欲望。

容所不容，忍所不忍，及他人所不及

【道者说】

"大知闲闲，小知间间，大言炎炎，小言詹詹。"

——《庄子·齐物论》

【智慧细语】

见识广博的人胸襟豁达不与人争辩，见识短小的人总是斤斤计较。合于大道的言论就像猛火烈焰一样气焰凌人，拘于智巧的言论则琐细无方、没完没了。

大智广博豁达，小智精细苛刻；大言气焰凌人，小言论辩不休。

赵州禅师的寺院里，来了一位王公大人，与禅师谈了一会儿，禅师坐在禅床上抱歉地道："我现在年老体衰得厉害，接见客人时，没力气下禅床啦！"王公大人一点儿都不以为意，反而对他更加尊敬。

隔天，王公大人又派位将军来传话，赵州禅师便下床去接待将军，侍奉在左右的小和尚怀疑地问："昨天大人来，师父不下禅床，今天派将军来，为什么须下床应对呢？"

禅师笑笑说："这不是你们能明白的。第一等人来访，我就在禅床上迎接；中等人来访，我就要下禅床迎接；末等人来访，我就得走出大门去迎接。"

赵州禅师的话，与世俗的想法恰好相反。一般人觉得对愈权贵的人愈逢迎阿谀，才愈有好处可得，但其实赵州禅师是深明"大知闲闲，小知间间"的道理。

末等的人计较最多，最留意排场待遇，繁文缛节一样不可少，少了他便怪你。中等人有点自卑，对他仍需要礼数周到，让他面子十足，心中才会高兴。而第一等人，因为他光明磊落，无所标榜，无所营扰，无所求取，因此只需以朴实的面目真诚对待，便能让他悠游自在，坦然愉快！

天地何其广阔，我们实在无须做个在细枝末节上斤斤计较的"末等人"，胸襟豁达的"不争"，才是明智的处世态度。最丰满最好的稻穗，便最贴近地面。

怎样做人是一门学问，是一门甚至用毕生精力也未必能勘破个中奥秘的大学问，多少不甘寂寞的人究其原委，试图领悟到人生真谛，塑造出自己辉煌的人生。然而人生的复杂性使人们不可能在有限的时间里洞察人生的全部内涵，但人们对人生的理解和感悟又总是局限在事件的启迪上。比如：做人不能斤斤计较便是其中一理，这正是有人活得潇洒，而有人活得很累的原因所在。

做人固然不能玩世不恭，游戏人生，但也不能太斤斤计较，认死理。"水至清则无鱼，人至察则无徒"，太斤斤计较了，就会对什么都看不惯，连一个朋友都容不下，把自己同社会隔绝开。镜子很平，但在高倍放大镜下，就成凹凸不平的山峦；肉眼看似很干净的东西，拿到显微镜下，满目都是细菌。试想，如果我们"戴"着放大镜、显微镜生活，恐怕连饭都不敢吃了。再用放大镜去看别人的毛病，恐怕那家伙罪不容赦、无可救药了。

人非圣贤，孰能无过。与人相处就要互相谅解，经常以"难得糊涂"自勉，求大同存小异，有肚量，能容人，你就会有许多朋友，且左右逢源，诸事遂愿；相反，斤斤计较，认死理，过分挑剔，容不得人，人家也会躲你远远的，最后，你只能关起门来"称孤道寡"，成为使人避之唯恐不及的异己之徒。古今中外，凡是能成大事的人都具有一种优秀的品质，就是能容人所不能容，忍人所不能忍，善于求大同存小异，团结大多数人。他们极有胸怀，豁达而不拘小节，大处着眼而不会目光短浅，从不斤斤计较，纠缠于非原则的琐事，所以他们才能成大事、立大业，使自己成为不平凡的伟人。

人生如此短暂和宝贵，要做的事情太多，何必为这种令人不愉快的事情浪费时间呢？斤斤计较的人应该知道自己该干什么和不应该干什么，知道什么事情应该认真，什么事情可以不屑一顾。要真正做到这一点是很不容易的，需要经过长期的磨炼。如果明确了哪些事情可以不认真，可以敷衍了事，他们就能腾出时间和精力，全力以赴认真地去做该做的事，他们成功的机会和希望就会大大增加；与此同时，由于他们变得宽宏大量，人们就会乐于同他们交往，他们的朋友就会越来越多。事业的成功伴随着社交的成功，应该是人生的一大幸事。

在社交场合，我们不能不注意的一件事，便是对于他人言语的斤斤计较，永远避免正面冲突的言谈应该是豁达的智者所具备的素质。争辩赢了不是真正的赢了，那只会让你的一生失去更多的朋友。

"永远避免正面的冲突！"争辩赢了不是真正的赢了，那只会让我们的人生失去更多

诸子百家——道家

支持我们的朋友。

"如果你辩论、反驳，或许你会得到胜利，可是那胜利是短暂、空虚的……你永远得不到对方对你的好感。"

你不妨替自己做这样的衡量……你想得到的是空虚的胜利，还是人们赋予你的好感？这两件事，很少能同时得到的。

你在进行辩论时或许你是对的，可是你要改变一个人的意志时，就是你对了，也跟不对一样。

我们绝不可能用辩论使一个无知的人心服口服。

所以，在辩论中，获得最大利益的唯一方法，就是避免辩论，真正的胜者不是靠争辩来取得胜利的，过多的争辩只会让自己失去更多的朋友。

生活中，一些人对什么事都看不惯、他们爱斤斤计较，认死理，因此对人过于挑剔。

生不带来，死则不随，名利乃身外之物

【道者说】

"名与身孰亲？身与货孰多？得与亡孰病？是故甚爱必大费，多藏必厚亡。故知足不辱，知止不殆，可以长久。"

——《老子·立戒第四十四》

【智慧细语】

名誉与生命，哪个更值得爱惜？生命与财富，哪个更为珍贵？获得与丧失，哪个更有害？所以，过分地爱名利就必定要付出更多的代价，过于积敛财富，必定会招致更为惨重的损失。懂得满足的人不会受辱，懂得适可而止的人不会有危险，这样才可以保持住长久的平安。

这里是以名与货和人的自身价值对比，也是要人自重、自爱。老子宣传的是这样一种人生观，人要贵生重己，对待名利要适可而止，这样才可以避免遇到危难；反之，为名利奋不顾身，争名逐利，则必然会落得身败名裂的可悲下场。争夺财富还是重视人的价值，这二者的得与失，哪一个弊病多呢？这是老子在本章里向人们提出的尖锐问题，这也是每个人都必然会遇到的问题。贪求的名利越多，付出的代价也就越大，积敛的财富越多，失去的也就越多。他希望人们，尤其是手中握有权柄之人，对财富的占有欲要适可而止，要知足，才可以做到"不辱"。"多藏"，就是指对物质生活的过度追求，一个对物质利益片面追求的人，必定会采取各种手段来满足自己的欲望，有人甚至会以身试法。"多藏必厚亡"，意思是说丰厚的贮藏必有严重的损失。这个损失并不仅仅指物质方面的损失，而

诸子百家——道家

且指人的精神、人格、品质方面的损失。

自古以来，有多少人死于盛名之下，有多少人死在钱袋子里。

一个胖子和一个瘦子徒步外出旅行，他们穿行在一片浩瀚的沙漠里。天气炎热，走着走着，他们带的水喝完了。正在唇焦口燥之时，前面有一个人赶着骆驼迎面走来。骆驼上除了包袱外，还驮了两大桶水。两人如遇救星，赶紧上前讨水喝。那人说没问题，但这沙漠里的水比甘露还珍贵，得付费，20元一碗。胖子一听，说："没关系，只要让我喝个够，我身上所有的钱都可以给你。"说完就径直走向水桶，拧开活塞，咕咚咕咚喝了起来。而瘦子则说太贵了，在家里，一家人一个月用那么多水，水费也不过两三元。那人见他如此不爽快，就说30元一碗，瘦子张大了嘴说："什么？"正想争辩，那人马上涨到40元一碗……瘦子一次次和那人争执，那人一次次地往上涨价，当涨到100元一碗的时候，瘦子出于愤怒，猛地回了一句："老子不喝行不行？"那人见他如此说，也不再涨价了，这时胖子已经喝饱了，不能再喝了，他收了胖子的钱，赶着骆驼走了。

胖子喝了水，周身舒畅，一鼓作气走了十多个小时，终于走出了茫茫沙漠。瘦子则因为焦渴难耐，步履艰难。太阳越来越大，他实在受不了，突然眼前一阵昏黑，倒在沙漠里，再也没有起来。

胖子出去以后，把自己在游历中的所见所闻写成一部游记，命名为《胖子生死历险记》，一下子成了畅销书，大把大把地收取版税，10万，20万……

留得青山在，何愁没柴烧？瘦子是一个多么不明智的人啊，在他的眼里，钱居然比生命还重要。

还是俗话说得好，名利是个无情物。有了名利，就会产生欲望。欲望膨胀，丧失理智，巧取豪夺的有之，杀人越货的有之，父子失和的有之，兄弟相残的有之，夫妻反目的有之，朋友绝交的有之……形形色色，不一而足。因此，如果"不尚贤""不贵难得之货"，也就无所谓名利，没有了名利，大家也就不会产生欲望。

不论功名富贵，即使自己的四肢躯体也是上天赐给的，不论父母兄弟，甚至连天地间万物也和我同属一体。所以，人对事物的变化要看得透彻，认得真切，才可以担负天下的重任，也才可以摆脱人世间的功名利禄的束缚。

一个人要摆脱功名利禄的束缚，对世间红尘要看得透彻，看得真切。只是，不追求名利，不等于不建功立业；看破红尘，是为了再入红尘；摆脱功名利禄的束缚，是为了消除杂念，纯洁内心以成就更大的事业。只有超然物外的人，才可能对自己的事业以及社会奉献出自己的真才实学，才可能对他人奉献出自己真诚的爱心。常言道："心底无私天地宽"，一个摆脱了功名利禄束缚、无私心杂念的人，在人生的旅途中没有什么不可解除的烦恼。

《菜根谭》曰：名为招祸之本，利乃忘志之媒。虽然说"英雄难过美人关"已是人人皆知的名言，但千万不要忘了，英雄豪杰同样难过名利关这道坎儿。古往今来，有的人好虚

《菜根谭》书影

名以殉身,有的人贪私利以祸族。面对名利,心将何置? 明代陈继儒说:"透得名利关,方是小休息"。近代名人曾国藩更是以"不忮不求"、淡泊名利而令人佩服。

曾国藩不为名利所困扰,有一种超凡脱俗的气节,他对自己、对他人都有客观的认识,他说:"人皆为名所驱,为利所驱,而尤为势所驱。"曾国藩身处功名又善处功名,他劝告人们说:"世人只知道功名利禄会给人带来幸福,殊不知功名利禄也会给人带来痛苦。"

人人都想活得潇洒一点、轻松一点、快乐一点,但他们被功名和利禄拴住了、卡住了、缠住了,终其一生都总是潇洒不了、轻松不了,更快乐不了。一般人都把功名和利禄看成了人生的境界,似乎功名愈大人生也就愈美妙,活得就愈滋润。其实,功名和利禄是一张用花环编织的网,只要你进去了,就没法自在与逍遥。没有功名利禄,于是乎想得到功名利禄,得到了小的功名利禄,又想得到更大的功名利禄。得到功名利禄,又害怕失去功名利禄。如此患得患失,还怎能体验到人生的乐趣呢?

快乐随心,幸福随行,万物悠然

【道者说】

小国寡民,使有什伯之器而不用,使民重死而不远徙。虽有舟舆,无所乘之;虽有甲兵,无所陈之,使民复结绳而用之。甘其食,美其服,安其居,乐其俗,邻国相望,鸡犬之声相闻,民至老死不相往来。

——《老子·独立第八十》

【智慧细语】

让国家规模小一点,使人口数量少一点。即使有各种各样的器具,却并不使用;使民众把生死看得很重,而不往远处搬家。虽然有船有车,却不必每次坐它;虽然有铠甲兵器,却没有敌手布阵交锋。使人民再回复到远古结绳记事的自然状态之中。吃着粗糙的饭菜,却觉得味道甘美;穿着兽皮树叶做的衣服,却觉得式样好看,住在简陋的茅屋洞穴里,却觉得安全舒适;保持古老的风俗,却觉得陶然自乐。国与国之间互相望得见,鸡犬的叫声都可以听得见,但人民从生到死,也不互相往来。

幸福是什么? 幸福是一种感觉。一个人生活得快不快乐,不在于他的物质丰富不丰富,而在于他的内心充实不充实。一位老农辛勤劳作,累了,妻子给他送来了一碗茶,他咕噜咕噜地喝了下去,一阵清爽,然后对妻子报以感激的微笑,这是一种幸福。在沙漠里饥渴难耐,好心的人给人递上一杯凉水,这是一种幸福……

俗话说:金窝银窝,不如自己的草窝。住什么不重要,只要能遮风挡雨就行;吃什么不重要,只要能填饱肚子就行;穿什么也不重要,只要能御寒就行……关键在于你那份心情,如果能无欲无求,能知足常乐,就比什么都强。

对当前的生活知足,还要懂得对带给自己这一切的人和物怀一份感恩之心。父有慈恩,母有悲恩,他们不仅给予我们生命,并将我们养育成人。在我们的成长过程中,师长的教诲也有着举足轻重的作用,"师者,所以传道、授业、解惑也。"我们人生观和世界观的形成,生存的技能的培养,都来自师长的教育。国家恩也是我们要铭记在心的,因为国家为我们提供了生存的空间,提供了安全和福利的保障。世间生活,要依赖各种条件,对一切有恩于我们的事物,都要知恩报恩。我们不仅要对人类怀有感恩之心,对哺育我们的自然也要心怀感恩。一个心怀感恩的人,看到太阳升起时才会有感激的心情,听到鸟儿鸣叫时才会有欣喜的感受,否则就会忽略这一切的存在,更不会懂得去珍惜,去善加呵护。

知足常乐,无论生活是给我们笑脸,还是给我们苦酒,我们都要保持一颗平常知足的心境,做个平凡中的快乐之人,只要我们快乐,就永远不会贫穷,只要我们知足,就能永葆青春与健康! 寻求快乐,就会执着地追求,拥有知足,就会享受生活的幸福!

满意于自己的现状,不苛求那些自己得不到的东西,也不强迫自己做那些办不到的事,而是能够用知足、快乐的心态来面对生活。

因为,人的能力是有限的,如果得不到的东西偏偏要一再执着追求,只会徒添烦恼。如果有了"知足"平常之心,就能把人生的得失与成败看淡了。

但是如果把"知足常乐"当作"不思进取"的代名词,那就错了。最典型的例子,是南朝秀才江淹。江淹少时孤贫好学,天资过人,出口成章,早年即以诗文著名。但他因高官厚禄,世故保守且"知足",导致"晚节才思微退,时人皆谓之才尽",最后"江郎才尽"而终老其身。

知足常乐也不是把自己强行地关在现实的满足中,那样就会失去积极改变现状的态度,那就是一种不敢面对失败的懦弱姿态,是一种对逆境对生活的屈服。在今天这个竞争激烈的社会里,一个人如果抱守着知足的心态,他终将会被社会淘汰和遗弃。

其实,"知足常乐"是一种处世态度,也是一种对情怀释然的技巧。我们不能把"知足常乐"与"骄傲自满"和"安于现状"混为一谈,知足不等于停顿不前,常乐不等于白痴之乐,知足也不是目光短浅,常乐更不是自我安慰。只要"知足"而不失去进取向上的精神,做到相对的知足、绝对的追求,就能常乐不疲。

"世上无如人欲险,几人到此误平生。"朱熹的诗句足以警世醒人,如果没有一颗豁达、开朗和平常的心,就有可能在五彩缤纷和物欲横流的境况中被诱惑而不"知足",就会在欲望的驱使下失去良心,失去做人的准则,最后可能害了自己。

从前,有个男孩子住在山脚下的一幢大房子里。他喜欢动物、跑车和篮球,喜欢漂亮女孩子,他过着幸福的生活。

一天男孩子对上帝许愿说:"长大了,我想要住在一幢大房子里,门前有两尊大狮子的雕塑,有一个鲜花盛开的小花园。我要娶一个高挑而美丽的女子为妻,她的性情温和,长着一头黑黑的长发,有一双像宝石一样的蓝色的眼睛,会弹吉他,有着清亮的嗓音。"

"我要有三个强壮的男孩,我们可以一起打篮球。他们长大后,一个当科学家,一个做政治家,而最小的一个将是篮球队的前锋。"

"听起来真是个美妙的梦想,"上帝竟然对他说了话,"希望你的梦想能够实现。"

后来,有一天打篮球时,男孩伤了手臂。从此,他再也不能打篮球了。

不过,后来他还是娶了一位温柔美丽的妻子,长着黑黑的长发,但她却不高,眼睛也不是蓝色的,而是褐色的。她不会弹吉他,甚至不会唱歌,却做得一手好菜。

因为要照顾自己的生意,他住在市中心的高楼大厦里,从那儿可以看到蓝蓝的大海和闪烁的灯光。他的屋门前没有大狮子的雕塑,但他却养着一只长毛猫。

他没有一个儿子,却有三个美丽的女儿,三个女儿都非常爱她们的父亲。她们会和父亲一起去公园玩飞盘,小女儿坐在旁边的树下弹吉他,唱着动听的歌曲。

他过着富足、舒适的生活。可是,当一天早上醒来的时候,他突然记起了多年前自己的梦想,"我很难过",他对周围的人不停地诉说,抱怨他的梦想没能实现,妻子、朋友们的劝说他一句也听不进去。

最后他终于得病住进了医院。一天夜里,当病房中只剩下他一个人的时候,他对上帝说:"还记得我是个小男孩时,对你讲述过我的梦想吗?"

"那是个可爱的梦想。"上帝说。

"你为什么不让我实现我的梦想?"他问。

"你已经实现了。"上帝说,"只是我想让你惊喜一下,给了一些你没有想到的东西。"

"我想你该注意到我给你的东西:一位温柔美丽的妻子,一份好工作,一处舒适的住所,三个可爱的女儿——这是个最佳的组合。"

他在黑暗中静想了一夜。他意识到自己梦想的东西恰恰就是他已拥有的东西。

诸子百家——道家

快乐就在我们的身边。一位哲人说得好："只要你愿意享受快乐,快乐就会粘上你。"乐观者怀着感恩的心情去享受现实,而悲观者则会把手中的幸福快乐随意抛弃,而后满世界寻找幸福和快乐。这两种人的人生是极其不同的。

"广厦千间,夜眠不过七尺;良田万顷,日食仅为升斗。"人穷其一生所追求的,最终不过是过眼云烟,即使生时拥有再多,死时也不能带走。"采菊东篱下,悠然见南山",陶渊明宁静而悠然的心态,正是人生追求快乐的最高心境。

起伏不动,宠辱不惊,不为外物所扰

【道者说】

"宠辱若惊,贵大患若身。

何谓宠辱若惊? 宠为下,得之若惊,失之若惊,是谓宠辱若惊。

何谓贵大患若身? 吾所以有大患者,为吾有身,及吾无身,吾有何患?

故贵以身为天下,若可寄天下;爱以身为天下,若可托天下。"

——《老子·第十三章》

【智慧细语】

得宠与受辱一样,都是对身心安宁的惊扰;重视大患等同于对身家的珍重。为什么说得宠也像受辱一样使人惊扰呢? 因为:就其对人的惊扰程度而言,得宠更为下劣:得到它的时候为之惊喜难安,失去它的时候又为之惊慌恐惧,所以说得宠与受辱一样,都是对身心安宁的惊扰。为什么说重视大患等同于对身家的珍重呢? 因为:我之所以会看重大患,是因为我有这个非顾虑大患不可的身家,如果我连这身家也置之度外,那么,还会有什么私己的大患可以干扰得了我呢? 所以,像看重自己的身家一样看重天下的人,可以守护天下;像爱养自己的身家一样爱养天下的人,可以托付天下。

老子在这段话里表明了自己的态度:人应该宠辱不惊,将天下视为身外之物,不以物喜,不以己悲,同时又不以身为身,并且如果能真正贵重一己之命,必能贵重他人之身,珍爱天下。

《幽窗小记》中有这样一副对联:宠辱不惊,闲看庭前花开花落;去留无意,漫随天外云卷云舒。这句话的意思是说,为人做事能视宠辱如花开花落般平常,才能不惊;视职位去留如云卷云舒般变幻,才能无意。

我们现代人大多感觉自己活得很累,不堪重负。社会在不断进步,而人的负荷却在加重,精神越发空虚,思想也易浮躁。金钱的诱惑、权力的纷争、宦海的沉浮都让人殚心竭虑。是非、成败、得失让人或喜、或悲、或惊、或诧、或忧、或惧,一旦欲望难以实现,一旦自己的想法难以成功，一旦希望落空成了幻影，就会失落、失意乃至失志。失落是一种心理失衡，自然要靠失落的精神现象来调节；失意是一种心理倾斜，是失落的情绪化与深刻化；失志则是一种心理失败，是彻底的颓废，是失落、失意的终极表现。而要克服这种失落、失意、失志就需要宠辱不惊、去留无意。一副对联，虽然只有寥寥数语，却深刻道出了人生对待事物和功名利禄应有的态度：得之不喜、失之不忧、宠辱不惊、去留无意。这样才可能心境平和、淡泊自然。但我们是生活在尘世的凡人，谁也离不开平凡的生活。人生宠辱谁都免不了。在人生这场舞台中，武生花旦小丑，各有自己的做法、自己的特点和形象，至于角色是否演绎精彩生动，全看自己的底蕴了。

所谓的"誉之所在，谤亦随之"，面对诸多的现实，自然有苦有乐，宠辱系于心头，这是不可回避的事实和矛盾。红尘的多姿、世界的多彩令我们怦然心动，名利皆你我所欲，又怎能不忧不惧、不喜不悲呢？否则也不会有那么多的人穷尽一生追名逐利，更不会有那么多的人失意落魄、心灰意冷了。这一生，是个不定数；何时飞黄腾达，何时落魄，都难以预料。无论处于何种境地，都要以平常心对待自己和他人，以平常心对待命运，宠辱不惊，泰然处之。无论人生辉煌还是落魄，高潮或低谷，都只是人生一段经历，一个部分。称心如意时不要洋洋自得，忘乎所以；遭受挫折时不要悲观失望，怨天尤人。大可不必为了要受人赞扬，或避免非议，刻意的做到八面玲珑，滴水不漏。

天宝元年，李白来到京城赶考。他听说考官是太师杨国忠，监考是太尉高力士，二人皆爱财之辈，如果不送礼物，纵有天大的本事也不会录取。而李白却偏偏不送。

考试那天，李白一挥而就。杨国忠一看卷上李白的名字，提笔就批："这样的书生，只能给我磨墨。"高力士接着说："磨墨也算是抬举了，只配给我脱靴。"说完便将李白赶出考场。

后来有个番国派使来唐朝递交国书，国书上面都是一些密密麻麻的鸟兽图形。唐玄宗命太师杨国忠开读国书，杨国忠接过番国国书，哪里认得半个？满朝文武，亦无一人能识。唐玄宗大怒，堂堂大国，连一个番国的国书都不认得，太有失朝廷体面。

有人推荐李白，说李白游历广泛，学识渊博，可能认得鸟兽文字，现在正在京城。唐玄宗便召见李白。李白没有推托，他走上金殿，接过番书，一目十行，然后冷笑道："番国要求大唐割让176城，否则就要起兵杀来。"

唐玄宗一听，急问百官有何良策。群臣面面相觑，无计可施。李白说："这有何难，明日待我养精蓄锐，用番文回书，令番国拱手来降。"玄宗大喜，忙拜李白为翰林大学士，并宫中设宴款待。

次日，李白上殿，对唐玄宗说："我虽已精气充沛，但还缺乏神气，神气不旺，难以回应番国。"

唐玄宗问道："怎样才能有了神气？"

李白说："杨太师和高太尉，皆为朝中重臣，皇帝心腹。请万岁吩咐杨太师为我磨墨，高太尉为我脱靴,我方能神气飞扬,口代天言,不辱使命。"

玄宗心切,顾不得许多,就依言传旨。杨国忠气得半死,忍气为李白磨墨,捧砚侍立;高力士强吞怒火,双手为李白脱靴,并捧跪在旁。

李白这时神气十足,提笔挥毫,一口气书写下了一封陈述利害的大唐诏书,番使读后,吓得魂飞魄散,连连叩头谢罪。

其实,李白要求杨太师磨墨,高太尉脱靴,并不是为了要羞辱皇帝身边的红人,只是他自然而然的本性流露,拒绝虚伪逢迎,洒脱自然。

我们在生活中有着太多的患得患失,让过多的欲望占据心灵。正因如此,本可以很快乐很幸福的人,因为心情浮躁,错过了很多的快乐和幸福。牵挂得太多,太在意得失,所以起伏的情绪,让人不快乐。要能够快乐,就要心态放的平和,不以物喜,不以己悲。

唐代著名的慧宗禅师常为弘法讲经而云游各地。有一回,他临行前吩咐弟子看护好寺院的数十盆兰花。弟子们深知禅师酷爱兰花,因此侍弄兰花非常殷勤。但一天深夜,狂风大作,暴雨如注,偏偏当晚弟子们一时疏忽将兰花遗忘在了户外。第二天清晨,弟子们后悔不迭:眼前是倾倒的花架、破碎的花盆,棵棵兰花憔悴不堪,狼藉遍地。几天后,慧宗禅师返回寺院。众弟子忐忑不安地上前迎候,准备领受责罚。得知原委后,慧宗禅师泰然自若,神态依然是那样平静安详。他宽慰弟子们说:"当初,我不是为了生气而种兰花的。"在场的弟子们听后,肃然起敬之余,更如醍醐灌顶,大彻大悟……这就是后来范仲淹用他宽阔的胸襟写下的:"不以物喜,不以己悲。"人生中的不如意的事情十有八九,关键的问题是要泰然处之,要静心养性,如果我们能加强自己的修养,达到"不以物喜,不以己悲"的境界,保持一种"享受"的心态去迎接生活所给予的痛苦、快乐、忧伤、无奈。世上的每个人都有自己的身体,都会为此而打拼,因此世界就像一个大战场,在这里,每个人有得有失,变化无常,只有怀着一颗平常心,不以物喜,不以己悲,将自己的内心置于战场之外的人,才是真正的主宰者。

少有少得,多得不惑,知足常乐

【道者说】

"少则得,多则惑。"

——《老子·益谦第二十二》

【智慧细语】

追求的目标少一点,才能有所得;注视的对象太多了,反而会被迷惑。

大多数人的想法都是,自己的东西越多越好,钱要多,生活要丰富多彩,知识要渊博等等。其实，万事都有两面性，钱多了，就会有人打歪主意；生活太丰富了，就会迷失自己；知识的涉猎面越广，反而很可能没有一样是精通的。所以，老子说：少则得，多则惑。

《菜根谭》中也有类似的言论："人生减省一分，但超脱一分。"如果人的欲望能少一些，便能超脱尘事，精神会更空灵，更能体会到人生的快乐。若整天为欲望所驱使，成为欲望的奴隶，则人生之苦无尽矣。"小鸟巢于深林不过一枝，"小鸟做巢不过需要树木的一个树枝，又何必非得拥有整个森林呢？

所以，对待自己的人生际遇，要抱有一颗平常的心，惯看穷达。其实"贫穷自在，富贵多忧"，如果一个人身上什么也没有，坐在车上可以安然大睡，不必担心扒手来掏他的包；如果一个人身上揣了上万元的现金，坐在车上，他便总会心怀戒惧，连窗外的美景也不敢放心去欣赏，因为他怕人家趁他不注意，把他的钱悄悄掏走了。

有这样一个故事：

有一个商人，生意做得很大。他虽然请了专职的账房先生，但他还是要算账，每天打算盘都要打到深夜，但他年纪大了，有些吃不消。

他家的高墙外面，住着卖豆腐的小两口，每天一早起来就磨豆子、煮豆浆、做豆腐，虽然日子过得清寒，但两个人有说有笑，过得开开心心。对此，这位富商的太太说："老爷！我们活得太没意思了，怎么有了钱，还不如没有钱的人过得快活呢？你看隔壁那小两口，多开心呀！"

这位富商一听，说："你说他们开心？那好，我现在就让他们开心不起来。"

说着便从抽屉取出一个金元宝，扔到了高墙那边。那小两口正在有说有笑地磨豆子，突然听到门前"扑通"一声，以为有人摔了跤，便提着灯笼去看，没想到地上竟是一个金元宝，他们赶紧捡了回去。这下怎么得了，卖一辈子的豆腐，恐怕也挣不上这个金元宝。不过，两口子在高兴之余，马上又犯愁了：把它放在哪里呢？家里没有保险柜，总不能把它埋在地下吧！放在米缸里别人偷去了怎么办？两个人商量来商量去，直到天亮也没有把豆子磨好。在以后的日子里，小两口总在盘算着怎么把这笔钱花掉。不用嘛，可惜，用又怎么用呢？用它去买一片地吧，可是人家会问你一个卖豆腐的，哪来的那么多钱，弄不好，人家说你是偷的抢的，还要惹出官司来。小两口怎么也想不出一个妥善的办法，往日的欢声笑语已听不见了。

这个故事就是对"少则得，多则惑"的很好诠释。过多的追求不能让人真正地得到享受，反而会给人带来巨大的伤害。

其实，关于"少则得，多则惑"，老子自己也做了解释："五色令人目盲，五音令人耳聋，五味令人口涩。"（《老子·检欲第十二》）意思是说，过多的欲望害人不浅，甚至还会危害生命。真实的享受应是有理性的节制，虚假的享受才是愚蠢的放纵。

所以一个人立身处世不能放纵自己，要懂得节制，要惯看穷达，自娱自乐，得不足喜，失不足忧，始终以一个旷达的胸怀去对待人生际遇。

诸子百家——道家

我们身处物欲横流的时代，每个人都充满了欲望，要想在这个世界上做好人做好事，不妨细细领悟一下老子"少则得，多则惑"的深意吧！

低调做人，高调做事，中庸处世

【道者说】

"不自矜，故长。不自高自大，反而能飞黄腾达。"

——《老子·益谦第二十二》

【智慧细语】

"不自矜，故长"。"自矜"，也就是现在所讲的傲慢。国际上一位著名的人生专家说过，人一生中能够确立自身根基的事不外乎两件：一件是做人，一件是处世。而历览古今，纵观中外，最能保全自己、发展自己和成就自己的人生之道便是：高调做事，低调做人。

正所谓"捧着一颗心来，不带半根草去"，就是这一标准的生动注解。一切成功者都是高调做事与低调做人的典范，高调做事是一种境界，低调做人是一种风度。

低调做人，并不是什么事情都退在后面，自己的利益被别人剥夺强占也不发出任何声音，自己的人格被别人侮辱也不反抗，这不是低调，这是懦弱。低调做人，是不要太招摇，不要有点小本事就拿出来炫耀。

高调做事，也不是喊着口号扛着红旗让众人都知道你要做什么，而是一个人要对自己所做的事情看得很透彻，把握其根源和关键，在自己有把握的时候以一种很高很专业的姿态去做，漂亮地做好做成功；如果没有把握，就最好先琢磨琢磨，找人商量商量、请教请教，如果还是没有完全的把握，那就尽力去做，出了问题自己尽力去解决。

不要害怕自己的劳动成果被别人剥夺，事情是你做的，别人都看在眼里，嘴上不说，心里都明白是怎么样。别害怕做替死鬼，出了事情必然有人承担，如果能轮到你承担，说明你已经具备了承担的能力。

要想先做事，必须先做人。做好了人，才能做事。做人要低调谦虚，做事要高调有信心，事情做好了，你的做人水平就又上了一个台阶。

有这样一则寓言，值得我们深思。寓言大意是：

两只大雁与一只青蛙结成了朋友。秋天来了，大雁要飞向南方，它们对青蛙说："要是你也能飞上天多好呀！"青蛙灵机一动，它让两只大雁衔住一根树枝，然后它自己用嘴衔在树枝中间，三个朋友一起飞上天。地上的青蛙们都羡慕地拍案叫绝，问："这两只大雁真聪明！"那只青蛙听了很气恼，生怕错过了表现自己的机会，于是大声说道："这……

諸子百家 —— 道家

是我……"话还没说完，它便从空中掉了下来。

这则寓言告诫人们：一个人做人要低调，如果骄傲自满，张扬地表现自己，就会吃大亏。

低调做人是一种境界，一种风度，一种修养，一种去留无意的胸襟，一种宠辱不惊的情怀，甘于低调做人者，总能以平常心面对喧嚣的世界，纷扰的人群，在为人处世上从不表现出傲慢、卖弄和过分张扬的姿态来，而是把自己的举止言行融于常人当中，并始终把自己看作是社会上普普通通、实实在在的一员，这不仅是一种做人的标准，更是一门做人的艺术。

当今社会，讲究张扬个性，提倡自我表现。所以，一个人在与他人相处时，只要稍有点处理不当，就可能招致不少麻烦。轻则，工作不愉快；重则，影响职业生涯。因此，与人相处，一定要学会低调！

富兰克林年轻时，去拜访一位老前辈，他昂首挺胸地快步向一座低矮的小茅屋的门走去。只听"嘭"的一声，富兰克林的额头结结实实地撞在了门框上，青肿了一大块。老前辈慈爱地笑着出来迎接他说："很疼吧？你知道吗？这是你今天来拜访我的最大收获。一个人要想洞明世事，练达人情，就必须时刻记住低头。"富兰克林记住了，后来他成功了。

低调做人，是一种品格、一种胸襟、一种智慧、一种谋略，是做人的最佳姿态。根基牢固，才有枝繁叶茂，硕果累累；倘若根基浅薄，便难免枝衰叶弱，不禁风雨。而低调做人就是在社会上加固立世根基的绝好姿态。低调做人，不仅可以保护自己、融入人群，与人们和谐相处，还可以让人暗蓄力量、悄然潜行，在不显山不露水中成就事业。有人总错误地认为：低调做人，那不亏了吗？事实并非如此。

有这样一个故事：

一位将军，在大军撤退时总是断后。回到京城后，人们都称赞他的勇敢。将军却说："并非吾勇，马不进也。"

将军把自己断后的无畏行为说成是由于马走得太慢。其实，如此低调，绝对不会抵消将军的英雄形象。相反，人们赞扬的是将军的高尚品德。

低调做人，这是一种行为理念，也是一种品格。要做到这一点，就要求我们严于律己，戒骄戒躁，不事张扬，淡泊名利。

低调做人，就是用平和的心态来看待世间的一切，修炼到此种境界，为人便能善始善终，既可以让人在卑微时安贫乐道、豁达大度，也可以让人在显赫时持盈若亏，不骄不狂。

学会低调做人，就要不喧闹、不矫揉、不造作、不故作呻吟、不假惺惺、不卷进是非、不招人嫌、不招人嫉，即使你认为自己满腹才华，能力比别人强，也要学会藏拙。而抱怨自己怀才不遇，那只是肤浅的行为。

低调做人，是中国人的美德。中国有很多的隐士，像晋代的陶渊明，他为什么要回乡

诸子百家——道家

下去种田？是因为他没有才华？是因为他没有能力？不是，他只是不想把自己的才华无谓地浪费在人际斗争之中。他们藏拙了自己的才华，也同时保护了自己，让自己潇潇洒洒、平平安安、明明白白地过完此生。

低调做人不仅可以保护自己、融入人群，与人们和谐相处，也可以让人暗蓄力量、悄然潜行，在不显不露中成就事业。

学会低调做人，不要把自己的心理能量浪费在无谓的人际斗争中，即使有才华，也要学会藏拙，这是一种能量的内敛，也是保护自己的一种手段。

三国时，曹操的手下有一个叫杨修的，才华横溢是不可否定的，但是，他并没有得到好的下场，为什么？最重要的就是杨修没有保护好自己的才华，反之，处处炫耀自己的才华，最终自己害了自己。

在任何情况下都要把自己当成泥土，如果老是将自己当成珍珠，就时时有被埋没的痛苦。这也就是说，在适当的时候保持适当的低姿态，绝不是懦弱和畏缩，而是一种聪明的处世之道，是人生的大智慧、大境界。

提倡低调做人，并非做"老好人"，"事不关己，高高挂起，明知不对，少说为佳；明哲保身，但求无过"……相反，要求我们在原则面前去掉怯懦的"老好人"性格，摒弃庸俗的作风，成为一名有原则的骁勇的战士！提倡低调做人，也绝不意味着低沉，不意味着因循守旧，而是要振奋精神，脚踏实地，干好每件工作。自豪而不自满，低调而不低沉，这才是正确的态度！

低调做人，高调做事，我们便能获得一片广阔的天地，成就一份完美的事业，更重要的是，我们能赢得一个蕴涵厚重、丰富充沛的人生。有鉴于此，我们做人的焦虑和处世的惶惑就能够冰消雪释了。

二、以柔克刚的经权智慧

骄兵必败，哀兵必胜，以不能换可能

【道者说】

用兵有言：吾不敢为主，而为客；不敢进寸，而退尺。是谓行无行；攘无臂；扔无敌；执无兵。祸莫大于轻敌，轻敌几丧吾宝。故抗兵相若，哀者胜矣。

——《老子·第六十九章》

【智慧细语】

用兵的人曾经这样说，"我不敢主动进犯，而采取守势；不敢前进一步，而宁可后退一尺。"这就叫作虽然有阵势,却像没有阵势可摆一样;虽然要奋臂,却像没有臂膀可举一样;虽然面临敌人,却像没有敌人可打一样;虽然有兵器。却像没有兵器可以执握一样。祸患再没有比轻敌更大的了,轻敌几乎丧失了我的"三宝"。所以,两军对垒时,受压迫、受欺辱、处境绝望而悲愤反抗的一方必能获胜。

老子认为遭受过挫折和失败的士兵,其内心遭受到了很大的打击,已经去除骄纵与傲慢,卸除了虚荣之心,处在绝望的边缘,置之死地而后生,便能发挥人最大的潜能,而能够反败为胜。这就是成语"哀兵必胜"的出处,哀兵必胜的反义词就是"骄兵必败"。

骄兵通常都狂妄大意,目无对方,不为战备,猝然对攻,往往被对方打得措手不及,溃不成军。哀兵愤怒,志在报仇,且没有退路,所以能够认真备战,个个摩拳擦掌,务置敌死地而后快。一旦对攻,个个踊跃,以一当十,不要说和敌方兵力相当,就是大大少于对方,也必能所向披靡,斩将搴旗,大获全胜。骄兵必败、哀兵必胜的原则也是普遍规律,不仅仅适用于军事,也适用于商战、政界竞争、考试比赛和职场等一切对争领域。

军心或哀或骄一般由双方因素造成,第一是本方原因,将帅的激励或煽动(甚至不惜捏造情况,以激发士兵拼死一战的士气)可以激愤士兵以同仇敌忾;而将帅的骄傲、麻痹可以导致全军矫情,不把对方放在眼里;二是对方原因,敌人的侮辱谩骂或幸灾乐祸可以激怒我方士气,大大振奋昂扬起来,敌方的骄我诱我之计也往往使我方官兵骄狂起来,甚至失去了理智,一旦误入圈套,伏兵齐出,全军覆没。《孙子兵法·计篇》有云:"兵者,诡道也。故能而示之不能,用而示之不用,近而示之远,远而示之近,利而诱之,乱而取之,实而备之,强而避之,怒而挠之,卑而骄之,佚而劳之,亲而离之,攻其无备,出其不意。此兵家之胜,不可先传也。"

韩原之役就是哀兵必胜的战例之一。

公夫人是晋献公的女儿,晋献公晚年宠信骊姬,以致死后儿子们闹得不可开交,幸得秦穆公出力平定内乱,扶立了晋惠公。惠公求入晋国时,曾许诺一旦借秦之力当国君,一定割五城之地以谢秦国帮忙。但是晋惠公一旦真的登上了宝座,又舍不得割地了,秦人都气他没信用。惠公在位连年不收,老百姓都吃不上饭,他只得厚颜向秦国大籴米粮。本来穆公不想卖给惠公,贤相百里奚、蹇叔同时劝他:"天灾流行,何国无之,救灾恤邻,理之常也,顺理而行,天必福我。"于是运粮万斛以救援晋国,粮船相接几十里,戏称"泛舟之役"。可到了第二年,秦国歉收,晋国大熟,秦国向晋国大籴米粮,满以为晋国会知恩图报,张口必允,没想到晋惠公却听信奸佞之言,幸灾乐祸不粜粮。这一下子激怒了秦国君臣百姓,穆公兴兵讨伐,全民请战晋国,决心雪此耻辱。于是秦晋两国战于韩原。秦军个个气愤激动,务在必胜,晋君理屈,兵不效力,将不上紧,所以秦军大败晋师,活捉了惠公。

哀兵必胜,对于一个好的将领,在处于劣势的时候,就要懂得利用部属的情绪,使部属产生置之死地而后生的情绪,拼死效力。正如姜尚兵书中所说的那样:"兵战之地,立

诸子百家——道家

尸之所，只能以死求生，而不能以生求死。"孙子说："投之亡地然后存，陷之死地然后生。夫众陷于害，然后能为胜败。"这段话的意思是：把军队置于险境，然后才能化险为夷；把士卒陷于死地，然后才能得以生存。大家全都处于危险境地，便能同仇敌忾，然后胜败便全在人为。原因何在？梅尧臣解释的好："地虽曰亡，力战不亡；地虽曰死，死战不死。故亡者存之基，死者生之本也。"其深意在于，虽说陷入绝境，但只要全力作战就不会灭亡；虽说处于死地，但只要殊死决战就能死里逃生。所以，这就是面临死亡的人存活的基础，置于死地的人逃生的根本。

汉赵之争中，韩信率汉军沿井陉古道星夜兼程，挺进到距井陉 15 千米处安营扎寨。韩信经过周密的考察，设计了一套大胆的作战方案。夜半，韩信派轻骑 2000 人，各执一面旗帜，潜入赵营之侧的山林中隐蔽起来，并派万人大军在绵蔓河东岸，背靠河水列阵。赵军听说韩信背水列阵，都讥笑他不识兵法。天将破晓，韩信亲率大军，高举汉旗，直扑井陉口。陈余率军迎击，战鼓雷动，战马嘶鸣。两军混战多时，汉军佯败，一路上丢旗弃甲向绵蔓河方向撤退。陈余率军奋力追击，追到汉军背水列阵之处，双方展开殊死激战。汉军将士深知，前是敌军，后有河水，自陷"亡地"，已处绝境无退路，个个拼死战斗。此时，潜伏在赵营附近的 2000 名骑兵，乘机突袭赵营，拔下赵旗，改树汉旗。陈余久战不胜，下令收兵。在返回途中，忽见赵营插满汉旗，将士大惊，军心大乱。占据赵营的汉军和韩信的主力前后夹击，赵军惊慌逃散。陈余率残部南逃，后在赞皇被俘斩首。这就是古代战争史上出奇制胜以少胜多著名战役"背水之战"。战后，将士问韩信为什么背水列阵？韩信说，"陷之死地而后生，置之亡地而后存"，背水列阵是韩信对哀兵必胜灵活运用，这是老子"以奇用兵"的发挥，兵不厌诈，互相欺骗、麻痹和引诱对方的战略，是古代战争史上的以弱胜强的典型案例。

"能而示之不能"，"卑而骄之"都是历代将帅惯用的骄兵之计，善于制造假象，以造成敌帅的错觉、判断失误和骄气。越是精兵强将越要隐蔽起来，有虎藏在袖子里，摆在外边的往往是老弱残兵，能而示之不能，自卑以骄之。目的是引诱对方来攻打或劫营，以出其不备，击破对方。在这个复杂的社会中，如果能充分地应用老子的这一道理，定能在面对对手的时候多几分胜算。

早作打算，未雨绸缪，变坏之前解决之

【道者说】

"其安易持，其未兆易谋，于未有，治之于未乱。其脆易判，其微易散，为之。"

——《道德经》六十四章

诸子百家——道家

事物在安静状态易于掌握维持;在没有明显征兆时容易图谋对付;当事物还脆嫩时容易分解破坏;当事物还微小时容易消散破灭。行动要在未成形前,治理要在未混乱前。勉励人们防微杜渐,尽早除掉坏习惯坏毛病。《易经》说:"履霜坚冰至。"俗话说:"防患于未然。"中医说:"上工治未病。"都是这个意思。好的医生以预防为主,在没成病之前,就预先虑及,早下手为强。

《韩非子·喻老》里面有一个故事:

扁鹊进见蔡桓公,在桓公面前站着看了一会儿,扁鹊说:"您有小病在皮肤的纹理中,不医治恐怕要加重。"桓侯说:"我没有病。"扁鹊退出以后,桓侯说:"医生喜欢给没有病的人治病,把治好病作为自己的功劳!"过了十天,扁鹊又进见桓侯,说:"您的病在肌肉和皮肤里面了,不及时医治将要更加严重。"桓侯又不理睬。扁鹊退出后,桓侯又不高兴。又过了十天,扁鹊在觐见时远远看见桓侯就转身跑了。桓侯特意派人问扁鹊为什么转身就跑,扁鹊说:"小病在皮肤的纹理中,是烫熨的力量能达到部位;病在肌肉和皮肤里面,是针灸的力量能达到的部位;病在肠胃里,是火剂汤的力量能达到的部位;病在骨髓里,那是司命管辖的部位,医药已经没有办法了。现在病在骨髓里面,我因此不问了。"又过了五天,桓侯身体疼痛,派人寻找扁鹊,扁鹊已经逃到秦国了。桓侯就病死了。

道理很明白,树的种子处在萌芽状态时很容易消灭,等他长到参天大树时就难对付了;鸟雀在窝巢里羽毛未丰时,一把就握死了,等他长大,翅膀硬了,满天飞翔,怎么能逮着它呢?腹中胎儿很容易流产,摇篮中的婴儿也很容易扼杀,一旦长成为有力的小伙子,就不好制服了。韩非在《喻老》中又接着说:"昔晋公子重耳出亡过郑,郑君不礼,叔瞻谏曰:'此贤公子也,君厚待之,可以积德。'郑君不听。叔瞻又谏曰:'不厚待之,不若杀之,无令有后患。'郑君又不听。及公子返晋邦,举兵伐郑,大破之,取八城焉。"这个晋公子便是流亡在外十九年、后来成为春秋五霸之一的晋文公。交好或消灭一个能人,在他落泊穷困时好办,交好他就是最好的战友;不交好他,就要杀掉他,让他跑了,就是纵虎归山,必定遗患无穷。

汉文帝夫人窦皇后好黄老无为之学,对汉初的发展贡献很大。她继承了丈夫的政治路线,四十多年来一贯主张清静无为,取得了"文景之治"的辉煌。她的哥哥叫长君,弟弟叫少君,少君四五岁时,家贫为人所拐卖,家里不知他去处。辗转十余家,到了宜阳,为其主人上山烧炭。后来又到了长安,听说新皇后窦氏是观津人。少君离家时记得家乡姓氏,又曾和姐姐一起采桑而从树上掉下来。他便上书自陈,窦皇后便召见他,他说:"姐姐走时,和我在传舍中分别,要水给我洗头,要饭给我吃。"果然是亲弟弟,便厚赐田宅金钱,兄弟并封为国公,在长安住下。将军周勃、灌婴说:"吾属不死,命乃且悬此两人,两人所

诸子百家——道家

出微,不可不为择师傅宾客,又复效吕氏大事也。"于是便选忠厚长者、节行之士一起居住,二人遂逐渐成为谦让君子,不敢以尊贵骄人。将军们怕窦氏兄弟将来会像吕氏兄弟一样篡权为乱,便为他们选择有德行的老师、朋友们教化之,也是未兆而谋未乱而治也。

良医治病,攻于腠理,于其未甚易为功。凡事之祸乱皆有初始阶段,聪明之人能提前预见其趋势,防患于未然,或扼杀之于摇篮中。

隐患要及时清除,以免酿成更大祸端;疾病应及早治疗,以免给肌体带来更大的危害。在我们的实际工作和生活中,有什么问题和不足最好能把它们消灭在萌芽状态,也好及早消除不良因素,为我们做想做的事创造一个尽可能顺利的途径,或者为以后的发展做好铺垫工作。千万不要看着毛病小就不去解决,不要觉得事情不大就拖延,要知道解决了这个小问题,也许你就比别人在成功路上快了一步。

退即是进,不争而争,以守为攻

【道者说】

不自见,故明;不自是,故彰,不自伐,故有功;不自矜,故长。夫唯不争,故天下莫能与之争。古之所谓"曲则全"者,岂虚言哉? 诚全而归之。

——《老子·第二十二章》

【智慧细语】

不自我表扬,反能显明;不自以为是,反能是非彰明;不自己夸耀,反能得有功劳;不自我矜持,所以才能长久。正因为不与人争,所以遍天下没有人能与他争。古时所谓"委曲便会保全"的话,怎么会是空话呢? 它实实在在能够达到。

夫唯不争,故天下莫能与之争,这句经典的话对人的修养提出了很大的要求。古往今来,有多少人为名声所累而最后一事无成。所谓能成大事者,一般都具有宽广的心胸,所容之物越多则其成就也就越大。水满则溢的浅显道理每个人都知道,可是真正做起来又谈何容易。人们往往太过于专注于属于自己的东西,而无法把自己置身于身外的场景和别人的立场去考虑,不能进行换位思考。人往往都有自己的私心,当牵涉到个人利益时,又有几个人能够甘愿放弃呢? 能放弃者自然是为书中所说的圣人。其实,人们体会不到,正是这种以退为进、以守为攻才是一种大的智慧和聪明。人之所以谦虚才能纳物,纳物才能吸收各方之精华为我所用。

李嘉诚先生的商业奇迹,又一次向我们证明了老子的智慧圆融无碍,在人生的所有领域都可以应用自如。有一首禅诗正好可以说明他做事业的态度:手把青秧插满田,低头便见水中天。六根清净方为道,退步原来是向前。也就是说明了这种不争的道理。

李嘉诚先生曾经说过:是我的钱,一块钱掉地上了我也会捡起来,不该我得的钱,就是一千万送上门来也不要。只有抱着不义之财一文不取态度的人,才会真正去思考人天大循环,财富在人间的运动规律。那些只看到眼前的利益,看不到远处祸害的人,眼睛只能看见利,看不见利背后真正在起作用的道和理。所以钱来得快,去得更快。他们都以为是自己的聪明才智得到的财富,其实只不过是运气使然,运气没了,钱也就都跑光了。那些靠自己智慧与辛勤取得金钱的人,才是真正拥有财富的人。

李嘉诚

李嘉诚先生的经商经验有很多,在他的商业智慧中有一个理论很让人感兴趣。他说:你找生意来做就比较难,生意来找你做就比较容易。怎样让生意来找你呢? 与人合伙,你拿10%的利润是正常的,那么可不可以拿11%呢? 又可不可以拿9%呢? 如果都可以,你最好的策略是拿9%而不是拿11%。

明明能争取到11%的利益,却甘心去拿9%的利益,与这样的人合伙没有人是不心甘情愿的,下次有了生意,当然会最先想到这个谦让的人。只有自己处于下位,才能永远让水趋之若鹜。只有让出这一分利,才会让利总想着投入你的怀抱中来。轻轻退了一小步,本来是退到天下人的后面,可是时间久了以后,才不经意间发现自己已经走在别人的前面。李嘉诚先生的做法也正契合了老子说的:夫唯不争,故天下莫能与之争。

老子的"不争",并不是真正的不争,其思想里充满了辩证的竞争理念。"夫唯不争,故天下莫能与之争",老子这句话道出了竞争的真谛。所谓的"争"乃是刻意之为,既然刻意就是逆天道而行,以老子看来,逆天道而行,结果往往是失败的。所谓不争,即不刻意而行,而是顺天道而行,人的行为一旦顺应天道则"无为无不为",当然"天下莫能与之争"。老子是不反对人的积极进取的,只是这种积极进取前提是顺应天道,而不是逆天道的刻意而为,这种思想是在我们的实践当中一次次地被证明了的。"不争"就是要做对社会对人民有益的事,这样你才能在社会长久立足;"不争"就是要自己苦练内功,不去与他人进行鱼死网破的竞争。

有一个故事讲了一个不争的事:一个农场主,他的小麦地在他人田地中间,该农场主很是勤劳,每年小麦长势评比都是第一。但在收成后,此农场主都将自己最好的种子分送给其他人,盼望他人来年也有好收成。他的儿子不理解,便问其原因。父亲解释说:将自己最好的种子分给他人,他人种出的小麦在受精扬花时,才会有好的花粉,好的花粉飘到自己的田里,对自家的小麦长势会带来好处。儿子听后恍然大悟,明白了利人而又利己的竞争道理。

我们再来看一看日本丰田汽车是如何做到不战而胜的。20世纪60年代中期,日本丰田公司在对美国汽车市场调查后发现,美国人把汽车作为地位和性别象征的传统倾向正在改变,对汽车的要求更趋实用化,许多人仅仅把汽车看作交通工具而已。美国人喜欢脚部活动的空间大、操作简便、行驶平稳。但同时又希望减少费用。因此,更倾向于购买停靠方便,转变灵活,消耗低,维修方便的小型轿车。而美国汽车制造商恰恰忽视了美国人的这一需求趋向,继续生产大型豪华轿车,在消费者中引起逆反心理。日本丰田公司便利用这一分析,抓住机会,设计制造了大量小巧灵活,性能高,油耗低,价格廉的小型轿车,一举打入美国市场,同时开展售后服务,展开声势浩大的广告宣传,从而击败了美国对手,摘取了美国小型汽车市场销售的桂冠。这则故事告诉我们,竞争的最高境界是不争,而是思考如何避开对手的锋芒,独开蹊径,过度关注并思考如何打败竞争对手是没有价值的。

一般来说,"争",是需要对手的;而"不争",是想别人没想过的问题,做别人没做过的事情。"善胜敌者,不争。"不争最终是为了更好地去争,不是和对手争,而是和自己争,和用户争,和自己争就是要战胜自我,和用户争就是争得他们的潜在需求。这样做的天之道,在于以"不争"泯绝那些形名之争,而得潜在的大势态,"故天下莫能与之争"。

康熙皇帝的四子胤禛苦恼于国家当时的困境以及自己处在皇太子和八阿哥的政治漩涡之中,其谋士邬先生告诉他:争,就是不争;不争,就是争。胤禛顿悟。

在当时的困局中,皇太子本来是钦定的皇位继承人,但由于其自身不努力,还做出一些违禁之事,于是屡屡被废。八阿哥广结党羽、收买人心,而且不断给皇太子落井下石,使自己越来越羽翼丰满,成为有实力问鼎皇位继承人宝座的人。这两方都是能人。于是,邬先生告诉胤禛,扎扎实实做好自己的工作,对皇上和黎民负责就足够了。

于是,从谏如流的四子胤禛,这个没有任何理由和资本成为皇位继承人的人,却爆了一个大大的冷门,最后被康熙皇帝定为未来的国君。这其间的奥妙,其实就是邬先生所说的:"争与不争"的辩证法。

从表面上看,"不争"似乎有悖进化规律,然后背后更深层的道理,也许借助《周易》更方便理解些。《周易》上的谦卦。卦象地在上山在下,山将自己贬低到地的下面,象征卑下中包含着高贵,谦谦君子就是从这里来的。孔子说,"利用侵伐,征不服也",谦逊不等于示弱,谦逊也不与"侵伐"相违背。老子说,"圣人之道,为而不争"。效法"水"之不争也好,效法"山"之谦也罢,不是教你无动于衷而无所作为,而是让你仰观于天,俯视于地,效法大道自然的真理,为而不争,不争善胜,原来不争之争真的是一种高明的竞争策略。

诸子百家 —— 道家

放长线，钓大鱼，慢慢图之

【道者说】

"夫揭竿累，趣灌渎，守鲵鲋，其于得大鱼难矣。饰小说以干县令，其余大达亦远矣。是以未尝闻任氏之风俗，其不可与经于世亦远矣。"

——《庄子·外物》

【智慧细语】

因为这些眼光短浅、只会按常规做事的人，只知道拿普通的鱼竿，到一些小水沟或河塘去，眼睛盯着鲵鲋一类的小鱼，他们要想像任公子那样钓到大鱼，当然是不可能的。

目光短浅的人难以和志向高远的人相比，浅陋无知的人也不能和具有经世之才的人相提并论，因为二者的差别实在太大了。

"古之立大事者，不唯有超世之才，亦必有坚忍不拔之志"，苏东坡的这句话不知激励了多少后世人，因为他指出了一个成就大事业的人所应该具备的条件，不但要有出类拔萃的才华，还要立志高远，并且在实现志向的过程中，更要心无旁骛，持之以恒的坚持到底，只有这样才可成功。庄子里的任公子就是这样一个胸怀大志的人。

他用大钩和粗黑的长绳作钓具，用五十头牛做鱼饵，蹲在会稽山上，投竿于东海，天天守钓，一年多了，却还没有钓到鱼。但终于这一天大鱼来了，大鱼一咬饵，动静非同小可，它扬头摇尾地挣扎，弄得白浪如山，海水震荡，鬼神俱惊。经过激烈的较量，任公子终于钓上这条大鱼，他将这条大鱼剖开晾成鱼干，分给大家吃。从浙江以东到苍梧（湖南九嶷山）以北，大家都饱餐这种鱼肉，以至于都吃腻了。这时候那些浅薄多嘴之徒才奔走相告，惊叹于任公子的才能。

庄子的故事寓意深远，他要告诉人们的是任公子有所大成的志趣。但是我们也可以从中看到一个人能够获得大成功的几个要素。

首先，要立大志，图大业。一个人倘若胸无大志，那么他的行动很容易失去目标，丧失前进的动力。任公子为什么能够钓到惊世大鱼？是因为他从一开始就把目标锁定在大鱼上，而非像常人一样满足于沟渠浅滩里的小鱼。正是这种宏图大志让他虽期年不得鱼，仍然坚持"旦旦而钓"，从而最终实现目标。

立志当存高远，思想决定行动的高度。拿破仑"不想当将军的士兵不是好士兵"的名言亦是人们熟知的；除了有大的志向，一个人要想成就一番大业，还要有韧性，能够坚持不懈。古往今来，无数人曾胸怀大志，然而真正建功立业，大志得偿的又有几人？没有持之以恒的行动，一切理想都是空言，都不可能实现。试想，任公子如果在东海边守候半年不得鱼就放弃了,那么不仅前功尽弃,而且很有可能因此而一蹶不振,从此消沉。

百里奚年轻的时候怀才不遇,很想出去闯荡一番,可是因为家贫,又放心不下妻儿,一直待在家里。后来他妻子把家里唯一的一只母鸡杀了,为百里奚饯行,这才开始了他长达几十年的漂泊生涯。

但是他很不走运,在外闯了十年都没有人聘他,最后沦落到乞讨为生的地步。到四十岁时才遇良友蹇叔,终于找到发挥自己才干的机会。当百里奚遇到蹇叔的时候,已经贫困至极,即便如此,他还是怀着志向,愿意再出去闯一闯。他先到周朝,在王子颓家中饲牛为生,因王子颓志大而才疏,百里奚又回到自己的家乡虞国,蹇叔向虞国大臣宫之奇举荐,被用为中大夫。百里奚尽管没有得到重用,可是一直为虞国兢兢业业。

虞国灭国后,百里奚在流落中被楚人捉住。他声称自己善养牛,于是被楚人发配边远地带饲牛养马。秦穆公听闻百里奚之才,想派人以礼遇请百里奚到秦国。但是后来听从了大臣公孙枝的进谏,依计用五张羊皮把百里奚换回来。

百里奚到了秦国的时候已经七十岁了。秦穆公与他畅谈三日,颇为其才能所动,于是拜为上卿(即相国之职)。后来他辅佐秦穆公,励精图治,最终使得秦国成为一代强国,秦穆公也跻身"春秋五霸"之列,秦国能在公元前 221 年一统中国,与百里奚治国不无相关。

百里奚流浪颠簸了半辈子,如果不是他胸怀大志,在贫苦生活中都没有放弃希望一直坚持到底,也许中国古代历史上很多东西都会改写。

要获得成功,不但需要志存高远,还要心无旁骛。如果庄子故事中的任公子看到别人天天能够钓到鱼而耐不住寂寞,抑或是受不了他人的嘲笑议论,他又怎么可能在东海边坚持守候整整一年?所以,要想成功,还要能够专心一致,耐得住寂寞,不为外界所干扰。诸葛亮在写给他的外甥的一封信中说过,"夫志当存高远","若志不强毅,意不慷慨,徒碌碌滞于俗,默默束于情,永窜伏于凡庸,不免于下流矣"。意思是说,做人应该有远大的理想和志气,如果意志不坚强,心胸不开阔,整天忙于身边的生活琐事,受个人感情的支配和束缚,长期在庸俗的气氛中过日子,那就会成为一个平庸的人了。

秦朝末年,有一个农民起义领袖,名叫陈胜,字涉。陈涉青年时代,曾经做人家的雇农,替别人耕地。有一次,他在田埂上休息,对另一个雇农说:"我们当中如果有人富贵了,不能忘掉别人。"一同当雇农的人都笑话他:"你给人家当雇农,怎么会富贵呢?"陈涉长叹一声说:"燕雀安知鸿鹄之志!"西汉高祖刘邦卑微时,别人都取笑他的努力。他也有过这样的慨叹!

鸟儿只求在草地上找到虫儿,只求在屋檐下的巢不受风雨袭击,怎么会有在高空逍遥游弋,俯瞰大地,志在四方的境界?胸怀大志的人在时机没有到来的时候,往往努力会遭到很多人的嘲笑,如果不坚持自己的理想,因为受到别人冷嘲热讽的干扰放弃自己的想法,最终往往一事无成。

諸子百家——道家

人无完人，善于倾听，给对方说话的机会

"世俗之人，皆喜人之同乎己而恶人之异于己也。"

——《庄子·在宥》

【智慧细语】

世俗人都喜欢别人跟自己相同而讨厌别人跟自己不一样。但是这个世界上，与自己相同的人很少，因为每个人都有自己的独特之处，每个人的思想也不尽相同。所以，别人对你的看法就多种多样，有赞扬，有批评，有同情，有嘲笑，有不屑一顾……

当面对别人的批评和嘲笑时，我们要勇于接受。美国前总统林肯说："头脑清晰的人，决不以完人自居，他自知有许多缺点须待改进，而别人的批评，正可以把这些不自知的缺点暴露出来，我们的脸皮不可太薄，一旦受批评，言中你的缺点，便神经过敏，而不能强自镇定，这是缺点；但如果脸皮太厚，漠然无动于衷，而不接受别人的批评，改进自己的缺点，这也是不对的。"

所以，我们要接受别人的批评和指责，平心静气地听对方把话说完，而不是进行无谓的争辩。

不过，我们也经常看到这样的现象：有不少精明的商人会租赁昂贵的地盘，把店面装潢得漂亮精致，干练地购进不少的精美货物，还花了价格不菲的广告费，可是却雇用了一些不懂得倾听顾客说话的店员。他们急急地打断顾客挑剔商品瑕疵的话头，与他们辩论、让人家难堪，甚至几乎把顾客气得一走了之。

波音人寿保险公司为他们的推销员立下一条规则："不要争论！"真正完美、有效的推销，不是靠争论得来的，甚至最不易让人觉察的争论也要不得。因为争论并不能让人改变自己的意愿。

一个成功的推销员，决不会跟顾客争辩，即使轻微的争辩，也要加以避免……人类的思想，不是那么容易改变的。

有这样一个例子：

数年前，有一个好争辩的爱尔兰人叫奥哈尔。他没有受过很好的教育，可是喜欢争辩、挑剔别人，他做过司机，后来是汽车公司推销员，他在推销汽车时，常不愿接受顾客的批评而发生口角。他说："我听了不服气，教训那家伙几句，他就不买我的东西了。"

后来，别人劝说他要学会倾听，尽量避免跟别人争辩。他就照此做了。现在奥哈尔已是纽约怀特汽车公司的一位成功的推销员了。奥哈尔是如何做到的？他说出自己的

诸子百家——道家

那一段经过：

"假如我现在走进人家的办公室，对方如果这样说：'什么？怀特汽车……那个牌子的汽车太不好了，就是送给我，我也不会要的。我打算买胡雪公司的卡车。'我听他这样说后，不但不反对，而且顺着他的口气说：'老兄，你说得不错，胡雪的卡车确实不错。如果你买他们的，相信不会有错。胡雪牌汽车是大公司的产品，推销员也很能干。他听我这样说，就没有话可以说了，要争论也无从争起。他说胡雪牌车子如何好，我毫不反对，他就不得不把话停住了……他总不会一直指着胡雪牌车子，说是如何好，如何好。这样，我就找到一个机会，向他介绍怀特牌车子的优点。

如果在过去我遇到这种情形，我就会很恼火，我会说那胡雪牌汽车是如何如何的不好……我越说那家公司出品的汽车不好，可是对方越会说它如何好，争辩愈是激烈，越会使对方决心不买我的汽车。

现在回想起来，我真不知道自己过去是如何推销商品的。由于这样的争论，不知使我失去了多少宝贵的时间和金钱。现在我学会了如何避免争论，如何少讲话，这使我得到了许多的好处。"

倾听是我们对别人的一种最好的恭维。很少有人能拒绝接受专心倾听所包含的赞许。实际上，即使那些嗜好挑剔别人毛病的人，甚至一位正处于盛怒的批评者，也常会在一个具有包容心与忍耐力且十分友善的倾听者面前软化、妥协。

有一次税务代理员巴森仕与一位政府税收稽查员，因为一笔款项是否到账的问题争辩了一个小时。巴森仕先生声称这是一笔死账，永远收不回来，当然他认为也不应纳税。"死账？胡说！"稽查员反对说，"那也必须纳税。"

"这位稽查员十分傲慢并且固执，"巴森仕说，"任何解释对他是毫无用处的，我想我们辩论得越久，他越固执。所以我决定不再与他理论，并改变话题，说些使人愉快的话。"

然后他说："比起其他要你处理的重要而又困难的事务，我想这实在是一件不足挂齿的小事。我也曾研究过税收问题，但那只是从书本中得到的死知识，而你的知识是从实务经验中获得的，有时我真想有份像你这样的工作，那样的话，我就可以从中学到很多东西。"他说得十分真诚。

"这么一来，那稽查员直起身来，向后一倚，讲了很多关于他工作的话题，他告诉我他所发现的许多舞弊的巧妙方法。他的声调渐渐地变得友善，接着他又谈起他的孩子来。临走的时候，他告诉我要再考虑一下我的问题，过几天，他会给我答复。"

"3天之后，他打电话通知我，他已经决定不征那笔款项的所得税了，一切按照我们所填报的税目办理。"

这位稽查员身上表现的正是一种最常见的人性的弱点，他需要别人的尊重。巴森仕先生越是想与他辩论，他越想扩大自己的权限，满足他的自尊感。可一旦满足他，辩论便立即停止，因为他的自尊心得到了满足，他就变成了一位充满同情和宽容心的人。

因此，如果你希望成为一个善于与人沟通的高手，那你就得先做一个注意倾听的人。要使别人对你感兴趣，那就先对别人感兴趣。问别人喜欢回答的问题，鼓励他人谈论自己及他所取得的成就。不要忘记与你谈话的人，他对他自己的一切，比对你的问题要感兴趣多了。他留意他脖子上的小疮比关注加勒比地区的六级地震还要充满热情。

倾听者虽然不开口说话，但聪明的倾听者往往积极地参与对话，当然这不容易做到。要做到善于倾听别人的谈话很重要的一点，就是要全心全意，而且要真心投入，还能不时地问一些问题，鼓励对方多谈。其中包括机智、周到、不离题、简洁等特点。其实，表示积极参与谈话的方式很多，绝不需要动不动就插嘴以打断别人的讲话。方式虽然很多，但我们用不着招招纯熟。善于聆听的人经常应用几种自然轻松的方式，关键是要实际有用。这些方式包括偶尔点点头，偶尔附合一两声。有些人会换个姿势或俯身向前，有时候微笑一下或挪一下手。而目光的交流最能显示你是一位友好的人，因为这表示："我在非常认真地听你说自己喜欢的事情。"谈话中途停顿时，可以提出相关的问题，继续让他表现下去，让他有话可说、能说、想说。我们不一定要针锋相对地要争出个对错，这样只会让别人看出你急躁的性格和不愿承认错误、承担责任的缺点。

要想拥有良好的人际关系，要想使自己在事业上游刃有余，在朋友中广受欢迎，在家庭中和睦相处，你最好永远避免和别人发生正面的冲突。

生活中并没有那么多的不同意，许多事情都是可以找到双方折中的一面的。任何肯花时间表达不同意见的人，必然和你一样对同一件事情很关心。把他们当作要帮助你的人，或许就可以把他转变为你的朋友。必须明白，人活着是需要有适度妥协和灵活的。妥协不是软弱，是为了做事圆满。灵活应对不是狡诈，是与时俱进。在意见中走向一致，在碰撞中达成共识，曲线救国的故事并不少见。

人外有人，天外有天，虚心才能谋大事

【道者说】

"吾在于天地之间，犹小石小木之在大山也。而吾未尝以此自多者，自以比形于天地而受气于阴阳，吾在于天地之间，犹小石小木之在大山也，方存乎见少，又奚以自多！"

——《庄子·秋水》

【智慧细语】

秋天里山洪按照时令汹涌而至，众多大川的水流汇入黄河，河面宽阔波涛汹涌，两岸和水中沙洲之间连牛马都不能分辨。于是河神欣然自喜，认为天下一切美好的东西全都聚集在自己这里。河神顺着水流向东而去，来到北海边，面朝东边一望，看不见大海的尽头。于是河神方才改变先前洋洋自得的面孔，面对着海神仰首慨叹道："俗语有这样的说法,'听到了上百条道理,便认为天下再没有谁能比得上自己'的,说的就是我这样的人了。而且我还曾听说过孔丘懂得的东西太少、伯夷的高义不值得看重的话语,开始我不敢相信;如今我亲眼看到了你是这样的浩渺博大、无边无际,我要不是因为来到你的门前,真可就危险了,我必定会永远受到修养极高的人的耻笑。"

海神说:"井里的青蛙,不可能跟它们谈论大海,是因为受到生活空间的限制;夏天的虫子,不可能跟它们谈论冰冻,是因为受到生活时间的限制;乡曲之士,不可能跟他们谈论大道,是因为教养的束缚。如今你从河岸边出来,看到了大海,方才知道自己的鄙陋,你将可以参与谈论大道了。天下的水面,没有什么比海更大的,千万条河川流归大海,不知道什么时候才会停歇而大海却从不会满溢;海底的尾闾泄漏海水,不知道什么时候才会停止而海水却从不曾减少;无论春天还是秋天不见有变化,无论水涝还是干旱不会有知觉。这说明大海远远超过了江河的水流,不能够用数量来计算。

可是我从不曾因此而自满,自认为从天地那里承受到形体并且从阴和阳那里秉承到元气,我存在于天地之间,就好像一小块石子、一小块木屑存在于大山之中。我正以为自身的存在实在渺小,又哪里会自以为满足而自负?想一想,四海存在于天地之间,不就像小小的石间孔隙存在于大泽之中吗?再想一想,中原大地存在于四海之内,不就像细碎和米粒存在于大粮仓里吗?号称事物的数字叫作万,人类只是万物中的一种;人们聚集于九州,粮食在这里生长,舟车在这里通行,而每个人只是众多人群中的一员;一个人他比起万物,不就像是毫毛之末存在于整个马体吗?五帝所续连的,三王所争夺的,仁人所忧患的,贤才所操劳的,全在于这毫末般的天下呢!伯夷辞让它而博取名声,孔丘谈论它而显示渊博,这大概就是他们的自满与自傲;不就像你先前在河水暴涨时的洋洋自得吗?"

正是"人外有人,天外有天"。

有的人"自我感觉"特别良好,优越感极强,总感到自己要比他人强,要高明,处处、事事、时时都显示出一副盛气凌人的样子,自以为是,对他人说起话来总有居高临下一副老大的味道,平时的一言一行总会自觉或不自觉地流露出高人一等的样子,不会平等待人……

人们一般都有一个喜欢被他人尊重的特点,都不喜欢被他人歧视、瞧不起,因而对这种高傲无理的人,因此,对这样的人采取敬而远之,躲得远远的,这种自以为是的人一般是处理不好人际关系的。

强中自有强中手,山外青山楼外楼。

而高傲的人,完全按自己的主意行事,与人相交合则留,不合则去;比自己强的人不接近,比自己差的人不迁就。自己的心灵也很寂寞,也感到压抑。哪里赶得上抱着一种自然的态度与人相处。比自己强的人,谦虚地和他相处;比自己差的人,也谦虚地和他相

諸子百家 —— 道家

处;把功利放在一边,把评价放在一边。何况功利与评价并不是一成不变的呢?

谦虚自然地与人相处,别人舒服,自己也舒服,该多好!

谦虚不是抬高了别人,也不是踩低了自己。谦虚恰恰是一种能容忍他人的能力。谦虚正是一种成功者的胸怀。

阳子居往南方的徐州去,恰巧碰到老子向西去秦国的某地方。郊外相逢,阳子居自以为有学问,态度傲慢,老子便为阳子居深为惋惜,当面批评阳子居:"以前我还认为你是个可以成大器的人,现在看来不可教诲啦。"

阳子居听了老子的话心里很不舒服,后悔自己当时为什么那样。老子也很失望。

回到旅店后,阳子居觉得自己应当做得自然一些,起码要敬重长者,敬重有道德学问的老先生,便主动给老子拿梳洗的工具,脱下鞋子放在外,然后膝行到老子面前,谦虚地说:

"学生刚才想请教老师,老师要行路没有空闲,因此不便说话。现在老师有空了,请您指教我的过失。"

老子说:"想想看,你态度那么傲慢,表情那样庄严,一举一动亦如此矜持造作,眼睛里什么都没有,这样,将来谁和你相处呢? 人,没有他人围绕着你,行吗? 应该懂得:最洁白的东西好像总有些污秽的感觉,德行最高尚的人总认为自己远不十全十美,学问虽深切地了解了,在许多方面他是不行的。知道自己不行,你才知道自己真正行的地方;眼睛里只看到自己行,实际上,你哪个地方都不明白。"

阳子居先是吃惊,渐渐地脸上浮现惭愧的神色,谦虚地说:"老师的教导使我明白了真正的道理。"

之前,阳子居在去徐州的路上,旅舍客人恭敬地迎送他。他住店时,男老板为他摆座位,女老板为他送手巾,大家也给他让座。虽然恭敬,彼此都不舒服。接受老子教诲后,阳子居态度随和,为人谦逊,归途住店,客人都随意地和他交谈,他也感到和大家相处得很亲切。

"人外有人,天外有天",其具体含义基本上没有什么问题。它告诉我们,当我们认为自己在哪方面很出色、很优秀,我们不要骄傲、不要自满。因为这个世界很大,人非常多,很可能有人比我们在这方面更出色、更优秀。

许多时候,我们会不自觉地感到自己的强大,这种信心是不可或缺的。但不可发展为自负,否则就成了狂妄。正如天空中的星星,对于尘埃来说它大如宇宙,但对于宇宙来说它小如芥豆。因此,我们要谦虚地做人做事。谦虚往往连带着谨慎,自信和谦虚并存。关键是对人对事有客观的认识和评价,才能运筹帷幄地实现目标。

功成身退,见好就收,不要得寸进尺

【道者说】

"子见夫牺牛乎?衣以文绣,食以刍叔,及其牵而入于大庙,虽欲为孤犊,其可得乎!"

——《庄子·列御寇》

【智慧细语】

有位诸侯用厚礼招聘庄子做官,庄子一笑,回复这位诸侯的使者说:"你见过作为祭品的牛吗?祭祀时,它满身文采,还披着彩绸,吃的嫩草和黄豆,受宠极了。等到它被牵进太庙宰杀的时候,即使这时它想做一条山野无人照料的野牛,也已经不可能了!"

所以,贤能的人一定要认真选择可以服务的对象,才接受职位,美好的飞鸟一定要寻找适合栖身的树林,才筑巢做窝。

庄子说:"你见过那准备用作祭祀的牛牲吗?用织有花纹的锦绣披着,给它吃草料和豆子,等到牵着进入太庙杀掉用于祭祀,就是想要做个没人看顾的小牛,难道还可能吗?"

如果得了恶人的好处,就该扪心自问。因为常人相处,只是相安无事,交情也就能地久天长,恶人终究是爱作恶的,给人好处,必有恶的目的。

有人去见宋襄王,得到了一辆车子赏赐,这个人便向庄子夸耀。庄子就用以上道理告诫他,还说出一个故事。有个人住在河边,家境贫寒,他靠编芦苇制品养家活口。某日,他的儿子潜入河中最深的水底,得到一颗价值千金的珍珠。

这个人见了儿子送上的珍珠,没有高兴,而是叫儿子赶紧找块石头砸碎它。他对儿子说:珍珠虽然很值钱,但一定产生在极深的潭底,在黑龙的下巴下面。你能取得这颗珍珠,一定是碰上黑龙在睡大觉。假使黑龙那下子醒了,你还有命吗?

庄子告诉这个人说:"如今宋国的形势凶险无比,还不止像深渊,宋襄王的凶残狠毒,远远超过黑龙逞威。你能够得到十辆车子,一定是碰到襄王在睡梦中。假如他突然醒悟过来,你只怕想当他的阶下囚也不可得了。"

知道不可侥幸,便知道取舍,便知道和气的生活、自由的人身可贵。侥幸求利,小则终身遗憾,大则当时就丧失性命。有艺术经验的演员知道,"再来一个"得有严格的节制,最好是在观众兴致正浓的时候就悄然退场,这也叫见好就收。因为台下掌声热烈,就没完没了地"再来一个",等到观众倒了胃口再收场,总是有点灰溜溜的。

中国历史上有不少政治家功成身退,他们懂得见好就收。

李泌要与唐肃宗分手时,是与唐肃宗同榻而寝的,简直情同手足。但李泌决意离唐肃宗而去,他说"臣有五不可留""臣遇陛下太早,陛下任臣太重,宠臣太深,臣功太高,亦

諸子百家——道家

太奇。"李泌明白，倘若迷恋这一切而不想"收"，那么，事情就会悄悄地发生变化。周围的环境会变，信任会变成猜疑，拥戴会变成妒忌；自己的心态也会变，功能使人变骄，权会使人变奸，弄不好就会身败名裂。

当然，这类功成身退的政治家大致都是官僚，当君主的没有这回事，非到迫不得已之时，他们是决不肯让位于人的，尽管见好就收这句话，他们也同样适用。

现状和习惯总是把人的思想禁锢得死死的，"见好就收"的可贵，就在于能够突破这种现状和习惯的束缚。人的认识原是近乎螺旋的曲线，但这一曲线的任何一个小段都能被片面地变成独立完整的直线，把人们引到泥坑里去。潮水有涨有落，鲜花有开有谢，掌声有起有息，无论什么东西——自然也包括权势和名声，一旦到了顶峰，都会走下坡路的。见好就收，就包含着对这种辩证法则和自然规律的认识以及居安思危的清醒，比起"见坏才收"，无疑更为明智，更为从容，也具有更多的主动性。

懂得见好就收的人，是识时务的人，他懂得何时保全自己，何时成就别人，以儒雅之风度来笑对人生。这个世界本来就很奇妙，总有一些人能幸运地得到机遇的垂青，但这只是一小部分人的幸运，这是不可以追求或者等待的，如果你有幸得到这份幸运，那就赶紧见好就收吧！

顺时而动，行动及时，把握时机

【原文】

"事善能；动善时。夫唯不争，故无尤。"

——《老子》

【智慧细语】

处事能够善于发挥所长，行动善于把握时机。最善的人所作所为正因为有不争的美德，所以没有过失，也就没有怨咎。

老子说水能够"动善时"，是指水善于随天时机遇，动静有时。水的迂回变通，正符合了老子倡导的生存智慧。水能够在运行过程中不妄动、不强求，遇阻则让，逢高绕行，遇强则积蓄力量等待时机，收缩与舒展随机而行，最终达到自己的目标。

体现在处世上，动善时主要是指要抓住时机来行事。如果时机不到，要学会忍耐等待，而不是盲目行动而招致祸患。汉代张良在桥上遇到的那个后来传授给他谋略的黄石公，劝勉张良要学会"待时"。他说：时至，则可为帝王师；时不至，则没身而已。强调了顺时而动的重要性。而历史上著名的诸葛亮，出山前被称为卧龙先生，所谓的卧龙，就是指他出山时机还没有到来的时候的一种称谓，他有匡复汉室的大志，也是在一直等待时机，

诸子百家——道家

直至等到刘备的三顾草庐相邀。《史记·老子列传》里，记载了老子也曾经劝勉过孔子，也要他"待时"。君子得其时，则驾（进）；不得其时，则蓬累而行（退而等待），这都是说明了时的重要性。

易经里也有一句话说：君子藏器于身，待时而动。如果要能做到把握时机，顺时而动，在时机到来前还必须要做好充分的准备。只有器准备好了，才能在时机来临的时候迅速地把握住，磨炼了十年的长剑也才能够派上用场。所谓的养兵千日，用兵一时，千日里的休养操练，也只是为了一场战役。

黄石公在坯上，试探了张良好多天，为的是要磨炼他的性格，然后传授他学问。如果张良一开始拾鞋就翻了脸，就证实他胸怀气度不够，无法成就大事。历史里，也就没有了张良这个名字了。火暴性子，大少爷脾气，颐指气使，即使有大好时机给他，也成不了功。天将降大任于斯人也，必先要磨炼他的性格。所谓待时，这个"磨"字就是重点。就是自己要把自己装备好等着，甘罗发早，子牙迟，好的时机迟早一定会来到，不能够焦急。古语：正身以待时；守己而律物。就是说明了准备的重要性。

动善时，顺时而动，除了在不利的情况下要学会隐忍待发之外，还意味着在时机成熟的时候要果断行动，不能拖泥带水，抓住有利时机，及时发愤创业，在最大的程度上实现自己的人生价值，将生平所培养的道德与才能运用到事业之中。

在洞庭湖里，生活着很多鱼类，其中有一种叫泥鱼。

每当旱季来临时，洞庭湖就会干涸，大部分的鱼虾都会拼命寻找赖以活命的水，可惜到最后都无法战胜天道循环，不是被人们捞走，就是干涸而死，变成干鱼。

可是泥鱼却不会，到了这种生死存亡的关头，它全身滚进湿泥里，然后口衔泥水，像死了一样静止不动。捞鱼的人即使看见了，也会误以为泥巴，让它侥幸逃过。等水渐渐干了以后，泥鱼就躲在泥里一动不动，依靠自身保存的水分和能量来维持生命，一直能维持半年之久。

等到旱季过去，河水滚滚汇聚到洞庭湖的时候，泥鱼就会从泥里钻出来，洗掉身上的泥巴，在水底自由自在地畅游，而此前其他的鱼虾早就所剩无几，因此泥鱼就可以享受充足的空间与养料，迅速地繁殖成长。

泥鱼因为能够在环境恶劣的时候把自己隐藏起来，在水源充足的时候重新游出来，才使它存活下来。据说三国时期，关羽就曾经用泥鱼的故事来劝刘备说，告诉他人生总要有几段泥鱼那样隐忍的时期，刘备听了以后，若有所悟，才有了后来与曹操煮酒论英雄时的精彩表演。

动善时，还意味着在时机面前，要学会使自己顺应形势，从而能更好地把握机会。有一个故事就说明了水的顺应性。在一处禅院中，园中有几块大石头立在鹅卵石堆成的小池塘中，西方人看到的是石头，日本人却习惯于注意石头所形成的空间。因为日本人非常欣赏老子"水"的学说，讲究以柔克刚，认为水是一种境界，当遇到阻碍的时候，他们认

諸子百家——道家

为最好的办法不是把阻碍消除，而是悄悄在周围找出一条路来，让水可以自行缓缓流淌。

同样，当我们面对变化的时候，顺应环境的改变和时机的出现，主动地调整自己，而不是被动地随波逐流，就显得尤为关键。古人云：明者因时而变，智者随事而制。顺乎事情的发展而采取相应的措施，是因时的精髓，也是混迹社会立于不败之地的要旨。"见风使舵"于人格讲有时候似乎不高尚，但是对于竞争者却极重要。毛泽东能够做到"战无不胜"，他有一个秘诀，就是善于搞清"当前的形势和任务"。根据当前的形势来制定策略，才能常胜不败。

同样，在商业上也是如此，要随时根据商情的变化来采取不同的措施。《史记》中记载，春秋时候有个叫辛研的人，因多谋而善计算，被誉为计然之名。在他的经商三策中，有一条叫作"贵流通，戒停滞"。认为经商之人应当促进货物和货币的流通，还要根据商情变化"时用则知物"。什么时候需要什么货物要提前准备好，以防措手不及而误了时机。要加速商品和资金周转，做到"货币欲其行如流水"。还有一条叫作"无敢居贵"，就是要追赶时限，抓住时机，果断地快买快卖，做到"贵出如粪土，贱取如珠玉"。意思是价高时，将手中货物像粪土一样抛售出去；价格低时，像珍惜珠玉那样赶快买进。古人这些高明的见解，体现了时与价的辩证关系：价随时迁。商人必须"乘时而动"才可掌握赚钱的主动权。

当年上海滩三个百年老字号绸布商店（协大祥、宝大祥、信大祥）之一"协大祥"，对过时的滞销商品采取果断的措施，及时处理，宁赔不存，这种经营手段十分高明。一般商人都知道"货卖一时鲜"的道理。"鲜"就是"抢先"的意思，趁时抢先上货、拔得头筹，既满足了市场求新的需求，又可显示出"人无我有"的优势。

动善时，也就是相时而动、见机行事，这原本是古人兵家法则之一。意指在战场上要时刻注意占据战局变化形势，分析敌我状况，抓住有利时机给予对方迎头痛击，避免不利局面有可能给自己造成的损失。这一理念后来被运用到政治、经商等领域，成为行之有效的制胜法宝。在处理各项事务中，必须抓住动的本质特点来对待。其中重点在于"应变"。只有抓住时机，顺时而动，才能成功。

将欲取之，必先予之，退一步进两步

【原文】

"将欲歙之，必固张之；将欲弱之，必固强之；将欲废之，必固兴之；将欲取之，必固与之。"

——《老子·第三十六章》

诸子百家——道家

想要收敛它,必先扩张它,想要削弱它,必先加强它,想要废去它,必先抬举它,想要夺取它,必先给予它。

从形式上讲"将欲歙之,必固张之;将欲弱之,必固强之;将欲废之,必固兴之;将欲取之,必固与之。"是老子柔弱以胜强的具体体现,是"柔弱胜刚强"演绎,这一原则也就是我们常说的欲擒故纵之术,是老子为"君王"设计驾驭君臣和克敌制胜的策略。这一策略简单地说就是让事物走向极端,他就会走向相反,即利用物极必反的原理达到自己的目的。明朝宰相张居正更是说过"意欲取之,必先纵之;意欲除之,必先骄之。然后乘其势也"。

中国人素来崇尚智慧,热衷谋略。所谓"攻人以谋不以力,用兵斗智不斗多"欲擒故纵的策略,便是中国人崇尚智慧的具体体现。欲擒故纵是一种缓攻计,即欲擒敌方,先纵敌方。擒的含义很多,捉拿是擒,控制是擒。而纵的形式或方法也很多,放走是一种纵,但是放走不等于释放不管,而是密切注视其动态;暂时让步是一种纵;放纵也是一种纵,如使用美人计。以各种不同的内涵呈现,而最常用的是以下几种;

第一,先纵再擒,不急于一时,所以暂时放任目标,等到最佳时机行动,一步到位,斩草除根。

春秋时期,郑国的郑武公有两个儿子,长子叫寤生,即后来的郑庄公,幼子叫共叔段。郑武公的妻子姓姜,寤生和共叔段虽然都是她的亲生儿子,但她却有些偏心,只喜欢共叔段,而不喜欢寤生。

郑武公死后,寤生继位,即郑庄公。姜氏想为共叔段鸣不平,便向庄公提出以河南荥阳作为共叔段的封地。庄公没有同意。他说:

"荥阳那个地方太险要了,想当初虢叔就死在那里。除了荥阳,为共叔段选什么地方都行。"姜氏为共叔段征讨封地,其目的就是让共叔段远离庄公,好为以后做打算。她见荥阳要不下来,便为共叔段改请京城。京城在荥阳东南 20 余里,让共叔段封在那里,其意义也和封在荥阳差不多。庄公因有除荥阳以外任选一地的许诺,便答应了。

共叔段在姜氏的庇护下,一到京城,便开始准备夺取哥哥的王位。首先,他把京城加以扩大。郑国大夫祭仲看到苗头不对,便告诉了庄公说你弟弟私自把城墙加高,恐怕对你是个威胁。郑庄公摆出一副无可奈何的样子说:"京城是母后为共叔段要的,我怎能对他加以限制呢?"祭仲说:"姜氏决不会满足于让共叔段扩建城邑的,扩建城邑后他还会有新的举动。您应当及早采取防范措施,做适当的安排。否则,等共叔段的势力发展起来,您就不好对付了。"庄公说:"一个人不义之事做多了,必然会倒霉,我们看着他怎样发展吧!"

过了些日子,共叔段见自己扩城之事无人过问,胆子更大了,他下令让西部和北部的

諸子百家 —— 道家

边境之民都服从自己的命令。大夫公子吕找到庄公对他说："现在国家实际上出了两个君王分别下着两种命令,指挥着两地的臣民。您怎能容忍这种情况呢? 您是不是拿他没办法呢? 如果真是这样,干脆就把君主之位让于共叔段,如果不是这样,那就请您把他除掉,不要让百姓对您怀有二心。"郑庄公说："别着急,用不着我去除他,他会自取祸殃。"

又过了些日子,共叔段见庄公还没有动静,便越发胆大了,干脆宣布郑国的西部、北部边境为自己的封地,并把封地扩展到了廪延(今河南延津县东北)。公子吕又找到庄公,对他说："我们应该动手了。否则,等共叔段势力雄厚时,民心就会归顺于他了。"郑庄公仍不同意出兵,他说："不义之举,怎能取得民心? 让他发展势力吧,到一定程度他就会分崩离析。"

共叔段见自己的图谋步步得逞,就开始修整城池,积聚粮食,制造武器,武装步兵车兵,准备进攻郑国的首都。姜氏则准备到时为共叔段打开城门,作为内应。

郑庄公并非对共叔段置之不理,他派人暗地监视共叔段的一举一动。当他听到共叔段起兵的具体日期时,便对公子吕说："现在是动手的时候了。"便命令公子吕率大军去京城讨伐共叔段。京城的人听说国王派军前来,纷纷倒戈,共叔段成了孤家寡人,便弃城而逃,最后成了郑庄公的阶下囚。共叔段惨死,未得善终。

共叔段是多行不义必自毙,是自作自受。郑庄公用纵容的手段,甚至故意显示"软弱"来制敌于"不义"的境地,表面上唯唯诺诺,骨子里却是"看你横行能几时",然后自己再以自己"仁至义尽,替天行道"来对付的对手,此所谓其欲擒故纵智慧的体现。

第二,再纵再擒纵与擒不断交替使用,使对手彻底折服,甘心情愿俯首。

三国时期,彝族首领孟获趁刘备病死,率领十万人马入侵蜀地。蜀汉相诸葛亮考虑到孟获对整个西南地区的影响颇大,如能让他臣服于蜀汉,则有利于控制当时的局势。

于是,诸葛亮在抓到孟获后以礼相待,让他参观蜀军阵营后,问他:"这支军队怎样?"孟获说:"从前我们不知道你们的虚实,所以失败了。现在承蒙您看得起,让我观看你们的阵营,假如只是这种状况,我们是肯定能够战胜的。"

诸葛亮于是把他放了,让他再来,这样一共抓了七次,又放了七次。最后又捉住孟获,诸葛亮还是要放他,孟获说:"你具有上天的威风啊! 我们不再反叛了!"于是,蜀汉的军队进到了滇池,平定了南中,后来孟获成了蜀的御史中丞。

第三,只纵不擒,一味纵容,让对手沉溺于自毁之中。甚至给对手高帽,引导对手放纵自己,直至其毁灭。

晋武帝司马炎篡魏、灭蜀,欲进一步统一全国。于是任命羊祜统领荆州军务准备征吴。羊祜用计于无形,一面坐视荒淫暴虐的吴主孙皓把国力、人才消耗折损殆尽;一面广施德政,使荆州对面处于暴政下的百姓,比较出晋与东吴的天壤之别,相继来归,造成吴国军心士气的逐步崩解。

羊祜的策略是,把敌人养在那儿,不轻易动它,让它沉溺于自毁的情境中。所以他不急攻、不急功。《荀子》说："肉腐虫生，鱼枯生蠹，怠慢忘身，祸灾乃作。"这几句话最能形容所有组织的腐败过程，用来形容败家子孙皓更是贴切。羊祜一直纵容东吴，直到它气数已尽，才发兵征吴，不费吹灰之力即擒了孙皓。

欲擒故纵是一门收与放的艺术，这就像在大海中钓鱼，在大海上钓到一尾三百公斤的旗鱼，你必须不断地一收一放，与它纠缠几小时，直到它力竭为止。如果对手顽强、难缠，你不能奢望一举而擒之，而要善用收放之道。

忍辱负重，埋头谋划，方堪大任

【道者说】

"是以圣人云：爱国之垢，是谓社稷主；受国之不祥，是谓天下王。正言若反。"

——《老子·第七十八章》

【智慧细语】

因此，圣人常说：能承受全国的屈辱，才配作天下的君主；能承担全国的灾难，才配作天下的君王。确切的话语常常让人觉得不以为然！

自古以来，能够成就大业的，无不是胸怀大志的人，不但要胸怀大志，而且大都历经过常人所不能经受的挫折和困苦，承受了民族和国家的多灾多难，有责任，有担当，以天下为己任。历史上的很多故事都让我们看到了他们在困境中仍然坚守自己的操守和人格，忍辱负重终为后世所传诵。

司马迁的故事是我们所熟悉的，大家都知道他受了宫刑而发奋著《史记》，却不知道这后面所隐藏的故事。

说到司马迁，不得不先提到李陵事件。因为李陵事件，改变了司马迁的一生，也因为李陵事件，太史公的魂魄与精神为后世所彰显。

李陵是飞将军李广的孙子，"但使龙城飞将在，不教胡马渡阴山"中所说的飞将军，可为一代名将，在《李将军列传》中，他与他家族的辉煌和不幸都得到了详细的记载。李陵战败投降，皇帝大怒，群臣附和，朝野上下，无不声讨谩骂李陵，李陵的家族惨遭屠戮。整个朝廷无一人敢站出来说句公道话，这时只有司马迁——一个主管天文历法的小官挺身而出，就李陵的德与行向汉武帝做了表述，并在掌握了大量事实的情况下对李陵投降的原因作了透彻地分析，并在公正的立场上为李陵辩解。

而实际上，司马迁与李陵并无多少交往，只是凭了道义与良心做了这件事，关于他与李陵的关系，他这样说过："夫仆与李陵俱居门下，素非能相善也。趣舍异路，未尝衔杯酒，接殷勤之余欢。"对于一个与自己趣舍异路、素非能相善的人，在全朝文武俱为之口结之时，唯司马迁能仗义执言，谓其"自守奇士：事亲孝，与士信，临财廉，取与义，分别有让，恭俭下人。"即算兵败投敌，其本来也是"常思奋不顾身，以徇国家之急……夫人臣万死不顾一生计，赴公家之难，斯以奇矣"，李陵将步兵不过五千，深入敌后，纵横独战，尽了死力，虽败，"……虽古之名将，不能过也。身虽陷敌，彼观其意，且欲得其当而报于汉。事已无可奈何，其所摧败，功亦足以暴于天下矣。"这样的胸襟，当时天下也许只有司马迁一人了。而这样对答的结果，却使司马迁惨受宫刑，失去了作为男人的标志。

如果司马迁家中有钱，或者是个贪官，这时也许他可以出钱自赎，以免于被宫，但反过来想，如果司马迁因贪而富，他还会不会对于义与理如此的坚持？志士君子的悲剧是注定了的，这时他感到"家贫，货赂不足以自赎；交游莫救，左右亲近不为一言。"这在当时是何等的伤感与无奈。他在李陵蒙冤时为李陵呼吁，而当他自己身受这一切时，却没有一个人可以值得诉说。李陵之降，毁了家声，自己又因此陷于囚室，所以才发出感叹："悲夫！悲夫！事未易一二为俗人言也。"

然而，假如他因此自觉无颜活着而受死，只如九牛一毛，与蝼蚁自然无异，因此而死，世人也不会用死节来与之相比，基于此，他说："人固有一死，或重于泰山，或轻于鸿毛"只因为是"用之所趋也"。种种心态，对于一个持身守正的志士节人而言，其痛远比死更令人可怕，但人"死固有重于泰山，有轻于鸿毛。"即使古来贤人都以与宫人相处为耻，自己还得苟活下去，为什么呢？前人亦受大辱，贵者也曾获罪，他自己活着的意义在哪？他没有父母兄弟之累，自然也顾不得妻儿了。作为一个知耻行正的文人，就死仿佛是应该的，而且远比自己卑贱的人都可选择自决，而他之所以隐忍苟活，只是因为还有他还有更加重要的事情要做，就是要立言明志，表于天下，昭于后人。

古往今来，不容于世，受尽耻辱而选择就死的人可称为勇与节，这样可以一死百了，自己再不用有所承受，一切留于后人评判。这样的勇士固然受人尊敬，但在耻辱中苟活，为了心中的理想与愿望，在没有前途，没有雪耻机会的社会中挣扎，其勇气与精神却不是一般的勇于就死的人可以比得了。

好在司马迁有自己的楷模，知道"古者富贵而磨灭，不可胜记。"而那些立言于世的人将永为后世称颂："文王拘而演《周易》，仲尼厄而作《春秋》，屈原放逐，乃赋《离骚》，左丘失明，厥有《国语》……"古代先贤的故事是他的榜样，也是做人活下去的力量与证据。而他的作为，更是成了后世文人精英的楷模，千百年来同样激励着后人。

历史上其他的例子还有很多，韩信的"胯下之辱"我们暂且不提，但是作为一代国王，勾践的"尝粪问疾""卧薪尝胆"就显得非同一般了。勾践从一个过惯了锦衣玉食的一国之王，成为吴国的阶下囚，为奴三年，受尽凌辱。他为了活下去，为了生存，为了复国报仇，为吴王当马夫，当"上马石"。他为了进一步麻痹夫差，以为夫差看病为名，竟尝其粪便，正是因为勾践忍受了这些别人所无法忍受的耻辱，励精图治，休养生息，终于在范蠡和文种的辅佐下，重新打败了吴国，也就有了"苦心人，天不负，卧薪尝胆，三千越甲可吞吴"的传诵后世的典故。

也是因为能够忍辱负重,晋文公在外流亡十九年后终于成了一代霸主。

晋文公,也就是公子重耳,是晋献公的儿子。晋献公年老的时候,宠爱一个妃子骊姬,想把骊姬生的小儿子奚齐立为太子,把原来的太子申生杀了。太子一死,献公另外两个儿子重耳和夷吾都感到危险,于是逃到了别的诸侯国去避难。

晋献公死后,晋国发生了内乱。后来夷吾回国夺取了君位,也想除掉重耳,重耳不得不到处逃难。重耳在晋国算是一个有声望的公子。因此一批有才能的大臣都愿意跟着他。

重耳先在狄国住了十二年,因为发现有人行刺他,又逃到卫国。卫国看他是个倒运的公子,不肯接待他。重耳一班人流亡来到齐国。齐桓王送了他20辆马车,并许配了宗族之女齐姜给重耳。重耳在齐国过安逸的生活,放弃了恢复君位的愿望。

重耳觉得留在齐国挺不错,可是跟随的人都想回晋国。随从们背着重耳,聚集在桑树林里商量回国的事。一个女奴在桑树上听到他们的对话,回宫以后偷偷地告诉了重尔的妻子齐姜。齐姜因为害怕女奴泄露秘密,不但没有给她奖赏,反而马上把她给杀了。齐姜也劝告重耳赶快离开齐国,但是重耳不肯。因此,赵衰等人让重耳喝醉了,把重耳抬到马车上离开齐国国都临淄。

楚国打败宋襄公军队不久以后,重耳到了宋国。宋襄公款待他,并送他20辆马车。后来重耳到了郑国,郑文公拒绝接待他。到了楚国,楚成王设宴接待他,并问他以后打算如何报答楚国。重耳回答"万一晋国和楚国之间发生了战争,我愿意命令军队撤退三舍(即九十里)"。楚国大夫子玉建议楚成王马上杀死重耳,以免给自己留下后患,但是楚成王没有采纳他的意见。最后,重耳到了秦国,秦穆公热情接待他,并把五个女子许配给他,其中有秦穆公的亲身女儿怀嬴。原来秦穆公曾经帮助重耳的异母兄弟夷吾当了晋国国君。没想到夷吾做了晋国国君以后,反倒跟秦国作对,还发生了战争。夷吾一死,他儿子又同秦国不和。秦穆公才决定帮助重耳回国。

公元前636年,秦国护送重耳的大军过了黄河,流亡了十九年的重耳回国即位。这就是晋文公。

晋文公和他的臣属们在外流亡十九年,尝尽人世酸甜苦辣,磨炼出了卓越非凡的才干,故虽六十二岁登基,在位九年,在赵衰、狐偃、贾佗、先轸、魏武子、介之推等人的辅助下终于成为春秋五霸之一。由于深切了解民间疾苦,故政宽而民附,深得晋人拥戴。综观重耳之一生,更见这样的道理:"受国之垢,是为社稷主;受国不祥,是为天下王。"

諸子百家 —— 道 家

三、无为而治的管理智慧

无为而治，古为今中用

【道者说】

"无为而无不为"

——《老子·第四十八章》

【智慧细语】

能够顺应自然而不妄为，就没有什么事情做不成了。

老子的思想体系博大精深，包罗万象，其中也包含着丰富、精妙的管理智慧，时至今日它们仍对现代企业管理有着非同一般的深远影响和启迪。道家对现代企业管理的影响主要表现如下：

一、追求无为而治的境界

老子在他的哲学思想中提道："太上，不知有之，其次亲而誉之，其次畏之，其次侮之，信不足焉，有不信焉！悠兮，其贵言，功成事遂，百姓皆谓'我自然'。翻译成现代文字，其含义就是：最好的领导者，部属与他无私交，人们仅仅知道他的存在；次一等的领导者，部属亲近他，而且赞美他；再次一等的，则是让部属畏惧害怕；而最差劲的领导者，则是处处被部属看不起，遭人蔑视。而且，领导者最应该注重诚信，没有诚信则得不到部属的信任与拥护。

老子认为，最好的领导者，态度应该是悠闲自然的，他不轻易发号施令，对部属多鼓励、少责难，如此而为，则事事顺遂、功成业就，大家就会说："我们本来就是这样的。"

老子认为任何事物都要顺应它自身的客观规律去发展，而不能受外界的意志强行去制约，事物本身就具有潜在性和可能性。"自然"就是道，它就是规律，就是法则。老子的这些论述实际上倡导了一种"无为而治，道法自然"的思想。

如果我们从管理企业的角度来思考，这些思想与现代企业的管理理念与方法有着异曲同工之妙。老子的思想启示我们，在现代企业管理中，要使企业管理"功成事遂"，就必须追求一种"无为而治，道法自然"的境界，只有这样才能使企业立于不败之地；而唯有具备如此素质的企业管理者才是真正称职和优秀的领导者。

二、对付激荡社会的管理策略

现代社会的商业竞争日益多元化。由单极转向多极，从区域遍及全球，科技日新月异,信息层出不穷。在这种竞争日益激烈的情况下,老子的"无为而治,道法自然"的思维方式将是对付激荡社会巨变一种行之有效、弹性柔化的管理策略。

随着企业规模的不断扩大,部门势必要不断增加,人员不断扩充,企业活动所涉及的层面也越来越广,越来越深,在这种情况下,即使再精明能干、智慧不凡的领导者也无法面面俱到、事必躬亲,样样"有为"。所以,在现代企业管理中,领导者在决策上应"有所为,有所不为"。这就要求管理者能辨别轻重,分清主次,在有关全局和长远利益的"大事"上有所为,而无关紧要的琐碎"小事"则有所不为。

对于现代企业,真正高明的管理者应该是领导和指挥众人的"导演",而不是扮演什么具体角色的"演员"。当代管理学讲求管理效率,提倡科学管理,这实际上与老子"无为而治,道法自然"的想法不谋而合。法国著名管理学家法约尔就极力反对上层领导者"在工作细节上耗费大量时间",在小事上"总是忙忙碌碌"的作风。他一直主张"一个企业,经理应始终设法保持对重大事情的研究、领导和检查的思维自由和必要的行动自由"。这就是说:现代企业的管理者必须讲求管理策略,要善于"抓大事"而"舍小事"。

从另外一个角度来看,推行"无为而治,道法自然"的管理原则也是企业顺应客观规律、尊重自然规律、走向成功的必然选择。

被誉为日本"经营之神"的松下幸之助回答"你的经营秘诀是什么"的时候,曾经强调:"我并没有什么秘诀,我经营的唯一方法是经常顺应自然的法则去做事。"松下幸之助的这种管理理念实际上是从侧面对老子"无为而治,道法自然"的诠释。

三、在选才用贤上"有所不为"

企业若要达到"无为而治,道法自然"的境界,必须从以下几方面进行努力:

(一)要求企业管理者具备虚怀若谷,胸襟开阔的素质;要有"容人、容事"的气度和风范;在识贤、求贤上要"有所为",在用贤上"有所不为"。

对于一个成功的现代企业领导者,如果要做到"无为而治,道法自然",就必须在干部和员工的使用上实行"君无为而臣有为"的管理方法,这就要求企业管理者必须具备伯乐寻千里马、刘备三顾茅庐的精神,真正做到"用人不疑,疑人不用",以充分调动企业各级管理者和全体员工的主动性和创造性;而不是处处设限,事事干预,更不要不懂瞎指挥。

(二)从企业管理的角度来讲,必须建立一套"道法自然",适合本企业特点、有前瞻性、与时俱进的管理机制,只有这样,企业才能灵活自如,游刃有余的运作。

要实现这个目标,必须要采取以下几方面的措施:

(1)建立合理的组织结构,使部门与部门之间形成既相互协调,又相互制约的状态。

(2)根据现代企业的要求,结合公司的发展规划制定与之相符的管理理念。

(3)通过授权和分权的方式,提高工作效率,科学有效地管理企业。

实际上,任何一个能干的企业管理者的管理范围都是有限的,如果超过某一幅度,一定会造成自顾不暇,效率低下的状态,并最终导致整个管理系统的紊乱和失衡;只有分级

诸子百家——道家

管理和实行授权，才能使管理者摆脱烦琐事务的束缚，集中精力抓大局和战略。

美国管理学家 W·J·鲍韦尔在谈到企业家的素质和能力时，也强调一个真正的企业家要"精于授权"，即"大权独揽，小权分散，主要抓战略决策，日常的生产经营管理活动，主要授权下边去办。"

美国纽约著名的贝尔实验室在研究工作方面成绩斐然，曾诞生过十几个世界第一的发明。在谈及治所之道时，该所负责人陈煜耀博士会指着他办公室挂的老子的"无为而治"的条幅解释说："领导者的责任在于既要做到你在领导别人，又要做到别人并不认为你在干预他。"陈博士的这番话可谓一语中的，贝尔实验室的成功正是老子"无为而治"管理思想在现代企业成功运用的一个鲜活实例。

事实上，只有实行分级管理，才能使管理者摆脱日常琐碎事务的干扰，集中精力来做好自己分内的工作；从另一个角度来看，对某一个企业而言，如果过度依赖某个强势的领导，当有朝一日出现人事变动时，企业可能因此而无法正常操作和运转，这对企业的长远发展和做大做强也将造成严重影响。

四、按照既定的道路坚定前行

企业的规章制度和大纲领大原则不能朝令夕改，一旦制定，就必须保持它的连续性和一贯性，不乱作妄为；也就是说，只要认定所选的项目是社会所需，也是根据自身特点和相关条件办得到的，认准了，选定了，就应"守中""抱一"，按既定的道路，脚踏实地、坚定不移地前行。

如果我们"这山望着那山高"，整天为了自己的一己之利而变更项目或贪大求新，过分"有为"，到头来恐怕部属在执行过程中不知所措，乱作一团，从而一事无成。

随着经济全球化的发展和市场竞争的加剧，尤其是近几十年来日本企业界在世界商业市场的崛起，越来越多的西方管理学家开始关注中国道家，尤其是老子的管理思想和管理原则。美国管理学家约翰·海德就在他所著的《领导之道—新时代的领导战略》一书中，引用了不少《老子》名言警句，他十分推崇老子"清静无为"的思想，还从管理学的角度对这种思想做出了自己全新的诠释。事实上，这种学习研究老子思想的热潮一直历久不衰，希望本文的探讨和见解能从管理实践的角度，为大家研究老子思想提供一些借鉴和启示。

善于用人，慧眼识物，对症下药

【道者说】

"能不龟手一也，或以封，或不免于洴澼絖，则所用之异也。"

——《庄子·逍遥游》

在《逍遥游》里惠子对庄子说:"魏王送给我大葫芦的种子,把它种了,长成的葫芦能盛五石。用以盛水,质地脆弱,不能胜任;把它剖开作瓢,又平又浅,没法盛东西。这葫芦不能说不大,但我认为它无用,把它砸烂了。"庄子回答说:"你实在是不善于使用大的东西啊。宋国有一善于调制不龟手药物的人家,世世代代以漂洗丝絮为职业。有个游客听说了这件事,愿意用百金的高价收买他的药方。全家人聚集在一起商量:'我们世世代代在河水里漂洗丝絮,所得不过数金,如今一下子就可卖得百金。还是把药方卖给他吧。'那个外乡人得了药方,去游说吴王,当时越国入侵,吴王派他率军抗战。正值冬天,与越军水战,把越军打败了,于是吴王割地封他为诸侯。同一个不龟手的药方,有的人因此得以封侯,有的人却只能靠它在水中漂洗丝絮,这是使用的方法不同。现在你有五石容量的葫芦,为什么不把它制成腰舟而浮游于江湖之上,反而愁它平浅盛不下东西。看来先生你还是心窍不通啊!"

大家都知道,旱地种地瓜、花生好,水浇田插稻子最妙。我们不能在浇不上水的山岭薄地种水稻,种上水稻估计连苗子都旱死了;我们也不能在平原地水浇田里种地瓜,因为那里长出来的地瓜淀粉少不好吃。其实,只要发挥每一块地的长处,则可以地尽其利了。

还有一个例子,也说明了世界上没有绝对无用的东西,所谓无用,只是因为没有好好利用。

一个仪电车间的空地上,放着成堆的废旧机器、各种金属板、下脚料,工人对这些的废旧物品烦不胜烦,它们除了碍手碍脚,另外的作用就是可能给工人带来危险。但有个星期天,车间主任叫了另一家工厂的员工来搬运这些废旧物资,外来的工人对这堆废旧物品进行了一番分门别类,告诉车间主任说,其中有三分之一的废旧物品,他们的工厂可以立即拿去使用的。另外三分之二,经过拆除、重装、之后还有一半可以继续使用,只有三分之一是真正的废品。

同一批物资,在一个地方是碍手碍脚的废物,在另一些人眼里却是个宝。

人也一样。所谓"是个人才",就是把一个适合从事某项工作的人放到了从事这项工作的位置上,你如果把陈景润放在营业员的位置上,他肯定干不好。所谓"不是个人才",大多情况下,是一个人才被放到了不适合他的位置上。一个杰出的营销人员,却被调到研发的位置上,就是对人才的浪费,也是对人才的扼杀。

有一位药店营业员被解聘了,原因是其性格木讷,做事谨小慎微,行动缓慢,工作效率低下。而第二天,另一药店却聘用了他,还让他负责药店的账册报表工作。大家都对后来这个药店店长的做法纳闷不已。而这位店长的理由很简单:他的缺点从另外一个角度来看,恰恰就是他的优点。那就是——耐心细致、做事踏实、不打折扣。

在用人用物上也要扬长避短，最大限度发挥其价值，尽力做到物尽其用，人尽其才。物之用途无限，但有主要的用途；人的潜力无穷，也有最擅长的。我们要利用他们的闪光点，以避免把他们放错位置，不能发挥应有的作用，造成错位的浪费。

当我们去寺庙时，可能会注意到这样一个有趣的现象：一进庙门，首先是弥勒佛，笑脸迎客，大度能容；而在他的北面，则是黑脸韦驮，一脸严肃。其实相传在很久以前，他俩并不在同一个庙里，而是各有自己的地盘，分别掌管不同的庙。由于弥勒佛热情快乐，因此来烧香拜佛的人非常多，但他大大咧咧，什么都不在乎，整天丢三落四，账务管理得一塌糊涂，所以虽然香客旺盛，但经济上依然入不敷出。而韦驮呢？他虽然管账是一把手，但成天阴着个脸，太过严肃，好像人人都欠他的钱，也不会主动与人沟通，结果人越来越少，最后香火断绝。

佛祖在查香火的时候发现了这个问题，他左思右想，发现如果让他们掌管同一个庙，分工合作，取长补短，应该能解决这个问题。于是就将他俩放在同一个庙里，由弥勒佛负责公关，笑迎八方来客；而韦驮铁面无私，原则性强，又懂业务，则让他负责财务。通过这种分工合作，结果香火越来越旺，钱财也越来越多，一派欣欣向荣的景象。

古人云："金无足赤，人无完人"，"君子用人如器，各取所长"。着眼于人的优点和长处，就能发现人才，用好人才，留住人才。当领导的，若求全责备，对下属总是横挑鼻子竖挑眼，在巨大的压抑之下，就会人心离散。而只有用其所长，各得其所，大家才能心情舒畅，团队效率自然会不断提高。

古代明君圣主都知道用人的重要。因为君主用人是否得当，直接关系到治理国家的成效。周文王拜姜太公为师，刘备三请诸葛亮，这是人所共知的典故。刘邦善用人长是出了名的。刘邦曾问韩信能带多少兵，韩信说多多益善。问到自己，韩信说陛下最多能带10万兵。刘邦就问他，为什么韩信反为自己所擒。韩信说，陛下不善将兵，善将将。韩信的一席话，可以说是真正道出了刘邦能成大业的真正原因。

唐太宗李世民之所以能取得"贞观之治"的政绩，是和他善于用人分不开的。当他即位时，面临的是社会动乱、百废待兴的局面。他清醒地认识到："致安之本，在于得人"，"用善人则国治，用恶人则国乱"。因此，他选拔官吏，能够比较严格地坚持以才选人、以贤任人的原则。贞观时期的许多重要官员中，有原秦王府（唐太宗即位前封秦王）的旧属，也有从下层破格提拔上来的百姓；有隋朝的旧臣和敌方的降将，也有曾追随太子李建成反对过唐太宗的人。这足以说明，不论一个人是何出身，有何经历，只要他有才干，唐太宗都能够据贤量才加以任用。

其实，唐太宗在打天下时就非常重视选拔人才，当了皇帝以后，更是明察暗访，害怕人才被埋没。据说他对二品以上的高官每个人有什么优点缺点，都了如指掌，同时还常常让官员们相互评论，达到认识各自优缺点、提高整体素质的目的。唐太宗深知人无完人，要做到知人善用首先在于知人，用其长，避其短。所以他不仅对高级官吏在实践中进行考察,对各县的县令也常常进行考察。他说,县令官虽小,但非常重要。用一个好县令就会把一个县治好,用一个坏县令就会把一个县搞坏。他寝宫内的屏风上记载着每一县令的优缺点。

包拯是我国人民一直爱戴的理想的清官、好官,可是在他生前,因为清正廉明,正直敢言,不仅贪官污吏和社会上的地痞无赖对他不满,就连与他同一朝代的政治家、史学家欧阳修也对他不够满意,曾经弹劾他"素少学问"。当然这少学问不是说他没文化,而是说他不懂得人情世故,刚直有余,思虑不足,常常当面质问宰相和其他大臣,弄得大臣们下不了台。包公不是完人,他当然也有自身的缺点。但宋仁宗看到他疾恶如仇、忠诚为民的优点,并委以重任,历史上才留下那么多脍炙人口的有关包公断案的故事,让人们世代传颂着。

历朝历代的用人经验告诉我们:评价一个人的好坏,能力的强弱不是听他个人说得怎么样,少数人说得怎么样,而是看他干得怎么样,多数说他怎么样,标准只有一条,凡是干出成绩来的,就是好的或者是比较好的;凡是干不出成绩的甚至走一处败一处的,就应该认为他是差的或者是比较差的。但是,有一个前提,那就是:他的政绩要是实实在在的,不是弄虚作假编造的一连串数字显示的政绩。

人都有长处也有短处,有优点也有缺点,所以,聪明的领导人在用人这一点上也应当看到每一个人的优点与缺点,用其长,避其短,这是事业成功应该必备的条件之一。

现实生活中,一些单位的领导人常常为得不到人才、留不住人才而苦恼。事实上,只要明白人无全能,物无全用的道理,用伯乐相马的真心耐心,发现挖掘身边的人才,做到知人善用,人尽其才,何愁人气不兴旺、事业不发达? 作为个人,常常因自己的才华得不到赏识而苦恼。事实上只要尽己所能,踏实肯干,在能发挥出自己才能的岗位上持之以恒,就会有所作为,不要朝三暮四,有真才卖学,走到哪里都有用武之地。

抓大放小,有的放矢,治大国若烹小鲜

【原文】

"治大国,若烹小鲜。

以道莅天下,其鬼不神。

非其鬼不神,其神不伤人。

非其神不伤人,圣人亦不伤之。

夫两不相伤,故德交归焉。"

——《老子·第六十章》

治理大国之道与烹调小鱼之道可以共通比拟。以道的范式君临天下,各种妖异的存在就不再显得变化莫测。非但它们不再显得变化莫测,即使变化莫测也难以伤人。非但它们的变化莫测难以伤人,圣人也不会去伤害它们。大家互不相伤,所以就推重同道之德而在道的莅临下和平共处。

"治大国若烹小鲜",老子的这句话流传甚广。它不仅深刻地影响了中国几千年的政治家们,而且对世界上很多国家的重要人物也产生了深刻的影响。据说美国前总统里根曾在《国情咨文》中引用过老子这段话,用以阐述论证他的治国谋略。法国也曾有一位女政治家,直接把老子思想作为其参与竞选的指导原则。

"治大国若烹小鲜",说的是治理一个国家(或一个企业),就像煮小鱼一样。只能将调味、火候放得适中,文火烹煮,不急躁,不躁动;这样煮出的东西,才能色鲜味美;如果火候不对,调味不对,心烦躁,下锅后急于翻动,最后煮出的东西一定"一包糟",色、香、味什么都没有了,肉也碎了。统治者治理国家,企业主治理企业,道理跟烹煮小鱼一样,不要常常翻弄。因为,一个工厂几十人至上万人,国家几亿人,如果制度朝令夕改,老百姓就无法适应,大家的行为无所适从,就不知该做什么才好,人心即乱,社会就大乱。如果制度稳定,职工就会心情稳定,就会专心于工作,就更加容易出大成果。

"治大国若烹小鲜",是老子"无为"思想的进一步具体化阐述,是"道法自然""无为而治"思想的展开。对此,老子继续阐述了这样做的结果。他说:以烹小鱼的方式治大国,"以道莅天下",连鬼神都不会"伤民"了:不仅鬼怪不"伤民",圣人也不"伤民";为什么圣人也不"伤民"? 因为他像烹小鱼一样在治国,怎么会于民相伤呢? 这样,鬼神和圣人都"不伤民","故德交归焉"。意思是,人民就可以享受到"德"的恩泽了。这样,当"民忘于治,若鱼忘于水"时,天下也就大治了,民安国泰了。

"治大国若烹小鲜",这个思想运用在我们现代企业的管理中,情形和原理也是一样。治厂如治国,就企业而言,企业规章、大原则不能变,只能因时间推移、市场演变和大小、软硬环境的变化而做出相应的"小调整"和"小改变"。企业只要抓住了大的原则,制定了大的、基本的规章制度,使企业有了一个正确的、基本的运行轨道,在通常情况下,就应当坚持"以不变应万变"。只要基本的东西是正确的、较为完善的,就不要轻易去"翻弄"它。

作为一种由"道"发挥出来的治国(治厂)思路,"治大国若烹小鲜"这句话对一个企业领导者来说,要有以下几点要求:

(1)提高领导者自身素质。

一个企业领导的素质怎样,往往决定了企业的命运。领导者除了应具备各类或某类

诸子百家——道家

专业知识而外,还得增加一门新的学问,那就是对"道"要有认识,对"道"的各种法则要有认识,对"道"的哲学原理及在当代的运用问题要有正确的认识和思考。之所以要这样,是因为"道"所反映的是一般规律,这一点在古今中外的有识之士那里,都有过很多论证。而"治大国若烹小鲜"又表达了"治理"上的一般规律。但是,要真的理解"治大国若烹小鲜"的道理,还是得从对"道"的领悟开始。理解了"道",理解了"无为",对"治大国若烹小鲜"才能理解得更透彻。

(2)企业领导者要亲自参与顺应规律的工作,并在这项工作中亲自主持"火候"。"烹小鲜"并不是一点也不翻动,该翻动时,还得翻动。这也是客观规律。企业家要带领整个企业顺应这些规律去发展,他必须亲自站到规律面前去,引导企业行为朝着顺应规律的方向发展。

(3)企业领导者应当崇尚规律,要"以顺应规律为重",而不要以个人欲望为重。煎烹小鱼,就要尊重烹小鱼的方法。领导者在面对诸如利害得失荣辱兴衰的对立选择时,要站在顺应规律一边,不可站在自身贪图等主观欲望一边。面对企业管理,要扩大知识面,要在大的方面,根本的方面做文章。"治大国若烹小鲜",就反映了治厂的规律。企业领导者,应当努力掌握这条规律,并在运用中使之具体化、现代化。

(4)企业领导者在用人问题上,也不可过分"翻弄"。任何企业都会涉及用人问题。用人的得当与否,直接关系到企业的正常运行和健康发展,是企业成败的一个内部关键因素,不可不做讲究。根据"治大国若烹小鲜"的道理,企业领导者在用人问题上,也应采取"无为"的立场,坚持"烹小鲜"的态度和技法,不要随时乱"翻弄"。一般而言,企业在发展干部队伍时,一开始就应将干部的基本素质、道德品质、工作能力等看清看准。经认真考核、试用证明其胜任并合乎企业道德要求的,就应大胆任用,只要没有大的原则性的错误,就应长期使用,支持其开展工作。工作中即使出现小的失误,也应宽容、谅解,协助其纠正。而对那些过不了考核关、试用关的,或者过不了道德关的,坚决不用。所谓"疑人不用,用人不疑",是有一定道理的。总的讲,"治大国若烹小鲜",用在企业用人问题上,就在于干部队伍的相对稳定,任人唯贤,创造宽松、和谐的内部人际关系。

(5)企业领导者在项目选择上应采取的态度立场。根据"治大国若烹小鲜"的道理,企业经营项目的选择,也应采取"无为"态度。确定一个项目究竟是该上还是不该上,应依据"是否是社会众生的迫切的利益需求"这一准则来决策。属于社会众生的迫切需求,急众生所急的项目,就上,反之不上。一旦决定,不要轻易改动。朝秦暮楚,东一下,西一下,是办不成事的,结果只会是负面的。只要认定所选项目是社会众生所需要的,根据自身特点和社会条件,又是办得到的,认准了,选定了,就应"守中""抱一",按照既定的道路,脚踏实地,坚忍不拔地前行。如果了解到社会需要什么样的产品,就要义无反顾地为之奋斗,使该产品早日问世。凡是通过努力能做到的,要尽最大努力去做,这样一定会有好结果。相反,如果我们"这山望着那山高",成天忙于变更项目,过分有为,也就违反了"烹小鲜"的规律,结果一定是"一团糟"。

无所作为,善之善者,不战而屈人之兵

【道者说】

"无为为之之谓天。"

——《庄子·天地》

【智慧细语】

做事而无意叫作天然。也就是"无为""无所作为"。其实,许多事都是在一种"无心插柳柳成荫"的情况下解决的。一切随性、随缘、随自然,才能够得失泰然。

老子认为统治者的一切作为都会破坏自然秩序,扰乱天下,祸害百姓。要求统治者无所作为,效法自然,让百姓自由发展。也就是要求统治者实现"无为而治"。实现它的具体措施是"劝统治者少干涉"和"使民众无知无欲"。

孔子在《论语·卫灵公》:"无为而治者,其舜也与?""无为而治"是指自己无所作为而使天下得到治理。原指舜当政的时候,沿袭尧的主张,不做丝毫改变。后泛指以德化民。

古时,舜品德高尚,尧派他来管理天下。当时中原到处是洪水,以前尧派鲧去治理洪水,9年后失败了,舜就派鲧的儿子禹去治水。禹果然不负众望,13年后平息了洪水。舜和尧一样,对老百姓很宽厚,多采用象征性的惩罚,犯了该割掉鼻子罪的人,让穿上褐色衣服来代替;应该砍头的人只许穿没有领子的布衣。

为了让老百姓懂得乐舞,舜派夔到各地去传播音乐。有人担心夔一个人不能担当重任,舜说:"音乐之本,贵在能和。像夔这样精通音律的人,一个就足够了。"夔果然出色地完成了任务。

孔子赞叹道:"无为而治,说的正是舜啊!他自己需要做的,只要安安静静坐着而已。"

有时候,一个人越想有所为,就越不能有所为。你如果不与人们去争,恬淡无为,反而必有所得,不争之争反而天下莫能与之争。所以庄子说:"深知什么是雄强,却安雌柔的本分,甘愿做天下的溪涧。甘愿做天下的溪涧,永恒的德性就不会离失,回复到婴儿一样单纯的状态。深知什么是明亮,却安守于昏暗的本分,甘愿做天下的模式。甘愿做天下的模式,永恒的德行就没有过失,恢复到不可穷极的真理。深知什么是荣耀,却安守卑下的本分,甘愿当天下的川谷。甘愿当天下的川谷,永恒的德性才能得到充足,回复到自然开端的朴素、纯真的状态之中。"

诸子百家——道家

委曲便会保全,屈枉便会直伸;低洼便能充盈,陈旧便会更新;少取便会获得,贪多便会迷茫。这就是主张以柔克刚、以弱克强的阴柔手段。用无为治国,以不争天下而得天下为策略。这是一个高明的领导者必须具备的一种能力,也是一种智谋。只有这样,才不至于让自己忙得抽不开身,甚至忙中出乱,越忙越乱。

当然,无为之前必须要做好无为的种种准备。无为绝不是叫领导者完全撒手不管。而是要领导者从长远出发,高瞻远瞩,做出符合实际情况的决策,然后再一步一步地去实现。

黄帝的百战征讨,周公的礼典政制,秦始皇的修筑长城,隋炀帝的开掘大运河,都是为子孙后代的伟大行动。它们都影响着国家民族的千秋后世,如果他们没有远大的雄图和计划,就不会有那样大的力量,也不会取得那样巨大的效果。

同时,在一个远大的计划之中,每一件大事都有它的计划,分门别类,按部就班。而每一个计划又有若干阶段的独立计划,每一个独立计划,前后彼此,都有着密切的联系,并且是相互衔接的。

计划中又有按时期、种类的分别计划,国家是这样,个人也是这样。一个人有一生的计划,一年的计划,一日的计划。一件事又有一件事的计划,然后按计划行事,按时计工,自然有所成就。

古人说:天地以顺为动,所以日月就以四季更替而不差失;圣人以顺为动,所以刑罚清明而人民归服。阴阳以顺则豫,天地以顺动而有规有序,圣贤以顺动就能正直,国家以顺动就能富强,战争以顺动就能取得胜利,全人类与天下所有万事万物以顺动就能宜而可止,达到至善。宜就适当,适当就真实无妄,真实无妄就不停息,不停息就久远,久远就宽厚,宽厚就高明。这样不见自彰,不动自变,不战自胜,不争自有,无为自成,无私自大,就是顺应的功效。

老子主张清静无为,对于当权者,老子所提倡的"无为"与"清静"

有三个方面的内容:

第一,不要实行令下属负担很重的任务;

第二,应该尽量少施行命令或指示;

第三,对下属的各种活动尽量避免介入或干涉。

只有这样的"无为",才是真正聪明的管理之道。

作为领导来说,想要在历史上写上光辉的一页,最上乘的成功秘诀在于顺应,以退为进,以守为攻,以小为大,以卑为高,以辱为荣,以屈为直,以不争为争。不过,也不能完全无为,因为这可能使一个整体变成一盘散沙,使整个局面失去控制。掌控关键环节,放宽边缘部分,不管是领导还是普通个人,在有为中有所不为,乐在其中。

諸子百家 —— 道家

智者善断，慧眼识人，识别真正的千里马

【道者说】

"故君子远使之而观其忠，近使之而观其敬，烦使之而观其能，卒然问焉而观其智，急与之期而观其信，委之以财以观其仁，告之以危而观其节，醉之以酒而观其侧，杂之以处而观其色。九征至，不肖人得矣。"

——《庄子·列御寇》

【智慧细语】

对于君子，让他到边远地方看他是否忠诚（于君）；让他在近处工作看他是否尊敬（上司、师长、贤达、老人）；让他处理琐事看他的才能如何；突然提问问题看他是否机智灵活；给他短促的期限看他是否守信；把财务委托给他看他是否廉洁；告诉他危难以观其节操，是否遇难不乱临危不苟；让他喝醉以观其仪态和原则性，看他酒后失态乱来不；使男女相处以观其贞操，看他是否好色喜淫。经过这九种考验，那些坏人就检验出来了。这九条识人法是值得后人、特别是在领导岗位上的人们谨记的。

人们都知道伯乐是一位相马大师，尤善识千里马。在他眼中，好马劣马一看便知，他也以此闻名于世。其实伯乐原名孙阳，春秋时人，秦穆公之臣，因其善相马，人们便用神话中掌管天马的星名——伯乐来赞美他，后人便把伯乐识马喻为"慧眼识人才"。但真正使伯乐之名流芳百世、声名大振的，还是唐代大文学家韩愈的杂说系列之四《马说》，他在这篇短文中提出了著名的观点："世有伯乐，然后有千里马。千里马常有，而伯乐不常有。"此文脍炙人口，不断为人所传颂。

当今商场如战场，人才即千里马。在知识经济时代，人才是知识的载体，已成为一种宝贵的资源。现代企业的竞争归根结底是人才的竞争，这点大家已深有体会。所以在企业中专职负责寻找、管理、开发人才资源工作的人力资源经理，即专职伯乐就显得越发重要。他作为一个领导者，就像是一个球队的教练，他要把每个队员放在最合适的地方，给他们清晰的目标并适时激励他们，是他们能发挥最佳的作用。要想合理使用人才，就必须将人才放在最能施展其才华的位置上。

识人是很不容易的，要善于透过现象抓住本质，观其大体而不拘小节。白居易说得好："赠君一法决狐疑，不用钻龟与祝蓍。试玉要烧三日满，辨才须待七年期。周公恐惧流言日，王莽谦恭未篡时。向使当初身便死，一生真伪复谁知？"

不经事不知人，识别人才就是在复杂事情、特殊环境中看他处理问题的态度和方法如何，从而推断其才能、品德、学问是否能担大任。常常是制造这种锻炼的环境让他去接

诸子百家——道家

受实践的考验。

舜是 24 孝之首，父亲目盲顽固，继母愚蠢絮聒，异母弟象目中无人，都想杀他，他谨慎小心地侍奉他们，勉强维持着一个家庭的和平。舜 20 以孝闻名于世，30 时帝尧想培养他为接班人，于是把两个女儿娥皇女英嫁给他以观其内；使九个儿子和他相处一起以观其外。舜耕于历山，历山之人都让地给他；打鱼于雷泽，雷泽上的渔民都让给他住处；制陶于河滨，河滨的陶器都因而精良。一年而所居之处成了聚落，二年成了城邑，三年成了都市，其得人心也如此。尧日渐年老，力不从心，贤未能举，不肖未能去。而舜举"八恺、八元"，而放逐"四凶"，天下大悦。舜人于大麓之中，烈风雷雨不能使他迷失，尧因而知他足以授天下，遂避位而使舜摄天子政。摄政八年而尧崩，三年丧毕，舜便接

舜

了班。从舜 30 时尧开始培养他，过了 20 年才让他摄政，整整锻炼了他 20 年，中间不停地变换工作，以培养其实干才能。

正是由于尧 20 年的锻炼，真正看出舜的领导才能，所以才有了顺即位后做出的一番成就。

由此可见，领导者不一定样样都行，才能出众，但他必须善于识人、选人、用人。否则，任何雄才大略难以实施，任何宏图伟业都不能成功。

古人说："天将降大任于斯人也，必先苦其心志，劳其筋骨，饿其体肤，空乏其身，行拂乱其所为，所以动心人性，增益其所不能。"因此，领导者要任用一个人，也要从多方面考验他，使他越来越能胜任他的工作。不见得谁一上岗就能做得多么优秀，但必须有胜任工作的能力和学习的潜力。作为个人也应有这样的认识和准备。

有所作为，有所不为

【道者说】

"道常无为而无不为。候王若能守之，万物将自化。化而欲作，吾将镇之以无名之朴，镇之以无名之朴，夫将不欲。不欲以静，天下将自定。"

——《老子·第三十七章》

【智慧细语】

道永远是顺应自然而无所作为的，却又没有什么事情不是它所作为的。侯王如果能按照"道"的原则为政治民，万事万物就会自我化育、自生自灭而得以充分发展。自生自长而产生贪欲时，我就要用"道"来镇住它。用"道"的真朴来镇服它，就不会产生贪欲之心了，万事万物没有贪欲之心了，天下便自然而然达到稳定、安宁。

【解析】

"道常无为而无不为，侯王若能守之，万物将自化。"道，在这里是指客观规律。侯王，老子指的是当时的执政者，如果加以延伸，可以更广义地理解为领导者、管理者。这句话是说：道体顺应自然，是自然无为的；但万物均由道而生，恃道而长，所以道实际上是无所不为的。执政者、领导者、管理者如果能遵循"无为"这个原则，天下万物就将各遂其性，自然衍化。这里，老子除重复"无为而无不为"这一命题外，又一次将"无为"和管理者（"侯王"）联系到一起，且具体地将"无不为"表述为"万物将自化"。于是，又得到了一个"无为而自化"的新命题。"无为而自化"，应该说是管理的理想境界。这也是老子为什么如此强调"无为"的原因所在。由此，也可见他的良苦用心。

从历史上看，老子"清静无为""治大国若烹小鲜"的治国与管理思想曾产生过巨大影响，并被不少朝代所运用而产生过积极的效果。西汉初期，基于秦末战争造成经济破败、生民凋敝，从汉高祖到文帝、景帝的 70 年间，贯彻"无为"的治国思想，实行轻薄赋、慎刑等政策，同时也考虑到当时面临的首要任务是安定社会，医治战争创伤和恢复国力，发展生产，因而放弃秦朝的极端法家政策，而改用道家之说，采用"无为而治"的管理哲学。战后 60 年，出现了历史学家所称的"文景之治"的盛世，为后来汉武帝大展雄图奠定了基础。此后如唐玄宗李隆基、明太祖朱元璋、清圣祖康熙帝玄烨等帝王都曾自称服膺老子"无为"之道治国，推行"烹小鲜"式的管理，在其治国的前期，国势也确都曾颇为兴旺。

那么，在管理中，究竟怎样做到道常无为而无不为呢？我们可以从以下几点入手：

一是在决策上，要"有所为，有所不为"。

"道常无为"的管理思想要求管理者在企业决策上"应有所为，有所不为"，管理者应该在小事上有所不为，在大事上有所为，只有在小事上有所不为，才能在大事上有所作为。这也是汉代刘向在邮苑《政理》中所言牌治大者不治小，"成大功者不小苟"的道家管理哲学的精义之所在。任何一个管理者在现代企业中随时都会碰到两类事情：一类是事关企业全局大事，另一类是无关紧要的琐碎小事。随着企业生产规模的不断扩大和部门层次的逐渐增多即使是精明能干、智慧超群的领导者，也无法事事躬亲、样样有为。所以，一个高层次的企业领导者不能拘泥于小事，应做到在小事上"无为"，而在大事上"有为"。

二是在企业任人用贤上，要"有所为，有所不为"。

"道常无为"的管理思想要求企业高层领导者在识贤、求贤上"有所为"，而在用贤上则"有所不为"。一个现代企业领导者，要想真正做到在大事上"有所为"，在小事上"有所不为"，就必须在用人上实行"君无为而臣有为"的管理方法。在中国古代，人们从历代治国的经验教训中，早已认识到"君逸臣劳国必兴，君劳臣逸国必衰"的道理。通过"任官得其人"而达到"无为而治"的境界，要求企业领导者必须具备伯乐相马的识贤能力，必须具备"刘备三顾茅庐"，"萧何月下追韩信"的求贤精神。同时，还要求在用人上对于贤者必须高度信任，充分放权，做到"疑人不用，用人不疑"。要想充分调动与发挥企业各级管理者和全体员工的主动性和创造意识，就不能越俎代庖。

三是在企业家行为上，"顺其自然"有所为，"逆其自然"有所不为。

"道常无为"的管理思想提倡"顺其自然"之为，反对采取反自然的行为，并非禁绝人们的一切行动，把这种"道法自然"的思想运用于治理国家和企业管理，要求管理者既不要随心所欲地去做，也不要脱离客观实际勉强地去做，而要"因自然以理事""遵天之道""从天之则"，因势利导，严格按照客观规律办事。企业的高层领导者只有真正站在高处，考虑全局，掌握方向，在具体事务上则不要事必躬亲，持超脱态度，才算是一位聪明的企业家。只有在具体事务上"有所不为"，才能在全局问题上"有所为"。

四是在市场竞争中，要"有所为，有所不为"。

"道常无为"的管理思想应用于市场竞争中，要求企业家既要竞争，又要不竞争，即适时实施"不竞争"的退出战略。

老子推崇"不争之德"，"天之道，不争而善胜"。他认为，"水善利万物而不争"，"唯不争，故无尤"。"以其不争，故天下莫能与之争"。水的这种善利万物而不争，即是一种"善胜"的大争。"不争即大争"含有深刻的辩证法思想，竞争之妙即在"不竞争"之中。从一定意义上说，市场经济是一种竞争经济，竞争在市场中无处不有，无时不有。企业家理应有强烈的竞争意识，并在竞争中不断扩大市场占有率。但是，有时候企业家则应根据老子的"不争之德"，针对市场的具体情况，明智地采取"不竞争"的退出战略，以取得市场的竞争优势。企业所实施的"不竞争"的退出战略主要有两方面含义：一是在市场什么领域"不竞争"；二是在什么时候退出市场竞争。在市场竞争中，有三种情况可以采取"不竞争"的退出战略：

第一，不参加市场卖得正火的产品的竞争。真正聪明的企业家在市场上看见别人卖得正火的产品，从不心动，绝不盲目地跟在别人后面凑热闹。他们清醒地意识到，依据"物极必反"的事物发展规律，市场上卖得最火的产品便是即将退出市场的商品。他们能够自觉地不加入与别人雷同产品的竞争，而是根据市场需要另辟蹊径，创出独有的新产品，以抢占先机和市场，获取更大利润。

第二，不参与恶性的市场竞争。所谓恶性竞争，主要是指耗费大而又无利可图的竞争。

　　企业实施"不竞争"的退出战略,时机的选择是极为重要的。该退出时就退出,这是一种明智的选择。该退出时不及时退出,势必会给企业造成巨大的经济损失。那么,企业到底应选择什么时候实施"退出战略"呢?根据产品生命周期理论,产品在市场上要经过导入、成长、成熟和衰退四个阶段。在衰退期选择退出战略是理所当然的,不足为奇。在其他三个时期是否退出,应通过对市场增长潜力、市场占有份额、竞争优势和经营风险等的综合考察,然后决定是否退出。

　　第三,不介入不公平的市场竞争。按照市场游戏规则,市场竞争应在公平原则下进行,但有时也会出现不公平的竞争。所谓不公平竞争,是指依仗某种社会政治背景和不正当手段,取得市场竞争的优势。这种不公平竞争,不仅是违法的、不道德的行为,而且最终也会搬起石头砸自己的脚。

谦和低调,尊重人才,善于用人

【道者说】

"善用人者,为之下。是谓不争之德,是谓用人之力,是谓配天古之极。"

——《老子·第六十八章》

【智慧细语】

　　善于用人的人,对人表示谦下。这叫作不与人争的品德,这叫作运用别人的能力,这叫作符合自然的道理。

　　老子说:善于用人的领导人处于低位势。也就是说,凡事只考虑自己的私利,不尊重他人,不善于与他人相处的人,就处于"位势高"境地;反之,遇事能先顾及他人,尊重他人,与他人相处融洽的人,则处于"位势低"境地。位势低者如山之谷,水必往低处流,于是众人从之,可谓势在必然。人是一种感情动物,人的行为是受感情支配的,而获取人类感情的方法就在于你能够尊重他,器重他,爱护他,管理者与其抬高自己的架子,高高在上,高处不胜寒,倒不如放下架子,使人们认为你是一个可以信赖的人,是他们真正的朋友,这样人们不仅会心悦诚服的拥护你,爱戴你,甚至会心甘情愿地为你赴汤蹈火,尽力效忠。

　　从古至今,有所作为的领导人都深深地体会到尊重人才礼贤下士的重要,唐代政治家魏征把君民关系比喻为船和水的关系,水能载舟,亦能覆舟;毛泽东说兵民是胜利之本;人民群众是真正的英雄,是历史的主人。维吾尔谚语说得好:"离开群众的人,就像落地的树叶。"

諸子百家——道家

礼贤下士是"与人为善"的具体体现。老子说:"善用人者为之下。"何谓下？就是待人谦下之意。不要认为礼贤下士只是我国古代开明的政治家一种个人优良品德，它也是发掘人才的一种有效之举。上"礼贤"，"下"才会簇拥而来，"下"才会发光放热，"上"的事业才会热气腾腾。从历史上看：周文王礼贤，姜太公亲附；刘邦礼贤，韩信亲附；刘备礼贤，诸葛亮亲附；李世民礼贤，魏征亲附；朱元璋礼贤，刘基亲附。由于周文王等历代明君礼贤下士、与人为善，使知人善任成了一种现实，并为他们自己赢得了丰硕的果实回报——周文王用了姜太公，使得他鞠躬尽瘁、肝脑涂地，为自己得天下立下了汗马功劳；刘邦用韩信则击败了强敌，扫平了天下；刘备用了诸葛亮，使自己从一个"流寇"变成了一方霸主，三分天下有其一；唐太宗用魏征，造就了"开元盛世"；朱元璋用刘基，不仅成就了明朝大业，而且在他的倾心辅佐下，国泰民安、政通人和。居上思下，处尊思贱，谦谦君子也。不要认为自己是领导者或管理者就高人一等，一定要让被用之人感到你在他的心目中是一个天才，是一个将才，很重视他，谦虚地对待他，哪怕他的学识或才能或地位或某一方面确实不如你，在你的下面。"用人不疑，疑人不用"，任用一个人就要充分地信任他，重视他。

刘备善为之下，三顾茅庐，终请卧龙先生出山，三分天下。刘备贵为汉室宗亲，诸葛孔明只是一介草民，刘备能够三顾茅庐，可见其"为之下"之作为。

《史记·魏公子列传》中说：魏公子无忌为人仁厚，又能礼贤下士，凡是士人，不论才能高低，都能谦虚地以礼相待，不因为自己富贵就怠慢士人。因此，纵横几千里地方的士人，都争相前往归附他。他招徕的食客有三千人。在这个时期，各个诸侯国因为公子贤能，门客又多，十多年不敢侵犯魏国。

魏国有个隐士名叫侯嬴，七十多岁了，家里很穷，只好去做大梁夷门的守门人。魏公子听说后，就前去问候，要赠送他丰厚的财物。侯嬴不肯接受，公子就摆设酒席，大请宾客。客人坐定之后，公子带着礼物，空着车子左边的座位，亲自去迎接夷门侯先生。侯先生整了整破旧的衣帽，登上公子的车毫不谦让坐在上首，想借此来观察公子。公子握着缰绳，更加恭敬。侯嬴又对公子说："我有个朋友在街上屠宰坊里，希望委屈您的车马，让我去访问他。"公子驾着车子来到市场，侯嬴下车去会见他的朋友，故意久久地与朋友谈话，暗中观察公子。公子脸色仍然温和。市场上的人都看着这个场面。这时候，魏国的将相、王族、宾客济济一堂，等候公子举杯祝酒。随从人员暗地里都骂侯嬴。侯嬴看到公子的脸色始终不变，才辞别朋友，登上车子来到公子家，公子领着侯嬴坐在上首，并向他一一介绍宾客。客人们都吃惊不已。饮酒正酣时，公子起立，来到侯嬴面前向他敬酒祝福。侯嬴便对公子说："我只是夷门的守门人，而公子却委屈车马，在大庭广众之中亲自去迎接我，本不应该去访问朋友，却委屈公子去了一趟。然而我侯嬴要成就公子的美名，故意让公子的车马久久地停在市场上，去访问朋友，借此观察公子，公子却仍然恭敬。市民大都把我看作小人物，而认为公子是有德行的人，能谦恭地对待士人啊！此后，侯嬴成

诸子百家——道家

了公子的上宾，并为公子的事业做出了贡献。

魏公子无忌之所以对许多别人看不进眼里的"小人物"如此屈尊拜访，就在于他认识到了"小人物"中蕴藏的巨大潜能，能够放下自己的架子，礼贤下士，懂得用人要为之下，要尊重人才，不问其出身，从而能够网络到大批人才，实现自己的大业。

刘邦也很善于用人。刘邦在夺取天下之后，摆酒设宴时，向群臣提出了这样一个问题："我刘邦夺取天下的原因是什么？项羽失去天下的原因又是什么？"

有大臣回答："你派别人去攻城略地，把攻下的地方封给他们，这是你能够和天下人共同享受利益的美德。项羽不是这样，妒忌贤能，对立有功劳的人就设法加害，有贤才的就猜疑他们，作战取得胜利却不给他们授功，取得了土地也不给别人利益。这就是他失掉天下的原因。"

刘邦却说："你们只知其一，不知其二。在帷幄中运筹谋划而能决胜于千里之外者，我不如张良。镇守国家，安抚百姓，供给粮食，保证军粮这方面，我不如萧何。统领百万大军，作战必胜，攻城必克，我不如韩信。这三位，人中豪杰，我能够任用他们，这就是我之所以能夺取天下的原因。项羽有一位范增却不能用，这是他失败的原因。"

刘邦得人，所以得天下，项羽失人，所以失天下。这样的道理古今通用。

惠普中国公司原副总裁吴建中先生说："惠普公司最根本的东西就是尊重人、相信人，我们不仅尊重员工、相信员工，而且还尊重、相信用户和合作伙伴。只有这样才可以做大事业。对员工一定要相信他、尊重他，给他创造好的条件去帮助他们成功。经理的责任是帮助员工成功，如果经理用权力欺压员工，就不是经理而是工头。经理不能让自己手下的员工不断失败，不能不断炒员工的鱿鱼，反之，这家公司就不是一个好公司。"这些很有见地的话，也是多年实践的亲身体验，正说明了善用人者为之下的道理。

物尽其用，人尽其才，每个人都是人才

【道者说】

"能不龟手一也，或以封，或不免于洴澼絖，则所用之异也。"

——《庄子·逍遥游》

【智慧细语】

同是一个不龟手的药方，有的人因此而封侯，有的人却不免于继续漂洗丝絮，这就是运用所致的不同结果了。体一而用多，结局大不同，勉励人们要善于用物，发挥出它的最大价值。

《逍遥游》里有这样一个故事。一日惠子笑话庄子道："魏王送给我大葫芦的种子，把它种了,长成的葫芦能盛五石。用以盛水,质地脆弱,不能胜任;把它剖开作瓢,又平又浅,没法盛东西。这葫芦不能说不大,但我认为它无用,把它击破了。"这里暗喻庄子理论不切实用,就像那大葫芦一样。庄子回答说:你实在是不善于使用大的东西啊。宋国有个人善于制作不龟手的药,他家世代靠漂洗棉絮过日子。有个外乡人听说有这种药物,要用百金的高价买取药方,那个人和全家人商量说:"我们祖祖辈辈漂絮,收入无几;而今一卖药方可得百金,就卖给他吧!"那个外乡人得了药方,去游说吴王,当时越国入侵,吴王派他率军抗战。正值冬天,与越军水战,把越军打败了,于是吴王割地封他为诸侯。同一个不龟手的药方,有的人因此得到封侯,有的只是利用它以助漂絮,这是运用它的不同结果啊。现在你有五石容量的葫芦,为什么不把它制成腰舟而浮游于江湖之上? 反而愁它平浅盛不下东西。可见,你的心好比茅塞而不豁达啊。

这个例子生动地说明了,同一件事物,在不同的人身上,便能发挥截然不同的功用。为什么会出现这样的差别呢? 庄子认为,一个人的境界决定了他的思维方式,普通的人常常用世俗的和墨守成规的观点去判断一个事物的价值和功用。而眼界高远的人却能根据事物的特点发挥他的最大价值。

而很多时候,一件很有价值的事物,不是因为没用,而是因为用错了地方,从而浪费了其真正的价值。道家认为,大用无用。具有伟大功用的东西没有处于适宜其发挥才能的时空环境里,还不如一般的东西效用大。凤凰落地不如鸡,蛟龙失水虾蟹欺,但鸡永远达不到凤飞云天的高度,虾蟹也没有蛟龙那翻江倒海的神通。

土地干旱,但是种出的瓜最甜,土地涝湿,却可以用来种稻米,懂得这点的人,即使是看似无用的东西,也能使其发挥出巨大的价值。惠子反驳庄子说:"我有一棵很大的臭椿树,树身木瘤盘结,不合绳墨;小枝弯曲,不合规矩。它长在路边,木匠见了都不理睬。你的言论虚假空大而无实用,大家都抛弃的。"庄子说:你没见过野猫和黄鼠狼吗? 它们屈身埋伏,等着出游的动物,东西跳跃,不避高低,一旦触动机关,却死在猎网里。你看那牦牛,庞大得像无边的云彩,虽不能捉老鼠,但它有大的用处。现在你有这样一棵大树,愁它无用,为什么不把它栽到一无所有的地方,宽阔的旷野里,你可以徜徉于树旁而无所事事,也可以逍遥自在地躺在树下。它不会被斧子砍伐,没有来侵害它的,看似没有什么用处,躲去被人砍伐的祸患,最后便能长成参天大树,最后甚至会成为人们朝圣用的神树。

孟尝君,是战国时期齐国人,著名的四公子之一,其门客多达三千人。他能够充分利用好手下的每一个门客,为其效命。有一次,有人向孟尝君密告,说他门客中有一人和他夫人有暧昧关系,还对他说:"这种门客如此无礼,简直是对您的极大不敬,简直是您的莫大耻辱,您应该派杀手把他秘密杀掉,以洗雪您的耻辱!"孟尝君听后,稍加思忖,便回答说:"男女相见,产生好感,互相爱慕,也属人之常情,不应因此而大惊小怪!"然后,孟尝君再嘱咐这位告密者:"以后再不要向任何人提及此事。"之后,虽然孟尝君心里很不舒服,但是他转念一想:那位宾客能博得夫人的欢心,一定很善于交往,而善于交往,一定善于心计、善于辞令、善于应变。这样一来,孟尝君便释然了,当时,齐国正打算派一个人到卫国去,名义上是帮卫国赠送人才,实际上是去做间谍,孟尝君觉得这个门客就是很好的人选。很快,孟尝君召见了那位门客。此时这个门客得知孟尝君已经知晓夫人和他不光彩的事,以为孟尝君肯定是要他性命了,所以他战战兢兢地来到孟尝君跟前。没想到孟尝君和颜悦色地对他说:"先生在我这儿已经许久了,我没能力让先生你做大官,而做小官又是委屈先生之才。我和卫国国君是好朋友,我听说目前卫国国君正急于选用一位善于交往的人才,所以,我想举荐你到他那儿去做官,不知先生意下如何?"于是那位门客便感激涕零,暗下决心要以性命相报孟尝君的大恩大德。尔后,孟尝君赠他车马、金帛,还特地为他给卫国国君写了一封推荐信,称赞他的才能等等,希望卫王能够重用他。那位宾客更是激动得眼含热泪,俯首而拜,暗自发誓要报答孟尝君。

数年后,齐、卫两国关系恶化,卫国国君欲联合其他国家去攻打齐国。那位已被卫国国君信赖、重用的门客得知后,急忙向卫君阻谏说:"齐国孟尝君是大王您的好朋友,您曾经和他约定卫、齐要世世代代友好,永不互相侵犯。如今大王您却准备伐齐,这不是背信弃义、欺骗好友吗?"还说:"大王您若罢兵则已,若不罢兵,我就立刻死在大王您的面前!"说罢,这位门客就要拔剑自刎。卫国国君一听这话,震惊不已,又前思后想,终于收回成命,免去了一场恶战。

孟尝君应秦昭王之邀,来到秦国。秦昭王准备任命孟尝君为相国,有谋士劝秦昭王说:"孟尝君是个非常贤明的人,他本是齐国人,您让他辅佐秦国,他只是怕得罪大王而已,要让他辅佐秦国的话,他所考虑的绝对是,以齐国的利益为先而以秦国的利益为后,这样下去,秦国不是很危险了吗!"秦昭王因此没有任命,反而把孟尝君囚了起来,企图将他杀死。孟尝君知道后,赶忙派人请求秦昭王的宠姬帮助,因为秦昭王最听这位宠姬的话。这个宠姬说:"这个忙我倒是可以帮,不过呢,我听说孟尝君有一件价值连城的狐白裘,如果他可以把那件狐白裘送给我,我就帮他。"孟尝君的确有这样一件狐白裘,价值千金,天下无双。可是在他刚到秦国时,他已经将那件狐白裘献给了秦昭王,现在还在秦昭王宫里呢。在这个关键时刻,孟尝君想到了他身边的一个门客,这个门客本领有点特别,他能学狗走路,还会学狗叫,并且非常像,一般人根本就听不出来。于是,孟尝君就让这位门客装扮成一只狗,在黑夜中混入秦宫,盗取了孟尝君所献的那件狐白裘,然后再献给了秦王宠姬。孟尝君因而被秦昭王释放,他当即便打点行装,连夜往齐国方向逃奔。当他们一行来到秦国和齐国的边境函谷关时,此时半夜已。秦昭王把孟尝君放走之后,马上就有些后悔,但孟尝君已经走了,于是秦昭王火速派人骑快马传令各关口,不要放孟尝君出关。此时,函谷关的关门紧闭,无可奈何之际,孟尝君忽然想起,秦国有一条法令,只要听到鸡叫声,守关士兵就会打开关门放人过境。此时孟尝君又想到身边一个门客,这个门客嗓门洪亮,学鸡叫简直惟妙惟肖。孟尝君马上命他学鸡叫,并一连叫了数十声,于是,周围所有的鸡都跟着叫了起来,守关士兵一听到鸡叫声,就迷迷糊糊地开了关门。刚

诸子百家——道家

出关不久，秦昭王派的使者才来到关前，可是孟尝君已走出好远了。

成语"鸡鸣狗盗"其实说的就是以上的历史典故，孟尝君不愧是善于发挥别人长处的高手，一般人会认为，对于这些鸡鸣狗盗之徒，理应将这宾客杀死，至少也要将他赶走。而孟尝君却认为这位门客勾引他老婆是其有"才能"，还替其保密、格外厚待、热心举荐他去卫国做官，最后于危难之时派上用场。

要做到物尽其用，人尽其才，就是要根据事物本身的特点，顺其规律，发挥长处。我们不能让诸葛亮去冲锋陷阵，也不能让张飞去运筹帷幄。老子说"圣人常善救人，故无弃人，常善救物，故无弃物"任何事情都有自己的有缺点，只要找准方向，都是可用甚至有大用处的。

腹有丘壑，有容乃大，管理者要胸襟开阔

【道者说】

"古之善为士者，微妙玄通，深不可识。
夫唯不可识，故强为之容；
豫兮若冬涉川，犹兮若畏四邻，俨兮其若客；
涣兮若冰之将释，敦兮其若朴，旷兮其若谷。"

——《老子·第十五章》

【智慧细语】

自古善于遵道而行的人，微妙玄通，深邃幽冥，是一般人难以识透的。由于难以识透，所以只能勉强地描述他们的形态：善于为道之人，行动谨慎如大象冬天涉过冰川；警觉戒备如猿猴警觉四周；恭谨自持如客从主便不逾距；不刚不柔如冰之将化；敦厚如纯朴无华。旷达如幽谷，不彰显如与世同俗。

无为管理是企业管理的最高境界，企业进行无为管理最大的障碍是企业人员的素质。无为管理的特点是把管理者的无形作为体现在有形作为之中。无为管理要取得实效，要求管理者具备强大的人格力量。人格力量从何而来？从管理者的修养中来，要求管理者要虚怀若谷、胸襟开阔。

首先老子认为，作为管理者应该虚怀若谷，礼贤下士，不耻下问，做好表率，"善用人者之为下"。一个好的管理者对待人才应该谦让，时时处下，事事居后，不要显示自己的高贵，摆出领导的架子，更不要把自己摆在前面，而应谦恭。管理者的这种宽容和大度更能激发人的积极性和潜能，体现人才的价值所在。这样，管理者才能得到更多的支持和拥戴。刘备就是这种谦恭谨慎，不摆架子的典型。

诸子百家——道家

583

汉朝末年,黄巾事起,天下大乱,曹操坐据朝廷,孙权拥兵东吴,汉宗室豫州牧刘备听徐庶和司马徽说诸葛亮很有学识,又有才能,就和关羽、张飞带着礼物到隆中卧龙岗去请诸葛亮出来帮助他做事。恰巧诸葛亮这天出去了,刘备只得失望地转回去。不久,刘备又和关羽、张飞冒着大风雪第二次去请,不料诸葛亮又出外闲游去了。张飞本不愿意再来,见诸葛亮不在家,就催着要回去。刘备只得留下一封信,表达自己对诸葛亮的敬佩和请他出来帮助自己挽救国家危险局面的意思。过了一些时候,刘备吃了三天素,准备再去请诸葛亮。关羽说诸葛亮也许是徒有一个虚名,未必有真才实学,不用去了。张飞却主张由他一个人去叫,如他不来,就用绳子把他捆来。刘备把张飞责备了一顿,又和他俩第三次访诸葛亮。到时,诸葛亮正在睡觉。刘备不敢惊动他,一直站到诸葛亮醒来,才彼此坐下谈话。诸葛亮见到刘备有志替国家做事,而且诚恳地请他帮助,就出来全力帮助刘备建立蜀汉皇朝,直到刘备去世,诸葛亮依旧呕心沥血,直至积劳成疾,病死征北途中。

其次管理者要有能容的胸怀,能"容"的胸怀。老子云:"容乃公,公乃王,王乃天,天乃道,道乃久。"《庄子·秋水篇》里有:"天下之水莫大于海,万川纳之。海纳百川,有容乃大,壁立千仞,无欲则刚"。作为管理者就应当有江海般宽广的胸怀,有"海纳百川"的气魄和能力,能"容"常人不能"容"之事,以宽容的态度对待周围的人和事,那么他也一定能够赢得下属的忠诚和信赖。

诸子百家——道家

英明的领导者,应当具有广阔的胸怀,宽宏的气量。没有容人之量,便不能用人之才,从而也就失去了自己的魅力,作为领导者要善于用人的长处,而不是斤斤计较人的短处,如果只看人的短处,便会无人可用,领导者肩负重任,必须具备"容贤臣之量,识小人之明",才能成就宏大的事业。领导者要有宽广的心胸,善于求同存异,虚心听取各种不同的意见和建议。应处变而不惊,以不变应万变,以宽容对待狭隘,以礼貌谦恭对待冷嘲热讽,这是领导者理应具备的雅量。要是你的部下对别人说,"我们的领导是一个心胸宽阔,而且非常坚持原则的人。"这实际上说明他们从心底里佩服你,对你充满依赖感。

"不鸣则已,一鸣惊人"的楚庄王就很有度量。有一次,他在平定令尹若敖氏的叛乱之后,非常高兴,大宴群臣。在宴会上,他说:"我已经六年没有喝酒了,今天破例,希望大家能喝个尽兴。"一群文臣武将就放开豪饮,庄王也让自己最宠爱的妃子许姬出来为大家斟酒,正在酒酣耳热之际,忽来一阵大风,吹灭了宴席上的蜡烛,这时,有人趁黑拉住许姬的袖子调戏她。许姬也灵机一动,顺手把他的帽缨扯了下来。她把帽缨交给了庄王,告诉她被人调戏的事。庄王却大喊:"且慢点蜡烛,今晚大家痛饮,不必穿戴整齐了,请把帽缨摘下来吧!"大家莫名其妙,也只好稀里糊涂地摘下帽缨。宴会结束时,庄王对许姬说:"武将们是一群粗人,发了酒兴,又见了你这样的美人,谁能不动心,如果查出来治罪那就都没趣了。"后来,那位调戏许姬的人在战争中五次杀退敌人的进攻,救了楚庄王的性命,并主动要求楚庄王将功抵罪。

当然,宽容处事是有原则、有分寸的。宽容的目的是为了更有利于事业的成功和发展，更有利于目标的实现、计划的实施。如果偏离了宽容的目的性，没有原则或分寸，不审时度势地讲宽容，这种宽容可能就埋下祸根。当年吴王夫差对越王勾践的宽容就是失败。由于夫差偏听臣下之言，不但宽容了勾践的死罪，而且放虎归山，准许勾践回国。结果勾践卧薪尝胆十年，终于等到时机，最后灭掉了吴国。

任何忍让和宽容都是要付出代价的，甚至是痛苦的代价。人的一生常常会碰到自己的利益受到他人或有意或无意的伤害。这就需要宽容和忍让，即使是感情无法控制时，也要紧闭住自己的嘴，管住自己的大脑，忍一忍就能抵御急躁和鲁莽，控制冲动的行为。如果再能找出一条平衡自己心理的理由，说服自己，那就能把忍让的痛苦化解，产生出宽容和大度来。因为在普通下属的心目中，只有一个虚怀若谷的领导，才是一个值得敬重的大人物，才是企业中一个不可缺少的重要人物。

四、圆润变通的处世智慧

我心向善，万物一般，行大道走正途

【道者说】

"圣人无常心，以百姓心为心。善者吾善之，不善者吾亦善之，德善；信者吾信之，不信者吾亦信之，德信。圣人在天下怵怵，为天下浑其心。百姓皆注其耳目，圣人皆孩之。"

——《老子·任德第四十九》

【智慧细语】

圣人没有私心，以百姓的意愿为自己的意愿。对于善良的人，我善待他；对于不善良的人，我也善待他，这样就得到善良的真谛了。对于守信的人，我信任他；对不守信的人，我也信任他，这样就得到诚信的真谛了。圣人治理天下的时候，总是提心吊胆的样子；圣人主持天下的时候，总是使天下的心思归于浑朴。百姓们都专注于自己的耳目聪明，有道的人使他们都回到婴孩般纯朴的状态。

圣人不会执着于平常人所说的是非善恶标准，他们依照大"道"的德性，把天地万物看成一体，不做任何的区别，一视同仁地对待他们。对于善良的人，他会善待他们；不善良的人，他也会善待他们，在他这种善良的态度感召下，善良的人会一如既往地向善，不善良的人也会受到感染，弃恶扬善。这样，整个社会风气就会整体向善了。

举个例子说，一个人年轻时不懂事，犯了法，坐了几年牢，如今服刑期满，重新走向社会。他来一家公司应聘时，主管招聘的领导一见他有过服刑的经历虽然录用了他，却又

諸子百家 —— 道家

给他最低的待遇。他在公司里到处都遭人白眼，没有人相信他，每个人都看不起他，那么即使他想做好人，他还能做成好人吗？反过来说，如果大家都不把他看成是有过前科的人，一视同仁地对待他，有功则赏，有过则罚，如果他达到了提干的标准，就让他晋级提干，大家都把他当正常人看待，他能不向善吗？同样，对于诚信的人，圣人会信任他；对于不诚信的人，圣人也会信任他。这样诚信的人会一如既往地诚信，不诚信的人因为得到了圣人的信任，会对自己的不诚信行为感到惭愧，变得诚信起来。如果是这样，人与人之间也会变得非常诚信了。

　　由此可见，作为统治者，作为管理社会风化的人，一定要有一颗包容的心，要相信所有的人都能积极向善，对那些因为一时糊涂而误入歧途的人，更应该相信他们，多给他们一些鼓励，只要他们感受到了社会的温暖，他们会重新回到社会的大家庭来的。

　　圣人之所以成为圣人，一个重要的原因在于，他们当天下之重，却能收敛自己的意欲，以"道"的眼光一视同仁地对待天下人，把他们当初生的婴儿看待，认为他们都是天真单纯的，都能归于浑朴。于是在他的引导之下，天下人都积极向善，互相关心，互相帮助，路不拾遗，夜不闭户，社会一派祥和安宁，号称盛世。

　　所以，爱的力量是无穷的，有了这种力量，在任何困难面前都无所畏惧。你看平常文文静静的小伙子得到了心仪的姑娘的青睐，一下子就像变了个人似的，做什么事都很有精神，都很有效率。只要姑娘用充满爱意的目光望着他，让他去帮她干某件事，他会毫不犹豫去干，哪怕是赴汤蹈火，也在所不辞。这就是爱的力量。

　　圣人能体悟大道的德性，他们将天地万物视为一体，没有分别。所以圣人便没有私心、没有偏见，对一切善良与不善良的人、诚信与不诚信的人，都一样对待，他真诚地对待别人，别人感觉到了他的真诚，也就自然地从内心尊敬他、爱戴他、乐于倾听他的教诲、乐于模仿他的品行。

　　老子所说的就是我们常说的"同理心"——你如何对待别人，别人也会怎样对待你。这就要求我们在生活中爱我们身边的每一个人。正如《羊皮卷》中所说："我的理论，他们也许反对；我的言谈，他们也许怀疑；我的穿着，他们也许不赞成；我的长相，他们也许不喜欢；甚至我廉价出售的商品都可能使他们将信将疑，然而我的爱心一定能温暖他们，就像太阳的光芒能溶化冰冷的冻土。"

　　爱我们身边的每一个人，这就要你做到容纳别人，没有私心没有偏见，有的只是爱心。

　　爱心是沟通人与人心灵的桥梁，你真诚地爱着别人，别人也会同样对待你，这样我们的生活将会更加和谐，人与人之间将会更加融洽。

　　每个人都希望自己完完全全地被接受，希望能够轻轻松松地与人相处。在一般情况下和人相处时，很少有人敢于完完全全地暴露自己的一切。所以，若是能让自我轻松自在、毫无拘束，我们是极愿和他在一起的，也就是说，希望和能够接受我们的人在一起。

诸子百家——道家

专门找人家错处而吹毛求疵的人，一定不是个好亲人、好朋友。

请不要设定标准叫别人的行动合乎自己的准则，请给对方一个自我的权利，即使对方有某些不是也无妨。别要求对方完全符合自己的喜好，以及行动完全符合自己的要求。要让你身旁的人轻松自在。容纳别人，爱一个人，往往具有带动他人向上的力量。

美国普林斯顿大学数学家纳什博士，1959 年不幸产生了严重的心理障碍，刚满 30 岁时就被送进了精神病院。在以后的十多年中，他病情反反复复，成了这家医院的常客。在严重的人理困顿中，他常在校园中徘徊游荡，烦躁地在图书馆中出出进进，在黑板上莫名其妙地涂写一些数学公式，成了学校中孤独的"幽灵"。

后来，纳什得到了周围群体的热情关照和呵护。学校的亲朋同道们常热情邀请他参加讲座、研讨会等学术活动。人们对他亲善、友好，一点都不歧视他，这使他逐渐远离孤独。

置于被人关心的氛围中，纳什感到自己被承认是"社会的人"。他从自我抑郁的阴影中走了出来，开始主动与同事和学生们接触交谈了。他的社交面越来越广，对事业的倾注之情越来越深。他的郁闷之心渐渐被化解，能正常地投入科研活动中，他在电脑的操作中，学会了编程等复杂的方法。周围人热情的关注和对工作的迷恋，使他增强了生活的信心和勇气，他的心理障碍渐渐排除了。1994 年秋，美国普林斯顿大学数学家纳什博士成为当年诺贝尔经济学奖获得者。

纳什走向诺贝尔殿堂的经历告诉我们：爱是世界上最伟大的东西，在爱的鼓励下，每个人都能创造奇迹。

某位心理学家说："要改变一个人对你的态度，除了对他表示好意，让他自己改变之外，再也没有其他更好的方法了。"

爱是世界上最有威力的武器，它能摧毁困住人们心灵的高墙，让怀疑与仇恨不复存在，爱会产生更加美好的生活，让和平永远成为时代的主题。有些人胸怀博大，在生命的最后一刻，心里还是想的他人。

大连市公交汽车联运公司 702 路 422 号双层巴士司机黄志全，在行车途中突然心脏病发作。他在生命的最后一分钟，强忍着自己的痛苦，做了三件事：

把巴士缓缓地靠向路边，并用最后的力气拉下了手动刹车闸；

把汽控车门打开，让乘客依次安全地下了车；

将发动机熄灭了，确保了巴士和乘客的安全。

黄志全极其艰难地做完了这三件事，然后才趴在方向盘上停止了呼吸。

就这样，一名普通而平凡的公交司机，在自己生命最后一分钟里所做的也许并不惊天动地的三件事，却让现场许多人哭了。

至今，人们都记住了黄志全的名字。

一个人在顺境中又该怎么做呢？在顺境中更应该去实践爱，不能只利己，正因为在顺境,才更应该以灵性的眼光去投资,为求得真理投资。总而言之,必须以行为给予他人爱。

这绝不是说要去计算得失。在顺境中播种爱的种子,会使人们在逆境中得到应有效应,在自身处于逆境时,人们也会伸来援救之手的。

这种想法较单纯,但是,这才是真正使你常胜的理论。

可是,往往人们处于逆境时,奢望这逆境中所没有的东西,悲叹自己的不幸,依赖他人之力。而在顺境之时反过来变得傲慢凌人,自认为是靠自己的力量成功,而萌发出傲慢的萌芽。于是,别人会离他而去,顺利的时候还好,但风向一旦变化,便会一败涂地,无人前来救援。

得意之时,形成干涸的自爱,认为接受他人的爱是当然的,出人头地也是当然的,对这种认为理所当然的人,即使实际上已经处于失败的边缘,别人也不愿意说出自己的意见。

仿佛变成了舞台灯光下的小丑,在灯光下独舞,而当留意到已没有一个客人在场,初次与严峻的现实抗争的时候到来了,这时候才去考虑这到底为什么? 到底错在什么地方?

另一方面,在顺境中不忘记对他人的关心,不断地播种爱之种的人,当自己陷于困难的局面时,可以确定会出现前来援救之人,这是毫无疑问的。这是因为对他人关心,有爱心,成为给他人的希望,这种行为还会产生"德",这所谓的"德"即可以在危机时呼唤援救之人,绝无例外。

善假于物,善借他力,成就自己

【道者说】

"金石有声,不考不鸣。"

——《庄子·天地》

【智慧细语】

钟磬有声,但不敲打就不会发出声响。

一个小男孩在他的玩具沙箱里玩耍。沙箱里有他的一些玩具小汽车、敞篷货车、塑料水桶和一把亮闪闪的塑料铲子。在松软的沙堆上修筑公路和隧道时,他在沙箱的中部发现一块大岩石。

小家伙开始挖掘岩石周围的沙子,企图把它从泥沙中弄出去。他是个很小的孩子,对他而言岩石却相当大。手脚并用,费了半天力气,岩石被他连推带滚地弄到了沙箱的边缘。不过,这时他才发现,他无法把岩石向上滚动,翻过沙箱边墙。

小男孩下定决心,手推、肩扛、左摇右晃,一次又一次地向岩石发起冲击!可是,每当他刚刚觉得取得了一些进展的时候,岩石便滑脱了,重新掉进沙箱。

小男孩气得嗷嗷直叫,使出吃奶的力气猛推猛挤。但是,他得到的回报便是岩石一次次滚落回来,而且砸伤了他的手指。

最后,他伤心地哭了起来。这整个过程,男孩的父亲从起居室的窗户里看得一清二楚。当泪珠滚过孩子的脸庞时,父亲来到了他跟前。

父亲的话温和而坚定:"儿子,你为什么不用上所有的力量呢?"

垂头丧气的小男孩抽泣道:"我已经用尽全力了,爸爸,我已经尽力了!我用尽了我所有的力量!"

"不对,儿子,"父亲亲切地纠正道,"你并没有用尽你所有的力量。你没有请求我的帮助。"这是父亲的责任:既要教会他独立自主、坚忍不拔,又要教会他善于调动一切智慧和力量。

父亲弯下腰,抱起岩石,将岩石搬出了沙箱。

在世上,我们并不是孤单一人,我们也解决不了所有的问题。记住,亲人和朋友也是你生活的一部分、关键时刻不要忘记他们的存在。儿子就是那有声的金石,父亲要适时地敲打他,调动他的积极性,调动和激发他的潜能。人的能力是经历风雨后锤炼出来的,是内在与外在相结合后成就的。

红杉是长在美国加州的,高度大约是九十公尺,相当于二十层楼高,它是当今世上存在的最雄伟的植物。

植物学家深入研究这种植物时,却发现许多奇特的现象。一般来说,越高大的树木,它的根越深入地底,但植物学家发现,红杉的根只是浅浅地浮在地面而已。

红杉

根扎得不够的高大植物是非常脆弱的,只要一阵大风就能将它连根拔起。然而红杉如何能长得如此高大、屹立不倒呢?

红杉的生长处必定是一大片红杉林,这一大片红杉林彼此的根紧密相连,因此,再大的飓风也无法撼动几千株根部紧密联结,占地超过上千公顷的红杉林。

红杉林的浅根浮于地表,更能方便快速而大量地吸收赖以成长的水分,使红杉林得

诸子百家 —— 道家

以快速壮大，同时，它可以将向下扎根的力量节省，用来向上成长。

红杉提供给我们一个启示：成功不能只靠自己的强大，还需要依赖别人，要有合作及借助外力的方法；能够调动一切积极因素为我所用，是一种大智慧；就如同庄子在这里所说：钟磬有声，但如果没有外力的敲打，它还是不会发出声音。

如果我们是一块金石，又能熟谙借力与合作的诀窍，那么，我们随时有机会一鸣惊人。

多谋多智，不欺于人，安身立命之本

【道者说】

"民之难治，以其智多。"

——《老子·第六十五章》

【智慧细语】

百姓所以难统治，由于他们有太多的投机心智。

老子所说的"民多智"，不是指百姓学识智慧丰富，而是认为百姓多奸邪、乖滑的投机心智，是老子所反对的。老子推崇那种民风淳朴敦厚，为政者不以权谋诈术欺罔百姓，最高统治者顺应发展规律（无为）而不是破坏自然规律（有为）治理国家的和谐社会。这种社会所推崇的就是"诚信"。现代社会对诚信有更大的期许，它体现在生活的方方面面，为政的，经商的，做学问的都在他的覆盖之下。

有一对夫妻，下岗后开了家烧酒店，自己做酒自己卖，也算有条出路。

丈夫是个老实人，为人真诚、热情，烧制的酒也好，人称"小茅台"。有道是"酒香不怕巷子深"，一传十、十传百，酒店生意兴隆，常常是供不应求。

看到生意如此之好，夫妻俩便决定把挣来的钱再投进去，再添置一台烧酒设备，扩大生产规模，增加酒的产量。这样，一可满足顾客需求，二可增加收入，早日致富。

这天，丈夫外出购买设备，临行之前，把酒店的事都交给了妻子，叮嘱妻子一定要善待每一位顾客，诚实经营，不要与顾客发生争吵。

几天以后，丈夫外出归来。妻子一见丈夫，便按捺不住内心的激动，神秘兮兮地说："这几天，我可知道了做生意的秘诀，像你那样永远发不了财。"丈夫一脸愕然，不解地问："做生意靠的是信誉，咱家烧制的酒好，卖的量足，价钱合理，所以大伙才愿意买咱家的酒，除此还能有什么秘诀？"

"你这榆木脑袋，现在谁还像你这样做生意，你知道吗？这几天我赚的钱比过去一个月挣的还多，秘诀就是我给酒里兑了水。"妻子用手指着丈夫的头，自作聪明地说。

诸子百家——道家

丈夫一听，肺都要气炸了，他没想到，妻子竟然会往酒里兑水，他冲着妻子就是重重的一记耳光。他知道妻子这种坑害顾客的行为，会将他们苦心经营的酒店的牌子砸了，他知道这将意味着什么。

从那以后，尽管丈夫想了许多办法，竭力挽回妻子给酒店信誉所带来的损害，可"酒里兑水"这件事还是被顾客发现了，酒店的生意日渐冷清，后来就不得不关门停业了。其实，做生意也是经营人生。给酒兑水，表面上看是坏了产品，影响的是生意，但折射出的实质是低劣的人品——弄虚作假、不诚实，最后失去了人们的信任，失去了酒店的信誉，欺骗别人一次，影响自己一生。

天道酬勤，商道求信。可有些人总是会为了谋取一点利益而想方设法去欺骗别人，自以为很聪明。但是，他们不知道自己欺骗了别人，自己最终也会被生活所遗弃。

人无信不立。如果人们都有投机取巧的心理，那么是很难治理的。要想改变这种风气，统治者就应以身作则并推广宣扬淳朴诚信的为人之道。

有一位贤明而受人爱戴的国王，把国家治理得井井有条，人民安居乐业。国王的年纪逐渐大了，但膝下尚无子女，这件事让国王很着急。后来他决定，在全国范围内挑选一个孩子收为义子，培养成自己的接班人。

国王选义子的标准很独特，给孩子们每人发一些花种子，宣布谁如果用这些种子培育出最美丽的花朵，那么谁就成为他的义子。

孩子们领回种子后，开始了精心的培育，从早到晚，浇水、施肥、松土，谁都希望自己能够成为幸运者。

有个叫汤的男孩，也整天精心地培育花种。但是，十天过去了，半个月过去了，一个月过去了，花盆里的种子却连芽都没冒出来，别说开花了。

苦恼的汤去请教母亲，母亲建议他把土换一换，但依然无效，母子俩束手无策。

国王决定的观花日子到了。无数个穿着漂亮衣裳的孩子们涌上街头，他们各自捧着盛开鲜花的花盆，用期盼的目光看着缓缓巡视的国王。国王环视着争奇斗艳的花朵与活泼漂亮的孩子们，并没有像大家想象中的那样高兴。

忽然，国王看见了端着空花盆的汤。他无精打采地站在那里，眼角还有泪花。国王把他叫到跟前，问他："你为什么端着空花盆呢？"

汤抽泣着把自己如何精心摆弄，但花种怎么也不发芽的经过说了一遍。没想到国王的脸上却露出了最开心的笑容，他把汤抱了起来，高声说："孩子，我找的就是你！"

"为什么是这样？"大家不解地问国王。

国王说："我发下的花种全部是煮过的，根本就不可能发芽开花。"

捧着鲜花的孩子们都低下了头，他们知道自己为了成为国王的义子而不诚实，种下的是另外的花种子。

诚实是我们做人的一条基本准则，是我们前进道路上的通行证。我们所做的每一件事都要用诚实与正直做基础,否则,我们的心灵将永远不会安宁,更得不到别人的信任,也不会被委以重任。

简单生活,万水归海,遵循自然规律

【道者说】

天下有始,以为天下母。既知其母,复知其子;既知其子,复守其母;没身不殆。塞其兑,闭其门,终身不勤;开其兑,济其事,终身不救。见小曰明,守柔曰强。用其光,复归其明,无遗身殃,是谓袭常。

——《老子·归元第五十二》

【智慧细语】

天下有一个开端,它就是天地万物的根源。知道了根源,也就能认识万物;认识了万事万物,又把握住万物的根本,那么终生不会有危险。堵塞欲念的孔穴,闭起欲念的门径,终身不受苦累;打开欲念的孔穴,去操持世事,终身不得安宁。能够察见到细微的,叫作"明";能够持守柔弱的,叫作"强"。运用目光观察世界,又把这目光收回体内返照内在的明,不会给自己带来灾祸,这叫作遵循常道。

"道"的法则是什么?就是无欲无为。所以,一个人立身处世,只要塞住自己的耳朵,闭上自己的眼睛,不该自己听的不要去听,不该自己看的不要去看,即使偶尔听到了,看到了,也要视而不见,充耳不闻;同时关闭自己心中的那扇欲望之门,不胡思乱想,有了娇妻,就不要再去想娶个小妾,你只买得起用得起奥拓,就不要去想宝马。那么,你就不会被是非和烦恼所困扰,只要你做到了无欲无为,那么,你的生活就是快乐的。

相反,如果不闭塞你的耳目,什么事都想去看,什么事都想去听,该管不该管的事都去管,一旦管不了时,就会把自己陷入是非的漩涡中去。如果不关闭自己那扇欲望之门,任其敞开,让所有的欲望充斥其中,那么,你将一辈子生活在欲望之中,有了娇妻,还要想美妾;有了住宅,还要想别墅;有了钱,还想权;有了权,还想房子、位子、票子、车子、女子、孩子一个都不能少,巴不得天上的月亮也把它摘下来……人的欲望一旦到了这个份上,那就无可救药了,最终会在欲火中把自己烧得一干二净。

所以,得"道"的人绝不轻举妄动,绝不想入非非,他们永葆无为无欲的身心,在宁静中做一个旁观者,审视着人生的喜怒哀乐,透过那一个个细微的征兆发现某种苗头,从而趋利避害,一生安康。他们从来不逞强使气,更不会自以为是,谦恭待人,知强守弱,以弱胜强,就像月亮善于借助太阳光的反照使自己发光那样,他们非常善于借用大"道"的光辉来反照自己,使自己的内心一片澄明,有了这片澄明,就能对世间的一切洞若观火,哪里还会给自己招来祸害呢？这就是所谓的"袭常"，即承袭了大"道"，所以能随遇而安，自足自乐。

"为学日益，为道日损。"对知识的追求要不停地积累和发展。而对于"道"则恰恰相反，只有去除了杂念，也就是说只有人们认识大道所建立的名相越来越少，才能离大道越来越近。"为学"与"为道"是完全对立的两个概念。

这也正如《庄子》所说："吾生有涯，而知也无涯。"即人类永远也达不到那个真理的所在。老子的高明就在于他早认识到了这一点，向外求是永远也求不到一个终点的。这一点对于我们的人生是一大启示。人往往就是那样，对功名、财富的追求永远也不会满足，欲望就像是一条锁链，牵着一个永远也无法达到的终点。

有一位禁欲苦行的修道者，准备离开他所住的村庄，到无人居住的山中去隐居修行，他只带了一块布当作衣服，就一个人到山中居住了。

后来他想到当他要洗衣服的时候，他需要另外一块布来替换，于是他就下山到村庄中，向村民们乞讨一块布当作衣服，村民们都知道他是虔诚的修道者，于是毫不考虑地就给了他一块布，当作换洗穿的衣服。

当这位修道者回到山中之后，他发觉在他居住的茅屋里面有一只老鼠，常常会在他专心打坐的时候来咬他那件准备换洗的衣服，他曾发誓一生遵守不杀生的戒律，因此他不愿意去伤害那只老鼠，但是他又没有办法赶走那只老鼠，所以他回到村庄中，向村民要一只猫来饲养。

得到了一只猫之后，他又想了——"猫要吃什么呢？我并不想让猫去吃老鼠，但总不能跟我一样只吃一些水果与野菜吧！"于是他向村民要了一只奶牛，这样那只猫就可以靠牛奶维生。

但是，在山中居住了一段时间以后，他发觉每天都要花很多的时间来照顾那只奶牛，于是又回到村庄中，他找到了一个可怜的流浪汉，带着这无家可归的流浪汉到山中居住，帮他照顾奶牛。

那个流浪汉在山中居住了一段时间之后，跟修道者抱怨说："我跟你不一样，我需要一个老婆，我要过正常的家庭生活。"

修道者想一想也是有道理，他不能强迫别人一定要跟他一样，过着禁欲苦行的生活……

这个故事就这样继续演变下去，你可能也猜到了，到了后来，也许是半年以后，整个村庄都搬到山上去了。

对于一个禁欲苦行的修道者也不能脱离欲望的烦恼，而对于我们这些普通人来说更是为欲望所忧，所以禁欲（禁止欲望的膨胀）是我们时刻要注意的问题。向外追求永远也没有一个终点，而我们的生命之舟载不动太多的物欲和虚荣，因此，我们必须学会知足，学会轻舟而行。

诸子百家——道家

有句俗话："成人不自在，自在不成人。"一个人一生一世，熙熙攘攘，挑肥拣瘦，朝三暮四，为了什么，还不是为自己选择一条什么样的锁链吗？智者告诉你：每个人都有欲望，但欲望太多了，人生就变得疲惫不堪，每个人都应学会轻载，因为生命之舟载不动太多的沉重。

谦和尊人，恭俭礼让，不为天下先

【道者说】

"我有三宝，持而保之：一曰慈；二曰俭；三曰不敢为天下先。"

——《道德经》

【智慧细语】

"我有三条基本的行为原则，把持它以保证大道得以贯彻执行：第一是柔慈；第二是俭约；第三是不争天下第一。"

在礼学上，老子推崇自卑而尊人的原则，那种作为谦的反面、骄的张扬，自然为老子所深戒。他说："自见者不明，自是者不彰，自伐者无功，自矜者不长。故有道者不处。"（第二十四章）由此，自见、自伐、自是、自矜皆为"骄"，均为谦卑的对立面。骄态跋扈，致使自见反而不明，自是反而不彰，自矜反而不长，它只可能"自遗其咎"。

居后不争，也就是老子说的不敢为天下先，并不是人们认为的"近来学得乌龟法，得缩头时且缩头"的乌龟哲学，更不是反对时代进步、故步自封的奴隶主贵族的没落哲学，而是大智若愚的人生哲理。张岂之教授曾这样解释这句话：不敢为天下先——不要事事认为我的看法比别人的看法要高明，不要认为一切我都看得很准，这叫作不敢为天下先。

不敢为先，就是要示人以柔。事物的发展总是刚与柔的结合，一味地进取、刚强，并不足以保证事业的成功。它意味着言行谨慎，收敛锋芒，不要处处表现，事事争胜。假如是一把锥子，平时就要收在囊中，必要时才脱颖而出，发挥作用。而不要老是将锋刀暴露在外，那样只能处处让别人提防你。即使是好意也会被别人当作恶意。收敛的作用首先就在于保护自己，不至于因锋芒太露而招致别人的攻击。况且，"明枪易躲，暗箭难防"。你锋芒毕露，只能让别人防你，而你却无法防别人。要为天下先，就要显露才干，争胜好强，从而取得成功，但如果是这样，往往会给自己带来祸害。因为你取得成功，就会声名鹊起，就会招致别人的嫉妒，成为众矢之的。俗话说木秀于林，风必摧之；人拔乎重，祸必及之，说的就是这个道理。

明朝的解缙是著名的才子，才华绝世，官至翰林学士，兼右春坊大学士，深得朱元璋的器重。朱元璋曾对他说："朕与尔义则君臣，恩犹父子，当知无不言。"他五岁读书，七岁赋诗，十岁日诵数千言，终身不忘。待至十三岁读四书五经，贯穿其义理，老成不能难；二十二岁便考中进士，是明初有名的江南才子。朱元璋让他以"春风"为诗，他写出"漫漫春风入舜韶，绿柳舒叶乱萦调。君王不肯误颜色，何用辛勤学舞腰"的佳句；陪朱元璋钓鱼，朱元璋因老是钓不到鱼十分不高兴时，他上前出口成诗："数尺丝纶落水中，金钩抛去无影踪。凡鱼不识朝天子，万岁君王只钓龙。"解缙年少得志，盛气凌人，飘飘然找不着北了。他口无遮拦，无所顾忌，终因为同僚所忌，而被朱元璋劝返原籍"读书"，说十年后再让其回京任用。这是朱元璋给他的一个重新认识自己的机会。可惜，解缙仍未能悟出其中的道理，没有从自身上找原因，在回家八年后，听到朱元璋的死讯，即赶到京城，以为可以受到重用；不想却被人以"读书"未满十年，是违诏之举，又被"贬"走。虽然后来惠帝朱棣再起用他，任为翰林待诏，也曾参与《永乐大典》的编辑。只是他不能解读"我是谁"的奥秘，仍旧臧否无顾忌，终被人所诬陷，被贬谪广西等地，后又不知死活的参与宫廷内斗，触怒龙颜，被朱棣打入死牢。在狱中他被人灌醉后埋进雪堆里，冻死在一个严寒风雨之夜。时年仅47岁，解缙之死，皆因他给自己的不知天高地厚，以为自己天下第一，处处争锋，没有自知之明所致。

其实，从古至今，不能认识自己和形势而惹来灾祸的人又岂止万千？有的人一朝得志便猖狂，目空一切，盛气凌人，不可一世；有的人自以为满腹经纶、才华横溢，埋怨得不到重用而牢骚满腹；有的人唯我独尊，天马行空，"一览众山小"。殊不知，过分的张扬显露和争强只能带给自己不利的后果。

相反，如果能够谦虚处下，抱着与世无争的态度，反而能收到桃李不言，下自成蹊的效果。"不自伐，故有功；不自矜，故长。夫唯不争，故天下莫能与之争。"不自己夸耀，所以才有功劳；不自高自大，所以才能领导；不与人争，所以天下没有谁能争得赢。汉代的"大树将军"冯异，可谓深谙其中奥秘。冯异在每次征战结束后，从来不与诸将并坐论功，排写功劳簿，而是一个人悄悄地出去坐在一棵大树下闭目养神，久而久之，人们给他送了一个雅号："大树将军"。平时他操练自己的军队与敌人交战时，将士必须冲在最前面，但"非交战受敌，常行诸营之后"，因而很受将士的拥戴。在军队调配之时，将士们都说："愿属大树将军"。光武帝刘秀对这位将军也十分敬重，在做皇帝的时候，特意把站在后面的冯异拉到诸位公卿面前介绍说："是我起兵时主簿也，为吾披荆棘，定关中。"后来，冯异被分封为应侯、阳夏侯。冯异的功名正是来自他的"不争"，不为天下先。

现实生活中并非人人都能争得第一。实在争不了第一，我们不妨向第二的位置靠拢，其实位居第二也是一个不错的选择。不争第一并不是要我们丧失进取之心，争得第一得同时伴随着相当大得风险，何况，不争第一也有现实中的好处。

当"第一者"要花费很多的力气，大至一个企业，小至一个人，都可能有这个问题。其所冒的风险是最大的，他所需要投入得资本都要求比别人要多、要好、要大。好不容易排到了第一，又一下子成了众人的'眼中钉'，都想超过你，甚至算计着要弄垮你，如果不敢为天下先甘当其后，我们可以静观领先者如何构筑、巩固、维持其地位，其成功或者失败，我们都可以拿过来当作经验和警戒；其次，可趁此机会培养自己的实力，以迎接当'第一'的机会。我们暗中积攒着力量，待有一天我们觉得自己具备这方面的实力后，就可以趁机攀升；另外，由于我们志不在'第一'，所以做起事来就不会急切，就不会造成压力过重，也不会勉强自己去做力所不能及的事情，这样反而能保全自己，降低失败的概率。

因此，不管是做人还是经营企业，从第二、第三做起都没关系，并不一定非得想着力争第一，如能稳稳当当做个第二，一旦主客观条件成熟，自然也就成了第一。这时候的第一，才是名副其实的真正的第一，才是真正的天下先。

顺势而为，量力而行，不做螳臂挡车之事

【道者说】

"汝不知夫螳螂乎，怒其臂以当车辙，不知其不胜任也。"

——《庄子·人间世》

【智慧细语】

难道你不知道螳螂用自己的臂膀挡车吗？这是自不量力啊。

春秋时，齐庄公有一次坐着车子出去打猎。忽见路旁有一只小小的虫子，伸出两条臂膀似的前腿，要想来阻挡前进中的车轮。

庄公问驾车的人："这是一只什么虫子？"驾车人答道："是一只螳螂，它见车子来了，不知赶快退避，却还要来阻挡，真是不自量力！"

庄公笑道："好一个出色的勇士，我们别伤害它吧！"说着，就叫驾车的人把车子靠边，让开它，从路旁过去。

这件事情很快就传开了。人们都说庄公敬爱勇士。便有些勇敢的武士纷纷前来投奔他，这就是"螳臂挡车"的故事。但是，"螳臂挡车"作为一句成语，却并不比喻出色的勇士，而是比喻那些不自量力的人。《庄子·人间世》说"汝不知夫螳螂乎？怒其臂以当车辙，不知其不胜任也！"成语"螳臂挡车"正是从《庄子》中的这个"不胜任"的原意转化而来的。《庄子》里还有这样一个故事：

鲁国有个贤能的人，名叫颜阖，应卫国之聘，来到卫国担任卫灵公大公子蒯聩的老师。蒯聩仗着父亲是一国之君，而且知道自己将来要继承父亲为国君，因此狐假虎威、蛮不讲理。颜阖要教育这样一个人，感到十分为难，便对蘧伯玉（卫国大夫）说："这个混子，叫我怎么办？如果我不负责任，一味放纵他，国家就要遭殃；如果我认真教育他，严格要求他,他一定要憎恨我,说不定还会杀我。你说我该怎么办?"蘧伯玉很同情颜阖,与他谈了不少话,要他小心谨慎,其中有一句就是前面所引的那句,意思是说:"你的意思是好的,可是面对这样的现实,你不过像'螳臂挡车'一样,是决不能胜任的!"

另外,《庄子》里还有"犹螳螂之怒臂以当车辙,则必不胜任矣"这样的话,后来一般都把它比作不自量力、冒充英雄和妄图抗拒某种强大力量的人。

道家认为,做事要量力而行,不能逆势而行。就算你的想法是对的,你也要根据自己的实力来决定你要采取的方向。否则,便是自找麻烦。自古因谏被杀的忠臣数不胜数,究其原因,便是自不量力,逆上而言。

审时度势并不是要我们没有原则,也不是要我们助纣为虐。坚持原则要看是对什么样的领导,更要看你的这个原则是不是和领导的主体原则相背离,如果实在不能相容,完全可以选择独善其身。纵便是你非要坚持这个原则,也先要明哲保身,以退为进,没有生命做资本,你便是有千万的智慧也发挥不出来了。

老子说,"勇于赶则杀,用于不敢则活。"目的是告诉人们,如果自己处于劣势的时候,就更不要不自量力,要学会忍耐,唐代名臣狄仁杰便是一个好的例子。

唐代武则天为了给自己当皇帝扫清道路,以严刑峻法、奖励告密等手段,实行高压统治,先后杀害李唐宗室贵戚数百人,接着又杀了大臣数百家。

一次,酷吏来俊臣诬陷平章事狄仁杰等人有谋反行为。来俊臣出其不意地先将狄仁杰逮捕入狱,然后上书武则天,建议武则天下旨诱供,说什么如果罪犯承认谋反,可以减刑免死。狄仁杰突然遭到监禁,既来不及与家里人通气,也没有机会面奏武后说明事实,心中不由焦急万分。审讯的日子到了,来俊臣在大堂上读武则天的诏书,就见狄仁杰已伏地告饶。他趴在地上一个劲地磕头,嘴里还不停地说:"罪臣该死,罪臣该死! 大周革命便得万物更新,我仍坚持做唐室的旧臣,理应受诛。"狄仁杰不打自招,反让来俊臣吃了一惊,既然已经招供,来俊臣便不再用刑。这时,有一个叫王德寿的判官说,你如果供认某位大臣是同谋的话,就可以不死。狄仁杰说:"皇天后土,狄仁杰岂能做这样的事情!"说着以头撞柱,血流满面,王德寿见状,吓得急忙上前将狄仁杰扶起,送到旁边的厢房里休息,又赶紧处理柱子上和地上的血渍。狄仁杰见王德寿出去了,急忙从袖中抽出手绢,蘸着身上的血,将自己的冤屈都写在上面,写好后,把状子藏在棉衣当中。王德寿进来后,见狄仁杰一切正常,这才放下心来。狄仁杰对王德寿说:"天气这么热了,烦请您将我的这件棉衣带出去,交给我家里人,让他们将棉絮拆了洗洗,再给我送来。"王德寿答应了他的要求。狄仁杰的儿子接到棉衣,听到父亲要他将棉絮拆了,就想:这里面一定有文章。于是拆了棉衣,发现血书,才知道父亲遭人诬陷。他几经周折,托人将状子递到武则天那里,武则天看后,弄不清到底是怎么回事,就派人把来俊臣叫来询问。来俊臣做贼心虚,一听说武则天要召见他,知道事情不好,急忙找人伪造了一张狄仁杰的"谢死表"奏上,并编造了一大堆谎话,将武则天应付过去。又过了一段时间,曾被来俊臣妄杀的平章

诸子百家——道家

事的儿子也出来替父申冤，并得到武则天的召见。他在回答武则天的询问后说："现在我父亲已死了，人死不能复生，但可惜的是法律却被来俊臣等人给玩弄了。"武则天听了这话，有些醒悟，不由想起狄仁杰之案，忙把狄仁杰招来，不解地问道："你既然有冤，为何又承认谋反呢？"狄仁杰回答说："我若不承认，可能早死于严刑酷法了。"武则天又问："那你为什么又写'谢死表'上奏呢？"狄仁杰断然否认说："根本没这事，请太后明察。"武则天拿出"谢死表"核对了狄仁杰的笔迹，发觉完全不同，才知道是来俊臣从中做了手脚。于是，下令将狄仁杰释放。

狄仁杰在自己处于劣势毫无办法之际，并没有无谓的顽抗，反而顺着来俊臣，从而给自己争取了时机，不能不说是大智慧。

生活中也是如是，当你发觉自己和别人的意见相左而别人又不能接受自己观点的时候，不妨以退为进，量力而行，以待时机，切莫螳臂挡车，自取其辱。

持之以恒，善始善终

【道者说】

民之从事，常于几成而败之。慎终如始，则无败事。

——《老子·第六十四章》

【智慧细语】

人们做事情，总是在快要成功时失败，所以当事情快要完成的时候，也要像开始时那样慎重，就没有办不成的事情。

追溯历史，大多政权的兴衰、事业的成败，直到个人荣辱升降，诸如"几成而败之"的事例俯拾皆是。唐玄宗即位之初，披肝沥胆，励精图治，使唐朝出现了"开元盛世"，而在他的后期，却逐渐沉湎于声色而疏于朝政，最终酿成了"安史之乱"，使唐由盛到衰。明末农民起义领袖李自成，更是一个"几成而败之"的典型。李自成崇祯二年起义，艰难困苦，百折不挠，13年后，一帆风顺，得天下如探囊取物，然而在十七年三月入京后，面对胜利荣华，他及手下将士陶醉其中，出现了一系列决策失误，导致清兵入关，皇帝的位子还没有暖热，就于4月29日狼狈出逃，最终身死国亡。

一幕幕历史悲剧的上演，促使有识之士探究"几成而败之"原因，1945年，黄炎培先生在延安和毛泽东做过一次著名的历史周期律的交谈。黄说，一人一家一团体一地方，乃至一国，总有一个周期律的支配力；大凡初时聚精会神，没有一事不用心，没有一人不尽力，不怕艰难困苦，努力从万死中觅取一生，结果是"其兴也勃焉"；但随着事业的成功，权力的扩大，环境渐渐好转了，历时一久，便惰性发作，且由少数演变为多数，到风气养成,便无法扭转,到头来是"其亡也忽焉"。黄炎培先生的这段精辟论述,可算是对"几成而败之"原因的精辟对剖析吧!

老子在揭示常于"几成而败之"现象的同时,已经为此开出了治病的药方,就是"慎终如始,则无败事。"意思是当事情快要完成的时候,只要像开始时那样慎重,就没有办不好的事情,细细品味,这的确是金玉良言。做人做事也是这个道理。

慎终如始,无败事。用在选择感情婚姻上,也是如此。对待每段感情,只有做到了慎重,方能减少麻烦与失败。爱情毕竟不是一场游戏,用游戏的心态来对待,最后伤的也许是自己。

其实,我们开始做事的时候,大抵是很认真的,做到后来,就缺乏耐心了。有一句话叫作行百里者半九十,其实说的是同样的意思。意为行程一百里,走了九十里才算完成了一半。比喻做事愈接近成功愈困难。要想成功做好一件事情,一定要小心谨慎,持之以恒。

人们常常把成功人士的杰出成就归功于智力、环境等客观因素,潜意识里将它们与成功画上等号。殊不知,持之以恒的耐性在很大程度上左右成功的天平。

欧洲曾举办过一次别开生面的迷宫穿越大赛,挑战者云集响应。可在比赛中坚持走完半程的不到半数,到达四分之三记录点的更是寥寥无几,最终竟无人走出迷宫赢得巨额奖金。是迷宫的设计过于错综复杂吗?当主办方将迷宫的设计图公之于众,几乎所有人都认为这并非不可能完成的任务。事实上,这些在赛后扼腕叹息、后悔不迭的人们,缺的正是坚持不懈的毅力。

"行百里者半九十",古书中的这句箴言,历经千年仍是对人性中的缺陷最好的诠释。在终点前的那段路程,确实是种煎熬:一方面,付出的心血与汗水不计其数,人早已困苦不堪;另一方面,希望的曙光依旧隐匿在现实的乌云背后,前方依旧是未知的坎坷。于是很多人选择了放弃,放弃前进的动力,同时放弃了即将到手的成功。

在迟疑的半途,是咬咬牙一鼓作气继续上路,还是泄了气得过且过就此作罢,确实是一个难题。而成者与败者的本质区别也在彼此不同的抉择中体现得淋漓尽致。

当有记者提问刘翔的教练孙海平训练的秘籍为何。他的答案简洁而有力:"坚持,尤其在最后一栏到终点前的冲刺。"比赛到了冲刺的一刻,已不单纯是肌肉实力的比拼,考验的同样还有运动员的精神状态。就如同一次长跑,起初的几圈十分轻松,而在终点前,脚步却异常沉重。只有意志坚定,顽强拼搏的人才会收获抵达终点那一瞬的近乎至福的感受。而在田径场上,刘翔不屈的身影也验证了孙海平的话,在那最疲劳的时刻,坚持,再坚持!拼搏,再拼搏!于是拥抱胜利,摘得桂冠。

不只是行路或赛跑,做任何事,都要坚守持之以恒的准则,誓不罢休,直到迎接成功的那一刻。

行百里路,并非平均用力,五五均分。正确的态度是前松后紧,花费一半的力气在最

諸子百家 —— 道家

后的十里。这是自然规律给人的启迪，也是人战胜自身极限经受脱胎换骨的历练的不二法宝。

纵观整个历史画卷，到处充斥着"靡不有初，鲜克有终"的景致。敢于尝试的人比比皆是，最终获得成功的只是寥寥少数人。他们都输在起跑线上吗？未必。没有一颗恒心会让先前苦苦争到的成绩毁于一旦。科学家戴维早期做出了很有价值的贡献，到了晚年，原本能为一生画上一个圆满句号的他，却整日沉醉于曾经的荣誉和奢侈的生活享受中，一败涂地地抹去了他昔日的光彩。可见，只有持之以恒才能谱写出圆满的人生篇章。人生犹如一盘棋，哪怕开局是多么占有优势，中盘多么气势凌人，没有恒心将优势保持到最后一秒，注定终将和胜利擦肩而过，注定只能在失败之后默默舔舐伤口、承受无尽的懊恼、感叹"满盘皆输"。

"持之以恒"区区四个字，意蕴却是无穷的。

生活中，人们的草率与惰性让"持之以恒"面临着无尽的挑战。殊不知，一个小数点后的数字会影响着科技研究的发展方向，一支交响乐可能会因为一个没有谱写完的结尾失去灵魂，一部书或许会因为一个匆忙、不能一以贯之精心构思的结尾而黯然失色。生活中太多不能坚持到底的例子让我们看到缺乏坚韧的遗憾、可悲甚至是可怕。

"持之以恒"所折射出的光芒是耀眼夺目的。海明威笔下的《老人与海》赋予老人不懈与坚韧，使一个看似失败的老人却用灵魂深深震撼了读者。老人用他的永不言弃、坚忍不拔铸就了一个伟大的精神上的胜利者。

通向成功的路途也许很长，也许布满荆棘，迈出第一步时的退却与走了大半路之后的放弃一样，终究没有到达目的地。倘若在前行的路上秉承着持之以恒的信念，我们有理由相信终点将不只在千里之外绽放寂寞的光芒！

高瞻远瞩，海纳百川，大眼光成就大未来

【道者说】

"窈兮冥兮，其中有精。"

——《老子·虚心第二十一》

【智慧细语】

在深远幽暗之中，有精华和本质。

老子说："在深远幽暗中，有事物的本质和精华。"的确，每个人都应该努力探求事物发展的规律，更精确地预测事物发展的长远方向，按规律办事，这样才能立于不败之地。在这一点上，孔子与老子不谋而合，孔子曾说："人无远虑，必有近忧。"

诸子百家——道家

圣人之言,充满了智慧,告诫我们要未雨绸缪,不要老看眼前的事物,而忘却了人之所以积极奋斗的远景期待。因果循环,今日因成他日果,今天不为明天的打算,到了明天必然有许多忧虑,事物发展的规律如此,不容我们不做努力。

明朝开国皇帝朱元璋就是一个目光远大的人,所以他才能够处心积虑,终成大业。

郭子兴是元朝农民起义军的一个领导人,元朝至正十二年(公元1352年)九月,他领导的红巾军所据的濠州被元军包围已七个月之久,形势危急。

这段时间里,郭子兴的部将朱元璋曾奉命攻打灵璧、萧县和虹县,试图分散元军的注意力,但元军一直不为所动。谁知正当元军即将对濠州发动总攻之时,元军主帅突然病死,全军上下无心恋战,遂放弃了对濠州的围攻。

郭子兴的军队得到喘息的好机会,就在濠州城内饮酒高歌,庆祝围困解除。朱元璋没有去,他是个志向远大之人,在军中待的时间长了,他对各种事情看得越来越透彻明白,渐渐觉得郭子兴治军无方,驭下无道,成不了大气候。他还深深地认识到,在这群雄割据、形势混乱的局面下,唯有发展自己的军队,招揽天下英豪为己所用,才会有出头之日。

至正十三年六月,朱元璋在郭子兴的同意下,回故乡钟离招募士兵。不到十天,朱元璋就募集了七百人。他将队伍带回濠州,交给郭子兴,郭子兴很高兴,提升他为镇抚,并把这七百人交给他统领。不久,又提升他为总管。

朱元璋并未因为升为总管而心满意足,他还有更大的抱负。至正十三年底,朱元璋把自己统率的七百人交给别人,只带着徐达、汤和、吴良等二十四人离开了濠州,前往定远发展自己的势力。这次出行并不顺利,还没有开始发展势力,朱元璋就患了重病,只得返回濠州治病。

过了半个月,朱元璋病情有所好转。这时,他听说张家堡驴牌寨屯居着一支三千人的民兵,主帅与郭子兴相识,现在正断了粮,处境艰难。机不可失,时不再来,朱元璋觉得这是扩充势力的好机会,他不顾大病初愈,找到郭子兴,请求派自己前去招降。

郭子兴问:"你想带多少人去?"

朱元璋说:"人多易生疑,带十人就可以了。"

朱元璋带病出发。六天之后,他到达张家堡。与主帅一见面,朱元璋便对他说:"郭公与你是老相识,他听说你们缺粮,又得到消息说有别的军队要来攻打你们,特地派我来通报。如果你们愿意跟随郭公,就与我一起回去。不愿意,也要赶快移到别处,以避来犯之敌。"

主帅思考了半天也没有想出好办法,他见朱元璋说得真诚,就与他交换了信物,答应收拾好行装,就到濠州归附。朱元璋便将费聚留下等候,自己先回濠州,报告了郭子兴。郭子兴大为高兴,夸奖朱元璋办事得力。

不料过了二天,费聚来报,说事情有变,驴牌寨主帅想把队伍拉到别的地方去。朱元

诸子百家 —— 道家

璋立即带着三百名士兵赶去，费尽唇舌，劝主帅归附郭子兴。但主帅仍是犹豫不决，朱元璋便定下一计，让人请主帅议事，乘机将他挟持而去。离开营寨十余里后，又派人到寨中传话，说主帅已经选好了新的营地，让部众移营。

部众信以为真，便烧了营寨跟去。主帅见大势已去，无可奈何，只得投靠了他。

紧接着，朱元璋又带兵去豁鼻山，招降了以秦把头为首占山为王的草寇八百余人。

朱元璋对收编来的队伍进行了集中训练，在较短时间内，使他们的战斗力有了明显的提

郭子兴

高。不久，他率领这支部队攻克了屯居横涧山的缪大亨武装，缪大亨投降。这样不到半年，朱元璋的部队就发展到了十几万人，势力逐步壮大，为日后统一全国打下了坚实的军事基础。

有句话说得好："思想有多远，就能走多远。"鼠目寸光难成大事，目光远大可成大器。一个组织的成长，需要规划，一个人的成长，需要设计。有生涯设计的人，未必能够成功，没有生涯设计的人，一定很难成功。"过一天算一天"，"哪里黑哪里住"，只看见鼻尖下边一小块地方的人，现在"不吃香"，以后更"不吃香"。

世界著名企业家韦尔奇善于高瞻远瞩，所以总是能够创造奇迹。他认为，企业成功的规则只有一个：不断提高国际市场的占有率。他说，全球化是理所当然的事，在某一个国家成功，还不足以保证企业能够存活，要全面获胜，必须依靠开发全球市场。

20世纪80年代初，那时大多数商人眼光仅限于本国，根本还没有全球化经营的观念，根本不愿意改变原有的经营方式。

韦尔奇成为通用公司的总经理之后，通过对全球的经济环境的分析，发现企业的经营环境正在发生改变：通用的竞争对手不仅仅在美国，而是世界上所有的汽车厂家。他以敏锐的眼光发现改变经营环境势在必行，否则通用就会坐失良机。韦尔奇将全球化视作通用面临的巨大机遇，并毫不犹豫地立即采取行动，以适应日益明朗的全球化经济。

1987年6月，韦尔奇会见了法国最大家电公司汤姆森的总裁阿兰·戈梅斯。在半个小时的会谈后，两位总裁达成一项交易，虽然这项交易的规模比以后购买美国无线电公司的交易小很多，但它却符合韦尔奇的策略。

通用同意将每年30亿营业额的消费性电子部门和汤姆森公司的医疗显影单位交换。此外，汤姆森需付8亿美元给通用。通用是美国电视机和录像机的第一大厂商，而汤姆森每年在欧洲市场的X光机及其他医疗诊断器材的销售额，约为7.5亿美元。

尽管通用拥有美国25%的电视机市场，在世界排名第四，但是经营无利可图。韦尔

諸子百家——道家

奇指出："在电视机方面，我们已经是强弩之末——电视机企业要继续存活，需要支出 4 亿美元的成本。"

和汤姆森的交易被看成是韦尔奇职业生涯中最成功的交易。因为在这次交易中，韦尔奇一次解决了两个问题：它在切掉从未达到韦尔奇标准的企业的同时，也巩固了 GEMS，最重要的是，它使通用的现金收入增加到 27 亿美元。

韦尔奇高瞻远瞩，为通用输入了新鲜的血液，扫除了发展的障碍，使通用有了更广阔的发展空间，走向了全世界，成为世界上数一数二的电器公司。

人无远虑，必有近忧。反过来说，人有了长远考虑，近处就无忧了。今天的一切不顺利、不如意，都是我们昨日的疏忽造成的。但是未来永远把握在我们自己的手里，所以每个人都应该向前看，忽略眼前的波折，紧盯自己对未来的长远规划；确立自己的终极目标，说话、做事都奔着这个目标而去，如此一来，心灵自然宁静了，意志自然坚定了，应该怎么行动，也自然了然于胸了。

脚踏实地，不务虚名看实质

【道者说】

于是哀公号之五日，而鲁国无敢儒服者。独有一丈夫，儒服而立乎公门。公即召而问以国事，千转万变而不穷。庄子曰："以鲁国而儒者一人耳，可谓多乎？"

【智慧细语】

于是哀公发出这项命令，五天之后鲁国没有人敢再穿儒服。只有一个男子穿着儒服站在哀公府的大门外。哀公召见他，征询他对国事的意见，问题千变万化，他都从容应答。庄子说："全鲁国只有一位儒者，可以算多吗？"

庄子去见大儒鲁哀公。鲁哀公很瞧不起庄子，他说："鲁国可以说是儒士的天下，但是很少有人信奉先生的学说。"庄子却不以为然地说："鲁国真正的儒士不是多，而是太少了。"

鲁哀公很奇怪，明明全鲁国的人都在穿儒服，怎么能说少呢。庄子说，儒士当中如果戴圆帽子的，了解天时，穿方形鞋子的，知道地理，腰上用五色丝带系着玉块的，行为果断。国君可以向全国发道命令，没有儒士的道术而穿儒服的，一律处斩。

鲁哀公就照着做了，果然五天以后，鲁国只有一个男人穿着儒服站在公门外，鲁哀公请教他国家大事，他都能回答上来。此刻的庄子终于这么说：鲁国这么大，真正的儒者就只有一个人，能说是多吗？

这个故事告诉人们：看人看问题的时候，不要被表面现象所迷惑，要看实质。在研究学问的时候,不能只求形式,弄虚作假,而要注重实际,注重真才实学。

有一句俗语:远看衣裳近看财。这句话多少有些辩证的味道,但是现实中不注重实质而只看形式来判断,只重衣衫不重人的事情却常有发生,就是连我们的孔夫子都不例外,发出了"以貌取人,失之子羽"的感叹,而著名的哈佛大学,也犯了同样的错误,失去了一座楼。

数年前,一对老夫妇身着普通服装,也没有事先约好,就直接去拜访哈佛的校长。校长的秘书在片刻间就断定这两个乡下老土根本不可能与哈佛有业务来往。

先生轻声地说:"我们要见校长。"秘书很不礼貌地说:"他每天都很忙。"女士回答说:"没关系,我们可以等。"

过了几个钟头,秘书一直不理他们,希望他们知难而退,自己走开。可是他们却一直等在那里。秘书终于决定通知校长:"也许他们跟您讲几句话就会走开。"

校长终于不耐烦地同意了。校长摆着架子面对这对夫妇。女士告诉他:"我们有一个儿子曾经在哈佛读过一年,他很喜欢哈佛,他在哈佛的生活很快乐。但是去年,他出了意外而死亡。我丈夫和我想要在校园里为他立一个纪念物。"

校长并没有被感动,反而觉得可笑,粗声地说:"夫人,我们不能为每一位曾读过哈佛而死亡的人建立雕像的。如果我们这样做,我们的校园看起来会像墓园一样。"

女士很快地说:"不是,我们不是要竖立一座雕像,我们想要捐一栋大楼给哈佛。"校长仔细地看了一下他们穿的条纹的棉布衣服及粗布的便宜西装,然后吐一口气说:"你们知不知道建一栋大楼要花多少钱吗? 要七百五十万元!"

这时,这位女士沉默不讲话了。校长很高兴,总算可以把他们打发了。只见这位女士转向她丈夫说:"只要七百五十万就可以建一座大楼? 那我们为什么不建一座大学来纪念我们的儿子?"她的丈夫点头同意。而哈佛的校长觉得很奇怪和困惑。

就这样,斯坦福先生夫人离开了哈佛,到了加州,成立了斯坦福大学来纪念他们的儿子。

这样的故事还有很多,让我们警惕,在和别人交往的时候,不要只看外在和表面的东西,而要注重实质,同样的,在我们做事情的时候,也要去实实在在的付出,而不是沽名钓誉,弄虚作假。

古来有句俗话:"行善积德"。这句话是劝人多做好事,多做善事。遇到灾荒年间,有些殷实人家为救那些饥寒交迫的灾民免于饿死,捐米赈灾,皆为积德之举。太平年间,将鱼、龟放游到江河水池,将鸟放飞到大自然,叫"放生",皆为积善之行。后来,有人在大年初一这天,把捉来的鸟雀放生,名之曰"爱生灵"。

春秋时期,晋国建都邯郸。晋国有一个大臣赵简子,他就喜欢在过年时让老百姓替他捉斑鸠鸟送到他府中,让他放生。大年初一这天,邯郸地方的老百姓能够破例地纷纷拥进赵简子的府第,他们都是来向赵简子进献斑鸠,好让赵简子放生的。赵简子非常高兴,对他们一个个都发给很优厚的赏赐。大年初一这天,从早到晚进献斑鸠的人络绎不绝。

赵简子的门客在一旁站了很久,问他为什么要这样做,赵简子回答说:"大年初一放生,表示我对生灵的爱护,有仁慈之心嘛!"门客接着说:"您对生灵有如此的仁慈之心,这是难得的。不知大人您想到过没有:如果全国的老百姓知道大人您要拿斑鸠去放生,从而对斑鸠争先恐后地你追我捕,其结果被打死打伤的斑鸠一定是很多很多啊!您如果真的要放生,想救斑鸠一命,不如下道命令,禁止捕捉。像现在,您奖励老百姓捕捉这许多的斑鸠送给您,您再放生,那么大人您对斑鸠的仁慈确实还不能抵偿您对它们人为地造成的灾祸哩!"

赵简子听了门客的一席话,背着双手在府门里踱来踱去,仔细地思考了一阵子,默默地点了点头说:"对的。"

这个故事揭露了某些人只讲形式,不讲效果,沽名钓誉,假仁假义的伪善行为。

而现实社会中的形式主义却在大量蔓延,很多事情是做给别人看的,并没有什么实际的效果。未来获得政绩,有的官员仓促之间完成一些建设,根本不去考虑是否对百姓真正有用,而匆匆了事,留下很多不堪一击的豆腐渣工程。有的为了应付上级检查,短时间内搞出了新的形象,时间一过却照旧如初,没有起到任何实质的作用。

注重实质,不看重外在的东西,还表现在用人上。如今社会,随着大学教育的日渐普及,大学生研究生也越来越多。在用人问题上,很多公司越来越趋向于用人重才能,而不是唯学历。很多拥有高学历得人,甚至包括海归人士,如果没有真才实学,失业也成了常见的事情。所谓的"没有金刚钻,揽不了瓷器活",只有真真正正的拥有真实本领的人,无论环境怎样变化,都能真的立于不败之地。

水满则溢,话多则失,凡事留有余地

【道者说】

"持而盈之,不如其已;揣而锐之,不可长保。"

——《老子·第九章》

【智慧细语】

执持盈满,不如适时停止;显露锋芒,锐势难以保持长久。

《荀子·宥坐》中有这样一段故事:孔子到鲁桓公的庙里参观,看见一只倾斜的器皿,便向守庙的人询问:"这是什么器皿?"守庙的人回答说:"这是君王放在座位右边警戒自己的器皿。"孔子说:"我听说君王座位右边的器皿,空着便会倾斜,倒入一半水便会端正,

諸子百家 —— 道家

605

而灌满了水就会倾覆。"孔子回头对弟子们说："向里面倒水吧！"弟子们舀水倒入其中。大家看到，水倒入一半，器皿就端正了；灌满了水，器皿就翻倒了；空着的时候，器皿就倾斜了。孔子感叹说："唉，哪里有满了不翻倒的呢！"

子路问："有什么保持满的方法吗？"

孔子回答说："聪明圣知，守之以愚；功被天下，守之以让；勇力抚世，守之以怯；富有四海，守之以谦。此所谓挹而损之之道也。"就是说，聪明和高深的智慧，要用愚钝的方法来保持它；功劳遍及天下，要用谦让来保持它；勇力盖世，要用胆怯来保持它；富足而拥有四海，要用节俭来保持它。这就是抑制并贬损自满的方法呀。

老子也抱有同样的观念，他说："持而盈之，不如其已……富贵而骄，自遗其咎。功成身退，天之道。"他劝诫大家，做事期求圆满，还不如罢手不做。人到了富贵的程度容易骄傲轻慢，就是自招灾祸了。事业成功后就应该退出历史舞台，这是天定的法则。

古代先贤对这个问题一向有着明确的认识，所以会用不同的语言来说明问题的因果，如"盛极而衰，盈满则亏""过犹不及""物壮则老"等等。这些至理名言无不向我们传递着这样一个信息——"强大"有时也就意味着已在走向死亡，特别是当自己也认为自己够强大时。

清华紫光的老总李志强曾说，企业常常有一种很奇怪的现象，那就是鲜有饿死的，多为撑死的。他说，做企业如做人，如果把企业的规模比做一个人的个儿，把企业的利润比做一个人的劲儿，那么健康的人应该是高大而有力的。但在成长过程中，是先长劲儿还是先长个儿？这其实并不重要，重要的是一定要健康，心态要好。

"没有最好，只有更好。"这句很多企业的口头禅，其中的味道反而容易被我们忽略。不自满，不自欺，即使自己做得很"满"，也绝不自以为满。

最重要的是，心不能满。有人做了个比喻，即使你是最成功的，你也只是98摄氏度、99摄氏度的热水，离沸腾的100摄氏度永远有差距。保持这样的心境至关重要。否则，心满了，就如同水达到了100摄氏度，沸腾之后就成了蒸汽了，亏缺也就随之而来了。

西方一些发达国家中，社会基本形成了一种谦和、散淡的整体氛围，使得那些成功者和富翁不愿拿自己的财富炫耀于世，在那里，无论你是打工族还是老板，是贫民还是富翁，大家都会一视同仁地看待，不会因为贫穷而瞧不起你，也不会仅仅因为富有而对你另眼相看。一般来说，人们最看不起的就是那种炫耀财富的"暴发户"。例如，瑞士银行家巴尔在他出版的自传中，对瑞士富人的心态做了最好的注解：如果他们需要两辆车时，他们会刻意买两辆完全一样的普通车，让人认为自己只拥有一辆车，因为他们不希望邻居认为他们在向别人炫耀财富。

他们真正做到了心不满，做到了"富有四海，守之以谦"的超脱境界。

李嘉诚的经营理念中，有"知止"两个字。他说："经营企业，'知止'两个字最重要。我从12岁就开始投身社会，到22岁创业时就已经过了10年非常艰苦的日子，到今天我已工作六十多年了。在香港我看过有些人成功得容易，但是掉下去也非常快，是什么原因呢？'知止'是非常重要的。全世界很多企业之所以失败，最少一半都是因为贪婪。"

企业做大，会带来许多难以解决的问题，但只要是问题，就有解决的可能。可是，如果在经营过程中，心做大了，做满了，问题的解决就难上加难。所以，比尔·盖茨说，对于成功的企业和企业家来说，其事业最大的威胁不是来自竞争对手，而是来自他们自身。

无论做企业还是做人，知道适可而止，才能保全自身或者发展。春秋时期，帮助楚庄王建立霸业的楚相孙叔敖的一段经历，对今天的我们就有启示。

楚王知道孙叔敖贤德，就任他为相，孙的亲朋好友以及朝廷的大臣都来向他祝贺。随后，来了一个穿着粗布衣裳的老者，头上戴着白帽子，好像是来吊唁孙叔敖。

孙叔敖见了，赶紧整理衣冠，很恭敬地出来见老者，问："别人都是来向我祝贺的，只有您是来吊唁我的，有什么说法吗？"老者说："身份已经很高贵并且骄矜傲慢的人，百姓一定离他远去；地位做到很高却乱用权力的人，国君一定厌恶他；俸禄已经很丰厚还不知道满足的人，他就随时处在危险中了。"

孙叔敖再向老者叩拜说："我一定听从您的教诲，希望您进一步指教。"

老者说："地位做得越高，对人的态度越要谦和；官做得越大，待人之心越要恭敬；俸禄已经丰厚，就要把持自己不去获取不义之财。坚守这三点，就可以治理楚国了。"

楚国老者告诉我们这样一个保全的途径：做大做高以后，心要收敛、要谦卑。所以，心不能满。而身居高处却不知止，不知满，必然会给自己带来不好的后果。商鞅的例子不能不引起我们深思。

商鞅到秦国后，通过引荐，几次劝说秦孝公，变法强国，被孝公采纳，并奉命为左庶长，主持秦国变法。

新法改革旧制，富国强兵，尽管对秦国的强大非常有利，但也触犯了不少地位显赫的人。商鞅为了坚决推行新法，倚仗秦孝公的大力支持，对那些议论新法的人，发配边疆，把攻击新法的旧官僚甘龙、杜挚贬为庶人，因为太子嬴驷反对变法和迁都咸阳，商鞅报请秦孝公处罚太子，并将太子的老师公子虔处以劓刑，太师公孙贾处以黥面，并且以非议新法杀掉了巫祝欢。

后来商鞅的变法受到了全国的老百姓的欢迎和支持，而且也取得了显著的成效。周显王二十九年，商鞅又奉秦孝公之命，率兵伐魏，俘获魏将公子卬，大败魏国。秦孝公封商鞅为侯，并将商地十五个城邑封给了他做领地。商鞅洋洋得意。

一天一个叫赵良的熟人来见商鞅。苦口婆心地劝他深思祸福荣辱之道。

商鞅说："我大治秦国，难道你不高兴吗？"

赵良说："一个人能够从反面思考问题，才叫聪；能够正确审视自己的处境，才叫明；能够克服自己的自满，才叫强。你一定不要贪图名誉和追求享乐而断绝了自己的后路啊！"

商鞅问："那你说，我与百里奚谁更强一些？"

赵良说："百里奚辅佐秦孝公成为西戎霸主，但自奉甚俭，暑不张盖，劳不坐车，在国都行走不带随从和仪仗。所以，他死后百姓啼哭，不懂事的孩子也不唱歌，这是他施德于百姓的原因。可是你急功近利，伤人太多，积怨太深，自己又富贵骄横，讲究排场。你现在的处境就像早上的露珠一样，你的失败可翘首而待。你现在最好尽快归还封地和官爵，到边远的地方自食其力就可以了。"

商鞅已处于人生的巅峰，不仅功成名就，而且声名显赫，耀武扬威，根本就听不进赵良的话。

周显王三十一年，秦孝公死去，太子嬴驷即位，成为秦惠文王。他的师傅公子虔，指使人告发商鞅谋反，并派人追捕商鞅，商鞅逃到魏国，魏国逮捕他并引渡回秦国，后商鞅又趁机逃回自己的商地，被公孙贾率兵抓回。后被押到咸阳，惠文王下令将他处以车裂之刑。

商鞅因为执政时急功近利，执法太苛，而功成之后又贪恋富贵，不肯急流勇退，适时而止，才导致了失败。

把握距离，君子之交亲疏有度

【道者说】

"君子之交淡若水，小人之交甘若醴。"

——《庄子·山木》

【智慧细语】

君子间的交往像水一样清淡，小人间的交往像甜酒一样甘浓。

这句话乍听起来让人不好理解，为什么君子之交像白开水一样淡而无味，小人之交却反如美酒一般甘甜可口呢？原来庄子对人与人之间过多的利害往来和利益交换颇为不满，认为这种拉拉扯扯，小恩小惠的人际关系，看似甜甜蜜蜜，美若甘醴，实际上却是最狭隘、最功利、最靠不住的利益关系。一旦利益交换的条件不再具备，平日里称兄道弟的小人们就会冷眼相向，甚至反目成仇。

与之相反，真正的君子之交是以人格的相互钦佩和品德的相互青睐为基础的，这其中并不掺杂着更多的利害关系。好友分别日久，渴望重逢，但见了面却用不着丰盛地大摆宴席，也许一杯浊酒甚至一杯白开水也就足够了。然而这杯白开水却并非淡而无味，而是回味无穷。于是，庄子接着说："君子淡以亲，小人甘以绝。"郭象深得此意，注曰："无利故淡，道合故亲。"吴承恩说得更加真切："君子淡如水，岁久情愈真；小人口若蜜，转眼

诸子百家

——道家

如仇人。"

君子之交淡若水,这句话还有这样一个典故。

唐贞观年间,薛仁贵尚未得志之前,与妻子住在一个破窑洞中,衣食无着落,全靠王茂生夫妇经常接济。后来,薛仁贵参军,在跟随唐太宗李世民御驾东征时,因薛仁贵平辽功劳特别大,被封为"平辽王"。一登龙门,身价百倍,前来王府送礼祝贺的文武大臣络绎不绝,可都被薛仁贵婉言谢绝了。他唯一收下的是普通老百姓王茂生送来的"美酒两坛"。一打开酒坛,负责启封的执事官吓得面如土色,因为坛中装的不是美酒而是清水!"启禀王爷,此人如此大胆戏弄王爷,请王爷重重地惩罚他!"岂料薛仁贵听了,不但没有生气,而且命令执事官取来大碗,当众饮下三大碗王茂生送来的清水。在场的文武百官不解其意,薛仁贵喝完三大碗清水之后说:"我过去落难时,全靠王兄弟夫妇经常资助,没有他们就没有我今天的荣华富贵。如今我美酒不沾,厚礼不收,却偏偏要收下王兄弟送来的清水,因为我知道王兄弟贫寒,送清水也是王兄的一番美意,这就叫君子之交淡如水。"此后,薛仁贵与王茂生一家关系甚密,"君子之交淡如水"的佳话也就流传了下来。

君子之交,由于没有什么利益掺杂在中间,交往的是心灵的沟通。好就好在"淡"字上,淡泊名利,地位,金钱,抛弃杂念,只是志同道合,并且双方都是高尚的人,如果品行低下就谈不上了。水是透明的,君子之间的交往应该像水一样清澈见底,而不是互相尔虞我诈,也不是互相利用,牵扯太多的利害关系。相互之间既存在心灵的沟通,而彼此也保持一段距离,尊重对方的私人空间。这样的友谊才最容易长久和维持。如水一般清净,自然,源远流传。朋友间只有淡薄如水,才能维系长久。

范仲淹在泰州当官的时候,认识了当时年仅二十岁的富弼。一见面之后范仲淹就对富弼大为欣赏,认为他有王佐之才,把他的文章推荐给当时的宰相晏殊,还替他做媒,让他做了晏殊的女婿。几年以后,因为当时在山东一带多有兵变,有些州县的长官看见乱兵来攻打不是进行抵抗,而是开门延纳,以礼相送。兵变被镇压后,朝廷派人追究这些州县长官的责任。

富弼很生气地说:"这些人都应该被判处死罪,否则的话,就没有人再提倡正气了。"

范仲淹则说:"这些县官进行抵抗的话,又没有兵力,只是让百姓白白受苦罢了,他们这种做法,大概是为了保护百姓采取的权宜之计。"二人意见不同,争执起来。

有人劝富弼说:"你也太过分了,你难道忘了范先生对你的大恩大德了吗?你考中进士后,皇帝就下诏求贤,要亲自考试天下的士人。范先生听到这个消息以后,马上派人把你追回来,还给你准备好了书房和书籍,让你安心温习考试,你因此被皇帝赏识,难道你都忘记了吗?"

富弼回答说:"我和范先生交往是君子之交,范先生举荐我并不是因为我的观点始终和他一样,而是因为我遇到事情都有自己的观点。我怎么能因为报答他举荐我的情意而放弃自己的主张呢?"范仲淹听后说:"我欣赏富弼就是因为这个原因啊。"所以后人称颂

诸子百家 —— 道家

范仲淹和富弼的交往是君子之交。

　　君子之交淡如水，是中华传统文化提倡的友朋之道。儒家认为朋友是人与人之间除了亲情之外最重要的人际关系。对朋友要待之以诚，友情应该建立在互相欣赏、互相了解的基础上。因此，在与朋友交往的时候，要坚持自己的主张，不盲从，不随便附和。这样的友情，虽然看起来像水一样平淡，但是却可以更加长久。

　　对于我们一般人来看，朋友的交往，你帮助我，我帮助你。你对好，我也会对你好。有富同享，有难同当。我有好吃的，邀请你也来分享。这样的朋友在一般人眼里应该算是很好的，有恩情，讲义气。

　　当然，对朋友有恩情和意气都是对的。但是真正的恩与义却不是建立在日常的物质基础上的，也不是简单的表面上你对我好，我也对你好。如果朋友的交往都是建立在这些上面，即便是真的友情也很世俗浑浊。这样的朋友之交是不能长久的。正如故事中的富弼如果因为范仲淹曾经帮助过自己，就要有支持范仲淹的想法。看起来很够朋友。其实只是凡夫俗子的朋友之道，建立在这样的基础上的朋友，就会如同这些表面的物质利益一样，其实是转眼就会消逝的东西。这些都是最表面的，也是最容易让人产生自私，贪婪和欲望的东西。这样朋友交往又如何能长久而高尚呢？

　　君子之交，重道义，相敬相知。看重的是心灵的交往。淡淡如流水，绵绵不断绝。古人有句话叫：神交已久。说的是一个人仰慕另一个人的人格才华。想和他交为朋友，这样的朋友之交一定会成为君子之交。

　　清香淡雅的茶要比浓烈的酒和刺激的咖啡高雅得多。然而在人际交往中，我们却未能始终保持这种淡泊的情怀，无论是请客，还是送礼，都是一种"唯物主义"的味道。

　　生活在这个社会中，人与人之间当然需要相互关心、相互帮助、相互支持，尤其是当他人遇到困难和不幸的时候。然而与此同时，庄子又确实揭示出一种常被忽视的道理。这就是人要获得一种宽松自由的心境，又应该与他人之间也保持某种适当的距离。对他人过多的关怀、过多的怜悯、过多的抚慰也难免让人感到不舒服。说到底，每个人都是一个独立的世界，都有自己独特的行为方式和情感方式，并有权以这种独特的方式来对待生活中的苦难和不幸。真正的君子在帮助别人的时候，却应该尽量淡化情感色彩，这也是"君子之交淡知水"的另一层含义。

　　绚烂之极，归于平淡。其实朋友之间的交往又何尝不是如此呢？越平淡才能越长久。一个人如果能够凡事做到心静如水，他必然是一个有大智慧的人。

诸子百家——道家

610

五、美言善行的交际智慧

点到为止,避其尖锐,委婉表达

【道者说】

"传其常情,无传其溢言。则几乎全。"

——《庄子·人间世》

【智慧细语】

传达平实的言辞,不要传达过分的话语,那么也就差不多可以保全自己了。

庄子认为要保全自己,就要以诚待人,不要说一些过分的言语。否则,只会招来彼此的不快。正所谓,只有嘴上留情,脚下才会有路。

为此,要求我们说话要学会"绕",正所谓"曲径通幽",轮船下海善于"绕",才能避开险滩暗礁,一帆风顺。

陈毅同志当外长时曾主持过一次谈国际形势的记者招待会。会上陈毅谈到了美高空侦察机骚扰我国领空的事情,并对此表示了极大的愤慨。有个外国记者趁机问道:"外长先生,听说中国打下了这架侦察机,请问是用什么武器打下的? 是导弹吗?"只见陈毅用手做了一个用力往上捅的动作,说:"我们是用竹竿子捅下来的。"与会者无不捧腹大笑,那个记者也知趣地不再追问了。

竹竿子能捅下高空侦察机吗? 陈毅同志回答的,显然是一句错话。但却错得极妙!试想,除此之外,还有什么更好的回答方式呢? 如实相告,就会泄露我国的核心机密,当然不行;但按一般方法说"无可奉告",会使会议气氛过于严肃、凝重,而"是用竹竿子捅的"这句错话,却听起来煞有介事,既维护了国家机密,又造成了幽默轻松的谈话气氛,真是一举两得,一箭双雕,怎能不叫人拍手叫绝!

可见,在特定语言环境中,为了避免不必要的麻烦,将真话变为错话,曲折地说出来,往往能有意想不到的好结果。

生活中我们常碰到这样的事,当有人求自己帮忙,但却实在是办不到,此时若直言拒绝,一定会使对方难堪或伤害对方,那么该怎么办呢? 为了避免直言相告,我们可以巧妙地寻找借口来为自己解围或是保全他人的面子。

舞会上别人邀你,你内心实在不想跟他跳,可以说:"我累了,想休息一下。"既达到谢绝目的,又不伤害别人的自尊心。

为了避免直言,运用各种暗示,以含蓄、隐晦的方法向对方发出某种饱含自己真实想法、态度的信息,以此来影响对方的心理,使对方明白自己的心意,这也不失为一个妙招。

一次,某乡党委为了加强机关干部管理,在工作考勤等方面作了一系列规定。决定由曾在乡属企业担任过多年负责人,不久前刚调到机关任传达工作的一位老同志负责考勤登记。这位老同志认为这项工作易得罪人,不愿意干。说自己过去就是因为做事太认真,得罪了不少人,正在吸取"教训"。

听了他的话,乡党委书记给他讲了一个故事:某电影导演,为拍部片子四处寻找合适的演员。一天,发现了一个合适的人选,便通知他准备试镜头。这个人十分高兴,理了发换上新衣,对着镜子左照右看,总感到自己的两颗"犬牙"式的牙齿不好看,于是到医院把牙齿拔掉了。后来,当他兴致勃勃地去报到时,导演一见到他就很失望地说,"对不起,你身上最珍贵的东西,被你自己当缺陷给毁掉了,我们的影片已不再需要你了。"

故事讲完后,这位老同志懂得了"坚持原则,做事认真"正是自己最好的品质,于是他愉快地接受了任务。

在与人交谈中,慷慨激昂,锋芒外露,固然是一种本事,但细语声声,婉言相告,也是必不可缺的一种本事。有理走遍天下,无理寸步难行。说话不在声高,而在于说出来的话是否合理、是否中听?说话是门艺术,讲究委婉,讲究措辞。只要不是故意的兜圈子,绕弯子难为人,适当的委婉和含蓄还是很必要的。听话听声,锣鼓听音。如何既充分表达了自己的

意思,又让人家听着舒服,从而达成沟通的一致性和产生有效的共鸣。

说漂亮话,做漂亮事,美言可市尊

【道者说】

"美言可以市尊,美行可以加人。"

——《老子·第六十二章》

【智慧细语】

美好的言辞可以换来别人对你的尊重;良好的行为可以见重于人。

"良言一句三春暖,恶语伤人六月寒。"在我们的人际交往中美好的语言确实可以让人敬重。一句话百样说,在不同的场合,不同的人与人之间,如果使用很恰当的语言,使对方容易接受,就会达到好的效果。语言在人类的交往和活动中占据重要地位。美的语言培养美的品质,美的言语不仅减少了矛盾,还增进了友谊,如春分化雨,沁人心脾。

一句美言,一段动人的语言,一段优美的文字,能有如此的魔力,是无可置疑的。因

为它缘于创造者的内心感受,当它再次直达人们的内心深处,那些能认同的人们,自然就被动彻心弦,也就有了它本身所具有的魔力。

有的时候,美言一句能胜过千言万语,一句美言可以给心灵以震撼,给灵魂以启迪,给最远的人以最近的安慰,给最孤寂的人以最真诚的问候。只是看此言能否打动人的心扉,只要所言能与听者的内心相合,能表达出听者当时的心境,就会有意想不到的效果。

很多年前,在英国伦敦街头有一个盲人在乞讨。他的胸前挂着一个牌子,上面写着四个字:"自幼失明"。可是,他的乞讨效果并不理想,每天的收入少得可怜。有一天,英国大诗人雪莱走过这个盲人的身边,盲人拉住雪莱的手说:先生,可怜可怜我吧。这天雪莱身上没有带钱,他想了想说,我送你一句话吧,或许会对你有点帮助。说着,他擦掉了盲人胸前牌子上的话,在上面写了另外一句话,然后就走了。盲人发现,自从遇见雪莱以后,他每天的收入比以前多起来。他很纳闷,这是一句什么话呢?有这么神奇的效果?于是,他对一个过路人说,先生,请你告诉我,我的牌子上写了些什么?那个人就把牌子上的话读了出来,原来,那上面写的是这样一句话:春天来了,可是我看不见它。

这是一句充满了感情,非常能够打动人心的话,许多人看见了,心头都不由得一动,有的人甚至热泪盈眶。所以他们忍不住解囊相助了。是啊,春天那么美好,可是这个盲人却看不见,春天那么温暖,这个盲人的心却始终沉浸在漫长而寒冷的黑暗之中,雪莱用一句充满诗意和深情的语言,就把盲人的辛酸和痛苦表达得淋漓尽致!就让那么多人为之而感动!人类的语言是丰富多彩的,一种意思,可以用多种不同的语言表达出来,我们有没有想过,说话的时候也要选择一种最佳的语言表达方式呢?

在生活中,经常看到有些人,他们明明是好意,但说出话来,却让人难以接受,甚至使别人把他们的好意当成了恶意,是不怀好意,是出口伤人,这是语言的悲哀和不幸。就是因为这些人不懂的润色语言,只知直言,结果犯了他人大忌,落得个好心没好报。"直言",从大处讲,是坚持真理;从小处讲,是固执己见。认为自己的话是为对方着想,便肆无忌惮,不给对方面子,反而自取其辱。

东汉末年,各地豪强并起,形成了军阀割据之势。当时,势力最大的要算是河北的袁绍,江东的孙权,荆州的刘表,西凉的马腾。曹操从表面上看兵微将寡,但他挟天子以令诸侯,政治谋略都在各家之上,是一股最危险的力量。

有一回,袁绍的谋士们劝他及早兴兵讨伐曹操,以解心头之患。可他的小儿子正好闹病,袁绍非常疼爱他的小儿子,就对他的谋士们说,我的小儿子正病着,我哪有心事去攻打曹操呢!他的谋士们一听,都叹息摇头。

这中间有个叫田丰的谋士,就多次苦劝袁绍立即起兵,趁曹操羽翼未丰,一鼓荡灭。可是,袁绍竟然非常恼怒,把田丰赶出大帐。田丰在无奈何的情况下说:"将来打败袁本初者,必曹操也!"

袁绍听了以后,大怒,就以"乱我军心"的名义,把田丰抓起来,关到监狱里。后来,曹操的力量逐渐强大了，占领了整个中原地区。这个时候，袁绍看到曹操已经发展到十多万精兵了，威胁到了自己，才想起出兵对付曹操。田丰听说了这个事情以后，心急如焚，在狱中写信给袁绍，他说："现在应该静守以待天时，不可妄兴大兵，恐有不利。"劝他要谨慎行事，现在还不是消灭曹操的时候。

袁绍看到田丰的信，又一次怒上心头，他说，前些时候，劝我讨伐曹操的是你，现在劝我与曹操妥协的也是你，你是成心和我过不去。所以就想要杀掉田丰，在许多人的哀求下，才饶了田丰。但是，他在临起兵前说，等打败了曹操，回来再和田丰算账。

可是，曹操此时可不是袁绍想的那样好对付了。曹操只有军队七万，而袁绍号称七十万，十倍于曹兵。但打了几仗，不见胜负。

袁绍手下有个谋士叫沮授的，他说："我军虽众，而勇猛不及彼军；彼军虽精，而粮草不如我军。彼军无粮，利在急战；我军有粮，宜且缓守。若能旷以日月，则彼军不战而自败矣。"袁绍却说："田丰慢我军心，吾回日必斩之。汝安敢又如此！"命令左右，把沮授也监禁起来，待破曹之后和田丰一体治罪。

实际上曹操果然被沮授言中，军中缺粮，派人回许都搬运粮草，可是恰巧被袁绍手下的许攸捉到。他从曹操的使者身上搜到催粮的书信，就急忙来见袁绍，他说："曹操驻军官渡，与我相持已经很长时间，许昌一定空虚；今分一支人马奔袭许昌，则许昌可拔，而曹操可擒也。现在曹操粮草已尽，正可乘机两路击之。"而袁绍却说："曹操诡计多端，此书乃诱敌之计也。"许攸说："今若不取，将反受其害矣！"

此时，曹操用反间计，说许攸在小的时候是曹操的朋友，袁绍信以为真，误认为许攸是曹操的奸细，险些把他杀了。许攸仰天长叹说："忠言逆耳，竖子不足与谋大业！"气得要拔剑自杀。

曹操探听到袁绍在官渡这个地方的乌巢藏着许多粮草，有人就给曹操出主意，采取突然袭击的手段，把袁绍的粮草烧掉，他这七十万人马饿也得饿死。曹操果然采纳了这个建议，在一个夜晚，派了一支精干的骑兵，把乌巢的粮草一把火烧了个精光。袁绍一下子慌了手脚，军队顿时混乱起来，被曹操杀得大败。

有人把这件事报告给在狱中的田丰说："这下田将军该出狱了！"田丰听后，仰天长叹："我命休矣！他如果打了胜仗我还可活命，他打了败仗，我是断无生机了！"

果然，袁绍很快派人把狱中的田丰给杀害了。

善言无瑕，滴水不漏，掌握说话艺术

【道者说】

"善言，无瑕谪；善数，不用筹策。"

【智慧细语】

善于说话的人不会被人指责说话错误。

老子认为,会说话的人说话是滴水不漏的。也就是说,说话前要注意思考,不能信口胡言。人活在世上,说话是最主要的交流方式,我们每天都在说话,但是我们不一定真正的掌握了说话的艺术,很多人不懂的说话技巧,漏洞百出。

有这样一个笑话,一剃头师傅家被盗劫。第二天,剃头师傅到主顾家剃头,愁容满面。主顾问他为何发愁,师傅答道:"昨夜被强盗将我一年积蓄劫去,仔细想来,只当替强盗剃了一年的头。"主人怒而逐之,另换一剃头师傅。这师傅问:"先前有一师傅服侍您,为何另换小人?"主人就把前面发生的事细说了一遍。这师傅听了,点头道:"像这样不会说话的剃头人,真是砸自己的饭碗。"

生活这种口不遮言的事情比比皆是。有一个人请客,四位客人有三位先到。这人等得焦急,自言自语道:"唉,该来得还没来。"一客人听了,心中不快:"这么说我就是不该来的了?"告辞走了,主人急了说:"不该走的又走了。"另一客人也不高兴了:"难道我就是那该走又赖着不走的?"一生气,站起身也走了。主人苦笑着对剩下的一位客人说:"他们误会了,其实我不是说他们……"话未完,最后一位客人也走了。

服务员上一盘香肠,对客人说:"先生,这是你的肠子。"两个人在一起聊天,一位说:"哎,那个丑八怪是谁呀?"另一位回答:"那是我哥哥。"这一位听了吃惊地说:"哎呀,没注意你们两个长得那么像!"

由此看来,我们平时说话如果不假思索,口不择言,就可能伤人败兴,引人误解,惹来怨尤。我们说话要注意到场合、对象、气氛,不能口不择言,想说就说。明朝的吕坤认为,说话是天下第一难事。但是如果我们注意修养,注意思考,慢慢地我们会把话说的圆满的。

汉武帝时,有人杀上林苑(汉朝皇家园林)的鹿,被交给有关衙门收监,准备处死。东方朔当时正在武帝旁边,就说:"这人确实该死,有三个原因:使陛下因为鹿而杀人,一该死;天下得知陛下重鹿而轻人,二该死;匈奴来犯,用鹿角抵触敌人(意指鹿不能御敌,而应养兵),三该死。"汉武帝默然,赦免了杀鹿之人。

还有一次汉武帝刘彻的乳母曾经在宫外犯了罪,武帝知道后,想依法处置她。乳母想起了能言善辩的东方朔,请他搭救。东方朔对她说:"这不是唇舌之争,你如果想获得解救,就在将抓走你的时候,只是不断地回头注视武帝,但千万不要说一句话,这样做,也许有一线希望。"当传讯这位乳母时,这位乳母有意走到武帝面前,要向他辞行。当时东方朔正在旁边侍坐。只见乳母面带愁容地不停地看着汉武帝。于是,东方朔就对乳母说:"你也太痴了,皇帝现在已经长大了,哪里还会靠你的乳汁养活呢?"武帝听出东方朔

诸子百家

道家

是话中有话，面部顿时露出凄然难堪之色，当即赦免了乳母的罪过。

东方朔正话反说，反而能发挥意想不到的功效，主要是他深深懂得，说话要说到人的心里。说到关键，而不是信口雌黄，说些没有用处的冠冕之词。

说话要说到点上，说到人心上，多用些迂回的方法，便会产生意想不到的效果。

一个马夫要杀掉了齐景公曾经骑过的老马，原来是那匹马生了病，久治不愈，马夫害怕它也把疾病传染给马群，就把这匹马给宰杀了。齐景公知道后，心疼死了，就斥责那个马夫，一气之下竟亲自操戈要杀死这个马夫。马夫没想到国君为了一匹老病马竟会杀了自己，吓得早已面如土色。晏子在一旁看见了，就急忙抓住齐景公手中的戈，对景公说："你这样急着杀死他，使他连自己的罪过都不知道就死了。我请求为你历数他的罪过，然后再杀也不迟。"齐景公说："好吧，我就让你处置这个混蛋。"

晏子举着戈走近马夫，对他说："你为我们的国君养马，却把马给杀掉了，此罪当死。你使我们的国君因为马被杀而不得不杀掉养马的人，此罪又当死。你使我们的国君因为马被杀而杀掉了养马人的事，传遍四邻诸侯，使得人人皆知我们的国君爱马不爱人，得一不仁不义之名，此罪又当死。鉴于此，非杀了你不可。"晏子还要再说什么，齐景公连忙说："夫子放了他吧，免得让我落个不仁的恶名，让天下人笑话。"就这样，那个马夫也被晏子巧妙地救了下来。

晏子

在日常生活中，我们和人交往说话，注意应该多站在对方立场上考虑，即使是劝告别人，也不能为一味地违背对方的意见，应该多为对方考虑。有时，人难免因一时糊涂做一些不适当、"错误"的事。遇到这种情况，就需要把握住指责别人的分寸：既要指出对方的错误，又要保留对方的面子。这种情况下，如果分寸把握得不适当，或者会使对方很难堪，破坏了交往的气氛和基础，可能因此带来一系列严重的后果；或者让对方占便宜的愿望得逞，给己方造成不必要的损失。

唐朝天际年间的石头大师替世人开过一剂人生的处方，教的是如何说话，写得很有意思，其中有：热心肠一副、温柔二片，说理三分等等。有的聪明人可能会问：奇怪，这说理为什么是三分而不是十分呢？"说理三分"，讲的其实是一种技巧。你若有理，聪明人一点就通，不用十分，三分就足够了，不必画蛇添足；碰到蠢人（或一时走进死胡同的人），你再多费口舌也无用，何必执着，不妨让他自己慢慢去悟；至于蛮横汉，他本不讲理，你即使讲上十二分，也无异于是对牛弹琴。"说理三分"，讲的也是宽容。人总有缺点，或多或少总有不周全的地方，他或许并不明白，你巧妙地说上几句，点到为止，这会让他心存感

诸子百家——道家

激。若是穷追猛打，非要弄得人家连面子都留不住，只怕是两败俱伤。

"遇人减岁，见货添重"，其实我们每个人都喜欢听顺耳的话，这就要我们在生活中，尽量少说些刻薄难入耳的话，如果一个人听你说话就火冒三丈，你说得再有道理也没人愿意去听的。

我们说话时要秉承这几个原则：一、"见人说人话，见鬼说鬼话"，根据对方不同喜好来决定说话方式。二、切忌触到对方的忌讳，尽量少谈对方隐私。三、以对方的长处和爱好为话题，可以引起对方的兴趣和好感。四、会听才能会说，多听弦外之音，了解对方真实想法。五、尽量让对方多说话。六、这样可以调动对方积极性，另外也可以多掌握对方信息，从而占有主导地位。七、多说对方爱听的话，先使对方对你产生好感，以后便容易沟通。八、到什么山唱什么歌，入乡随俗，让对方产生你和他保持步调一致的感觉。九、善于借题发挥。十、玩笑话不能过分，说话注意尺度。如果掌握了这些说话之道，我们在人生复杂的环境中，定能如鱼得水，来去自如。

美言不信，信言不美，真水无香

【道者说】

"信言不美，美言不信。"

——《老子·第八十一章》

【智慧细语】

真实可信的话不漂亮，漂亮的话不真实。

有这样一个故事。

一天来了个卖牡丹根的人，这人能说会道，大声吆喝道："一朵牡丹放红光，光彩照人满院香，花口足有盆口大，艳丽无比花中王。"老子听他说得好，就买了一棵牡丹根，回家高高兴兴地把它栽到院子里，可是后来发现是一棵狗尿蒺子。

第二年春天又来了个卖牡丹根的，老子上过一次当，就问他卖的到底是狗尿蒺子还是牡丹，小贩很生气，瓮声瓮气地说："好坏就这样，随你要不要。"态度十分生硬，老子觉得这个人有些意思：怎么他不夸奖自己的货好呢？于是就好奇的买了一株，买回来的牡丹根后栽到院子里，后来生根发芽，再后来就开出了几朵像碗口那么大的牡丹花，直惹得乡亲阔里都来观赏，由这件事，老子总结出了"信言不美，美言不信"。

在这一点上，孔子也说："巧言令色鲜矣仁"，意思就是花言巧语的人很少是存心善良的，善于溜须拍马、投机钻营的人，往往都有一套嘴上功夫，吹捧当权者的功绩，投合领导的心意，领导喜欢什么话他就说什么话，这种人的目的不过是博取领导欢心，满足个人私

诸子百家

道家

617

欲。可是世上就有许多人物喜欢被阿谀奉承、喜欢被吹捧,这就给许多巧言令色的小人提供了机会,有许多领导者重用这样的人,提拔这样的人,结果被欺骗被蒙蔽而毫不察觉。

赵高和秦始皇是同年同月同日生的,不但精通法律方面的知识,人也很聪明,善于察言观色,见风使舵,所以很受秦始皇的宠信。在秦始皇病死沙丘后,赵高更策划瞒天过海的阴谋,以巧言令色让李斯助他,并矫诏让胡亥篡位成功。

他耍弄政治阴谋立胡亥为秦二世后,自己也取得高官,成为皇帝的信臣。一次二世与赵高谈话,流露出及时行乐的意思,赵高马上顺风而上,竟然说及时行乐只有贤主才能做得到,而昏君是做不到的,显然一派胡言。他揣摩到二世因玩弄阴谋而登上皇位,担心自己地位不稳固,于是借机向二世进言要他"严刑酷法"消灭一切敌对势力,这正好符合二世的心意。残暴的秦二世杀戮了许多前朝大臣,几十个兄弟姐妹,老百姓连坐受刑的人更是不可胜数。弄得民不聊生,起义军遍布全国。赵高诛杀异己腰斩同盟者李斯。他指鹿为马,玩秦二世股掌之上,最后发动政变,逼杀二世。大秦帝国基业就这样葬送在阉人赵高之手。

不论古今,不管是圣贤还是常人,对于好听的谄媚之言听起来总比那些直言相谏的顺耳舒服些,但是一个人的知识水平和思维能力是有限的,即使再聪明的人,有时也可能对事物做出错误的判断和理解,出现失误,而避免失误的一个重要方法,莫过于虚心听取别人的不同意见,特别是能听取批评性的"逆耳"之言。《韩非子》曰:"夫良药苦于口,而智者劝而饮之,知其入而已己疾也;忠言拂于耳,而明主听之,知其可以致功也。"《孔子家语》讲得更明确:"良药苦于口而利于病,忠言逆于耳而利于行。"世间最可贵的是说真话,道真情。"逆耳"之言虽然听起来不大舒服,但可使自己不犯或少犯错误,对个人对社会都有益。遗憾的是,有些人喜听顺耳之言,厌听逆耳之言。在这些人里,善于溜须拍马的人就会乘虚而入,用甜言蜜语达到自己不可告人的目的。

纵观历史,不难发现一个规律:为政者不听"逆耳"之言,偏信顺耳之言,必然会堵塞言路,最终造成乱世;反之,为政者不怕"逆耳"之言,从谏如流,必然会广开言路,进而开创治世。史载,周厉王为政残暴,国人议论纷纷。于是厉王广派密探,重惩批评时政者。一时路人"道路以目"。厉王得意地说:"我能弭谤矣。"近臣告诫:"防民之口,甚于防川,川壅而溃,伤人必多,民亦如之。"厉王不仅不听,反而变本加厉。不久,国人暴动,厉王被逐。与此形成鲜明对比的是,齐威王不怕人批评,甚至还鼓励百姓揭露他的错误和缺点,下令:"群臣吏民,能面刺寡人之过者,受上赏;上书谏寡人者,受中赏;能谤讥于市朝,闻寡人之耳者,受下赏。"这样一来,言路畅通,齐国政治修明,国力便迅速强盛起来。

唐太宗是一个明智的政治家,善于采纳大臣的批评意见,能接受别人指出他的言行之"非"。他以隋炀帝拒谏为鉴,诚恳要求大臣们进谏。他说:"朕每思之,若欲君臣长久,国无危败,君有违失,臣须极言。"在他的倡导和鼓励下,贞观年间,进谏和纳谏蔚然成风,以魏征为例,他为唐太宗讲解了"民可载舟,又可覆舟""兼听则明,偏信则暗"的治国道理,也常常犯颜直谏。从贞观初到贞观十七年魏征病故为止,十七年间魏征谏奏的事,有史籍可考的达200多项,内容涉及政治、经济、文化、对外关系和皇帝私生活等等,都知无不言,言无不尽。有时竟让唐太宗下不了台。当然,皇帝也是人,有时唐太宗回宫后发火,声言恨不得杀了这个乡下佬,但他又不愧一代贤明君主,火气过后又为有这样忠谏之臣感到欣慰,就一次次原谅魏征的犯颜直谏。以致在魏征死后,唐太宗极为伤感地对众臣说:"以铜为鉴,可以正衣冠;以古为鉴,可以知兴替;以人为鉴,可以明得失。今魏征逝,一鉴亡矣。"也说明了唐太宗深深知道"美言不信,信言不美的道理。"

当然,社会生活是复杂的,"逆耳之言"也不可能全对。范文澜在《中国通史简编》中介绍唐太宗纳谏时,特别指出:"纳谏的意思是倾听不同的意见,判断是非,择善而从,如果择非而从,那就不能叫作纳谏。"如果明知"逆耳之言"是错的,你还要"从谏如流",那就走向了另一个极端,同样会带来不良后果。因此,古人还提出了要"察言",要"三思而后行",多思考,提高自己辨别是非的能力。

人都有短,嘴上积德,莫要揭人短处

诸子百家——道家

【道者说】

子产曰:"子既若是矣,犹与尧争善。计子之德,不足以自反邪?"

——《庄子·德充符》

【智慧细语】

子产愤怒地说:"你看你自己,一个受过极刑的犯人,还恬不知耻地想与尧等圣人比德性修养。我一看你这副德性就意识到,你过去为非作歹的可耻行为,我深以有你这样的同学为耻。"

这是《庄子》里讲的申徒嘉和子产的一个故事,申徒嘉是脚有残疾的人,他和郑国的子产同拜在伯昏无人的门下学习。子产因为申徒嘉有前科,就看不起他。每次出门都和申徒嘉讲:我先出去,你停留一下,要不你先出去,我停留一下。申徒嘉回答道:先生之门,固有执政,你固然是一个执政官,可是你也不过如此而已。子产还不服气,说:"你的腿有问题,肯定是你原来犯了什么错误,你要是没犯什么错误,腿怎么会残呢"?

这个时候申徒嘉平淡地说:"世人因为两脚健全,而笑我残废的很多。我原来听了真觉得非常生气。可是到老师这里来了以后,我就什么想法都没有了。因为先生可以时时以美德来感染我,熏陶我,我在老师门下已经待了十几年了,他都从来没有感到我是一个残废的人,因为我们是探讨学问,探讨道德。现在您也来到了这里,是与我探讨内在的思想与德行,怎么又挑剔起我的外形来了呢?"子产听了申徒嘉一席话深感惭愧,脸色顿改而恭敬地说:"你不要再说下去了!"

子产因为申徒嘉以前有过前科,失去了一条腿而耻笑他并羞于与他同行,结果却被申徒嘉说得面红耳赤。在这里子产实际上是犯了一条人际交往的大忌,就是揭人短处,所以才会导致申徒嘉的据理力争,给了他一个下马威。

为人处世中,说话的时候一定要谨慎,不能随便乱说,有的时候一不小心,也许你就踏进了言语的"雷区",触到了对方的隐私和痛处,犯了对方的忌,让对方感到难堪无法下台,或者对听话者造成一定的伤害。俗话说:"打人不打脸,揭人不揭短",也许你言者无心,可能他听者有意,丧失了友情不说,有的人甚至因为这个丧失了性命。

明太祖朱元璋出身寒微,早年还曾要过饭,当过和尚,做了皇帝后有不少昔日的穷哥们儿到京城找他。其中就有一位儿时的好友,千里迢迢从老家凤阳赶到南京,几经周折才算进了皇宫。一见面,这位老兄便当着文武百官的面大叫大嚷起来:"朱老四,你当了皇帝可真威风呀!还认得我吗?当年咱俩一块偷豆子吃,背着大人用瓦罐煮。豆还没煮熟你就先抢起来,结果把瓦罐打烂了,豆子撒了一地。你吃得太急,豆子卡在喉咙里,还是我帮你弄出来的,你忘了吗?"这一番话说得朱元璋哭笑不得,在威严的金銮宝殿之上,在大庭广众众目睽睽之下,这位仁兄居然揭起了他儿时穷困的老底,这可让堂堂皇帝的脸往哪儿搁呢?过后不久,朱元璋找个借口将这位穷哥们儿杀了,免得他四处散布皇帝的短处。

对于有些人来说,"面子"是极其重要的事,通常一个人可以吃暗亏,也可以吃明亏,但就是不能吃"没有面子"的亏。为了"面子",小则翻脸,大则会以性命相搏。所以,聪明的处世者一定懂得给人面子,不随意揭人隐私。揭人短处无异于当众打人嘴巴,是可忍,孰不可忍。而对于一个人,无论他原来的出身多么低贱,做过多少见不得人的事,一旦当上了大官,爬上了高位,他身上便罩上了"灵光",变得"神圣"起来。往昔那见不得人的一切,要么一笔勾销,永不许再提;要么重新改造,重新解释,赋予新的含义。这位穷哥们儿哪懂得这一点,自以为与朱元璋有旧交,居然当众揭了皇帝的老底,岂不是自找倒霉吗?

朱元璋原本是要饭的出身,早年当过和尚,后来又参加过推翻元朝统治的红巾军起义。这些经历在朱元璋看来都是卑微的。朱元璋因当过和尚,对"光""秃"一类的字眼十分忌讳;因红巾军被统治者说成是"贼""寇"之类的组织,朱元璋便对这些字眼也极为反感。最具有代表性的例子是,杭州徐一在《贺表》里写了"光天之下,天生圣人,为世作则"几个字,朱元璋读了勃然大怒说:"生者僧也,骂我当过和尚。光是削发,说我是秃子。则者近贼,骂我做过贼。"于是,立即下令把徐一处死。洪武年间,大兴文字狱,唯一幸免的文人是翰林院编修张某。他在作贺表文里有"天下有道""万寿无疆"两句话,朱元璋看了发怒说:"这老儿竟骂我是强盗呢!"差人逮来当面审讯。张某说:"天下有道是孔子

诸子百家——道家

说的,万寿无疆出自诗经,说臣诽谤不过如此。"朱元璋被噎顶住了,无话可说,想了半天才说:"这老儿还这般嘴硬,放掉罢。"左右侍臣私下议论:"几年来才见饶了这一个人。"

被人说话的时候击中痛处,对任何人来说,都不是件令人愉快的事。尤其是他人身上的缺陷,千万不能用侮辱性的言语加以攻击。在中国,有所谓"逆鳞"之说,据说在龙的喉部以下,约直径一尺的部位上有"逆鳞",如果不小心触摸到这一部位,必定会被激怒的龙所杀。事实上,无论人格多么高尚伟大的人,身上都有"逆鳞"存在。所谓"逆鳞"就是我们所说的"痛处",也就是缺点、自卑感。在与人相处的时候,千万要小心,不要击中人家的伤疤,让人疼痛难看。其实,每个人都或多或少的有自己的缺陷或者不足,真正的智者,是学会看到别人的长处,赞扬别人,而不是揭人短处,只有这样你才能赢得好的人缘。

有这样一个真实的例子,有一群人在看电视剧,剧中有婆媳争吵的镜头。张大嫂便随口议论道:"我看,现在的儿媳真是不知道好歹,不愿意和老人住在一起。也不想想以后自己老了怎么办?"话未说完,旁边的小齐马上站了起来,怒声说:"你说话注意点,不要找不自在,我最讨厌别人指桑骂槐!"原来小齐平素与婆婆关系失和,最近刚从家里搬出另住。张大嫂由于不了解情况,无意中揭了对方的短而得罪了小齐。所以只有了解交际对象的长处和短处,为人处世才不会伤人也伤己。

在日常生活中,对于我们熟悉得人,我们不但不要揭人的短处,有的时候,甚至还需要我们为他们"护短"。人非圣贤,孰能无过?对于别人的一些过失,可能是在年幼无知或者其他情况下犯下的,浪子回头金不换,谁都需要一个新的开始和新的生活,忘掉过去从新开始。因为,如果你是知情者,就有义务为别人保守秘密,帮助别人从过去走出来,只有这样,社会和生活才会是新的,一切才会充满希望,而又何必抓住别人的小辫子不放呢? 有的时候,宽容大度一些,对人对己都好。

言多必失,多言数穷,说话谨慎思量

【道者说】

"多言数穷,不若守于中。"

——《老子·第五章》

【智慧细语】

政令繁多反而更加使人困惑,更行不通,不如保持虚静。也可以解释为话说多了就会智穷辞穷,不如守住心中的想法不说。

老子认为,话说多了,就会智穷辞乏,甚至说错话。在这里,老子肯定了沉默的价值。明代郭子章所著的《谐语》中有一则寓言故事:黄雀、蚊子和苍蝇三个动物聚在河岸

诸子百家 —— 道家

柳荫下,各自说自己的生活情趣。黄雀说:"七月新凉,五谷登场,主人还没吃,我就先尝到了。"苍蝇问,如果人们用弹丸打你,你怎么办呢?

黄雀说:"人为财死,鸟为食亡,我们有什么办法啊。"轮到蚊子说了,蚊子伸伸懒腰,念念有词:"深院度春风,黄昏寂寂无人踪;红罗帐里佳人睡,被我偷来一点红。"

躲在河里的老鳖,原本学会了老僧入定,这时听到了闺房艳事,不觉心情荡漾。于是爬上河岸来插嘴说道:"佳人春睡乍醒,打你一掌,看你如何计较?"蚊子说道:"牡丹花下死,做鬼也风流。"最后苍蝇说:"酒熟我先尝,良朋千万众;沉醉倒金樽,才郎扶我起。"鳖又笑道:"才郎不扶你,岂不浸杀你。"苍蝇说:"醉时曾捉月,姓名千古说。"

忽然有个路人走来,它们的辩论忽然停止,原来的三个动物举翅飞去,只有老鳖行动缓慢,被人捉住,带回厨房,准备引刀成一块,放入油锅,炸来做下酒菜。这时老鳖才恍然大悟:"是非只为多开口,烦恼皆因强出头"。

这个小寓言无非就是告诉我们,人还是保持沉默的好,不要处处彰显自己。老子认为,夸夸其谈的不是聪明人,因为夸夸其谈的人往往会显示自己的无知甚至会招来祸端。

有些人心里藏不住话,听到什么、看到什么就爱四处传播,这是一个很大的缺点,中国有句俗话:"病从口入,祸从口出。"许多是非往往是我们多嘴多舌造成的。但是人生在世,都要和别人沟通,沟通最直接的方式就是说话。如果在说话之前,没有经过考虑,口无遮拦,想说什么就说什么,小可能受辱误事,大甚至可以误国误民。说出去的话就像泼出去的水,一旦说出去,生出事端,则想补救恐怕也悔之晚矣。所以人要管住自己的舌头,否则,你要面临祸从口出的灾难。当然,人长了嘴巴就是要说话的,但说话一定得看场合,看时机。如果说话不看场合,不讲究方式方法,不分责任,不考虑结果,往往容易惹出是非和麻烦来。特别是青年人,社会阅历少,经验不足,爱说敢说,如果不注意控制,就更容易因话惹祸。这时不管你是有心还是无心,长期下去,最终会害了你自己。

还有人言多语失,祸从口出纯粹是因为自己恃才放旷觉得自己聪明,总想在别人面前显露。

三国中的杨修就是因为自己恃才放旷,说话不注意,最终导致了杀身之祸。

杨修之死给我们留下的重要启示是:第一,才不可露尽。杨修是绝顶聪明的人,也算爽快,且才华横溢,其才盖主。这就犯了曹操的大忌。有些将帅帝王是不喜欢别人胜过自己的。你处处出尽风头,那魏王还能英明得了吗?这不是叫人赞扬你而冷落了主人吗?这是他必死的原因之一。第二,事不要点破。譬如鸡肋,曹操正苦思于此,不知如何解脱,你捅穿这层薄纸,就是羞辱了他。这是杨修死因之二。

以史为鉴,杨修之死固然可惜,可他的死正惊醒后人,提醒后人言多语失,祸从口出。口不择言的人经常因为嘴快而得罪人,也容易要人猜透你的底细。尤其初到一个新的环境,更要注意观察问题,这时候你极易发现人都是好的,于是被一团和气所述,全忘了"逢人只说三分话"的古训。相处日久,了解渐深,才会意识到你原来所识的只是人家的一个侧面,此时所见才是完完整整立体多面的人。于是,你会再考虑抽身回转,与他人保持一种距离以保护自己。但是,你把自己交出去太多,就等于把水泼出去了,收不回来的。

所以,有的时候,袒露之心如一封摊开在众人面前的信,会使你受人摆布。对人交心切记要谨慎,因为你一不小心可能让人掌握了控制你的把柄,而能守住你秘密的人只有你自己。

时机不当,诸事皆荒,说话要把握时机

【道者说】

"夫为剑者,示之以虚,开之以利,后之以发,先之以至。"

——《庄子·说剑》

【智慧细语】

击剑有技巧,即有意把弱点显露给对方,再利用可乘之机引诱对方,后于对手发起攻击,却抢先击中对手。这句话讲的是要善于抓住有利时机出击,方可取胜。

武侠小说中的高手往往会在一招之间将人制服,其要诀就是时机把得较准,而将众多花哨的铺垫统统都舍弃,只在关键时候出招。

在军事中,也常常用到这样的策略。比如,退避三舍,诱敌深入,在战略退却中,待敌疲惫,再反手一击;坚壁持久,守而不出,迫敌久暴师于坚城之下,挫敌锐气,待其衰竭,再一鼓作气反击;一面依托阵地组织坚守防御,挫敌进攻锋芒,不断消耗敌人有生力量,待其攻击力竭,一面投入预备力量,实施反击,消灭敌人等等。

一代枭雄刘邦面对鸿门宴的惊险重重,他抓住时机逃回营中,换来的是后来一步一步地成功。而项羽,面对着如此良好时机,可以将刘邦铲除,但是他面对属下的一次次提醒却置之不理,最后落得充满悔恨的乌江自刎!

一个人生命中有许多时机在不经意间来到你身边,但你不善于把握它,它会像白驹过隙一样匆匆消失掉!

在生活中,不管说话、做事都要瞅准时机,这样事情才会事半功倍,否则只能是事倍功半。寻找机会,并不是不看对象。不做准备,一味蛮干。要不让机会白白流走,不仅要寻找正确的方法,还要把与之关联的方方面面的事情想明白,分清楚轻重缓急,然后做好必要的准备。时机都要善于把握,但并不是每一个人都可唾手可得,它更应属于那些真正属于他们的那些人。机遇是客观存在的,每个人都会有自己的机遇,正所谓"机遇面前人人平等"。但每个人处理机遇的方式不同,有的人抓住了,结果改变了自己的命运,也有的人有了机遇却不能抓住,让机遇白白流失。鲁班被草叶划破手发明了锯,瓦特由水壶冒汽发明了蒸汽机，类似的机遇，为什么众多的人却失之交臂呢？主要是学识才能不同。如此说来，发现和把握机遇，首先要有学识，真才实学是基础。牛顿拥有独具慧眼的才学，才从树上落下苹果这一司空见惯的现象中发明万有引力定律。姜太公如无经邦治国的才能，即使遇到文王也不会被重用；韩信如无文韬武略，即使被萧何连夜追回，也不可能成为一代名将。可见有学识才能者，才有可能充分抓住机遇、利用机遇，开拓新的天地。

林肯是一位勤勉好学的人，他通过自学，领得了律师营业执照。他在法庭上的机智是有口皆碑的，有一次，竟一言不发击败了原告律师。

在法庭上，原告律师先发言，把一个简单的论据翻来覆去讲了两个小时，讲得听众都不耐烦了。台下一片嗡嗡声，有人竟打起瞌睡。接着是林肯上台替被告辩护。只见他走上讲台，一言不发。台下嗡嗡声没了，大家感到很奇怪。林肯等了一会儿，先把外衣脱下，放在桌上，然后拿起玻璃杯喝一口水，然后把玻璃杯放下，重新穿上外衣。然后又把外衣脱下，又喝水，这样循环了五六次。屋里的听众被林肯的哑剧逗笑了，有的竟哈哈大笑。而林肯始终一言不发，在一片笑声中走下讲台，他的对手就这样被笑输了。

作为律师，一言不发打赢官司是十分罕见的。原告律师已经把听众搞得不耐烦了，林肯如果再长篇大论，效果是可想而知的。他的高明之处，即在于以哑剧的方式攻击对手的弱点。并且在正确的地点和合适的时机，使对手没有反驳的余地。他的成功，也与他个人修养极高又善于把握时机有关。

还有一个故事，也是一个人在之前准备充分他又善于把握时机而成功的例子。

道格拉斯大学毕业后，这英俊、潇洒的小伙子可不像平时那样乐观，一时找不到工作，没混饭吃的地方，他还乐得起来吗？

这个年轻的美国人双眉皱得像个饱经沧桑的老人，转来转去没个着落。突然，他想出了个怪念头：咦，学校里老师、同学全说我文笔好，何不到报馆去碰碰运气，不过，报馆人才济济，没一两手绝活，他们可不会要我这刚出校门的嫩学生。对，弄块牌，关键时候摊出来，吓他们一跳！

第二天，稍做修饰的道格拉斯一阵风似的冲进了加州一家报馆经理室。稍喘口气，他笑眯眯地对经理彬彬有礼地问："经理先生，你们这儿需要一个好编辑吗？我虽然刚刚大学毕业，可干过三年大学学报编辑呢！"边说边掏出证明，又从随身带的公文包中捧出一大摞他编的学报。

报馆经理悠悠地吐一口浓浓雪茄烟。上下打量着道格拉斯，慢吞吞答话："不需要。"道格拉斯急了："那么记者呢？我大学三年级以后，常在大学所在地华盛顿的报纸上发表文章啊。"他又忙递上一大沓剪报。

报馆经理笑着推开："人满了，不需要！"

道格拉斯慌了神："那么，排字工人呢？我可以一切从头学起啊！"

报馆经理斜了他一眼,继续抽他的雪茄:"不,我们现在什么空缺也没有!天天有人找我,真麻烦!"

道格拉斯反倒乐呵呵笑了:"那么,亲爱的经理先生,你们一定需要这个东西。"这位大学生从鼓鼓囊囊的公文包内拿出一块精致的木牌。

这块木牌摊在了经理的办公桌上,上面赫然写着六个红色大字:"额满暂不雇用。"

经理眼前一亮:"这段时期失业的人多,找工作的人络绎不绝忙得我焦头烂额。这青年人想问题好周密啊。留下他干宣传工作,准不错!"想到这儿,他兴奋地掐灭了烟蒂:"年轻人,你真聪明。你被录用了,先干新闻公司的宣传工作!"

道格拉斯一耸肩,诙谐地一笑:"经理先生,原谅我这最后摊牌。明天,我写一幅大大的同样广告,挂到报馆门口,这样,再也没有人来打扰你,再也没人来向你摊牌了!"

道格拉斯能够在众多寻找工作的情形下找到一份工作,是因为他有备而来,加上做好了思想准备和被拒准备的心理,求职如此,办其他事情又何尝不是这样?

能灵活地把握机会是人的一种能力,而生活中那些能好好把握机会的人,相信都是早有准备的人,正像人们常说的:"台上一分钟,台下十年功。"正所谓:"机会是为有备而来的人所准备的"。在机会来临之前,谁也不知道这个机会是什么?那怎么办?只能踏实做好眼下的事,练好基本功,没做一件事都是在学习和练功,长期积累,能力自然提高!

六、克敌无形的商战智慧

保护机密,守口如瓶,不可以利器示人

【道者说】

"鱼不可脱于渊,邦之利器不可以示于人。"

——《老子·第三十六章》

【道者说】

鱼不可以离开深厚的水体而生存,国家的有效力的凭恃不可以轻易展示于人。

"鱼不可脱于渊,邦之利器不可以示人。"老子这句话肯定了机密的重要性,把机密泄漏出去会造成很大的损失。

商业机密是指不为公众所知悉,能为企业带来经济利益,具有实用性并经企业采取保密措施的技术信息和经营信息;内容包含产品设计图纸、财会报表、销售报表、流程、产品配方、制作工艺、制作方法、管理诀窍、客户资料、货源情报、产销策略、招投标中的标底及标书内容等信息。

作为知识产权的重要组成部分,商业秘密因为具有秘密性、商业利益性、实用性等特性,能够为所有者带来一定时期的商业利益,而这种利益是其他市场主体不能以任何理由、任何方式进行分享的。因此企业自身和法律对它的保护,是保护了商业秘密所有者赚取独有利益的合法权利。可以说,商业秘密就是企业的命脉,也是其创新的不竭动力。

正是基于这样的认识,保护商业秘密应该是企业自身的必修课。当然,作为决定企业乃至国家竞争力的商业机密,其安全的保障,单凭企业的一己之力是难以奏效的,必须借助政府的力量。也就是说,只有政府以法律的手段加以保护,企业的商业机密才能确保平安无事,企业自身的防范措施才能有最后的归宿。目前,在保护商业机密方面,我国已经形成了以刑法第二百一十九条和第二百二十条为主要内容的刑法保护,以《反不正当竞争法》《民法通则》《合同法》以及《劳动法》为主体的民事诉讼以及行政执法保护体系;另外,商业机密纠纷还可以借助有关知识产权的法律法规予以保护。

必须承认,我国的知识产权保护的法律体系还有待完善,法律尺度还有待提高,执法力度还有待加强。窃取或泄漏一项商业机密对企业造成的损失在量上和时间跨度上可能是无法估量的。目前,刑法把侵犯商业秘密的行为定成一种刑事犯罪,对企业合法权益、维护经济秩序无疑具有积极的影响。

保密意识淡薄给我国医药行业造成的巨大损失,相信业内人士至今仍记忆犹新。例如,有关青蒿素研究论文的发表,使我国的发明变成了国外的专利,我国每年仅此一项出口损失 2 至 3 亿美元。再如,我国维生素 C 两步发酵法制备技术,也是因为一篇论文,使得外国人想花几百万美元买走的技术,只花几十元人民币就大功告成,造成的影响至今没有消除。随着我国加入世界贸易组织保护期的结束,国外企业与国内企业之间、国内企业与国内企业之间的竞争会愈发激烈,而如果相应的环境不加以改善,侵犯商业机密的事件只能是愈演愈烈,我们千万不能掉以轻心。

我们应该认识到商业机密的重要性以及建立商业机密保护制度的迫切性,从而正确处理商业机密保护问题。

目前企业机密泄密的途径和手段,主要有内部泄密和外部盗密两种。商业机密对企业的生存、发展至关重要;商业机密是市场经济发展的产物,是知识产权的重要组成部分,也是企业重要的无形资产,它对企业在市场竞争中的生存和发展有着重要影响。随着我国社会主义市场经济的发展,商业机密已经成为企业技术创新、管理创新、文化创新的重要内容,是企业形成和保持竞争优势的重要手段。

因此,企业针对机密信息泄露问题,需要进行及时的防范和有效保护。

首先,应该强化自身的防范意识,防止因为无知或疏忽而造成的泄密损失。其次,必须制定操作性强的具体防范措施。比如,确定企业商业秘密的范围并加以分类、分级,并由专人封存保管,使有关人员明确知晓这些信息是本企业的商业秘密;制定合理合法、具

诸子百家——道家

体完善、切实可行保密规章制度;与企业员工以及企业以外的相关人签订保密协议;在企业组织方面,可根据需要成立专门的知识产权保护部门,对企业所有的保密信息的保护情况进行监控,对任何危及企业商业秘密安全的事态进行控制和应急处理。

屈伸自如,明白通达,在逆境中学会坚强

【道者说】

"知道者必达于理,达于理者必明于权,明于权者不以物害己。"

——《庄子·秋水》

【智慧细语】

这句话是说,懂得"道"的人必能通达事理,通达事理的人必能通达权变,通达权变的人不会因为外物变化而对自己有所伤害。这其实就是庄子"明白应变,屈伸自如"的观点。

要生存就存在竞争,竞争需要才智,更需要一种本性,一种智者生存的本性,一种化险为夷的成功心志。一时遇到了失利,要能接受并忍受这种痛苦,等待时机,走出人生低谷,这就是要我们在逆境中学会坚强。

古人曰:"锲而不舍,朽木不折;锲而不舍,金石可镂。"可见,坚强的意志对于人生有着极大的作用。莎士比亚的"我们的身体就像一个园圃,我们的意志就是这园圃的园丁。无论我们插荨麻,种莴苣,栽下牛膝草,拔起百里香,或者单独培育一种草木,或者把全园种得万卉纷呈,或者让它荒废也好,或者把它辛勤耕耘也好,那权利都在于我们的意志。"也是从某种角度上说明了人生需要坚强的意志。

著名心理学家威廉·詹姆斯说过:"世界由两类人组成:一类是意志坚强的人,另一类是心志薄弱的人。后者面临困难挫折时总是逃避,畏缩不前。面对批评,他们极易受到伤害,从而灰心丧气,等待他们的也只有痛苦和失败,但意志坚强的人不会这样。他们来自各行各业,有体力劳动者,有商人,有母亲,有父亲,有教师,有老人,也有年轻人,然而内心中都有股与生俱来的坚强特质。所谓坚强的特质,是指在面对一切困难时,仍有内在的勇气承担外来的考验。"

在纽约附近有一个小镇,镇上有一位名叫吉姆的男孩,他十分可爱,也是位真正的男子汉,一个真正意志坚强的人。他是个天生顶尖的运动好手。不过在他刚入中学不久腿就瘸了,后来,腿病迅速恶化为癌症。医生告诉他必须动手术,他的一条腿便被切掉了。出院后,他拄着拐杖返回学校,高兴地告诉朋友们,说他将会安上一条木头做的腿:"到时候,我便可以用图钉将袜子钉在腿上,你们谁都做不到。"

一进入足球赛季,吉姆立刻回去找教练,问他自己是否可以当球队的管理员。在练球的几星期中,他每天都准时到球场,并带着教练训练攻守的沙盘模型。他的勇气和毅力迅速感染了全体队员。有一天下午他没来参加训练,教练非常着急。后来才知道他又进医院做检查了,并得知吉姆的病情已恶化转移。医生说:"吉姆只能活6周了。"吉姆的父母决定先不将此事告诉他。他们希望在吉姆生命的最后时期,能尽量让他正常过日子。所以,吉姆又回到球场上,带着满脸笑容来看其他队员练球,给其他队员加油鼓劲。因为他的鼓励,球队在整个赛季中保持了全胜的纪录。为庆祝胜利,他们决定举行庆功宴,准备送一个全体球员签名的足球给吉姆。但是餐会并不圆满,吉姆因身体太虚弱没能来参加。

几周后,吉姆又回来了。他这次是来看球赛的。他脸色十分苍白,除此之外,仍是老样子,依旧满脸笑容,和朋友们有说有笑。比赛结束后,他到教练的办公室,整个足球队的队员都在那里。教练还轻声责问他:"怎么没有来参加餐会?""教练,你不知道我正在节食吗?"他的笑容掩盖了脸上的苍白。

其中一位队员拿出要送他的胜利足球,说道:"吉姆,都是因为你,我们才能获胜。"吉姆含着眼泪,轻声道谢。教练、吉姆和其他队员谈到下个赛季的计划,然后大家互相道别。吉姆走到门口,以坚定冷静的目光回头看着教练说:"再见,教练!"

"你的意思是说,我们明天见,对不对?"教练问。吉姆的眼睛亮了起来,坚定的目光化为一种微笑。"别替我担心,我没事!"说完这句话,他便离开了。

两天后,吉姆离开了人世。

原来吉姆早就知道自己将不久于人世,但他却能坦然接受。

这说明小吉姆是一个意志坚强、积极乐观的人。他将悲惨的事实转化为富有创意的生活体验。或许,有人会说,他还是没逃脱死亡的厄运,积极思想最终也未能帮他多少忙,这并不完全对。至少吉姆知道凭借信仰的力量,在最坏的环境中创造出令人振奋而温暖的感觉。他不像鸵鸟那样将头埋进沙堆,逃避事实。他完全接受了命运,但决定不让自己被病痛击倒,他从未被击倒过。虽然他的生命如此短暂,他仍旧尽力把握它,把勇气、信仰与欢笑永远留在他所认识的人们心中。一个能做到这一点的人,你还能说他的一生是失败吗?

其实,这就是积极心态所起的巨大的作用,积极心态能让人意志坚强,从而拒绝被打败,尽自己一生所有勇敢面对人生。这对于一个人非常重要,对于人们生存也非常必要。

积极能使一个懦夫成为英雄,从心志柔弱变成意志坚强,由软弱、消极、优柔寡断的人变成积极的人。

美国总统罗斯福在中年时双腿失去了功能,此时他已做了参议员,在政坛上炙手可热,遭此打击,差点心灰意冷,退隐乡下。开始时,他一点也不能动,必须坐在轮椅上,但他讨厌整天依赖别人把他从楼上抬上抬下,于是就在晚上一个人偷偷地练习上楼梯。

诸子百家——道家

有一天他告诉家人说，他发明了一种上楼梯的方法，要表演给大家看。

原来，他先用手臂的力量，把身体撑起来，挪到台阶上，然后再把腿拖上去，就这样一阶一阶艰难缓慢地爬上楼梯。

他的家人阻止他说："你这样在地上拖来拖去的，被别人看见了多难看。"

罗斯福断然说："我必须面对自己的耻辱！"

就是因为能够这样勇敢地面对挫折，选择坚强，罗斯福最终成为美国历史上最伟大的总统之一。

罗斯福

没有哪一个人的人生是完美无缺的。但是，我们难道因为一些小小的不完美就悲观失望、放弃自己的人生吗？罗斯福给出了答案，我们必须坚强地面对生活中不完美的一面，甚至是耻辱。只有这样，才不会被风雨击倒，不会被挫折打败；只有这样的人，才是最坚强的人，最伟大的人！

如果你以积极的心态面对现实，并且相信成功永远属于你，你的信心就会使你一步步地实现你所制订的明确目标。但是如果你接受了消极心态，并且满脑子想的都是恐惧和挫折的话，那么你所得到的也都只是恐惧和失败而已。

亚布拉罕·林肯说过："人下决心想要愉快到什么程度，他大体上也就愉快到什么程度。你能够决定自己头脑中想些什么。你能控制着自己的思想。"成为积极还是消极的人，全在于你自己的抉择。没有人与生俱来就会表现出好的态度或不好的态度，是你自己决定要以何种态度看待你的环境和人生。即使面临各种困境，你仍然可以选择用积极的态度去面对眼前的挫折，用坚强的意志去克服它。相信自己：自己的命运掌握在自己手里！自己不懈奋斗并且从中取乐的人生才是幸福的人生。

正视对手，注意细节，千万不要轻敌

【道家说】

"天下莫柔弱于水，而攻坚强者莫之能胜，以其无以易之。柔之胜刚，弱之胜强，天下莫不知，而莫能行。"

——《老子·第七十八章》

【智慧细语】

天下没有比水更柔弱的，但攻坚克强却没有什么能胜过它，因为没有什么可以真正改变得了它。柔能胜过刚，弱能胜过强，天下没有人不知道，但又没有人能实行。

在道家看来，柔弱具有一种内在的生命力，不是虚弱，不是脆弱，而是柔韧，因为它保持着一种不断发展、成长的生机，必定能战胜强大。而"强大"也就意味着已在走向死亡——物壮则老。像水那样柔弱，那样趋下，那样平而后止；像水那样深沉平静，那样不求报答，那样洗涤污秽，正是为了"胜刚""胜强"。

在通向天池的路上，一棵巨树躺在山谷里，这棵有300多年树龄的山榆树，不是被山洪毁掉的，而是被一群不起眼的蚂蚁咬死的。它们在树的根部做了一个窝，一点一点地把树根给掏空了。

非洲有一种吸血蝙蝠，在非洲大草原上它是很小的一种动物，然而，它却是野马的天敌。这种蝙蝠时常趴在马腿上，用锋利的牙齿迅速咬破野马的腿，然后再用尖尖的嘴吸血。野马血流如注，疼痛难忍，然而他无论怎么蹦跳和奔跑，都无法驱逐这种蝙蝠。最后野马在暴怒和血泊中无可奈何的死去。

在现实的生活中，将你击垮的有时并不是那些巨大的挑战，而是一些非常琐碎的小事。那些看似微不足道的小事却能无休止的消耗人的精力，损耗一个人的成功概率，正像那不起眼的蚂蚁和蝙蝠一样，能把强大的生命置于死地。

以柔弱胜刚强是道家的决胜之道，同样可以应用在企业和商战中。

在商业中，没有哪一个品牌大到不能被挑战，也没有哪一个品牌弱小到不能去竞争。因为无论是弱小的企业或动物，他们的"弱小"都不是一成不变的，或许只是某种时空位置下暂处于弱势，他们完全可以利用其优势来改变这种局面。比如，当我们的某种资源在全局上面处于弱势的情况下，如果我们试着把这些资源集中到局部上，那么在这个局部，你将处于强大的位置，这就是我们在商战中强调的集中哲学。

即使是强者，整体的强并不代表局部都强；即使是弱者，局部的弱也不代表整体都弱，再强大的企业也有弱势，再弱小的企业也有他的强势。我们要学会将有限的资源集中在局部市场，改变、平衡强弱势力量的对比，从而实现另一种可能，这就是集中运作的真谛。

在商业运作中，企业不但要学会集中主要力量，还要学会借势。常常有很多的弱小企业，借助于大企业的名声来达到宣传自己的目的，从而获得成功。

蚂蚁在森林里旅行，突然遇到一只大象。蚂蚁连忙一头钻进土里，伸出一条瘦弱的腿。兔子见了以后非常好奇，问："蚂蚁，你在干什么？"蚂蚁悄悄地对兔子说："嘘，别出声，看我绊它一跟头！"

所有的人听了会笑，有的人是把它当成一个笑话哈哈大笑，有的人则能在商场中运用自如会心一笑。当年中国电信基础建设刚起步的时候，许多厂商都在生产10万门的程控交换机，其中有一家特别大也特别有名的企业叫南方电信，当然也有一家特别不起

诸子百家——道家

眼的公司叫华为,他们俩的关系就是大象和蚂蚁,当大多数企业认为 10 万门程控交换机在中国足够适用的时候,华为却率先推出了 100 万门的程控交换机,大象还真的就被这只小蚂蚁绊倒了,许多后来的 IT 人可能都没有机会听到大象的名字。

不争而胜,找到自己的蓝海

【道家说】

"夫唯不争,故莫能与之争。"

——《老子·二十二章》

【智慧细语】

正因为不争,所以没有人能和他相争。

这几年企业中流行一种理念叫"蓝海战略"。所谓蓝海战略,就是企业突破传统的血腥竞争所形成的"红海",不把主要精力放在打败竞争对手上,而主要放在全力为买方与企业自身创造价值飞跃上,并由此开创新的"无人竞争"的市场空间、彻底甩脱竞争,开创属于自己的一片蓝海。其基本核心点就是谁能够率先发现新的市场空间,谁能够在产品与消费者之间创造一个彼此都满意的价值链,谁就会在市场竞争中占得先机。

这恰恰与老子的"不争"思想在某些方面暗合。在老子看来,世间万事万物之所以生生不息,充满生机、欣欣向荣,那是因为万事万物都在"无为"之中顺应了规律、顺应了"道"的缘故,而不是"争"的缘故。市场的繁荣与否,其道理也是一样,重要的并不是彼此"战斗"、彼此相"争";而是看谁更能顺应社会规律、市场规律、众生的需求规律等。

要顺应这些规律,重要的不是在市场上找对手与之相斗争,而是要去认识这些规律,做到自觉地服从和顺应这些规律。市场的实质是它接受真实的有价值的产品,你生产的东西是社会和人民所急需的,那么,你的产品就是一种奉献,你就自然有市场。相反,你生产的东西不是社会人民所需要的,那么,你的产品就不是奉献,而是一种对资源和资本的浪费,也是对劳动的浪费,同时,它还是社会的负担,这样当然没有市场可言。

因此,衡量和检验成功的标准,不是谁比谁更会"争",谁比谁更善于"商战",而是看谁找到了市场的需求点,是看谁更能自觉地、全心全意地顺应客观规律。在市场建设中,我们提倡一种"竞赛"而不是"竞争"。因为,一个"争"字,会把人们注意力、精力都引到了歧途上,使人们忘记了去研究市场的根本问题,而把力量用到了企业间的明争暗斗、尔虞我诈以及不择手段等与人民利益无关的问题上去了。这会导致企业走弯路,使企业不是直接面对消费者,而是首先面对别的企业。特别是当一个企业在市场上获得成功之后,别的企业"争"字当头,直接面对成功企业,展开生死争夺,不惜搞假冒伪劣,甚至搞飘

諸子百家——道家

窃等,为"争"一个私利,破坏了市场正常秩序,扰乱了产品的奉献规律,不仅使消费者及社会利益大受损害,还会对那些因真诚奉献而赢得市场的成功企业形成非正常的打击。

这样并不能导致市场的真正繁荣,真正的市场繁荣应当是新产品层出不穷,日新月异,而且全是人们正好急需的。如果一个好的产品出来,大受欢迎,于是大家群起而仿冒,这并不是繁荣。别的公司在一个方面开发出新产品,瞄准了公众的急切需要,那么,我们可以在另一个方面着手,去瞄准公众另外一个或多个急切的需要,全力以赴,开发我们的新产品。不是彼此在同一个点上相争,而是在不同的角度、不同的方面,各自大显身手,比赛谁能为社会提供更多货真价实的服务,比赛谁对社会的奉献更大、更多、更切合社会迫切的利益需求。

对于真正明智的企业,都应当在"不争"上下功夫,去了解消费者新的需求点,在公众的"利益需求点"上做文章,设法去满足这些尚未被市场认识到的潜在需求,把全部人力、物力、财力,投放在这个"没有竞争"的点上,踏踏实实做事,认认真真开发,拿出公众满意的产品。从这个意义上讲,你是用新产品创造了新的市场,找到了属于自己的蓝海,谁又能与你"争"呢? 这就是老子所说的"以其不争,故天下莫能与之争"。

在现代市场经济条件下,以不争取天下,不断发现市场的蓝海,这是市场本身的规律。而只有把握规律顺应规律才能够成功。

事看两面,物分长短,善于扬长避短

【道家说】

"物固有所然,物固有所可。无物不然,无物不可。"

——《庄子·齐物论》

【智慧细语】

事物原本就有正确的一面,事物原本就有能认可的一面,没有什么事物不存在正确的一面,也没有什么事物不存在能认可的一面。这是在告诉我们:事情总是具有相反相成的两面的,做人要看到事情积极的一面,不可一味沉寂于消极中,使自己找不到脱离苦海的途径。

其实,自然界的万事万物都是这样,只有发挥自己的优势,才能适应所处的环境,更好地生存,更好地发展。

动物学家做过一项研究,发现生活在不同环境中的鸟类有着各自的特长和亮点。例如,生长于茂密树丛之中的布谷鸟和夜莺等羽毛朴实无华,却有一副悦耳的歌喉。其原因在于,视觉讯号在这样的生态环境中显得无足轻重,而动听的鸣叫却能起到吸引异性

諸子百家

道家

的作用。而在空旷场所活动的孔雀和鹦鹉等则喜欢用鲜艳羽毛组成的美丽外形来引人注目，因为在这种生态环境中，听觉讯号不如视觉讯号。

动物尚且如此，人更应该这样。虽然我们大家身处的环境不尽相同，但并不意味着会对各自的特长发挥有多大的影响，关键是能够像鸟类那样，依据环境的特点来发挥自己的特长，凸现自己的亮点。如果坚持这样做下去，就一定可以使自己变得出类拔萃，让别人更加关注，刮目相看。

任何事物都不是完美的。不要在乎自己的不足，因为你要弥补你的不足，需要用去很多的时间，用去很大的精力，即需要付出很多的努力，而如果你懂得挖掘属于自己的特长、优势，充分加以发挥，你成功的机会就会大很多。如果你悲观于你的笔头，不如乐观于你的笔芯，因为别人要买你的"笔"，不会考虑笔头什么时候会坏，而考虑他买了之后，能不能物尽其用。如果你达到这个要求，就会成为压倒所有"圆珠笔"的那一支！

每个人有优势也有劣势，你应该做的是扬长避短。然而，有很多人却总是看到别人的优势和长处，结果把自己弄得毫无自信，慢慢地开始自轻自贱，破罐子破摔，完全丧失了自己，自身具有的强大的优势，也变得平平常常。

有一个外企女职员，原来在北京外国语大学学习的时候，是一个十分自信、从容的女孩。她学习成绩在班级里是名列前茅的，相貌也是一流的，追她的男孩子也特别多。毕业以后，她成了外企职员。在那儿干了一个月之后，旁人惊讶地发现，原先十分活泼可爱、爱说爱笑的她，竟然像换了一个人似的，不但说话变得羞羞答答了，连行为也变得畏首畏尾，而且说起一些事情来的时候，总是显得特别不自信，和大学时候的自信形成明显对比。每天上班前，她要为了穿衣打扮花上整整两个小时的时间，为此不惜早起，少睡两个小时。她之所以这么做，是怕自己打扮不好，长相不好，而遭同事或上司耻笑。在工作中，她更是战战兢兢，小心翼翼，以至到了每进行一步都要停下来考虑半天的程度。

是什么使她有如此突然的变化？为什么原来活泼自信的她，到了外企公司就变得自卑了呢？是外国文化熏染了她？那也不至于熏染得这么厉害呀？是她工作干得不好？但实际上她的业绩还是一流的。

其实，原因十分简单，一切都是她自己的原因。她这种自卑感的产生，在心理学上，属于后天的认识性自卑，也就是说，主要原因在于她的认识——她对周围环境的认识、她对自己的工作的认识，她对同事与上司的认识，更主要的是对自己的认识。

到了外企公司之后，由于发现公司大多数人的服饰举止都显得很高贵，她一下子就感觉到自己像个下里巴人，上不了台面。她对自己的服装产生了深深的不自信。所以，她对自己的不自信使得性格都发生了变化。

开始，她不敢抬头看别人穿的正宗的名牌西服、名牌裙子，因为一看就会感觉到自己的穷酸。那些外企女职员的服饰都是一流的品牌，而自己呢，竟然还是一副学生样！

其实，她根本用不着不自信。她的这种不自信，根本是"一厢情愿"的结果，是她自己

诸子百家——道家

跟自己过不去,是她自己的认识有误才导致的结果。

人最难战胜的是自己。一个人成功的最大障碍不是来自外界,而是自身。自身能做的事不做或做不好,是自制力的问题。所以我们要经常锻炼自己,面临压力不管大小,我们都要有自控能力。人没有压力那是不可能的,很大程度上压力来自自身,你追求的目标和自己所处的现实差距越大,压力势必越大。如何分配压力并有效释放压力,是现代人应该重视的问题。

合抱之木,生于毫末,学会并善于积累

【道家说】

"合抱之木,生于毫末;九层之台,起于垒土;千里之行,始于足下。"

【智慧细语】

合抱的大树,长成于细小的萌芽;九层的高台,堆垒于土坯;千里的远行,开始于脚下。

老子认为,任何大的事业或者成功都是从小处着手,一点一滴积累而来,而不能违背事物的发展规律,盲目冒进或者拔苗助长会导致相反的结果。

做企业也是同样的道理,如今看来成绩辉煌的百年老店,当初也是由一个个小的雏形发展而来,有的发端于地下室,有的开始于小作坊,有的仅仅是一个突发奇想的点子。而发展到今天的规模和成就,中间无不经历了风风雨雨,克服了一个又一个的困难。

提起中药,首先映入大多数人脑海中的,便是"同仁堂"三个字。自1669年(清康熙八年)创立以来,三百多年间,同仁堂从宁波到北京、从走街串巷卖药到1723年开始贡奉八代皇帝用药,从小小的"乐家老铺"到赫赫有名的"同仁堂",经历过数不尽、道不完的风风雨雨。

在这块辉煌不衰、如日中天的金字招牌背后,愈久弥坚的乃是它"同修仁德、济世养生"的理念,是历代同仁堂人恪守的"炮制虽繁必不敢省人工,品味虽贵必不敢减物力"堂训,是"修合无人见,存心有天知"的自律信条,是它的企业文化每一个细小处的重视和积累,远者不提,单就在2003年突如其来的"非典"疫情面前,在承担社会责任和遭受巨大风险的境地中,同仁堂就把中国的优良传统精神淋漓尽致地展现给了社会。他们在各大报纸刊登了预防"非典"的处方。自4月8日开始,同仁堂各药店职工连续加班16天,参茸公司调剂组的职工更是每天工作时间都在16小时以上,煎药室人停机器不停,24小时轮流值班。虽然药物的需求量极大,市场原料的购进价格每日翻番增长,但同仁堂始终坚持"以义为上""绝不涨价""绝不使用不达标原料"的原则,以高质药品竭尽全力保证

諸子百家 —— 道 家

了市场供应。

这种"同修仁德,济世养生"的理念,正是同仁堂企业战略的基础与核心,成就了同仁堂数百年的基业,也使这个企业在现代社会的激烈竞争中得以健康发展:在中国上市公司发展潜力50强的评比当中,同仁堂成为仅有的连续七届入选的两家企业之一。

俗话说:鉴往知来。那些历经百年历史仍然能够存在下去,而且仍然有充分活力进行创新和迎接各种挑战的企业,基本上都有自己独特的"青春秘方"。据有关专家研究,进入2002年500强的每一家企业都有其独特的企业文化,正是由这种独特企业文化孕育出的独特经营理念和价值观成了推动该企业迅速发展的强大动力。

相比之下,我们不妨舍远求近,重温历史,认真读一读百年乔家老店,读一读一代儒商乔致庸。

从乔贵发与秦肇庆合创广盛公,到乔全美改组为复盛公,到乔致庸开设票号,汇通天下,乔家老店整整持续了200多年,效之今天西方的百年企业,应该是企业中的长寿之星。那么,什么是乔家老店的长寿基因?目前看来,以乔致庸为代表的乔家老店,其成功之处有三:一是理念弥坚,二是经营有术,三是管理有方。

读乔家老店,总感觉有一种无形的力量充斥其中,这种无形力量就是由乔致庸一生秉执的以儒治商的理念,所生发的一种独特的儒商文化乔致庸在初掌商政时便极为重视为商之道,善于从晋商的经商理念中汲取精粹。当时,晋商作为全国影响较大的商业群体,之所以长盛不衰,与他们的诚信不无关系。总体来说,晋商非常崇信尚义,讲究诚信不欺、信誉第一、义利并重、利以义制。乔致庸作为一介儒商,不但汲取了晋商经营理念的精粹,而且将更多儒家的思想融入经商理念之中,常常告诫儿孙、掌柜、伙计们要信誉至上,其次要讲义,第三才是利。要他们以信誉赢得顾客,不能玩弄权术欺诈,将利放在首位,为了利益偷工减料、巧取豪夺。所谓"君子爱财取之有道",该取一分则取一分,不当取的要懂得放手,昧心黑钱更是坚决不能赚。宁可少赚钱,不能失信;宁可不赚钱,不能失信;甚至宁可赔钱,也不能失信。信誉犹如商号的生命,商号若没了信誉,便再无起死复生的希望了;而钱只是商号的血液,商号若没了钱,还可以凭借良好的信誉获得东山再起的资本。

在经营方面,乔家的法则是,"准备充足,谨慎行事;人弃我取,薄利多做;维持信誉,不弄虚伪;小忍小让,不为已甚;对待'相与',慎始慎终;用人不疑,疑人不用"。这其中体现了危机、诚信、不跟风等现代经营思想。乔家老店延续了200多年,这是与他们不忽视任何一个小的细节,谨慎坚守信义,一点一点积累塑造企业文化有着密切联系的。

企业家社会道德感的缺失与浮躁的心态。这使许多企业家在决策时容易急功近利,只看到企业的利益,而忽视尊重基本的商业规则,以及违背这种商业规则所带来的潜藏的风险,而这正是导致许多民族品牌夭折的原因。一位管理专家曾经说,一些企业的夭折,原因多数是由于企业的领导者头脑发热、盲目扩张所致。扩张是一个正常企业的正常愿望,但是扩张绝对不能不遵循企业发展的正常规律而盲目扩张。

面对重大环境变化,善于抓住机会,迅速而正确地战略转型是一个企业走向成熟的标志。但企业首先不是为了追求大。扩张首先要保持健康。企业最重要的是要保持健康。一个企业如果积累了很多竞争能力,自然会长大,不要拔苗助长。

在汽车界,丰田是公认的行业领袖。从规模上看,这家成立于1937年的公司目前已是全球三大汽车企业之一,而且距通用汽车和戴姆勒—克莱斯勒只有一步之遥。

在管理上,丰田公司崇尚"一步一步地推动",乐意做"快乐的追随者",所以一开始总给人慢半拍的感觉,但往往能后来居上。在中国,丰田早在1964年就出口皇冠轿车,但直到2001年才正式成立中国投资公司,开始大规模地投入。

丰田汽车中国投资有限公司总经理谈到,丰田企业文化是一步一步、一点一点地发展,一贯作风就是稳扎稳打,不热衷于急速发展。在丰田看来,开展业务就像盖楼一样,只有基础部分建好以后,才会一层一层地向上盖。也会有人说,丰田可以把发展速度再加快一点,但我们的这种文化已经根深蒂固了。

经商重德,诚心做人,经商之本

【道家说】

"信不足焉,有不信焉。"

——《老子·第十七章》

【智慧细语】

领导者的诚信不足,人民才对他不信任。

老子在这句话里强调了诚信的重要性。诚就是待人真诚,童叟无欺;信就是信守承诺,言必行,行必果。诚是本,信是表;诚是因,信是果。诚信是为人处世立身之本,是做人的起码要求。

人们所熟知的"一诺千金"的故事,说的是秦末有个叫季布的人,一向说话算数,信誉非常高,许多人都同他建立起了浓厚的友情。当时甚至流传着这样的谚语:"得黄金百斤,不如得季布一诺。"后来,他得罪了汉高祖刘邦,被悬赏捉拿。结果他的旧日的朋友不仅不被重金所惑,而且冒着灭九族的危险来保护他,才使他免遭祸殃。一个人诚实有信,自然得道多助,能获得大家的尊重和友谊。反过来,如果贪图一时的安逸或小便宜,而失信于朋友,表面上是得到了"实惠"。但为了这点实惠他毁了自己的声誉,而声誉相比于物质是重要得多的东西。

同样,在经商上,如果失去了诚信,在今后的商业活动中必然寸步难行。商人只要能以诚实无欺的态度招来天下之客,就不愁没有顾客上门,就不愁没有生意做,就不愁赚不到钱。所以,商场上流传这样一句话:"诚信招来天下客,无欺誉揽万人心。"换一句话说,商家只有依靠诚实无欺才能擦亮自己的金字招牌。

中国经商自古就有诚信的传统。红顶商人胡雪岩有着这样一个故事:一次,他经营的胡庆余堂的紧俏药虎骨追风膏断货了。管药材的人说,虎骨追风膏的主要原材料是虎骨,而虎骨现在又断货,建议用豹骨替代。

药店经理开始不同意,认为这会砸了胡庆余堂的招牌。那人却说,做生意嘛,要懂得变通。用豹骨代替虎骨,先满足一下市场,等虎骨一到,马上就换用虎骨。豹骨的药效也差不到哪里去,一般人是看不出来的,只有你知我知,别人绝对不知道。经理于是动摇了,最后睁只眼闭只眼,结果假的虎骨追风膏被炮制出来。

老板胡雪岩知道这事后非常生气,认为这伤害了药店的声誉,于是把所有人都叫来大厅,当众开除了药店经理,并当场写下"戒欺"堂训,还在横匾旁边挂上一些条幅:"药业关系性命,尤为万不可欺"和"采办务真,修制务精"等,从此就没有人再敢有一点点欺骗行为了。

胡庆余堂在创立自己的金字招牌时定下两条原则:一,药方一定要可靠,选料一定要实在,炮制一定要精细,卖出的药一定要有特殊功效;二,药店职员除能干外,更要诚实、心慈。胡雪岩提出,要让主顾看得清清楚楚,让他们相信这家药店卖出的药的确货真价实。不诚实的人卖药,用料不实、分量不足,病家用过,不仅不能治病,相反还会坏事。

生意场上,求名当然最终是为了求利。自我形象靠信誉树立起来了,名气作响了,金字招牌擦亮了,生意也就会自然兴隆起来。

古语有云:"国无信不存,人无信不立,事无信不成。"这里的诚信,不但是人生最高的美德,它还是力量的象征,也是经商的根本。市场经济的构成要素有很多,但无论哪种行业,无论哪个领域,都要讲究诚信,诚信可以说是市场中最重要的要素之一。商海沉浮,大浪淘沙,人们在实践中获得了真知:欺骗可能得逞一时,但绝不可能久远;诚信可能使你一时受损,却可以受益一生,甚至远远不止一生。

一个诚信缺失,道德沦丧的社会,不可能有快速、持续发展的经济。浮躁、急功近利、追求短期利润最大化的投机的行为不仅会伤害企业本身、行业和市场,更严重的是前进中的整个社会都要为之付出巨大的成本。在现代社会,信用已成为市场的准入资格、交易的基本规则、秩序的道德基础、文明的重要标志,更是我们构建和谐社会、法治社会的基础。有专家指出:中国加入世贸组织后,从长远看,最缺乏的不是资金、技术和人才,而是信用,以及建立和完善信用体系的机制。

试看中国企业,能够在市场的风雨中存活并且发展下来的无一不是遵守承诺和信用的企业,而投机弄假,不讲诚信的企业则会得到相应的惩罚。

在20世纪80年代,温州皮鞋又被叫作"一日鞋"或者"晨昏鞋",因为其低劣的质量

诸子百家——道家

无法持续较长时间,穿些日子就坏掉了。后来,假冒伪劣的品质终于引起全国消费者的公愤,以至于很多商场都贴出了"本店无温州鞋"的安民告示。1987 年 8 月 8 日在杭州武林广场,5000 双温州劣质皮鞋被市民扔进熊熊大火。就是这把火烧醒了温州人的诚信意识。他们认识到,诚信可以换来钱,而钱绝对买不来诚信,经过近 20 多年的树牌历程,康奈、奥康、红蜻蜓为代表的温州鞋企业高举温州制造的大旗,一路高歌猛进,使温州鞋成为中国鞋的一个代名词,让温州鞋是星期鞋的说法成为历史。温州人用诚信重新拾起温州皮鞋的尊严,2002 年温州人又将 8 月 8 日这个倍感耻辱的日子确定为"诚信日"。

在某种意义上来说做企业就是做人,在信用经济时代,不但一个人要具备诚信的道德素质,同样,一个企业也要有诚信的风气,诚信的氛围,诚信的风格,只有这样的企业形象,才会独具魅力,才会在激烈的竞争中立于不败之地。同样,只有每个企业建立起诚信的企业文化,才会建立起整个社会的信用体系,来更好的保障市场经济的发展。

逆向思维,灵活应变,回到起点思考

【道者说】

"反者道之动,弱者道之用。天下万物生于有,有生于无。"

——《老子·第四十章》

【智慧细语】

正、反之间的出入自如,是道的运行特征循环往复的运动变化,是道的运动,道的作用是微妙、柔弱的。天下的万物产生于看得见的有形质,有形质又产生于不可见的无形质。

老子云:反者道之动。反有两意,一是"相反",二是"返归",二意相通,反,就是逆向思维,而返归,并不是一种回到起点的简单重复,而是从一个更高的层面鸟瞰,带动传统和定型事物及其正反因素进入新一轮思考。

"一阴一阳之谓道",老子作为辩证法大师,一直推崇"反者道之动,弱者道之用"的逆向思维法,善于从"可道"的角度来思考"道",最后实现"非常道"。

1989 年,有一段时间的晚上,张瑞敏天天睡不好觉。在这之前的 4 年时间,冰箱是稀缺产品,只要有产量,就会有利润,没有几家企业关注质量背后的品牌问题。但在张瑞敏看来,品牌才是最具生命力的东西。所以,当别的厂家先抓产量后顾质量的时候,张瑞敏把质量放到了第一位,出现了张瑞敏砸冰箱的典型事例,这种决策自然使得海尔的市场和利润都受到了很大影响。

到了 1989 年,中国冰箱的产量突然积累到了很大的一个量,各家冰箱厂商为了抢占

诸子百家
——道家

市场,开始大面积降价,唯独海尔在一片降价风潮当中坚持不降价,不仅不降价,张瑞敏还做了一个惊人的决定,那就是提价。

海尔提价之后,媒体一片质疑声,都以为海尔将会因为这个"错误"的决定而吃尽苦头。张瑞敏专门到各个商场去看,他发现还是有很多人排队购买海尔的冰箱,这下悬在他嗓子眼的石头才落了地。对于"众人皆降我独提",张瑞敏如此解释道:"有的人不清楚企业应该如何运行,只凭自己的臆想猜测……还有人说海尔可以降价,降价可以多卖。降价还需要教吗? 就是要出其不意,攻其不备,就是不按常理出牌。"

这件事情不仅证明了张瑞敏的一个判断:"你只要是真正的对市场、对用户非常真心,他就永远都会忠于你",而且对海尔后来多元化和国际化的决策过程影响很大,张瑞敏凡是重大决策都喜欢用逆向思维来考虑问题。

海尔将冰箱产品做到国内老大之后,又开始上马洗衣机。在海尔洗衣机推出市场之前,洗衣机在夏天根本卖不动,因为那时候各家厂商的洗衣机都是硕大无比,夏天衣服单薄,用手洗也不冻手,而且很容易洗完,用洗衣机洗得不偿失。张瑞敏却提出了"只有淡季的思想,没有淡季的市场"这一理念,提出"让淡季不淡,夏天也要卖出洗衣机",结果,海尔开发出了"小小神童"洗衣机,让竞争对手们在夏天到来的时候看着海尔的滚滚利润望"海"兴叹。

后来,海尔推出空调,当时空调也是紧俏商品,一度供不应求,各个空调厂商也是加紧生产再生产。用户都是怕买不上,都是先买了再说,但在买了之后却不能马上安装。张瑞敏花费了很大的力气,调动了大量的人力、物力和财力,让海尔不仅卖空调,而且是免费搭配快速满意的"安装服务",消费者什么时候买就能什么时候安装。除了赚取利润,海尔品牌开始在消费者口中产生了动员力,海尔空调又一下子走到了别人的前边。

冰箱、洗衣机和空调是海尔将国内竞争对手远远落下的"三剑客",从 1985 年到 1997 年,拥有这"三剑客"的家电企业比比皆是,大多数却都消亡了。张瑞敏对此有一个解释:"很多企业也和我们一样都赶上这个时期,但为什么其中有的企业现在反而找不到了呢?因为他们赚了钱后,就想找一个更高速发展的行业。当初大体上一般会找房地产,会找股市,而我们用这些钱,把我们自身的行业做好。因为我们始终有一个概念,就是只有夕阳的企业,没有夕阳的行业。"

张瑞敏的逆向思维在《道德经》中早有精彩的阐述:"反者道之动,弱者道之用。天下万物生于有,有生于无。"

张瑞敏为什么总是能够在海尔发展的关键时候通过逆向思维扭转乾坤呢? 很多人见到张瑞敏的时候总是想知道有什么精彩的故事支撑着他这不一样的"思维模式",张瑞敏却说没有,他说只是遵循市场规律,站在满足客户角度"悟"的结果。

天下大旱,别人挖井取水,张瑞敏却偏偏打造船只;酷暑难耐,别人取冰降暑,张瑞敏偏偏派人准备棉衣;春天到了,张瑞敏却高喊"每一天都是冬天"。说起来,无非就是"居

诸子百家 —— 道家

安思危,思则有备,有备无患"的那一套,张瑞敏概括为"旱则资舟",许多企业的头头脑脑也都懂这些道理,而张瑞敏高明就高明在他是真的按照他的想法去这样做,最典型的例子就是海尔的国际化。每人都说出去有这样那样的风险,张瑞敏却反过来思考:"我们要是不出去,风险会多大?"事实证明,张瑞敏的眼光是独特而正确的。

其实反向思维是一种普遍现象,"反者道之动"是说:相反和相向是互为作用、互为补充的两个方面。反向思维利用了事物的可逆性。我们就可以从反方向进行推断,寻找常规的岔道,并沿着岔道继续思考,去寻找新的解决问题的途径和方法。反相思维基本分为以下三种类型:

1、反转型逆向思维法

这种方法是指从已知事物的相反方向,进行思考和研究更新或创新的构思和途径。

所谓"事物的相反方向",常常是指从事物的功能、结构、因果关系等方面去进行反向思维。比如,市场上出售的无烟煎鱼锅,就是把原有煎鱼锅的热源由锅的下面安装到锅的上面,对产品的结构进行了反转型思考的产物。

2、转换型反向思维法

这是指在研究某一问题时,由于解决该问题的思路和办法受阻,就转换另一种手段,转换为另一个角度或另一种思路去思考,以使问题顺利得到解决的一种思维方法。如历史上被传为佳话的《司马光砸缸》救落水儿童的故事,实质上就是一个用转换型反向思维法去思考和寻找解决问题方法的一个典型事例。

3、缺点研究反向思维法

这是一种针对事物的缺点,进行克服缺点的研究,促使缺点转化为可利用的东西,化被动为主动,化不利为有利的一种思维方法。

这种方法并不以克服事物的缺点为目的,相反,它是针对缺点进行研究,以便化弊为利,找到解决问题的途径和办法。例如:金属腐蚀原本是一种坏事,但人们通过反向思维,针对金属腐蚀的严重情况,寻找解决和避免金属腐蚀的办法,终于找到了进行金属粉末的生产或进行电镀、电喷涂等防止金属腐蚀的方法和途径。这无疑是一件好事。

人们习惯于沿着事物发展的正方向去思考问题并寻求解决办法。其实,对于某些问题,尤其是一些特殊问题,从结论往回推,倒过来思考,从求解回到已知条件,反过去想或许会使问题简单化,使解决它变得轻而易举,甚至因此而有所发现,创造出惊天动地的奇迹来,作为一个企业领袖,在正向思维不能解决问题的时候,不妨从相反的方向入手,或许,你能得到意想不到的收获。

诸子百家——道家

小处打孔,深度挖进,选择小事成就大业

【道者说】

"江海所以能为百谷王者,以其善下之,故能为百谷王。"

——《老子·六十六章》

【智慧细语】

"江海之所以能成为一切小河流的领袖,由于它安于处在众多小河流的下游,所以能做众多河流的领袖。"

无论做一项什么事业,都要从头开始,从点滴做起,所谓积沙成塔、集腋成裘,所以江海不惧小流以成汪洋之势。小事成就大业,是对行业大趋势的准确把握,是踏实做事,务实做人所致。

俞敏洪称第一桶金是慢慢挖出来的。中国第一家教育概念股新东方教育科技集团通过首次公开招股(IPO)方式顺利在纽约证券交易所上市。持股31.18%(4400万股)的新东方董事局主席和CEO俞敏洪一夜之间身价飙至2.42亿美元,排行福布斯中国富豪榜108位,成为中国最富有的教师。

20世纪90年代初的一个冬夜,当新东方的创办人俞敏洪离开北京大学,拎着糨糊桶在北京海淀的大街小巷到处张贴托福培训广告的时候,他没有想到,那左右开工的糨糊刷,在广告板上刷下的,并不仅仅是新东方的授课信息,而是用重彩浓墨,在中国留学运动史上,写下的最激动人心的一页华章。新东方不仅教人技能,而且教人正确理解人生,它已经形成了一种独特的精神魅力,不断催人奋进。

有记者问俞敏洪:您在教育领域奋斗这么多年,挖到第一桶金是什么时候? 俞敏洪:我的第一桶金是慢慢挖出来的,从一个班到五个班,新东方的钱越来越多,有能力租更大的教室,开更大的班,所以我不存在第一桶金的概念。有了一笔钱,突然到另外一个行业中间,另外一个行业发展、爆发起来了,这叫作第一桶金的概念。新东方没有第一桶金的概念,到今天为止,靠学生一个人一个人交学费积累起来的,始终坚持做教育这个领域,无非是今年赚了五百万元,明年到了八百万元,后年到了一千万元。包括新东方上市了,我跟投资者说,你们不要期待今年赚了一个亿,明年五个亿,每一年的赚钱,我们都是可以预料到的,没有任何的惊喜。这也正是"积小流以成江海"的道理。成功是点点滴滴的积累,而点点滴滴的积累就汇成波涛汹涌的江海。而形成的那种宽广,将成为一种境界和风景——浩瀚而博大。境界是留给自己的,风景是别人看到的。而那也是站在了人生的新高度,俯瞰过去、翘首未来。

诸子百家——道家

现在好多人总以为自己有张良、诸葛之才而不屑做小事，一心想着怎样做一番惊天动地的大事；一些大学本科、硕士毕业生眼高手低、好高骛远，就职、找工作总摆不正位置，最终弄得高不成低不就。老子说："知人者智，自知者明。胜人者有力，自胜者强。"（《老子·三十三章》）人贵有自知之明，能够从小事做起。李嘉诚从做"塑料花"开始起步，成就现在亚洲首富的事业；曾宪梓从做领带开始进入商界，成就他驰名中外"金利来"品牌；尹明善从五毛钱到亿万富翁，从批发报刊起步，发展成为重庆力帆集团，成为企业家。这些真切鲜活的事例，无不说明小事可以成就大业。

被称为"中国乡镇企业界常青树""农民理论家"的鲁冠球，让人目眩的一长串的荣誉背后，是让人慨叹的一连串的艰辛，一连串的艰辛后面也带来了一连串的辉煌——15岁做锻工，后修自行车。带领六名农民，集资四千元，创办宁围公社农机厂，直至发展成为国家五百二十户重点企业和国务院一百二十家试点企业集团之一。资产近百亿，员工一万三千多名，拥有国家级技术中心、国家级实验室、博士后科研工作站。2001年，企业实现营收86.36亿元，利润7.06亿元，出口创汇1.78亿美元。万向集团成为中国第一个为美国通用汽车公司提供零部件的OEM。鲁冠球的万向集团不就是从小作坊一步步走过来的吗？鲁冠球不正是从选择小事而成就的大事业吗？鲁冠球选择生产一个汽车小零部件——万向节，作为企业的方向，不正是选择小事成就大业的吗？

做小事其实是在打基础，只有扎扎实实地把基础打牢，才有万丈高楼拔地而起，所谓积沙成塔、集腋成裘就是这个道理，而成功也就成了水到渠成之事。

七、上善若水的修身智慧

淡泊如水，水归大海，宁静而致远

【道家说】

"大道汜兮，其可左右。万物恃之以生而不辞，功成而名不就，爱养万物而不为主。常无欲，可名于小。万物归焉而不为主，可名于大。是以圣人终不为大，故能成其大。"

——《老子·任成第三十四》

【智慧细语】

大道普遍存在，左右上下无所不到。万物依靠它生长，它却不发号施令。成就了功业，却不据为己有。它养育万物，而不主宰万物。它永远没有私欲，说它很渺小也可以；万物归附它，它却不自以为主宰，说它很伟大也可以。因此圣人始终不以伟大自命，才能成就它的伟大、完成它的伟大。

老子认为，"道"可以名为"小"，也可名为"大"。"道"无欲无求，从不炫耀自己，从不认为自己有多么了不起，而是谦卑自守，看起来很不显眼，甚至微不足道，所以万物在它面前都感到无拘无束，都乐于归附它，世间万物都在它的包容之中。它并不刻意地想成就这一伟大的功业，但却始终成就着这一伟大的功业。

"道"是伟大的，也是平凡的，平凡得无处不在，你看不见它，摸不着它。它不以声色相挑逗，不以名利相利诱，更不会以武力相威胁，一切顺其自然，顺应万物，让万物按各自的规律生存、繁衍，一派祥和安宁。

诺贝尔奖作为世界上最具权威性的科学文艺大奖，成为许多人为之奋斗一生的目标。2002年，日本的一个名不见经传的小人物田中耕一获得了诺贝尔化学奖，这犹如一颗石子落入平静的湖面，激起了圈圈涟漪。

惊叹之余，我们不妨想一下，为什么一个世人眼中平淡无奇的小人物能够获得如此辉煌的成就呢？

答案是：平凡之中孕育着伟大。

有这样一首诗：世界上最不值钱的是沙子，然而世界上最珍贵的黄金就在藏在它里面。田中耕一既非教授，又非硕士博士，只是"日本社会底层的一名普通工程师"。这个芸芸众生中的普通一员，就是埋藏在沙子中的黄金。获奖前的田中耕一默默无闻，然而不鸣则已，一鸣惊人。获得诺贝尔奖之后的田中耕一立刻声名远播。人们在羡慕一个小人物能够获此殊荣的同时，也应该看到他从平凡走向伟大的过程，那就是坚持不懈、潜心研究。

著名的爱尔兰作家萧伯纳说过：有信心的人，能够化平庸为伟大，化平凡为神奇。田中耕一正是依靠着他对科学的信心，坚持不懈地进行科学研究，辛勤的汗水换来了诺贝尔奖。放眼古今中外，凡是有建树的人无不用辛勤的汗水在人生的每一页写下四个字：坚持不懈。

我们都是平凡世界中普通的一员，我们都渴望从平凡走向伟大。然而，有很多人抱怨：为什么日常的工作就是那么平凡呢？实际上，只要我们能够在日常那些看似平凡的岗位上专一地做下去，就能够在平凡中创造出伟大。

平凡并非平庸，平凡孕育着伟大。只有懂得平凡，才能够在平凡中一点一点接近伟大。

在人生的旅途中，辉煌常常只是一瞬，而平

萧伯纳

诸子百家——道家

643

凡方是永恒。以锲而不舍,努力奋斗作为平凡的基石,以坚持不懈,自强不息作为平凡的阶梯,进而从平凡到伟大。

的确,"道"之所以伟大,就在于它的平凡。如果帝王能够效法"道"的这种伟大与平凡,无为而治,那么天下就会大治,老百姓置身其中,享受他的恩泽,他一样会因为自己的平凡而变得伟大。

一个领导如果具有"道"这颗平凡而伟大的心,那么,他就能尊重老百姓,什么事都首先问老百姓喜欢不喜欢、高兴不高兴、答应不答应;那么他就不会去搞那些面子工程、形象工程、政绩工程,这样,老百姓就不会有那么多的税要交,就不会有那么多的义务工要去做,大家吃得起饭、穿得起衣、盖得起房、看得起病,孩子上得起学,一家人和睦安康,这不很好吗?

所以,领导者要悟"道",老百姓也要悟"道"。"道"像什么?

"道"就像美妙的音乐,你要是领悟了它,你就会觉得它妙不可言,就像当年孔子闻韶乐,"余音绕梁,三月不知肉味";"道"就像人间的极品美味,异香缥缈,赶路的人闻到了它,会驻足而闻,忘记了自己还要赶路。

一句话,"道"要用心去体悟,不能用语言去言说,"道"要是用语言把它说出来就索然寡味了,那就不是"道"了。虽然你看不见它,听不到它,但只要你领悟了它,你将终身受益无穷。

有所选择,有所放弃,懂得什么是重要的

【道家说】

"故知止其所不知,至矣。"

——《庄子·齐物论》

【智慧细语】

懂得在自己不懂的地方停下来,那是绝顶的聪明。

哪些事情需要去做,哪些事情可以放弃;那些必须抓紧去做,哪些可以停一停;这对于我们是很重要的。而有些事,停一停、沉淀一下,比草率从事会做得更好、更有成效。做事能够分清主次,懂得抓大放小,那么它的工作一定是高效的,生活是富有规律和色彩的。

一天,教授在桌子上放了一个装水的罐子,然后又从桌子下面拿出一些正好可以从罐口放进罐子里的鹅卵石。教授把鹅卵石放完后问他的学生:"你们说,这罐子是不是满的?"

"是!"所有的学生异口同声地回答。

"真的吗?"教授笑着问。然后再从桌底下拿出一袋碎石子,把碎石子从罐口倒下去,摇一摇,再加一些,再问学生:"你们说,这罐子现在是不是满的?"

这回,他的学生不敢回答得太快:"也许没满。"

"很好!"教授说完后,又从桌下拿出一袋沙子,慢慢地倒进罐子里。倒完后,他再问班上的学生:"现在你们再告诉我,这个罐子是满的吗?"

"没有满。"全班同学这下学乖了,大家很有信心地回答说。

"好极了!"教授又从桌底下拿出一大瓶水,把水倒进看起来已经被鹅卵石、小碎石、沙子填满了的罐子。

当这些事都做完之后,教授正色地问他班上的同学:"你们从上面这些事情中学到了什么重要的道理?"

一位学生回答说:"无论我们的工作多忙,行程排得多满,如果要挤一下的话,还是可以多做些事的,这门课讲的是时间管理。"

教授听到这样的回答后,点了点头,微笑道:"答案不错,但并不是我要告诉你们的重要信息。"

说到这里,这位教授故意停顿了一下,用眼睛向全班同学扫了一遍说:"我想告诉各位最重要的信息是,如果你不先将大的鹅卵石放进罐子里去,你也许以后永远没机会把它们再放进去了。"

每一天我们都在忙,每一天我们所做的事情好像都很重要,每一天我们都不断地往罐子里灌进小碎石或沙子,你有没有想过,什么才是自己生命中的鹅卵石?你每天忙忙碌碌所灌下的沙子,是否会使你因小失大、劳而无功,甚至于阻碍你的发展——让原本踌躇满志、意气风发的你,变成一个萎靡不振、庸庸碌碌的俗物。你从前的热情、活力,都随着你每日对琐碎的应酬逐渐降温;你曾有的才气、情趣,也随着你对俗务投入,被蒸发风干成秋冬枝头瑟瑟的残叶;你以往的志向、抱负,渐次让位于"开门七件事",被柴米油盐酱醋茶分割得支离破碎。

能够把握大方向,就能够把控自己行为。对事情有轻重缓急的正确判断,哪些需要认真,哪些可以糊涂,是大学问大智慧。"难得糊涂"其实也是说"小事糊涂,大事不糊涂"。

吕端是北宋的一代名臣,也是中国历史上很有个性的宰相。

他是一个天生的乐天派,见人就喜欢开个玩笑,同时为人宽和厚道,从来不搞别人的"小动作",别人搞了他的"小动作",他有时也全然没有察觉到,即使察觉到了,也全然不把它放在心上。人家不管做了什么对不起他的事,他好像也从来没有装进脑子里。他那张宽大的脸庞上,一天到晚都挂着笑容。他在宋太祖年间曾多次被贬官,从中央退到地方,又从地方升到中央,几经反复,不论官职是升是降,他的情绪从来不受影响。

在被拜为宰相之前,他也有几次做过相当于今天"部门首长"的职务。他从来就没有一点"部门首长"的派头,他喜欢和自己谈得来的人聊天。一见人家的生活有困难,就掏自己的腰包替人解困。史书上记载他当了几十年的官,家中竟完全没有什么积蓄,他一死,一大群儿女的生活就很困难,为了结婚和出嫁,把房子典卖出去。宋真宗听说后,从国库里拨出五百万才把房子赎回来。

他和寇准同拜参知政事,主动要求把自己的名字排在寇准之下。

他既不会钻营,又不会搞"小动作",整天总是乐呵呵的个性,于是,许多人都暗暗地议论说:"吕端糊涂。"

当时吕蒙正做宰相,太宗想改拜吕端为相,消息一传出去,舆论哗然,不少朝官对太宗说:"吕端这样的糊涂虫怎么能担当宰相这样的重任呢?"太宗说:"吕端小事糊涂,大事不糊涂。"下决心拜他为相。

拜相不久,叛将李继迁骚扰西北边境,保安军抓到了李继迁的母亲。太宗与寇准商定,准备将她在保安军北门外斩首示众,以警告叛逆。吕端听说后马上找太宗说:"斩了他母亲,叛军李继迁就能捉到吗? 如果捉不到,这样做更坚定了他的叛心。不如先供养她,我们就掌握了主动。"太宗听后说:"要不是你,我险些误了大事。"后来,果如吕端预料的那样,李继迁不敢再放肆了。

太宗死后,宦官王继恩害怕当时的皇太子过于英明,暗暗与参知政事的李昌龄等勾结,在李皇后的授意下,阴谋另立太子。李皇后派王继恩召请吕端,吕端非常敏锐地察觉到了这场宫廷政变,因而先发制人,把王继恩稳住,然后再去见李皇后。李皇后说:"立嗣立长子才顺理成章(后来的真宗不是长子),你认为应怎么办?"吕端这次可没有笑呵呵的,他严肃刚正地说:"先帝立太子就是为了今天,他刚离世就要违命另立太子吗?"

真宗既被立为皇帝,垂帘接见群臣,吕端这次可没有糊涂跪拜,他平立殿下不拜,等人把帘卷起来后,看清了是原先的太子,然后才率群臣拜呼万岁。

可见,吕端不是那种要小聪明搞小动作的小人,是一位大事不糊涂、能成大器的君子。他就像老子所说的那样:"大巧若拙。"

既不会钻营,又不会搞小动作的糊涂人,事实上任何事情了然于心,只是不斤斤计较而已。像吕端这样"小事糊涂,大事不糊涂"的人,才是真正的聪明人。

有些人总爱不懂装懂,弄巧成拙,也由此造成很多混乱,贻笑大方。其实爱卖弄小聪明的人最笨。

唐代有个姓朱的太尉,曾两度出镇浙右,第一次离开浙江时,他去寺庙中与一位老和尚话别,临别时送了老和尚一根竹杖作为纪念。这根竹杖虽然是竹子做成的,却成方形。柱时根部朝上,节眼须牙四面对出,自然可爱。朱太尉很珍惜它,将它送给和尚做纪念。和尚也十分领情。几年后朱太尉又出镇浙右,到任不久去拜访老和尚,问上次送的竹杖还在不在? 老和尚说:"至今我还珍藏着它。"待和尚兴冲冲地拿出来一看,方形已削成了

诸子百家——道家

圆形;除此之外,又在上面涂了一层漆。朱太尉见后丧气叹息了好几天,从此以后就与这位和尚绝交了。

这根竹杖是大宛国送给太尉的珍贵礼物,其他的几根竹杖都是圆的,唯有这一根是方形。那位和尚为了使竹杖更美,用人工改变了竹杖的天然形态,结果却把宝贵的礼物变成了不值一文的俗物。他不知道尊重其实也要顺其自然。

和尚把奇特的方竹杖削成了普通的圆竹杖,这样的弄巧成拙尚不失为沉闷的人生增加一点笑料,但是,有些弄巧成拙却造成可怕的悲剧。

有许多人的一生就是吃亏在聪明上,不管是为人还是求学都想讨巧,与人交往不真诚,学习又求快捷方式,最后在人际关系上失去了别人的信任,而在学问和事业上也一事无成。

老子认为人类痛苦和纷争的病根,就在于乖巧过了头、刚强过了分。一讨巧就浮躁,浮躁则无根,无根则不立,不立则必衰竭。所谓"聪明反被聪明误""机关算尽反害了卿卿性命"。如果大家立身处世都朴实、厚拙、柔弱、不争,那么,人们必定生活得幸福多了。如果说逞能争胜在老庄时代所在皆是,那么,在现代人的身上就更无所不在了。如果说老子、庄子的这些思想在当时是对症下药,那么,它在现代,就是被人们视若无睹的"祖传秘方"。

乐观自在,旷达随行,生命没有负担

【道家说】

"汝游心于淡,合气于漠,顺物自然而无容私焉,而天下治矣。"

——《庄子·应帝王》

【智慧细语】

天根闲游殷山的南面,来到蓼水河边,正巧遇上无名人而向他求教,说:"请问治理天下之事。"无名人说:"走开,你这个见识浅薄的人,怎么一张口就让人不愉快!我正打算跟造物者结成伴侣,厌烦时便又乘坐那状如飞鸟的清虚之气,超脱于'六极'之外,而生活在什么也不存在的地方,居处于旷达无垠的环境。你又怎么能用梦呓般的所谓治理天下的话语来撼动我的心思呢?"天根又再次提问。无名人说:"你应处于保持本性、无所修饰的心境,交合形气于清静无为的方域,顺应事物的自然而没有半点儿个人的偏私,天下也就得到治理。"

有这么一种人:他们双眼仿佛能穿透一切迷雾,双手能抓到问题的根本,处理问题得心应手;在别人认为事情遇到不可克服的阻力时,他们总能够巧妙地化解和躲过;当别人将那些看得很重要的东西牢牢紧握时,他们却可以在瞬间放弃,之后,你会发现原来他们的放弃,是真正的睿智。

美国加州有位大学刚毕业的年轻人,在 2003 年的冬季大征兵中他依法被征,即将到最艰苦也是最危险的海军陆战队去服役。

这位年轻人自从获悉自己被海军陆战队选中的消息后,便显得忧心忡忡。在加州大学任教的祖父见到孙子一副失魂落魄的模样,便开导他说:"孩子啊,这没什么好担心的。到了海军陆战队,你将会有两个机会,一个是留在内勤部门,一个是分配到外勤部门。如果你分配到了内勤部门,就完全用不着去担惊受怕了。"

年轻人问爷爷:"如果我被分配到了外勤部门呢?"

爷爷说:"那同样会有两个机会,一个是留在美国本土,另一个是分配到国外的军事基地。如果你被分配在美国本土,那又有什么好担心的。"年轻人问:"那么,若是被分配到了国外的基地呢?"

爷爷说:"那也还有两个机会,一个是被分配到和平而友善的国家,另一个是被分配到维和地区。如果把你分配到和平友善的国家,那也是件值得庆幸的好事。"

年轻人问:"爷爷,那要是我不幸被分配到维和地区呢?"

爷爷说:"那同样还有两个机会,一个是安全归来,另一个是不幸负伤。如果你能够安全归来,那担心岂不是多余的?"

年轻人问:"那要是不幸负伤了呢。"

爷爷说:"你同样拥有两个机会,一个是依然能够保全性命,另一个是完全救治无效。如果尚能保全性命,还担心它干什么呢。"

年轻人再问:"那要是完全救治无效怎么办?"

爷爷说:"还是有两个机会,一个是作为敢于冲锋陷阵的国家英雄而死,一个是唯唯诺诺躲在后面却不幸遇难。你当然会选择前者,既然会成为英雄,有什么好担心的。"

是啊,无论人生遇到什么样的际遇,都会有两个机会。一个是好机会,一个是坏机会。好机会中,藏匿着坏机会,而坏机会中,又隐含着好机会。关键是我们以什么样的眼光,什么样的心态去看待它。

上面是关于乐观的心态,下面我们再来看一个关于豁达心态的故事。这是关于 20 世纪最伟大的科学家爱因斯坦的故事:

爱因斯坦一向衣着随便。一次,他穿着一件破大衣在街上走,一位朋友见了,十分惊讶地问他为什么不换件新大衣?爱因斯坦幽默地说:"反正这里没人认识我,换不换新大衣有什么关系?"

几年后,爱因斯坦已经成为举世闻名的科学家。这位朋友又在街上碰到了他,发现他还是穿着那件破大衣,于是说:"您怎么还穿着这件大衣,这跟您的身份太不相符了吧?"

爱因斯坦说："用不着，反正这里的人都认识我了。"

爱因斯坦的境界，代表着一种与常人大不一样的生命境界，对于在当今社会因为盲目竞争导致痛苦的人来说，他们有着很直接的指导意义。

缺乏智慧的人，总是要世界围着自己转。然而，真正的达者，会充分发挥自己的意志与智慧，但一定是建立在符合自然之道的基础上。他们放弃僵硬的主观意志，来适应万物。这就是尊重客观规律，按着自然法则去行事，顺势而为。

永远乐观、旷达，生命对于任何人都不再是负担，而是仿佛置身于天堂。当生命结束之时，人们也绝不会有悲凄留恋之感。人生在世不如意事十之八九，如果都去斤斤计较，都仔细琢磨，那岂不是凭空添了很多负担吗？有些事我们要看得开，要有所取舍。过去的就让过去吧！自己开心才是最重要的！开朗豁达的心态有利于健康，也有利于以新的状态投入新的一天。

透彻感悟，适时放弃，珍惜已有的

【道家说】

"既以与人，已愈有。"

——《庄子·田子方》

【智慧细语】

以自己的东西尽可能地施与人，自己反而更加丰富。

美好的生活，是每个人都渴望拥有的。但美好的生活需要有宽广的胸怀和坦然面对一切的才智，那是对人生透彻的体悟，什么是我们应该珍惜和拥有的，什么是可以放弃的。

山路上，一位四处云游的隐士信步走在！看见路旁草丛中发出闪烁不定的光芒。他走近一看，是一块鹅蛋大小的宝石。隐士看着有趣，顺手将宝石捡了起来，放在自己的行囊中，继续他的旅程。几天之后，隐士在森林中迎面遇上一个疲惫的旅人，隐士看那人风尘仆仆，脚步蹒跚，便好心地打开行囊，拿出一些干粮来分给他吃。

旅人在吃完干粮之后，眼睛余光一瞥，望见隐士行囊中的那颗宝石，他便开口要求隐士，是否能将那块宝石借给他看一看。

隐士微笑着，毫不迟疑地从行囊中掏出宝石，道："不要说看一看，就是送给你也没问题啊。"旅人大喜过望，连忙伸手接过宝石，道谢之后，两人便分道扬镳，继续赶路。旅人边走边脸上不由露出了心满意足的笑容，想着，有了这块价值连城的宝石，自己的下半辈子就再也不用发愁了。

过了几个小时之后，隐士听到身后远处有人不停地叫唤，他停下脚步，原来是刚才的那个旅人。隐士摊了摊手，笑道："如果你还要宝石，我可是没有了！"

旅人气喘呼吁地赶到隐士面前，将那块宝石还给了他，说道："大师，我可不可以斗胆地猜测一下，您身上一定有更宝贵的东西？"隐士微笑着听旅人的下文："是什么样的力量驱使你愿意将这块价值非凡的宝石送给我？我想要的是你的那种力量，能不能送给我？"

故事中那位旅人茅塞顿开之后，匆匆赶回来向隐士请求的神秘力量——坦然面对一切的才智和心胸，也正是宇宙间最大的一股力量；是所有人都在追寻的真谛，也是能够克服一切诱惑的最大动力。无私地给予，成就大我。

奉献爱的力量无所不在，只是人们常常容易因此而忽略它的重要性。拥有真正爱的力量，任何人在我们的眼中看来都是具有优点的；任何事情在爱的领域来加以诠释，都是为了对我们有所裨益而特别存在的。

因为有了爱，我们得以更清楚地确认自己存在的无限价值，使得生命的潜能能够全然地发挥；因为有爱，我们更懂得尊重每一个人是独立自主的个体，不致妄想擅加操控或专制地统御。因为有爱，我们可以最终走向圆满做事的最终目的：通向圆满的人生。

有一个美丽的果园，在繁荣都市的郊区，每到水果盛产的季节，果园中各式各样的水果高悬在树上，五颜六色地煞是好看。这对于住在附近的许多小朋友们有着难以抗拒的强烈诱惑力。

小朋友们喜欢趁着果园主人不注意的时候，三五成群地结伴壮胆，偷偷溜进果园里摘树上的水果。

当小朋友们正在庆幸偷摘水果的冒险行动成功之际，而果园主人总是躲在果园的某个角落，突然探出身子来，大吼一声，吓得那些小朋友连忙抱着手中的战利品，转身拔腿就跑。

而果园主人并不就此罢休，他也会跟着追上去，非得要把那些小朋友追过几条街，搞得自己上气不接下气的，才肯放弃这种追逐，缓步走回自己的果园。

果园主人的一位朋友觉得看不过去，便劝他道："唉！小朋友偷摘几个水果，对你应该不会造成多大损失，更何况你的年纪也不小了，再这样跑下去，当心自己的身体承受不了，这样的闹剧几乎天天上演，万一有个闪失，岂不是更划不来？我劝你还是算了吧。"

果园主人听了之后，笑着对朋友道："老兄，你是不是年纪真的大到忘了自己的童年生活啦？还记得咱们小时候不是也这样了到处去偷摘人家的水果来吃？也同样被那些大人拼命追赶啊！你想一想，那些偷摘来的水果滋味怎么样。还记得吗？"

朋友想了想，回答道："嗯，那些原本青涩的水果，真是我一生中最甘甜的美味，那种童年的生活是我一生最美好的回忆！"

果园主人点头道："对！这正是我忙着追那些小朋友的原因。"

果园主人深深记着自己的儿时美景，愿意用相同的追逐方式，让久居都市水泥丛林中的顽童也能够体验田园生活的乐趣,并让他们在长大成人后,也能拥有同样的快乐回忆,同时,要让自己觅到那久违的童真。这是同情心发挥到极致的美好展现,也是一种淡然人生的生活方式。真心对待他人,将爱心、童心传递,自己的美好就会一直延续下去。

爱心才是人世间真正的无价之宝,同时它又是灵验的试金石。爱心是需要实践检验的,是在不经意间释放出来的。它不是扭捏造作的作秀。具备同情心,能够随时记得设身处地为他人着想,了解对方心灵深处的真正感受。成全他人,自然也会成就自己。古今中外"道"是相通的,能够将爱心传播给他人的人,他的内心定然是美好的。爱心传递的过程,也是收获快乐的过程;感染别人之日也是赢得尊重之时。

知足常乐,康泰生活,其乐融融

【道家说】

祸莫大于不知足,咎莫大于欲得。故知足之足,常足矣。

——《老子·第四十六章》

【智慧细语】

最大的祸患在于不知足,最大的罪过在于贪得无厌。所以,满足于"知足",就永远满足了。

在一个遥远美丽的山村,住着一位聪明人。一天,有一个满脸愁云的女人来到聪明人家中,向聪明人哭诉道:"我住的茅屋本来就小,丈夫、孩子和我已经有四个人了,可现在公公、婆婆又搬来和我们住在一起,日子过得太不顺心了,六个人挤在一间那么小的茅屋里,局促难过呀!"

聪明人听完想了想,问道:"你家养牛了吗?"

女人答道:"有呀,可这和屋子有什么关系?"

聪明人说道:"这样,你把一只牛拉到小茅屋中养,一星期后来找我。"

一星期后,女人来找聪明人,一进门便抱怨:"这算什么嘛,本来就挤,你还让我牵头牛进去喂,牛一动我们全家都要跟着动,更没办法生活了。"

聪明人笑了笑,又问道:"你家还养鸡了吗?"

女人说:"养了,这和我的处境有关吗?"

聪明人说:"你回家后把鸡也赶到小茅屋中养,同样一周后来找我。"

女人听完更加纳闷了。然而她认为聪明人毕竟是聪明人,比自己要强得多,便也就答应了。一星期后,她又来了,还没进门便大喊大叫起来:"你还是聪明人呢,搞得我现在家里鸡飞牛跑的,到处是鸡毛牛粪,还让我们怎么过日子?"

聪明人一言不发，等她骂完了，平静地说了一句："回去把牛牵出屋子，一星期后来找我。"

女人听完觉得这聪明人真的没什么聪明的地方，但她还是听了聪明人的话。一星期后，她又来找聪明人，他问她："这星期的感觉怎样？"她回答道："比以前好多了，自从把牛牵走以后，觉得家里宽敞多了。"

聪明人笑着说道："关于你的困境，解决的办法我已经想好了，你回去后把家里的鸡全部赶走。"

女人回去后便照聪明人的话做了。后来，她就快快乐乐地和她的孩子、丈夫、公公、婆婆一起生活了。

其实，快乐的秘密并不复杂，当你遇到各种各样的不幸与挫折时，不要埋怨悲观。因为一些事情并不是像你想象得那么可怕，更可怕的事情你还未经历，应该暗自庆幸才对。乐观积极地面时它，以饱满的精神迎接它，任何挑战都会随风而散，快乐如此简单。

不要有太多的欲望，无休止地压迫自己。使自己在追求物质的过程中，精神和人格却严重扭曲；使自己背负着无尽的重担无法喘息，更无暇欣赏生命旅途的一路风光，那么他就无法理解生命对我们的真正意义。

唐代文学家、政治家柳宗元有一则寓言，名叫《蝜蝂》，说的是贪财害己的道理。蝜蝂是一种善于背东西的小虫。它的背部能装很多的东西，而且被它拣到背上的东西都掉不下来，如此这般，一直装，一直背，直到压得它倒地爬不起来。人们见到这种情况，出于同情，帮它扔掉背上的东西。但它只要能爬起来走路，就又像从前那样往背上加东西，同时，又喜欢往高处爬。它是使出了全身的力气，一刻也不停留地向前走，向高处爬，最后在高处，疲累得落地而死。

柳宗元所讽刺的那种人现在仍然很多。房奴、车奴、卡奴……现代人背负着沉重的包袱，艰难地"爬行"，即便这样，仍不时往后背上加东西，自己进修拿学位、妻儿出国深造、希望有比别人更多的金钱和更高的地位……希望一夜暴富，于是体育彩票、福利彩票、股票、邮票一顿狂买……他们疯狂地累积财富，无论囤积多少都不知足，他们因财惹祸，被抢劫，被偷盗，被清洗，然而，还是不能接受教训。只要一息尚存，照捞不误。他们连做梦也是梦见黄金白银。他们的模样也许高大魁梧，个性也许潇洒风流，但才智和贪婪与蝜蝂相差无几。

凡是知足的人，就是悠游常乐的富翁。

从前有个大富翁尹氏，非常热衷于赚大钱、积累财富，对待仆人苛刻之极，从早奴役到晚。其中有一名老仆人，由于白天被呼喝指使做这做那，到了夜晚，便筋疲力尽，倒床即呼呼大睡。因为到休息的时候非常放松的缘故，每晚都梦见自己成为一国之君，居万民之上，总一国之事。住在豪华绝伦的宫殿里，恣意所为，生活好不快哉。

虽然隔日醒后仍得操持役事，受人压榨，但老仆人自我安慰说："人生百年昼夜各半。

我昼为仆虏,苦则苦矣,夜为人君,其乐无比,何所怨哉!"

至于那位尹氏富翁,白日操虑家业,唯恐被人占了便宜,搞得身心俱疲。到了夜晚,怀着疲惫之心入眠,却每每梦见自己成为他人的仆役,被辱骂使唤,甚至鞭笞杖挞,苦不堪言。

最后承受不住,病倒了。他把这层心事告诉友人,朋友告诉他:"你地位尊荣,家财万贯,远胜一般人;而晚上梦为仆人,备尝劳苦,这是很正常的,因为人生是有喜有乐的。要想醒着和做梦时都一般称心如意,那是很难的。"听了这股话后,尹氏恍然大悟这"一梦一觉"的道理,态度做了一百八十度的转变,开始宽待仆人,不再汲汲于追求财富、自寻烦恼,身心因而得到舒畅、解脱,连病痛都少来侵扰了。

知足是一种幸福,然而,得到这种幸福是最难的。尹氏虽然享有荣华富贵,却为欲望所蒙蔽,成为生活的奴仆,得不到快乐;而老仆人身操苦业,却能自得其乐,从梦中得到补偿,享受尹氏遍求不得的人生乐趣。

老子也说:"知足者富。"只要懂得知足就是大富翁,那么,身体康泰,安居乐业,周末能晒晒太阳,偷得半日闲情,想来亦是一乐矣! 如果他们知道自己身在福中,保持正直,便是极大的幸福!

相信自己,潜力无限

【道家说】

"注焉而不满,酌焉而不竭,而不知其所以来。此之谓葆光。"

——《庄子·天地》

【智慧细语】

大海作为一种物象,江河注入它不会满溢,不停地舀取它不会枯竭。其实,我们的潜能就像海水一样,用之不尽,取之不竭。

据一些权威资料显示,普通人只开发了他蕴藏能力的十分之一,与我们应当获得的成就相比较,我们的大脑智慧几乎是处于一种半梦半醒之间,我们只利用了我们身心的很小一部分。人的大脑贮存的能量大得惊人,人们在平常的工作学习中只发挥了极小的一部分大脑功能。要是人类能够发挥自己大脑功能的一半,可以轻而易举地学会 40 种语言,背诵整个百科全书,获得 12 个博士学位。

这就是你自己的真实资料,是你自己的有关数据。人的智力如此,其他方面的能力也是如此,如人的体力、社会经验、情绪反应等等,都可以爆发出几乎不可思议的潜力。平时只是由于情境方面的限制,人在一般状态下只能发挥其很小一部分的潜在能量。

诸子百家——道家

下面有事例为证：

一位农夫在自家的谷仓前注视着一辆轻型卡车快速地开过他的土地，他18岁的儿子正驾驶着这辆车，由于天潮地面湿滑，农夫一再叮咛儿子要小心驾驶。

突然，农夫眼看着小卡车翻进水沟，他大吃一惊，急忙跑到了出事地点。他看到沟里有水，他的儿子被汽车压在底下，只有头露出了水面一点点。

这位农夫毫不犹豫地跳进水沟，把双手伸到了小卡车下面，把车子抬了起来，高度足以使另一位跑来帮忙的工人把那儿子从车子下面拽了出来；当地医生很快赶了过来，给儿子做了全面检查，幸好只有一点皮肉伤，只需作简单的治疗，其余均完好无损。

那位抬起卡车的农夫并不很高大，大约有170厘米的身高，70公斤体重。所以，别人都很惊讶，如此身体，竟然能有如此壮举！连农夫自己也觉得奇怪，刚才他跑过去的时候根本没有想一想自己是不是能够抬得动。出于好奇，他就又试了一次，结果根本就无法动得了那辆卡车。

一个人到了生死紧要的关头所爆发的力量是我们一般人不可想象的。俗话说，狗急了跳墙，人急了上房，正说明这个道理。这也就是说，我们每个人身上都有巨大的潜在能量未被开发出来。

只要你对自己有信心，你相信凭借自己的聪明才智，加上个人的努力，就能实现自己的愿望。自信是成功的前提。

美国博士罗伯·舒乐在1989年大胆发表宣言："我要为美国建造第一座水晶教堂。"他的同僚却都认为他一定是疯了，但他却自信地说："无论需要多长时间、多少金钱，只要我去做，没有做不成的。"经过几年的努力，罗伯·舒乐终于在1993年在墨西哥城建立了一座水晶教堂。他高兴地笑了，那笑里透出一股自信与艰辛。

罗夫·华多·爱默生说过："相信自己能，便会攻无不克……不能每日超越一个恐惧，便从未学得生命的第一课。"

美国著名的成功学家卡耐基在他的著作中曾经引用了英国政治家文斯顿·丘吉尔的一段话：

一个人绝对不可能在遇到危险时，背过身去试图逃避。若是这样做，只会使危险加倍。但是如果立刻面对它毫不退缩，危险便会减半。决不要逃避任何事物，决不！

如同相信地球是圆的一样相信自己，是一种风格，是一种气势，是一种境界。当桑地亚哥接连87天一条鱼也没有捉到，终于有一条大鱼上钩，却被它牵着在大海里游荡多日，身心都被它摧残得几乎彻底破碎了。但是老人却说了让我们永久难忘的一句话："一个人并不是生来要给打败的。你可以把他消灭掉，可就是打不败他。"海明威在小说《老人与海》中塑造的艺术形象，之所以能震撼人们的心灵，不正是因为"老人"自信的人格魅力吗？

20世纪最伟大的物理学家爱因斯坦是一位非常自信的人。当他的"相对论"发表之

诸子百家

——道家

后,有人曾炮制了一本《百人驳相对论》,网罗了一批所谓名流对这一理论进行声势浩大的笔伐。可是,爱因斯坦相信自己的理论必然胜利,对笔伐不屑一顾。他说:"假如我的理论是错的,一个人反驳就够了,一百个零加起来还是零。"他坚定了必胜的信念,坚持研究,终于使"相对论"成为 20 世纪的伟大理论,为世人所瞩目。

卡耐基

现在,越来越多的外国企业进驻中国,为人们所熟知。一些知名企业发展得如火如荼,它们的口号是:

"你说你行你就行!"Pepsi(百事可乐)也不失时机地请"大牌"们上阵出新,引得人们声声叫好,他们的口号是:"突破渴望就要赢!"McDonald(麦当劳)的口味也不断更新,产生了量的变化、质的超越,并在全球 121 个国家开了超过 3 万家餐厅,成为全球最大的快餐连锁店,他的巨大黄金拱门已经深入人心,成为人们最熟知的世界品牌之一,他的口号是:"我自信,我成功!"现实中这样的例子不胜枚举。

自信不等于成功,但是没有自信的人成功的机会就微乎其微。本来快要到手的成功机会也会失去。

尼克松是我们极为熟悉的美国总统,但就是这样一个大人物,却因为一个缺乏自信的错误而毁掉了自己的政治前程。

1972 年,尼克松竞选连任。由于他在第一任期内政绩斐然,所以大多数政治评论家都预测尼克松将以绝对优势获得胜利。

然而,尼克松本人却很不自信,他走不出过去几次失败的心理阴影,极度担心再次出现失败。在这种潜意识的驱使下,他鬼使神差地干出了后悔终生的蠢事。他指派手下的人潜入竞选对手总部的水门饭店,在对手的办公室里安装了窃听器。事发之后,他又连连阻止调查,推卸责任,在选举胜利后不久便被迫辞职。

本来稳操胜券的尼克松,因缺乏自信而导致惨败。

所以,不管你做任何事情,只要你相信你拥有无尽的潜能,相信只要通过努力就可以成功,那么,你就成功了一大半!

我们在生活中会遇到这样那样的难题,只要相信我们的智慧,再加上个人的努力,我们一定能圆满地解决所谓的难题。相信自己,人生终将辉煌。也许自信者会被有的人看成狂人,我们也不能否认自信在有的人那里会成为一种偏执,听不得不同意见,"老子天下第一",这种固执一端,死守一隅、故步自封的状态不是自信。自信者应该是矜持而不偏执,有个人主见,不与世沉浮,随人俯仰,善于沟通,善于借助外力。我们必须清楚,自信不是自负,自信不是自大,自信不是自恋,自信不是飞蛾扑火般的轻率,也不是蚍蜉撼树般的狂妄,更不是螳臂挡车般的不自量力。自信是对自己人格的尊重,是对自己的冷静审视,是对环境的理智判断。

自信不是骄傲,自信是自我良好素养的体现。做自信的人,做成功的事。

知人者智,自知者明,审时度势

【道者说】

"知人者智,自知者明。"

——《老子·三十三章》

诸子百家
——道家

【智慧细语】

能了解、认识别人叫作智慧,能认识、了解自己才算聪明。

在老子看来,了解他人和了解自己都是智慧,然而了解自己比了解他人更进了一步。为什么这样说?是因为了解自己要比了解他人难,之所以说难,那是因为自己看不到自己,自己想不到自己;而要看到自己,想到自己,就需要有更大的智慧,需要有以他人为鉴的能力。

《韩非子·喻老》有这样一个故事,楚庄王想攻打越国,杜先生劝说道:"国王要攻打越国理由是什么啊?"庄王说:"越国政治败坏兵力弱小。"杜先生说:"我很担心。人的智慧就像眼睛,可以看见百步以外却不能看见自己的睫毛。国王您自己的兵就败给秦国、晋国了,丢失土地好几百里,这是因为兵弱;庄蹻在国内成为强盗,但是我们的官吏没办法制止他,这是由于政府管理混乱。国王您的弱和乱不在越国之下,却想征伐越国,这就是智慧像眼睛啊。"楚王于是打消了想法。

由此可见了解自己的困难。所以要了解一件事情,不在于看见别人如何,而在于看见自己如何。能够自己看见本身的不足才是所谓的明智。楚庄王只看到越国朝政混乱、兵力薄弱,而看不到自己国家朝政混乱和兵力薄弱,因此想去讨伐越国。杜子认为这是不明智的,并且用眼睛只能看到外物而看不到自己为比喻,使他明白了自己的缺陷,停止了愚蠢的行动。韩非通过这个事例说明老子"自知者明"。并且下结论说:达到有智是很难的,之所以难,不是难在了解他人,而是难在了解自己。

要了解自己,认识自己,自知是做人的最起码要求。有了自知,一个人才能对自己的所处的环境有一个准确的把握,才能知道自己的工作能力、学识水平、社会关系、家庭、社会背景等处在一个什么样的状况下,面对自己的现实情况,来把握自己的人生旅途,人才能得到自信,才能充分发挥自己的聪明才智,生活的才能充实。

人都喜爱听好话、奉承话,不自知的人听到好话、奉承话,信以为真,飘飘然,觉得自己真的像别人说的那样伟大,他没有考虑在这些话的背后,说这话的人的目的是什么。

齐威王的相国邹忌长得相貌堂堂,身高八尺,体格魁梧,十分漂亮。与邹忌同住一城的徐公也长得一表人才,是齐国有名的美男子。一天早晨,邹忌起床后,穿好衣服、戴好帽子,信步走到镜子面前仔细端详全身的装束和自己的模样。他觉得自己长得的确与众不同、高人一等,于是随口问妻子说:"你看,我跟城北的徐公比起来,谁更漂亮?"他的妻子走上前去,一边帮他整理衣襟,一边回答说:"您长得多漂亮啊,那徐先生怎么能跟您比呢?"邹忌心里不大相信,因为住在城北的徐公是大家公认的美男子,自己恐怕还比不上他,所以他又问他的妾,说:"我和城北徐公相比,谁漂亮些呢?"他的妾连忙说:"大人您比徐先生漂亮多了,他哪能和大人相比呢?"第二天,有位客人来访,邹忌陪他坐着聊天,想起昨天的事,就顺便又问客人说:"您看我和城北徐公相比,谁漂亮?"客人毫不犹豫地说:"徐先生比不上您,您比他漂亮多了。"邹忌如此作了三次调查,大家一致都认为他比徐公漂亮。可是邹忌是个有头脑的人,并没有就此沾沾自喜,认为自己真的比徐公漂亮。

恰巧过了一天,城北徐公到邹忌家登门拜访。邹忌第一眼就被徐公那气宇轩昂、光彩照人的形象征住了。两人交谈的时候,邹忌不住地打量着徐公。他自觉自己长得不如徐公。为了证实这一结论,他偷偷从镜子里面看看自己,再调过头来瞧瞧徐公,结果更觉得自己长得比徐公差。晚上,邹忌躺在床上,反复地思考着这件事。既然自己长得不如徐公,为什么妻、妾和那个客人却都说自己比徐公漂亮呢?想到最后,他总算找到了问题的结论。邹忌自言自语地说:"原来这些人都是在恭维我啊!妻子说我美,是因为偏爱我;妾说我美,是网为害怕我;客人说我美,是因为有求于我。看起来,我是受了身边人的恭维赞扬而认不清真正的自我了。"

人要知道自己、了解自己,还要知道自己是一个什么样的人,有什么优点和缺点,自己应该走什么样的路,适合干什么等等,也就是说人要找准自己的社会角色定位。现实生活中有的人是做不到这一点的,总是在理想中生活,做人、做事好高骛远,夜郎自大。有的大学毕业后,想选一个较好的职业,这无可非议,但是你要有自知之明,你要真对自己的专业和特长而选,可是现实中有多少大学生因理想远大而在继续失业,又有多少大学生因选不对自己的专业在现有的工作岗位不能发挥自己的特长而感到痛苦;有的在单位工作这山巴望着那山高,在好单位工作不知足;还有的不顾自己的现实和周围的环境,一味地追求"进步",再上一个台阶,逢风就是雨,见缝就插针,一心一意想当官,从中施恩行贿,到头来鸡飞蛋打,不仅没有达到目的,而且还因贪污、行贿、受贿触犯了刑律。这类似的例子不胜枚举,究其原因,就是在于对自己没有一个客观的认识,在做人做事上,弄不清楚自己的优点与缺点。

只有"自知",才可能知其该做不该做,怎么去做。只有明白自我,才能悟出做人不走弯路的道理。自知之明是通过多年人生风雨而修炼而得到的一种素质,只有自知之明人生才能进入可贵的境界。

人不仅要学会自知,还要能做到知人。无论是在我们日常生活中还是作为领导在选拔人才方面。中国古代就有"伯乐相马"的说法,唐代著名学者韩愈说"世有伯乐,而后有千里马,千里马常有,而伯乐不常有,"其意是说,人才是常有的,但是如果没有识才的明君贤臣,人才也就埋没了。春秋战国时代诸侯王及以后历代王朝任用贤才,主要靠朋友成贤臣的推荐,也有自荐的,如"毛遂自荐","吴起杀妻求将"等。

永不言弃,坚持到底,风物长宜放眼量

【道者说】

"希言自然。飘风不终朝,骤雨不终日。孰为此者?天地。天地尚不能久,而况于人乎?故从事于道者,道者同于道,德者同于德,失者同于失。同于道者,道亦乐得之;同于德者,德亦乐得之;同于失者,失亦乐失之。信不足焉,有不信焉。"

——《老子·虚无第二十三》

【智慧细语】

少言寡语,是顺乎自然的。狂风刮不了一早晨,暴雨下不了一整天。谁使它这样的呢?是天地。天地尚且不能长久不衰,何况人呢?所以遵循大道的人,就能与大道合为一体;修养德行的人,就能与德行合为一体;失道失德的人,就能与失道失德合为一体。与大道融为一体的人,大道会帮助他成功;与德行融为一体的人,德行也会帮助他成功;失道失德的人,大道也会听任他走向失败。诚信不足的人,就会有人不信任他。

飘风,即台风,台风在夜里比较大,所以在夜里来的台风最可怕。但台风过境不会超过二十四小时以上的,最大的风速中心不过几个小时就过去了,不会整天吹的。无论如何强大的台风,到了中午,都会减弱变缓慢一点。故说任何飘风,都不会终朝不变的,就是说正午十二点左右就会变弱。

骤雨,是夏热季节的大雷雨,大概一两个小时就过去了。最多三小时,超过三小时就不得了,就可能涨大水。所以夏天的大雷雨,只是一刹那,不会下一整天的。而且雷雨一来,一定是连续三阵——今天、明天、后天——大多是三天连着的,但每天雷雨的时辰,都会渐渐向后延,而且雨量也会慢慢减小。

"飘风不终朝,骤雨不终日。"意思是说任何事情都会过去的,艰难困苦不会长久地存在,一个人要把眼光放长远一点,不要沮丧,不要气馁,要知道风雨之后就见彩虹。

是啊,常言道:人生不如意事十之八九。生活中总会有许许多多不如你意的事情,对于生活中的琐事，我们大可不必介意，我们虽有失望，但是还有无限的希望。生活依旧简单、平静、恬淡。要以宽阔的胸襟，长远的眼光，去辩证地分析问题，排解心中的"牢骚"，社会上的"浊事"。凡事最终总会有个了结的。

"牢骚太盛防肠断，风物长宜放眼量。"人生往往会遭到很多困扰与烦恼，面对挫折、苦难，保持一份豁达的情怀，保持一种积极向上的人生态度，需要博大的胸襟，非凡的气度。要在逆境中磨炼出你的意志，而不必计较一时的成败得失，要去追寻长久的精神底蕴。在彷徨失意中修养自己的心灵，这就是最大的收获，如蚌之含砂，在痛苦中孕育着璀璨的明珠。

生活变化无常，难题也不可避免，这就需要我们更好地调整心态。对变化的反应，比变化本身更重要，怎样调整，就看你怎么想了。即使生活并不总是公平的，但我们应该具有控制自我反应的能力，使自己不去被琐事困扰，把大多数精力放到主要问题上或问题的关键处，这样才能最终解决问题。

要想将不如意化解，最终变为如意，只能靠自己。佛家说：色即是空。道家说：无为而为。这些都是指心态，只要你的心态好，无论怎样的事，你都能够坦然自若，这事也就不成其为事了。在别人看来是不如意的事，对你也就没啥影响了。而要做到这一点，就不能过于执着一切外在的东西，追求应该适可而止，用平静的心去对待人生的一切，才能让烦恼远离。

有人说，顺境的美德是节制，逆境的美德是坚忍。而后一种德性比前一种更伟大一些。人生在世，有顺境，也有逆境。有飞黄腾达日，也有潦倒落魄时。这就要求你宁静、平和、淡然处之。走运时，要想到倒霉，不要得意过了头；倒霉时，要想到走运，不必垂头丧气。心态始终保持平衡，情绪始终保持稳定，此亦长寿之道。

人生自有沉浮，每个人都应该学会忍受生活中属于自己的一份悲伤，只有这样，你才能体会到什么叫作成功、什么叫作真正的幸福。不过，再长的隧道也有出口，再长的黑夜也有天亮的时候。逆境中不用怕！挺过去，迎接你的是一片蓝天。

曾国藩说过：君子处顺境，兢兢业业，常觉天之过厚于我，我当以所余补人之不足。君子处困境，也兢兢业业，常觉天之厚于我，其实并非真厚也。而是与更困难的人相比，才觉得优厚的。古人说处困境看不如我者，指的就是这种情况。

清朝末年，曾国藩奉命攻打太平天国，可是屡战屡败。在上奏给皇帝时，他却把这四个字换成了"屡败屡战"。皇帝看了他的奏章以后，被他不屈的斗志所感动，不再追究屡战屡败的罪责，仍旧委以重任，曾国藩最终取得了战斗的胜利。

"屡战屡败"让人觉得很消极，而屡败屡战则让人感觉很积极，表明他虽然屡次失败，却仍然充满信心，战斗不息。"屡败屡战"表明了做事不管最终能否成功，都会坦然面对的态度。

在顺境中宜创业，是一般人都懂得的常识，然而在逆境中开始自己的事业则需要独

诸子百家——道家

到的眼光和相当的勇气。逆境的含义广泛,包括个人的病痛,事业的不顺,乃至国家经济萧条。然而,无论何种逆境都只是相对的,成功的人往往可于逆境中崛起。

26岁时查梅尔斯还流浪在街头,沉迷于毒品和酒精,睡在收容所,或是在朋友家的沙发上将就一宿。然而,48岁时的他已是一家拥有3500万美元资产公司的董事长。

1977年,曾一度堕落的查梅尔斯发誓要让自己有个翻天覆地的变化。后来,他在一家小电子公司里找到了工作,负责销售打印机色带。他读了很多销售技巧方面的书,听了很多具有创造性的讲座,而且比其他人更加努力工作。一年后,他就成了公司中销售业绩最好的员工。

第一次的成功大大激励了查梅尔斯,他想获得更大的成功。查梅尔斯坚信他能够比他的老板干得更好。于是他带着这一年多积攒下来的7000美元,租了一间办公室,开始了他的创业生涯。但是这次创业几乎成了一场灾难。

查梅尔斯回忆说:"其实当时我根本没有准备好,而且我也不懂如何经营一个公司。我在公司运营上的开销太大了,每天都担心公司能不能支持下去,后来我甚至没有勇气给客户打电话。不到几个月,我就用完了所有的积蓄,还背上了1200美元的债务。"

但他没有就此止步。他决定重新开始。他把新公司建在一个租金便宜的小公寓里,只有一副桌椅和一部电话。他鼓励自己说:"失败不会是我唯一的选择!"

由于有了上次的经验教训,他有了很多心得,公司取名为"欧姆尼电脑制品公司",欧姆尼与一本杂志和一种汽车的名字比较接近。查梅尔斯说:"当我告诉人们,我是欧姆尼电脑制品公司的杰瑞·查梅尔斯时,他们会以为我来自一个大公司。"

他打算经营的产品就是他以前销售过的打印机色带,因为这样他会更有把握。由于当时生产计算机配件的公司并不多,他迫切需要找到专门生产打印机色带的厂家作为自己稳定的供货商。查梅尔斯翻看了电话号码簿和大量的工业杂志,从里面挑出几家有可能成为商业伙伴的公司,分别和他们取得了联系。其中一个公司的老板是一个初次创业的小伙子,他们正好互相需要:一个产、一个销。

查梅尔斯是个精明的商人,当他敲定一桩生意时,供应商一般会给查梅尔斯40天的付款期限,而查梅尔斯则只给自己客户30天的付款期限,于是他的公司资金流动性很好。查梅尔斯非常注重现金流量,除非必要决不多花一分钱。平时消费也尽量使用信用卡和支票。最初五年里,查梅尔斯每周只给自己200美元的薪水。不超支、不冒险的原则,使查梅尔斯很快还清了贷款和债务,并搬到了更好的办公地点。

查梅尔斯在管理上也摸索出了一套独特的办法。他的雇员中有许多是和他有相同经历的人——曾是街头醉汉或是康复中心出来的瘾君子。但查梅尔斯认为正是这些人才有极为强烈的成功欲望,并具有很大的主动性。他对他们进行严格的培训,甚至还借给他们钱帮他们买房买车。当然,查梅尔斯对他们进行小型的心理素质测验,以保证雇员的确是可塑之材。于是,他的销售人员竞争力很强,留用率也很高。

目前,欧姆尼公司不仅能销售,还能制造产品,他们能够制造喷墨打印机的墨盒和激光年印机的硒鼓。查梅尔斯还成立了一个电讯研究中心,正打算开拓网络市场。

从流浪汉到董事长是个相当极端的例子,是对新生活的强烈渴望,是完全抛弃害怕失败的决心,使查梅尔斯在逆境中充满了动力。虽然他失败过,将来也还可能失败,但对成功的渴望必然使成功女神青睐他。

要想获得成功,必须拥有积极的心态、必胜的信心,还要有永不放弃的精神。在每一个人生旅途中,在每一个积极行动的过程中,一定会遇到许多问题和困难,只有坚持永不放弃的精神,不断自我鞭策、自我激励,才能战胜自己、战胜困难,最后实现自己的目标。

中国历史上的楚汉之争,刘邦几乎是每战必败,但是垓下一战,却击败了不可一世的项羽而建立了汉朝。如果几次失败过后,不敢再与对手交战,成功又从何而来?

面对很多的困难,不同的人有不同的态度:懦弱的人会哭泣、浮躁的人会抱怨、聪明的人会藐视、勇敢的人会去征服。我们应当戒骄戒躁、藐视困难、征服困难、永不放弃,书写属于我们自己,同时也属于我们的父母,属于我们的朋友的美好未来。

知足不辱,知止不殆,贪得无厌难善终

【道者说】

"故知足不辱,知止不殆,可以长久。"

——《老子·第四十四章》

【智慧细语】

所以,懂得自我满足就不会有挫折,懂得适可而止就不会有危险,可以长久行进。

什么是知足?那得从需要谈起。鹪鹩在森林里筑巢,需要的不过是一根树枝,鼹鼠到河边饮水,不过是喝饱肚子。夏天人们不穿皮衣,不是因为爱惜,而是由于温度对于身体足够暖了;冬天不用羽窃,不是因为节俭,而是由于清凉对于人的需要来说已经够多了。耕田种粮食,养蚕织布做衣服,自己生产衣服和食物已经够养身了,那么天下的财物就是多余的了,就像口渴了,到河里去喝水,喝够了,就不会再羡慕河里的水流了。维持人的性命只要有普通的食物衣服就行了,不一定非要酒肉罗绸不可。知足的人,即使在田间耕作,穿粗布衣服,和豆子汤,难道就不能悠然自得吗?不知足的人,即使得到天下的给养,给他所有的财物,他也不会满足。知足的人不求身外之物,不知足的人,身外之物无所不求。无所不求,所以总感觉到不满足;无所求,所以无论在什么情况下都感到满足。心里知足时,自己拥有的财物常常有余;贪心大的人,则常常感到自己的财物不足。因此,祸莫大于不知足,咎莫大于欲得。

从前秦惠王想伐蜀国，苦于不知道入蜀的道路，于是他让人刻了五头石牛，并在牛的屁股后放上金子。蜀人看见了，以为牛能屙金子。蜀王派出强壮的力士开山辟路，把石牛弄回蜀国。道路开通了，秦军随后攻进了蜀国，蜀因此而灭亡。唐太宗为此深刻指出："主贪，必亡其国；臣贪，必亡其身。"祸莫大于贪欲，福莫大于知足，这是古代许多先贤圣哲教给人们的一种处世哲学，秦惠王给我们上了生动的一课。

几千年前的道家鼻祖老子说："名与身孰亲？身与货孰多？得与亡孰病？甚爱必大费，多藏必厚亡，故知足不辱，知止不殆，可以长久。"意思是说，声名和生命相比哪一样更为亲切？生命和货利相比哪一样更为贵重？获取和丢失相比哪一个更为有害？过分的贪爱名利就必定要付出更多的代价；过于敛积财富，必定招致更为惨重的损失。所以说，最大的祸害是不知足，最大的过失是贪得无厌的欲望。

老子是睿智的，深刻地揭示了人生的辩证法。

《汉书·疏广传》中有这样的故事：疏广少年好学，通晓《春秋》。地节三年，立皇太子，他被选为少傅，几个月后升职为太傅，后来他的侄子也被选为少傅。两人共同做太子的师傅，在朝廷中非常荣耀。在两人的教导下，太子长到十二岁的时候，已经通晓了《论语》和《孝经》。疏广就对他的侄子说："我听说'知足不辱，知止不殆，功遂身退，天之道也。'现在我们的官职已经做成了，名声也确立了，如果现在不急流勇退，恐怕以后会后悔的。不如咱们叔侄俩告老还乡，颐养天年！"后来皇帝恩准了他们的请求。疏广回到家里以后，整日与自己的族人朋友宾客饮酒快乐。还总是催促家人把黄金卖掉用来准备酒食。后来，疏广的一些子孙私下里托与他关系比较好的兄弟老人告诉他，希望疏广多买些田产房舍，为子孙们留些基业。疏广就对来转达子孙们意思的人说："我并不是不顾念子孙。我考虑家里有一些田产，子孙们辛勤劳动，足够衣食了。现在如果给子孙们多余的田产，只会教他们懒惰懈怠。贤能的人如果财产多，就会损耗他们的志向；愚笨的人如果财产多，就会增加他们的过错。况且富人是大家怨恨的对象；我现在没有什么可以教导子孙，更不能增加他们的过错而招致怨恨。另外，这些金钱是皇上给我养老的，所以我才会与族人朋友共同享受，来度过我的余生，这不是很好吗？"族人知道后都心悦诚服。

从这个故事可以看出，疏广是一个智者。他认为，知道满足就不会遭到羞辱，知道适可而止就不会有危险。功成身退，这是自然的规律。所以，他在他们叔侄俩被朝廷赞赏，而太子已经长到十二岁，通晓《论语》和《孝经》的时候，也就是在自己和侄子的事业最红火的时候，急流勇退，告老还乡，落个衣锦还乡，颐养天年的好结果。作为一个知识渊博之人，历史上的许多惨痛教训他应该都很清楚。仕途官场，险恶之地；君王之侧，祸福难料。他明白太多的为人处世之理，所以他做出了最明智的选择。

知道适可而止、急流勇退的道理，就不会在为君王鞠躬尽瘁，肝脑涂地之后为君王所杀。勾践灭吴之后，范蠡、文种同为勾践的谋臣，二人却有不同的结局。范蠡深知"飞鸟尽，良弓藏，狡兔死，走狗烹。"的道理，他在越国战胜吴国之后，急流勇退，携西施归去，畅

诸子百家——道家

游山水之间，最终成为一代巨贾。而文种却不听范蠡要他归隐的劝告，等着越王勾践的封赏，最终落得个被勾践赐死的下场。燕国客卿蔡泽劝告秦相国范雎的话更为经典，他说："夫人立功，岂不期于成全邪！身名俱全者，上也；名可法而身死者，次也；名戮辱而身全者，下也。"唐代杨元琰谈到自己的保身之道时，也说："功成名遂，不退将危。"

然而也有不知进退的人，能善始而不能善终，最后用生命来验证老子的这句名言。明代开国宰相李善长，以参加淮西农民军开始其政治生涯，辅助明太祖开国立业，自己也身爵上公、位次人君的人，最后以 77 岁的高龄被逼自杀，尽管他的结局与朱元璋的猜忌滥杀有一定的关系，但是观其生平的所作所为，即使他生在一个更为开明的皇帝治下，也难逃一死。他终究不如张良、刘基等人更善于谋身。

我们生活在社会大变革的时代，各种利益的重新组合和分配，不断对人的精神产生刺激，使一些人心理失衡。这些年来有贪官落马，其中一个重要的原因恐怕就是贪得无厌。

懂得知足不辱的进退之道，亦即掌握了人生的一种处世智慧。如何做到这一点呢？我们不妨听听古人的教诲。唐朝大诗人白居易自号"乐天"，曾有诗写道："勿言舍宅小，不过寝一室；何用鞍马多，不能骑两匹。"当心理失衡之时，想想"鼹鼠饮河不过满腹"的道理，也许就知足了。如果没那么高的境界，倒不妨利用人性的弱点，从别人不如自己的地方寻找安慰："他人骑马我骑驴，仔细思量我不如；回头又见推车汉，比上不足下有余。"清代李渔在他的《闲情偶寄》中，把这归结为"退一步法"的"穷人行乐"之方，他说："我以为贫，更有贫于我者；我以为贱，更有贱于我者；我以妻子为累，尚有鳏寡孤独之民，求为妻子之累而不能者；我以胼胝为劳，尚有身系狱廷，荒芜田地，求安耕凿之生而不可得者。"能有如此的见解，心理失衡的病症恐怕就自愈了，便知足了，不仅会避免了祸患，而且会寻找到快乐。

耐住性子，学会等待，有绵长的韧劲

【道者说】

"以知为时者，不得已于事也。"

——《庄子·大宗师》

【智慧细语】

用已掌握的知识去等待时机的人，是因为对各种事情出于不得已。意思是想干一番事业，或者想办成一件事，如果时机不到，就要等待。

古语云：客曰："蓬山有大鹏，三年不鸣，谓何？九年不飞，谓何？"王答曰："三年不鸣，是为一鸣惊人,九年不飞是为了一飞冲天。"多么智慧的回答啊! 它告诉我们一个道理:成功需要等待。

大鹏三年不鸣是在等待众人的侧耳倾听,九年不飞是在等待众人的注视。大鹏的数年等待换来了成功的一刻。

许多武侠故事中高手比武也是这样,有一方输了,他会有一段时间消失不见,那就是他在暗自习武,等待下一次比武时,打败对方。

做生意也是这样,合于时宜,就立马开张,向民众提供物品,使自己获利,互惠互利,小则发财致富,家业兴旺,大则取信于人,信誉远扬。得手了不必张扬,吹嘘自己家底,炫耀自己能干。这样势必危险。不利时,静静等待时机,了解这层道理,心气平和,以退为进,这是无所为而已有所为了。

要耐得住寂寞,好像一位面对喧嚣和诱惑的学者,又好像面壁修炼的武林大师,甘于吃苦,成竹在胸,让大家感到柔中有刚、静中有动、退中有进。我们如果都能固守根本,追求理想,拒诱惑于千里之外,坐如钟,站如松,专注于自己的功课,那么,还有什么样的难题不能攻克?

这样的斗志虽不轰轰烈烈,但扎扎实实;虽不张扬,但厚积薄发;虽不高昂,但冷峻中蕴含着不可战胜的骨气。

记住,成功,需要等待! 等待本身就是一种努力,是一种平和安逸却又自信豁达的心态。

有这样一个故事,一位著名的推销大师,在体育馆做告别职业生涯的演说。

人们都急切的等待这位伟大推销员的精彩演讲。

演讲舞台的正中央吊着一个巨大的铁球。大师说:"请两位身体强壮的人到台上来。"转眼间已有两名动作快的年轻人跑到台上。"请你们用这个大铁锤,去敲打那个吊着的铁球,直到把它荡起来。"一个年轻人先拿起铁锤,全力向那吊着的铁球砸去。但一声震耳的响声后,吊球却纹丝不动。他接着用大铁锤不断砸向吊球,铁球还是不动。很快他就气喘吁吁了。另一个人也不示弱,接过大铁锤把吊球砸得叮当响,可是铁球仍旧一动不动。

这时,大师从上衣口袋里掏出一个小锤,对着铁球"咚"敲了一下,再用小锤"咚"敲了一下。人们奇怪地看着,大师就这样自顾自地敲下去。10 分钟过去了,20 分钟过去了,会场早已开始骚动,有的人干脆叫骂起来。

大师却不闻不问,只管一小锤一小锤不停地敲着,大概在进行到 40 分钟的时候,坐在前面的一个妇女突然尖叫一声:"球动了!"接着,吊球在老人一锤一锤的敲打中越荡越高,它拉动着那个铁架子"哐哐"作响,它的巨大威力强烈地震撼着在场的每一个人。

大师开口讲话了。他的告别演讲只有一句话:"在人生的道路上,如果你没有耐心去等待成功的到来,那么,你只好用一生的耐心去面对失败。"

諸子百家
——道家

人们天天都在做事,那不过只是为了衣食。对于事业,常常是干的时候少,等待的时候多,须明白事理,等待也是一种争取的方式。事业不是每天都在做,事业的成就需要时机,需要谋划,不是想做就能做的。不要急于求成,稳扎稳打,做好前期的铺垫工作,只待东风一到,便能大展拳脚,扬帆远行。

大器晚成,顺时而待,人生在于积累

【道者说】

"大器晚成。"

——《老子·第四十章》

【智慧细语】

贵重的器物总是迟迟才能完成。

人的资质经历不同,出道成名的时间自然也就有早有晚,如果较之通常情况晚上三五年或十数年,就叫大器晚成。当然这只是个含糊的说法,到底晚到什么程度成名才叫大器晚成,并没有谁去做硬性的规定,每个人拥有天赋机遇的情况不同,出名成家的年龄也就没有固定的标准。不过生活自身的魅力正在于此,大器晚成这种富有戏剧性的人生经历不仅让我们这些普通人领略了平淡生存的神奇和诱惑,而且给了我们一些摆脱平庸生活的希望和借口。

"大器晚成"这个词,一般被用来安慰那些少年不得志的人。但这并不是老子本来的意思。"晚"不是指年龄。姜子牙八十岁当宰相,是大器晚成;甘罗十二岁当外交官,也未尝不是"大器晚成"。"晚"是指时间。准确地说,是刻苦努力的时间。无论年龄大小,只要为成功付出了相当努力,就可望成功;反过来说,一定要将成功希望寄托在长期努力上,不可急于求成。

真正的高手,都是那些能够克服急于求成的心态,一步一步达成人生目标的人。西门吹雪学剑,每天练习拔剑一万次。他用最慢的方法,成为绝世高手,当然这是武侠小说中杜撰的故事。达·芬奇学画,鸡蛋这种简单物体他画了三年。他用最慢的方法,成为画坛泰斗。这是历史书上的真实故事。所以老子悟出了"大器晚成"之真谛:最具有价值的事物、最伟大的业绩都是在缓慢中晚成。成功的要点,就是要克服对慢的恐惧与急躁,一点一点地把梦想握在自己的手中。

比尔·盖茨推出视窗软件一而再、再而三地推迟上市时间,他的精明之处在于宁可在时间上失信,也不在质量上打折扣。等待三年,耗费 11 万个工时,花费数亿美元的视窗软件一上市就受到用户的追捧,一上市就显出王者气象,高居榜首。

因此,当我们一旦悟透"大器晚成"的道理,做事情不急于求成,始终坚持把眼前的事情做得更完美,那么就会比别人更快地获得人生成功。

相比之下,对于一些很快到手的东西,其价值却令人怀疑:用激素催生的家禽,既无营养又有害健康;在速成班学会的"半吊子"技术,好看不好用;考试前临阵磨枪的速成成绩,造就的只是高分低能;挑灯夜战匆匆完工的速成建筑,后患无穷……

尽管生活已经给了我们太多教训,有些人还是"不信邪":别人需要"大器晚成",但我不需要。为什么呢? 因为我的智商高,或者说比别人聪明。他们每天都在琢磨如何找到一条捷径,省略辛苦练习的过程,比别人更快地实现人生目标。他们最后找到的捷径是赌博、买彩票、做违反规则的事情。他们的理论依据是:马无夜草不肥,人无横财不富。

真正的智者都知道,成功要靠一点点积累,一点点悟。正如美国著名的专栏作家查理·库金先生所说:"成就伟业的机会并不像急流般的尼亚加拉瀑布那样倾泻而下,而是缓慢的一点一滴。"更快只能通过更多努力实现,希望金子超过汗水的想法,有太多幻想的成分。

北宋著名的大文学家、《六国论》的作者苏洵,由于年轻时读书不努力,糊里糊涂地混日子,直到27岁方有觉悟,于是发愤学习。学了一年多,自以为差不多了,就去科考,结果没有考中。这才使他认识到,学习并不容易,要得到成果非下苦功夫不可。直到他 50 岁时才被皇帝任命为秘书省校书郎。再比如半个世纪前,沃森和克里克发现了 DNA 的双螺旋结构,这是 20 世纪最伟大的科学发现之一。当时,沃森年仅 25 岁,已经获得博士学位三年;而克里克 37 岁,一年后才获得博士学位。人们称沃森是神童,说克里克大器晚成。1962 年,46 岁的克里克同沃森、威尔金斯一道荣获诺贝尔生物学或医学奖。

苏洵

不过,从这些大器晚成的伟大人物的发展历程里,都可看到他们在年轻时代都不断地勤奋刻苦钻研,朝着自己感兴趣的山峰不断攀登。不在乎时间的起步迟早,无论年龄大小,只要为成功付出了相当的努力,就可望成功;反过来说,一定要将成功寄希望在长期努力上,不可急于求成。

因此,无论什么年龄,你都可以成功;只要你肯把握现在。人的成长固然有着各种不可违背的规律,但是成功是不受年龄限制的。

少年得志固然让人羡慕,而大器晚成则更令人钦佩,因为前者有不少天赋和机遇的

諸子百家——道家

成分,这是无法以个人之力得到的,而后者则纯然是靠个人的后天努力和毅力。在生活中我们常常见到有些人刚过40岁甚至是30多岁就已经放弃了人生该有的冲刺,将自己看来无法实现的梦想让子女去实现。这样,即使是有朝一日天上掉下馅饼,得到了施展才能的机会,恐怕也因才疏学浅而无法胜任。可见,人的命运不到最后一刻确实是很难说的,不要轻言放弃,要甘于在寂寞中等待,在等待中把握机会,大器晚成是没有什么时间限制的。

当然,人在年轻的时候精力旺盛,身体状况良好,这为成功奠定了一定的基础。可是,年龄增加并不意味着智力衰退,不再有成功的可能。医学研究证明,人的心智在50岁时还正年轻,而且仍在成长,脑力活动直到60岁才达到巅峰,80岁以后便衰退了。科学告诉我们,成功是一生的事,是不分年老、年幼的。不仅幼年、童年、少年能取得意想不到的成绩,中年、老年同样可以大有作为。

然而,许多人已经习惯于接受"神童"一类的成功,却无法相信白发苍苍、已近垂暮之年的老人也会有意想不到的收获,就像人们总是习惯于赞颂喷薄而出的朝阳而伤怀逐渐西下的落日一样。

偏偏生活总爱与人开些出乎意料的玩笑,许多被人们认为老之将至的人却青春勃发,取得了令人羡慕的成绩。

看过世界名著《唐·吉诃德》吗?当你感慨这部不朽之作的伟大和神奇时,你是否想到它的作者塞万提斯是53岁才开始著书的?而且,他的一生坎坷曲折,负债累累,左手曾在一场战争中受伤致残,虽然多次承担公职,但却都是"七品芝麻官",还被囚禁过。这样一个命运多舛的人还有可能成功吗?一般人都不敢对他的半生命运做出美好的推想。然而,他成功了!他的书一下子风靡世界,并且经久不衰,长达350年之久。

生活中这样的例子俯拾皆是。一位家庭主妇,从前没有学过任何服装设计的知识,50岁以后开始学习,竟然成为杰出的服装设计师。有的人中年之后才进医学院学习,成了名医。也有人退休后才进了法学院,现在已是优秀的律师……所有的事例都告诉我们,大器可以晚成,成功不分先后。

但是,坐享其成的人是不会成为大器的,即使年纪再大也将一事无成,因为他懒惰,他不珍视现在,不抓住一切学习的机会。

诸子百家 —— 道家

第四章　墨家

第一节　墨家史话

一、墨家概说

墨家是先秦诸子百家中重要的学派之一,在当时和儒家一起并称为先秦时代的两大"显学",有"非儒即墨"之说。墨家因创始人是墨翟,世称墨子,故而这一学派被称为墨家学派。

《汉书·艺文志·诸子略》中说:"墨家者流,盖出于清庙之守。茅屋采椽,是以贵俭;养三老五更,是以兼爱;选士大射,是以上贤;宗祀严父,是以右鬼;顺四时而行,是以非命;以孝视天下,是以上同;此其所长也。及蔽者为之,见俭之利,因以非礼,推兼爱之意,而不知别亲疏。"此说墨家出自清庙之守,即巫祝,巫祝是管理庙中事物,演习郊祀或其他祭祀礼仪的人,也有说墨家出于武士。其实,墨家主要来源于社会中、下层手工业者,墨家思想也在一定程度代表了"农与工肆之人"的利益。

《淮南子·要略》载:"墨子学儒者之业,受孔子之术",可见墨家是从儒家分出来的。但墨家的主张和儒家是针锋相对的,儒家主张"爱有差等",墨家则主张"兼爱";儒家信"命",墨家则"非命";儒家鄙视生产劳动,墨家则强调"不赖其力者不生";儒家"盛用繁礼",墨家则俭约节用;儒家严义利之辨,墨家则主张"义,利也";儒家希求"穷则独善其身,达则兼济天下",墨家则"摩顶放踵,利天下为之",如此等等。具体来说,墨家主张"兼爱",反对儒家从宗法制度出发的亲疏尊卑之分。兼,视人如己;兼爱,即爱人如己,"天下兼相爱",就可达到"交相利"的目的。政治上主张"尚贤""尚同"和"非攻",反对世卿世禄制度,反对各国之间以掠夺为目的的不义之战,认为任用官吏要重视才能,打破旧的等级观念,使"官无常贵,而民无终贱";经济上主张强本节用,要求"节葬""节用",反对奢华的生活方式以及礼乐制度;思想上提出尊天事鬼,同时又提出"非命"的主张,强调靠自身的实力从事。

墨家不仅是一个思想学派，还是一个有着严密组织和严格纪律的民间团体，其徒属从事谈辩者，称"墨辩"；从事武侠者，称"墨侠"；领袖称为"巨（钜）子"。按墨家的规定，被派往各国做官的墨者，必须推行墨家的政治主张，行不通时宁可去职。另外，做官的墨者要向团体捐献俸禄，做到"有财相分"。墨家讲究"任侠"，相传"墨子之门多勇士"，而"墨子服役百八十人，皆可使赴火蹈刃，死不旋踵"（《淮南子·泰族训》），功成不受赏，施恩不图报，说明了墨家理想人格的侠肝义胆。墨家尤重艰苦实践，以自苦励志。"孔席不暖，墨突不黔"，"短褐之衣，藜藿之羹，朝得之，则夕弗得"，"摩顶放踵利天下，为之"（《孟子·尽心上》），"以裘褐为衣，以跂蹻（草鞋）为服，日夜不休，以自苦为极"，生活清苦是墨家的真实写照。墨家纪律严明，相传"墨者之法，杀人者死，伤人者刑"（《吕氏春秋·去私》）。

墨家代表著作是《墨子》，由墨子的弟子根据授课笔记编撰而成。《汉书·艺文志》记载墨家著作八十六篇：《墨子》七十一篇、《胡非子》三篇、《随巢子》六篇、《我子》一篇、《田俅子》三篇、《尹佚》二篇，墨家著作在六朝以后逐渐流失，仅有《墨子》五十三篇存世。

墨子死后，墨家分裂为三派，有相里氏之墨，邓陵氏之墨，相夫氏之墨，活动于战国中后期。至战国后期，汇合成二支：一支称为后期墨家，注重认识论、逻辑学、数学、光学、力学等学科的研究，对前期墨家的社会伦理主张多有继承，在认识论、逻辑学和自然科学方面成就颇丰；另一支则转化为秦汉社会的游侠。战国以后，墨家已经衰微。西汉时，由于汉武帝的独尊儒术政策、社会心态的变化以及墨家本身并非人人可达的艰苦训练、严厉规则及高尚思想，墨学渐趋式微，由显学逐渐变为绝学。但是，墨家精神并未失传，汉代以后的侠士是墨家"兼爱"精神的继承者。中国文化中匡扶正义、平等互助的侠义精神，在很大程度上得墨家精神的真传。

二、墨子其人

墨子，生卒年不详，一般认为，墨子生于公元前 476 年左右，卒于公元前 390 年左右，也有人考证说墨子大约出生在周敬王四十年（公元前 480 年）左右，卒于周威烈王六年（公元前 420 年）左右。墨子名翟，鲁小邾国（今山东省滕州市）人，战国时期著名的思想家、教育家、军事家，也是先秦诸子中唯一的自然科学家。墨子是墨家学派的创始人，并有《墨子》一书传世，其事迹，分别见于《荀子》《韩非子》《庄子》《吕氏春秋》《淮南子》等书。

《史记·孟子荀卿列传》中说："盖墨翟宋之大夫，善守御，为节用。或曰并孔子时，或曰在其后。"墨子自称是"鄙人"，被人称为"布衣之士"和"贱人"，他"量腹而食，度身而衣"，吃的是"藜藿之羹"，穿的是"短褐之衣"，足蹬"跂蹻"。墨子出身平民，可能是小工业者,精通手工技艺,可与当时的巧匠鲁班相比。据说,他制作守城器械的本领比鲁班还要高明,曾经在楚惠王面前与鲁班互比攻守城池的技术,结果斗败了鲁班。墨子曾做宋国大夫,自诩说"上无君上之事,下无耕农之难",是一个同情"农与工肆之人"的士人。墨子以"为万民兴利除害"为自己的使命,游说诸侯,谋求制止战争,安定民生。相传墨子曾阻止强大的楚国进攻弱小的宋国,说服鲁阳文君停止攻郑。他"南游使卫",宣讲"蓄士"以备守御,又屡游楚国,献书楚惠王,后又离开了楚国。墨子晚年来到齐国,企图劝止齐将项子牛讨伐鲁国,但没有成功。

墨子曾经从师于儒者,学习孔子之术,称道尧舜大禹,学习《诗》《书》《春秋》等儒家典籍,但后来逐渐对儒家的烦琐礼乐感到厌烦,认为儒家"夫繁饰礼乐以淫人,久丧伪哀以谩亲,立命缓贫而高浩居(傲倨),倍(背)本弃事而安怠傲"。墨子最终舍弃了儒学,弃周道而用夏政,创立并形成声势浩大的墨家学派。墨子一生的活动主要表现在两方面,一是广收弟子,积极宣传自己的学说,"从属弥众,弟子弥丰,充满天下";二是不遗余力地反对兼并战争,"上说诸侯,下说列士",为"扶危济困"的正义事业而奔波,东汉史学家班固在《答宾戏》中说:"孔席不暖,墨突不黔",又说他"日夜不休,以自苦为极"。可以说,墨子为下层劳动人民争取切身的利益,为解决或减轻他们的贫困和免受压迫之苦而付出了极大的心血。

墨子

墨子有十项主张:兼爱、非攻、尚贤、尚同、节用、节葬、非乐、天志、明鬼、非命,其中以"兼爱"为核心,以"尚贤""节用"为基本点。墨子反对儒家的"天命"和"爱有差等"的思想,认为"执有命是天下之大害",极力主张"兼相爱、交相利",不应有亲疏贵贱之别;提出"非乐""节用""节葬"的主张,反对当权贵族的"繁饰礼乐"和奢侈享乐的腐朽生活;提出"尚贤"和"尚同"的观点,主张任人唯贤,反对任人唯亲,认为"官无常贵,民无终贱";提倡"兴天下之利,除天下之害"的人生理想观。除了政治上的建树和理论上的学说之外,墨子在逻辑学、物理学、光学等领域也有所研究。墨子最早发现了小孔成像原理,而其微分学原理,也比西方要早,因此被西方科学界称为"东方的德谟克利特"。墨子几乎诸熟当时各种兵器、机械和工程建筑的制造技术,并有不少发明创造。在《墨子》一书中的《备城门》《备水》《备穴》《备蛾》《迎敌祠》《杂守》等篇中,他详细地介绍和阐述了城门的悬门结构,城门和城内外各种防御设施的构造,弩、桔槔和各种攻守器械的制造工艺以及水道和地道的构筑技术。

墨子之为人,在当时受到很高的评价。《孟子·尽心上》中说:"墨子兼爱,摩顶放踵利天下,为之",对他"士志于道"十分赞扬。《庄子·天下》中说墨子"好学而博",并且认为他是个以天下为己任、立志救民于水火之中的大好人,由衷地称赞"墨子真天下之好也,将求之不得也,虽枯槁不舍也,才士也夫"!

三、墨徒墨孙

墨子授徒众多。这些墨者坚守墨家之道,在历史的舞台上留下了浓重的一笔。下面我们就来介绍一些著名的墨者。

1.禽滑厘

禽滑厘是春秋时期魏国人,传说是墨子的首席弟子,他的字为慎子。他的后代以他的字作为姓氏,形成慎姓。禽滑厘曾是儒门弟子,学于子夏,自转投墨子后,便一直潜心墨学。

墨子在《所染》里还专门对禽滑厘的为人进行了评价:"其友皆好仁义,淳谨畏令,则家日益、身日安、名日荣,处官得其理矣,则段干木、禽滑厘、傅说之徒是也。"墨子点明表扬的三个人,唯有禽滑厘是他的正宗弟子,由此可知禽滑厘在墨子心中地位之高。墨子在军事战略防御学方面的卓越识见,大都是向禽滑厘讲述然后记录下来的,我们现在能了解墨子在军事学上的贡献,应该好好感谢这个被称作禽子的禽滑厘。

历史上注明的阻止楚国攻打宋国的壮举,就是由墨子导演、由禽滑厘与墨子联袂主演的。主要剧情是,墨子得知楚国在公输盘的帮助下,行将武力进攻宋国,一路狂奔到楚国与公输盘上演"兵棋推演"的好戏,禽子则率领训练有素的墨家军全副武装阵守在宋国城墙之上,公输盘"兵推"失败,自认不是墨子的对手,便打算使出斩来使的卑鄙伎俩,没料到墨子骄傲地说:我的弟子禽滑厘带领众弟兄早已守候在宋城之上,我的全部破敌之法他已烂熟于心,即使杀了我,你去也是送死。楚王与公输盘知道墨子不是空手而来,后方早已布下阵势,准备得相当充分,这才彻底死了掠杀之心。

在这场大戏里,禽滑厘隐身墨子之后,但他却是墨子御敌于前的关键因素。正是有了禽子的防御到位,才最终使楚王放弃了入侵的企图。这看起来好像是救了宋国,其实也是救了楚国。可惜由于史料太少,现在我们不太了解这个墨子高足的详情。

《备梯》里面,非常难得地记载了一点墨子与禽子两人的交往。足见两人感情之深。

禽滑厘面色黧黑,手脚全长满了老茧,三年来紧紧跟随在墨子身边以随时听从召唤,但他却只是整天埋头做事却不敢向墨子提问。墨子深知他的心事,见他一直不问问题,墨子便想了一招,他约了禽滑厘同登泰山,上山后,找些茅草垫好坐上,便拿出酒菜来,要请禽滑厘喝酒。墨子这一举动既是对禽滑厘三年忠心耿耿的表彰,也是想以一个宽松的环境好认真回答他想了解的知识。

禽滑厘对墨子的盛情颇有些意外,只是一再地施礼感谢,却一时不知说什么好。

墨子见禽滑厘不说什么,便主动问他道:"你有什么问题想问我吗?"禽滑厘这才又连拜了几下,说道:"我想问的是守城的方法。"

这一段生活场景的记述至此为止,虽然十分简略,但禽滑厘对墨子恩师如父的恭敬,

诸
子
百
家

墨
家

墨子对弟子的关爱提携之意,却跃然纸上。让人真切感到师徒二人如父子、似兄弟的知遇之情。禽滑厘能在墨子的众弟子中脱颖而出,成为代表性的墨家人物,墨子能对禽滑厘耳提面命,将毕生所学传授给他,正是二人千古知音的见证。

2.公尚过

公尚过,作为墨子的弟子,深得墨子器重。

子墨子游公尚过于越。公尚过说越王,越王大说,谓公尚过曰:"先生苟能使子墨子于越而教寡人,请裂故吴之地方五百里,以封子墨子",公尚过许诺。遂为公尚过束车五十乘,以迎子墨子于鲁。曰:"吾以夫子之道说越王,越王大说,谓过曰:'苟能使子墨子至于越而教寡人,请裂故吴之地方五百里,以封子。'"

子墨子谓公尚过曰:"子观越王之志何若? 意越王将听吾言,用我道,则翟将往,量腹而食,度身而衣,自比于群臣,奚能以封为哉! 抑越不听吾言,不用吾道,而吾往焉,则是我以义粜也。钧之粜,亦于中国耳,何必于越哉!"

这个故事是说,公尚过被派到越国宣传墨家主张,结果让越王对墨家之学叹服不已。越王表示要用五百地的代价礼遇墨子,这足以说明公尚过对墨子思想理解深入,表达清楚,阐发得当,应是深得墨子思想精髓的人。

墨子甚至直接称赞过公尚过,其赞许之词连在大弟子禽滑厘身上都没用过。

墨子南游到卫国,车上装满了书。弟子弦唐子觉得很奇怪,问墨子道:

"我记得老师您曾教导公尚过说,读书只是为了衡量事物的是非曲直。现在您出门带这么多书,又做什么用呢?"弦唐子的意思是说,按您的意思,许多事情的理解是不用从书上去学的,可你自己出行却是带足了书的呀!

墨子说:"殊途同归的道理,流传的时候确实也会出现差错。正是由于人们听到的不能一致,书就多起来了。但像公尚过那样的人,对于事理已能洞察精微,对于殊途同归的道理,已能把握要领,因此就不必事事用书教导了。这有什么奇怪的呢?"

墨子能如此评价公尚过,足以说明他对公尚过理解之深。两个学识上互相信赖之人,无疑是难得的思想上的知己。

3.孟胜

孟胜是东周末年的墨家巨子。其著名事迹是为了守义,与约180名弟子死于楚国阳城君(一说鲁阳文君)的封地。

孟胜与楚国的阳城君是上下属兼好友关系,阳城君外出时令孟胜守护其领地,并将一个叫璜的玉器分成两半当作符,将一半交给孟胜并吩咐他"符合听之"。

楚悼王去世,之前妒恨吴起的众大臣群起作乱要杀这位名将,最后吴起故意伏在楚悼王遗体上,被弓箭射杀,但有些箭也因此射中楚悼王的遗体。楚国有法律,毁坏王尸是大罪,罪连三族。

楚国太子继任,为楚肃王,他要杀光"射吴起并中王尸者",共有70多个家族被牵连。

阳城君也是其中一个参与射杀吴起的大臣,阳城君闻知消息后逃跑。楚肃王要收回阳城君的封地,当然并没有阳城君的"符令"。

孟胜认为受阳城君所托,现在无法守护其属地,必须一死。其弟子徐弱劝告孟胜,认为事已如此,死亦对阳城君无任何益处,且此举将令墨家损失惨重,更有可能"绝墨者于世"。孟胜却认为他与阳城君的关系匪浅,若不死,将来恐怕没人会信任墨者;并认为他会将巨子之位传给宋国的田襄子,不怕墨者绝世。徐弱听了孟胜的话,先去赴死。

孟胜令三个人传巨子之位于田襄子,然后赴死,跟随孟胜赴死者约有180人。三人转告田襄子继任巨子后,又要折返楚国与孟胜共同赴死,田襄子以刚接任的巨子地位命令三人留下,但失败。

从史书上看,孟胜等180多名墨者在徐弱死后到底是战死还是自杀的并没有记载清楚,但以墨家的兼爱和非攻理念来分析,自杀殉城的可能性最大。不管是战死还是自杀,总之在徐弱死后,总计180多名墨者全部殉城就义!血性之义荡气回肠,楚国大地悲壮惨烈。中国人何曾缺少这种血性?中国人何曾缺少这种勇气?

4.田襄子

孟胜死后,宋国的田襄子接任巨子。

古籍对田襄子的记载只有两则,一在《吕氏春秋·上德》,一在《说苑尊贤》,但《说苑》中称为田让,记载了田让与卫王关于招揽士人的对话。

在孟胜因未能守住封地与180个弟子殉难,派两名弟子传话给当时在宋国的田襄子,传话后两名墨者回楚国自尽,但田襄子劝阻,说现为巨子是他们的首领,两名墨者应该听他的话不能去自尽,但两名弟子不听,仍去楚国自尽。孟胜没有反对阳城君参加叛乱,后又同弟子一同为阳城君殉难,作风已远不同墨子,虽有武士的勇气与精神,但所报效的只是他的私人交情,并非墨子要求的报效天下。同时孟胜过于亲近诸侯,也为墨家分裂埋下了一大隐患,墨家精神本为反贵族特权。当中许多墨者必定会反对。从这事能看出田襄子很爱惜弟子的生命,是位不错的巨子。

这一事后墨家地位在楚国也必定受到影响,墨家主流后入秦,但当时墨家早已分裂。秦国虽重用墨家,其实只是利用墨家,因墨家不同儒家中有学说,而是精于守城兵技,崇尚狭义功利主义的秦国,墨家是很好的棋子。墨家入秦,不知是否从田襄子时,《吕氏春秋去私》记载在秦的巨子腹子,其子杀人,秦惠王因腹子年老只有一子而赦免其罪,但腹子大公无私地处死自己的儿子,当时腹子已经在晚年。从这事看腹子大公无私,也是位不错的巨子。但墨家入秦,秦国看重的是守城兵技,并非墨家学说,自商鞅变法后,秦国攻战没停过,在秦墨家要生存就要淡忘非攻学说。《吕氏春秋去宥》记载康姑果为争宠排斥东方墨者谢子,这明显违反了墨家尚贤谦让的宗旨,唐姑果不知是否巨子,但能靠近秦惠王也应该是很有地位的人物,从此事可知,墨家那时可以说已经名存实亡,早已背离墨子的宗旨与精神。

5.腹䵍

《吕氏春秋·去私》记载:墨者有巨子腹䵍,居秦,其子杀人。秦惠王曰:"先生之年长矣,非有它子也,寡人已令吏弗诛矣。先生之以此寡人也。"腹䵍对曰:"墨者之法曰:'杀人者死,伤人者刑。'此所以禁杀伤人也。夫禁杀伤人者,天下之大义也。王虽为之赐而令吏弗诛,腹䵍不可不行墨者之法。"不许惠王,而遂杀之。予,人之所私也;忍所私以行大义,巨子可谓公矣。

这段的意思是,有个很有名望的墨家叫腹䵍,住在秦国,他的儿子杀了人。秦惠王说:"先生的年岁大了,也没有别的儿子,我已经命令官吏不杀他了。先生在这件事情上要听我的。"腹䵍回答说:"墨家的法规规定:'杀人的人要处死,伤害人的人要受刑。'这是用来禁绝杀人伤人,是天下的大义。君王虽然为这事加以照顾,让官吏不杀他,我不能不行施墨家的法规。"腹䵍没有答应秦惠王,就杀掉了自己的儿子。儿子,是人们所偏爱的;忍心割去自己所偏爱的而推行大义,腹䵍可称得上大公无私了。

按墨家的规定,被派往各国做官的墨者,必须推行墨家的政治主张;行不通时宁可辞职。当首领的要以身作则,腹䵍严于律己,把维护公理与道义看作是义不容辞的责任,墨家精神由此可见一斑。

四、墨家的组织制度

墨家之所以成为春秋战国时期最具实力的一个流派,因为它不仅仅是一个学术派别,它还是一个有组织的团体。可以说,墨家是先秦时代唯一的有严密的组织和鲜明的宗旨的学派。

与其他的学派的松散关系大不相同,墨家有着严密的组织,在组织内部存在着严格的纪律,正是因为组织和纪律的严密,才使得墨家有较强的战斗力和实力,因而在学术流派之外,还是一个凝聚力很强的社会团体。

墨家严密的组织制度对墨家学说的兴盛有着密切的关系,这是历代学者的共识。墨家学派有相当严密的组织,并制定了严格的纪律,墨家的首领称为"钜子",也称"巨子",下代巨子由上代巨子选拔贤者担任,代代相传,类似于上古时期的禅让制;墨家子弟们必须听从巨子的命令,为实施墨家的主张,舍身行道,"赴汤蹈火,死不旋踵";做官的墨者要向团体捐献俸禄,做到"有财相分",一旦做官和墨家的政治主张发生抵牾,宁可辞职也不能背义向禄;巨子掌管团体内部的一切事务,对墨家子弟有惩罚的权力;而且,巨子要以身作则,遵循墨家的制度纪律。

墨子一手创建了墨家组织,《淮南子·泰族训》曾记载:墨子服役者百八十人,由此可见墨家制度之一斑,墨子本人是否担任过巨子,并没有翔实的资料来证明,历史上有记载的是孟胜、田襄子、腹䵍三任巨子。巨子是墨家组织的实际领袖,《庄子·天下篇》这样评价："以巨子为圣人,皆愿为之尸。冀得为其后世,至今不绝。"正是因为巨子制度的存在,墨家才成为一个组织严密的学术政治团体。墨家才得以发展成为"世之显学"。

下面介绍一下墨家巨子制度的特征:

(1)墨者的天命是服从。在《淮南子·泰族训》有记载"墨子服役者百八十人,皆可使赴火蹈刃,死不还踵,化之所至也。"为什么墨家的弟子们不能做到这一点呢?这和墨家严密的组织制度有关系。在作为团体的墨家内部,巨子是最高权威,拥有决断集团事务的权力,在一层层的上下级关系中,下级有对上级绝对服从的义务,这和墨子所倡导的"尚同"思想,在本质上是相同的。

是什么力量让墨家弟子能够做到对巨子绝对服从,忠心耿耿呢?"化"字道出了其中的缘由。墨子《尚同》中说:"上同而不下比""上之所是则必是之,所非则必非之",其实在墨家集团内部,墨家弟子和巨子之间的关系就等同于民众和君上的关系。天子为天下之仁人,因此墨家巨子也是墨家弟子通过选举而确定下来的仁德之人,因而为墨者所拥戴。而且墨家学派的领袖都能够"以身戴行",以身作则,因此才能使墨者们由钦佩而服从。《备梯篇》中就记载:禽滑厘事墨子三年,手足胼胝,面目黧黑,役身给使,不敢问欲。

墨家学派提倡应该自上而下进行改革。墨子认为社会组织起源于天下"一人一义","其人兹众,其所谓义者亦兹众",认为正是大众导致了意见的不统一,因而才有了人与人之间的"交相非"才出现了社会的混乱,因此,只有选举天下贤人为天子、三公、诸侯、正长,按照最上一级的旨意做事,做到"上之所是,必皆是之;所非,必皆非之",这样"天下之百姓,皆上同于天子。"意思是天下思想首先集中于官吏,而官吏又上同于天子,这样才能做到"一人一义",社会才能够安定。

墨家的这种思想,表现在政治上,是推荐弟子出仕,通过弟子在各国为官,来推展墨家的学说。而这种思想表现在墨家集团内部,就是巨子的绝对领导权和下级的绝对服从义务。可以说,墨子就是用他的政治理想和社会主张来管理作为团体的墨家,在一定程度上说,墨家实际上也是一个小的"国家",除了没有土地之外,一切都按照墨子的政治统治主张来进行。甚至可以这样认为,通过墨家这个团体,可以看到国家采取墨家主张施政后的景象。

(2)墨家有严格的"家法"。墨子也是主张遵循"法"的,他在《法仪》中就阐述了自己的这种思想,在墨家内部,墨家纪律的严格性不但体现在法度的严格上,还体现在执行法度的公正上。

墨家纪律严明,而且执法如山,不徇私情,即使巨子本人也不例外。如前文所述的墨家巨子腹䵍杀了犯法的独子,后世的人对此都十分敬佩,认为墨家巨子在执行墨家法度上做到了大公无私。而墨子后世的传人也因此而恪守墨者之法,从而保证了墨家组织的严密性,使得墨家数百年而长盛不衰。

墨家法度的严格还体现在组织的严密性上,墨家组织严密,《公输篇》记载的就墨子为了止楚攻宋,派弟子禽滑厘等 300 人,按照墨子的守御部署,在宋城以待楚国的事情。试想,如果没有严密的组织,在短时间内组织 300 个弟子参与守御的任务,不是能轻易做到的。正是墨家组织的严密性,才保证了行动的计划性、目的性和及时性。

墨家的法度严格还体现在"行义"上,墨家以"兴天下之利"为己任,为此摩顶放踵、甚至牺牲性命也作所不惜。墨家巨子孟胜,守阳城君之托为他守城,然而阳城君参与了吴起的谋反活动,因此而获罪,封地要被收回。孟胜守国无望,就像以死报阳城君,虽然弟子徐弱劝谏他不需要这么做,但孟胜认为在这种情况下,只有死亡才是行墨家之义,于是把巨子之位派人传给宋国的田襄子。孟胜死后,他的弟子 80 余人也不全部自杀。就连那两位受孟胜之托传位给田襄子的使者,返回后也自杀身亡。孟胜在死之前,曾说自己必须选择死的原因:"不死,自今以来,求严师必不于墨者矣,求贤友必不于墨者矣,求良臣必不于墨者矣。死之,所以行墨者之义而继其业者也。"正是这种无畏的牺牲精神,为墨家赢得了良好的声誉,也使墨家不断地发展壮大。

此外,墨家法制的严格性还体现在对出仕弟子的约束上。墨家学派的很多成员都由墨子推荐到各个地方去做官,而这些做官的弟子们把官俸的一部分拿出来交给墨子,作为墨家的经费。墨子曾推荐自己的得意弟子耕柱子到楚国去做官,墨子对耕柱子非常器重,认为他可以担当大任。耕柱子在楚国做官后,他的几位同学前去探望,耕柱子请他们吃饭,每餐仅供食三升,招待并不优厚。这几个人从楚国回来后,告诉墨子说耕柱子在楚国没有得到什么好处。墨子却说:"这未可知。"不久,耕柱子送给墨子十镒金,并说:"弟子不敢贪图财利,以违法纪送死。这十镒金,请老师收下大家共同使用吧!"可见,耕柱子虽然为官,但他的行为依然受到墨家纪律的约束。自己过着俭朴的生活,却主动将俸禄交给墨子公用。可见墨子教育学生之严。

而对于墨家弟子中违反纪律的人,墨子也对他们进行了训斥和管教。如曹公子,墨子推荐他到宋国去做官,然而,他处高位不让贤,有财不分给贫苦人,墨子很生气,认为他这样做不会有好结果。又如胜绰,墨子派他到项子牛处做官,项子牛三次入侵鲁国,他三次跟从,从而违背了墨家非攻的主张,墨子一气之下,派弟子到项子牛处,请求辞退胜绰。

正是墨家制度对出仕弟子的约束性,使得墨家在外做官的人依旧遵从墨家的主张,使得墨家的政治主张和社会理想得到了有利的推行。

(3)巨子在墨者集团中的绝对权威。在墨家集团内部,一切事情都由巨子做主,无论是政治上的出仕或者辞职,还是集团内部的财物(在外做官的、富裕的墨家弟子要按时向团体缴纳一定数额的俸禄和钱财),都由巨子操纵。另外根据史料记载,巨子还负责组织墨家弟子帮人守城,由禽滑厘在墨子的授权下率领三百墨者帮助宋国守城防御楚国就可以看出来。

在巨子的任命上,一般来说,后世巨子是前任巨子所指定的对象,当然这种指定是以道德、技能、品行等各方面都具备为标准的。此外,巨子一般都是终身制,巨子之间的职

诸子百家——墨家

位传承有点类似禅宗的衣钵相传。

墨家因为有了巨子制度、严密的组织、严格的法律,才成为一个区别于当时学术流派的政治学术团体。而坚守墨家之法、大公无私、行侠仗义、英勇无畏的墨家特征,使得墨家更具有了一种慷慨悲壮的豪迈。

如果说儒家"用之则行,舍之则藏"的处世方式,是一种圣贤的智慧,那么墨家"死不旋踵"的执着则是一种豪杰气概。

五、学术和政治相结合的墨家

在春秋战国时期,百家争鸣。墨家的主体思想是"兼爱非攻",这种切合下层民众的利益。因此,墨家也比其他思想更容易流传。

墨家是一个学术和政治相结合的团体。墨者所从事的是一般游士们共同的事业:首先通过学习完成学业,然后四处游说自己的主张,希望通过自己言行和辩才影响诸侯各国君王,为自己政治理想找到推行的现实条件,而且争取出仕做官实现自己的政治主张以建功立业。墨家也不例外,墨子本人就到过楚、鲁、卫等国进行游说,而且,他还推荐很多自己的弟子到各国去做官。从这个层面上说,墨家和同时期的其他学术流派没有什么差别。

墨家之所以成为先秦显学,与它的政治和学术相结合的特征是分不开的。如果墨家只是停留在学术团体这个层面上,最好的结果也不过是成为一个较为优秀的流派。

墨家的政治主张,不仅提出了具有古代空想社会主义性质的社会理想,而且还进行着与这种社会理想相应的政治实践行为,这就是墨家作为政治团体的主要原因。

墨家学习儒家,墨子也聚徒讲学,但墨子聚徒不仅仅是简单的传授知识,宣扬自己的学说,更重要的是墨子把自己的弟子组织成为一个类似宗教式的集团。而且这个集团是用墨家教义、巨子制度、严格的修身磨炼等准宗教方式所凝集而成的一个稳定的行动集团。在这个团体内部,墨子的思想、政治主张、社会理想在这个"微型社会"里实际上得到了实践。

墨家的巨子制度,是体现墨家是一个有组织的政治学术团体的一个方面。在墨家内部,最高领袖为巨子,巨子是由墨家在弟子中公认的贤者,巨子具有强大的人格魅力和道德操守。墨家所有的成员对巨子的有绝对服从的义务。墨家作为政治团体还体现在墨家有自己的教义和制度,墨家以"兼爱非攻"为思想核心,以"利天下之大义"为奋斗目标,墨家弟子们无论出仕与否,都要遵循这个原则,在墨家的教义和官职、俸禄、甚至生命之间出现矛盾时,选择墨家的"义"是每个成员必须做的,墨家制度的严格也是非常著名的,违禁者轻则开除,重则处死。此外,墨家的政治团体性质还体现在墨者们严格的修身磨炼中,墨家子弟平时一律吃"藜藿之羹"这类的粗糙食物,穿"短褐之衣",足登麻或木

諸子百家 —— 墨家

677

制的"歧矫",生活极其简朴,有后世学者认为墨家的这种修身磨炼类似于标准宗教团体,然而墨者们修身的本意并非是皈依宗教,而是以艰苦的生活方式来锻炼自身,为了更好地推行墨家的政治主张。

由上所述,可以给墨家一个这样的定义:学术政治团体。这与同时代的其他诸子百家们有着根本上的差别。

春秋战国时期,墨子的学说主要在平民百姓中流传。墨子本人就是小手工业者出身,墨家的绝大部分弟子都来自下层民众,而且墨家历代的巨子也都基本都出于身下层庶民。作为庶民,想要在政治上得到的地位是困难的,因而墨子所创立的墨家在一定程度上带有宗教色彩的政治性,墨者们在学习结束后可以被推荐到各地做官。

巨子在墨家团体内部,就类似教主的地位,率领墨者进行政治活动,墨家组织的许多特点就体现出了这种团体性。

墨家提倡简朴的生活方式。墨子把大禹当作是墨家所效仿的圣人,因而处处以大禹的精神作为墨家遵循的典范。在墨家内部,弟子们必须着短衣草鞋,昼夜工作不休息,以吃苦做事为高尚行为。如果弟子们受不了生活条件上的简朴和行为上的艰苦,就是违反大禹的遗教,违反了墨家的教义,也就不配称为墨者。

墨家法度严格,墨者必须遵守。墨家团体内部实行巨子制,巨子拥有绝对的权威,墨者尊巨子为圣人,对巨子的命令有绝对服从的义务,巨子对墨家弟子们有支配和惩罚的权力。墨家所有的弟子都要遵从墨家的制度,即使是巨子本人也不例外,墨家的巨子腹䏐,他的儿子在秦国杀了人,在秦王已经赦免其罪之后,腹䏐还是按照墨家的法度亲手处死了他。墨家的法度之严由此可以得到体现。

墨者卫道,可以不惜牺牲性命。孟子曾这样评价墨子,说他"摩顶放踵,利天下为之",这是对墨子行为的最好描述,为了推行自己的主张,墨子曾步行十天十夜去楚国阻止楚王攻打宋国,这种将生死置之度外的无畏精神,体现了墨子行道的伟大情怀;而墨家弟子们也是用行动实践着墨子的道义,巨子孟胜替人守城战死,从死弟子185人,这种慷慨赴死的豪迈行为,使得墨家成为当时最受信赖的一个团体。而那些违背墨家道义的墨者们,即使是备推荐出仕,在各地做官,墨子也一样对他们进行警戒和惩罚,墨子弟子腾绰,被推到齐国做官司。腾绰跟从主人作战勇敢,墨子责备他违背"非攻"的思想,于是就叫他辞官回来。

兼相爱,交相利:在墨家团体内部,墨子主张分财互助,那些有余力余财的人应该扶助贫乏人。墨家的弟子在外做官所得的俸禄,必须分出一部分来作为墨家活动的费用。除此之外,墨子还在墨家内部推行自己的兼爱主张,要求墨家弟子之间要相互友爱、帮助。

通过上述这些特点,我们可以看出,墨家的确是一个标准的政治团体,在这个团体内部,所倡导的团队精神,给后世留下了许多宝贵的财富。在处理个人与团体的关系上,墨

诸子百家——墨家

家主张个人与应该服从团体利益、为团体尽心尽力、和团体共荣辱同命运,在处理团体中成员与成员之间的关系上,墨家主张要互相帮助,有能力者主动扶携弱小者,主张成员之间要相互得利。墨子的这些思想即使在今天,也有着积极的现实作用,很多企业管理者在培养团队精神的时候,常常借鉴墨子的这种管理制度和智慧。

墨家作为一个政治和学术相结合的团体,为平民百姓所拥护,所以能不断发展壮大成为"世之显学"。也因此,受到了统治者的猜忌。墨家的家法制度严格,地位超越了国家制度,类似现在的跨国组织,这对统治者的权威是一个挑战。统治者不惜一切打压墨家,使墨家不断衰弱,最终失败,消逝在历史的长河中。但是,墨家的平民思想,依然流传千古。

六、墨家与侠

墨家与侠之关系,源远流长,有解不开的缘。春秋战国时期,尚武、养士之风盛行。历史上著名的孟尝君、平原君、信陵君、春申君等人府中食客数千,其实,食客就是所谓的"士"。士分文士和剑士。文士即谋士,剑士即武士。先秦之侠,是较为纯粹的武士;墨家亦以武士团体为基本组织方式,墨子本人及禽滑厘、孟胜、田襄子等人,都曾是集团的首领,称为"巨子"。墨家门徒有义务对巨子绝对服从,《庄子》载:"以巨子为圣人,皆愿为之尸。"巨子由上代巨子指定产生,代代相传,其相承制度的理论基础是墨子的尚贤思想,墨家巨子孟胜以身殉义前说:"我将属巨子于宋之田襄子,田襄子贤者也,何患墨者之绝世也!"说明在墨家内部是以举贤继任的方法来解决墨家领袖的继承问题的。

墨子是第一代巨子,他以自己的品格、道德力量和领袖地位对墨家弟子具有很大的约束力和威慑力。墨家的部众,被外派的弟子离开所在诸侯国时要回集团报告,从而得到许可,成员从事各种活动的收入和外派为官弟子的收入都要上缴集团,由墨子(墨子死后由巨子)统一掌握,统筹使用,而"墨子服役者百八十人,皆可使赴火蹈刃,死不旋踵"(《淮南子·泰族训》)。由此可见,墨家的团体,与游侠形式中的山寨、帮派等团体之侠相似;而墨家思想中的"兼相爱,自苦以为义"、仗义而为,赖力自强以及"兴天下之利,除天下之害"等内容与侠义精神也是相通的。随着墨家学说的急速消失,墨家学派一部分人也成为隐匿民间的"游侠",墨家的许多思想方法和行为方式,都在游侠的天地里绵延不绝地延续了下来。

(一)墨家行动与侠

墨家的所作所为与侠义精神是相通的,止楚攻宋是墨家对"义"做得最好的诠释。墨家拥有精英的救援团队,在遇到霸权的侵凌跋扈时,他们以实际行动救助弱小者。《墨子·公输》篇记载,楚惠王年间,公输盘帮楚国造云梯准备攻打宋国。墨子听到这一消息,从齐国起程,日夜不停,历经十天,奔走千里,裂裳裹足,赶到楚国见公输盘和楚王,阻止其攻宋。墨子先与公输盘论辩,以兼爱非攻之理折服公输盘,再见楚王阐述兼爱非攻之说。楚王不听,墨子就让公输盘为攻,自己为守,演示战争。公输盘用九种方式攻城,都被墨子瓦解,公输盘用完全部攻城机械,而墨子的守城器械却乃有余。

公输盘欲杀墨子以绝其患,但墨子有备无患,告知楚王和公输盘,自己的弟子禽滑厘等三百人已持自己制造的守城器械,在宋城上严阵以待。这样,楚王才被迫放弃攻宋的企图。当时楚是大国,宋是小国,可以想象,楚国如果攻打宋的话,宋肯定会遭受灭国之灾,肯定是生灵涂炭,血流千里。墨子以一己之力,直言说楚,不但体现他胆识过人,而且还表现了他为了大义而不顾个人生死的英雄气概。这种为国为民的精神正是任侠精神的体现。

墨子之后,墨家巨子孟胜信诺守义死守楚国阳城君的封地,也是墨者侠义思想的体现。战国著名军事家、改革家吴起在楚悼王时改革,《韩非子·和氏》说,他"使封君之子孙三世而收爵禄,绝灭百吏之禄秩,损不急之枝官,以奉选练之士",受到贵族的嫉恨。楚悼王去世后,之前妒恨吴起的众大臣群起作乱要杀吴起,最后吴起故意伏在楚悼王遗体上,被弓箭射杀,但有些箭也因此射中楚悼王的遗体。楚国有法律,毁坏王尸是大罪,罪连三族。楚肃王即位后,他要杀光"射吴起并中王尸者",阳城君也是其中之一。阳城君闻讯出逃,而孟胜作为阳城君的好友,受托守城。孟胜无法守护其属地,认为必须一死,否则将来恐怕没人会信任墨者。他派两个人把巨子之位传给宋国的田襄子,以免墨者绝世。然后殉朋友之义,同时赴死的墨家子弟约有180人。传信之人转告田襄子后,又要折返楚国与孟胜共同赴死,田襄子以刚接任的巨子地位命令二人留下,但失败。可见,墨家救危济困、轻命重气、勇于牺牲的品格,与奋不顾身、舍生取义的侠的行为和作风是一脉相承的。

(二)墨家思想与侠

墨家与侠在思想上的联系,同样也十分紧密。墨家主张"兼爱"和"非攻",即主张平等地爱众生而反对不义之战,"兼爱"包含着平等待人和消除暴力的努力,包含着对强凌弱、众暴寡的指责,包含着"以杀止杀"的"非攻"主张。墨家门人以"兴天下之大利,除天下之大害"为己任,走的是平时节用节俭、参与劳动、储备能力、反对暴政和不义之战并慷慨赴死的"千里独行不归路"。以"兼爱"这种团体的共识为基础,墨子极力宣扬兼爱学说,认为天下的每个人都应该同等地、无差别地爱别的一切人。这和侠的朋友义气及其扩而大之的路见不平的侠义品质颇为相似,"兼爱"正是游侠职业道德的逻辑的延伸。这种道德,就是在侠者的团体内"有福同享,有祸同当"。

同时,墨子主张:"有力者疾以助人,有财者勉以分人,有道者劝以教人。若此则饥者得食,寒者得衣,乱者得治。"(《尚贤》)墨家具有这种悲天悯地之心和爱百姓、爱众生、爱万物的思想,并愿意为之"赴汤蹈火、死不旋踵"。这与司马迁所说的游侠"赴士之厄困"及扶弱济贫、见义勇为、吃苦耐劳的侠义精神是相符的。而墨子所说的"言必信,行必果,使言行之合,犹合符节也"(《兼爱》)的有诺必承、言而有信的行为、人格与《史记·游侠列传》中"其言必信,其行必果,已诺必诚"的侠义之风也是如出一辙的。

总而言之,墨家提倡的"兼爱""非攻"等思想,与倡导平等、博爱、热爱和平、敢于斗争、除暴安良、果敢自信、铁肩担道义的武侠精神实质有着深刻而广泛的内在联系。然而,墨家与侠还是具有相异之处的,如墨家生活简朴,组织严密,纪律严明,而侠的生活自由潇洒,倜傥豪爽;墨家是政治学术流派,有完整的社会政治系统观,而侠多是个体行为,讲义勇之气,鲜涉政治;墨家主张"非攻",为弱小者而战,长于守御,而侠本质好斗,好声誉,重名节,等等。

七、墨家及墨学的流变

(一)墨家后派的发展

墨学是战国时代诸子中的显学,受到当时社会的广泛支持和响应。墨子创学之初,弟子随之者如云,与儒家争辩,不在其下,成为较有实力的学术团体。墨学的弘扬,使许多人加入墨学队伍,据《吕氏春秋·尊师篇》记载:"孔墨徒属弥众,弟子弥丰,充满天下。"《淮南子·道应训》篇说:"孔丘、墨翟,无地而为君,无官而为长,天下丈夫女子,莫不延颈举踵而愿安利之者。"这种评价,反映了当时墨学的显赫地位。

墨子教授弟子时,让学生"能谈辩者谈辩,能说书者说书,能从事者从事",因而形成了墨子弟子中"谈辩""说书""从事"三大派别。墨子死后,墨家学派发生了分化。《韩非子·显学》说:"自墨子之死也,有相里氏之墨,有相夫氏之墨,有邓陵氏之墨。"《庄子·天下》也论述道:"相里勤之弟子五侯之徒,南方之墨者苦获、己齿、邓陵子之属,俱诵墨经,而倍谲不同,相谓别墨。"相里氏西近于秦,是为西方之墨,多为"从事"之徒;"五侯之徒"当在伍子胥之后,居齐,为东方之墨,多授徒讲学之人;邓陵子等无疑是南方之墨,重于谈辩。

东方之墨的活动区域大致在宋、鲁、齐,这里是墨学的诞生地,鲁国"有周公遗风,俗好儒,备于礼,故其民……地小人众,俭啬,畏罪远邪";"宋地……其民犹有先王遗风,重厚多君子,好稼穑,恶衣食,以致蓄藏";而齐国"俗宽缓阔达,而足智,好议论,地重,难动摇","其士多好经术,矜功名,舒缓阔达而足智"。在如此之风影响下,加之齐国倡导学术自由、重实践、主节用的墨学自然根深蒂固,东方之墨者直接受承墨子衣钵,讲学布道,基本保持了墨家学派形成时墨子的所有主张,代表人物有田鸠(亦即田襄子)、五侯等。

三派之中,当属西方之墨最盛。西方之墨的活动区域大致在秦统治地区,秦为图霸业,广纳人才,墨家之徒也争相到秦国来。秦惠文王时,墨家巨子居秦,墨学中心已转入秦国。墨学思想体系中尚同、尚贤、节用和非儒等思想符合秦人轻宗法、重实利的功利主义价值观,这成为墨学流行秦国的思想基础。另外,秦国屡受北方少数民族的侵扰,墨者擅长城防技术，他们的军事才能和牺牲精神自然会得到秦统治阶层的垂青。

墨子晚年游楚，卒于楚之鲁阳（今河南鲁山），楚是墨子最后的活动中心，南方之墨者由是兴盛，代表人物苦获、己齿、邓陵子都是楚人。从《庄子·天下篇》看，南方之墨者俱诵《墨经》，《墨经》又称《墨辩》，盖多为名辩之士。"辩"是南方之墨的特征，《墨经》是其经典。

《韩非子·显学》中说墨家后学各派"取舍相反不同，而皆自谓真墨"，而称别派为"别墨"。墨家后学各派虽有师承关系，各派主张有交叉、有融合，但各地墨者各立派系，各事活动，各求所用，认为自己是墨家正统而视政见不同者为异端。

（二）墨家及墨学的衰微和承传

秦人焚书，子学不传；汉初复学，儒家独尊。秦始皇统一中国后，起初试图实现秦文化与诸子百家学术文化的兼容，对吕不韦肇创《吕氏春秋》精神加以继承，然而后来又焚书坑儒，实行文化专制主义政策，使各家学术受到严重摧残，墨家自然也不能幸免。墨家重视纪律和组织，甚至具备军事功能（防御守城），这样的组织必然不见容于统一之后的秦帝国。《庄子·天下》评墨子谓"其道大觳"，"反天下之心，天下不堪。墨子虽独能任，奈天下何"！东汉哲学家王充也认为墨学"虽得愚民之欲，不合知者之心"。同时，墨家"非攻""节用""节葬"等主张，自然不利于秦之征战四方，威仪天下，加之秦始皇好大喜功，奢靡无度，更不会节用、节葬，正如王充所说："儒道传而墨法废者，儒之道义可为，而墨之法议难从也。何以验之？墨家薄葬右鬼，道乖相反。"墨家主张不合时宜，也就难逃被焚之命运了。

自汉朝起，"视墨同儒"的学术观念流行，妨碍了墨学的研究和流传。儒墨学说虽有诸多相异点，但亦有诸多相似点。《淮南子·主术训》中说："孔墨皆修先圣之术，通六艺之论"，道出了汉人儒墨同源的认识，更何况墨子也确曾"学儒者之教，受孔子之术"，《墨子》书中的《修身》《亲士》《所染》三篇讲的都是儒家言论。由此可知，尽管战国以儒墨相非，但两学派因有着共同的思想渊源和基础，所以秦汉以后墨家思想在一定程度上被儒学吸收，在儒家受推崇的当时，无疑越来越丧失其独立性和识别性。至汉武帝罢黜百家，墨家完全被打入政治冷宫，逐渐式微，几乎息绝，在长达数千年的封建社会，墨学一直处于湮没无闻的状态。

直到近代，以晚清倡导"经世致用"之实学为契机，"墨学比附西学"的观念冲击了传统的儒家观念，为近代西方科学文化的传播找到了来自传统的依据，墨学研究特别是《墨辩》研究大兴。现代，墨学受到进步思想家与民主革命派的青睐（如梁启超、章太炎、鲁迅、胡适、《民报》），治墨学者，络绎不绝，似有墨学复兴之势。究其缘由，是因为墨学蕴藏着民粹主义与平等博爱的思想因子，如墨家"强必富，不强必贫；……强必宁，不强必危"的生存观，"人无长幼贵贱皆天之臣""官无常贵，民无终贱"的平等思想。

当下，墨学研究重新启动与深化，取得了突飞猛进的发展。墨家思想在当下仍具有极大的影响与意义,如墨家的"兼爱"思想,要求人们平等互爱,互相援助,体现了提倡平等的民主思想;墨家提出"非攻",反对互相侵伐,树立起了和平主义的旗帜;墨家的"尚贤"思想,提出"不党父兄,不偏富贵,不嬖颜色"的用人之道,不仅树立了正确的道德价值取向和人才观,而且对于激励人们加强自我修身、力争成为贤者有积极作用;墨家的"节用""节葬"思想,崇尚廉洁为公和艰苦奋斗,于今而言,依然具有针对性,更值得我们提倡。而墨家在力学、光学、几何学等自然科学方面的贡献,代表了所处时代最高的科学认识水平,更值得今人去研究。墨学作为中国传统文化最有价值的成分之一,未来必定将以其自身独有的永恒价值和普世价值放射出更加夺目的光辉。

梁启超

第二节　墨家名言

太盛难守

《亲士》　今有五锥,此其铦,铦者必先挫。有五刀,此其错,错者必先靡。是以甘井近竭,招木近伐,灵龟近灼,神蛇近暴。是故比干之殪,其抗也。孟贲之杀,其勇也。西施之沈,其美也。吴起之裂,其事也。故彼人者,寡不死其所长。故曰,太盛难守也。

【鉴赏】

"太盛难守",是中华辩证智慧的至理名言。这里,"铦"读 xiān,指锋利。"错",也指锋利。"靡"通"磨",即消磨,损坏。整段话意即,现在有五把锥子,其中一把最锐利,那这一把必定先折损。有五把刀子,其中一把最锋利,那这一把必定先损坏。甘甜的水井先被汲干,高大的树木先被砍伐,灵验的乌龟先被烧灼占卜,神奇的大蛇先被暴晒求雨。比干被殷纣王剖心而死,因为他敢于直言劝谏。孟贲被杀,因为他逞勇。西施遭沉溺,因为她美丽过人。吴起遭车裂,因为他辅佐楚悼王变法。这些人,都死于自己的长处。可见,过于兴盛,难于久守。

"太盛难守",也可以说"过盛难守""最盛难守"和"极盛难守"。"太",即过于、过分的意思。"太盛难守",就是"物极必反",是事物发展的普遍规律,辩证法的核心和精髓。

这段话,从"今有五锥",到"吴起之裂",共列举十个典型事例,从中概括"太盛难守"的普遍结论。这里所运用的论证方式,是典型分析式的科学归纳推理。

墨子运用"太盛难守"的辩证哲学理论,论证其"非攻"主张,劝说强者放弃恃强凌弱的不义之举,跟弱者平等相处,不然将使强者自身受害,自取毁损。《鲁问》载,齐国将要攻打鲁国。墨子对齐国的将领项子牛说:"攻打鲁国,是齐国的大错。从前吴王夫差向东讨伐越国,迫使越王勾践退守会稽山。向西讨伐楚国,迫使楚昭王退守随国。向北讨伐齐国,俘虏齐将国书回到吴国。结果诸侯来报仇,老百姓感到劳苦,不肯为他效力,所以国家灭亡,自己也被杀死。从前智伯瑶攻伐范氏和中行氏,兼并了晋国三家的领土。结果诸侯来报仇,老百姓感到劳苦,不肯为他效力,所以国家灭亡,自己也被杀死。由此可见,大国攻打小国,是互相残害,大国的过失必定反过来使本国受害。"

墨子所谓"大国攻小国,过必反于国"的论述,渗透"太盛难守"的辩证哲理。墨子试图说服齐国将领项子牛,放弃攻伐鲁国的不义之举,指出齐国若坚持"以大攻小"的不义行为,将会使自身受害,无异于搬起石头砸自己的脚。墨子这种辩证的观点,是他服务弱者侠义伦理的哲学基础,今日仍有积极的启发意义。

墨子对"太盛难守"至理名言的论述,酷似《老子》五千言的思维话语系统。《老子》9章说:"揣而锐之,不可常保。"即尖利锋芒,难保久长,跟《亲士》"今有五锥,此其钴,钴者必先挫"意思一样。

《老子》76章说:"坚强者死之徒。""兵强则灭,木强则折。"即坚强者属于死亡之列。兵力强大,会被攻灭。树木强大,会被摧折。《老子》76章说的"木强则折",类似墨子说的"招木近伐"。

《老子》30章说:"物壮则老。"即事物壮大,必然衰老。《老子》44章说:"多藏必厚亡。"即储藏丰厚,必然损失严重。《老子》40章说:"反者道之动。"即道的运动,是向相反的方向转化。这都跟《亲士》"太盛难守"的意义相同。

《庄子·天下》说老子"以柔弱谦下为表","曰坚则毁矣,锐则挫矣"。元吴海《闻过斋集·读墨》说:"'锥'、'刀'、'井'、'木'之喻,'其所长','大盛难守',则老氏之意。"墨子对"太盛难守"的概括,与老子的辩证哲学互相渗透,体现了当时朴素的辩证观,并对后世产生了深远的影响。

《管子·重令》说:"天道之数,至则反,盛则衰。"《战国策·秦策三》说:"日中则移,月满则亏,物盛则衰,天之常数也。"《吕氏春秋·博志》说:"全则必缺,极则必反,盈则必亏。"《吕氏春秋·大乐》:"极则复反。"《鹖冠子·环流》:"物极必反。"《史记·田叔列传》:"月满则亏,物盛则衰,天地之常也。"《滑稽列传》:"乐极悲来,物盛则衰。"《平准

诸子百家——墨家

书》："物盛则衰。"《淮南子·泰族训》："天地之道,至则反,盛则衰。"《淮南子·道应训》："物盛则衰,乐极则悲。"

《左传·襄公二十四年》载子产说："象有齿以焚其身。"汉王符《潜夫论·遏利》说："象以齿焚身,蚌以珠剖体。"大象因有名贵的象牙,而被捕杀。蚌蛤因有名贵的珍珠,而被剖体。《淮南子·原道训》说："善游者溺,善骑者堕:各以其所好,反自为祸。"

《红楼梦》第十三回写凤姐听秦氏引俗语说："月满则亏,水满则溢","登高必跌重","乐极生悲","否极泰来","盛宴必散"等。这些可谓是从《亲士》"太盛难守"的思想相承而来。

但在百家争鸣的时代,相似的观点仍然存在着细微的差别,体现了各家侧重点的不同,如《庄子·山木》说："直木先伐,甘泉先竭。"即直挺的树木先遭砍伐,甘甜的水井先被汲干。墨子说"甘井近竭,招木近伐"中的"近",即接近,也是"先"的意思。但《庄子·山木》说"直木先伐,甘泉先竭",更明确强调最先的次序。《逸周书·周祝解》说"甘泉必竭,直木必伐",则更明确强调其必然性和规律性。

"太盛难守",是运用自然界物极必反的规律,类比说明有才者必最先早衰的悲剧,警示人们定要爱惜才德之士,给才德之士创造有利的环境条件,让他们最大限度地发挥聪明才智,避免有才者早衰的悲剧重演。

諸子百家——墨家

江河水非一源

《亲士》 江河之水,非一源之水也;千镒之裘,非一狐之白也。夫恶有同方不取,而取同己者乎? 盖非兼王之道也。是故天地不昭昭,大水不潦潦,大火不燎燎,王德不尧尧者,乃千人之长也。其直如矢,其平如砥,不足以覆万物。是故溪陕者速涸,逝浅者速竭,硗埆者其地不育。

【鉴赏】

"江河水非一源"的名言,是中华民族一体多元辩证思维的活水源头。这里整段话的意思可改写为:长江黄河水,并非只有一个源头。价值千金的裘皮大衣,不是用一只狐狸的毛皮制成的。怎么能与自己不同的意见就不采纳,只采纳与自己相同的意见呢? 这不是兼容天下的大道。所以大地不昭昭为明(而美丑皆收),大水不潦潦为大(而川泽皆纳),大火不燎燎为盛(而草木皆容),王德不尧尧为高(而贵贱皆亲),才能做千万人的首领。像箭一样直,像磨刀石一样平,那就不能覆盖万物了。所以狭隘的溪流干得快,平浅的川泽枯得早,坚硬的土地不长五谷。

在这整段话的中间,有一个关键词"兼王之道",其上下文都是这一关键词的解释发挥。这整段话,可说是墨子关于"兼王之道"的宣言书,反映了墨子的最高政治理想。

1911 年的辛亥革命推翻了帝制,从此,中国没有了帝王皇上。但从有文字记载的商周到清代,从知识精英到普通百姓,无不把美好的政治理想寄托于明君。墨子亦不例外。

墨子针对战国时期诸侯割据的社会现实,高瞻远瞩,提炼出恢宏宽阔的"兼王之道",提倡开放兼容的圣王精神,表达了建构兼容和谐世界的理想,对中国文化影响深远。

杂家代表秦国宰相吕不韦,深受墨子影响,也提倡综合兼容的思维方式。《吕氏春秋·用众》说:"善学者假人之长,以补其短。""天下无粹白之狐,而有粹白之裘,取之众白也。"天下没有纯白的狐狸,却有纯白的狐裘,这是由众多狐狸腋下的白皮,综合而成。这跟《亲士》所说"千镒之裘非一狐之白"语意酷似。

杂家又一代表西汉淮南王刘安也继承了这种思维方式。《淮南子·汜论训》说:"百川异源,而皆归于海。百家殊业,而皆务于治。"《淮南子·齐俗训》说:"百家之言指奏相反,其合道一体也,譬若丝竹金石之会乐同也。"众多河流,有不同源泉,都同归于海。各家学说,都有存在价值,就像不同乐器,发出不同声音,汇合为美妙乐章。这跟《亲士》说"江河不恶小谷之满己,故能大","江河水非一源"意思相同。

司马迁转述司马谈《论六家要旨》,认为诸子百家各有长短,应予兼容综合。班固《汉书·艺文志》说,诸子百家"言虽殊,譬犹水火,相灭亦相生也","相反而皆相成也"。由墨子的"兼王之道",到庄子、吕不韦、刘安、司马谈与班固等人的论述,一脉相承,如江河奔腾,一泻千里,使墨子"兼王之道"的兼容精神,得以挥洒流播。

墨子"江河水非一源,千镒裘非一狐"的名言,在流传过程中,语词修饰略有变化,总体上是文字变得更为规范,简练对称,这又反过来促进其流传。唐欧阳询《艺文类聚》卷67 引墨子说:"江河之水非一水之源,千镒之裘非一狐之白。"富有对称美。宋李昉等《太平御览》卷694 引墨子说:"江河之水非一源,千镒之裘非一狐。"有简练之长。

宋潘自牧《记纂渊海》卷55 在"众力易成"标题下引墨子说:"江河之水非一源之流。"在"独力难举"标题下引墨子说:"千镒之裘非一狐白。"与《史记·叔孙通传》所说"千金之裘非一狐之腋"并列。同书卷66 在"积渐"标题下引墨子说:"江河之水非一源而流。"跟《荀子》说"不积小流无以成江河"并列。

明徐元太《喻林》卷61 在"广大"标题下引《墨子·亲士》"江河之水非一源也,千镒之裘非一狐之白也",引《庄子·则阳》说:"江河合水而为大,大人合并而为公",《庄子·徐无鬼》说:"海不辞东流,大之至也。圣人并包天地,泽及天下。"《大乘妙林经》说:"犹如大海,容纳百川。"

《喻林》卷69 在"兼收"标题下引墨子说:"江河之水非一水之源,千镒之裘非一狐之白。"引《史记·李斯传》说:"河海不择细流,故能就其深。王者不却众庶,故能明其德。"明陈耀文《天中记》卷9 引墨子说:"江河不恶小谷之满己也,故能大,是故江河之水,非一源之流。"卷47 引《战国策》说:"千镒之裘非一狐之皮也。"

墨子名言"江河水非一源,千镒裘非一狐"的中心思想,是提倡兼容并包,兼收博采。

这些思想广泛流传,深入人心,使开放兼容精神,成为中华文化的优良传统和固有内涵。

从中国历史的发展看,只有开放兼容,国家才能富强。中华民族自古便有兼收并蓄、博采众长的智慧。墨子"江河水非一源"的开放兼容精神,一脉相传,延续至今,亟须继续发扬光大。

染苍则苍,染黄则黄

《所染》 子墨子见染丝者而叹曰,染于苍则苍,染于黄则黄。所入者变,其色亦变。五入必,而已则为五色矣。故染不可不慎也。非独染丝然也,国亦有染。……非独国有染也,士亦有染。其友皆好仁义,淳谨畏令,则家日益,身日安,名日荣,处官得其理矣,则段干木、禽子、傅说之徒是也。其友皆好矜奋,创作比周,则家日损,身日危,名日辱,处官失其理矣,则子西、易牙、竖刀之徒是也。《诗》曰:"必择所渐,必谨所渐"者,此之谓也。

【鉴赏】

"染苍则苍,染黄则黄"的名言,比喻国家和士人,应谨慎地选择辅佐大臣与朋友,以便受到好的熏陶与影响。"染丝"是给丝染色,比喻"国亦有染","士亦有染"。

这里整段话的意思是,墨子见人染丝而感叹说,用青色染料染丝,丝就染成青色。用黄色染料染丝,丝就染成黄色。投入的染料变,丝的颜色也变。投入五种染料染丝,丝就能染出五种颜色。因此浸染不能不谨慎。不仅染丝是这样,治国和士人也是同样道理。朋友爱好仁义,淳厚谨慎,恪守法令,家会一天比一天兴旺,自身一天比一天安宁,名誉一天比一天显荣,居官治政也合于正道了。段干木、禽滑厘、傅说等人就是这样。朋友狂妄自大,不守法度,结党营私,家会一天比一天衰微,自身一天比一天危险,名声一天比一天败坏,居官治政也不得其道。子西、易牙、竖刀等人就是这样。《诗经》说:"必须正确选择所受的影响,必须谨慎对待所受的影响",就是这个意思。

"染"本义是染色,沾染,引申为熏染,影响。《诗经》所谓"必择所渐,必谨所渐"的"渐",即影响,渗透。墨子以染丝为比喻,说明国君治国,士人做事,跟周围大臣朋友的影响密切相关。要受到良好的影响,就必须谨慎地选贤使能,任用良才。

墨子看到,创设受熏染的环境条件,对人性改造和知识素养增进具有重要意义。有意识地选择创设良好的环境条件,能使人所受的熏染朝健康方向发展。就像染丝,人通过良好环境条件的教育熏染,改变不好的行为习惯,养成良好的思想品德,对国家人民和个人都是最佳选择。

墨子的环境教育论,以其特有的人性论哲学为基础。墨子认为人性"善少恶多",人性中不好的因素居多。《法仪》载墨子说:"天下之为学者众,而仁者寡。"墨子重视教育的熏染感化作用,主张通过教育熏染,改变人性,劝人由恶变善,"见善必迁"(见《非儒》

诸子百家 —— 墨 家

篇)。

　　墨子重视教育熏染的意义,身体力行,以身施教,用执着专一的精神、精湛的论辩说服技巧,终身从事教书育人的事业。身后百年,弟子仍代有传人,无时乏绝,誉满天下。

　　秦相吕不韦召集六国辩士,编辑杂家巨著《吕氏春秋》,汲取《墨子·所染》的全部内容,写成《吕氏春秋·当染》篇,在末尾补充些许新意,论述墨家从属弟子众多,无数后学显荣天下,并梳理了墨家学术的传承谱系:墨子—禽滑厘—许犯—田系,显示《墨子·所染》篇对中国文化积淀、文明传承的原创价值和巨大影响力。墨子"染苍则苍,染黄则黄"的名言,对当代治国育人,仍有积极的启发借鉴意义。

天下从事,不可无法仪

　　《法仪》子墨子曰:天下从事者,不可以无法仪,无法仪而其事能成者,无有也。虽至士之为将相者,皆有法,虽至百工从事者,亦皆有法。百工为方以矩,为圆以规,直以绳,正以悬,平以水。无巧工不巧工,皆以此五者为法。巧者能中之,不巧者虽不能中,放依以从事,犹逾已。故百工从事,皆有法所度。今大者治天下,其次治大国,而无法所度,此不若百工辩也。

【鉴赏】

　　墨子"天下从事,不可无法仪"的名言,体现了实事求是,尊重规律,按规律办事的科学理性精神。

　　这里整段话的意思是,天下做任何事情的人,都不可以没有法度。没有法度而事情能成功,是不可能的。从士人到将军宰相,都要遵照法度。各种手工业工匠做事,也要遵照法度。各种手工业工匠做方形器物,要用矩尺做标准。做圆形器物,要用圆规做标准。对加工物体取直,要用绳墨做标准。测定建筑物的偏正,要用悬锤做标准。制作平面,要用水平仪做标准。

　　无论是巧匠或一般工匠,都以这五种设备做标准。巧匠做事,能完全符合标准。一般工匠做事,虽然不能完全符合标准,但仿照这五种设备的标准去做,能胜过自己的主观臆测。各种手工业工匠做事,都有规律遵守。如今大如治理天下,其次如治理大国,却没有法度,这还不如工匠聪明。

　　这里,"法"和"仪"是同义词,都表示标准,法度,复合为"法仪"的双声词,同样表示标准。法度,但更有增强语气,加重强调的修辞效果。

　　法,繁体作"灋",《说文》把"法"繁体字"灋"分为三部分解释:"灋,刑也。平之如水,从水。'廌',所以触不直者去之,从去。"可见《说文》把"法"定义为"刑也",即"法"是标准,范型的意思,"刑"借为"型"。三点水偏旁,表示"平之如水",即《墨子·法仪》说的

诸子百家——墨家

"平以水"：制作平面就以水平仪为标准，"从水"，即归于"水"这一类。

"廌"，传说中异兽名，神羊，同"豸"，即解豸，或獬豸，能辨别曲直，见人争斗，就以角触不直者，所以说："'廌'，所以触不直者去之，从去。""从去"，即归于"去"这一类。古代法官戴獬豸冠。《后汉书·舆服志》说，"法冠"，"执法者服之"，"或谓之獬豸冠。獬豸：神羊。能别曲直，楚王尝获之，故以为冠。"胡广说："秦灭楚，以其君服，赐执法近臣御史服之。"照此解释，"法"字繁体的形状结构，就隐含标准、范型之意。

"法"在中国古籍中，是出现频率极高的词。在《四库全书》中有 620 763 次出现。在《墨子》中共有 123 次出现，其中 69 次表示标准、法则、规律的意思。

"法"的一个含义是标准。"百工为方以矩"，即各种工匠做方形器物，都要用矩尺做标准。《经上》第 60 条说："方，柱、隅四权也。"即方是四边、四角相等的平面图形。《经说上》解释说："方，矩写交也。"即方是用矩尺画出的首尾相交的封闭图形。《经下》166条发挥"法即标准"的思想："一法者之相与也尽类，若方之相合也，说在方。"即与一个共同标准相合的东西，都属于一类，这就像与标准的方形相合的东西，都是属于方形一样，论证的事例在于分析方形的相同和不同。

《经说下》举例解释："方尽类，俱有法而异，或木或石，不害其方之相合也。尽类犹方也，物俱然。"即所有方形的东西，都是属于一类，它们都合乎方形的法则，而又有所不同，或者是木质的方，或者是石质的方，都不妨害其方形边角的相合。一切同类的事物，都与方形的道理一样，所有事物都是如此。

"法"的另一个含义是法则，规律。"虽至士之为将相者皆有法，虽至百工从事者亦皆有法"，即从士人到将军宰相，乃至各种工匠做事，都要遵循法则。《经上》第 71、72 条说："法，所若而然也。循，所然也。"即法则，规律，是人们遵循着它，而能得到预想结果的东西。

《经说上》举例解释："意、规、圆三也，俱可以为法。然也者，民若法也。"即人按照圆的定义，使用圆规，或模仿标准圆形，都可以作为画圆的法则。人的行动之所以能取得预想结果，是由于人们遵循规律做事。

"若"，即遵循，依照，符合。《广雅·释言》："若，顺也。"《释名·释言语》："顺，循也。""然"，即结果，特指人遵循一定法则行动而取得预想的结果、效果。"意"，即意念、定义，如"圆，一中同长也"，"圆，规写交也"，是关于"圆"的定义、作图方法，是制圆的法则、规律。这是从各种工匠亿万次操作实践中总结出来的理论，至今仍是正确规范的科学哲学知识。

墨子从手工业工匠亿万次重复的实践经验中概括法则、规律的概念，首先列举"百工为方以矩，为圆以规，直以绳，正以悬，平以水"五个典型事例，从中分析归纳"故百工从事，皆有法所度"的规律性，然后扩及"虽至士之为将相者"，"天下从事者"，"大者治天下，其次治大国"，无不遵循法则、规律做事，始终渗透归纳和演绎结合的科学逻辑精神。

诸子百家——墨家

遵循法则,按照规律做事,胜过主观臆测。这是劳动人民亿万次实践经验证实的规律,是颠扑不破的真理。墨子对规律客观性和绝对性的论述,在《墨经》中得到发展、深化和提升,造就出《墨经》的科学知识体系,成为《墨经》科学精神和科学方法的核心与支柱。

心无备虑,不可应猝

《七患》故仓无备粟,不可以待凶饥。库无备兵,虽有义不能征无义。城郭不备全,不可以自守。心无备虑,不可以应猝。是若庆忌无去卫之心,不能轻出。夫桀无待汤之备,故放。纣无待武之备,故杀。桀纣贵为天子,富有天下,然而皆灭亡于百里之君者,何也? 有富贵而不为备也。故备者国之重也:食者国之宝也,兵者国之爪也,城者所以自守也。此三者,国之具也。

【鉴赏】

"心无备虑,不可应猝",这里"猝",是突然,仓猝,出乎意料。庆忌是春秋时期吴王僚的儿子。吴阖闾杀死吴王僚,自立为王,担心流亡卫国的庆忌纠合诸侯势力讨伐,便派刺客要离,用苦肉计伪装负罪逃亡,因要离右手被砍,妻子被杀,投奔庆忌后便得到了庆忌的信任,后要离把庆忌骗出卫国,在渡江中刺死了庆忌。

"桀无待汤之备故放":夏桀被商汤打败流放。"纣无待武之备故杀":商纣王被周武王打败自杀。"百里之君":商汤原有领地方圆七十里,周文王有领地方圆百里。《孟子·公孙丑上》:"汤以七十里,文王以百里。"

这里整段话的意思是,仓库没有储备的粮食,不可以应付凶年饥荒。武库没有储备的兵器,即使有正义的军队,也不能征讨不义之国。城郭不修筑完善,不可以自卫。心里没有充分的考虑,不能应付各种突发事变。就像庆忌没有离开卫国的充分准备,就不应该跟刺客要离轻易出走,结果被刺死。

夏桀没有对付商汤的充分准备,所以被流放。商纣王没有对付周武王的充分准备,所以被杀。夏桀和商纣尊贵为天子,财富满天下,然而都被方圆百里的小国君主灭亡,是什么原因呢? 因为虽然富贵,却没有充分准备。所以防备是国家的重要大事,粮食是国家的宝贝,武器是保卫国家的手段,城池用来防守,这三者是治国的工具。

整段话先列举国家的四种重要准备:备粟(储备粮食)、备兵(储备武器)、备城(整修城池)和备虑(思想准备)。然后列举虽有富贵,但因无充分准备而失败的三个典型事例:庆忌被刺,夏桀被流放,殷纣王被杀。最后归结到储备准备是"国之重","食者国之宝","兵者国之爪","城者所以自守",这三件是治国的工具。如此完成完整的论证过程。

战国时早有"墨翟之守"的成语流传。《战国策·齐策六》说:"今公又以弊聊之民,距全齐之兵,期年不解,是墨翟之守也。"《史记·鲁仲连邹阳列传》说:"今公又以敝聊之

諸子百家——墨家

民，距全齐之兵，是墨翟之守也。"张守节《正义》说："如墨翟守宋，却楚军。"

"墨翟之守"的四字成语，流传过程中被简化为"墨守"的二字成语，意即"坚固防守"，也叫"善守"，意即"最佳防守"。史称墨子"善守"，"墨守"义同"善守"，墨子以"善守"闻名。司马迁《史记·孟子荀卿列传》说墨子"善守御"。《四库全书》有古籍27卷，出现"墨翟之守"成语28次。396卷出现"墨守"成语500次。872卷出现"善守"成语990次。28卷出现"善守御"成语29次。

东汉经学家何休（129～182）喜好公羊学，著书题《公羊墨守》注说，意为《春秋公羊传》"义理深远，不可驳难，如墨翟之守城也"，就像墨子守城，坚固难犯。郑玄（127～200）针锋相对，著书《发墨守》，反驳何休，见《后汉书·郑玄传》。明清之际黄宗羲《钱退山诗文序》说"未尝墨守一家"。

《春秋公羊传》书影

"墨守成规"成语中"墨守"二字，借用"墨子善守"和"固守"之意。"墨翟之守"和"墨子善守"，在语言应用变迁中，被缩简为"墨守"和"善守"，显示出墨家积极防御的战略战术和军事思想，在中国历史和语言文化中产生了不可磨灭的影响。

俭节则昌，淫逸则亡

《辞过》 凡此五者，圣人之所俭节也，小人之所淫逸也。俭节则昌，淫逸则亡。此五者，不可不节。夫妇节而天地和，风雨节而五谷孰，衣服节而肌肤和。

【鉴赏】

墨子"俭节则昌，淫逸则亡"的名言，是从无数盛衰兴亡的事实中总结出来的历史规

諸子百家——墨家

691

律,具有极其重要的警戒启示作用。

原文"五者",指衣食住行和男女(夫妇)五个方面。"俭节",即节俭。"淫逸",奢侈放纵。

这里整段话的意思是,对于衣食住行和男女(夫妇)五个方面欲望的满足,圣人提倡节俭,小人奢侈放纵。提倡节俭能昌盛,奢侈放纵会衰亡。这五方面不能没有节制。夫妇生活节制,阴阳调和。风雨调节,五谷丰收。衣服节制,身体舒适。

圣人,指道德水平高尚的人。小人,指道德品质水平低下的人。墨子把节俭美德归之于圣人的主张。把淫逸丑行归之于小人的作为。而昌盛和衰亡,则是节俭和淫逸的必然结局。这个论点,有重要的理论和应用价值。

从哲学理论说,"俭节则昌,淫逸则亡"的名言,贯彻了辩证法的适度观点。度是质和量的关节点。适度,就是适中,有分寸。"俭节则昌,淫逸则亡"的名言,出于《辞过》篇。"辞过"二字的意思,是排除过分,反对过分。"辞",是推辞,不要。"过",是过分,过失,过错,错误,特指衣食住行和男女(夫妇)五方面的过失。

墨家中有熟悉军民两用手工业技巧的工匠,有时承揽防御战工程和军事器械制造,辛苦劳累,他们会适量喝酒,以缓解疲劳。墨子是赞同这一点的。《备梯》载,禽滑厘在墨子门下三年,体力和脑力劳动繁重,手掌足底长满老茧,面部乌黑。"役身给使,不敢问欲。"墨子怜悯心痛,以竹管盛酒,怀揣肉干,到泰山上席茅而坐,饮酒谈心。墨子问禽滑厘:"亦何欲乎?"意即还有什么欲望?

墨子强调用理智支配行为,主张适当满足人的生理欲望。汉刘向《说苑·反质》载墨子说:"食必常饱,然后求美。衣必常暖,然后求丽。居必常安,然后求乐。为可长,行可久。先质而后文,此圣人之务。"吃饱、穿暖、安居,满足基本生活需要,再追求美丽快乐的享受,社会才能长治久安。

墨家适当满足欲望的"适欲说",主张满足欲望要适宜有度,有节制,合分寸,蕴涵着丰富哲理。《经下》第145条说:"无欲恶之为益损也,说在宜。"《经说下》解释,"所有欲恶都是有益的",或认为"所有欲恶都是有损的",这两种论点都是不对的,论证的理由在于,欲恶的满足要适度,有节制,有分寸。

有人特别爱吃,但吃过多粟米食品,会伤害身体,因而并非"所有欲恶都是有益的"。有些欲望满足,不会伤害身体、减损寿命,如适量喝酒,对人有益,因而并非"所有欲恶都是有损的"。墨家批评"所有欲恶都是有益的"和"所有欲恶都是有损的"两种论点,指出这二者会分别导致纵欲主义和禁欲主义。墨家的适欲说,指有分寸、有节制地满足生理欲望,不会伤生损寿,有利身体健康,延年益寿。

《经上》第76条说:"讹,穷知而悬于欲也。"《经说上》解释,人的言行之所以会犯错误,是由于没有受理智支配,而受欲望支配的结果。例如某甲想喝毒酒,理智不知道毒酒的害处,这是理智的罪过。假若理智上很慎重,并没有忽视毒酒的害处,但还是想喝毒

诸子百家——墨家

酒,那么他喝毒酒就像吃肉干一样,这种错误是由于受欲望支配,而不是受理智支配的结果。

某乙对搔马是否会被马踢伤,在事前不能确知,他只是想搔就搔了,理智上所持有的怀疑,并不能制止他想搔马的欲望,这时如果他真的被马踢伤了,这种错误同样是由于受欲望支配,而不是受理智支配的结果。

某丙对到墙外去是否会受到伤害,在事前不能确知,即使去了能拾得钱币,也不贸然而去,这是以他在理智上所持有的怀疑,来制止他想拾得钱币的欲望,这种理智上的慎重态度,可以使他避免受到伤害。

考虑"人的言行之所以会犯错误,是由于没有受理智支配,而受欲望支配的结果"这一道理,某甲吃肉干是由于欲望,而不是由于理智的聪明,喝毒酒是由于欲望,而不是由于理智的愚蠢。某乙所干的(搔马)和某丙所不干的(不去墙外),都只是在理智上对自己行为的后果和利害有疑问,算不上深刻的智谋。墨家主张行为受理智支配,不受欲望支配,是少犯错误的理性方法,是认识论上的唯理论。

墨子肯定人天生必有情欲。《辞过》载墨子言,所有活动在天地间,包容于四海内的事物,天地的本性,阴阳的调和,都是自然的存在,即使最圣明的人也不能改变。怎么知道是这样呢?圣人解释说,天地称为上下,四季称为阴阳,人性称为男女,禽兽称为雄雌。这确实是天地间的本性,即使古代圣王也不能改变。

这是肯定从自然到社会,从无机物、动物到人类,普遍存在着矛盾、对立统一的现象,其中包括男女对立调和的本性。墨子叫"人情",又叫情欲。狭义的情欲,指对异性的欲望。广义的情欲,指欲望,即想达到某种目的的愿望。

墨子维护最广大人民的根本权利,即生存权。《尚贤中》载墨子说:"民生为甚欲。"人民最大的欲望,是生存,生存权是广大人民的根本权利。《非乐上》载墨子说,人民有三大忧患:饥饿得不到食物,寒冷得不到衣服,劳苦得不到休息。《尚贤下》载墨子说,贤人之道是,有力赶紧帮助人,有财尽力分给人,有学问耐心教导人,使人民饥饿时能得到食物,寒冷时能得到衣服,混乱时能得到治理,从而世代得以安生。这充分表现了墨学的人民性,渗透着以民为本的思想。

墨子说:"富贵者奢侈,孤寡者冻馁。"统治者的纵欲和"暴夺"(暴力掠夺),导致人民饥寒交迫。墨子尖锐批判统治者在衣食住行男女等方面的纵欲。穿衣,是为"适身体,和肌肤",但"当今之主","其为衣服,非为身体,皆为观好"。吃饭,是为"增气充虚,强体适服",但统治者"厚作敛于百姓,以为美食"。

节俭涉及的哲学理论,包括世界观、人生观、价值观、生态伦理、环境伦理、处世伦理等,都关系国家、民族和个人的盛衰兴亡。

节俭是中华民族的传统美德,中国历来有提倡节俭的传统。《荀子·富国》说:"墨术诚行,则天下尚俭。"李商隐《咏史》诗说:"历览前贤国与家,成由勤俭破由奢。"体现出墨子"俭节则昌,淫逸则亡"这一名言的深远影响。

驾而不脱,张而不弛

《三辩》程繁问于子墨子曰:"夫子曰,圣王不为乐。昔诸侯倦于听治,息于钟鼓之乐。士大夫倦于听治,息于竽瑟之乐。农夫春耕夏耘,秋敛冬藏,息于瓴缶之乐。今夫子曰,圣王不为乐,此譬之犹马驾而不脱,弓张而不弛,无乃有血气者之所不能至邪?"

【鉴赏】

"驾而不脱,张而不弛",是时人程繁批评墨子宣扬"圣王不为乐"的错误论点,忽视人民文化娱乐的片面性倾向。原文"瓴缶",是瓦制瓶罐,农夫高兴时,敲打发声,作为音乐欣赏。"脱"是卸套。

这里整段话的意思是:程繁问墨子,您曾经说:"圣王不听音乐。"从前诸侯处理政事疲倦了,就听钟鼓之乐。士大夫处理政事疲倦了,就听竽瑟之乐。农民春天耕种,夏天除草,秋天收获,冬天贮藏,也敲打瓦盆当作音乐。而您却说:"圣王不听音乐。"这就好比只让马驾车,而不卸套,只让弓张开,而不松弛一样,有生命的人是难以做到的。

在如何对待音乐的问题上,墨子呈现出异常复杂的性格特征。一方面,墨子熟悉音乐,精于乐道,对音乐等艺术活动是内行。《淮南子·要略训》说:"墨子学儒者之业,习孔子之术。"他年轻时受过"儒者之业","孔子之术"的专门训练,其中便包括"乐"在内。

墨子学过"乐",他深谙乐理,做过乐吏,善于吹笙。《礼记·祭统》说:"墨翟者,乐吏之贱者也。"《吕氏春秋·贵因》说:"墨子见荆王,锦衣吹笙,因也。"《艺文类聚》卷44说:"墨子吹笙,墨子非乐,而乐有是也。"可见墨子对音乐等艺术活动的美感功能,还是有所肯定的。

汉刘向《说苑·反质》载墨子说:"食必常饱,然后求美。衣必常暖,然后求丽。居必常安,然后求乐。为可长,行可久。先质而后文,此圣人之务。"墨子所谓的"圣人之务","先质而后文",包括吃饱、穿暖、安居,满足基本生活需要之后,追求美丽快乐的享受,他认为,这样的社会才能长治久安。

另一方面,墨子又"非乐",因为当时统治者大办音乐歌舞,"亏夺民衣食之财",所以"仁者弗为"。《非乐上》解释说:"子墨子之所以非乐者,非以大钟、鸣鼓、琴瑟、竽笙之声以为不乐也。""虽身知其安也,口知其甘也,目知其美也,耳知其乐也,然上考之不中圣王之事,下度之不中万民之利,是故子墨子曰:为乐非也。"墨子"非乐",是非难统治者搜刮民脂民膏,浪费民力,奢侈享乐。

但是,墨子由于愤恨统治者大办音乐歌舞,劳民伤财,也把"非乐"的命题推向了极端。《淮南子·说山训》说:"墨子非乐,不入朝歌之邑。"《史记·邹阳列传》说:"邑号朝

诸子百家——墨家

歌,而墨子回车。"墨子带学生周游列国,听说前方是朝歌,字面意思是一大早就唱歌,马上联想到歌舞,立即驱车返回,不入朝歌之邑。

墨子"非乐",理由是"为乐"亏夺民衣食之财。墨子的价值主体,是劳动人民。劳动人民急需解决的是温饱。从统治者的角度说,音乐等艺术活动给他们以美感享受,但墨子认为这是统治者在挥霍劳动人民的血汗。

程繁列举论据"昔诸侯倦于听治,息于钟鼓之乐。士大夫倦于听治,息于竽瑟之乐。农夫春耕夏耘,秋敛冬藏,息于瓴缶之乐",批评墨子"圣王不为乐"的错误论点,就像"驾而不脱,张而不弛",是有生命的人所做不到的,这是合乎事实、合乎逻辑、合乎辩证法的正确思考。

《礼记·杂记下》记载,孔子学生子贡,跟随孔子看鲁国腊月大祭典,当时举国欢腾。孔子问子贡:"子贡呀,你感到快乐吗?"子贡说:"全国人都这么狂欢,我不知道有什么可乐的。"孔子认为,全国人辛苦劳动一年,才得到这一天的休息和欢乐,是合情合理的事,子贡没有很好地理解这一点。

孔子接着讲了一番大道理:"张而不弛,文武不能也。弛而不张,文武弗为也。一张一弛,文武之道也。"文武,指周文王、武王。张弛,指弓弦的拉紧和放松,这里比喻治国应宽严相济,宽严结合。一直紧张,毫不放松,周文王、武王也做不到。一直放松,毫不紧张,周文王、武王也不愿做。有时紧张,有时放松,是周文王、武王的办法。

"一张一弛",后世变为成语,尽人皆知。现多比喻工作和生活应安排合理,有紧有松,劳逸结合。"一张一弛",有时也说"一弛一张"。东汉王充《论衡·儒增》说:"故张而不弛,文王不为(做不到)。弛而不张,文王不行(不愿做)。一弛一张,文王以为当(认为恰当)。"

官无常贵,民无终贱

《尚贤上》古者圣王之为政,列德而尚贤。虽在农与工肆之人,有能则举之。高予之爵,重予之禄,任之以事,断予之令。曰:"爵位不高,则民弗敬;蓄禄不厚,则民不信;政令不断,则民不畏。"举三者授之贤者,非为贤赐也,欲其事之成。故当是时,以德就列,以官服事,以劳殿赏,量功而分禄。故官无常贵,而民无终贱。有能则举之,无能则下之,举公义,辟私怨,此若言之谓也。

故古者尧举舜于服泽之阳,授之政,天下平。禹举益于阴方之中,授之政,九州成。汤举伊尹于庖厨之中,授之政,其谋得。文王举闳夭、泰颠于置罔之中,授之政,西土服。故当是时,虽在于厚禄尊位之臣,莫不敬惧而惕。虽在农与工肆之人,莫不竞劝而尚德。

"官无常贵,民无终贱"的名言,表达了墨子的民本意识。在官本位的社会里,如此大胆地为人民发声,鸣不平,确属不易。这里"肆",是手工业作坊,店铺。《论语·子张》说:"百工居肆(手工业作坊),以成其事。"《汉书·食货志》说:"开市肆(店铺)以通之。"

这里整段话的意思是,古代圣王执政,任德尊贤。即使是农民、手工业工匠、小商人,只要有能力就推举,给予高爵位,给予厚俸禄,委任重要职务,授予决断权力。如果爵位不高,人民就不会尊敬他。俸禄不厚,人民就不会听信他。无权决断政令,人民就不会畏惧他。把这三项授予贤人,不仅是赏赐贤人,更是希望他把事情办成。所以在当时,按德行任官,依官职授权,按功劳定赏,据功绩分给俸禄。

所以做官不会永远富贵,人民不会始终贫贱。有能力就推举,无能力就罢免。举用公义,避开私怨,说的就是这个意思。所以古时唐尧在服泽北面推举虞舜,授以政事,天下大治。夏禹在阴方地区推举伯益,授以政事,九州安定。商汤从庖厨中推举伊尹,授以政事,谋略实现。周文王从猎人渔夫中推举闳夭、泰颠,授以政事,西方臣服。所以当时,即使禄厚位尊的大臣,都敬慎畏惧而警惕。即使是农民、工人、商人,都争相劝勉,而崇尚道德。

这里,"官无常贵,民无终贱。有能则举,无能则下。""虽在农与工肆之人,有能则举。"这两个名句,说得斩钉截铁,干净利落,可谓彪炳千古,深刻表达出了墨学"以民为本"的光辉思想,体现出墨子作为"劳动者圣人"的学派属性。在中国几千年的文明史中,杰出的知识精英多如繁星,但真正为人民说话,代表"农与工肆之人",即劳动者发声的学派领袖,却寥若晨星。

习惯势力和传统意识,认为"官常贵,民终贱"。墨子反其道而行之,喊出"官无常贵,民无终贱"的负命题,用两个否定词"无",否定了"官常贵,民终贱"的习惯势力和传统意识。

墨子超越阶级和等级的举贤论,对后世有重大影响。《荀子·成相篇》说:"请成相,道圣王,尧舜尚贤身辞让。许由、善卷重义轻利行显明。尧让贤,以为民,泛利兼爱德施均。"把墨子的举贤论,改写为韵文流传。

明儒焦竑、翁正春、朱之蕃《墨子品汇释评》评墨子举贤论说,尚贤则治,不尚贤则乱。此等议论,即吾儒不能易也。清儒曹耀湘《墨子笺》说,墨子生于春秋之末,诸侯大夫皆以世禄而执政。贤人在下位,贫贱而疏远者,没有发挥作用的机会。所以历述帝王举贤于侧,作为后世效法的榜样。

墨家学说,多与儒家不同。而尚贤,则是儒墨之所同。举贤尚贤,确为儒墨思想的对立互渗,是儒墨共同推动中国历史发展的积极因素。

明小不明大

《尚贤下》 而今天下之士君子,居处言语皆尚贤,逮至其临众发政而治民,莫知尚贤而使能,我以此知天下之士君子,明于小而不明于大也。何以知其然乎? 今王公大人,有一牛羊之财不能杀,必索良宰。有一衣裳之财不能制,必索良工。当王公大人之于此也,虽有骨肉之亲,无故富贵,面目美好者,实知其不能也,不使之也。是何故? 恐其败财也。当王公大人之于此也,则不失尚贤而使能。王公大人,有一疲马不能治,必索良医。有一危弓不能张,必索良工。当王公大人之于此也,虽有骨肉之亲,无故富贵,面目美好者,实知其不能也,必不使。是何故? 恐其败财也。当王公大人之于此也,则不失尚贤而使能。逮至其国家则不然,王公大人,骨肉之亲,无故富贵,面目美好者,则举之,则王公大人之亲其国家也,不若亲其一危弓、疲马、衣裳、牛羊之财与? 我以此知天下之士君子,皆明于小而不明于大也。此譬犹喑者而使为行人,聋者而使为乐师。

诸子百家——墨家

【鉴赏】

墨子是中国古代逻辑思想的重要开拓者之一。上列《尚贤下》的原文,"明小不明大",又叫"知小不知大",类似的话在《墨子》的其他篇目中也较为常见。这是墨子对归谬式类比推理的一种概括。归谬式类比推理,是中国古代逻辑(墨辩,辩学,墨家辩学)的核心和主要推论方式。

归谬式类比推理的实质,是揭露对方的逻辑矛盾,以战胜对方。墨子为论证"尚贤"的主张,先从揭露对方的逻辑矛盾入手。墨子说,当今的掌权者王公大人士君子,有一牛羊不会宰杀,一定要找好屠夫。有一布料不会做衣服,一定要找好裁缝。有一病马不会治,一定要找好兽医。有一张弓需修理,一定要找好工匠。这叫"居处言语皆尚贤",即日常生活的小事,都知道尚贤。而遇到治国的大事,却不知尚贤,这叫"明小不明大"("知小不知大")。

《小取》把这种归谬式类比推理,命名为"推",并下定义说:"推也者,以其所不取之,同于其所取者,予之也。"还制定"推"的规则是:"以类取,以类予。""有诸己不非诸人,无诸己不求诸人。"

"治国须尚贤",为对方"所不取"。墨子证明"治国须尚贤",跟"居处言语皆尚贤",属于同类。同类事物有同样性质,应该下同样判断,采取同样态度。既然"居处言语",即日常生活的小事,都知道尚贤,那么,"治国"的大事,就更"须尚贤",这叫既"明于小",又"明于大",既"知小",又"知大",符合"以类取,以类予"和"有诸己不非诸人,无诸己不求诸人"的规则,逻辑一致,合乎逻辑。对方犯"明小不明大"("知小不知大")的逻辑错误,不符合"以类取,以类予"和"有诸己不非诸人,无诸己不求诸人"的规则,自相矛盾,违反逻辑。

《天志下》说，诸侯王公大人，知道闯入人家场园，偷人家桃李瓜姜；翻越人家的墙垣，绑架人家的子女；在人家仓库墙上挖洞，偷窃人家的金玉布帛；翻越人家的牛圈马厩，偷窃人家的牛马；枉杀无辜等，这些是不对的，要处罚。但却把"侵凌攻伐兼并"，说成"义"。这是"知小不知大"（"明小不明大"）的归谬式类比推理。

《天志下》和《非攻上》说，"少见黑曰黑，多见黑曰白"，"少尝苦曰苦，多尝苦曰甘"，是用比喻，形容对方自相矛盾，以及"明小不明大"（"知小不知大"）的荒谬。《非攻上》原文说："今小为非，则知而非之。大为非攻国，则不知非，从而誉之，谓之义。"也是犯"明小不明大"（"知小不知大"）的逻辑错误。

《鲁问》载墨子对鲁阳文君说，世俗之君子，知小不知大。窃一狗一猪，叫"不仁"。窃一国一都，却叫"义"。这就像看见一点白，叫白，看见很多白，却叫"黑"。

"明小不明大"（"知小不知大"），是墨子对归谬式类比推理的概括，"少见黑曰黑，多见黑曰白"，"少尝苦曰苦，多尝苦曰甘"，是用比喻，都是形容对方的自相矛盾，荒谬悖理，也是归谬式类比推理。

墨子还列举跟"少见黑曰黑，多见黑曰白"类似的比喻，如《节葬下》和《公孟》原文所说"禁耕求获"，"负剑求寿"，"无客学客礼"，"无鱼为鱼罟"等，都是形容对方自相矛盾，荒谬悖理，都是属于归谬式类比推理。

鼎盛于前五世纪的墨家创始人墨子，首创归谬法的自觉辩术，是战国前期初具规模、自成体系的应用逻辑，为后期墨家《墨经》总结系统辩学积累了丰富素材。

在西方，归谬法的广泛应用，极大地促进了系统逻辑学的诞生。古希腊芝诺、苏格拉底、柏拉图，都极善运用归谬法，为亚里士多德逻辑的创立准备了条件。归谬法辩论方式dialectic，是辩论术的统称，在西方近代以前，长期兼作逻辑学的总称。

在百家争鸣中，墨子率先运用和总结贯穿矛盾律的归谬反驳方式。《墨经》对"推"这种归谬式类比推理定义和规则的总结，言简意赅。"推"的论证方式，有归谬法的演绎必然性和逻辑性，兼具类比推理的生动形象性，富有说服力与感染力，是辩论的得力工具，行之有效，诸子百家都惯用常用，一直沿用至今。

世人经常争论"中国有无逻辑"，以及"有什么逻辑"的问题，从墨子概括"明小不明大"的术语，到《小取》定义归谬式类比推理的发展脉络，足能找到解决这一争论问题的正确答案。

民生为甚欲

《尚贤中》 今王公大人，欲王天下，正诸侯，夫无德义，将何以哉？其说将必挟震威强，今王公大人，将焉取挟震威强哉？倾者民之死也！民生为甚欲，死为甚憎。所欲不得，而所憎屡至。自古及今，未尝有以此（指民所欲之生不得，而所憎之死屡至）王天下，

诸子百家——墨家

正诸侯者也。今王公大人欲王天下，正诸侯，将欲使意得乎天下，名成乎后世，胡不察尚贤为政之本也？此圣人之厚行也。

【鉴赏】

墨子"民生为甚欲"的名言，是墨子民本人本思想的基本观点。这里"挟震威强"，是挟持和振作威力与强权。"倾者民之死"，是把人民逼上死路。"民生为甚欲，死为甚憎"，是说民众最想生（生活安定，好好活着），不想死（最憎恨死亡，不要把人民逼上死路）。"厚行"，是高尚的德行。

这里整段话的意思是，如今王公大人想称王于天下，做诸侯之长，没有德义，依靠什么呢？那就一定要挟持和振作威力与强权。如今王公大人将怎样挟持和振作威力与强权呢？他们必将把人民逼上死路。民众最想活着，最憎恨死亡。但是他们最想的生却得不到，而最憎恨的死却屡屡得到。从古到今，未曾有用这种方式称王于天下，做诸侯之长的。现在王公大人想称王于天下，做诸侯之长，将要使自己得意于天下，成名于后世，为什么看不到尚贤是为政的根本呢？尚贤是圣人崇高德行的所在。

这里最重要的合理思想，是"民生为甚欲"的劳动人权观。墨学的根本，是重视民生、重视劳动人民的生存权。这是墨子"以民为本"，德治、王道、尚贤观的核心。

"民生为甚欲"，人民第一愿望是生存。《墨子》为这一论点的发轫和范本。《非乐上》说："民有三患：饥者不得食，寒者不得衣，劳者不得息，三者民之巨患也。"《非命下》："必使饥者得食，寒者得衣，劳者得息。"

《兼爱下》说："万民饥即食之，寒即衣之，疾病侍养之，死丧葬埋之，老而无妻子者，有所侍养以终其寿。幼弱孤童之无父母者，有所放依以长其身。"这是儒家"大同"说的源泉和素材。《礼记·礼运》说："使老有所终，壮有所用，幼有所长，鳏寡孤独废疾者皆有所养。"跟墨子的思想相同。

《尚贤中》说："为政乎天下也，兼而爱之，从而利之。"《尚贤下》说："为贤之道，有力者疾以助人，有财者勉以分人，有道者劝以教人，若此则饥者得食，寒者得衣，乱者得治。此安生生。"做贤人的道理，是"安生生"。

墨家"安生生"的理想，反映出最大多数人民的迫切愿望。人民希望世代平安，生生不息，永续繁衍。墨子批判统治者奢侈纵欲，"暴夺民衣食之财"。《辞过》有两句类似对联的话："富贵者奢侈，孤寡者冻馁。"这都是强调最大多数劳动人民的生存权。

一目视，不若二目视

《尚同下》

古者有语焉，曰，一目之视也，不若二目之视也。一耳之听也，不若二耳之听也。一手之操也,不若二手之强也。

【鉴赏】

墨子引用古语说"一目视,不若二目视",是中华民族固有传统认知学说的至理名言,是朴素唯物主义认识论的基本观点,朴素历史唯物论的群众观点和群众路线的萌芽,中华传统文化民主性的精华。

《尚同下》原文的意思是,古时有这样的话,一只眼睛看,不如两只眼睛看。一只耳朵听,不如两只耳朵听。一只手操作,不如两只手强。

墨子在《尚同中》还指出,用别人的耳目,帮助自己视听。用别人的嘴,帮助自己说话。用别人的心,帮助自己思考。用别人的身体,帮助自己动作。帮助自己视听的人多,听见看见得远。帮助自己说话的人多,自己道德声音抚慰的面广。帮助自己思考的人多,能够多谋善断。帮助自己行动的人多,办事效率高。这种议论的前提,是认为群众智慧高于个人智慧,这是朴素历史唯物论的群众观点和群众路线的萌芽。

任何聪明的个人,包括英明的帝王,都应该汇聚群众的智慧,以增长个人的见识。《尚同中》说,数千万里之外,有做善事的,家里人未遍知,乡里人未遍闻,天子得而赏之。数千万里之外,有做坏事的,家里人未遍知,乡里人未遍闻,天子得而罚之。所以遍天下的人,都恐惧振动,警惕自己,不敢做坏事,感叹说:"天子的视听,真神呀!"先王说,自己并不是神,只是汇聚了群众的智慧,上下通情的结果。

《尚同中》载墨子引《诗·小雅·皇皇者华》说,我骑的马,白毛黑鬣。六条缰绳,柔美光滑。快快奔跑,到处访查。我骑的马,毛色青黑。六条缰绳,丝样光滑。快快奔跑,到处谋划。原话"周爱咨度","周爱咨谋",是提倡到各处访察,调查研究。

墨子在中国哲学史上,首次提出检验言论真理性标准的"三表法"。其中要求"下原察百姓耳目之实","观其中百姓人民之利"。即眼睛向下,到社会基层,询问百姓听到什么,看到什么,参考百姓耳目经验,观察言论是否符合百姓人民的利益。

墨子的政治学术主张,特别注意用他总结的"三表法"来检验,观察理论是否符合百姓人民的经验和利益。墨子主张"以众人耳目之情,知有与亡",用百姓耳目经验,确定是非真假。这是墨子民本人本思想的题中应有之义和必然引申,值得今人借鉴。

非人必有易

《兼爱下》子墨子曰:非人者必有以易之。若非人而无以易之,譬之犹以水救水,以火救火也,其说将必无可焉。是故子墨子曰:兼以易别。然即兼之可以易别之故,何也?曰:藉为人之国,若为其国,夫谁独举其国以攻人之国者哉?为彼者犹为已也。为人之都,若为其都,夫谁独举其都,以伐人之都者哉?为彼犹为已也。为人之家,若为其家,夫谁独举其家,以乱人之家者哉? 为彼犹为已也。然即国都不相攻伐,人家不相乱贼,此天下之害与? 天下之利与? 即必曰天下之利也。姑尝本原若众利之所自生。此胡自生? 此自恶人贼人生与? 即必曰非然也,必曰从爱人利人生。分名乎天下,爱人而利人者,别与? 兼与? 即必曰兼也。然即之交兼者,果生天下之大利者与? 是故子墨子曰:兼是也。

【鉴赏】

墨子在春秋末战国初诸子百家辩论的语境中,率先总结辩论学的一般规律“非人必有易”。意思是,要反驳对方的错误论点,一定要先建立自己的正确论点,用来代替对方的错误论点。如果反驳对方的错误论点,而没有自己正确的论点来代替,那就像“以水救水,以火救火”一样,是乱上添乱,恶性循环,一定要避免。

作为这一辩论学一般规律的应用,墨子提出“兼以易别”,即用自己的兼爱学说,来代替儒家别爱的学说。兼爱是整体、普遍、交互、平等的爱。墨子的理想是,全人类都互亲互爱,互利互惠。“为彼犹为已”,即对别人就像对自己。“不相攻伐,不相乱贼”,即不互相攻打,不互相亏害。强不执弱,众不劫寡,富不侮贫,贵不傲贱,诈不欺愚,则得天下大利,无天下大害。

“兼”指整体。《经上》第 2 条说,“体”(部分)是从“兼”(整体)中分出来的。如一个集合“二”中的元素“一”,尺(一个线段)中的端(点),就是“兼”中之“体”(整体中的部分)。每个人是“人”这个整体的一部分,全人类是“兼”,整体,集合。

《说文》:“兼,持二禾。”“兼”在甲骨文、金文中的字形,像人一手握两根稻谷,写成现代的规范字形,失去原来“一手持二禾”素描图画的生动形象性,但仍保有原来“兼”字的意义:兼有、兼顾、整体。

墨家从公元前五世纪创立,到公元前三世纪消亡,在近三百年的发展中,始终明确、彻底地坚持墨子的“兼爱”学说,不断申述墨家的“兼爱”,是尽爱、俱爱、周爱,不分民族、阶级、阶层、等级、亲疏、住地、人已、主仆等差别,包括过去、现在和未来的一切人,都要整体、普遍、交互、平等的爱。

墨子反对儒家的别爱、偏爱、部分爱、差等爱。《耕柱》载儒者巫马子跟墨子辩论说:我跟你不同,我爱邹国人胜过爱越国人,因为越国离我更远。爱鲁国人胜过爱邹国人,爱家乡人胜过爱鲁国人,爱家人胜过爱乡人,爱父母胜过爱家人,爱自身胜过爱父母。

儒者巫马子的“别爱”论,是一个有无数层次的同心圆。个人处于圆心,爱自己的程度最高,然后从父母到全人类,以血缘亲疏和地域远近为区分标准,施爱的程度愈来愈递减。这是极端的个人利己主义,以自我为中心的“偏爱”论。

《孟子·滕文公下》说:“墨氏兼爱”,“墨者夷之爱无差等”。《孟子·告子下》说:“墨子兼爱,摩顶放踵利天下为之。”宋张栻《癸巳孟子说》说:“摩其顶,以至于踵。一身之间,凡可以利天下者,皆不惜也。”《庄子·天下》说:“墨子泛爱兼利。”《尸子·广泽》说:

"墨子贵兼。"

儒家强调爱的差等性。《墨子·非儒》批判儒家"亲亲有杀,尊贤有等,亲疏尊卑之异",批判其强调爱有血缘亲疏、宗法等级的差异。《荀子·天论》说:"墨子有见于齐,无见于畸。"齐指平等,畸指不平等。说墨子只看到平等的一面,没有看到不平等的一面。儒家坚持不平等的一面,是儒家的基本立场。墨家强调平等的一面,是墨家的基本立场。

儒家讲爱的差等观,目的是维护封建宗法等级制度,是中国封建社会延续两千多年的指导思想。儒家的政治伦理观,以维护封建宗法等级制度为依归。《论语·阳货》载孔子说:"唯女子与小人为难养也。"《四库全书》有53处发挥孔子这句话,制造舆论,轻视妇女和劳动者。这种恶劣影响,现在还存在。"小人"与"君子"相对,指劳动者。朱熹《四书章句集注·论语集注》卷九说"小人""谓仆隶下人",即仆人和奴隶。《墨经》明确说男女奴隶"臧获"都要爱,是"兼爱"整体不可分割的部分。

兼爱平等观,是墨家的理想和奋斗目标。曹耀湘《墨子笺·兼爱下》说:"兼爱者,墨氏之学之宗旨也。"皮嘉祐于1898年5月《湘报》第58~60号《平等说》说:"平等之说导源于墨子。"孙中山《三民主义》说:"古时最讲爱字的莫过于墨子。"梁启超《墨子学案》说:"墨学所标纲领,其实只从一个根本观念出来,就是兼爱。"

墨家的兼爱平等观,是墨家的理想和奋斗目标,体现了普遍、彻底的人文精神与人道主义,是引领人性解放的灯塔,鼓舞社会进步的动力。随着社会政治、经济、文化、思想的长期发展,墨家兼爱说的合理性和真理性将愈益显现,会赢得更多人的赞同与实践,这正是墨子总结辩论学一般规律"非人必有易"的初衷和期待。

挈泰山越河济

《兼爱中》今天下之士君子曰:然,乃若兼则善矣。虽然,不可行之物也,譬如挈泰山越河济也。子墨子言:是非其譬也。夫挈泰山而越河济,可谓毕强有力矣,自古及今,未有能行之者也。况乎兼相爱、交相利则与此异,古者圣王行之。

【鉴赏】

"挈泰山越河济",是墨子善譬的好例,广为流传。这里"挈"是举起。"河济"指黄河济水。"江河"指长江黄河。直,是副词,仅,只是。

这里墨子原话的整体意思是,当今天下的士君子说,兼爱好是好,就是不可行,如举起泰山超越黄河济水一样不可行。墨子说,你的譬喻不当。举起泰山超越黄河济水,可以说需要强劲有力,从古到今,没有人能做到。兼相爱,交相利,跟这不同,古代圣王曾做到过,这可从他们书写在简帛、镂刻在金石、雕琢在盘盂、留传于后世子孙的文献中知道。

从逻辑上说,墨子原话贯穿墨家总结的譬喻式类比推论的建立和破斥。先说譬喻式

诸子百家——墨家

类比推论的建立。《小取》说："譬也者举他物而以明之也。"这是譬喻式类比推论的定义。其常用连接词是"譬若""犹""是犹谓"等。《小取》说："是犹谓也者同也。""是犹谓"，意同于"这犹如说"，说明两件事情的相似，类比推论常用的连接词。

论敌（辩论对方）"天下士君子"的论点是，墨子兼爱说的论点，虽然出于"善"心，符合"仁义"，但只是良好的愿望，在现实中做不到。为了从整体、绝对意义上否定兼爱说的"可行"性，就将之譬喻为"挈泰山越河济""以超江河"。凭借人力，"挈泰山越河济""以超江河"，在整体、绝对的意义上是否定的。泰山、黄河、济水和长江的辩论素材，为双方所熟知，自然会用为譬喻。

再说譬喻式类比推论的破斥。墨子反驳说："是非其譬也。"表明对方错误运用譬喻式类比推论，譬喻不当，不伦不类。"挈泰山而越河济""以超江河""自古及今未有能行之者""未尝有"。墨子又列举古籍记载，说明古者先圣四王夏禹、商汤、周文王、武王，都曾实行兼相爱、交相利的事实。

《小取》说："吾岂谓也者异也。""吾岂谓"：意同于"我难道那么说了吗"，说明两件事情的不相似，是反驳对方类比推论时常用的连接词。墨子的话意同于说："吾谓兼爱可行，吾岂谓挈泰山以越河济可行乎？"论敌所谓"兼爱说不可行"，是在整体和绝对的意义上说的，墨子所谓"兼爱说可行"，是在部分和相对的意义上说的，各有部分真理和合理意义。

墨子原创"挈泰山越河济""以超江河"的譬喻词，受到后世学者的关注。《孟子·梁惠王上》载孟子跟齐宣王对话说："挟泰山以超北海，语人曰，我不能，是诚不能也。为长者折枝，语人曰，我不能，是不为也，非不能也。故王之不王，非挟泰山以超北海之类也。王之不王，是折枝之类也。"

孟子把墨子说的"挈"，修改为"挟"，"越河济""超江河"，修改为"超北海"，寓意没有改变。明陈禹谟《骈志》卷20，把孟子"挟泰山以超北海"，跟墨子"挈泰山以越河济"二语并列对偶，作为"骈志"一例，并引墨子的话来解释，传为文坛佳话。

兴利除害

《尚同中》　将以为万民兴利除害，富贵贫寡，安危治乱也。

【鉴赏】

"兴利除害"的名言，是墨子尽力实现的学派宗旨，是古今仁人志士的生活目的论和人生价值观。"兴利除害"，是"兴利"和"除害"一体两面的对立统一。

"兴利除害"的四字成语，在《墨子》中出现两次。《尚同中》说："将以为万民兴利除害，富贵贫寡，安危治乱也。"《大取》说："凡兴利除害也。"

墨子所要兴建的是"天下之利"，所要除去的是"天下之害"。"兴天下之利，除天下之害"的短语，在《墨子》中出现十二次。"兴"，是兴起、兴办、建立。"除"，是清除、革除、去掉。"利"，是利益、好处。"害"，是祸害、害处。

从语法角度说，"兴""除"是句中两个并列动词，"利""害"是动词"兴""除"所施加的宾语、对象。"天下"，是宾语"利""害"的共同形容词。"兴天下之利，除天下之害"，是"兴利除害"四字成语的引申解释。

墨子所有政治伦理的基本论题，如尚贤、尚同、兼爱、非攻、节用、节葬、非乐、非命等，都是涉及天下整体的大计大谋。"兴天下之利，除天下之害"，是墨子创立墨家学派的宗旨、目的、出发点和落脚点。

《兼爱下》载墨子说，仁人的事业，一定努力追求兴起天下的利益，清除天下的祸害。现在天下的祸害，什么最大？回答，如大国攻伐小国，大家侵扰小家，强大劫掠弱小，人多虐待人少，狡诈算计愚笨，尊贵傲视卑贱，这是天下的祸害。又如国君不仁惠，臣下不忠诚，父亲不慈爱，儿子不孝敬，这也是天下的祸害。又如现在贱民，用兵刃毒药水火，互相残害，这都是天下的祸害。

仁人的事业，一定努力追求兴起天下的利益，清除天下的祸害。兼爱是天下的大利。偏爱是天下的大害。兴起天下利益，以兼爱为正确原则。耳聪目明，相互帮助视听。身体强壮，就相互帮忙。有好道理，就互相教导。年老没有妻室子女的人，有所奉养而终天年。幼弱孤儿没有父母的人，有所依傍而健康成长。

兴起天下的利益，清除天下的祸害，国家百姓就能治理好。仁人的事业，一定尽力兴起天下的利益，清除天下的祸害，以此作为天下楷模。对人民有利就做，对人民不利就不做。如今天下的士君子，如果心中确实想兴起天下的利益，清除天下的祸害，对于坚持有命论者的说法，不能不坚决批判。"命"是暴虐君王的捏造，穷极无聊的人照搬，不是仁人的言论。

墨子"兴利除害"的学派宗旨，为古今仁人志士传承效法，在当今社会仍有积极的借鉴意义。

凡兴利，除害也

《大取》 凡兴利，除害也，其类在漏壅。

【鉴赏】

"凡兴利，除害也"的名言，体现利害互相依赖、互相转化的辩证哲理，是积极有为的实践哲学原则。

这句话整体意思是，凡兴办对人民有利的事，都包含革除对人民有害的因素。类似

诸子百家——墨家

的例子是,兴修水利,包含革除水害。"雍",指堵挡洪水的堤坝。

清儒曹耀湘解释说,漏,溃也;雍,塞也;"治堤防者,所以塞水之溃溢。除水之害,即以兴水之利。推之凡为人兴利者,但除其害,而利自在也。"《周礼》郑注,雍,谓堤防止水者也。

《大取》与"凡兴利,除害也,其类在漏雍"表达式并列,共有 13 个同类例句。用公式表示,则为:"所有 S 是 P,其类在 S_1。"或用《经下》的表达格式,可以说:"所有 S 是 P,说在 S_1。"

《史记·滑稽列传》载:魏文侯(前 445～前 396 在位)时,西门豹为邺令,先清除百姓"为河伯娶妇"之害,后"发民凿十二渠,引河水灌民田,田皆溉。"使民"至今皆得水利,民人以给足富"。"故西门豹为邺令,名闻天下,泽流后世,无绝已时。"这是《大取》"凡兴利,除害也"命题的应用事例。用《大取》的表达格式,可以说:"凡兴利除害也,其类在西门豹治邺。"用《经下》的表达格式,可以说:"凡兴利除害也,说在西门豹治邺。"

为天下"兴利除害",是墨家学派学术活动的宗旨和目的,也是其出发点和落脚点。《兼爱下》说:"仁人之事者,必务求兴天下之利,除天下之害。"这是墨家学派创造性和批判性的思想根源。

《鲁问》载,墨子将周游列国,游说诸侯,宣传学说。学生魏越问墨子:"您将要见到四方的君主,您将先说什么呢?"墨子说:"凡入国,必择务而从事焉:国家昏乱,则语之尚贤、尚同。国家贫,则语之节用、节葬。国家憙音湛湎,则语之非乐、非命。国家淫僻无礼,则语之尊天事鬼。国家务夺侵凌,即语之兼爱、非攻。故曰:择务而从事焉。"

这里从"国家昏乱"到"务夺侵凌",是墨子面临的战国课题,是当时社会政治伦理和宇宙人生的重要难题。其中都包含"兴利"和"除害"两个对立方面。"尚贤、尚同"是"兴利";"国家昏乱"是应清除的祸害。"节用、节葬"是"兴利";"国家贫"是应清除的祸害。

墨子选择这十大难题,作为研究主题,提出从《尚贤》到《非命》十大论题的论证,其中都贯穿立和破、建设和批判两个对立方面,表现了墨学"兴利除害"的创造与批判精神。

利中取大,害中取小

《大取》 断指以存腕。利之中取大,害之中取小也。害之中取小也,非取害也,取利也。其所取者,人之所执也。遇盗人,而断指以免身,利也。其遇盗人,害也。

【鉴赏】

墨家从实践中概括权衡利害的原则,利中取大,害中取小,尽力争取向有利于己的选项转化的实践辩证哲学原则,有原创的理论意义。

这里原文整体的意思是,在不得已的情况下,宁肯断掉一个指头,也要争取保存手腕。在利中是取大的，在害中是取小的。所谓"害中取小"，在一定意义上可以说不是"取害"，而是"取利"。所谓"取"，是指人的选择执持。遇到强盗，被迫断掉一个指头，以保全生命，就保全生命这一点来说是利，就遇到强盗，被迫断掉一个指头来说是害。

在利中取大的，不是被迫不得已的，而是自己主动争取的。在害中取小的，是被迫不得已的。在利中取大的，是在尚未存在的事情中，去争取实现某一种。在害中取小的，是在已经存在的事情中，被迫舍弃某一种。

墨家理论的长处，是从实践中总结正确的思维方法。这段话中理论思维的闪光，是从亲身经历的事情中，概括"利之中取大"和"害之中取小"的实践哲学原则，其中包含概念对立转化的辩证思维。

"害之中取小也，非取害也，取利也。"是机智巧妙的辩证思维表达。分明说是"害之中取小"，怎么又说是"非取害也，取利也"呢？这是不是违反了形式逻辑的同一律，自相矛盾，说胡话呢？

其实这是墨者运用辩证思维的一个具体实例，意为在"处理两害相权，取其小"的实践课题时，"取害"的概念，在整体保存和发展的意义上，就转化为"取利"。所以结论说："非取害也，取利也。"即不是"取害"，而是"取利"。

经商办货，途经深山老林，"遇盗人"，劫匪想杀人越货，谋财害命，这是"害"。但假如被迫"断指以免身"，在生命整体保存和发展的意义上，就转化为"利"。因为争得生命整体的保存，可以继续创造发展，才是最重要的。俗话说："留得青山在，不怕没柴烧。"与此意思相似。

《贵义》说："商人之四方，市贾倍蓰（一倍和五倍），虽有关梁（关隘桥梁）之难，盗贼之危，必为之。"商人到四方，经商办货，流通赚钱，是自己的本分。赚取比市价高出一倍和五倍的利润，均属正常。虽有关隘桥梁的困难，盗贼抢劫的危险，也一定要做。

这是超越"断指"的"小害"，而得"免身"后的"大利"。被迫"断指"，是遇"小害"。有"小害"，不如无害，可总结教训，力图避免。所以说："其遇盗人，害也。"

墨家"利中取大，害中取小"的实践辩证哲学原则，是今日辩证逻辑应用研究的先驱，对我们仍有重要的实践启发意义。

两而无偏

《经上》第 85 条欲正权利，且恶正权害。

《经说上》权者两而勿偏。

【鉴赏】

墨家"两而勿偏"的名言，体现辩证法哲学和辩证逻辑的基本原则。这里"权"，是权衡思考。"两",是两面,全面,整体。"偏",是一面,片面,部分。

《经上》《经说上》第85条原文的意思是,正当的欲望,可用来权衡利益。正当的厌恶,可用来权衡害处。权衡思考,要遵守"两而勿偏"的原则,兼顾事物矛盾的两个方面,不要只顾一个方面。

《墨经》用偏、体、特、或表示部分,用兼、二、尽、俱表示整体,认为观察思考有部分和整体两种境界。《经上》第83条说:"见:体、尽。"《经说上》解释说:"特者体也,二者尽也。""见":观察。"体":部分、局部、一面。"尽":整体、全局、两面。"体见":部分观察,"尽见":整体观察。《小取》说:"不可偏观也。"即不能片面观察。

"两而勿偏"的思维方法,提倡全面性原则,反对片面性弊端。任一事物的矛盾,都有正反两面,不是只有一面。这是事物普遍存在的性质,是辩证法世界观的基本观点。根据世界观、认识论和方法论一致的原理,"两而勿偏"的思维方法是正确的,其反面"片面极端"是错误的。

"两而勿偏",是辩证法,俗称"两点论",是正确的世界观、认识论和方法论。其反面,"片面极端",是形而上学,俗称"一点论",是错误的世界观、认识论和方法论。

整体和部分,是反映事物统一性与可分性的一对哲学范畴。整体是部分的有机统一,部分是整体的构成元素。相近术语,在数学上有集合和元素(集合和子集),管理学上有全局和局部,西方哲学史上有全和分,多和一。

《墨经》把整体和部分,叫作"兼"和"体"。《经上》第2条说:"体,分于兼也。"《经说上》举例解释说:"若二之一、尺之端也。"即"体"(部分)是从"兼"(整体)中划分出来的。如数学集合"二"中的元素"一",以及线段中的点。数学集合"二",是"兼",即整体,它兼有其中两个元素"一"。线段(尺)是点(端)的集合,是"兼",即整体,它兼有其中所有"点"(端)的元素。

整体和部分互相依赖和转化。整体不能先于或脱离部分而存在,没有部分就没有整体。部分归属、从属、纳入整体,受整体制约,没有整体就没有部分。整体和部分的区别和界限是相对、可变的。

一个整体,包含部分。整体又可作为部分,归属于更上一层级的整体。部分则可以作为更下一层级的整体,包含再下一层级的部分。整体和部分,是世界观的重要范畴。整体和部分的对立统一,是世界观、认识论和方法论的重要原理。把握整体和部分的对立统一,是正确认识与改造世界的必要条件。

《墨经》对"兼"和"体"范畴的规定,有广泛影响。《庄子·天下》载惠施"历物之意"说:"泛爱万物,天地一体也。""一体"谓整体。世界、宇宙是最大的整体,惠施形容为"至大无外,谓之大一",即大得没有外边,叫"最大的一"。

世界是整体和部分构成的网链。一面大网是整体,一个网眼是部分;一根链条是整体,一个链环是部分。《庄子·秋水》说:"自细视大者不尽。自大视细者不明。"从部分的观点看整体,看不尽整体的全貌。从整体的观点看部分,看不明部分的细节。整体和部分全面观察,既看部分又看整体,既见树木又见森林,才能全面把握真理。这是辩证思维方法的概括。

晋郭象注说,目之所见有常极,不能无穷也,故于大则有所不尽,于细则有所不明,直是目之所不逮耳。眼睛的观察,有固定的局限,在大和小两个方向,都不是无穷的。在大的一方,会有所不尽。在小的一方,会有所不明。宋林希逸《庄子口义》卷六说,自细视大者不尽,管中窥天之类也。自大视细者不明,鹏鸟下视野马、尘埃之类也。整体和部分全面观察,就像并用望远镜和显微镜,有强化和延伸目力的作用。

思维的全面性,要求兼顾整体和部分两面,防止割裂整体和部分的对立统一关系和不恰当地夸大某一方面的片面性。整体考量的思维方法,强调在观察思考中,要把握整体。树立整体观念。

《庄子·则阳》说:"在物一曲,夫胡为于大方?""一曲"与"大方"相对。"曲",指局部。"大方"同"大道""大理",指整体的道理。唐成玄英疏:"方,犹道也。"西晋司马彪注"大方"即"大道"。

《庄子·天下》说,"百家之学"是"得一察焉以自好。譬如耳目鼻口,皆有所明,不能相通,犹百家众技也,皆有所长,时有所用。虽然,不该不遍,一曲之士也"。"得一察",即只看到局部。王念孙解释为:"谓察其一端,而不知其全体。"百家众技,像人的五官,各有各的功能和作用,又都各有局限,不能自以为是,妄称掌握全面真理。"一曲之士",指掌握局部道理的人。

庄子用"望洋兴叹""坎井之蛙""夏虫语冰""用管窥天""用锥指地"等寓言和成语,比喻整体和局部观察两种思维方法的区别。"管中窥豹"的成语,也比喻只见局部、不见整体的思维方法。宋陆游《江亭》诗说:"管中窥豹岂全斑?"元傅若金《傅与砺文集》卷四说:"指一斑以谓全豹不可,而全豹之章,不殊乎一斑。""全豹"和"一斑",是整体和局部的关系,不能"指一斑以谓全豹",需要全面观察。

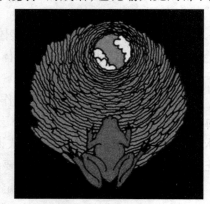

井底之蛙

《荀子·解蔽》说:"凡人之患,蔽于一曲,而暗于大理。"即人的思维方法的祸患,在于受局部道理的蒙蔽,不明白大道理,跟庄子说法一致。《吕氏春秋·去宥》有"不见人徒见金"的故事,见物不见人,财迷心窍,利令智昏,是思维方法片面性的典型。

《淮南子·说山训》说:"桀有得事,尧有遗道。嫫母有所美,西施有所丑。故亡国之

诸子百家——墨家

法,有可随者。治国之俗,有可非者。""视方寸于牛,不知其大于羊。总视其体,乃知其大相去之远。"暴君夏桀有成功之处,圣王唐尧有失败之处。丑女嫫母有美丽之处,美女西施有丑陋之处。败亡之国的法律,有可取之处。治世的风俗,有可非议之处。只看牛身一方寸,不知其整体大于羊。纵观牛整体,才知牛比羊大。这是提倡全面观察,反对片面观察。

《淮南子·原道训》说:"井鱼不可与语大,拘于隘也。夏虫不可与语寒,笃于时也。曲士不可与语至道,拘于俗,束于教也。"不能跟井里的鱼说大海,因为它拘泥于狭隘的环境。不能跟夏天的虫说冰雪,因为它受时令的限制。不能跟片面看问题的人说大道理,因为他受流俗和教养的束缚。这与前面提到的《庄子·秋水》说法一样。

《淮南子·氾论训》说,百川异源,而皆归于海。百家殊业,而皆务于治。今世之为武者,则非文也。为文者,则非武也。文武更相非,而不知时世之用也。此见隅曲之一指,而不知八极之广大也。故东面而望,不见西墙。南面而视,不睹北方。唯无所向者,则无所不通。

众多河流,不同源泉,同归大海。诸子百家,不同专业,同归于治。片面看问题的人,为武者非文,为文者非武,文武之士互相轻视,只见很小的局部,不知世界的广大。人向东看,不见西墙。人向南看,不见北方。这都是片面性的局限,只有克服片面性,才能观察整体。

《淮南子·要略》说:"理万物,应变化,通殊类,非循一迹之路,守一隅之指。"主张认识由一隅到万方,从部分到整体,由片面到全面。事物的部分,叫"一曲""一隅"。思维的片面性,叫"察一曲""喻一曲""偏一曲"和"守一隅"。固执片面认识的人,叫"曲士"。与片面性相反的叫"万方",即全面道理。

刘安认为各家学说,都有存在价值,像不同乐器,发出不同声音,汇合成美妙乐章。他主张求是,即求真理是探求宇宙整体的全面性道理。由主客观条件限制,会引起误观察。如从城上,把远处的牛看成羊,把羊看作猪;不同弧度的镜面,会把面容照成不同的形状。《淮南子》深刻论述了观察的全面性原则。

魏邯郸淳《笑林》有"鲁人执竿"的故事:鲁国有个人拿长竿进城门,先竖着拿长竿,进不去,后横着拿长竿,也进不去,便无计可施了。一会儿有个老人过来说:"尽管我不是圣人,但是见识多,为何不把长竿从中间锯断进去?"鲁国人于是按照老人的建议。把长竿从中间锯断,然后进了城。这是一则笑话。

这位拿长竿进城门的鲁国人和提建议的老人,都没有想到,如果长竿一头朝前,一头朝后,是很容易进城门的。鲁国人采纳老人的建议,把长竿从中间锯断,其实使长竿失去了自身的功用。笑话的主人公,是思维方法片面性的典型。

《资治通鉴·唐太宗贞观二年》载魏征说:"兼听则明,偏听则暗。"唐王之涣《登鹳雀楼》诗:"欲穷千里目,更上一层楼。"即眼睛想看得高远,必须站的位置高。唐韩愈《原道》说:"坐井而观天,曰天小者,非天小也。"即在井里看天,说天小,是受井口空间限制的结果,并非天真的很小。北齐刘昼《刘子·通塞》说:"入井观天,不过圆盖。登峰眺目,极于烟际。"即在井里看天,会误认为天不过像一个圆盖。到高峰上远眺,才能发现天空的远大。这都是说从局部看整体,会看不尽,有限制。宋张孝祥《吴春卿高远轩铭》说:"穴壁而窥,见不盈尺。我登泰巅,洞视八极。"即在穴里看,不超过几尺;登到泰山巅峰,就可以看得更远。

宋王安石《登飞来峰》诗:"不畏浮云遮望眼,自缘身在最高层。"宋刘过《登白云绝顶》诗:"欲穷大地三千界,须上高峰八百盘。"这些都形象地说明大小高低是两种不同的观察境界,只有站得高,才能看得远。

《大般涅槃经》卷32有"盲人摸象"的寓言,是对大象的"体见",即部分观察。清刘献廷《广阳杂记》卷4说:"盲人摸象,仅得一支,以为全体。""盲人摸象"的寓言,比喻观察局部,误认全体。

墨家"两而勿偏"的名言,是中华民族辩证理论思维的基本原则,具有重大的理论意义和实践价值,值得后人传承与应用。

同异交得

《经上》第89条　同异交得仿有无。

《经说上》第89条　同异交得:于富家良知,有无也。比度,多少也。蛇蚓旋圆,去就也。鸟折用桐,坚柔也。剑犹甲,死生也。处室子母,长少也。两色交胜,白黑也。中央,旁也。论行、行行、学实,是非也。鸡宿,成未也。兄弟,俱适也。身处志往,存亡也。霍,为姓故也。价宜,贵贱也。超城,运止也。

【鉴赏】

"同异交得",即同一性和差异性(矛盾性)互相渗透和同时把握。同一事物,有相异(对立)的性质,这既是事物存在的性质,又是认识和思维的方法。"同异交得",是辩证法对立统一规律的别名,是世界观、认识论和方法论的重要原理。

"同异交得",即同异兼得。"兼",是兼有,合取。"交",是交互,交叉,渗透。"得",是获得,占有,把握。放眼世界,到处都存在着复杂多样的矛盾现象。《经说上》"于富家良知,有无也",是一个典型事例:有人家里有钱,这叫"有富家",但是却没有良好的知识素养,这叫"无良知"。有人家里无钱,这叫"无富家",但是,却有良好的知识素养,这叫"有良知"。同一个人,在"富家良知"的问题上,既有且无,是"有无"的对立统一,"同异交得"。

墨家从《经说上》"于富家良知,有无也"的典型事例,概括客观世界的普遍规律"同

諸子百家——墨家

异交得"。这里所运用的推论方式,是典型分析式的科学归纳推理。《经上》第 89 条"同异交得仿有无"的意思是,理解辩证法"同异交得"规律的一个典型事例,是"有无"。

"仿",是仿照,模仿,例如。"仿"原作"放",借为"仿"。《墨子·法仪》"放依以从事",毕沅注:"放与仿同",《说文》:"仿,相似也",范耕研:"放借为方字,比方也",高亨说"放当读为比方之方","放"犹言"比方","例如"。

《经上》第 89 条"同异交得仿有无"七个字,如果分开来看,内含一个规律:"同异交得";一个典型事例:"有无"。既有观点又有实例,从个别到一般,言简意赅,语句浓缩,精练之极,无可再简。

《墨经》论证论题,常用举例证明方式。其所举例的数量,大多一两个。但这里为证明"同异交得"论题的真实性,共列举十五个典型实例。辩证法是宇宙万物和人类思维的普遍规律,不是实例的总和。但是,多举实例,可以加深印象,帮助理解,启发运用。人们对辩证法的理解和运用,是一个从无到有、由少到多、由浅入深,由量的积累,逐渐到质的飞跃的变化过程。品味墨家的精彩举证,领略深邃绝妙的辩证意境,颇有理趣。

"比,度多少也":一数跟不同的数比较度量,既多又少。齐国辖区比鲁国大,比楚国小,既多又少。古希腊智者普罗泰戈拉(前 481~前 411)说:"这里有六颗骰子,我们在旁边再放上另外四个,我们会说原来的骰子比后放的要多些;如果在旁边放上十二个,我们便会说,原来的六个是少些。"(见黑格尔《哲学史讲演录》第 2 卷,北京三联书店 1957 年版,第 29 页)

"蛇蚓旋圆,去就也":蛇和蚯蚓蠕动的运动方式,是既"去"(离开)且"就"(接近)。"鸟折用桐,坚柔也":鸟儿筑巢,折取使用的梧桐树枝,既"坚"且"柔":不坚不足以承重居住,不柔不利于编织成型。

"剑犹甲,死生也":"剑"的作用,在于击刺消灭敌人。"甲"的作用,在于防护保存自己。而消灭敌人,正在于保存自己。"剑"有类似"甲"的防护作用:致敌死,是为了保己生。这是"死生"两种对立性质,共存于一"剑"之身。

"处室子母,长少也":一妇女,比女儿"长"一辈,比母亲"少"一辈,是"长少"两种对立性质,共存于一人之身。"两色交胜,白黑也":一物颜色,比甲物"白"(淡),比乙物"黑"(浓),是"黑白"两种对立性质,共存于一物之身。

"中央,旁也":甲区的"中央",是乙区的"旁"边。甲圆的圆心,是乙圆的圆周。这是"中央"和"旁"两种对立性质,共存于同一空间点。"论行、行行、学实,是非也":言论和行动、行动和行动、学问和实际,既有"是",又有"非"。"自以为是"者的错误,在于没有同时"自以为非"。

"鸡宿,成未也":老母鸡孵雏,雏鸡即将出壳,又未出壳时,是"成"雏鸡和"未成"雏鸡两种对立性质,共存于一物之身。高亨说,"鸡宿",即鸡抱窝,孵雏。"兄弟,俱适也":兄弟三人中的老二,说是"兄"或"弟"都合适,是"兄弟"两种对立性质,共存于一人之身。

诸子百家——墨家

"身处志往，存亡也"：一人身体处在这里，思想（志）却跑往别处，是"存亡"两种对立的性质，共存于一人之身。《孟子·告子上》说，奕秋教下棋，"一人虽听之，一心以为有鸿鹄将至，思援弓缴而射之"（一心盘算，将有天鹅飞来，想用弓箭去射它）。《吕氏春秋·审为》《庄子·让王》说："身在江海之上，心居乎魏阙之下。"《封神演义》第 8 回说："身在林泉，心悬魏阙。"《儒林外史》第 11 回说："身在江湖，心悬魏阙。"鲁迅《书信集·致姚克》说："身在江湖，心存魏阙。"这都是"身处志往，存亡也"的事例。从"身处志往"的角度说，是"存亡"两种对立性质，共存于一人之身。

"霍，为姓故也"：古代繁体"霍"字，既指水鸟鹤，也指人的姓氏。说"霍"，不加解释，不知是指水鸟鹤，还是指人的姓氏。这是由于水鸟"鹤"字，兼用做人姓氏的缘故，产生一词多义的现象。一词多义，是对立统一的事例。"霍""鹤"古通。《经说下》："狗假霍（指鹤）也，犹氏霍（姓霍）也。"

"价宜，贵贱也"：买卖双方谈妥一种商品的价格，对卖方而言够"贵"，对买方而言够"贱"，才能使贸易成功。这是"贵贱"两种对立性质，共存于同一价格之身。"超城，运止也"：以超越城墙为目标的竞技活动，既有运动，又有停止，这是"运、止"两种对立性质，共存于一人之身。吴毓江："超越城为运，已超越城则止也。"

《经上》第 89 条"同异交得"辩证规律的论证，《经说上》共列举 15 个典型实例。在其他条，这类典型实例还有很多。如第 20 条"勇"是"敢"和"不敢"的对立统一。第 106 条人的才能是"能"和"不能"的对立统一。第 183 条对任一事物而言，"是久与是不久同说"等。墨家对"同异交得"等辩证法思想的总结和阐发，标志墨家已登上当时世界辩证哲学的最高峰。

"一个民族想要站在科学的最高峰，就一刻也不能没有理论思维。"（见恩格斯《自然辩证法》，《马克思恩格斯选集》第 3 卷，北京：人民出版社 1972 年版，第 467 页）《经上》第 89 条"同异交得"辩证规律的论证，是以同和异这两个概念对立统一的辩证本性为核心的理论思维，是墨家哲学和科学思维的灵魂。

不能而不害

《经下》第 106 条不能而不害，说在容。

《经说下》 举重不举针，非力之任也。为握者之奇偶，非智之任也。若耳目。

【鉴赏】

墨家"不能而不害"的名言，揭示人才学的一个普遍规律，即任何一个人的才能，都是"能"和"不能"的对立统一。

这里"容"是面容，指面部器官。"举重不举针"，是指举重运动员，不善举针绣花。

"为握者",是古代手握算筹进行计算的数学家。"奇偶",是谈话和辩论。《庄子·天下》成玄英疏解释说:"独唱曰奇,对辩曰偶。"

这里整条意思是,人有所不能,但不是害处,就像面部器官,各有所能,各有所不能,其所不能,不害所能。如举重运动员,不善举针绣花,因举针绣花,不是大力士的职任专长。握筹善算的数学家,不能讲演辩论,因讲演辩论,不是长于数学智慧者的职业专长。论证的理由在于,用耳目的作用和局限类比:耳能听,不能看,不害其能听。目能看,不能听,不害其能看。耳目各有职任专长,不能互相替代。

《经下》"说在容"是提示语,提示论证"不能而不害"的论题,理由在于"容"。《墨经》简化浓缩的编写体例,适应墨子学团背诵记忆的需要。这里把论证论题的理由,简化浓缩为一个"容"字,已简到最简,无可再简,真可谓"大道至简"。

"说"即推理论证。《小取》:"以说出故。""说在",是《经下》的特殊表达方式,格式化的翻译是:"论据在于"。其论据,若是列举一般概念,则与论证论题构成演绎论证。若是个别事实,则与论证论题构成归纳论证。若是列举与论题主项相似的个别事例,则与论证论题构成类比论证。

本条"说在容",是列举与论题主项相似的事例,与论证论题构成类比论证。

"举重"力士,是归纳"不能而不害"论题的个别事例。战国社会重军事,尚武艺。"举重"角力,是讲武比赛的重要项目。《史记·秦本纪》说:"(秦)武王有力好戏,力士任鄙、乌获、孟说皆至大官。王与孟说举鼎绝膑,八月武王死,族孟说。"

秦武王力气大,爱好"举重"角力的游戏比赛。大力士任鄙、乌获、孟说,都被任命为秦国大官。任鄙力气大,能"自极于权衡",严格遵守法制,前 294 年被任命为秦汉中郡守,前 288 年卒。

乌获能举重千钧(三万斤),活到八十岁。孟说是秦武王"举重"角力的教练兼助手。前 307 年 8 月,秦武王带孟说,到周的洛阳举鼎,举起龙文赤鼎,两眼出血,绝膑(折断颈骨)而死,孟说被灭族。孟说是齐国人,力气大到"能生拔牛角"。

《孟子·滕文公上》引孔子说:"上有好者,下必有甚焉者矣。"由于国君的爱好,民间就涌现出了诸多大力士。有的民间大力士暗藏沉重铁锥,被用为刺客。前 257 年,魏公子无忌(信陵君)窃符救赵,从隐士侯嬴处,访得屠者大力士朱亥,用暗藏四十斤铁锥,击毙将军晋鄙,夺得兵权,假托君命救赵。张良从沧海君处,访得大力士,用重一百二十斤铁锥,狙击秦始皇未遂。《经说下》"举重不举针,非力之任也",反映历史事实。

"为握者"的智慧,是归纳"不能而不害"论题的又一个别事例。古代用竹、木、骨、铁等制作的计算工具,叫算筹。用算筹计算,称筹算,筹策。《老子》27 章说:"善数,不用筹策。"《汉书·律历志》说:"其算法用竹,径一分,长六寸,二百七十一枚而成六觚,为一握。"算筹直径 0.23 厘米,长 13.86 厘米,271 枚捆成六角形的捆,叫"握"。《经说下》"为握者之奇偶,非智之任也",反映历史事实。

术业有专攻。握筹善算的数学家，由于特化专长不同，不善讲演辩论。数学智慧的专长，不以善于讲演辩论为必要条件。所谓"奇"，即"独唱"，指讲演，谈话，一个人说。"偶"，即"对辩"，指辩论。《耕柱》载墨子对弟子说："能谈辩者谈辩。""谈辩"，指谈话辩论，即"奇偶"。

本条"不能而不害"的论点，以"举重"和"为握者"两项为论证的论据，举一反三，连类而及，可列举更多同类事例。如某人有勇武之力，英雄气概，敢于上山搏猛虎，却无游水技艺，惧怕深水，不敢下海救溺者，是"不能而不害"一例。

《经下》和《经说下》原文仅 33 字，言简意赅，理趣无穷，极具借鉴欣赏价值。"不能而不害"，从本条整体语境来看，其完整的意思是"不能不害其能"。如耳朵不能看，不害其能听。眼睛不能听，不害其能看。举重运动员不能举针绣花，不害其能举重。握筹善算的数学家，不能讲演辩论，不害其能善算。

《墨经》用省略浓缩手法，把"不能而不害其能"的完整表达，简化为"不能而不害"的纲领提示语。在墨家学团的语境领域内，不会产生"词不达意"，"以辞害意"的弊端。这里使用古代辩者惯用的"悖论"式语构，有简练易记的修辞效果。

"悖论"式语构，类似辩者（名家）的奇辞怪说，对应于英文 paradox，即与通常见解对立，违反常识、似非而是的言论。常识的见解是"不能而害"（不能而有害），墨者偏说"不能而不害"，是违反常识的悖论（paradox）。但墨者能讲出其中蕴涵的精妙哲理，令人叹服。

辩者代表邓析（约前 560～前 501）、惠施（约前 370～前 310）和公孙龙（约前 325～前 250），极善运用这种"悖论"式语构。《荀子·非十二子》说，"好治怪说，玩奇辞"，"然而其持之有故，其言之成理，足以欺惑愚众，是惠施、邓析也"。

《荀子·不苟》说："山渊平，天地比，齐秦袭，入乎耳，出乎口，妪有须，卵有毛，是说之难持者也，而惠施、邓析能之。"即山渊一样平（特例），天地互比高（整体看），齐秦紧相连（地理不相连，政治经济文化相连），耳进口部出（学习语言过程），老妪长胡须（特例），鸟卵生羽毛（孵雏特定阶段）。奇辞怪说难成立，惠施邓析能论证。

《庄子·天下》说"辩者"议论善于"为怪"（发怪论），常常"益之以怪"（附加奇怪论证）。辩者钟情于这种"悖论"式语构，目的是最大限度地取得轰动天下、惊耸世人的修辞效果。宋叶适《习学记言》说："战国群谈聚议，妄为无类之言。彼固自知其不可，而姑为戏，以玩一世。其贵人公子，亦以戏听之。"辩者的奇辞怪说，是一种语言游戏和机智娱乐的方式。

《列子·仲尼》载："（公孙）龙诳（骗）魏王曰：'有意不心（意念不是本心），有指不至（概念不反映实际），有物不尽（物体分割不尽），有影不移（影子不会移动），发引千钧（一根头发丝牵引三万斤，1 钧＝30 斤），白马非马（白马不是马），孤犊未尝（曾）有母。'其负类反伦（不合情理，违反常识），不可胜言也。"

清纪昀《四库全书·公孙龙子提要》说，公孙龙"持论雄赡，恢恑恣肆，实足以耸动天下。故当时庄、列、荀卿并著其言，为学术之一特品。""其书出自先秦，义虽恢诞，而文颇离奇可喜。"《经下》"不能而不害"的悖论式语构，混杂在公孙龙的诡辩议题中，能以假乱真。

从今日科学观点看，墨家"不能而不害"的悖论式语构，像辩者的奇辞怪说一样，有耸动天下、发人深思的修辞效果。其中蕴藏的精妙哲理，可视为辩证的人才学定律，足以启发今人。

是久与是不久同说

《经下》第183条　是是之是与是不是之是同，说在不殊。

《经说下》　是不是，则是且是焉。今是久于是，而不于是，故是不久。是不久，则是而亦久焉。今是不久于是，而久于是，故是久与是不久同说也。

【鉴赏】

墨家"是久与是不久同说"的名言，是说对任一事物的存在而言，说"是久"跟说"是不久"，都同样成立。因为"久"（长久，指事物存在时间的绵延），是一个相对的概念。一个人活九十岁，比活八十岁者为"久"，比活一百岁者为"不久"。

俄国作家赫尔岑（1812～1870）说，辩证法是"革命的代数学"。本条是刻画世界普遍运动变化的"代数学"，它用古汉语的指示代词精心建构，是战国时期墨家的杰作。

对此，如果不加以正确解读，它将完全是不知所云的"天书"，像是相声演员练习发声器官灵活性的"绕口令"，文字形状和发声或雷同或近似，却完全令人不解其意。如果予以正确解读，则是妙不可言的辩证法"代数学"。

《经下》"是是之是与是不是之是同，说在不殊"，是比较两种变化过程。我们先解释这句话中共出现六次的"是"，是一个古汉语指示代词，意即："这，这个，这样。"它像代数符号"x"，可以代入任何具体内容，如"树""马""牛"等，意义不变。

被比较的两种变化过程是：

第一，现在是"是"（x），将来还是"是"（x）。如一棵杨树，生长五十年，在五十年中"是树"（x），在第五十一年"还是树"（x）。这棵杨树，就前五十年而言，叫"是是之是（x）"。

第二，现在是"是"（x），将来变成"不是"（非x）。如一棵柳树，生长五十年，第五十一年被砍伐，做成桌子。这棵柳树在前五十年中"是树"（x），在第五十一年"不是树"（非x）。这棵柳树，就前五十年而言，叫"是不是之是（x）"。

试比较这两种变化过程：这棵杨树，就前五十年而言，叫"是是之是（x）"；这棵柳树，就前五十年而言,叫"是不是之是(x)"。它们的共同点是:就前五十年而言,"都是树(x)"。这就叫:"是是之是(x)与与不是之是(x)同,说在不殊。"意即:在上述两种变化过程中,就其前面肯定的阶段(五十年)而言,都是"是"(x)。用代数的语言说:"都是 x。"x 用"树"代人。

于是,《经下》"是是之是与是不是之是同,说在不殊"的正确解释如下:

比较两种变化过程。第一种:现在是"是",将来还是"是"。第二种:现在是"是",将来变成"不是"。在这两种变化过程中,就现在都是"是"这一点说,是相同的,论证的理由在于,在这两种情况下,现在都是"是"这一点,没有差别。

《经说下》说:"是不是,则是且是焉。今是久于是,而不于是,故是不久。是不久,则是而亦久焉。今是不久于是,而久于是,故是久与是不久同说也。"

意即:现在是"是",将来变成"不是"。但就现在来说,这个"是"仍然是"是"。现在这个"是",维持其为"是",已经很久了,于是不再是"是",而变成"不是",所以现在这个"是",又有其"不久"的一面。

现在这个"是",虽然有其"不久"的一面,但就现在来说,这个"是",仍有其相对长久的一面。现在这个"是",不能长久地维持其为"是",但是又在一定限度内,长久地维持了这个"是"。所以说:现在这个"是"是长久的。又说:现在这个"是"不是长久的。这两种相反说法,都同样成立。

再代入上述柳树的例子解释,即:现在是柳树,将来变成不是柳树(变成桌子)。但就现在来说,这棵柳树仍然是柳树。现在这棵柳树,维持其为柳树,已经很久了,于是不再是柳树,而变成不是柳树(是桌子),所以现在这棵柳树,又有其"不久"的一面。

现在这棵柳树,虽然有其"不久"的一面,但就现在来说,这棵柳树,仍有其相对长久的一面。现在这棵柳树,长远来看不能长久地维持其为柳树,但是又在一定时间内,相对长久地维持了其为柳树。所以说:现在这棵柳树是长久的。又说:现在这棵柳树不是长久的。这两种相反说法,都同样成立。

代入其他例子,如马、牛等一样,所以说,《经下》的绝妙概括,是辩证法的"代数学"。

"久"与"不久"这两种相异对立的性质,共存于同一事物(如树、马、牛等)之身,是《经上》论证"同异交得"的又一典型例证。

"是"犹如说"A","不是"犹如说"非A"。"久"指时间的延续,意味着事物或概念本质的相对稳定性。"不久"指这种稳定性的界限,即质变,指一事物性质改变,变为别的事物,即《经说下》第134条所说"知是之非此也"。

任何事物或概念,不论其存在时间的长短,都是"久"与"不久"的对立统一。如一棵柳树,生长五十年,五十年后被加工为桌子,在这五十年之内,就是"久"。而就其变为桌子而言,又是"不久"。一粒种子,存放一年,这是"久";一年后种在地里,长成庄稼,这是"不久"。

诸子百家——墨家

《经说下》对这种现象进行了高度抽象的概括，表达出概念确定性和灵活性、变动性的"同异交得"（对立统一）。这是墨家用古汉语代词作变项符号，对辩证法的世界观、认识论和方法论形式化、公式化的尝试，表现了墨家高度的哲学智慧和理论思维水平。

《庄子·寓言》说："孔子行年六十而六十化，始时所是，卒而非之，未知今之所谓是之非五十九非也。"唐成玄英疏："是以去年之是，于今非矣。故知今年之是，还是去岁之非。今岁之非，即是来年之是。"庄子认为是非既然随时而变，所以是非"未可定"（《庄子·至乐》），是非"无辨"（《庄子·齐物论》）。

《墨经》认为事物随时间而变化，而在一定历史阶段，又有其确定性，坚持事物、概念确定性和灵活性的统一，《墨经》叫作"同异交得"。"久是不久"是"同异交得"的另一有力证据。《墨经》的议论，是对庄子相对主义诡辩论的反驳。

《庄子·齐物论》说，物无非彼，物无非是。自彼则不见，自知则知之。故曰：彼出于是，是亦因彼。彼是，方生之说也。虽然，方生方死，方死方生。方可方不可，方不可方可。因是因非，因非因是。是以圣人不由，而照之于天，亦因是也。是亦彼也，彼亦是也。彼亦一是非，此亦一是非。

这是以事物的运动变化为借口，引出否定事物本质相对稳定性结论的诡辩方式。《经下》《经说下》的论述，从辩证法世界观、认识论和方法论方面，驳诘了庄子的诡辩论，有深刻的历史和现实意义。

甘瓜苦蒂，天下物无全美

《墨子》 佚文："甘瓜苦蒂，天下物无全美。"

【鉴赏】

《墨子》"甘瓜苦蒂，天下物无全美"的名言，显示出中华民族绝妙的辩证哲理。辞义隽永，韵味无穷。"甘瓜"和"苦蒂"，相互依赖、渗透、联结和转化，是《墨经》所谓"同异交得"（对立统一）的一例。

甘苦是对立概念。"蒂"是瓜果和枝茎相连接的部分。成语有"瓜熟蒂落"。苦蒂是甘瓜的前因，甘瓜是苦蒂的后果。无苦蒂，不能长甘瓜。无甘瓜，苦蒂会凋零。这是自然辩证的哲理。

《墨经》列举众多"同异交得"（对立统一）的辩证事例。《经上》第89条列举有无、多少、去就、坚柔、死生、长少、白黑、中央旁、是非、成未、兄弟、存亡、霍为姓、贵贱、运止等十五例。第20条论"勇"是"敢"和"不敢"的对立统一。第106条论人的才能是"能"和"不能"的对立统一。第183条论对任一事物而言，"是久与是不久同说"等。"甘瓜苦蒂"同类。

諸子百家——墨家

"天下物无全美"，即所有天下的事物都不是尽善尽美的。任何事物都是美丑、长短等对立的统一。人无完人，白璧微瑕。把《墨子》"甘瓜苦蒂，天下物无全美"作上联，可对下联："白璧微瑕，世上宝有小疵。"加横批："自然辩证。"颇具理趣。

"甘瓜苦蒂，天下物无全美"，是典型分析式科学归纳论证的浓缩。"甘瓜苦蒂"，是正反两面对立统一的典型事例。"天下物无全美"，是由"甘瓜苦蒂"的典型事例，概括出的一般规律。这是个别和一般"同异交得"（对立统一）的辩证法。"甘瓜苦蒂"，因有"天下物无全美"的概括，而显示出其典型意义。"天下物无全美"，因有"甘瓜苦蒂"的典型事例，而得其科学论证。

"甘瓜苦蒂，天下物无全美"，可用《经下》的论证方式改写为："天下物无全美，说在甘瓜苦蒂。"公式是："所有 S 是 P，说在 S_1"。"所有 S 是 P"为一般命题。"说在 S_1"，即用"S_1"的典型事例论证。"说在"是论据与论题论证关系的逻辑连接词。

用《大取》的论证方式改写为："天下物无全美，其类在甘瓜苦蒂。"公式是："所有 S 是 P，其类在 S_1"。"所有 S 是 P"是一般命题。"其类在 S_1"，即用"S_1"的典型事例论证。"其类在"是论据与论题论证关系的逻辑连接词。如此改写，逻辑脉络更为清晰。

《墨子》"甘瓜苦蒂，天下物无全美"的哲理智慧，影响深远。汉无名氏《古诗二首》说："甘瓜抱苦蒂，美枣生荆棘。"《淮南子·说山训》说："桀有得事，尧有遗道。嫫母有所美，西施有所丑。""亡国之法，有可随者。治国之俗，有可非者。"

夏桀有值得肯定的好处，唐尧有遭人非议的弊端。嫫母是古代丑女，品行端正，是其所美。西施是古代美女，贞操微瑕，是其所丑。亡国法规，有可顺随。治国习俗，有可诘难。人生在世，待人处事，切忌偏激片面，僵化绝对。

《左传·宣公十五年》引谚语："川泽纳污，山薮藏疾（毒害），瑾瑜匿瑕（美玉隐藏瑕疵）。"归结为"天之道"，即自然哲理。《吕氏春秋·举难》说，尺之木必有节目，寸之玉必有瑕疵，荐举人才，不可求全责备，只能权衡用其所长。

《墨子》佚文"甘瓜苦蒂，天下物无全美"，《四库全书》征引 6 次。《四库》收唐代马总《意林》卷 1 首引"《墨子》十六卷"语。

除马总《意林》外，《四库》所收其他五种文献是：宋陆佃《埤雅》卷 16 说："瓜之脱华处也，其当谓之蒂。蒂，瓜系蔓处也。蒂味小苦。《墨子》曰：'甘瓜苦蒂，天下物无全美也。'"宋施宿等《会稽志》卷 18 说："《墨子》曰：'甘瓜苦蒂，天下物无全美也。'"

明徐元太《喻林》卷 29 说："《墨子》曰：'甘瓜苦蒂，天下物无全美也。'"清王夫之《诗经稗疏》卷 1 说："《墨子》曰：'甘瓜苦蒂，天下物无全美。'瓜之类不一，唯甜瓜正谓之瓜，甜瓜之蒂极苦。"清陈大章《诗传名物集览》卷 9 说："瓜之脱华处，其当谓之蒂。蒂，瓜之系蔓处，蒂味小苦。《墨子》曰：'瓜甘蒂苦，天下物无全美也。'"

隋唐史志都说："《墨子》十五卷，《目》一卷。"合计为"十六卷"。唐代马总编《意林》时，"《墨子》十六卷"名句"甘瓜苦蒂，天下物无全美"尚存。今存明正统十年（1445）刊

諸子百家

——

墨 家

（上栏右页）

欽定四庫全書總目卷三十

經部三十

春秋類存目一

左傳節文十五卷　兵部侍郎紀昀家藏本

舊本題宋歐陽修編明萬曆中刊版也取左傳之
文略為刪削每篇之首分標敘事議論詞令諸目
又標神品能品妙品諸名及章法句法
字法諸字前有慶曆五年修自序序中稱胡安國
春秋傳及真德秀文章正宗是不足與辯矣

欽定四庫全書總目卷三十
　　　經部　春秋類存目一
　　　　　　　　　　　一

春秋道統二卷　兩江總督採進本

撰人名氏惟冠以乾道八年晉江傅伯成序稱為
元祐開春秋博士劉絢賁夫所作考陳振孫書錄
解題載劉絢春秋傳無道統二字之名文獻通考
作十二卷玉海作五卷與二卷之數亦不合又振
孫稱所解明止備切而此本並無解經之語止鈔
撮左氏傳聞及公穀國語以略採諸家一二條且
不特傳文多所刪節即經文亦止摘錄一二字如

是書僅分上下二卷而鈔本細字乃八巨冊不著

（下栏大幅）

明代坊本之標題宋人經說亦無此例序中以何
休學連為人名其隤已極又稱後之有功於春秋
者有杜預林堯叟林堯叟乃在南宋中年伯成此
序作於南宋之初何由得見且杜林合註是明末
坊間所刻伯成又何由以杜林並稱乎又伯成慶
元初為太府丞寶慶初始加龍圖閣學士此序既
曰乾道八年壬辰是時伯成方舉進士何得先以
龍圖閣學士結銜誤謬種種不可殫述偽書之拙
無過是矣其卷首收藏諸印亦一手偽造不足信
也

欽定四庫全書總目卷三十
　　　經部　春秋類存目一
　　　　　　　　　　　二

左氏君子例一卷　詩如例一卷詩補遺一卷藏本

宋李石撰石有方舟易學已著錄左氏春秋傳多
有君子曰字林栗指為劉歆所加其說無據案栗
所引經義考石則以為左氏傳有所謂君子曰者又
稱仲尼孔子曰者皆示後學以襲取大法聖人作
經之意義曰錄為例凡君子七十三條而以聖語
三十二條附之皆無所發明又以左傳引詩不皆
與今說詩者同因取所載一篇一句悉裒集而闡

《四库全书》书影

《墨子》五十三篇，遗落此语。

　　《墨子》五十三篇，是流传至今最全的版本，比《汉书·艺文志》著录的《墨子》七十一篇，已丢失十八篇。《四库》收唐宋明清历代文献六种，都明说此语引自"《墨子》"，可信其为《墨子》语无疑。

　　唐贞元丁卯（787）柳伯存《意林序》说："墨翟大贤其旨，精俭教垂后世，名亚孔圣至矣！""圣贤则糟粕靡遗，流略则精华尽在。可谓妙矣！""予懿（赞美）马氏之作，文约趣深，可谓怀袖百家，掌握千卷，之子用心也远乎哉！"

诸子百家　——　墨家

719

《四库全书总目》说，马总《意林》据南梁庾仲容《子抄》增损而成，录取比《子抄》更为精严。"今观所采诸子，凡世所不传者，唯赖此仅存。"这都证明马总《意林》所引《墨子》"甘瓜苦蒂，天下物无全美"一语的可信性。

第三节　墨家故事

向帝国挑战的剑侠

　　有关墨子的传说是这样的：目夷国原为商王朝建立的同姓方国，位于今天的山东滕州市木石一带。入周之后，目夷国变成小邾国，先后曾为宋、邾、鲁、齐等国的附庸。随着历史的变迁，目夷氏从贵族降为平民（目夷即墨夷，后省为墨姓）。约在春秋末年（公元前480年），墨氏喜添贵子，墨子应运而生。有一个"母梦赤乌"的故事可以进一步说明。据《琅嬛记》与滕州民间传说，墨子出生前，"其母梦日中赤乌飞入室中，光辉照耀，目不能正，惊觉生乌"。乌即翟，是凤凰的别名，因而取名墨翟。"子"是后人对墨翟的尊称。今滕州市木石村有目夷亭，村西为狐骀（即目夷）山、目夷河；村西是落凤山，传说墨子出生时，凤凰落于此山，因而得名。

　　查《辞海》，对墨子这个人物是这样解释的：墨子（约公元前468～公元前376年），春秋战国之际思想家、政治家，墨家的创始人，名翟。相传为宋国人，后长期住在鲁国。曾学习儒术，因不满其烦琐的"礼"，另立新说，聚徒讲学，成为儒家的主要反对派。其"天志""明鬼"学说，不脱殷商传统的思想形式，但赋以"非命"和"兼爱"的内容，反对儒家的"天命"和"爱有差等"说。力主"兼相爱，交相利"、不应有亲疏贵贱之别。其本人更有"摩顶放踵，利天下为之"的实践精神。他的"非攻"思想，体现了当时人们反对侵略战争的意向。他的"非乐""节用""节葬"等主张，是对当时权贵"繁饰礼乐"和奢侈享乐生活的抗议。提出"尚贤""尚同"的政治主张，认为"官无常贵，民无终贱"，反对贵族的世袭制和儒家的亲亲尊尊，试图用上说下教的方法，"使饥者得食，寒者得衣，老者得息，乱则得治"。探究关于知识和逻辑等问题，制定了作为真理认识准则的三表，并提出"非以其名也，以其取也"的取实予名的认识论命题。弟子很多，以"兴天下之利，除天下之害"为教育目的，尤其艰苦实践，服从纪律。

　　后人有云，"天下之学，不归杨，则归墨。"由此可见墨学影响之大，无疑成为当时著名的一派，完全有资格和儒家抗衡。梁启超对墨子评价很高，他在《墨子之论理学》中说："以全世界论理学一大祖师，而两千年来，莫或知之，莫或述之。"有人说，历史如果是由思

诸子百家——墨家

想的辩论来决定的话,那么墨子必定不逊于孔子。

思想家、社会活动家、教育家、军事家、科学家等——这当然都是后人加给墨子的头衔,历史的真实是:他专门训练了墨家军——一支百八十人的"敢死队",专门帮助弱小的国家"防守"。张之亮导演、刘德华主演的电影《墨攻》,讲的就是距离今天两千二百多年的战国末期,赵国想要攻打燕国,赵国大将军巷淹中率领大军,逼近夹在赵燕之间、只有四千余人的梁城。危难之时,梁王向以"墨守"(即擅长防御之术)著称的墨家(军)求救。但是梁王等到的却是一个其貌不扬、孤身前来救援的墨者——革离。

如果把儒、墨和道当成春秋三教,那么哪一个教派的规矩最多、门规最严呢?恐怕还是墨家。为什么这么说呢?因为孔孟与老庄尽管也有说教,但是毕竟没有军事组织,更没有建立一支"敢死队"之类的机构,让学生随时随地可以为义而牺牲生命,墨家"巨子"却做到了让所有的信徒们"皆愿为之尸"的地步!

《淮南子》说:"墨子服役者百八十人,皆可使赴火蹈刃,死不旋踵。"墨家军大多来自社会下层,平日里短衣草鞋,参加劳动,"串足胼胝,面目黧黑",以吃苦为高尚事。墨子的心中有一个乌托邦,他发誓要在中国建立一个全新的理想社会,使人人都"兼相爱,交相利"。他们以为同为人类,皆宜兼而爱之,不应有亲疏远近之差别。为此墨子还自称兼士,称儒家的爱人为别士。

历史记载,宋楚相争,他一个人去调解。墨子从鲁国出发,那个时候没有飞机,他使用的交通工具只是一辆老牛拉的车,一路上的颠簸可想而知,如果遇上下雨天,那就更难走了。墨子以一个社会活动家的身份,用十日十夜的时间赶到楚国。说服楚王不要攻宋。在墨子前往郢都,阻止楚军攻宋的时候,他的弟子禽滑厘率领着三百名同门,登上宋国的城头严阵以待。

墨子到了楚国,人家知道他是大学者,有著名的墨家学校,还有自己的"敢死队",就不想招惹他,对他还算客气,国君派一个和他一个级别的能人——公输班陪他喝茶、聊天。听他谈大道理。公输班是何许人也?他就是大名鼎鼎的鲁班师傅,那在当时也是一个高级工程师,怎么着至少也是副高职称啊!

墨子问,"你觉得可以征服宋国吗,凭啥呢?"公输班出招,被墨子一一拆去,墨子明白地告诉他,你所有的招,我都有防守之术,你打不倒我的。墨子为了实践他的"非攻"思想,干脆威胁对方说,你们如打宋国,我就打你们。

公输班气得脸通红,说,"我如果使用最后一样武器看你怎么办?"墨子说,"你要杀死我很容易,但是我告诉你,这没有用。天下人谁不知道著名的'墨守',如今我已经毫无保留地传给了我的弟子。今天你如果把我杀了,我的那些弟子可不会善罢甘休,还有我训练的墨家军,你自己看着办吧。"公输班当然知道,墨子的学生遍天下,毕业后不少人进入了"精英"阶层,很多国家里,都有墨子的学生,他们的中坚领导分子称为"巨子"。这"巨子"大多很有声望和地位,一般人见了都要敬三分,这可不是吹的。墨家这个组织当时的

諸子百家 —— 墨 家

势力不可小视,在不少国家都设有办事处。有一个当时在秦国的"巨子",他只有一个独子,犯了罪,依法要判死。但秦王了解到是"巨子"的独生子,也给墨家组织一个面子,下令特赦。可这位"巨子"很会处理事情,他亲自去看秦王,一来是表示感谢,二来呢,是给秦王找个台阶下。"巨子"说,"大王您的特赦令我很感动,但是我们'墨家'的家法不能特赦,不能让您在天下人面前说不起话。"于是自己把自己的独子处死了,算是给对秦王一个交代。

墨家是一个有组织的集团。其最高领袖为巨子,巨子的职位是由集团中公认的贤者互相传让的。他们有严密的纪律,所有的成员必须绝对服从巨子的指挥。据说"墨子服役者百八十人,皆可使赴火蹈刃,死不旋踵"。他们平时一律食"藜藿之羹",穿"短褐之衣",足登麻或木制的"歧𫏋",是一群深为战乱所苦、决心在艰苦的生活方式和严密的准宗教团体中实现人生价值的"游士"。

你想,这样的墨家组织,这样严密的机构,其创始人墨子来陪你聊天。你公输班敢杀吗?你楚王能不给点面子吗?公输班只好放弃了杀墨子的念头。

墨子是一位向帝国挑战的剑侠,也可以说是中国最早的帮会头子。他是"天下为公"的人。每个国家都怕他,两个国家要打仗,他上来说,"你们不能打。你们要打的话,墨家的弟子都来打你们两个。"

周游列国,专管闲事

墨子本来是师从儒门,后来因为和儒门的观点产生分歧,所以"背叛师门",开门办学,另立门派,成为"诸子"之一。所谓"诸子",是指这一时期思想领域内反映各阶层利益的思想家及著作,也是先秦至汉各种政治学派的总称,属春秋后才产生的私学。

春秋时代王室衰微,诸侯争霸,学者们便纷纷周游列国,推销自己的主张,为诸侯出谋划策,到战国时代形成了"百家争鸣"的局面。

那个时候,天下大乱,诸侯们为抢地盘,动辄就发动战争。墨子针对当时的社会现实,提出"兼爱""非攻""尚贤""尚同""节用""节葬""非乐""非命""天志""明鬼"诸主张。墨子的基本精神在"救世",为了天下太平,他甘愿劳心苦思,摩顶放踵而利天下,靠的就是一个"义"字。

什么叫"义"呢?就是毫不利己,专门利人,就是专管闲事,就像我们今天所提倡的雷锋精神。我们今天通常把"侠义"两个字放到一起,成了一个固定词组。那么"侠"是怎么来的呢?原来那是春秋时代的一个职业阶层:"游侠"。《史记》中称他们:"其言必信,其行必果,已诺必诚,不爱其躯,赴士之厄困。"这种武士道德是墨子独创的吗?不是的。在周代,帝王公侯这些达官贵人都拥有自己的军事专家,这些人是世袭的武士,是当时军队中的骨干。周朝后期统治权力解体,这些军事家下岗了,原有的权力和爵位也随之丧失,到处找机会打工,不然的话,没法吃饭。这些曾经属于世袭的武士们,被称为"侠"或"游侠"。墨学中,有一大部分便是这种武士道德的延伸。《墨子·公输》篇里,墨子最后对楚王说,"公输班想谋害我。但是,我的弟子禽滑厘等三百人,已经用我设计的武器武装起来,在宋国城墙上等候着楚国军队的进攻。我可以被谋杀,但是楚军无法杀尽他们。"——这句话中提到的"弟子禽滑厘等三百人"就是"游侠"。

如果说,孔子周游列国是为了推行仁政的话,那么墨子周游列国则是为了行"义"。在墨子止楚攻宋取得成功的第二年,恰值楚惠王当政五十年,墨子为宣传"义",专程到楚国献上自己的著作。楚惠王读了此书后,对墨子说:"您的大作很好。请您留在楚国,做我的顾问。每年俸禄一百钟,委屈您这位贤人了。"墨子一听话说得很客气,就感觉到楚惠王不准备实行自己的学说,于是决意辞行回家。

楚惠王封地五百里的厚禄,被他拒绝,理由为"仁义学说不被采用,不滞留于朝廷。现在我的观点未被应用,所以我决定回鲁国去。"钱财不是他的目标。他还推辞了越王的分封。公尚过见到墨子,说明越王的意图。墨子问:"你看越王能听我的话吗?"公尚过说:"恐怕不一定。"墨子说:"如果越王能听我的话,用我的道理,只要有饭吃,有衣穿,跟其他大臣一样待遇就行,何必要分封的特殊待遇呢? 越王不听我的话,而只要我接受分封。这不是让我出卖义吗? 同样出卖义,在中原国家好了,何必跑到越国?"于是,拒绝了越国的分封。

鲁国南部有一个名人叫吴虑,冬天制陶,夏天耕作,自比尧舜。墨子听说后就去见他。吴虑对墨子说:"义,贵在切实可行,何必空言!"墨子说,"为了不使天下人受饥饿,我曾经想去耕田,但是,我所能做的只是一个农民的工作。一个农民耕田所收获的粟米,分给天下的人时,每人还分不到一升米,不能令天下饥饿的人饱足;为了使天下人都有衣服穿,我曾经想去纺织,但是,我所能够做的只能抵得上一个妇人的工作,一个妇人纺织所成的布,分给天下人时,每个人还分不到一尺,也不能令天下贫寒的人温暖;为了救助诸侯的患难,我曾经想去当一个士兵,但是一个士兵虽努力作战,也不能抵御三军。这样看来,那些作为收效甚微,不如诵习先王的道术,研究先王的学说,了解圣人的言辞意旨,去游说居上位的王侯贵族,去晓谕广大的黎民百姓,那样做效果要大得多。我到各国宣传义,可以救天下,获利巨大,怎能不去宣传呢?"从此,墨子成了救世道路上一个百折不挠的苦行者,"虽枯槁不舍也"。

墨子为了行义,推荐耕柱子到楚国做官。不久,有几个弟子去探访耕柱子。耕柱子请他们吃饭,招待并不优厚。这几个人回来告诉墨子,耕柱子在楚国没有得到什么好处。墨子答道:"这还未可知。"没有多久,耕柱子送给墨子二百两黄金,说:"弟子不敢贪图财利违章犯法,这二百两黄金请老师使用。"

墨子为理想奔波一生,晚年回到家乡。有一次和家人一起去祭祖先,几个得意的弟子相随。他先到殷微子墓前,接着又到目夷君墓前,叩头行大礼。墨子肃立墓前,默然地说:"先祖啊,您为义而不慕荣利的高尚人格值得我们永远学习。"墨子祭祖之后,又与几位弟子漫游染山。回忆自己一生所做的事——创办私学、招收弟子、组织团体、研制器械、周游列国、制止战争等,仰面看到大自然优美的景色,慨然而呼:"天下无人,则墨子之言犹在!"

焚书:首当其冲的是墨家

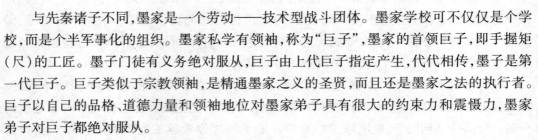

与先秦诸子不同,墨家是一个劳动——技术型战斗团体。墨家学校可不仅仅是个学校,而是个半军事化的组织。墨家私学有领袖,称为"巨子",墨家的首领巨子,即手握矩(尺)的工匠。墨子门徒有义务绝对服从,巨子由上代巨子指定产生,代代相传,墨子是第一代巨子。巨子类似于宗教领袖,是精通墨家之义的圣贤,而且还是墨家之法的执行者。巨子以自己的品格、道德力量和领袖地位对墨家弟子具有很大的约束力和震慑力,墨家弟子对巨子都绝对服从。

这一点令后来的统治者很不欣赏,唯恐他人效仿。秦统一中国以后,李斯上书说,民间"非法"办学对君主的统治不利,在先秦诸子中,墨家是唯一有严密纪律的半军事化私学学派组织。后来秦始皇采纳了李斯的建议,焚书、禁私学。焚书首当其冲的就是墨家。

墨子总是到处帮助小国抗敌守城来倡导和维护和平,墨家子弟以"舍我其谁"的态度面对现实。《淮南子·修务训》中说:"孔子无黔突,墨子无暖席。非以贪禄慕位,欲事起天下利,而除万民之害。"也有学者说,墨子是一个实用主义者,早年的职业和基督很像,据说也是个"木匠"。

周游列国回到家,墨子干什么呢? 除了讲学,还自己琢磨造"飞机"。我们知道,墨子是个熟练的手工艺人,抽根烟的工夫,他就能削好三寸之木,然后很快制成一个载六百斤重的车轴。墨子的木工技术可以和鲁班媲美。《鸿书》记载说:"公输般制木鸢以窥宋城。"《墨子·鲁问》也说:"公输子(鲁班)削竹木为鹊,成而飞之,三天不下。公输子以为至巧。"不知道为什么,韩非子一口咬定造"飞机"(木鸢)这桩伟大的创举墨子也干成过。据《韩非子·外储说左上》记载,有一天墨子看到鸢(鹰)在空中翱翔,就花了三年工夫,用木片等材料精心制作了一只木鸢,飞了三天掉下来了。他的一个弟子拍马屁说:"老师您真了不起,竟然能让木头的老鹰飞起来。"墨子谦虚地说:"我差得太远了。我的木鹰,造了三年,三天就坏了。"

"小孔成像"的故事听说过是吗? 说的就是墨子。墨子对光学很有研究,对于光的直线传播、光的反射和若干物影成像,进行了精彩的描述。有一次,墨子进行光学试验,他在堂屋朝阳的墙上开了一个小孔,让一个人对着小孔站在屋外,在阳光照射下,屋内相对的墙上出现倒立的人影。墨子通过小孔成像的光学实验,阐述了光的直线传播原理:即光从上下直射,人的头部与足部成影在下边和上边,构成倒影,成为后代摄影技术的先声。

墨子是中国的科学圣人（任继愈语），也是一位伟大的思想家、教育家、科学家、军事家和社会活动家，墨家学派的创始人。墨子在中华民族的文明史上，代表了一个时代的高度。毛泽东高度评价"墨子是个劳动者，他不做官，但他是比孔子高明的圣人……是古代辩证唯物论大家"。（《毛泽东评点古今人物》）

第四节　墨家典籍

一、《墨子》简介

《墨子》一书是墨子的弟子及其再传弟子对墨子言行的辑录。《墨子》由历代墨者薪尽火传，一再加工整理或集体创作而成，时间跨度从战国初至战国末，即公元前5世纪至公元前3世纪，绝不可能成于一人之手，也非成于一时，因而其内容比较复杂。西汉时刘向把《墨子》整理成七十一篇，但六朝以后逐渐流失，现在所传的《道藏》本共五十三篇，佚十八篇。在佚失的十八篇中，有存目的是《节用》下篇，《节葬》上中篇，《明鬼》上下篇，《非乐》中下篇，《非儒》上中篇，共九篇。另佚失的九篇都是关于守城器械和方法的论述，清代朴学大师孙诒让考证其中六篇的篇目应是《备钩》《备冲》《备堙》《备空洞》《备蛾傅》《备轩车》。

《墨子》内容广博，包括了政治、军事、哲学、伦理、逻辑、科技等方面，是研究墨子及其后学的重要史料。《墨子》分两大部分：一部分是记载墨子言行，阐述墨子思想，主要反映了前期墨家的思想；另一部分《经上》《经下》《经说上》《经说下》《大取》《小取》等六篇，一般被称作《墨辩》或《墨经》，着重阐述墨家的认识论和逻辑思想，还包含许多自然科学如天文学、几何光学和静力学的内容，反映了后期墨家的思想。

据《墨子》可知，墨子思想从小生产者的利益出发，以"兴天下之利，除天下之害"作为衡量一切思想和行为的标准，有十条五类纲领，即《墨子·鲁问》所云："凡入国，必择务而从事焉。国家昏乱，则语之尚贤、尚同；国家贫，则语之节用、节葬；国家熹音湛湎，则语之非乐、非命；国家淫僻无礼，则语之尊天、事鬼；国家务夺侵凌，即语之兼爱、非攻。"其大意是，统治阶级昏庸腐朽，就需要提拔贤才治国；国家贫困，就要节省资用，杜绝浪费，禁止厚葬；统治阶级淫乱享乐，就要反对音乐酒色，反对迷信天命；统治阶级暴虐无道，就要以天、鬼来加以警示；统治者若穷兵黩武，就要提倡互爱、反对攻伐。这段纲领中，"兼爱"和"非攻"是墨子思想的核心，即通过制止战争，实现人人平等和睦的理想世界；"尚同"

是为了统一人的思想行动到"义"的方面来,"尚贤"则是破除世袭特权,提倡"贤人""治政"、反对"暴人""乱政";"节用""节葬""非乐"则是要制止统治者劳民耗财的无益行为;"尊天""事鬼"则是以神鬼的"赏善罚恶"力量来惩戒统治者,约束他们任意扰民的行为。

墨子提倡质朴和实用,故而《墨子》一书亦是朴实无华,强调有切实的内容,以道理说服人,反对无益于实用的修饰与文采。中国古代严格意义上的论说文,当从《墨子》开始。但《墨子》因"非儒"而不见容于封建社会,加之部分内容佶屈聱牙,以致两千多来年,很少有人问津。直到近代,西方思想和研究方法传入,墨家在光学、数学、力学等自然科学的成就得以梳理,《墨子》才日受人们关注。

二、《墨子》的内容

按内容划分,《墨子》一书可分五部分:

第一部分包括《亲士》《修身》《所染》《法仪》《七患》《辞过》《三辩》,共七篇,这部分为墨子早期著作,是其关于道德修养、人格完善、思想方法和社会思想的论文。梁启超、胡适曾以为"非墨家言,纯出伪托"(尤其认为前三篇是儒家学派著作),事实上,墨子早年曾"学儒者之业,受孔子之术",所以受到儒家影响并不奇怪。然而,这一部分涉及墨家核心理论"兼爱"的"兼士""兼君"已经提出,主张"君子必辩"也明显地与孔子的态度不同,可以视为墨家已与儒家分野。这部分内容相对比较混杂,如"修身"一词,为儒家之言,《所染》中的"染苍则苍,染黄则黄"疑是出于名家之性说;后四篇多尚贤、尚同、天志、节用、非乐理论,对后面各篇有提纲挈领的作用。

第二部分包括《尚贤》上中下篇、《尚同》上中下篇、《兼爱》上中下篇、《非攻》上中下篇、《节葬》下篇、《天志》上中下篇、《明鬼》下篇、《非乐》上篇、《非命》上中下篇、《非儒》下篇,共二十五篇。除了《非攻》上篇、《非儒》下篇之外,各篇皆有"子墨子曰"四字,可以认为这是墨子门弟所记的墨子之言,系统反映了墨子"尚贤""尚同""兼爱""非攻""节用""节葬""非乐""天志""明鬼""非命"十大命题,是《墨子》一书的主体部分,代表墨家的主要政治思想和主张。每篇的上、中、下篇大同小异,其中上篇比较简略,而中、下篇的论证较为详备,可能是墨家后学由于抄写、传授各有系统而各有所本,也可能是由墨子弟子在不同地点、不同时间听到老师的宣讲之后,再依据自己的理解加以整理而成。

第三部分包括《经》上下篇、《经说》上下篇、《大取》《小取》篇,共六篇。这部分被治墨者称为《墨辩》,亦称为《墨经》,专说名辩和时间、空间、物质结构、力学、光学、声学、代数、几何等内容,在自然科学理论方面,不仅提出一些自然科学定义性的语言,而且勾画出了堪称之为科学方法的一整套理论(英国著名科学史家李约瑟语)及其显示出的真正科学精神。此六篇难懂难译,古字词较多,辩理深奥,令人费解。前人因其称"经",定为墨子自著,实为后期墨家作品,是研究墨家逻辑思想和科学技术成就的宝贵资料。

第四部分包括《耕柱》《贵义》《公孟》《鲁问》《公输》,共五篇。这部分体例与《论语》接近,为墨子弟子对墨子的言论行事的记录,内容涉及义礼、治国等多方面内容,是研究墨子事迹的第一手资料。

第五部分包括《备城门》《备高临》《备梯》《备水》《备突》《备穴》《备蛾傅》《迎敌祠》《旗帜》《号令》《杂守》,共十一篇。这部分可以视为墨家军事学著作,专讲各种守城技术和兵法的,涉及守城兵员安排、兵器使用、军工器械和战略攻御等各种战术,是研究墨家军事的学术史料。墨子提倡"非攻",以守御为主,十一篇皆以守备之法为主题,故而这一部分和墨子的"非攻"的思想和止楚攻宋实行"非攻"的实践相一致。

第五节　墨家智慧

一、大爱智慧

(一)爱别人就像爱自己

墨家的学说的主要思想之一是"兼爱",意思是要求我们对待别人要如同对待自己,爱护别人如同爱护自己,彼此之间相亲相爱,不受等级地位、家族地域的限制。

关于"爱",墨家与儒家是有区别的。

墨家提倡"兼爱",这可算是一种古老的"博爱"思想,墨子主张"使天下兼相爱",抽去了宗法等级制内容,因为庶人也是可以被举为天子的,等级制的界限已被打破(与之相对应的是儒家加上了宗法等级制的内容,改造成了"忠恕"含义的"仁爱")。

墨家的"平等兼爱"是对儒家"差等仁爱"的否定,在墨子看来,儒家不兼爱的"仁",不能算是"仁"。"天下兼相爱则治,交相恶则乱"(《兼爱上》),天下之乱,起于人与人不相爱。臣与子不孝,君与父不慈,以及"大夫之相乱家,诸侯之相攻国",直至盗贼之害人,都是互不相爱的结果。如果天下人能"兼相爱","爱人若爱其身",那就天下太平了。

墨子也讲"慈""孝",但并不以"孝悌"为"兼爱"之本,更不主张有等差的爱,所以,其"兼爱"具有反宗法等级制的特点,因此孟子说"墨氏兼爱,是无父也"。墨子的"兼爱"还要禁止"强执弱""富侮贫""贵傲贱""诈欺愚",反对贵族、富人欺压下层民众。

并且,"兼相爱"和"交相利"是相结合的,墨子的"兼相爱"和"交相利"理念,超越了孔子"君子喻于义,小人喻于利",只讲"义"不讲"利"的片面性思想。"兼爱"有利于自己,不"兼爱"则有害于自身,墨子将伦理道德和功利主义紧密地结合在一起。

无论是古代还是现在,"广义的"人与人之间的互爱互利都是社会稳定的基石。严格地说,那种基于每个人都是一个独立平等的生命的"爱",在中国的儒家文化传统中是不存在。所以,爱不是中国传统社会中的主导价值和普遍现象。

墨家认为人与人之间的不相爱,是导致天下"乱"的主要原因。如果天下人能够做到"兼相爱",假如人们能都"爱人若爱其身"像爱自己一样去爱别人,那天下就太平了。墨家学说认为儒家提倡的"爱有差等"是不对的,那是一种以亲疏关系为依托的"别爱",爱本国人胜于爱邻国人,爱家乡人胜于爱外乡人,爱自己人胜于爱其他人是正常的;而墨家倡导的是一种博爱主义,主张爱没有等级和差别,要像爱自己一样爱别人,像爱自己的父母一样爱别人的父母,爱自己国家一样爱别国,认为"爱人犹己"的兼爱才是爱的最高境界,才是社会需要建立的一种理想伦理,并以此达到天下大同。

诸子百家——墨家

如果盗贼看待别人的家像自己的家一样,就不会有盗窃的发生;看待别人就像自己一样,就不会有害人的人;于是盗贼没有了。如果大夫贵族不相互侵扰家族,看待别人的家族就像自己的家族,就不会有侵犯;如果诸侯不相互攻伐封国,看待别人的疆土就像自己的封国,不会有攻伐;于是人与人之间的侵扰,国与国之间的攻伐都没有了。假若天下的人都能相亲相爱,家族与家族也不相互侵扰,国家与国家都不相互攻伐,盗贼没有了,君臣父子间都能孝敬慈爱。当天下实行兼爱时,天下也就治理了。

但是在阶级社会里,阶级利益之间的不一致性导致了阶级之间的敌对和斗争,墨子没有意识到存在于阶级之间的,导致他们不可能相爱的社会根源,而提倡不分任何阶级的"天下兼相爱"的社会理想和伦理理想,在当时充斥着战乱和纷争的特定社会环境里是不现实的,因而也不可能实现,只能是一种社会理想。

然而墨子的这种主张并不是没有可取性,它所倡导的这种博爱精神是值得肯定和发扬的,无论所什么时代什么样的社会环境,倡导人与人之间的相互关爱,是对人性美好的肯定,对社会伦理道德的建设和完善,有着重要的意义。

某位著名作家曾说:"我看到了真理,我看到并且懂得,人是能够变得美好幸福的,而且绝不会失去在世上生活的能力。我不肯也不能相信,邪恶是人类的正常状态……即使根本不存在什么天堂—我还是要去传道。事情再简单不过:重要的是必须像爱自己一样去爱别人,这才是要害,这才是关键,其他事情都无关紧要。"是的,没有人天生就是邪恶和冷漠自私的,在这个世界上,我们都不是孤立的个体,而是友爱的群体,当我们都能做到想爱自己一样去爱别人时,这个世界就会像我们所期待的那样,成为美好的人间。

人人都有爱与被爱的需要,但我们常常更关注自己是否被爱和被尊重,却忽视了获得爱和尊重的前提,这个前提就是我们应该首先去爱并尊重他人。

有这样一个故事:

一位叫冯会军的一名采煤工,憨厚寡言,生活拮据。

人穷很正常，但许多人说他这个穷人不正常，因为他见不得别人有难处，无论是矿工邻居还是陌生路人，只要他看见谁有难处，不帮一把就看不下去。好在妻子宽容他这一点，从1995年结婚开始，家里能卖的东西全让他卖光了。2000年春的一天，他路遇一个病倒的矿工家属，跑回家问妻子："能帮我借点钱吗？"妻子笑说："把我卖了吧！"

这次他终于没帮成，因为谁也不愿再借给他和妻子一分钱，都劝他别再傻了。为此，他大病了一场。妻子问了一句一直想问的话："你难道不帮别人就活不下去了？"他想了好久，憨笑说："我不知道……"

那年，一个矿工受伤，失血过多在医院输血。他知道后着急得不得了，矿工有难，他不帮绝对不行！妻子想了个办法，劝他说："别急了，你去给他输点血吧！"

他的心被妻子一句话点亮了，马上跑去医院。当针管扎进他的血管时，他笑了，无比幸福的憨笑！

没人知道他笑里的"诡计"。从那以后，人们没看见他再帮什么人，但却高兴起来了，挖煤生龙活虎，平日喜笑颜开，像是天下最幸福的人了！所有人都纳闷了——冯会军不帮人也能快乐，这是不可能的事！

一个工友终于发现问题：他的两个胳膊上扎满了针眼，蜂窝似的吓人，工友猜测他可能吸毒了，没有问他，经常去他家里，想探查出些蛛丝马迹。最后，这个工友发现了几把印有"无偿献血奉献社会"字样的雨伞，心有惊动，仍没声张。有一次，只有他妻子在家，工友就问起他妻子来，他妻子大哭，拿出一大摞红色证书让工友看，说："我男人是最好的好人！你为啥要怀疑他吸毒？"

工友被震撼了，那是无偿献血证书！已经献血69800毫升！

工友找到他，吼叫："你还要命不要！你有多少血？……"

他赶紧笑求苦求，求工友千万别对人说，因为献血是他最幸福的一件事，别让人们的疑惑和劝说中断了他的幸福。他还说，国内一些城市血液中心的血液供应频频告急，社会上少量人的献血远远满足不了医院用血的需要，他献血就是想帮了更多人，他一想起能帮那么多人就觉得没白活在这个世上！

工友没劝动他，反倒被他感化了，还自愿和他一起进城献血。但工友并没有为他保密，工友用他的话在矿区做宣传，他的事也就传开了。

他也没想到，只是献了点血，竟能感动那么多人，原来许多人都有爱心，就像火，一点就燃！矿区沸腾了，短短两天时间，就有三百多人加入献血的行列，他的名字也传开了，比矿领导和城里那些亿万富翁们的名字还响亮！连百岁老人看见他也会拉住他的手，摸摸他的脸，说他是个"好孩子"！31岁的好孩子！

他终于可以"光明正大"地献血了，每月定期到红十字会献血。为了保证血液质量，他早已戒烟戒酒，从不喝不干净的水，不在外面吃饭，对自己负责，对社会负责。他共献血529次！同时，他又加入了干细胞志愿者捐献的行列，并与河南省眼库签订了捐献眼角膜的合同。

面对记者，他还是什么"道理"也说不出来，只有憨笑，问急了，他说出一句："活着就得帮人，我没钱，但我有血！"

当一个人付出自己的爱心而不求回报时，他就做到了真正意义上的"爱人若己"。也许我们会因为守规矩，讲良心，有道德，而吃亏或者会蒙受损失，遭到打击，但要坚信，这不是我们的错，而是这个社会出了某种问题，这种问题的解决方法就是我们坚持守规矩讲良心有道德并引导更多的人这样做。就像特蕾莎修女一样，当她把播撒爱当作自己神圣的职业时，她得到的不仅仅是诺贝尔和平奖的荣誉，更是人类所赠予她的无上光荣，如果我们每个人都有这种爱人的情操，我们所生存的这个世界将不再有残暴和征战，我们将生活在和平友爱的温暖中。

曾有一句误导人们的言论流行，那就是"爱自己的孩子是人，爱别人的孩子的是神"。这句话不知出自何人之口，但却发人深省，为什么就说"爱自己的孩子是人，爱别人的孩子的是神"？"人"和"神"的区别就是爱自己和爱别人的不同吗？我们无意去探究应该怎样去爱护别人，我们只想讨论的是，在爱自己和爱别人之间，真的存在着不可跨越的鸿沟吗？为什么我们非得把爱自己和爱别人对立起来？

普遍意义上讲，人爱自己总是很容易的，因为在这个世界上，对自己最好的就是自己了，人爱自己是理所当然天经地义，然而，爱别人就不一样了，爱别人意味着自己要吃亏，最起码会要做一些情感上的付出，如果境界高的话，会有精神物质的双重奉献，这种精神在当前的社会不大容易传递。毕竟，社会充满了竞争，很多人都不愿意主动伸出友爱之手，于是人与人之间多了些冷漠。

其实，我们应该明白，关爱别人就是关爱自己。

有个绅士要过独木桥，刚走几步便遇一孕妇。绅士很礼貌地转身回到桥头，让孕妇先过桥。孕妇过桥后，绅士又走上桥，刚到中间又遇一位樵夫，绅士二话没说，再退回桥头让樵夫过桥。第三次绅士未敢贸然上桥，而是等独木桥上的人走完后才匆忙上桥。眼看就到对岸桥头了，迎面却赶来一位推独轮车的农夫。绅士摘下帽子向农夫致敬："你看我就要到桥头了，能让我先过去吗？"农夫不干，把眼一瞪，说："你没看见我推车赶集吗？"话不投机，两人争执起来。这时，河面上来了一叶小舟，舟上坐着一个僧人，两人便不约而同请僧人评理。

僧人双手合十，看了农夫一眼，问道："你真的很急吗？"农夫答："是的，晚了就赶不上集了。"僧人问："你既然急着赶集，为什么不尽快给绅士让路呢？你只要退那么几步，绅士便过去了，绅士一过，你不就可以早早过桥了吗？"

农夫一言不发。僧人便笑着问绅士："你为什么要农夫给你让路呢，就是因为你快到桥头了吗？"

绅士争辩道："在此之前我已经给两个人让过路了，如果总让，我就过不去了。"

诸子百家——墨家

"那你现在是不是就过去了呢？"僧人反问道："你既然已经给人让过路,再让一次又何妨呢？即使过不了桥,起码不失绅士风度,何乐而不为呢？"绅士羞愧得涨红了脸。

生活中,人们习惯看重于个人利益,忽视他人需求。其实,人类是一个有机整体,人们之间离不开彼此协作和互相关爱。任何人不能脱离社会而独立存在,这是人类异于其他生命的地方。在人生旅途中,我们经常会遭遇个人利益和他人利益,局部利益和整体利益的矛盾和冲突,只要我们站在人类整体利益的角度,多替别人想想,多给别人一些谦让,一些关怀,一些帮助,社会就会变得十分和谐,人间就会处处充满温暖,我们自己就能从中受益。关爱别人其实就是关爱自己！

生活在复杂的社会里,我们无时无刻不在为自己的行为解释着。没有人能够一眼看穿你,也没人时刻关注着你。但是,只要你一不小心做得不好时,那份"幸运的关注"往往就会马上降临在你的头上。所谓好事不出门,坏事传千里。你以往的勤快向上,别人很少能注意得到,可只要一偷懒,马上会成为别人眼里的"焦点"。

在生活里,谁都不喜欢成为别人的谈资,但生活有时是很无奈的,总会有那么三两句刺耳的话。很难接受,但也要接受,因为会有这样的话,说明你做得还不够好。对于别人对自己的评价,每一句,好的或坏的你都愿意聆听,如果你真的错了,你一定要纠正,尽管努力过后,效果不是很大,但毕竟你一直正在努力改进。说真心的,刚听到关于自己不好的话,谁心里都会难过,两三天的心情都不会好,因为心里老是萦绕着这句不好的话。

"走自己的路,让别人说去",行吗？真能做到,不管别人怎么说自己都不在意吗？人非圣贤,孰能无过呢？又有谁真的不在意别人怎么看待自己吗？不可能的,即一个人不表露出不满,但心中总会有那么一点的介怀。

既然,做得不好才惹来不好的话,那么,如果做到最好,还会有人鸡蛋里挑骨头吗？就算你不能做得最好,可你是努力在做了,真的是问心无愧了,就有了解释的资本。做人要学会很多的道理,想要做一个别人信任,很得人缘的人那就是难上加难了。其实也不见得做不到,因为,信奉地做人守则是"若要人怎么样对你,首先你怎样对人。爱人如爱己！"这句话真的很有道理,人都是这样的心理"你对我好,我当然也会对你好了"（当然也除一些被利益\权力\忌妒蒙蔽了双眼的人）如果,你对待别人了像对待自己那样好的话,别人当然也会对你好了。

让我们大家学会一个做人最基本的道理吧！"爱别人就像爱自己一样！"

（二）大爱让我们消除分歧

墨家的社会理想是"兼爱",他们认为"兼爱"是实现天下大治社会太平的前提条件。墨子的这种"兼爱"思想,其实就是大爱。大爱能让我们消除分歧,让战争远离。

有这样一个关于爱与战争的故事：

1999年深冬的一天,北高加索山下的气温已降到了零下30摄氏度。尽管门窗封闭

诸子百家——墨家

很严,壁炉里的柴火也在熊熊燃烧,可娜塔莎依然感觉到冷——心冷。因为后天,也就是圣诞节那天,她的儿子阿历克赛就要走了。

阿历克赛要去的地方是格罗兹尼城。作为军队中最优秀的狙击手,他必须去,别无选择的选择。

"阿历克赛,妈妈有话要对你说——"分别的悲伤,娜塔莎一走到儿子面前,眼睛便湿润一片。阿历克赛笑了笑,给了娜塔莎一个温暖的拥抱。他知道妈妈要说什么:到了格罗兹尼要注意安全,要小心照顾自己,还有,最好能让枪口保持沉默。但他做不到,因为他是军人,必须在敌人将子弹射进自己的头颅,或者太阳穴前一秒扣动扳机。

"妈妈,不要为我担心。我会平安回来的。"阿历克赛说。

"我相信,真主会保佑我的阿历克赛平安归来。"娜塔莎暗暗祈祷。但5年前发生在格罗兹尼的那场残酷战争,至今让她心痛不已。

每一座城市都有它的宿命。1918年建成的格罗兹尼城,在当地方言里是"可怕和残酷"的意思,在娜塔莎的心里,它就是一座嗜血之城。因为这座城市是按照作战要塞来设计的,城内堡垒密如蛛网,易守难攻。早在1994年,格罗兹尼就要了上千俄罗斯士兵的命。据说,杀进格市的一个千余人的作战团仅剩下一名军官和10名士兵活着离开;进入市区的120辆俄军装甲车损失了102辆;车臣武装甚至将俄军死尸垒成沙包当作街头碉堡,让死去的士兵丧失了最后的尊严。也就是在那年冬天,娜塔莎的丈夫永远地离开了她,在与敌手的互射中去了天国。

阿历克赛走了,带着年轻的笑容去了格罗兹尼。从他离开的那一天起,娜塔莎几乎每时每刻都守在电视机前,紧盯着政府播报的战况。

2000年1月6日,政府发言人说,俄罗斯军人进入格罗兹尼,就像进入了一座迷宫,摸不着北。而他们勇敢的狙击手却凭借熟悉的地形,藏在暗处像练习射击一样。逐一射杀目标。1月15日,战地记者现场播报,格罗兹尼巷战取得了空前胜利。

娜塔莎一眼不眨地看着电视画面。她丝毫不关心形势大好的战局,只想找到儿子阿历克赛的身影。可那些藏匿在楼房、暗道里的狙击手,绝不会轻易暴露在镜头中。不可否认,格罗兹尼让俄军吃尽了苦头。战后,俄军士官赫尔巴德斯在他的战地日记里如此写道:"我旁边的弟兄一个个倒下去,每个人的脑门上都留有小而圆的弹孔……"

两个月后,堪称越战之后最血腥的经典巷战——格罗兹尼战役终于结束了。娜塔莎欣喜地奔上街头,准备迎接阿历克赛的归来。但,等待这位母亲的,却是一个极其残酷的消息:接连遭受重创的俄军采取了最疯狂的行动,他们用炮弹炸平了格罗兹尼!她的儿子阿历克赛,英勇战斗到了生命的最后一刻。

一周后,娜塔莎去了满目残垣的格罗兹尼。在儿子战斗过的巷道里,娜塔莎将一大束白菊分成两束,插进了硝烟未散的废墟。

一个记者不解地问:"你,有两个儿子?"

"我只有一个儿子阿历克赛。那一束,是送给阿历克赛的对手的。"娜塔莎说。

记者大为惊诧:"你为什么要这样做?"

娜塔莎平静地说:"因为我是个母亲。在母亲的心里,只有孩子,没有战争。我相信,我的阿历克赛和他的对手会在天国成为最真诚的朋友。"

母爱本与战争无关,与仇恨无关。在那个寒气彻骨的冬季,绽放在格罗兹尼街头的除了雪花和血花,还有一束母亲带来的娇艳盛开的白菊。那束融会了母爱与宽恕的白菊,成为那个冬日最为耀目的风景。

是的,爱能让我们消除分歧。就像故事中说的那样,母亲希望用爱能够让两个在天国的孩子消除分歧,让战争远离他们。

无论是古代还是现代,百姓都是战争的最终受害者,虽然某些特殊历史阶段,一些国家通过战争扩张了领土,增加了财富,但在强国有所得的同时,弱国必然会有所失,因为强者的所得正是剥削弱者才得到的。当战争不再是实现和平的途径,我们更应该诅咒战争的罪恶,战争给人民和社会经济带来的创伤是沉重而且永远无法抹煞的,民众更渴望的,是社会安泰,安稳富足的生存环境。所以说,兼爱是人心所向,这个世界需要兼爱,和平呼唤兼爱。

对于电影《墨攻》,大家众说纷纭,意见不一,有认为是倡导墨子"兼爱""非攻"理想的,也有认为是宣扬战争的,毕竟革离所代表的墨家并没有真正的挽救梁城,甚至他救不了自己的爱人。然而,我们通过这部影片,更多的是应该在战争的迷失进行反思,战争给我们带来了什么? 到底怎样才能消除战争? 影片中作为胜利者的革离,也会痛苦的反思,每次获胜之后他总会问自己:赢了就是胜利吗? 死敌无数所带来不是快慰,而是深深的伤痛,为敌人为自己的伤痛,为战争的伤痛。

说到底,还是应该怀着兼爱的理想,用和平来解决问题。但在当时的环境中,一种政治主张的推行,是由统治者决定的,如果有一个懂得和平的皇帝,那么有再多的革离也没有用。

战争是统治者为了满足自己征服或者占有的欲望而发动的,带给百姓的只有苦难和流离失所。片中一位逃难妇人的一句话振聋发聩:"我们投降吧,反正跟着谁都一样种地。"

当今社会需要和平,需要兼爱,并不完全体现在国与国之间,在企业公司之间的商业竞争中,我们同样需要兼爱的精神和思想。对待古人的学说,我们不能一成不变的继承,而应该根据现实的具体环境,加以灵活的运用,就像对待墨子的兼爱思想,运用到企业之间,就是要懂得"兼相爱,交相利"的道理,能够在相互关爱中竞争,在竞争中实现互利互惠。

诸子百家——墨家

（三）兼爱，让社会和谐

"兼爱"可以让人处理好自己的家庭关系。根据墨家学说的观点，一个人要爱自己，孝敬父母及长辈，热爱自己的兄弟姐妹，他在家里肯定就会谦恭礼让，如果家庭成员都这样来对待他人的话，那这个家庭不管有多少人，都会出现兄弟之间无分歧，妯娌之间无裂缝，大家都会和睦相处，亲密无间，这样的家庭自然也堪称模范家庭了。

"兼爱"可以让人处理好与社区的关系。因为"兼爱"，大家也会把对待家庭成员的态度来对待自己的邻居，对待自己身边的人和事，把别人的事也当作自己的事对待，邻里之间就会出现一种互帮互助，亲密无间的关系，"一人有难，八方支援"的现象将会随时随处可见，这种中华民族的传统美德将再不会"物以稀为贵"了，整个社区也会因此而受益匪浅。

"兼爱"可以培养高素质的人民。因为"兼爱"，人与人之间的关系和睦了，人与人之间更加注重礼仪了，人们就会克制自己的不良情绪，无事生非的人少了，制造混乱的人没有了，整个社会充满了一种和谐宽容之心，大家都会站在别人的角度想问题，分析问题，于是矛盾就在这样的谦让中消失。"人让车，车让人，人让人"的宣传标语就不再是一种标语，而成了人们一种自觉的行为和习惯，人的素质自然就会进入一种新的境界了。

"兼爱"可以培育忠诚的企业员工。一个企业有了"兼爱"思想，员工也会更加为同事着想，为领导着想，为自己的工作着想，于是工作上的推诿、职责不明、执行力不高等不良的行为和习惯将会消失，同事与同事之间将不会因为奖励不公而心怀不满，也不会因为受到打击报复而郁闷不安，没有了尔虞我诈，没有了钩心斗角和利益之间的冲突，和谐的工作氛围将大家紧紧地凝聚在一起，忠诚度增加，工作效率会得到极大提高，工作效益也会相应得到极大提升。

"兼爱"可以让人与自然更加和谐。充满爱心的人，会关注身边的一切，会关爱所有的生命，他们会多做善事，会去帮助那些贫困的人们，也会帮助他们改善环境，同时也会关注我们自己的生存环境，会关注我们这一代乃至下一代人的生存空间，会更加注重人与自然的和谐相处，减少污染和破坏，使天更蓝，水更清，山更绿。

墨子认为天下大治应该是"做人君的必须仁惠，做人臣的必须忠诚，做人父的必须慈爱，做人子的必须孝敬，做人兄的必须友爱其弟，做人弟的必须敬顺兄长。"而要做到这一点，就不可不推行和倡导"兼爱"，并认为"这是圣王的常法，天下的治道。"而把这个观点放到现在，其根本就在于"和谐"二字，是人与人之间的和谐。

其实，墨家的"兼爱"同样也可以创造一个更加清明的社会风气。因为"兼爱"，当官会更加体恤民情，领导也会更加体恤下属，政府工作人员也会更加理解老百姓。因此一个充满"兼爱"的政府，必然会现出一种"官员不爱财，商人不唯利"的普遍现象，当官的不贪，商人不唯利是图，腐败的少了，制假售假的少了，破坏环境的少了，老百姓才会真正住得安全，吃着放心。国家才会真正的安居乐业，更加繁荣富强。

总之，在现代社会正确倡导"兼相爱，交相利"，就会产生一批讲孝道的典范，一批忠诚的职员，一批与人为善的楷模，一个清正廉明、尽职尽责的政府，不仅可以让人与人之间更加和谐，也会让人与自然之间更加和谐，一个和谐与富强的国家和民族的出现也将为时不远了。

（四）爱使我们在一起

曾有一首歌《爱使我们相聚一起》，是几位捐资助学的热心网友所作。歌词有云："爱使心灵得以净化，爱使生命进而升华。捐资助学使我们知行合一，行善使我心得欢愉"，"我们手拉手让这世界知道，爱使我们来到这里"。爱是相聚的力量；是沟通你我的心灵桥梁。

爱是一个含有多种情感的字，其繁写"愛"含有心字，表示爱是一种发自内心的行为和活动。从价值论而言，爱的概念表现为双重关系，一是主体的人与外部世界的关系，爱是人对物的肯定，物能满足人的精神需要；二是个体的人与他人或社会群体的关系，爱是人对人的肯定。在我们华夏文明中，爱的概念发端于远古，西周时爱的观念已确立，春秋以降，仁爱思想成为社会思潮，孔子不仅提出血亲之间"爱有差等"的思想，还进一步重申"泛爱众而亲仁"的观点，明言"仁者，爱人"。后世的韩愈更明确地说："博爱之谓仁"。仁与爱不可分，墨子的兼爱观，亦同样倡言"兼即仁矣义矣"，主张"爱无差等"，"不避亲疏"，这与西方人文主义者张扬的博爱观相通，即：超越的爱是一种尊重他人，关心他人的幸福而不希望从中得到任何回报的社会行为。

在每个人的成长历程中，最初的爱是"亲亲之爱"，爱父母，爱与自己亲近的人，知道友谊的可贵，这是爱心的原始萌芽，正如康罗·洛伦兹讲的："人类的动物性进化中，创造一个划时代的发明：爱与友谊"，这两者与人类的人文进化相始终。随着年龄之增长，人生阅历之日累，从己身之感悟到他人之见触，渐渐憬悟兼爱之本，那就是仁爱之心是人类经验中最基本的要素，爱渗透于人的一切行动中，并具有深邃博大的创造力。试想自己落难之际无助之时，能得到他人的殷切关怀和无私关爱，其感动是不言而喻的，其功效是让人鼓起生活的信心，坚信这世上还是好人多。

有爱心的社会，是个机制健全的社会；有爱心的人，是个精神健全的人。然而，当我们把爱锁定在男女情爱上，并且受制于这份狭隘的爱欲时，就犹如柏拉图所言：爱欲可以折断人的翅翼，作为原始生命力的爱欲，只肯定自身的目的，忽视他人的独立性，一心一意只想强迫他人接受自己的爱。这种爱是不幸的，无力的，无助于精神的健全。马克思为此曾指出："我们现在假定人就是人，而人跟世界的关系是一种合乎人的本性的关系。那么，你就只能用爱来交换爱，只能用信任来交换信任"。爱首先是主动给予而非强迫接受。同样道理，兼爱之举也是要人们先主动献出，方能唤起更多的人有兼爱之心，唤醒每

诸子百家——墨家

735

个人心中所隐蔽的恻隐之心、羞恶之心、辞让之心、是非之心，孟子的如此"四端"之心，就是朱熹说的"皆情也"，这恰是所有形式的爱共具的要素，即：关心、责任、尊重和了解。特别是对他人的关切，在海德格尔的理论中，关切是良心和意志的根源，唯有"把自己显现为关切"，我们才会有兼爱之心的起点。毕竟罗洛·梅在《爱与意志》中就说过：关切，是对他人，对一个像我自己一样的同胞的承认；是把他人的痛苦和欢乐视为自己的痛苦欢乐；是一种罪孽感、怜悯感，是意识到我们所有人都具有我们由此发端的共同的人性基础。

诸子百家——墨家

我们涉足的时代，已日渐变成一个追逐感官快乐，处处以钱论英雄，义利之辩销声匿迹，美德难有好报的时代，爱心的缺失导致心灵的空虚。生活中的各种厌倦感，叫人丧失了不少怜悯之心，却还在四处寻觅人生的幸福，殊不知，叔本华早有所言：人类幸福的一个敌人就是厌倦。由生活的厌倦到焦虑的最痛苦形式孤独和被抛弃感，时时困扰着人们。在如此精神状态下，直面那些挣扎于贫困线上的失学孩童，同情心已在行叹复坐愁的焦虑中变得麻木，责任感亦在怨天更尤人的不满下推给政府，忘记了在爱与意志的每一个行动中，我们都同时既塑造着我们的生活世界，又塑造着我们自己。兼爱之心的奉献，能帮助一个人战胜孤独变得充实，在自己肩起一份责任之际，还能如那马斯洛在《人性能达的境界》中所云的："每次承担责任就是一次自我的实现"，实现的是自我合群的本能与爱的本性，唯此方可共创一个好心有好报的高协同社会。

兼爱的本质是一种意志行为，是用自己的生命完全承诺另一个生命的心。在老庄的生命哲学中，爱的本质就是去伪存真，重构内心的敦厚纯朴，这是"爱人利物之谓仁"的做人之道。所谓归真，无非是回归到人的天赋的自然理性。卢梭曾于《论人类不平等的起源和基础》里说过："自然既把眼泪赋予人类，就表示出：它会赐予人类一颗最仁慈的心"。这颗仁慈之心便是兼爱之心，它维系着人类的存在，调节着每个人的生命活动。

但是社会性的兼爱与自然的"亲亲之爱"是有别的。兼爱是一种艺术，弗洛姆在《爱的艺术》中就一再强调："它（爱）需要知识和努力"，"爱是一种艺术，正像生活是一种艺术一样"。这门艺术是每个人终身学习的，掌握得如何关乎自身的处人处世之道。所以，罗素又会诚恳地说道："高尚的生活是受爱激励并由知识导引的生活"，并直言："没有知识的爱与没有爱的知识，都不可产生高尚的生活"。兼相爱作为社会化行为，是靠人的知识化引导出来铸就人间真情共享诚真生活的。这恰好是我们传统文化一直视教化为重心的缘由之一。让我们学会兼爱，在捐资助学的行动中，同唱一曲《爱使我们相聚一起》，让"我们手拉手将这份爱继续，爱使我们相聚一起"，用共同的行动为兼相爱做出一个注解。

（五）爱让我们快乐

只爱自己的人，注定了一生的孤独；只爱别人的人，世间少有。无私，高洁如天山上纯白的莲花;既爱自己,又爱别人的人,才能获得真正意义上的快乐。

墨家认为人是在爱别人的过程中满足自己利益需求的,因而爱和利是相互依存的,这种思想虽然有些功利,但墨子的学说更具有现实意义。

我们现在所生存的社会,更是充满了利益斗争,人们都想从别人那里获得爱和利,自己又不想付出爱让出利,这种功利主义思想和墨子的功利主义是又本质不同的,墨子主张的功利主义是在付出爱的之后得到利,"兼相爱"是"交相利"前提,只想得到"利"而不肯付出"爱"的思想是墨子所批判的。

这就需要我们考虑这样一个现实的问题:兼爱需不需要回报和感恩?

墨子提倡兼爱的本意是要人们无私的去爱别人,自然就不会苛求别人的回报。从付出者的角度来说,是不需要得到回报的,如果是为了别人的回报才去付出,那就违背了墨子兼爱思想的本意;而从接受者的角度来说,是需要感恩的,我们在接受了别人的关爱之后,要怀着感恩的心情,要知恩图报,即使我们不能直接给付出者以关爱,但我们可以把这种爱转移给另外需要帮助的人。当我们能够在这扮演好这两个角色时,整个社会都会笼罩在温馨的兼爱光辉之中。

然而事实并非如此,天真的人认为只要付出就有回报,现实的人说付出不一定有回报,普遍流行的观点是回报与付出不一定成比例,总之人们把付出与回报之间的联系看为必然,如果付出小于回报,则认为自己占到了便宜而沾沾自喜;而一旦付出小于回报或者二者相等,就会觉得自己吃了很大的亏得不偿失。其实,这些想法都是错误的,我们应该意识到,付出是一种慷慨,回报是一种美德,两者也许在某种程度上有紧密的联系,但不是必然相关而应该是各自独立的!

墨子所提倡的"兼爱"是真正意义上的爱,这种爱是一种过程、一种付出、一种奉献、一种服务。我们无私的付出自己的关爱,成就的是对方,圆满的是自己。而且,这是一种情感的升华,是爱众生的大爱而不是私爱;是一种平等的爱而不是有选择的爱;是一种只知付出而不求回报的爱;在这种清净而没有欲求的爱面前,人的灵魂被净化。

很多人为别人付出自己的精力、物力、财力都是心甘情愿的,是真心地帮助别人,并没有去想过自己帮助过的人有朝一日能回报自己什么东西。这样的付出才是真正的幸福,因为在为别人付出的同时自己也得到了升华。别人回不回报是别人的事,而是否愿意付出却在于自己。

为了回报而做出的付出并不是真正意义上的付出,就好像是一场生意,像某人拣到一个钱包,他交给失主的时候,向失主索要酬劳,这是变了质的付出。这样的人也称不上是完人甚至不能说是好人。虽然丢了钱包的物主应当给拣到钱包的人一些回报,但是为了回报而做的付出是卑劣而低下的,根本不能称之为付出。

曾经看到这样一个报道:

一个人开了家店,用低价收购人们捡到的他人遗失的东西,店主在确定失主后,要求他们花钱赎回自己遗失的物品。在转手的过程中赚取利润，而他的店名却是"助人为乐"。

在我们为这个店主奇思妙想的生财之道所叹为观止的时候，是否更应该想到，用这样的方法牟取利益是否符合社会伦理道德，当他把回报作为付出的目的时，他所谓的"助人为乐"其实就成了"赚钱至上"。

人生的许多不如意都因为认为自己的付出和得到的回报不对等，其实我们应该想到，在付出的过程中，我们最起码体验到了帮助人给自己内心带来的充实感。如果我们一定想在付出自己的关爱之后得到别人的回报，那就先用自己无私的爱去帮助更多的人，并且对自己帮助的人说："我需要你的回报，这个回报就是向和你一样需要帮助的人伸出援助之手。"在这样一次次付出自己的爱之后，我们会慢慢发现，爱会在这个世界中传递。当有一天我们身处困境需要别人帮助的时候，伸出关爱之手的人，可能在帮助我们摆脱困难后对我们说："我需要你的回报，这个回报就是向和你一样需要帮助的人伸出援助之手。"难道这不是最有价值最珍贵的回报吗？

爱自己与爱别人，看似矛盾，但却是相辅相成，缺一不可的。自我们出生起，便凝聚了亲人的爱与希望。父母的爱，是天凉时提醒我们添衣的唠叨，是午夜为我们轻轻盖上的被子，是冬天里一针一线织成的手套。难道你忍心看到他们担心的面孔吗？你忍心看到他们因为你的感冒而皱起的眉头吗？不忍心的。因为你爱他们。正是因为你爱他们，所以你要爱自己。

当你爱别人时，同时也在爱你自己。爱是一种快乐的付出，在爱别人的同时，自己也会得到满足而觉得幸福。从另一方面来说，如果不爱别人，那么别人必然也不会爱你，失去了爱的生命是苍白的。没有别人的爱，生活便是一摊冰冷的水，毫无生气，落寞，并且痛苦。所以，我们必须去爱别人，俗话说，赠人玫瑰，手有余香。当我们把爱传给别人，其爱别人时精神上便得了安慰，尤其是别人对你的爱予以回报时，那更是一种幸福。所以，生活于尘世之中，我们要去爱别人，才能更加地爱自己。

特蕾莎是一个心中充满爱的女孩。她爱别人，正是因为这样，别人才会那么爱戴她，她才能如天使一般。而她在爱别人的同时，也在爱着自己，她爱自己的梦想，爱自己的信念。为了帮助穷人，尽管她耗尽了一生的青春，但她却换来了永恒的不变的爱。

很多时候，爱自己与爱别人是一对相互作用力，这种心与心之间的关怀是同时存在的。正如同一株植物的叶和花。绿叶爱红花，为它遮阳，为它挡雨，因为失去了花，绿叶便无存在的价值。红花也必定是爱绿叶的，若不爱绿叶，谁来为它点缀？谁来衬托起它的美？

在这苍茫的大地上，在这无边的蓝空下，我们都长在地球这棵大树上，叶与花，花与干，干与根，只有互相关爱才能欣欣向荣，才能枝繁叶茂。爱自己与爱别人，正是这种关系，相辅相成，不可或缺。

诸子百家——墨家

爱,让我们更快乐!

(六)爱的最高境界

爱自己人容易,爱陌生人是很难的,所以爱的最高境界是爱陌生人。墨子的思想是要求我们用博爱的心灵去爱身边每一个人,去爱认识的和陌生的所有人。

然而,说和做之间毕竟还有着很大的一段距离,从理想到行动需要付出很多。尤其是在听到看到社会一些不良行动之后,更是让很多人产生了误解,对陌生人的态度更加偏激,几乎把陌生人同坏人画等号,更有甚者,不分青红皂白地冷淡、怨恨、反感陌生人,更别提去帮助陌生人,关爱陌生人了。

2009年初,中国红十字总会面向全国招聘一名副处级工作人员,并公开承诺重能力不重学历,重人品不重资历。仅招聘信息公布当天,网上报名人数就已经达到二千七百多人。

经过严格的初试、复试、政审、体检,最后,只有三人进入了面试,由中国红十字会秘书长王先生亲自主持面试。

面试开始了,在问答与抢答环节,三个年轻人思维敏捷,沉着大方,见解独到,真可谓是一时俊杰,难分上下。听到精彩处,王秘书长也不禁频频点头,面露赞赏。

最后一道题,播放的是一段视频:一个年轻靓丽的姑娘,轻扬着马尾辫,穿过马路。突然,一辆大卡车疾速冲过来。眼看惨剧就要发生,她旁边的一个小伙子猛扑过来,推开姑娘,自己却倒在了血泊当中。

王秘书长说:"这是1999年发生在山东某地的一场真实的交通事故。现在请你们根据画面中的蛛丝马迹,来判断这个小伙子与这位姑娘是什么关系。"

短短三分钟的视频,就想判明两人之间的身份关系,可真有难度啊!

第一个年轻人想了想说:"他们是情侣关系,你看,他们的上衣,分明是一套情侣装吗?"

第二个人回答:"他们是兄妹关系,我注意到了他们的鼻梁上都有一道明显的皱纹,现代医学证明,鼻梁上的皱纹都是遗传因素造成的。"说着,他颇为得意,这个发现可不是谁都能观察到的。

王秘书长笑道:"你真细心啊,这么微小的细节都能注意到。"说完,他把探询的目光投向了第三个年轻人。

"很抱歉,我实在找不到任何有价值的线索。"第三位年轻人显得有点窘迫,有点语无伦次。前两位年轻人看在眼里,笑在心里,庆幸少了一位竞争对手。

"但我宁愿相信他们不过是萍水相逢的陌生人。"第三个年轻人顿了顿接着说,"在这危急关头,任何一位有良知的人,都会挺身而出,又何必非是情侣或兄妹呢。"

听了这个回答,王秘书长露出了欣慰的笑容,他走过来用力握着第三位年轻人的手,真诚地说:"欢迎你的加入。"

其实这是一道心理测试题,目的是测试应聘者潜意识里首先想到的是什么,这也是一个人不加修饰最本真的意识。

是啊,亲情温馨,爱情动人;但是说到底,这些都是小爱,是一己之爱。而相信陌生人之间也能无私奉献的人,是心有大爱的人。红十字会是一个公益性组织,最需要的,正是这种心有大爱的工作人员。

而只有当爱惠及陌生人时,才是大爱。只有对陌生人之间充满爱与善意,社会才能变得高度文明更加美好。我们把爱惠及陌生人时,往往,也不知不觉成就了自我。

在我们向陌生人伸出关爱之手的时候,应该想到,可能有一天,自己也会遭遇这样的紧急事件,也会面临同样的尴尬的境地,到那个时候,我们该多么希望出现一双仗义援助的手啊!而如果人人都奉行着"不要和陌生人说话"的信条,如果人人都以怀疑的眼光看待周遭的人和事,那么,这个社会的相助体系会真正的走向土崩瓦解,而这一切,都是从我们不肯连付出举手之劳开始的。

在向陌生人伸出关爱之手时,要对陌生人怀有感情,首先我们应该信任陌生人。毕竟,人间还是好人多,绝大多数的陌生人都是好人,他们不过是暂时需要帮助,困境并不是他们的缺陷和过失,因而我们要用一颗同情的关切之心去帮助他们。也许我们不能提供行之有效的帮助,但一句话,一个眼神,一个礼貌的询问,一个微笑,一个谦和的退让,一个温暖的搀扶,一个真诚的鼓励,都会给他们带来生活的信心和温暖的人性感动。

在和陌生人打交道时,我们宽容了别人也善待了自己。因为在帮助别人的过程中,我们诠释着自己的修养,道德和品格。

让我们学着去爱陌生人,让爱温暖这个世界。

(七)帮助别人就是帮助自己

墨家的"兼爱"思想,其实还有一层意思就是帮助别人也是在帮助自己。

在职场上,在我们的人生旅途中,都会遇到许多为难的事,有些人总是只顾自己,对别人的难处幸灾乐祸,导致他们自己在前进的路上也不会很畅顺,屡屡成为职场败将,常常在网上找工作,这样的例子不少。人们称之为"作茧自缚","搬起石头,砸了自己的脚"。其实在前进的道路上,为别人下绊脚石,也会堵了自己的路,如果搬开别人脚下的石头,自己的路就会越走越宽。

一位商人在一团漆黑的路上小心翼翼地走着,心里懊悔自己出门时为什么不带上照明的工具,忽然前面出现了一点灯光,并渐渐地靠近灯光时,才发现提灯的是一位双目失明的盲人。

商人很奇怪地问那位盲人说:"你本人双目失明,灯笼对于你来说一点用处也没有,你为什么还打灯笼呢?不怕浪费灯油吗?"

盲人听了他的话，慢条斯理地答道："我打灯笼不是为给别人照路，而是因为在黑暗中行走，别人往往看不见我，我便很容易被撞到，而我提着灯笼走路，灯光虽然不能帮助我看清前面的路，却能让别人看见我，这样，我就不会被别人撞到了。"

这位盲人用灯光为别人照亮了本是漆黑的路，为他人带来了方便，同时他因此保护了自己，正如印度谚语所说："帮助别人就是帮助自己。"人与人之间的互联是可以治疗彼此的伤痛的。

诸如此类帮助别人其实就是帮助自己的故事，我们还可以列举出许多。一个人如果看透了这层道理，就会把帮助别人视为理所当然、天经地义，也因为他这种不带功利色彩的单纯帮助，使得他在帮助别人的同时，自己的灵魂也会在无形中得到净化，自己的思想境界也会得以提升。

在这个世界上，个人的力量总是单薄的，一个人无力去解决生活中的所有问题，这就需要人与人之间的相互协作，在工作上，同事之间要共同努力完成任务；生活中，夫妻之间要相互扶持走过人生的坎坷。在漫长的人生之路上，任何一个人都离不开别人的帮助。常言说："一个篱笆三个桩，一个好汉三个帮。"正是因为大家的相互帮助和关怀，我们的世界才变得这样温暖而美好。

上天对待每个人都是公平的，在我们帮助别人时，也就为自己日后得到别人的帮助埋下了契机。因为人与人之间的交往是一种平等互惠的关系，我们对别人怎么样，别人就会以相同的态度对待我们。所谓"投之以桃，报之以李"，当我们真诚而热情的帮助和关怀他人时，才会得到别人的帮助。所以我们如果想要得到别人报来的"李"，先要投出自己的"桃"。

我们应该时时伸出热情的手，帮助和关怀别人。我们的帮助可能在关键时刻助人一臂之力，帮他们走出困境；也能给对方带来力量和信心，让他们有勇气去战胜困难。当一个人遇到挫折、身处于逆境时，热情相助犹如雪中送炭，别人也定会有"滴水之恩，当涌泉相报"的感激。人生在世，谁都难免遇到风雪天气，要想自己在需要时有"炭"取暖，首先应该给别人送"炭"。

有一个流传很久的寓言可以透彻的诠释"帮助别人就是帮助自己"这个道理：

有一个人死后，上帝问他想上天堂还是下地狱，他说想知道天堂和地狱的区别。于是上帝带他去参观。

上帝推开一间房门，他看到里面有许多鬼都用一个比他们的手臂还要长的勺子舀放在他们前面碗中的食物，可是因为勺子太长，总也放不到口中，他们一个个面黄肌瘦，痛苦不堪。上帝说："这就是地狱。"

上帝又打开另一间房门，他也看到同样的场景，这些人也用长长的勺子舀放在他们前面碗中的食物，可是和地狱不同的是，这里的人都用自己的勺子去喂别的人，因此他们各个面色红润，幸福.和谐地生活在一起。上帝说："这就是天堂。"

诸子百家——墨家

天堂和地狱的区别竟如此简单！然而在我们的现实生活中，往往很难看到这种双赢的局面。其实，天堂与地狱的差别，就在于对问题认识上的差别。一念天堂、一念地狱，因为我们对待问题的态度不同，我们生存的环境就有了天堂和地狱的天壤之别，而从地狱到天堂，只是把自己勺子中的食物喂到别人嘴里这么简单。

"助人就是助己，生存就是共存。"就是这个道理，如果我们慷慨地把自己的食物给别人吃，自己就会吃到别人勺子中的食物，这种共赢理论已经被越来越多的个人和企业所接受。

赠人玫瑰，手有余香，即使只是一丝微微的轻风拂过小草，也能带来沁人心脾的满目春光。给人帮助并不需要多么惊天动地，或许一个微不足道的微笑，一个小小的手势，一句真诚的问候，就能使人感到浓浓的人间温情，重拾生活的信心。在别人最困难最需要帮助的时候，我们伸出了温暖的援手，也许得不到物质的酬劳，但别人的感激给我们带来的慰藉、认同会让我们感受到被需要的价值，我们同样会从中体会到无限的快乐。

所谓"爱出者爱返，福往者福来"，帮助他人实际上也在帮我们自己，当我们把别人脚下的绊脚石搬开时，或许正好给自己铺平了脚下的道路。

有时在碰到困难的时候，也许因为找不到他人的援手，就会使自己陷入困境，严重时也许还会造成终身无可挽回的遗憾。例如曾经在报章杂志上看过这样的消息，有人出了车祸，但是路人怕惹祸上身，都不愿停下来送医院施救，结果就这样延误救治时机，失去宝贵的生命了。还有其他社会角落里层出不穷的不幸事件，让我们触目惊心，如果有人及时地伸出援手，那么许多本可以避免的不幸就不会发生。古语说："勿以善小而不为"，也许搬走挡在路中间的石块，就能够避免自己所乘的车发生车祸。

所以，不要吝啬伸出自己的手，在帮助别人时，我们自己的利益也得到了维护。譬如在同事碰到工作的困难时，我们伸出了援助之手，在我们帮他们解决问题的时候，除了丰富了自己的工作经验外，还赢得了同事间的情谊，将来哪天自己面对困难时，他们也会对自己伸出援手。

曾经看过一篇励志文章，文中描述一位旅馆服务人员，在一对老夫妇雨夜没有房间休息的情形下，仍是热诚地找到房间让他们住下，而且让他们觉得宾至如归，受到最好的服务。而在不久以后，这位服务人员就被一间大饭店聘请为经理，而老板正是那对深夜投宿的老夫妇。这也成了他人生重要的转折点。

施比受更幸福，帮助别人代表我们有这个能力帮助别人，我们生活的社会缺少的就是人与人之间的一点温馨和关怀，如果在自己的能力范围内，对他人多一份关心和付出，整个社会就会焕然一新的，即使只是一个浅浅微笑，也会让身边的人们感受到阳光的温暖。

在社会分工越来越细的今天，个人对他人对社会的依存度也越来越高，拒绝把自己的勺子喂到别人的口中，就是自己把自己送入地狱。

诸子百家——墨家

742

人们得到的时候,总是很快乐,但是快乐转瞬即逝,接着人们会继续追求,没完没了……其实快乐的源泉在于"施"——为别人奉献,关注别人,与别人分享希望,分享自己的故事,也倾听别人的故事,我们每一天都可以倾听一个朋友,一个同事,一个亲人的诉说,关心安慰别人,也减轻了自己的不悦和伤痛,爱是一种慰藉,爱别人,会觉得自己的生活更有意义。

爱别人的人,别人也随即爱他;有利于别人的人,别人也随即有利于他;憎恶别人的人,别人也随即憎恶他;损害别人的人,别人也随即损害他。

二、非攻智慧

(一)"非攻"

《非攻》是《墨子》中的名篇,了解中国文化又谈论国事者,多少都会想到《非攻》,墨子的非攻思想是影响古今的和平主义,是平民主义的战争观。墨子站在下层百姓的立场,为普通民众的利益奔走呼告,摩顶放踵也不改变对自己理想的追求,他这种伟大的人道主义情怀一直被后人赞扬。

正确地解读《非攻》,重要的是要明白《非攻》产生的场景。

两千五百年前,中国古代史上出现了一个大变革的时期。那个被定名为春秋战国的时代充满了政变、瓜分、侵略、吞并、欺诈和屠杀,时间绵延两百多年。西周初期建立的封建文化基础逐渐地被破坏,王室衰微、礼崩乐坏,直接造成了社会紊乱、经济凋敝。司马迁记而述之:"诸侯恣行,政由强国。"《左传》载,"宋殇公立,十年十一战,民不堪命。"可见混乱和战争带给人民的苦难。

对于这个时期的评论,孟子说:"春秋无义战。";庄子怒斥曰:"窃钩者诛,窃国者为诸侯。"

后来的董仲舒则以为:"春秋之所甚疾已,皆非义也。"

可见那个时期的混乱是怎样为人厌恶。但是,上述三人评论又有不同。

孟子认为的"无义"指的是"征者上伐下也,敌国不相征也。"破坏的是秩序;

庄子则是以"圣人不死,大盗不止"论,是对时代的否定;

董仲舒的意见在于"夫德不足以亲近,而文不足以来远,而断之以战伐为之者。"是从战争利弊的角度来评说的。

墨子的《非攻》就写作于这一时期,表达的是平民百姓对战乱的看法,也是兼爱思想在战争问题上的体现。

在《非攻上第十七》中,墨子对于打着"义"的旗号侵略他国的战争行为的非正义性予以抨击。

墨子问道，偷窃他人桃李、猪羊等损人利己的事情，大家都认为应该给予惩罚，但是发生进攻他国的事情，大家却跟随、响应，而且谓之"义"，这是什么意思啊？

墨子又问道，杀一人是不义，定死罪，杀人越多罪也越重，这一点大家都是知道的。可是，对于大不义的侵略他国，大家为什么却拥护、支持呢？

墨子质问：对于小事，大家知道是非。可是对于侵略他国的大事，大家都犯糊涂了。这种所谓"义"和"不义"的辩论是不是胡扯？

和平，众之所求。先秦诸子对于和平有着

董仲舒

更为深刻的理解，主要的就是关于仁与义的争论。这是残酷的环境使然。当其时，道家的创始人老子愤于世事而无奈，骑牛出函谷而不还；儒家的创始人孔子著述春秋，希望以此劝世，但是闻说祥瑞麒麟被猎获，对世事极度失望，掷笔绝书。

孟子是孔子理念的继承者，也是"义"的创建者。孟子说："春秋无义战。征者上伐下也，敌国不相征也。"朱熹对此句的解释是："征，所以正人也。诸侯有罪，则天子讨而诛之，此春秋无义战也。"

无论是"仁"或"义"，都是从建立社会秩序的角度来说的。社会秩序的实质是社会各利益群体相互间的一种妥协。问题是，战国期间的诸侯们并非孟子的性"善"者，而是荀子的性"恶"者，于是就有了"十年十一战，民不堪命。"的战争，他们是用战争的方式来进行关于建立社会秩序的讨论。

而墨子是"不堪命"之民的代言人，他对的"义"理解是从民众的角度来阐述的。

在《非攻中第十八》，墨子言曰："古者王公大人，为政于国家者，情欲誉之审，赏罚之当，刑政之不过失……"如果什么事情都依靠战争来解决，民众又怎么能够承受？他说，发动战争，冬天太冷，夏天又太热，只好在春、秋进行。可是春天是播种的季节，秋天是收获的季节，荒废了这两个季节，则百姓饥寒冻馁而死者，不可胜数；进行战争，战死于战场的人又不可胜数；用于战争的牛马的死伤不可胜数；运输粮草而疲于奔命的百姓不可胜数；丧师多不可胜数，丧师尽不可胜计，则是鬼神之丧其主后，亦不可胜数。

如此危害民众的利益，又是为了什么？是为了得到"伐胜"的名声和一点战利品？墨子以为，这其实是一件得不偿失的事情呵。为了得到"三里之城，七里之郭"，却要死伤数万，这样的结果只能是土地太多了而自己一方的民众却大量减少，这种"弃所不足，而重所有馀"的做法是国家的要务吗？

墨子在驳斥了好战者的种种谬论之后说道："古者有语曰：君子不镜于水而镜于人。

諸子百家——墨家

镜于水,见面之容,镜于人,则知吉与凶。"他问道,今天的好战分子,难道不应该从智伯(晋国分裂过程中的好战分子)的行为中得到教训吗?

墨子进而论曰,连傻瓜都知道奉天则承运。奉天就是奉行天下人认同的大义,即圣王之道。诸侯们把精力用于战伐兼并,而以为是义举,实在是盲人不知白黑的行为。

什么是圣王之道?墨子论曰,"古之知者之为天下度也,必顺虑其义,而后为之行。"所谓圣王之道,就是所作所为都要服务于百姓的利益,对外则不以大国自居与邻邦和睦共处,然后带领百姓奉祀山川鬼神、发展生产。这样做的后果就是使大家都得到利益,自然功劳也就大了,于是四面八方都是拥护的声音,大家也就敬奉他"贵为天子,富有天下,名参乎天地,至今不废。"了,这才是"先王之所以有天下者也。"

在《非攻下第十九》一节中,墨子阐述圣王之道,评论战争的危害,对于不识大义、妄动干戈的好战分子痛加批驳,激愤之语溢于言表。

"非攻"当然不是"非战",墨子对于战争的理解是从民之利益、圣王之道的角度予以考虑的。有好战分子说:"昔者禹征有苗,汤伐桀,武王伐纣,此皆立为圣王,是何故也?"

墨子反驳,禹征有苗不是攻,而是诛其元凶。三苗大乱之时民不聊生,所以天命殛之。大禹奉天命征伐,得到天下的支持,所以很快成功了。特别是禹既克有三苗,不是烧杀掳掠,而是为他们建立了秩序,使他们有了安居乐业的环境。

还有汤之伐夏王桀,也是因为夏王桀倒行逆施,天下大乱,所以才有神来告曰:"夏德大乱,往攻之,予必使汝大堪之。"汤遵从天命,通外游于四方,而天下诸侯,莫敢不宾服,这就是汤之诛桀也。

至于周文王伐商纣王,也是纣的"天不序其德,祀用失时"。也就是纣的德行败坏,天下大乱,才有"赤鸟衔珪,降周之岐社。"曰:"天命周文王伐殷有国。"同样的,周文王伐纣之后也是奉行仁德的天道,"成帝之来,分主诸神,祀纣先王,通维四夷,而天下莫不宾。"也就是说克服了种种乱象,使天下得以安宁。

墨子战争观的内涵有深刻的人民性。墨子曰:"今欲为仁义,求为上士,尚欲中圣王之道,下欲中国家百姓之利,故当若非攻之为说,而将不可不察者此也。"在上古,天命常常指的是社会的表现,也就是人民生存的状况。在墨子看来,只有顺乎民意,除暴安良,此类的战争也并非不可以,反而是圣人之道。墨子战争观的核心就是战争必须服务于"求兴天下之利,除天下之害。"以此观之,墨子为民的立场鲜明,亦非迂腐之辈可以比拟。

"非攻"是墨学的重要范畴,常常有人片面理解"非攻"为反对战争,这是曲解。大家都希望和平,严格地说却并非如此。和平与战争都是社会存在的合理的形式。在战国时代,一个大变革的时代,如果片面地反对一切战争显然没有合理的现实依据,注定被现实否定。即使现在的国际环境,盲目于"非攻",也是对国家和人民的犯罪。原因很简单,在周王室无法控制局面的时候,战国时期的社会是无序的,用现在的话说,社会遵循的是"丛林原则",而现在的国际社会也是如此。

诸子百家

墨家

基于这样的战争观,墨子在战略战术上体现为"墨守"。后世的诬墨者常常以"墨守成规"来戏弄墨学为保守学说。其实"墨守"有之,"陈规"却未必。"墨守"实际上是一种后发制人的战略战术,当然这种方式只适用于得民心、为民者所领导的人民战争,而且大有成效。对于专制者,则没有意义,那只是无能的遁词,也必然失败,墨子的战争观和战略战术与他的平民思想是相一致的。

《公输第五十》是"墨守"的示范。该文逻辑缜密、文采丰华、思想深刻,即使相隔年代久远,依然展现着和平主义的光芒。

"墨守"的内容包括基本的两方面:外交与战备。外交是国际政治的组成,也是一种妥协的途径,无外交,"墨守"失去和平主义的意义;另一方面,战备是外交的基础和保证,弱国无外交。

《公输第五十》记述,墨子"行十日十夜"面见战争的教唆者公输盘,对于公输盘在"义"上的糊涂,墨子以"杀所不足,而争所有馀,不可谓智;宋无罪而攻之,不可谓仁;知而不争,不可谓忠;争而不得,不可谓强。"的"四不"论让公输盘哑口无言;又以"臣见大王之必伤义而不得。"说服了准备讨伐宋国的楚王。

希望通过外交谈判来阻止战争,是一种可怕的幻想。真正迫使战争狂人们老老实实的只有实实在在的实力。墨子和公输盘的实力较量是这样进行的"公输盘九设攻城之机变。子墨子九距之。公输盘之攻械尽。子墨子之守圉有余。"模拟战争告诉公输盘,所谓的新式武器"云梯之械"是不足持的。

显然,纸上谈兵还不能制止战争。在模拟战争中失败了的公输盘威胁要杀害墨子,在他看来失去了墨子的宋国也就失去了屏障。于是墨子冷静地告诉这位战争的教唆者:"你所能想到的我都为你考虑了,我的弟子们已经使用我的方法为宋国做好了防御准备。"文章记载了楚王放弃了战争的计划,但是没有记述公输盘的彼时的感受。想必这时的公输先生一定铁青着脸,他可能得到的赏赐在这一番较量中化为乌有。

和平主义者的墨子们珍惜生民、热爱和平。为了制止战争,他们摩顶放踵,置生死于度外。墨子说道:"治于神者。众偿知其功。争于明者。众人知之。"

壶公评论曰:仁德之心,天地可鉴,昭示千古。

(二)战争与和平

墨子反对战争,提出了自己的"非攻"思想。但是,墨子并不一概反对所有的战争,他只是反对无故"攻伐无罪之国"的侵略战争,有两种战争,墨子是持支持态度的。

一种是防御性的战争,墨子虽然主张"非攻",但在外敌入侵,侵城掠地时,他并不主张弱小国家束手待毙,而支持采取积极有效的防御措施,捍卫自己国民的利益。为此,他特地写了《备城门》等篇章介绍守城防御的具体措施,而且,他和墨家子弟们也身体力行,用行动来实践自家的学说,墨子本人就曾帮助宋国抵御楚国的进攻。可以说,"非攻"的

諸子百家——墨家

主张,是墨子站在小生产者立场,从反对破坏生产,保全他们生命财产安全的角度提出的,因为墨子深知,战争的最大受害者是民众。

另一种是讨伐性的战争,墨子把非正义的掠夺战争称为"攻",他的"非攻"思想主要就是针对这种不义战争提出的,墨子反对侵略性质和掠夺性质的战争,反对"大则攻小也,强则侮弱也,众则贼寡也,诈则欺愚也,贵则傲贱也,富则骄贫也",认为发动掠夺战争是一种极不正义的犯罪行为,会给个体劳动者和整个社会带来巨大的危害。战争是"天下之巨害",没有什么能比战争带来的危害大,只有制止互相征伐,社会才能得到安宁。墨子甚至主张"伐无道,诛暴君",认为如果国君无道,民众可以推翻他,另择有德有才者作为统治者,这种思想无论是在古代还是在现代,都有着深刻的现实意义。

墨子还列举了上古三位圣王的事例来证明他的论点:

三苗大乱时,太阳在晚上出来,血雨下了三天不停,龙在祖庙出现,狗在街上哭叫,夏天水结冰,土地开裂而水沸腾,五谷不能成熟。于是上天下命诛杀他,古帝高阳在玄宫向大禹授命,让他去征讨有苗。大禹亲自拿着天赐的玉符去征讨,这时雷电大震,有一位人面鸟身的神,恭谨地侍立,用箭射死有苗的将领,苗军大乱,后来就衰微了。大禹在战胜三苗后,划分山川,节制四方,于是神民和顺,天下安定。这就是大禹讨伐有苗。

夏王桀的时候,日月失时,寒暑无节,五谷枯死,国都有鬼叫,鹤鸣十个晚上。于是天在镳宫命令汤,让他去接替夏朝的天命,因为夏德已乱,上天已经把他的命运中断。汤于是奉命率领他的部队,向夏边境进军。天帝派神暗中毁掉夏的城池来帮助汤打赢这场战争,而且,汤接受夏的民众,最终战胜了夏。战胜后,汤在薄地会合诸侯,表明天命,天下诸侯皆来归附。这就是汤诛灭夏。

商纣王时,祭祀失时,夜中出了十个太阳,薄地下起了泥土雨,九鼎迁移位置,女妖夜晚出现,鬼神在晚上叹喟,有女子变为男人,天下了一场肉雨,国都大道上生了荆棘,纣王不思悔改反而变本加厉的放纵自己。于是,上天派赤鸟口衔珪,降落在周的岐山社庙上,珪上写着"上天授命周文王,讨伐殷邦。"于是贤臣泰颠来投奔帮助,周武王即位后,梦见三位神人对他说:"我已经使殷纣沉湎在酒乐之中,(你)去攻打他,我一定使你彻底戡定他。"武王于是去讨伐商纣,灭商兴周。武王战胜殷商后,承受上天的赏赐,命令诸侯分祭诸神,并祭祀纣的祖先,政教通达四方,天下归附,继承了汤的功业。这即是武王诛纣。

墨子通过这三位圣王的功绩,来证明这样的事实:讨伐不义的战争,不是"攻"而是"伐",掠夺性的攻击战争是违背上天旨意的,是要受到惩罚的,而对昏君的诛灭也是上天对黎民的拯救,因而是正义的。像大禹讨伐三苗,商汤诛灭夏桀,周朝取代商制,都是这种正义的讨伐战争,墨子对此是支持的,并找到"天意"这样一个依托来充实自己的观点,使之更加让人信服。

当然,墨子的这种认识还存在着一定的偏颇,因为朝代的更替并不是上苍的旨意,而是历史发展的必然,但在当时所处的特殊时代,墨子能对战争做出这样的区分已经是难能可贵了，而且，他所支持的讨伐战争，也是具有历史进步意义的。

墨子的非攻思想在战争年代，尤其是在春秋战国这样一个必须经过战争来实现和平的特定环境中，是无法实现的，在当时没有一个君主采用他的这种政治主张，因为在战乱中，如果不用战争来保卫自己，自己就会被战争吃掉，所以墨子的这种美好社会理想最终成了梦想。

然而，墨子的"非攻"思想还是有很多值得我们继承和发扬之处，就像上面所说的，战争有攻和伐的区分，联系到我们现实生活中，就是要在为人处世中掌握进退的艺术，我们不应该主动的攻击他人，但在自身利益受到伤害，尤其是面对邪恶的时候，决不能坐视不理，而是"该出手时就出手"，因为在很多时候，"伐"就是保卫自己的利益。

同样是战争，因为对象和动机的不同而有了"攻"和"伐"的分别，在生活中，也是如此，同样一个举动，因为目的和环境的差别而有"义"和"不义"的不同。比如说对一个人的责骂，如果是无缘无故，那么是个人的品质问题；而如果是针对他的错误品行，那么就只是方法问题了，甚至有人支持这种方法。

可见，任何事物都不是绝对的，战争有攻伐之分，我们在处理自己身边的事务时，也要掌握这种尺度，我们反对主动的"攻"，但我们支持正义的"伐"。因此，非攻不等于不攻，有的时候需要"以战止战"。

墨子主张热爱和平、体恤百姓，统治者不要滥攻，兵不到万不得已的时候不能用。但理想如果不能落实为行动就只能是空想，最有力的就是用实际行动来证明口号。于是墨子采取了"以战止战"的方法，用战争来证明发动战争是不明智的，所谓的"以彼之道，还之彼身"就是这个道理。但这种策略要求自己有很强的实力，否则就会起到相反的结果，墨家就是要用这种方式来告诉战争发动者，战争不是万能的，天下归心是靠实施德治来实现的。

守礼并不等于墨守成规，墨家讲究的非攻也不是不攻，而是非攻与守礼之间，寻求一个平衡点来实现自己的目的。在古代的战争年代，不攻是仁义，迫不得已的攻是自卫；而在充满了竞争和钩心斗角的现实社会，不攻是谦让是美德，而权益和尊严受到伤害时，攻才是最好的捍卫方法。

我们的社会伦理道德倡导要宽厚待人，但为人不可囿于宽厚，拘泥于教条，有时候一味地忍让退缩只会让自己受到加倍的伤害。现实生活中总有一些人，是我们的宽厚和忍让所不能同化的，面对无礼攻击、吹毛求疵、嘲笑挖苦的尖酸刻薄者，一味宽厚就等于助长他们的嚣张气焰，而自己的宽厚也往往成为他们故意寻衅的理由。所以，该反击的时候就应该毫不客气的反击，应学会对他人的攻击以牙还牙，反唇相讥。为人处世应该兼有软硬两手，该宽容时有海纳百川的气度，该自卫时有兵来将挡的智谋，才能在现实生活中自保并争取主动。

以其人之道还治其人之身，是最高明的反攻，让取笑者自取其辱所达到的攻击结果

诸子百家——墨家

比宽厚忍让要有效地多。

齐国的相国晏子出使楚国,楚王得知晏子是个擅长言辞的智谋之士,于是想借这个机会来侮辱他。晏子来到了楚国后,楚王举行酒宴招待他。

在大家酒兴正浓的时候,两个差人捆着一个人,走到楚王的面前。楚王故意问道:"你们捆绑的这人,犯了什么罪?"差人回答说:"他是齐国人,犯了偷盗罪。"楚王笑嘻嘻地望着晏子,说:"齐国人本来就善于偷盗,是吗?"晏子站起来离开席位,郑重其事地回答说:"我曾听说过这样一个故事:橘树生长在淮河以南,是橘树;生长在淮河以北,就成了枳树。橘树和枳树虽然长得很像,但它们结出的果实味道却不大相同。一个甜,一个酸,为什么呢? 由于水土不同啊! 如今,在齐国土生土长的人,在齐国时不做贼,一到楚国就又偷又盗,莫不是楚国的水土使老百姓惯于做贼吗?"楚王听后苦笑着说:"德才兼备的圣人,是不会受到侮辱的,我现在真有些自讨没趣了。"

晋朝刘道真学识甚广,但素来嘴不饶人,喜欢嘲笑别人。有一天,刘道真正在草屋里和别人共用一只盘子吃饭,见到一个年长的妇人领着两个小孩从草屋前走过,三个人都穿着青衣,刘道真就嘲笑她们说:"青羊引双羔。"那妇人望了他一眼,说:"两猪共一槽。"刘道真张口结舌无言以对,从此收敛了许多。

在面对别人的无理取闹时,平和的心境是最好的反击状态,在对方咄咄逼人的攻势下,要保持镇静、控制情绪,而不是自己首先乱了阵脚,如果和对方一起激烈争吵,反而落入了圈套不能进行有效的反击。

心境平和、态度从容可以表现出自己的涵养与气量,首先用"骤然临之而不惊,无故加之而不怒"的大丈夫气度在气势上镇住对方。一激就怒并不是理智的作为。而且,考虑应对策略需要大脑冷静,只有情绪平静,才能从容选出最佳对策,否则就可能做出莽撞之举。

在回击他人的过程中,抓住要领才能做出最有效的攻击,一个带枪的人并不一定是好的射手,而懂得如何选定目标瞄准、能够掌握最佳时机扣动扳机的人,即使没有枪,也一样能够获取猎物。另外,我们还要善于从对方的话语中听出他们的目的,是讽刺还是侮辱,尔后再采取相应的策略,把对方投过来的石头还回去。所以,在日常生活中,我们如果要进行反击,一定要先把对方的意图弄明白,瞄准靶子再放箭,既不滥伤无辜,也不放过小人。

多一些谅解和抚慰是减少纷争最有效的润滑剂,在人际交往中,人们有意无意都会刺伤别人,也不可避免要受到刺伤,再这时就需要我们能够用体谅的态度来看待那些无疑的伤害,用真诚去抚慰那些被自己刺伤的人,而不是讲纷争无限地扩大,造成更严重的伤害。

两千多年前,墨子就智慧地提出了非攻的思想,这应该是人类共有的精神,我们不提倡战争,但我们要进行捍卫自己权益的战争。人生活在这个世界上,既然不是孤立的个

諸子百家——墨家

体,需要在整个社会中与他人协作才能实现自己的人身价值,就不可避免地要发生某些利益的冲突和摩擦,也确实存在着一些损人利己的人,面对这种现实,一味地忍让宽容并不能改变自己的境遇,当我们的尊严和权益受到侵犯的时候,应该勇敢地站起来捍卫自己。

蜜蜂的刺在伤害到别人的同时也会使自己失去生命,但如果自己的生命面临着威胁,不用刺伤害别人也不行了。既然无论哪种选择都难逃一死,倒不如给敌人一些苦头和教训。当我们也面临类似的处境时,不妨学学蜜蜂的精神,因为非攻不等于不攻,这是墨子非攻思想给我们的启示。

(三)墨守之"规"

有个成语大家都熟悉——墨守成规,尽管现在当作贬义词来用,但在两千多年前却是小国安身立命的法宝。那么墨家的看家本领——防守,到底有哪些绝技呢?

墨子的防御理论体系理论以城池防守为核心,主要包括以下几个方面:

倡导积极准备,力争做到有备无患。墨子认为"备者,国之重也。食者,国之宝也;兵者,国之爪也;城者,所以自守也。"为了夺取守城作战的胜利,墨家总结出了防守围城的14个必备条件,如"城厚以高;壕池深以广;楼撕修;守备缮利;薪食足以支三月以上;人众以选;吏民和;大臣有功劳于上者多"等,墨家认为,只有这14个条件具备了,城池才可以守得住。只有在战前准备好充足的粮食,城池坚固,兵源充足,才能无后顾之忧;在战前需要进行后勤、城防、军备、外交、内政等物质和精神上诸方面的充分准备,才能获得守城防御战斗中的有利条件和主动地位,赢得防御作战胜利。

主张"守城者以亟敌为上"的积极防御思想。墨子认为在守城防御中,应守中有攻,积极歼灭敌人。"延日持久以待救之至"是下策,消极被动的防御,等待邻国的救援都不是可行的办法,而应该抓住机会攻击敌人,这样做一方面能打击敌人鼓舞士气,另一方面也有助于扭转战局。而"亟伤敌"的具体措施又:利用有利地形、依托城池,正确布置兵力;以国都为中心,形成边城、县邑以及国都内部的多层次纵深防御,层层阻击,消耗敌人;顽强坚守与适时出击结合等策略。

另外,在防御作战具体战法方面,墨子还提出了一整套防御作战战术原则。《墨子·备城门》诸篇共有11篇文章,其中《备城门》《旗帜》《迎敌祠》《号令》《杂守》五篇是总论性文章,综合论述了守城战术战具及军事法律制度、军事指挥信号、军事后勤制度等;其余六篇《备高临》《备梯》《备水》《备突》《备穴》《备蛾傅》是专论守城战术的,针对敌人可能实施的水、梯、穴等各种进攻方式指定了不同的防御措施。

此外,墨子提出了全民皆兵的御敌思想,主张,在进行防守作战时,要发动全城军民一起参战,坚守围城,以夺取防御作战的胜利。墨子还强调政治环境对战争的影响,如果上下一心,将士一心,军民一心,同仇敌忾;又能得到邻国的救助。那么,防御战更是有了

诸子百家——墨家

必胜的把握。《备城门》也这样说：我城池修，守器具，樵、粟足，上下相亲，又得四邻诸侯之救，此所以持也。

墨子的积极防御理论和具体的守城方法，正是为了推行他"兼爱非攻"的政治理想才提出的，积极有效的防守在一定程度上确实遏制了某些不义的讨伐战争，具有一定的实际意义。而且，墨子也构建了一套完整的军事防御体系，丰富了我国的兵法思想，他的积极防守被称为"兵技巧"而载入史册，从这个意义上说，墨子也可以称之为一个伟大的军事家。

在以和平为主题的当今社会，我们不再需要墨子那些具体的守城技巧，他的这些智慧也只能作为文献攻后人参阅，但墨子所倡导的积极防御的精神，却仍然值得我们继承和发扬。虽然社会倡导友爱互助，但总有那么一些不和谐的音符出现，在我们的生活和工作中，常常不可避免要受到来自他人有意无意的攻击，这时候，墨子的防御思想和方法就派上了用场。

（四）墨家的人道主义思想

春秋战国时期，战争频仍，土地荒芜，死者遍野，民不聊生，广大人民群众渴望弭兵息战，休养生息。墨子体察到下层的民情，代表小生产者及广大百姓的利益，提出了"非攻"的主张，就这一点讲，是有积极意义的。自古及今，不论什么形式的战争，其受害最深的首先是人民群众。为什么"非攻"，确立什么样的准则及采取什么样的对策才能达到目的，在《墨子》一书中大致可以归纳以下几点。

（1）战争的残酷性。战争是杀人的机器，战争之中，妇幼老弱一概难于幸免。《墨子·非攻中》："今攻三里之城，七里之郭，……杀人多必数于万，寡必数于千。"在《非攻中》篇里，墨子连用八个"不可胜数"，揭露了战争直接杀人和间接杀人的残酷性。他还指出，战争除"丧师多不可胜数，丧师尽不可胜计"之外，老百姓因战争贻误农时，"居处之不安，食饭之不时，饥饱之不节"，冻馁、疾病等原因而死亡者，就更"不可胜数"，百姓在连年不断的兼并战争中，欲生不得，欲活不能，这是多么残酷的现实。然而，当时的王公大人，为了自身的利益，根本不顾人民死活，屡屡攻伐无罪之国。《非攻下》描绘了一幅惨景："入其国家边境，芟刈其禾稼，斩其树木，堕其城郭，以湮其沟池，劲杀其万民，覆其老弱，迁其重器，卒进而柱乎斗……"面对严酷的现实，墨子大声疾呼。罪恶的战争，兼国覆军，贼虐万民，剥振神位，倾覆社稷，百姓离散，废灭先王，这难道有利于上天吗？有利于鬼神吗？有利于百姓吗？

（2）战争的掠夺性。战争是政治的继续，不是为了权力，就是为了财物，它的掠夺性是显而易见的。发动战争的统治者，首先进攻的是他本国的人民，因为要备战，必须榨取更多的钱财，用以招兵买马，置备武器。墨子揭露统治者要发动战争，必"厚作敛于百姓，暴夺民衣食之财"。而"夺民之用、废民之利"，是墨子坚决反对的。因为墨子最担心的是百姓饥不得食,寒不得衣,劳不得息。侵略性的战争是没有国界的。古人云:"春秋无义战"。据墨子言,天子开头分封诸侯,万国有余;现在因为兼并的缘故,万多国家都已覆灭,只有楚、越、齐、晋等为数不多的几个大国了。当然"万国"的说法可能是虚指,《春秋》所载,242 年间,弑君三十六,亡国五十二,这大概是可信的。到战国中期,诸侯国又从春秋时期的 147 个锐减到万乘之国七个,千乘之国五个。战争攻战之激烈的程度可见一斑。而兼并战争的掠夺性,在《公输》篇里被赤裸裸地揭露出来。"荆国有余于地,而不足于民,杀所不足,而争所有余,不可谓智"。而楚王正是那种舍其粱肉,窃取糠糟;舍其锦绣,窃取短褐;舍其文轩,窃取敝舆的"窃疾"之人。墨子批判说:"此其为不利于人也,天下之厚害矣,而王公大人乐而行之,则此贼灭天下之万民也,岂不悖哉!"(非攻下)

(3)战争的欺骗性。攻伐无罪之国的人,往往冠以美名,竭力掩盖其侵夺的真相,发动战争、剥夺百姓的财产,牺牲百姓的生命,那么为什么还干这种事情呢? 王公大人回答说:"我贪伐胜之名,及得之利,故为之。"(非攻中)墨子对这种论调,立即给予驳斥。计算一下攻伐者所获得的利益,是没有什么用处的,而他在战争中得到的东西,反而不如他丧失的东西多。为了争夺多余的土地,而让士民去白白送死,这不使全国上下都感到悲哀吗? 毁掉大量的钱财,去争夺一座虚城,这难道是治国的需要吗? 贪图伐胜之名,只不过是一个骗人的幌子而已。

也有喜好攻伐的君主说,我不是为了金玉、美女、土地,我是想在天下以"义"立名,以"德"求得霸主地位。对这种论调,墨子以事实予以彻底揭穿。他说,天下处在攻伐的时代已经很久了,而攻伐之人也没有得到什么"义"和"德",相反,如果把战争的费用,用于治国,功效必定加倍,军队将成为无敌的军队,民心也自然会归顺,这才合于天下之利。

对于欺骗士卒,拼死攻伐,一时取得胜利的,那胜利也不会长久。墨子用晋国的智伯最终失败的事实,驳斥了收用民众士卒可以取得攻战胜利的论调。墨子撕去了王公大人欺骗的面纱,说道,今天下所公认的"义",是圣王的法则。当今诸侯大多都是强力攻战,这是以"义"为虚名,没有去体察其中的真实。这正如瞎子不能分辨出黑白颜色一样。

墨子行事的原则是"利人乎,即为;不利人乎,即止。"(非乐上)综上所述,战争对人民是没有什么利益可言的,所以坚决非之。但难能可贵的是,墨子并不反对一切战争,他反对"攻伐无罪之国",主张"诛灭无道之君"。"诛无道",同样符合"利于人"的原则。

(4)战争的根源。墨子断言,春秋战国时代社会动乱的根源是不相爱。"诸侯不相爱,则必野战;家主不相爱,则必相篡;人与人不相爱,则必相贼;君臣不相爱,则不惠忠;父子不相爱,则不慈孝:兄弟不相爱,则不和调,天下之人皆不相爱,强必执弱,众必劫寡,富必侮贫,贵必傲贱,诈必欺愚。凡天下祸篡怨恨,其所以起者,以不相爱生也"。(兼爱中)由此墨子提出"兼相爱""交相利"的伟大主张,在中国思想史上独树一帜!"兼爱"和"非攻"是一个问题的两个方面。"攻战"是"不相爱"最集中、最典型、也是最强烈的表现。为了避免战争,维护和平,墨子以"兼爱"为根据,提出了一个"七不"准则,即"大不攻小也,强不侮弱也,众不贼寡也,诈不欺愚也,贵不傲贱也,富不骄贫也,壮不夺者也"。(天志下)这"七不"准则可视为历史上最早的国与国之间的关系准则,这个准则,表明了墨子伸张人间正义,保障人类权益,主持社会公道,推进世界和平的伟大理想。

（5）和平的道路。墨子描绘的和平之路,一是理论上的,一是实践上的。理论上的和平之路,即从"兼相爱","交相利"的原则出发,"视人之国,若视其国;视人之家,若视其家;视人之身,若视其身"。只有这样,"诸侯相爱,则不野战;家主相爱,则不相篡;人与人相爱,则不相贼;君臣相爱,则惠忠;父子相爱,则慈孝;兄弟相爱,则和顺"。天下之人皆相爱,就可以达到"七不"的理想境地,从而制止攻伐的战争。实践上的和平之路,是墨子设坛讲学,让他的弟子们周游诸国,用"兼爱""非攻"的理论,去说服诸侯们放弃侵略战争。有时候,为了制止一场攻战,墨子不惜冒着生命危险去亲自说服攻战的诸侯。止楚攻宋就是生动的例子。墨子还利用科学技术,发展了一整套的防御战系,这也是有效制止攻伐战争的措施。

墨子和他的弟子们,从爱利百姓的高度出发,极力反对攻伐之战,维护人间的和平生活。特别是为了实现"七不"的目标,他们死不旋踵,赴汤蹈火,充分显示出墨家弟子崇高的人道主义思想。

（五）"攻"的危害

自从人类呈现以来,便从未结束过战争。从利用兽骨打斗的部落间争斗发展到以步枪,手榴弹、大炮等为兵器的第一次世界大战,进一步发展到应用飞机、导弹、潜艇等海陆空并举的第二次世界大战,战斗的范围和损坏性产生了伟大的变更。战争对人类的伤害永无止境,每次战争都对人类性命、健康、精力和财产造成宏大破坏。以下是 20 世纪以来重大战争所造成的损失情况。

据不完全统计,第一次世界大战持续了 4 年 3 个月,参战国家 33 个,卷入战争的人口达 15 亿以上。战争双方动员军队 6540 万人,军民伤亡 3000 多万人,直接战争费用 1863 亿美元,财产损失 3300 亿美元。

第二次世界大战历时 6 年之久,先后有 60 多个国家和地区参战,波及 20 亿人口。战争双方动员军队 1.1 亿人,军民死亡 7000 多万人,财产损失高达 4 万亿美元,直接战争费用 13520 亿美元。

两伊战争历时近 8 年。伊朗死伤 60 多万,伊拉克死伤 40 多万。两国无家可归的难民超过 300 万。两国石油收入锐减和生产设施遭受破坏的损失超过 5400 亿美元。两国在这场战争中损失总额达 9000 亿美元。战争使两国的经济发展计划至少推迟 20 至 30 年。

海湾战争历时 42 天。美军死亡 286 人、伤 3636 人、被俘或失踪 55 人,其他国家军队亦有轻微损失。伊拉克方面则伤亡近 10 万人,被俘 8.6 万人。科威特直接战争损失 600

亿美元,伊拉克损失达 2000 多亿美元,美国则为战争耗资 600 亿美元。

科索沃战争历时 78 天。以美国为首的北约共出动飞机 2 万架次,投下了 2.1 万吨炸弹,发射了 1300 枚巡航导弹,造成南联盟境内大部分地区的军事、民用、工业设施和居民区的严重破坏。空袭还造成南联盟 1000 多无辜平民死亡,数十万阿尔巴尼亚族人沦为难民。战争中使用的贫铀弹和日内瓦公约禁用的集束炸弹导致新生儿白血病和各种畸形病态。持续的轰炸还严重恶化了南联盟和周边国家和地区的生态环境。

第二次世界大战后,科学技术迅速发展,使现代的战争变成了高科技的战争。现代战争对人类生命与健康的伤害及对生态环境的破坏程度,将远远超过以往的常规战争。

除了上面的可怕的现代战争武器外还有令人战栗的化学武器生物武器和核武器。战争,战争带给人类的是灾难,他们对地球的破坏无法形容。他们带给我们的不仅仅是经济的损失,更重要的是有无数无谓的牺牲。当然,从古至今,战争的本意有有利于人类的,但大部分只为猎取个体的利益。可以肯定的是战争还会继续,但愿战争的双方能够早一天领悟墨子的"非攻",让战争早一天远离人类。

三、生活智慧

(一) 两千年前的消费经济学

人类社会的经济活动主要包括生产、分配、交换、消费这样几个过程或环节。无论是现代经济学,还是历史上的经济思想,都是对人类社会经济活动的生产、分配、交换和消费过程的规律及其相互关系研究的产物。

墨家的消费经济思想以节用论为核心,主要包括消费标准的制定、生产和消费之间的关系以及长远消费等多个方面。

墨子的消费观主要体现在他《节用》等篇章中,主要有三个方面的内容。

首先,墨子提出了消费的标准。

墨子代表的是平民阶级的思想,因而他的消费观中也存在着平等的色彩。在消费标准的问题上,墨子主张打破等级的界限,制定一个普遍的消费标准,无论是王公贵族还是平民百姓,都要以这个标准为自己的消费准则。

墨子提出的消费标准涉及人们生活中的各个方面,对包括衣、食、住、行、用、葬等在内的各种消费都给出了明确的规定。

衣服。墨子说:"冬以圉寒,夏以圉暑。凡为衣裳之道,冬加温。夏加清""适身体,和肌肤而足矣,非荣耳目而观愚民也。"认为衣服的作用是冬天用来御寒、夏天用来防暑,因而缝制衣服的原则就是,冬天增加温暖、夏天增加凉爽;使身体合适、肌肤舒服就够了,不需要夸耀耳目,炫动愚民。

饮食。墨子说："足以充虚继气,强股肱,耳目聪明,则止。不极五味之调,芳香之和,不致远国珍怪异物。"认为只要食物只要能够充饥补气、强壮身体、使耳聪目明就行了,不一定必须讲究五味调和、气味芳香,更没有必要搜罗天下珍贵奇怪的食物来满足自己的欲望。

房屋。墨子给出的标准是:"冬以圉风寒,夏以圉暑雨,有盗贼加固者。"认为房屋的作用是冬天用来抵御风寒、夏天用来防暑热和风雨,有坚固的防守能阻止盗贼的侵略。只要房屋的四边可以抵御风寒,屋顶可以防御雪霜雨露。至于室内的情况,墨子说:"其中蠲洁可以祭祀,宫墙足以为男女之别。"认为室内只要清洁卫生,能够坚持祭祀,有壁墙可以使男女分开居住生活就可以了,不必进行奢华的装饰。

交通。墨子提出:"车以行陵陆,舟以行川谷,以通四方之利。凡为舟车之道,加轻以利。"认为车用来走陆地、船用来行水路的,车船的作用就是使各地沟通交流,减轻人的负担。因而制造车船的原则应该是可以"任重而致远",就是说车船只要坚固轻快,能够运重物、行远路就可以了,没有必要过分的华丽。

用品。墨子认为:"凡天下群百工,轮车鞼,陶冶梓匠,使各从事其所能。曰:凡足以奉给民用则止"认为一切器物用品应由从事这方面职业的工匠尽自己的能力制造,满足人们的生活需要就可以了,而不应该追求细致和精巧,更不能太奢侈。

丧葬。墨子尤其反对厚葬久丧,认为这是天下的大害,因此主张丧葬节俭:"衣三领,足以朽肉;棺三寸,足以朽骸;堀穴,深不通于泉,流不发泄,则止。"认为死者穿的衣服三件就行了,足够使死者骸骨朽烂在里面;棺木三寸厚,足够使死者肉体朽烂在里面。掘墓穴,深到不及泉水,又不致使腐气散发于上,就行了。没有必要劳民伤财进行厚葬。

总之,墨子认为"凡其为此物也,无不加用而为者",即在衣、食、住、行、用等诸方面的消费,总的原则是有益于实用。墨子为了推行自己的观点,还把这些消费标准说成"圣王之法"借圣人之口来使这些标准合法化。

孔子也主张制定一些消费标准,但他的标准是有严格等级区分的消费标准,具有阶级性,下层的人是无权享有上层的消费特权的。而墨子的消费标准则体现出超时代的平等性,更具有进步意义。

其次,墨子对生产和消费之间的关系进行了阐述。

墨子认为发展生产是保证消费、提高消费水平的基础。强调社会消费必须建立在生产发展的基础上,要求消费水平必须和生产发展的状况相适应,不能超出生产所能承受的水平。墨子还把生产和消费的关系定为"为"和"食"的关系,认为"为者疾,食者众,则岁无丰",如果从事生产的人少,而吃饭消费的人多,就不可能有丰裕年景。因此,要保证消费的实现、提高消费水平,就必须努力发展生产。

墨子也常常有"昭昭然为天下忧不足"的忧国忧民的情怀,担心生产满足不了消费,而引起天下大乱、纷争四起。因而他强调应积极加强社会主要消费品的生产,并且把粮

诸子百家

墨家

食作为主要消费品，鼓励人民发展农业。他指出"凡五谷者，民之所仰也，君之所以为养也。故民无仰则君无养，民无食则不可事。故食不可不务也，地不可不力也。"认为粮食是人民生活的必要保障、也是国君维护统治的物质基础，人民一旦没有吃的，就不可役使。因而统治者要鼓励农民努力耕作田地，增加粮食产量，这样，民众衣食无忧了才会安居乐业。

墨子还主张，消费水平应随着生产的不断发展而有所提高。他说："饮食必常饱然后求美，衣必常暖然后求丽，居必常安然后求乐。"认为人因该首先满足必需的生理需求，在生活的各方面应该力求从俭。而等到生产发展，民众富裕之后，生活水平也应该得到逐步的提高。有了坚实的物质基础，饮食才可以求美、衣着才可以求丽。

可以说，墨子对消费和生产之间的关系的阐述是十分合理的，即使是在今天，也有一定的可行性，生产发展的程度决定的了消费水平的高低，因此消费应该和生产发展的水平相一致，不能超前消费。

再次，墨子的消费观中还阐述了长远消费的意义。

墨子主张，一个国家应加强消费品的积累，即应该有"国备"，做到有备无患。这是因为"故虽上世之圣王，岂能使五谷常收而水旱不至哉？然而者，何也？其也。"认为即使是圣王统治时期，也不一定能够保证不出现五谷歉收、水旱无时的灾年，然而为什么他们能够"无冻馁之民"呢？原因就在于他们做到了"力时急而自养俭"，懂得居安思危，在富足时节俭，因而在饥馁时能够有所养。

墨子还列举了"禹七年水""汤五年旱"的天灾，然而"民不冻饿者"，原因就是"其生财密，其用之节也。"他们在丰年务耕种而自奉俭朴，有剩余积累；因而在水旱灾害面前能够"民不冻饿"。平时生产的财用多，而使用节俭，就能够有充足的储备，因而可以待凶饥。

另外，墨子还以历史事实印证"有备无患、无备则亡"这个论点：夏桀、商纣贵为天子、富有天下，却被只有百里封国的君王所打败，就是因为他们"有富贵而不为备"，挥霍无度，以至于国无储备，才导致了灭国亡身的悲剧。

墨子提出"备者，国之重也"，认为"国无三年之食者，国非其国也；家无三年之食者，子非其子也"。消费品的积累、各项物资的储备，是治国的要务，如果没有一定数量的积累、储备，一旦发生战乱出现灾荒，那么国家将面临灭亡的危机。

当然，墨子并不是主张从普通百姓省去"口中食"来实现这种长远消费，而是要国君、大夫等整个统治集团限制鼎中甘肥、盘中珍馐的奢侈靡费，以增加人民所消费的生产必需品，进而维护下层人民的长远消费。墨子还主张把生产上层人物的奢侈品所用的人力、物力转用于生产民生必需品，这样就可以积累国家财富，为灾荒之年做储备，这样才能实现国家的长远消费。

崇俭和节用是先秦时期各学派都比较认同的主张，但各家都有自己的侧重点。墨子

诸子百家

——墨家

"节用"的消费主张,是在当时百姓连基本生活都满足不了、而统治阶级却奢靡无度的情况下提出的,从当时生产力低下的社会现实考虑,墨子的"节用"思想,在当时有积极意义。

虽然今天的生产力已经相当发达,物质需求得到了极大的满足,但墨子的消费观仍然值得我们学习。资源的匮乏、环境承受能力的有限性,是摆在我们面前的严峻现实,水荒、煤荒、电荒、油荒、已经相继出现。因而,我们重提墨子"节用"的消费思想,有着很强的现实意义:

墨子平等的消费观念,对消费的两极分化现象有所遏制。

墨子提出打破等级界限的消费标准,本意是为了实现社会多数人的消费需求,只有这样社会才能保持稳定和发展。如果"富贵者奢侈,孤寡者冻馁、虽欲无乱,不可得也。"在一个社会中,贫富差别悬殊,富人挥金如土、而贫者衣食无着,社会秩序怎能安定?而且,我们的社会制度根本上是要实现所有人的消费需求,因而,就应该在社会伦理道德中加入"节用"的思想,以便遏制富有者的奢华消费,消除两极分化所带来的社会不公平。

消费水平应该和生产力的发展水平相一致。

物质资料的生产是人类生存和发展的物质基础,早在两千年前,墨子就认识到生产和消费之间的关系,并提出以发展生产为基础提高消费水平,消费水平应该和生产发展相一致。

经济学家告诉我们,生产和消费是对立统一的,二者互相依赖,又互相制约,因此,消费水平必须与生产发展状况相适应。然而现实中的"高消费"现象却层出不穷,这些高档消费超出了我们社会目前生产发展所能承受的限度,长此发展下去,不但会对产生的发展产生反作用力和负效应,而且会严重阻碍社会主义市场经济的发展,更会对社会伦理道德造成损害。

虽然说鼓励消费、激活消费,提高消费率,可以促进经济的发展,但这只是针对合理正常的消费而言,我们在发展经济的同时,更应该注意合理、节约使用能源、资源,确保可持续发展。因而,应该把墨子的"节用"观念用在遏制这些"高消费"的行动上,这样才能保证社会政治、经济和道德的稳健发展。

节俭应该自上而下地实行。

墨子节用论的锋芒主要是针对上层统治阶级的,他认为,统治者是奢靡无度、暴殄资财等社会风气的始作俑者,骄奢淫逸是由上层统治者一手造成的。俗话说:"上有所好,下必甚焉",昔者楚王好细腰、文公好紫衣的故事就说明了上行下效的问题。因此,墨子要求天子、诸侯、王公大人"节于身,诲于民"以身作则来教育民众。以便形成良好的社会风气,富国利民。

因而,应该从上层就倡导勤俭节约的良好作风,这样整个社会才能把勤俭节约作为一种美好的道德操守来遵循。只有做到这些,我们的民众才能够真正地安居乐业,我们

諸子百家 —— 墨家

的社会才能实现健康全面的发展。

墨子说"俭节则昌,淫佚则亡",这是亘古不变的真理。因为时代和阶级的局限,墨子"节用"的消费主张在一定程度上存在着不足和错误,但其中的许多深刻的观点,不但在当时有益于社会经济的发展,就是今天看来,也具有难能可贵的进步性,值得我们继承发扬。

(二)死去元知万事空

春秋战国时期,对丧葬十分重视。天子诸侯死亡之后,往往要修建很大的陵墓。他们"必大棺中棺,革三操,璧玉既具戈剑鼎鼓壶滥,文绣素练,六翣銮铃,舆马女乐皆具。"还有三年之丧,"哭泣不送","处倚庐,寝苫枕块","强不食而为饥,薄衣而为寒。使面目陷陬(绉),颜色黧黑,耳目不聪明,手足不劲强","必扶而能起,杖而能行",甚至杀人殉葬:"天子诸杀殉,众者数百,寡者数十。将军大夫杀殉,众者数十,寡者数人。"由于统治者如此挥霍浪费,造成"民苦于外,府库单(殚,尽也)于内",导致侈靡浪费成风,社会财富锐减,不仅劳动者衣不蔽体,食不果腹,而且官吏日益腐化,国家行政事务得不到正常处理,如再加上外敌入侵,国家的破灭之灾便会如期而至。

墨家反对厚葬久丧,主要从以下三个角度进行分析的:

不能使国家富

厚葬主要体现在王公大臣办理丧事时,墨子对他们举办丧事所要求的规格做了详细的描述:必定要用外棺和内棺,并以饰有文采的皮带再三捆扎;宝璧宝玉具备;戈、剑、鼎、鼓、壶、镜、纹绣、白练、衣衾万件、车马、女乐都要完备;将金玉珠宝装饰在死者身上,用丝絮组带束住;把车马埋藏在圹穴中;墓道必须捶实、涂饰好;坟墓雄伟可比山陵,等等不一而足。

棺木必须多层,葬埋必须深厚,死者衣服必须多件,随葬文绣必须繁富,坟墓必须高大,这些在王公大臣,会使府库贮藏之财为之一空;在匹夫贱民,就会使他们竭尽家产。而且厚葬还有殉葬的习俗,天子、诸侯死后所杀的殉葬者,多的数百,少的数十;将军、大夫死后所杀的殉葬者,多的数十,少的数人。

至于久丧的要求,就更时是繁复:披缞系绖,哭泣无时,不相更代;住在守丧期所住的倚庐中,睡在草垫上,枕着土块;强忍着不吃而任自己饥饿,衣服穿得单薄而任自己寒冷;使自己面目干瘦,颜色黝黑,耳朵不聪敏,眼睛不明亮,手足不强劲,因而不能做事情;上层人士守丧,必须搀扶才能起来、挂着拐杖才能行走。

居丧时间一般为三年,假若实行这种主张,王公大人不能上早朝、士大夫不能治理官府、农夫不能耕作种植、工匠不能造船车制器皿、妇女不能纺纱绩麻织布,这样算来,实在是大量埋掉钱财,长久服丧就等于长久禁止人们去做事。

已经创造的财富被厚葬消耗殆尽;而久丧又限制了人们取重新创造财富,实行这种制度,不能是国家变得富裕。

不能使人民众

厚葬久丧的原则这样规定:国君死了,服丧三年;父母死了,服丧三年,妻与嫡长子死了,服丧三年;伯父、叔父、兄弟、自己的众庶子死了,服丧一年;近支亲属死了服丧五个月;姑父母、姐姐、外甥、舅父母死了,服丧也有一定月数。在服丧期间要哀戚悲伤、节衣缩食。如果没有做到面目干瘦、颜色黝黑等哀毁瘦损的状态,就会被认为是不孝。因此百姓冬天忍不住寒冷,夏天忍不住酷暑,因此生病而死的人时有发生。

在服丧期间,禁止嫁娶,已经结婚的夫妇不允许同房,这样就抑制了人口的增长。整个社会的人口,只减不增,对于社会的发展是一个很大的阻碍。

我们知道,在古代的社会,人是最大的劳动力,人口的多寡是一个国家强盛与否的标志。有了人,才能有人耕种使得国家富足,才能又充足的兵源保卫国家不受侵犯,因此,统治者们都把增加人口作为富国强民的手段。而厚葬久丧的制度,无疑是对增加人口的抑制,并不能使人口增多。

不能使天下治

墨子认为。如果以厚葬久丧的原则治理政事,居上位的人不能听政治国,因而使刑事政务混乱;在下位的人不能从事生产,因而衣食资用不足。假若不足,弟弟向兄长求而无所得,不恭顺的弟弟就会怨恨兄长;做儿子的向父母求而无所得,不孝的儿子就要怨恨父母;做臣子的求索君主而无所得,不忠的臣子就可能叛乱君上。从而使得国家行政不得治而变混乱,人们之间充满纷争。

在国与国之间的争战中,诸侯凭借武力征伐称霸。南有楚、越,北有齐、晋,这些君主都训练自己的士卒,用以自己实现攻伐兼并、发令施政。而大国之所以没有攻打小国,是因为小国积贮多,城郭修固,上下和谐,因而大国不敢轻举妄动。如果小国内无积贮、外无城防,上下怨恨,大国轻而易举就能击败他们。如果小国的国君以主张厚葬久丧的人主持政务,国家就会贫穷、人民必定减少,刑事政务也会发生混乱。如果国家贫穷就没有积贮,人口减少就无人修筑城防,刑政混乱会导致出战不能胜利、入守不能牢固。

由此看来,厚葬久丧不但会导致政事不治,还可能又灭国的危险,因而应该反对。

既然厚葬久丧的对社会的危害如此之大,应该废除,那么,丧葬的标准应该怎样制定呢?墨子也考虑到了这个问题,他提出了丧葬的原则:

"棺材厚三寸,足以让尸体在里面腐烂就行;衣衾三件,足以掩盖可怕的尸形就行。"掘地的深浅,以下面不掘到泉水深处、尸体气味不要泄出地面上为度;坟堆足以让人认识就行了。死者既已埋葬,生人不当久哭,亲属们哭着送去,哭着回来就可以了;回来以后就从事于谋求衣食之财,做自己分内事情。

并且,墨子还列举了上古极为先王的葬礼来说明自己的丧葬规则:

尧去北方教化八狄,在半路上死了,葬在蛩山的北侧。用衣衾三件,用普通的楮木做成棺材,用葛藤束棺,棺材已入土后才哭丧,圹穴填平而不起坟。葬毕,可以在上面放牧牛马。

舜到西方教化七戎,在半路上死了,葬在南己的市场旁,衣衾三件,以普通的楮木做成棺材,用葛藤束棺。葬毕,市人可以照常往来于上。

大禹去东方教化九夷,在半路死了,葬在会稽山上,衣衾三件,用桐木做三寸之棺,用葛藤束住,虽然封了口但并不密合。凿了墓道,但并不深,掘地的深度下不及泉,上不透臭气。葬毕,将剩余的泥土堆在上面,坟地宽广大约三尺,上面还继续种庄稼。

墨子说,这三王都贵为天子,富有天下,并不担心资财不足,但他们却都没有厚葬,因而得到了后世的赞扬。看来厚葬久丧并不是真正的圣王之道,不应该遵循。

厚葬久丧既然不是圣王之道,因而统治者也不应该实行,可是现实中之所以有人行之不已、持而不释,墨子认为,这是"便于习惯、安于风俗"的原因。

对此,墨子也列举了几种特殊的风俗习惯:

在鲛沭国,人们生的头一个孩子,出生后就肢解吃掉,当地人称这种做法为"宜弟"。人的祖父死后,就把祖母背到山中扔掉,说:"不能和鬼妻住在一起。"

楚国的南面有个啖人国,此国人的双亲死后,先把肉剐下来扔掉,然后再埋葬骨头,才能成为孝子。

陆游有诗"死去元知万事空",人死之后,万事皆空。大操大办丧事,对生者是一种负担。现在有很多人都捐献自己的器官,造福于生者,我们应该向让他们学习。两千多年前墨家的"节葬"思想,对我们还是很有借鉴意义的。

陆游

(三)墨家的低碳生活

现在,大家都倡导低碳生活。其实,两千多年前的墨子早已是"低碳达人"。他出的"节用""节葬",其实就是倡导低碳生活。

200多年来,随着工业化进程的深入,大量温室气体,主要是二氧化碳的排出,导致全球气温升高、气候发生变化,这已是不争的事实。世界气象组织公布的公布的一份报告指出,近年来是地球上最热的一段时间,温室气体已让地球发烧。此外,全球变暖也使得南极冰川开始融化,进而导致海平面升高。曾有国外学者公布的一项调查显示,本世纪末海平面可能升高1.9米,远远超出此前的预期。如果照此发展下去,南太平洋岛国图瓦卢将可能是第一个消失在汪洋中的岛国。

美国曾发表的一项研究指出,地球发烧也给人类的健康造成了巨大的危机。第一,过敏加重,研究显示,随着二氧化碳水平和温度的逐渐升高,花期提前来临,让花粉生成量增加,使春季过敏加重。第二,物种正在变得越来越"袖珍",随着全球气温上升,生物形体在变小,这从苏格兰羊身上已现端倪。第三,肾结石增加,由于气温升高、脱水现象增多,研究人员预测,到2050年,将新增泌尿系统结石患者220万人。第四,外来传染病暴发,水环境温度升高会使蚊子和浮游生物大量繁殖,使登革热、疟疾和脑炎等时有暴发。第五,夏季肺部感染加重,温度升高,凉风减少会加剧臭氧污染,极易引发肺部感染。第六,藻类泛滥引发疾病,水温升高导致蓝藻迅猛繁衍,从市政供水体系到天然湖泊都会受到污染,从而引发消化系统、神经系统、肝脏和皮肤疾病。低碳生活,已成为人类急需建立的生活方式。

低碳生活已成为人们推进潮流的新方式。它给我们提出的是一个"愿不愿意和大家共同创造低碳生活"的问题。但是我们应该积极提倡并去实践低碳生活,要注意节电、节气、熄灯一小时……从这些点滴做起。除了植树,还有人买运输里程很短的商品,有人坚持爬楼梯,形形色色,有的很有趣,有的不免有些麻烦。低碳生活可以理解为:减少二氧化碳的排放,就是低能量、低消耗、低开支的生活。但前提是在不降低生活质量的情况下,尽其所能的节能减排。"节能减排",不仅是当今社会的流行语,更是关系到人类未来的战略选择。提高"节能减排"意识,对自己的生活方式或消费习惯进行简单易行的改变,一起减少全球温室气体(主要减少二氧化碳)排放,意义十分重大。"低碳生活"节能环保,有利于减缓全球气候变暖和环境恶化的速度。减少二氧化碳排放,选择"低碳生活",是每位公民应尽的责任。解决的问题那么,我们如何做到低碳,向"低碳哥"墨子学习呢?下面是一些低碳生活小贴士:

1.少用纸巾,重拾手帕,保护森林,低碳生活;

2.每张纸都双面打印,相当于留下半片原本将被砍掉的森林;

3.随手关灯、开关、拔插头,这是第一步,也是个人修养的表现;不坐电梯爬楼梯,省下大家的电,换自己的健康;

4.绿化不仅是去郊区种树,在家种些花草一样可以,还无须开车:

5.一只塑料袋5毛钱,但它造成的污染可能是5毛钱的50倍;

6.完美的浴室未必一定要有浴缸;已经安了,未必每次都用;已经用了,请用积水来冲洗马桶;

7.关掉不用的电脑程序,减少硬盘工作量,既省电也维护你的电脑;

8.相比开车族来说,骑自行车上下班的人一不用担心油价涨,二不用担心体重涨;

9.没必要一进门就把全部照明打开,人类发明电灯至今不过130年,之前的几千年也过得好好的;

10.考虑到坐公交为世界环境做的贡献,至少可以抵消一部分开私家车带来的优越感;

11.请相信,痴迷皮草那不过是一种返祖的冲动;

12.可以这么认为,气候变暖一部分是出于对过度使用空调和暖气的报复;

13.尽量少使用一次性产品因为制造他们所使用的石油也是一次性的;

14."MADE IN CHINA"字样出现物品,在不少外销商品上,说明了我们中国现在确实已经经济发达、国力强盛。但是在一些西方的海洋博物馆里存放的鱼翅罐头上写着"MADE IN CHINA",恐怕你不好意思再吃你面前的那碗鱼翅捞饭;

15.未必红木和真皮才能体现居家品味;建议使用竹制家具,因为竹子比树木长得快;

16.其实利用太阳能这种环保能源最简单的方式,就是尽量把工作放在白天做;

17.过量肉食至少伤害三个对象:动物,你自己和地球;

18.婚礼仪式不是你憋足二十几年劲甩出的面子,更不是家底积累的PK。如今简约、低碳才更是甜蜜文明的附加值;

19.认为把水龙头开到最大才能把蔬菜盘碗洗得更干净,那只是心理作用;

20.可以理直气壮地说,衣服攒够一桶再洗不是因为懒,而是为了节约水电;

21.把一个孩子从婴儿期养到学龄前,花费确实不少,部分玩具、衣物、书籍用二手的就好;

22.如果堵车的队伍太长,还是先熄了火,安心等会儿吧;

23.定期检查轮胎气压,气量过低或过足都会增加油耗;

24.定期清洗空调,不仅为了健康,还可以省不少电;

25.一般的车用93#油就够了,盲目使用97#可能既费油,还伤发动机;

26.跟老公交司机学习如何省油:少用急刹,把油门松了,靠惯性滑过去;

27.有些人,尤其是女性,洗个澡用掉四五十升水,洁癖也不用这么夸张;

28.科学地勤俭节约是优良传统;剩菜冷却后,用保鲜膜包好再送进冰箱;热气不仅增加冰箱做功,还会结霜,双重费电;

29.其实空调外机都是按照防水要求设计的,给它穿外套,只会降低散热效果,当然费电;

30.洗衣粉出泡多少与洗净能力之间无必然联系,而低泡洗衣粉可以比高泡洗衣粉少漂洗几次,省水省电省时间;

31.洗衣机开强档比开弱档更省电,还能延长机器寿命;

32.电视机在待机状态下耗电量一般为其开机功率的10%左右,这笔账算起来还真不太小;

33.如果只用电脑听音乐,显示器可以调暗,或者干脆关掉;

34.如果热水用得多,不妨让热水器始终通电保温,因为保温一天所用的电,比一箱凉水烧到相同温度还要低;

35.洗干净同样一辆车,用桶盛水擦洗只是用水龙头冲洗用水量的1/8;

36.可以把马桶水箱里的浮球调低2厘米,一年可以省下4立方水;

37.建立节省档案,把每月消耗的水电煤气也记记账,做到心中有数;

38.买电器看节能指标,这是最简单不过的方法了;

39.实验证明,中火烧水最省气;

40.10 年前乱丢电池还可能是无知,现在就完全是不负责任了;

41.随身常备筷子或勺子,已经是环保人士的一种标签;

42.冰箱内存放物品的量以占容积的80%为宜,放得过多或过少,都费电;

43.开短会也是一种节约——照明、空调、音响等等;

44.没事多出去走走,"宅"是很费电的;

45.非必要的话,尽量买本地、当季产品,运输和包装常常比生产更耗能;

46.植树为你排放的二氧化碳埋单,排多少,吸多少;

47.衣服多选棉质、亚麻和丝绸,不仅环保、时尚,而且优雅、耐穿;

48.烘干真的没必要,让衣服晒晒太阳,会消毒杀菌;

49.美国有统计表明:离婚之后的人均资源消耗量比离婚前高出 42%－61%,让我们用婚姻保护地球吧;

50.在后备箱里少放些东西吧,那也是重量,浪费汽油资源,还易被盗。

(四)不让听音乐的墨家

很多人都喜欢音乐,然而墨家却很讨厌音乐,并且写了一篇《非乐》来论述自己观点。这是为什么呢,难道墨者都五音不全?

在百家争鸣的春秋时代,活跃的学术氛围激活了人们对各种社会问题和文化现象深入思考和激烈争辩热情。在对待乐的态度上,有对乐社会作用肯定到极致的儒家,也有对乐大加否定,公开提出"非乐"主张的墨家。

墨家"非乐",认为"儒之道丧天下者"有"四政","四政"之一即是:"又弦歌鼓舞,习为声乐,此足以丧天。"充分反映墨家"非乐"思想的是《墨子·非乐》。篇中云:仁之事者,必务求兴天下之利,除天下之害,将以为法乎天下,利人乎即为,不利人乎即止。且夫仁者之为天下度也,非为其所美,耳之所乐,口之所甘,身体之所安,以此亏夺民衣食之财,仁者弗为也。是故子墨子之所以非乐者,非以大钟鸣鼓琴瑟竽笙之声以为不乐;非以刻镂华文章之色以为不美也;非以犓豢煎炙之味以为不甘也;非以高台厚榭邃野之居以为不安也。虽身知其安也,口知其甘也,目知其美也,耳知其乐也,然上考之不中圣王之事,下度之不中万民之利,是故子墨子曰:"为乐非也。"今有大国即攻小国,有大家即伐小家,强劫弱,众暴寡,诈欺愚,贵傲贱,寇乱盗贼并兴,不可禁止也。然即当为之撞巨钟,击鸣鼓,弹琴瑟,吹竽笙,而扬干戚,天下之乱也,将安可得而治与? 即我未必然也。是故子墨子曰:"姑尝厚措敛乎万民,以为大钟鸣鼓琴瑟竽笙之声,以求兴天下之利,除天下之害,而无补也。"

諸子百家

墨家

墨家的非乐观点主要有以下几个方面：

第一墨子认为音乐上不符圣王事业、下不合万民利益。

墨子之所以反对音乐，并不是认为鼓琴瑟笙等乐器发出的声音不好听，也不是认为雕刻、纹饰的色彩不美，而是认为虽然眼睛希望看到美丽的东西、耳朵希望听到快乐的声音，但音乐对于统治者和民众来说都是有害无益的，因而应该制止。

墨子说，古时的圣王也向万民征取钱财，用来造船和车，因为船用于水上、车用于地上，君子可以休息双脚，民众可以休息肩和背，因此万民都送出钱财来，并不因为统治者征取钱财而有怨愤。之所以这样，是因为收取钱财制造车船符合民众的利益，因而大家都拥护。而现在的王公大人为了国事或者自己制造乐器，必定向万民征取很多钱财，然而乐器并不像车船那样有实用价值、符合民众的利益，相反增加了民众的负担，民众必然会对上产生怨恨。

所以说，提倡音乐，向上考察、不符合圣王的事迹；向下考虑、不符合万民的利益，所以墨子认为，从事音乐活动是错误的。

第二统治者爱好音乐，就会荒疏政事，而且劳民伤财。

统治者爱好音乐，必然会置办贵重的乐器、并且耳聪目明、身体健壮的男人来敲打乐器；用年轻貌美的女人来舞蹈，这样就使得耽误农时、荒废生产。

从前齐康公作《万舞》乐曲，规定跳这种舞的人不能穿粗布短衣、不能吃糟糠。认为吃得不好就会影响面目的色泽，衣服不美会损害身形动作的优美，因而必须吃好饭和肉、穿绣有花纹的衣裳。这样一来，统治者就会添置华丽的衣服，而所花费的钱财自然会转移到老百姓头上，加重老百姓的负担。

统治者在欣赏音乐时，肯定会找人陪伴在左右，如果与贤士同听，就会荒废天命的听狱和治理国事；与奸佞小人同听，就会受到他们的诱惑而不再清廉。

墨子认为，统治者喜好音乐，会加重人民的负担，荒废耽误自己治理国家，所以说，统治者喜好音乐时错误的。

第三官员爱好音乐，会耽于享乐、影响施政；百姓爱好音乐，会浪费时间、耽误生产。

墨子认为，在没有音乐之前，王公大人早上朝、晚退朝，听狱治国；士人君子竭尽全力，于内治理官府、于外往征收赋税、充实仓廪府库，政事井然。而现在的王公大人喜欢音乐，就不再早上朝、晚退朝，尽心尽力听狱治国，因而导致国家混乱、社稷危亡；士人君子喜欢音乐，就不再任何治理官府、征收赋税，因而仓廪府库不再充实，民众不再安居乐业。

民众们时依赖自己的力量才得以生存的。如果他们不喜好音乐，那么农夫早出晚归、耕田、种菜，妇女们早起晚睡，纺纱、织布，因而生活富足，社会稳定。而现在他们都喜好音乐，忘了自己本分的工作，因而耽误农时、荒废生产，导致国用不足、经济紧张。

而造成在这些现象的原因是音乐，所以墨子说从事音乐是错误的！

第四墨子认为音乐没有实用价值。

墨子认为民众有三种忧患:饥饿的人得不到食物,寒冷的人得不到衣服,劳累的人得不到休息。这三样是民众的最大忧患,然而为他们撞钟、敲鼓、弹琴、吹笙,是不能解决这些忧患的,音乐不能使民众的衣食财物得到满足。

在整个社会上,大国攻击小国、大家族攻伐小家族、强壮的掳掠弱小的、人多的欺负人少的、奸诈的欺骗愚笨的、高贵的鄙视低贱的、外寇内乱盗贼共同兴起而不能禁止。这些罪恶不是靠音乐就能制止的,天下的纷乱不会因为统治者喜好音乐就能得到治理。

因而墨子认为音乐对于"有利于天下,为天下除害"是没有任何作用的,既然"乐无实用",当然应该否定。

墨子还认为统治者制乐,越是多样复杂、对国家治理的影响就越大,所以乐对国家治理是不利的。音乐尽管好听,但不能解决人民"饥民不食,寒者不衣,劳者不息"的实际问题;制乐赏乐要花费很多物力财力;享乐会耽误上层人管理国家大事,影响下层人从事生产劳动。墨子从上述角度对音乐的否定,并不是否定音乐的本体,而是否定人对音乐的享用。这正好与儒家学说相反,墨子通过对音乐社会作用和价值估量,得出了"音乐无利于国家和人民"的观点。

墨子的非乐思想,虽然包含着对统治者的批判和对老百姓的关怀,具有一定进步意义,但他从狭隘功利主义出发,片面否定乐客观存在的社会意义和审美价值,这对音乐艺术本身的发展来说,并没有积极意义。

春秋战国时期,周王室逐渐衰微,各诸侯国趁机争夺霸权,纷纷实行变法,重用知识分子,从而形成中国古代思想史上第一个灿烂时代——诸子百家的争鸣时代!

音乐作为当时诸子百家学术争鸣的一部分,自然也得到了大家的关注,不但在理论上得到了一步阐述,在形式和内涵上也得到了充实和发展。诸子百家所争论的"音乐"并不是今天我们所通用的狭义的单纯音乐概念,而是一个复合性的整体概念,它是一种融音乐、诗歌、舞蹈为一体的综合的歌舞乐同体概念。

儒家承继了西周以来乐舞和政治、宗教、习俗等密切相连的传统,充分注意音乐的政治教化功能,从不同角度阐发和肯定"乐"在政治、道德和社会风尚方面的教化作用。儒家还将"乐"和"礼"相结合,指出"乐"依"礼"而成,建立了为国家政治和教化服务的礼乐观。

音乐在政治、道德和社会风所方面确实起到了一定的教化作用,从这种角度来制乐赏乐,也确实能提高民众的道德修养,满足民众的感情需求。然而凡事都要掌握一个度,当儒家的礼乐制度发展走向极致时,也就成了繁文缛节,过分关注形式而渐渐远离了初衷。墨子就是针对这种情况提出了"非乐"的思想。

所以,墨家并不是"五音不全",而是在当时的历史条件下,保护小生产者和老百姓的利益,矛头主要是指向劳民伤财、贪图音乐享乐的高层统治阶级。也对于这一点,我们要

诸子百家——墨家

向墨家致敬。

（五）重义的墨家

贵义是墨家学说的伦理总则和精神实质。墨家认为天下一切事情都没有义贵重。重义是墨家学说的重要组成部分，而且墨子一生都行义，为"义"的实现奔走呼告。

在春秋战国时期，背义趋利成为盛行的不良风尚。大国侵略攻夺小国，强者亏人而自利；整个社会上强凌弱、众暴寡、诈欺愚、贵傲贱、富侮贫，在种种不义行为的干扰下，整个社会秩序趋于崩溃，天下纷争四起，在这种混乱的社会状态下，墨子勇敢地站出来，强烈呼吁重建社会的"义"，并将义的实现作为自己奋斗的目标。

墨家学说中，义和利是息息相关并且统一。一方面，墨子把实现义看作是最为重要的事情，一方面，墨子又把实现天下的"利"看作是最大的"义"。

作为一位平民哲学家，墨子宁愿量腹而食，度身而衣，过着艰苦俭朴的生活去追求义，而不愿意用义做交易，换取高官厚禄、获得锦衣玉食的生活。在为义的过程中，墨子还主张不避毁就誉，为闲言流语左右。高石子背禄向义的故事就是一个很好的说明。

墨子有位名叫高石子的弟子，墨子推荐他在卫国做官。

卫国国君把高石子安排在卿大夫的位置上，并给予很丰厚的俸禄。高石子在国君上朝时，曾接连三次将自己的主张意图全讲出来，希望国君采纳，但却始终得不到国君的器重。于是他毅然辞去高官厚禄，离开卫国到齐国做官。

经过鲁国时，高石子拜见老师，对墨子说："我舍弃了高官厚禄，卫国的人都骂我发疯了。"墨子说："如果你离开卫国，合乎道义，那就随别人怎么说吧。"高石子说："老师您曾教导我说，天下无道仁人志士就不能贪恋厚禄高官。如今卫国无道，如果我贪恋爵禄，那和叫花子就没有什么区别了。"

墨子听了很高兴，就让自己的大弟子禽滑厘记下来，说："我常听说有背义向禄的人。而背禄向义，高石子就做到了啊！"

墨子为了推行墨家的学说，把自己的学生推荐到各国去做官为政，以实现墨家的政治主张。如果墨家之法不被当政者采纳，那就应该向义而背禄，放弃高官厚禄，而到有利于推行墨家之主张的国家去做官。当义和利发生冲突的时候，墨子坚决地站在了义的立场上。单从这个方面来看，墨子的行为是儒、道、法等诸家流派所无法比拟的。

墨子贵义，但同时也十分重利。《墨经》中这样定义："义，利也"，在墨家学说中，义和利是相一致、统一的，义利合一的观点十分符合墨家学会说的精神实质。

更为可贵的是，墨子所谓的"利"并不是普通意义上的个人私利、物质之利，而是指"功益之利"。墨子"利"的内涵是那些对人民、国家起到良好作用的、对人民利益有好处的事物。不但如此，墨子还对个人的自私之利进行了批判，把自己的私利建立在损害别人利益之上的所谓的"利"，不是真正意义上的利，更不能称之为义，相反却是"恶""害"。

諸子百家——墨家

在墨家学说中,义不是个空洞的概念,而是以利为内容的,凡是好的、善的、合理的、能给人民带来效用的东西,都是合乎义的。他把关心人民疾苦、兴天下之利看成是义,教导人们应该去做那些对人民有利的事,自己也率先垂范,摩顶放踵而不改信念。

墨子对义和利进行了精确而深刻的辩证分析,认为利是义的内容,义是利的规则。墨子的义利合一观中,公利是义,利他是义,而窃人桃李的私利不能称之为利。

儒家也十分关心义和利之间的关系,在儒家的学说中,义和利关系实际上是道德与利益的关系。利益和道德是辩证的统一体,把两者对立起来是不正确的,只讲利不讲义不行,只讲义不讲利也不行,因为道德和利益是人和人类社会的生存所必需的。只讲"义"不讲"利",人和社会都将失去生存的物质基础;而只讲"利"不讲"义"整个社会将背欲望所支配,失去了精神支撑。横流,虽然儒家主张"君子寓于义、小人寓于利",但也不否认义利合一是人类社会生存和发展的基础。

在今天的社会,我们还是要重义,义仍是我们的立身之本。

下面的故事也许让我们更加清醒地认识到义的可贵。

吴乃宜是苍南县霞关镇三澳村的一位老人。

2006 年,虾皮捕捞特别赚钱,吴家的 4 个儿子拿出所有的积蓄,又借了 60 多万元,筹够 100 多万元买了艘钢质渔船,成了霞关镇第一批拥有钢质渔船和先进捕捞工具的渔民。

没想到,就在那一年,"桑美"台风在霞关港登陆了。渔船翻了,除了二儿子吴秀全,另外 3 个儿子再没能上岸。二儿子也因为在海水中泡了太久,暂时失去了劳动能力。

台风过后不久,有不少债主上门讨要债款。但当他们看到吴乃宜老人的境况时,都觉得开不了口。

这时,吴乃宜老人做出了让人意想不到的决定。他对每一个债主承诺:"我会想办法还债的。"

5 个儿子过世后,苍南县政府给台风遇难家属分发了一笔补助。有两个儿媳妇拿走了其中大部分补助,把年幼的孙女留给老人抚养后,回了娘家。

老人拿到了 24 万元的保险赔付。加上之后出售打捞起来的渔船,一共有将近 40 万元。这些钱老人一分都没留下,全部拿来偿还了当地农村合作银行的贷款和私人借贷及利息。

背负着 20 多万元各类渔具的赊账款,攒钱、还债成了吴乃宜老人 4 年多来生活的唯一目的。这几年来,他一直过着难以想象的清苦生活。

一盏 15 瓦的节能灯,几件看不出颜色的陈旧家具,这就是老人现在所有的家当。

4 年多,他每天只吃两顿稀饭;平常摘一棵菜拿盐水煮一煮就是一道菜;过年的时候,要靠好心肠的朋友或亲戚送来一点肉,老人才能开个荤。

4 年多来,吴乃宜老人一家没添置过一件新衣服,衣服袖口和裤脚磨出了毛边,还在

诸子百家——墨家

继续穿。两个小孙女的衣服也是亲戚朋友送来的。

他们的年纪大了，不可能去打工赚钱，怎么办？吴乃宜和老伴决定，编织渔网赚取一点收入。

眼睛看不清了，手脚不灵活了，还是要织。织一张网，能卖100元，却需要两个老人2个月的时间，算下来每天只能赚几角钱。这样的收入实在微薄，两个老人却经常织到晚上12点才休息。

这期间，台风中受伤干不了重活的二儿子吴秀全不忍心再让老父亲一个人承担债务。2006年，他拖着病重的身体和妻子外出打工。踩三轮、开机床，什么工作都接；为了省钱，他没有回过家。夫妻做得辛苦，一年多省下1万多元，给父亲去还债。

就这样，吴乃宜老人一家勒紧腰带，一点一点地积攒，够一笔欠款后就立即拿去还债。

老人的故事，感动了霞关镇的每个人。家住邻村的谢月娥，与吴乃宜家非亲非故，吴乃宜却称呼她为"干女儿"。当年谢月娥从别人那里借了5万元给吴乃宜，事情发生后，她没跟老人提还钱的事情，自己默默地替老人还上了这5万元债务。

霞关镇上卖渔船绳索的黄敬瑞，当年吴家兄弟在他店里赊了7万元的绳索。4年多来，黄敬瑞从来不跟老人提这笔赊账，反而是吴乃宜主动先还了2万元。

黄敬瑞对记者说："老人坚强，很厚道，不管多苦多难都重信义、守信用，这一点让我敬佩。"

重义，是我们这个社会的基石。我们应该发扬墨家的"贵义"思想。

（六）勤是摇钱树，俭是聚宝盆

勤这个字眼实在是太熟悉了，勤劳者人们大都会毫不吝惜地把赞美和尊重献给他们。历史的发展也得益于勤劳，可以说，勤劳创造了人类丰富的物质文明，同时也创造了灿烂的精神文化。

墨子作为春秋时期一位伟大的平民圣人，他本人就是一个小手工业者，他所代表的是下层民众的利益。因而在墨家的学说中的很多主张和观点，都是站在下层百姓的立场上，为了实现民众的利益而提出的，比如说他主张任人唯贤的平等的人才观就是为了下层有才干的人能得到任用而提出的。他的经济思想也是从民众的角度出发，因而有自己独特的生财观念。

在我古代传统的农业社会中，自给自足是最主要的生产方式，如果把自然灾害和统治者的剥削掠夺考虑在外，农民所获成果的多少和自己所付出劳动的多少是成正比的，是真正的"一分耕耘、一分收获"。财富的多少直接体现在劳动所得的成果中、一个人如果勤劳，那么就能多得，相反，那些懒惰的人则不能获得劳动过失。在这种自然经济条件下，勤劳是致富最为直接和有效的手段。

在这种社会环境下,墨子提出了自己的生财之道——勤劳、节俭。

勤劳是创造财富的手段。

和儒家"至君尧舜"的选择不同,墨子把大禹作为和自己主张相一致的上古时期的圣人。

墨子对于大禹提倡节俭的个人生活、勤劳的工作观念十分推崇。认为辛勤劳动以使人丰衣足食,并且,勤劳的人因为经常参加社会劳动而得以长寿,安逸享受的人也因此而短命;勤劳的人学有才干能为社会创造财富给别人带来好处,从而得到神明的赞同和奖赏,而安逸享受的人因毫无才干对人们和社会没有贡献,从而得到鬼神的厌恶和惩罚。

在古代社会,土地和人口是国家能否富强的两个重要因素,然而当时的生产技术十分落后,国家要想实现富裕,所采取的方法只能是通过"强力从事",即充分发挥劳动者的积极性通过延长劳动时间和劳动强度来实现,也就是所说的"勤劳"。在没有先进生产工具的情况下,农民们只有加大自己的劳动量,才能获得更多的生产生活资料,而统治阶级要想稳固自己的统治,也必须有坚实的物质基础,因而,勤劳就成为自然经济条件下创造财富的手段。

墨子就是顺应了这种时代的趋势,提出了自己"赖其力者生"的生财主张,在墨家看来,一个人每一天所耗费的衣食,如果能与他白天所付出的劳动相匹配,就会得到他人的认可和鬼神的赞许,这是因为他是在靠自己的本事吃饭;而如果一个人安逸淫乐而不做事情,鬼神也会对他进行惩罚。因此不但劳动者要辛勤劳动获得生存必需品,统治阶级也应该把勤劳工作当作治国施政的方法。

勤于国事的古代帝王,勤于革命事业的缔造者,勤于各行各业工作的普通劳动者,勤于创新发明的科技工作者,勤于学习的学生……毫不例外地受到人们的尊敬。社会发展到今天,勤劳永远不减其魅力。我们可以想象,如果没有勤劳的劳动者,我们这个世界会是什么模样。与之相反的懒惰也随时随地伴随着我们的生活和工作,只要稍微松懈,懒惰就乘虚而入,侵蚀我们的灵魂,使我们不知不觉就变得如行尸走肉,这绝对不是耸人听闻。

现在要记住:勤劳创造了美好生活,勤劳创造了人类历史。

墨家在两千年前就十分重视劳动,强调劳动对于人和社会的种种重要性。孟子认为人和动物的本质区别在于人有伦理道德而动物没有;荀子认为人和动物的区别在于人能够"群"而动物不能。墨子却认为人和动物的本质区别在于人能够通过劳动来创造财富实现自我价值,认为劳动是人的本分,这种观点在现在看来仍然是正确评价劳动和尊重劳动的思想,"勤劳创造财富"的观点值得我们永远发扬继承。

节俭是积累财富的方式。

墨子在谈到节用时,曾经说过"用不可不节也",这其中的"用"就是指消费,而"节"则是消费的标准,即适量、适度。"用不可不节也"就是提倡人们要节俭消费、适度消费,

諸子百家

墨家

不可无度。

在墨家的学说中，"节"是一个普遍存在的哲学原则，认为无论做什么事情都要以适量够用为标准，对此墨子在生活的许多方面都制定了具体的"节俭"的准绳，在衣、食、住、行甚至小到战袍的标准，都十分详尽地提供了一系列节俭的做法。

墨家的经济思想中，除了把勤劳作为创造财富的手段之外，还把节俭看作是积累财富的有效方式。我们知道，春秋战国时期，我国的社会生产水平还不发达，人民生产的物质资料仅仅能够维持温饱，在这种情况下，如果统治者大肆挥霍，下层民众就会有"饥不得食，寒不得衣，劳不得息"的灾患，而统治者也将面临"乱不得治"的社会动荡局面。因而要提倡节俭的消费观。

墨子还列举了"节俭"的很多益处，认为统治者若是将节俭作为施政纲领，那么"一国可倍也"，而这种"倍"不是靠对外的攻城略地得到的，而是依赖于"去国家无用之资"实现的。墨子的这种靠节俭积累财富的手段在封建时代的经济发展中有着积极的推进作用。

我国自古就有"节俭则倡、淫逸则亡"的古训，因为节俭不仅仅是一种美德，更是一种治国方略，是抚慰百姓、安定民生的重要政治措施。

明太祖朱元璋就是这样一个倡导节俭的君主。朱元璋不爱奢华、讲究实际。他曾下令不要在皇宫内建造楼台亭阁，而是在墙边种菜；为了让自己的孩子得到锻炼，他命令子女们织造麻鞋以自用，并规定诸王子外出时要骑马十分之七，步行十分之三。正是因为他身正为范的节俭，才会教化民众、上行下效，国家的生产才得以恢复。

节俭对于国家的作用如此，对于家庭、企业的重要性可见一斑，家族需要节俭才能都逐渐积累财富，能够备不时之需；企业靠盈利生存，而节约成本则是盈利的大前提，如果不注意日常用度方面的节俭，造成成本的浪费，无疑将与公司利益相妨害。

勤俭节约是中华民族的传统美德，这种美德是在严酷的自然环境中孕育的。正是凭借着自己的勤劳和节俭，先民们才能争得生存和发展。然而随着社会的不断发展，这种美德渐渐被人们所忽略甚至遗忘，就拿最简单的例子来说，舟车是为了出行的方便而制造的，因此能负重行远就是车的标准，和排场地位没有关系，在古代，即使是尊贵的诸侯三公，也不会对自己的车船大肆装饰。而现在社会上，豪华汽车竞相攀比，奢华之风盛行，一辆车动辄数百万，在消费者们对豪华汽车趋之若鹜时，是否应该先冷静下来对汽车做一个理性的认识，车仅仅是代步的工具而已，但我们却赋予它身份、地位的象征，正是因为我们忽略了汽车的本质属性，才导致了这种不健康的消费观。

也正因为此，我们在物质极度发展的今天，更应该崇尚勤俭。但勤俭并不等于吝啬，财富的本质就是为人所用，如果一味地节俭，在当用时不用，人就成了财富的奴隶。这种敛财式的节俭并不值得提倡。

勤是摇钱树，俭为聚宝盆。

诸子百家——墨家

(七) 墨家是如何花钱的

墨家崇尚节俭，所以他们花钱也是小心翼翼的，主张适当消费。

墨家在自己的经济主张中提出勤俭节约是生财之道，而在用财方面，提出了以实用为标准的主张。墨子认为，君王在施政的过程中，如果以有益于实用为原则去发布命令、使用民力财物，就会使民众不受劳苦、财物不会浪费，国家也就会强盛。

为了证明自己实用用财可以使国家富庶、民众归附，墨子列举了很多例子。

他说，上古的人民不知道作宫室的时候，就居住在山陵洞穴里，圣王看到地下潮湿、伤害人民，所以开始营造宫室。圣王制造宫室的标准是：地基的高度足以避湿润，四边足以御风寒，屋顶足以防备霜雪雨露，室内有墙可以使男女有别。因而得到了民众的拥护。

而后世的夏桀商纣，大肆修建宫殿、用财无度、极尽奢侈挥霍之能，对百姓盘剥无数，因而导致了民怨四起，最终别汤武取代。他们之所以灭亡的原因就是不懂得节俭、不讲究实用，财富得不到正确的使用，因而灭国亡身。

墨子认为，作为统治者，凡属劳民伤财而不增加益处的事，都不应该去做的。按照法度分派劳役、修治城郭，民统治者的横征暴敛。

圣王制造宫室的最初目的只为方便生活，并不是为了奢华的享受；创制衣服带履的目的是为了取暖避暑、便利身体，而不是为了外表的华丽。而现在的君主，为了修造宫室而向百姓横征暴敛、强夺民众的衣食之资用来营造宫室、做锦绣文采华丽的衣服，甚至用黄金做衣带钩，拿珠玉作佩饰，这样华而不实的做法，非但会导致财富的大量浪费，还会给民众带来各种困苦，影响国家的统治。

墨家的思想重视现世的福祉，带有有浓厚的实用主义倾向，在用财观上，以对社会和民众有用与否、有利与否最为唯一标准，反对无用的理想主义治世观，因而对儒家多有抨击。墨家的这种思想发展到后期，就演变为一种集体功利主义的主张，他们明确地说："义，利也"，这和儒家的思想是真正的大相径庭。《韩非子》曾说："孔子墨子俱道尧舜，而取舍不同。"儒墨两家皆有救世的主张和行动，在这一点上他们是相同的，而在如何救世的具体方法上，两家分别从两个方面提出了解决的方案。

儒家开出的"药方"是针对精神层面的，而墨家的"药方"则是出于物质利益角度。墨子主张用财必须以"有利"为标准，这样才能做到"民费而不伤"，而统治者也"兴利多矣"。"不贵难得之货，不器无用之物"，这就是墨子的实用主义的用财观。在春秋乱世，诸侯们视百姓疾苦于不顾，而去追求所谓的奇珍异宝，这样的用财方式导致的后果就是国家衰亡。

墨家以实用为原则的用财观念，在当今物质极度发达的今天，同样有着积极的现实意义，值得我们借鉴。

在当今社会生活中，很多人追求好房名车的排场、追求酒楼宾馆的豪华享受、追求山

諸子百家——墨家

珍海味的奢华，却忽视了因此带来的攀比心理对自己精神上的误导，给自己身体带来的疾病。要知道，奢侈浪费并不是生活中真正的幸福，我们应该拒绝那些浮华和虚荣的诱惑，要知道，务实才是生活和事业的基石。

据统计，人类有70%的烦恼都和金钱有关，人们在处理金钱时，常常有意外地盲目，很多人不是为自己缺少金钱而烦恼，反而是为了如何使用金钱而困惑。

比如说买手机，五千元手机，功能应有尽有，可以上网、看电视、发邮件，可以录像、录音、拍照，然而我们用得最多的功能还是打电话。可是人们在买手机的时候，常常为这些外在的名目繁多的功能所诱惑、在虚荣心和攀比心的驱使下买回来，然而在使用的过程中，却发现自己很少用到这些功能，五千元的手机和一千元的手机在打电话的主要功能上没有什么区别，甚至一千元的手机质量更好。

这就是人们在用财上不懂得实用性所带来的烦恼，人的欲望是永远无法满足的，总是想拥有更好的，要知道，好是没有尽头的，因而人们总是处在无法实现的追求中，自己被金钱所控制。

一张床的用途就是供人睡觉的，满足舒适的标准就可以了，而很多人却追求华丽的装饰，床垫从棉花换成海绵再换成棕垫，等到出现了更好的还会接着换。食物的用途就是为了解决人的饥饿，只要可以填饱肚子就可以，而很多人却用不满足的追求山珍海味，能吃的几乎都要吃一遍，还要讲究色香味俱全。

要知道，良好的睡眠和床的奢华与否无关，有多少人躺在豪华的床上却整夜失眠，胃口的好坏和食物的精美与否也无关，有多少人天天山珍海味却疾病不断。可见，睡得安稳、吃得有味才是我们睡觉和进食的标准。

所以，花钱的多少与快乐不成正比。适当消费，享受自己喜欢的东西才是正道。

（八）劳动者最光荣

劳动是人类文明进步的源泉，是人的第一需要。是的，要实现你自己的价值，你就得给世界创造价值，而创造价值的唯一手段就是劳动。是劳动创造着美好的生活，我们享受的宽敞的住房、丰富的食物、优美的环境、舒适的条件，不都是劳动者创造和提供的吗？

墨子认为人与动物的最根本的区别在于，动物依赖于自然环境而得以生存，而人是依赖自身的劳动和生产，通过创造生产生活资料而实现自身的生存和发展。在他看来不管是物质活动"耕稼树艺""纺绩织纴"，还是政治活动"听狱刑政""治官府""敛关市"，都是劳动，不过是体力劳动和脑力劳动的分工不同而已。因此，人应该"竭其股肱之力，殚其思虑之智"，当各尽其力于本职工作而不可倦怠，每一个阶层都应"赖其力而生"，通过辛勤劳动来获取劳动成果。墨子强烈反对那些"贪于饮，惰于从事""不与其劳，获其实"的寄生虫阶级，主张"不赖其力者不生"。

在墨子的劳动观中，人类若想有正常的社会生活，就必须每人每日都得在士、农、工、

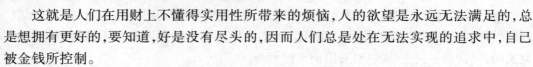

諸子百家——墨家

商四种行业中进行生产、劳动，墨子把士大夫对国家的治理活动也包含造劳动的范畴之内，把生产劳动看为社会得以维持的基础，这种劳动对在当时的社会环境中是很杰出的。

在墨家学说中，劳动是人生存的手段，也是人的一种理想生活状态。士农工商各安其业、各司其职，做好自己的本职工作，在获得生存资料的同时，也实现了自我的人格价值，因而是一种良好的从生存状态。

从经济性的角度考虑，劳动是换取金钱的手段，劳动或是劳动的价值是通过金钱加以评价的，劳动的价值的等同于经济的价值，人们就在这样的环境中生活。这是社会的一个原则，也是人们工作中的一种常识。

然而人类的劳动不应该仅仅只有经济的价值。在世间这个相对的社会上，把劳动当成手段是生存所必须的条件，然而从劳动者本身来看，他付出劳动不仅仅是为了获取生活自己的报酬，而应该在劳动的精神价值和对生活的意义的发那个面来加以评判。在劳动的经济性和生产性之外，发掘劳动的精神性和社会性。

我们先看这样一个例子：

百丈禅师是订定禅宗规范的伟大和尚，虽然年事已高，仍然天天工作。

有一天，百丈禅师的弟子们把扫帚藏起来，因为没有工具，他就不能扫地，所以禅师进入屋内打坐。到了用餐时间，弟子们不见禅师来吃饭，非常担心，前去劝请了好几回，禅师都置若罔闻、不为所动。弟子们伤透脑筋、想尽办法，也无法劝动师父，因而向禅师请教原因，禅师说道："一日不作，一日不食。"说完仍旧打坐不起。

弟子们觉悟到自己的不是，连忙拿出扫帚，禅师便站起来去扫院子，扫完之后才去用餐。

看到这个故事，我们会想起一句话"不工作的人，便不可以吃饭"，然而这句话和百丈禅师的"一日不作，一日不食"有着本质上的不同。前一句的意思是说，工作的换取人们食物的手段，如果不付出工作就得不到食物，工作和食物之间是一种交换的关系；而后一句把劳动看作是人的本分，人如果不能尽到自己做人的本分，那么即使有饭吃，也是没有价值的，从这个层面上说，劳动是人存在的价值和生活的意义。

我们在看现代社会中的一个事例：

某君对朋友说："我每天都在做账目、记录进出货的情形，枯燥而无聊，不知道自己为了什么而工作，如果仅仅是为了这些事情，那我当初就没有念大学的必要了。我现在十分厌烦自己的工作，想辞职换一个。"

朋友对他说："你所做的不过是做到公司所给你指定的工作，如果你能够对账目和进出货记录加以统计、分析，试想如果自己是老板该如何处理，这样一来你就会发现工作的乐趣。"

某君反驳道："别傻了，我即使做那种事，薪水也不会增加，做自己额外的事也不会得到报酬，我何苦去做呢？公司不过就是这么一回事，应付差事而已。"

朋友说："你是为金钱所迷惑,只是为了薪水而工作,而不是为了提高自己的能力发展自我而工作。如果你怀着这样的想法,即使换无数个工作,也不会感到工作的乐趣,永远不会喜欢自己的工作。"

像某君这样的人在现实生活中并不是少数,这些人把薪水和劳动等同起来,想辞职或是觉得工作没有意义甚至厌恶工作也就是理所当然的事情。就像前面所说,如果把劳动看作一个人存在的本分,那么就不会有出现像某君这样的困惑了。当人们把工作看作是提升自己能力实现自己价值的途径,就会从工作中发现乐趣,这样,即使做了自己职责范围之外的事没有得到报酬,也不会觉得自己有所损失。

也不容否认,随着经济的发展,社会分工越来越细,劳动的形式和形态日益呈现多样性。于是,有的人开始把劳动分为三六九等,总想做自认为体面、轻松、舒适、收入高的工作,看不起普通的劳动者,对平凡、普通、繁重、艰苦的体力劳动避而远之;有的人甚至梦想一夜暴富,一夕成名,在他们眼里,劳动成了"没本事""低贱"的代名词,而坐享其成、好逸恶劳却被视为"有能耐""光荣"。这是可悲的、可耻的、可怕的,不仅不能增加社会财富,反而污染社会风气,有损社会公德。

让劳动最光荣、劳动者最伟大唱响泰山南北、祖国大地,这不仅是国家发展、社会文明进步的强大动力,也是个人幸福的源泉。

高尔基说："我们世界上最美好的东西,都是由劳动、由人的聪明的手创造出来的。"

四、人生智慧

(一)墨家的"非命"观

墨家反对儒家把"寿夭贫富,安危治乱"看成是先天命定的思想。"非命论"是墨子思想中最积极合理的部分,是人类对自身力量的初步认识,表达了古代劳动者力图摆脱传统天命思想束缚的愿望。

墨家则高举"非命"的大旗,宣扬命运是可以改变的。墨子是平民思想家,代表的小生产者和下层民众的利益,这个群体处在社会政治生活的底层,他们不安于自己在旧秩序中的地位,迫切要求改变现状,也能跻身于上层社会,墨子作为他们的代言人,提出了"非命"的主张来为他们改变命运的活动提供理论支撑。

墨子认为,导致天下大乱的一个原因就是统治者实行命运存在的政策。主张有命运的人认为:于个人来说,命里注定富足的人就富足,命里注定贫困的人就贫困;命里注定长寿就长寿,命里注定短命就短命。于统治者来说,命里注定国家人多人口就众,命里注定国家安定就不会发生内乱。即使人出很大的力气想改变,也是没有用的。墨子说,正是这些主张有命运的人太多了,他们用这一套话,在上面给王公大人的享乐做借口,在下

诸子百家

墨

家

面愚昧百姓让他们安于现状。因而,上层的体制逐渐腐朽,而下层的民众不知觉醒,国家就处在了危亡的边缘。

人生不应该屈服于命运,要向命运宣战。

(二)命运是可以改变的

墨家认为上天是有意志的,有他的规矩即"天下之明法",世人要遵循这个规矩,顺天意而行,国家就能够得到治理。而且上天是宇宙中的全知全能的最高主宰,有自己的好恶,对世人有生杀予夺的权力。

有些学者认为,墨子的"天志"和非命学说是相互矛盾的,既然肯定了天的存在天有意志,为什么有说命运是可以改变的呢?

其实仔细推究一下就会发现,墨子的这两种主张非但没有矛盾,而且是相互补充互相依存的。墨子认为天有意志,有自己的好恶,并且对世人有赏罚的权力,那么他就会根据自己的好恶来对人实行赏罚。如果一个人顺天意行事,那么他自然会得到上天的认同和奖励;相反,一个人若是违背天意去做上天所厌恶的事情,那么就肯定会受到上天的惩罚。另外,上天赏善罚恶的原则是公平,不会因为人们身份地位的差别而有所偏颇,诸侯三公犯了错,上天照样会对他进行惩罚;即使是贫贱之人,只要他的所作所为符合上天的旨意,上天就会对他进行奖励。

上天是有意志,他对世人的行为进行"赏善罚恶"的约束,因而人的命运是可以随着上天意志的改变而改变的。

针对"命定论",墨子用具体的事例来进行了证明:

古代夏桀时天下大乱,商汤把他接过来治理好了;商纣搞乱了天下,周武王接过来也治理好了。在这期间,社会没有改变,百姓没有改变,而由桀、纣统治则天下大乱,由商汤、周武王统治却天下大治,这难道能说明命运是不可改变的吗?

命运的改变靠自己。

墨家认为人的命运是可以改变的,而改变的方式就是自身的不懈努力。墨子是主张尚"力"的,他强调人应该发挥主观能动性,通过不懈努力来改变自己的命

周武王

运。为此他提出了"官无常贵,而民无终贱"的平等思想,列举了"有能举之,无能下之"的命运改变方式。在"天志论"中,墨子指出了上天是赏善罚恶的,会根据人们的行为来进行赏罚,因而,只要民众们努力去做上天认为正确的事情,就一定能改变自己的命运。

墨家的非命观主要是站在下层民众和小工业者的立场上提出来的,因而他提出了

"虽在农与公肆之人,有能则举之,高予之爵,重予之禄,任之以事,断予之令""不肖者抑而废之,贫而贱之以为徒役。"的观点,认为通过自身的努力、积极进取,平民也可以改变自己命运。

墨家的非命观对处在下层的平民有着激励的作用,如果人们出于贫穷的境地而又相信自己命中注定要贫穷,那他就可能破罐子破摔而没失去改变自己命运的勇气,从此不再奋斗而安于现状。最起码,墨家的这种思想给了下层民众改变自己命运的希望,虽然说命运的改变除了需要个人的努力之外还需要机缘的巧合,但即使改变命运的理想最终没能实现,他们的积极性确实被调动了。因而墨子的"非命"学说得到了广大平民的支持。

与墨家的非命观形成鲜明对比的是道家的安命观,道家从自己看到的偶然性对人事的影响甚至决定出发,得出"宿命论"的结论,认为世界上有很多事情都是命中注定、非人力所能改变。主张人要顺从命运的安排。而墨家则强调非命,墨家通过一些人生显露于外的必然性,得出了命运可以改变的结论,强调只要付出艰辛的努力就一定能改变自己改变世界。

其实无论是哪种命运观,都是一把双刃剑,有着正面和负面的双重作用。

道家的宿命论命运观,从负面来看,会麻木人们的精神,使人失去斗志和前行的激情;而从正面的作用看,宿命论会给那些付出了艰辛奋斗但没有改变自己命运的人以心灵的安慰。墨家的命运观也有两个方面作用,从积极意义上看,它可以使无力者有力、使悲观者前行,给人进取的动力;而另一方面则会给人的心灵加上一种不能承受之重,因为非命观中"只进不退"的思想认为只要付出了就一定能成功,如果命运没有改变那一定使做得还不够。

在今天这么一个充满变动的世界中,宿命论能让一个人经常平息内心不得志的烦扰,非命论则会激起人奋斗的激情和勇气。如果我们能利用这两种命运观的正面作用而避开它们的负面影响,那么即使自己实现不了梦想,也不会觉得命运的不公。

非命论是墨子学说中十分著名的一个主张,作为下层民众的代表,墨子坚持"官无常贵,民无终贱"的观点,认为命运是不是固定不变的,而是可以通过后天的能力得到改善的。这种思想在当时具有先进的意义,它为下层民众走向上层阶级作了理论上的铺垫。

在墨子的三篇《非命》中,墨子系统的批判了命定论的观点,认为命定论使人不能努力治理国家,从事生产;反而容易放纵自己,走向坏的一面。命定论是那些暴君、坏人为自己辩护的根据,是误国误民的思想。而提出,命运其实在自己手中掌握着。

两千年来,墨子的非命思想对于积极进取的下层民众来说,一直是精神上的指引。虽然现在科学的发展已经证明了鬼神的虚妄性,但墨子的"非命"仍然在我们的现实生活中起着积极的作用,激力人们努力进取。

纵观历史,古往今来,凡是那些成大业者,都不是依靠命运实现自己的理想和目标,

諸子百家——墨家

相反,他们都不相信命运的存在,而是自己不懈的去奋斗争取,才取得了骄人的成就。在当今充满竞争的现实生活中,我们更应该相信,命运是掌握在自己手里的,只要我们用自己的双手去付出去创造,就一定能寻求到人生的意义和自我的价值。

曾经有这样一个故事:

一个自认为生活平庸的人带着对命运的疑问去拜访禅师,他问禅师:"您说真的有命运吗?"

"有的,"禅师回答。

"那你看我是不是命中注定要穷困一生呢?"他问禅师。

禅师让他伸出左手,指给他看,说:"你看清楚了吗,最外边的这条线叫作爱情线,中间的这条斜线叫作事业线,最里面的线是生命线。"然后禅师又让他做一个动作,把手慢慢地握起来,握得紧紧的。

禅师问:"你说这几根线在哪里?"

这个人迷惑地说:"在我的手里啊!"

"那爱情、事业、生命呢?"

于是这个人恍然大悟,犹如醍醐灌顶,原来命运是在自己的手里,而不是在别人的嘴里。于是他辞别了禅师,自信的下山去了。

这个小故事背后,的确深含哲理,很多时候,我们相信命运的存在,以为自己之所以平庸是因为这是命中注定,其实我们都应该做做这个动作,把自己的手攥紧,把命运攥在自己的手中。

社会是一个复杂的多元体,很少有人能一帆风顺地走完一生,命运会有不公平,社会会有不平等,人生更不满了挫折和艰辛,很多人因为一时的穷困而一蹶不振,认为自己命中注定没有成就,于是放弃了;有的人自一次次失败后依然顽强地站起来,挑战命运的考验,最终实现了自己的目标。

同样也有一个故事:

他出生于皖北一个贫穷小村庄,6 岁之前没有穿过袜子。因为没有钱请裁缝,上中学之前没有穿过缝纫机做的衣服,衣服都靠辛劳的母亲将粗布一针一线地缝制起来。他卑微如村庄随处可见的牛粪一样,活得无声无息。但是小小的他坚信:出身不可以改变,而人生可以改变。

在学业上他可谓一路狂奔。17 岁,跨入中国科技大学的大门,而后又考取美国纽约大学攻读博士学位。在异国他乡他才知道,本来自己还认为马马虎虎的英语,到了美国却等同于"哑巴"。

当那个带着白种人优越感的刻薄化学系主任,当着 500 多名大学生的面骂他"Bullshit!"时,他因为听不懂这个单词而问"What?",后来终于明白那个单词的意思是"牛粪!",他血冲脑门手指捏得咔咔响,但最终理智战胜了冲动——那个主任手里控制着奖学金及留学资格。他想，韩信胯下之辱都忍了，大丈夫能屈能伸，有朝一日我一定要让他为中国人瞠目结舌！

为了迅速提高英语口语水平，他寻找各种机会自我训练，还跑到美国百老汇当义工，找机会与本土演员沟通，并积极争取参加即兴表演。这种即兴表演，需要思维、语言与沟通同步，才能达到感染观众的效果，本土演员演起来都感觉吃力，何况他？但他以非凡的勇气去挑战和超越自己。

两年磨一剑，他"磨"成了一口令人赞叹的英语，同时以优异成绩被美国最著名的4所商学院同时录取，最后选择了凯洛格商学院。当他找到那个自以为是的主任要求从纽约大学退学时，这个刻薄的人都不相信自己的耳朵，因为在纽约大学历史上，没有一个中国人敢主动退学，在纽约大学求学，是多少中国人梦寐以求的事情。

然而，就读凯洛格商学院的8万美金学费，如一道巨大的山梁横在他的面前。看看他为筹措这8万美金所做的种种努力吧，也许今天看来其中有些举动令人匪夷所思甚至可笑，但是，罗斯福也说过，失败固然痛苦，但更糟糕的是从未去尝试。

第一个尝试，他去买彩票。当然，最后买彩票的钱统统捐给了美国的公益事业。

第二个尝试，去美国《世界日报》登广告，内容是：我被美国顶级商学院录取，如果你们愿意贷给我8万美金，我可以以15%的利息返还你们。

第三个尝试，给美国的一些著名影视明星写信求助，为了证实求助的真实性，随信附上4所著名商学院的录取通知书。

第四个尝试，给在美国取得成功的华裔商界人士写信求助，随信附上录取通知书。

然而，一切努力都如石投水面，甚至不如，至少石投水面能荡起几圈涟漪，但他的努力，一丝波纹也无。此时，他的口袋里只剩下450美元。绝望，如同一口幽深的暗井，欲将他吸入深渊。但他没有彻底绝望，虽然他知道，美国人没有借钱给别人的习惯，但是，他不放弃最后一点点希望的火光。

终于，一位美国朋友被他的执着与锲而不舍所打动，愿意出面担保帮他向银行贷款8万美金，朋友深信，这样执着的一个人，不会背信弃义。

他以优异的成绩从凯洛格商学院毕业之后，被美国财富50强之一的施贵宝公司聘为市场总监，享受百万美金年薪。他第一年就为公司创造2.5亿美元销售额。这些成就，足够令人引以为傲了。然而几年后，他放弃绿卡和丰厚年薪，回国开展自己的事业——为中国人开创一条独特的英语学习之路，为中国人开创一条独特的营销之路。

一块生于长于皖北偏僻小村庄的"牛粪"，终于燃起了温暖人生的火光。

被人蔑称为"牛粪"不要紧，只是自己不要自暴自弃，勇敢地将自己在寒风剑霜之下发酵、风干，将自己生命的每一个孔隙都蓄满岁月的力量，那么，当风送来机遇的火种之时，卑微的牛粪也能燃烧出熊熊之火。

然而现实生活中的很多人都热衷于让"算命先生们"给自己预测命运，其实这不过是自欺欺人的心理,说到底,算命先生看的还是我们自己手中的线,仅凭几条线就能给一个人的一生做定论吗? 我们每个人都应该知道"运在自己的手里,而不是在别人的嘴里!"

命运掌握在自己的手里。穷人想变成富翁,士兵想当将军,这些都是奋斗目标,没有人生下来就是富翁和将军,而是想称富翁想当将军的人通过自身的努力,才成为的。只有梦想是不够的,只有实实在在地做事,用行动代替幻想,才能离自己的目标越来越近。

相信命运在自己手中,还需要又一种达观的态度,很多时候,我们必须面对这样的事实:在这个世界上,成功卓越者少,失败平庸者多。在这个时候就需要我们拥有乐观的心态,要知道,成功者是在精力了磨难之后才取得成就的,我们的眼光不能只看到他们辉煌的一面,还要看到辉煌背后他们所付出的心血和汗水。俗话说:"十年寒窗无人问,一举成名天下知",所以,当我们身处逆境的困顿时,要看到自己奋斗所能实现的目标,怀着一种积极的心态,想办法改变自己的现状,而不是怨天尤人。

在村庄里,住着一位多智的老人,村里任何疑难问题都来向他请教。有一个聪明又调皮的小孩,故意要为难那位老人,他捉了一只小鸟,握在手掌中,跑去问老人:"老公公,听说您是全村最有智慧的人,不过我却不相信,如果您能猜出我手中的鸟是活的还是死的,我就相信了。"

老人注视小孩狡黠的眼神,心里有数,如果他回答是活的,小孩会暗中加劲把小鸟捏死;如果他回答是死的,小孩就会张开双手让小鸟飞走。于是老人拍了拍小孩的肩膀笑着说:"这只小鸟是死的也是活的,你让它死它就死,你让它活它就活,它的命运掌握在你的手里"

其实,我们每个人都是这个小男孩,而我们的前途和命运,就是手中的这只小鸟一样,完全掌握在我们自己的手中。人生中的升学、就业等等事情,是靠我们自身的奋发努力来实现的,而不是所谓的命中注定。

每个人的一生,不可能事事如意,工作生活的环境和条件在很多时候往往不能尽如人意,身外顺境说我们求之不得的事情,而一旦我们遭遇了生活中的挫折,陷入人生的逆境中,当我们的主观心理期待和现实处境反差极大时,我们改怎么做呢? 是束手待毙,抱怨自己命运不济、一生不幸,然后就这样困顿医生呢? 还是及时调整自己的心理状态,在不利于自己的环境中等待、寻找新的途径,真去实现命运的改变呢?

我们都会说,自然选择后者,而在实际的生活中,很多人选择了前者。

有两个人被困在一个山洞里,其中的一个说自己真的很命苦,怎么就这么倒霉呢? 这次肯定死定了。而另一个人没有说话,只是四周观察,于是前一个人问他,这里除了黑暗之外就是石头,还有什么好看的? 后一个人说,难道你没有听见墙壁往下滴水的声音吗?

在接下来的时间里,前一个人自怨自艾,慨叹时运不济,而另一个人积极的思考如何逃脱,他沿着水声寻找到了水源,经过努力的挖掘,他终于找到了通向山洞外面的通道,

诸子百家——墨家

779

获得了生还。而另一个人已经绝望而死。

很多人说自己现在的境况是命运造成的，环境决定了他们的人生位置。然而实际并非如此，即使在恶劣的绝境中，我们还有最后一种选择的自由，就是选择自己的态度，是抗争还是顺从，故事中人物的结局告诉了我们答案。什么是绝处逢生的真正意义，就是在我们走到山穷水尽时依然相信自己能够拯救自己。

然而很多人都主动放弃了自己选择"生"的权力，认为命运既然让自己困顿、无为，除了认命的选择之外，无路可走，于是也就放弃了成为一个卓越者的机会，因为我们所经历的磨难都是生活让我们卓越的考验，我们选择了放弃也就选择了平庸，当我们把自己的命运交付出去的时候，就把我们的成功也交付出去了。

我们不能选择自己的出身和时代环境，但我们在自己所处的社会之中能掌握自己的人生命运。也许我们的人生起点很低，但只要不放弃，用自己的双手去奋斗创造，一样可以走出辉煌的人生。纵观古往今来的人类历史，能够取得卓越成就的英雄伟人，他们的先天条件并不优越，相反，正是"天将降大任于斯人也，必先苦其心志，劳其筋骨，饿其体肤，行拂乱其所为，所以动心忍性，曾益其所不能"的生活和人生磨难，使得他们创造了自己人生的辉煌。而历史上也不乏这样的例子，先天条件优越的人，往往养尊处优，当不需要为自己的生活奋斗时，他们也就丧失了进取的斗志，最终碌碌无为的湮灭在历史长河中。

就好像打牌，人生也是如此，并不在于摸到一手好牌，而是在于打好自己手中的牌，人生的命运之牌就掌握在我们自己的手中。

（三）在苦难中起舞

人生在世，免不了要遭受苦难。所谓苦难，是指那种造成了巨大痛苦的事件和境遇。它包括个人不能抗拒的天灾人祸，例如遭遇乱世或灾荒，患危及生命的重病乃至绝症，挚爱的亲人死亡；也包括个人在社会生活中的重大挫折，例如失恋，婚姻破裂，事业失败。有些人即使在这两方面运气都好，未尝吃大苦，却也无法避免那个一切人迟早要承受的苦难——死亡。因此，如何面对苦难，便是摆在每个人面前的重大人生课题。

墨子在《亲士》说：是故为其所难者，必得其所欲焉，未闻为其所欲，而免其所恶者也。

这段话的意思是：所以说，凡事能从难处做起，就一定能达到自己的愿望，但却没有听说只做自己所想的事情，而能免于得到所厌恶之后果的。

这段话是墨子在论证国君重视贤臣的重要性时提出的，他认为只有那些经历过生活磨难的人，才能够成为君子，成为辅佐国君治理天下的良臣贤才；而那些只做自己想做的事情、逃避苦难的人，最终得到的结果恰恰是他最不想得到的，更别提成为有才能的贤士了。墨子从正反两个方面论证了苦难对于一个人成长的意义，和苦难的考验对于成就人才的必要性。

虽然墨子提出这个观点的时候是在两千年之前，是从如何成为辅佐国君的贤士这个角度出发的，但在今天仍有现实意义。因为无论是在墨子所处的古代，还是在科技经济高速发展的现在，无论做什么事情、实现什么目标，不经历磨难、付出艰辛，是不能实现自己愿望的。这是一条放之四海而皆准的真理。

人们往往把苦难看作人生中纯粹消极的、应该完全否定的东西。当然，苦难不同于主动的冒险，冒险有一种挑战的快感，而我们忍受苦难总是迫不得已的。但是，作为人生的消极面的苦难，它在人生中的意义也是完全消极的吗？

苦难与幸福是相反的东西，但它们有一个共同之处，就是都直接和灵魂有关，并且都牵涉到对生命意义的评价。在通常情况下，我们的灵魂是沉睡着的，一旦我们感到幸福或遭到苦难时，它便醒来了。如桌说幸福是灵魂的巨大愉悦，这愉悦源自对生命的美好意义的强烈感受，那么，苦难之为苦难，正在于它撼动了生命的根基，打击了人对生命意义的信心，因而使灵魂陷入了巨大痛苦。生命意义仅是灵魂的对象，对它无论是肯定还是怀疑、否定，只要是真切的，就必定是灵魂在出场。外部的事件再悲惨，如果它没有震撼灵魂，仅仅成为一个精神事件，就称不上是苦难。一种东西能够把灵魂震醒，使之处于虽然痛苦却富有生机的紧张状态，应当说必具有某种精神价值。

快感和痛感是肉体感觉，快乐和痛苦是心理现象，而幸福和苦难则仅仅属于灵魂。幸福是灵魂的叹息和歌唱，苦难是灵魂的呻吟和抗议，在两者中凸现的是对生命意义的或正或负的强烈体验。

幸福是生命意义得到实现的鲜明感觉。一个人在苦难中也可以感觉到生命意义的实现乃至最高的实现，因此苦难与幸福未必是互相排斥的。但是，在更多的情况下，人们在苦难中感觉到的却是生命意义的受挫。应该相信，即使是这样，只要没有被苦难彻底击败，苦难仍会深化一个人对于生命意义的认识。

痛苦和欢乐是生命力的自我享受。最可悲的是生命力乏弱，既无欢乐，也无痛苦。

多数时候，我们是生活在外部世界里。我们忙于琐碎的日常生活，忙于工作、交际和娱乐，难得有时间想一想自己，也难得有时间想一想人生。可是，当我们遭到厄运时，我们忙碌的身子停了下来。厄运打断了我们所习惯的生活，同时也提供了一个机会，迫使我们与外界事物拉开了一个距离，回到了自己。只要我们善于利用这个机会，肯于思考，就会对人生获得一种新眼光。古罗马哲学家认为逆境启迪智慧，佛教把对苦难的认识看作觉悟的起点，都自有其深刻之处。人生固有悲剧的一面，对之视而不见未免肤浅。当然，我们要注意不因此而看破红尘。一个历尽坎坷而仍然热爱人生的人，他胸中一定藏着许多从痛苦中提炼的珍宝。

至于说以温馨为一种人生理想，就更加小家子气了。人生中有顺境，也有困境和逆境。困境和逆境当然一点儿也不温馨，却是人生最真实的组成部分，往往促人奋斗，也引人彻悟。如果否认了苦难的价值，就不复有壮丽的人生。

諸子百家——墨家

领悟悲剧也须有深刻的心灵，人生的险难关头最能检验一个人的灵魂深浅。有的人一生接连遭到不幸，却未尝体验过真正的悲剧情感；相反，表面上一帆风顺的人也可能经历巨大的内心悲剧。

欢乐与欢乐不同，痛苦与痛苦不同，其间的区别远远超过欢乐与痛苦的不同。对于一个视人生感受为最宝贵财富的人来说，欢乐和痛苦都是收入，他的账本上没有支出。这种人尽管敏感，却有很强的生命力，因为在他眼里，现实生活中的祸福得失已经降为次要的东西，命运的打击因心灵的收获而得到了补偿。俄国作家陀思妥耶夫斯基在赌场上输掉的，却在他描写赌徒心理的小说中极其辉煌地赢了回来。

对于沉溺于眼前琐屑享受的人，不足以言真正的欢乐。对于沉溺于眼前琐屑烦恼的人，不足以言真正的痛苦。

人有素质的差异。苦难可以激发生机，也可以扼杀生机；可以磨炼意志，也可以摧垮意志；可以启迪智慧，也可以蒙蔽智慧；可以高扬人格，也可以贬抑人格——全看受苦者的素质如何。素质大致规定了一个人承受苦难的限度，在此限度内，苦难的锤炼或可助人成才，超出此则会把人击碎。

这个限度对幸运同样适用。素质好的人既能承受大苦难，也能承受大幸运，素质差的人则可能兼毁于两者。

痛苦是性格的催化剂，它使强者更强，弱者更弱，暴者更暴，柔者更柔，智者更智，愚者更愚。

有位哲人说"荣誉的桂冠，都是由荆棘编成的"，的确，人生不是一次一帆风顺的旅行，而是一个布满坎坷的征程，在这条路上，有崇山峻岭有困顿迷茫，甚至我们无法预测自己下一步将遭遇什么天气，可能风和日丽也可能是电闪雷鸣。就要求我们有在面对生活的艰难困苦时，有和困难斗争抗衡的勇气，告诉自己一定能够战胜；有坚定不屈的意志，告诉自己坚持走过之后就是晴空。

古今中外无数事实证明：苦难是一所特殊的学校，从这里毕业的都是杰出的人物。

苦难的含义有两种，一个是苦，一个是难。

苦，常常指的是生活环境的困顿，物质条件的贫乏。身处这样的环境，会倍加感觉到生活的艰辛而懂得珍惜；会因为曾经遭受各种歧视和侮辱而练就一颗坚强的心灵；会为自己的追求付出坚持不懈的努力。

我国古代著名的政治家、文学家范仲淹，幼年的生活十分艰苦，在他两岁的时候，父亲就去世了。他就是在这样的困顿环境中，发愤图强，最终实现了他的理想和抱负。正是因为身处下层，他更深切地体会到平民百姓的真实生活，才立下了"先天下之忧而忧，后天下之乐而乐"的伟大志向，成为一个在政治上颇有建树的人才；也正是因为他幼年的勤奋苦读，使得他在文学上的造诣也非同一般，成为一代文豪。

不能不说，是贫苦的家庭环境促使了范仲淹的伟大成就，如果他不曾经历幼年生活的艰辛，就很难体会到生存的不易，也不一定能在政治上有重要的建树。然而，现在有很多人生活在衣食无忧的环境里，不曾尝过苦难的味道，但成长在温室里的幼苗是经不起风吹雨打的，只有经历了生活风雨的洗礼，才能够成长为参天大树。

难，指的是生活所给予的意外打击，这种挫折常常是在人的意料之外，而且沉重到无法承受，在生活的难面前，倒下将一无所成，而勇敢地站起则能成为生活的巨人，经受住了这种磨炼，将会得到常人无法企及的成就。

我国西汉史学家司马迁，曾受过令人引以为耻的宫刑，但他并没有因此而消沉。在牢狱中，他凭着自己坚强的意志和顽强的毅力，同命运的打击做斗争，最终历尽艰辛，呕心沥血完成了"史家之绝唱"——《史记》，成为伟大的史学家。

如果不是生活的意外打击，司马迁最多成为一个合格的史官，而不会成为一个历史的巨人。身体的苦难成就了他坚定的意志，正是在命运的挫折面前，他坚强的面对了，也勇敢地跨越了，所以才能够青史留名。

苦难可以折磨人，使人痛不欲生；苦难也可造就人，使人成为伟大的成功者。就看我们在遭遇苦难时采取什么样的态度。

我们都知道破茧成蝶的故事，蝴蝶必须经过脱蛹、奋力挣扎展翅的艰辛过程才能够展翅飞翔，一位生物学家不忍看到蝴蝶出蛹的艰辛，于是就划破蛹帮助蝴蝶从里面钻出，但接受了特殊怜悯的蝴蝶钻出蛹后翅膀稚嫩，根本飞不起来。破茧成蝶是成长的道路上必经的苦难，只有经过痛苦的磨难，蝴蝶才能够在阳光下自由飞翔。

其实人生也是同样的道理，不经历风雨怎能见彩虹，没有人能随随便便成功。一个有远大理想抱负的人，面对生活的苦难，从不会埋怨命运的不公。相反，他会把这种苦难当作是生活给予他的磨炼。正是在命运的坎坷中，他们磨炼出坚强的意志；正是与苦难的交锋，他们把握了生存的真谛。

在苦难面前，我们要乐观对待。曾看过一个短片，讲述的是台湾一位画家的奋斗故事，他叫谢坤山。这位山一样挺拔的汉子让自己卑微的生命绽放华彩的历程深深地震撼了周围的人——感动他们的不是他所经历的苦难，而是苦难背后的坚强与不屈。

画面上，主持人与谢坤山之间的小方桌上有一盘象棋。主持人说，现在我们俩对弈，前提是，我要拿走你的两个车，再拿走一马一炮，然后主持人话锋一转："你觉得自己的胜算有多大？"谢坤山爽朗地笑了："胜负不重要，我会战斗到底。"

视频短片上有这样一段画外音："如果你只剩下一只眼睛，你会不会哭泣？如果你少了一条腿，你会不会悲伤？如果你失去了一双手，你会不会痛不欲生？如果你同时失去了一只眼睛、一条腿、一双手，你还活得下去吗？即使活了下来，你还能感觉快乐吗？"

相信没有谁能够对这段文字之中某一个诘问，做出很轻松地回答，而谢坤山却以一个生命应有的姿态给生活以漂亮的答卷。

1958 年谢坤山出生于台湾地区台东县一个贫苦家庭。16 岁那年，在一家工厂做工时不小心触到高压电线，一阵火花四溅的爆响后，谢坤山成了一个火人，被人救下来后，四肢只剩下左腿稍微完好。医生告诉他的家人：谢坤山必须立即进行截肢手术，截肢部位是左臂自肩膀处、右臂自肘处、右腿自膝盖处。在母亲撕心裂肺的痛哭与钢刀切割骨头的刺耳声中，谢坤山成了一个"废人"。

但谢坤山没有让自己废掉，需要健全人用双手完成的事情，谢坤山做到了。"只是比别人付出更多而已"。没有双手，他就发明一套能够自己进食的用具。不能洗澡、如厕，他就自制工具，并运用自如。最终解决了自己的私密事情。

"愿"有多大，"力"就有多大。在和主持人交流中，谢坤山说："勇敢面对一切难题，那样它们就会在你的面前落荒而逃。"

解决了生活自理问题，谢坤山还面临着生存的难题，总不能一辈子靠家人供养吧。恰巧，电视上介绍了一家专门为残障者设立的绘画学习班，残障者可以免费在这里学习、食宿。谢坤山兴奋极了，"没有了手，我还有口啊"。此后，谢坤山以嘴握笔，以心当手走上了艰难的绘画之路。他一边画，一边将作品拿到路边去卖，既聊补生计，又激励自己。能够养活自己，谢坤山感到无比骄傲和自豪。

然而，厄运并没有因为谢坤山的坚强而走开。24岁那年，正当他踌躇满志憧憬未来的时候，命运的魔手再次伸向了他。一次妹妹在帮他撕扯装订不妥的书页时，用力过猛，手肘重重地击中了谢坤山的右眼，一种刀割般的刺痛狠狠地戳进了他的眼睛。这次意外，使得谢坤山的右眼视网膜剥离，这也意味着他的右眼永远失明。

谢坤山说，每个人都是被上帝咬过后的苹果，只因上帝特别喜爱某些人的芬芳，所以才对他咬得特别重。右眼的失明，说明我特别受上帝的眷顾。

经历命运一次次的打击之后，谢坤山不但没有消沉，反而更加积极乐观地面对生活，一如既往地钟爱着自己的绘画艺术。一天，谢坤山在大街上作画出售时候，遇到了一所中学的美术老师。深受感动之余，这位老师决定帮助谢坤山，她不但送来大量世界著名画家的画册，还指导谢坤山学习绘画技巧。一段时间过后，谢坤山的画技有了突飞猛进的提升。

在向艺术殿堂痴痴求索的时候，生活对谢坤山终于露出了嫣然一笑。一个偶然的机会，他拜师于台湾著名画家吴炫三门下，从此，更加精粹的艺术之门轰然洞开。那一天，谢坤山永远不会忘记：1980年10月28日。

然而，吴炫三对门徒的要求近乎严酷。在这里的每一天，对谢坤山来说都是一场生命的淬炼。因为是用嘴咬笔作画，他的口腔里总是旧伤未愈，又添新伤，平时每天有两三个伤口，严重时，伤口多达六七个。穿心的刺痛自不必说，让他无法容忍的是，嘴里流出的血常常污染了他的纸张。

经过五年的砥砺，谢坤山终出师门，并成功举办了第一次个人画展，展出的十八幅初试啼声的作品全部被人买走收藏。此举在海内外引起轰动，各路媒体纷至沓来，美国《读

诸子百家——墨家

者文摘》亚洲版专程赴台,对谢坤山进行历时两个多月的跟踪采访。并用19种语言向世界报道他挑战生命极限的故事。

2002年,他的自传《我是谢坤山》一书繁体与简体版在台湾和内地相继出版后,再次引起轰动并成为畅销书。吉尼斯世界纪录亚洲见证中心董事长戴胜益说:如果吉尼斯世界纪录有"全世界最令人尊敬的人"这一项目,我会恭敬地把这面奖牌颁给他——谢坤山。

"人生的本质绝非享乐,而是苦难,是要在无情宇宙的一个小小角落里奏响生命的凯歌"(周国平语)。是的,苦难阻拦不了强者的灵魂欢畅起舞,谢坤山的奋斗过程就是对苦难的征服史。征服伤痛与挫折;征服欲望与懦弱;征服命运的阻碍和他人的目光;征服人造的悬崖和自设的壁垒。这个世界上,所有的征服都难以仰仗别人,只有自己才是这场征程的主帅。无论个体的外在生命如何脆弱,但只要拥有内在的生命力,就能超越一切苦难,让生命之花灿烂怒放。

而那些只做自己想做的事情,逃避生活苦难的人,很少能够取得大的成就。"宝剑锋从磨砺出,梅花香自苦寒来",古人真知灼见地总结出了苦难的意义。如果不能承受磨砺的痛苦,如何能够拥有锋利的宝剑?如果不敢面对寒冬的磨难,如何拥有傲人的香气?只有把自己放到生活所提供的苦难的大熔炉里锤炼,我们才能够百炼成钢。

每一个人的心灵中都有这样的暗流,无论你怎样逃避,它们都依然存在,无论你怎样面对,它们都不会浮现到生活的表面上来。当生活中的小挫折彼此争夺意义之时,大苦难永远藏在找不到意义的沉默的深渊里。认识到生命中的这种无奈,看自己、看别人的眼光便宽容多了,不会再被喧闹的表面现象所迷惑。

(四)韬光养晦,厚积薄发

大海是沉默的,却告诉我们做人要拥有宽广的胸怀;禾穗是沉默的,却告诉我们做人要拥有谦虚的品质;松柏是沉默的,却告诉我们做人要拥有坚强的意志……

最锋利的刀往往最先被使用得没有了刀刃;最粗大的树木往往最先被砍伐;显示自己才能的人往往易招人怨恨;夸耀自己聪明的人往往让人产生抵制提防心理。自古至今,无数的例子证明了这个道理,太过于招摇自己的才识反而身受其害;韬光养晦,人生才能更加精彩。

有一个寓言或许能让我们更加明白这个道理。

农夫在地里同时种了两棵一样大小的果树苗。第一棵树拼命地从地下吸收养料,储备起来,滋润每一个枝干,积蓄力量,默默地盘算着怎样完善自身,向上生长。另一棵树也拼命地从地下吸收养料,凝聚起来,开始盘算着开花结果。

第二年春,第一棵树便吐出了嫩芽,憋着劲向上长。另一棵树刚吐出嫩叶,便迫不及待地挤出花蕾。

第一棵树目标明确，忍耐力强，很快就长得身材茁壮。另一棵树每年都要开花结果。刚开始，着实让农夫吃了一惊，非常欣赏它。但由于这棵树还未成熟，便承担开花结果的责任，累得弯了腰，结的果实也酸涩难吃，还时常招来一群孩子石头的袭击。甚至，孩子会攀上它那羸弱的身体，在掠夺果子的同时，损伤着它的自尊心和肢体。

时光飞转，终于有一天，那棵久不开花的壮树轻松地吐出花蕾，由于养分充足、身材强壮，结出了又大又甜的果实。而此时那棵急于开花结果的树却成了枯木。农夫诧异地叹了口气，将那根瘦小的枯木砍下，烧火用了。

高明的处世之道，就是要学会藏锋露拙，隐锐示弱。当然，这里所说的藏锋露拙，隐锐示弱并不是说要甘于埋没自己的才华，无所作为，而是一种保护自己的手段。只有在保证不受伤害的基础上，我们才能发挥自己的才能和专长。因为卓越和超凡如果得不到保护，不但无法施展抱负，反而可能因为这种优势而带来性命之忧。

战国时期的韩非，他的卓越才华受到秦王嬴政的赏识，但在他入秦后，才高招嫉，而他自己也不懂得如何在秦国的官吏面前掩饰自己的锋芒，最终被李斯诬陷，屈死狱中。这种"出师未捷身先死"的悲剧，完全是因为韩非太过于锋芒毕露，而被才华这把双刃剑所伤。

而卧薪尝胆的越王勾践则可谓是最著名的韬光养晦的例子，勾践被俘后甘愿为奴伺候吴王，忍常人之不能忍，回国后，一方面励精图治，一方面对吴国俯首称臣，在吴国眼皮底下发展壮大，最终报仇雪耻。这种在忍辱负重的同时发愤图强，称得上是韬光养晦的极致了，因为韬光养晦的意思并不是故步自封，不思进取，而是在低姿态中厚积，在低姿态中薄发。

其实古今的道理也是一样，现实社会同样充满了竞争，虽然我们展示自己的才华不会想古代那样招来杀身之祸，但会让我们在职场中处于步履维艰的境地；我们不需要像勾践那样忍辱负重来实现自己的理想，但我们同样需要掩饰自己的锋芒。

然而很多初涉职场的人才，往往急于显露一下自己的才干和实力，希望能尽快得到同事的认可和上司的赏识，甚至刻意展露自己的锋芒，凡事都要争先，经常"抢跑"。这样做的结果，不是给人留下急于求成的功利印象，就是过早地掀起和卷入竞争，最终把自己陷入被动的境地。

现代社会毕竟是一个讲求协作的社会，尤其是在企业和团队组织里面，需要不同专长的人员共同合作才能达成目标。即使是乔丹，如果没有队友的协作，或者协作不好的话，同样也会败下阵来。在一个团体中，没有个性的人不会得到别人呢的重视，但太有个性则会像一只锋芒毕露的刺猬，扎到别人的同时，也伤害了自己。

有一个人，名校毕业、成绩优秀、有过硬的专业知识、能力才华出众，刚到新单位工作时，为了表现自己的过人能力，他不仅把自己的工作做得很好，还处处帮助同事。可是他渐渐发现，尽管自己有出众才能，但人际关系却总是搞不好，同事们个个都疏远他，部门

诸子百家——墨家

主管也时常刁难,这让他感觉压力很大。后来听到同事在背后的议论才意识到问题的原因,原来自己在他们眼里是一个"锋芒毕露、争强好胜"的人,看似在帮助同事,实际却是为自己的功劳簿上添功。因此,在他参加工作三年多的时间里一直没有得到领导的重任。

这种人随处可见,因为锋芒的个性不但会损害别人的自尊,还可能会破坏单位的团结。每个人都有自尊心,在一个公司里,如果一个人总是特意地在领导和同事面前表现自己,尤其是在才能方面,这样展示自我的做法会导致两种结果:或者使同事感到自卑而不愿同你来往;或者使同事产生逆反心理,决定要挫一挫你的锐气。而这两种结果都不利于自己的进一步发展。

当然,隐藏锋芒不等同于完全隐藏自己的才华。现代社会是一个竞争的社会,不展示自己的才华,是吃不上饭的。我们应该记住:展示才华不是炫耀才华;可以认为自己聪明但不要认为别人是傻子。

志当存高远,急于求成的结果只会导致过早的失败,所以我们要甘于寂寞,隐藏自己的锋芒,厚积而薄发,一旦时机来临自然会水到渠成。

(五)自信是成功的第一秘诀

人生不会注定失败,只要你肯努力,成功就会属于你。因此,墨子提出了自己的"非命"观,强调人的命运是可以改变的,而改变的方法就是自己的行为。

墨子主张发挥人本身的积极性,通过自身的奋斗来实现目的,而在这个过程中,自信是十分重要的,人首先要相信自己能够取得成功,才会在这种信念的支撑下,一步步走近自己的理想。

自信往往能让人走上成功之路!自信,是个人对自己所做各种准备的感性评估。

自信是人对自身力量的一种确信,深信自己一定能做成某件事,实现所追求的目标。

有很多思路敏锐、天资高的人,却无法发挥他们的长处参与讨论。并不是他们不想参与,而只是因为他们缺少信心。

在各种场合中沉默寡言的人都认为:"我的意见可能没有价值,如果说出来,别人可能会觉得很愚蠢,我最好什么也不说。而且,其他人可能都比我懂得多,我并不想让你们知道我是这么无知。"这些人常常会对自己许下很渺茫的诺言:"等下一次再发言。"可是他们很清楚自己是无法实现这个诺言的。每次这些沉默寡言的人不发言时,他就又中了一次缺少信心的毒素了,他会愈来愈丧失自信。从积极的角度来看,如果尽量发言,就会增加信心,下次也更容易发言。所以,要多发言,这是信心的"维生素"。

自信是对自己充分肯定时的心理态度,是战胜困难取得成功的积极力量。而自立是在对自信做出力所能及的不依靠他人劳动或帮助的能力。无论自信与自立产生何种关系,发挥何种作用,重要的一条在人生的发展中是人们赖以生存的个性品质和自身价值得以实现的至关因素。人总是在自立的基础上建立自信,从竞争的环境中寻找获胜的机会。可见,没有自立作充实基础的自信是盲目的自信,现实中的生活、工作,乃至事业的成就和成功也是茫然的。对于学生现在在校学习,还是将来走向社会或参加工作,自信与自立都将伴随在一生发展的事业和生活中,对他们的前程和幸福将起着极其重要的作用。

居里夫人对友人说:"我们应该有恒心,尤其要有自信心!我们必须相信我们的天赋是用来做某种事情的,无论代价多大,这种事情必须做到。"她终于获得了成功。

自信心是相信自己有能力实现目标的心理倾向,是推动人们进行活动的一种强大动力,也是人们完成活动的有力保证,它是一种健康的心理状态。

古今中外的很多例子都证明了自信对于一个人能否取得成功的重要性,甚至有人说,自信和成功是孪生兄弟。

我们首先来看这样一个例子:

春秋战国时代,做了将军的父亲带着还是士兵的儿子出征打仗。

进攻的号角吹响,战鼓雷鸣,父亲郑重地托起一个箭囊,里面插着一支箭,他对儿子说:"这是我们的家传神箭,打仗时佩戴身边,会给你增添力量,但你要记住,千万不能抽出来。"

这是一个极其精美的箭囊,用厚牛皮打制,镶着幽幽泛光的铜边儿,而露出来的箭尾一看就知道是用上等的孔雀羽毛制作。儿子喜上眉梢,推想着箭杆、箭头的模样,甚至幻想着自己用这支神箭射中敌方的主帅时的情形。

果然,配带了神箭的儿子英勇非凡,所向披靡。而当鸣金收兵的号角吹响时,儿子被得胜的豪气所驱使,忘记了临行前父亲不让他追赶敌兵的叮嘱,而且,他在追逐敌兵时突然想起了神箭,在强烈的好奇欲望的驱使下,他拔出了神箭,然而,骤然间他惊呆了。这竟然是一支断箭,箭囊里装的是一支折断的箭。

"原来我一直带着一支断箭打仗!"儿子吓出了一身冷汗,顷刻间失去了勇气,意志好像失去支柱的房子一样坍塌了。

结果不言而喻,儿子惨死于乱军之中。面对儿子的尸体,父亲拣起断箭,沉重地说道:"不相信自己的意志,永远也做不成将军。"

其实我们每个人都有一支神箭,凭借着对它的信赖,我们在生活中走着自己的奋斗之路,然而当我们发现自己的神箭原来是一支断箭时,支撑自己信仰的东西在一瞬间就崩溃了。就像战争中的儿子一样,在没有拔出箭之前,英勇无敌,而一旦发现自己带的箭是一支短箭,自信心立刻就崩溃了,最终落得悲惨结局。其实他本身的所有条件都没有改变,当失去自信的时候,在战场上就意味着死亡。而当故事中的儿子把自己的希望都寄托在神箭的护佑上而不是自己的能力上时,也就预示着他的悲剧结局。

真正的箭其实在我们自己的心里,这就是自信。我们自己才是一支箭,若要想要它

诸子百家——墨家

坚韧、锋利、百步穿杨，就需要对它进行磨砺，因为在很多时候，拯救我们的都只能是自己。

自信需要有乐观的心态和豁达的态度，需要我们对自己有一个理智的认识，还需要有耐心，当自信满足了这些条件之后，成功就会随之而来。

我国古代有个典故叫"卖薪行歌，朱妇乃耻贫而弃买臣"，讲的就是这个道理：

西汉时期有个叫朱买臣的人，是江苏会稽人，他虽然饱读诗书、满腹才华，但一直不得志，在政治上没有加官晋爵的机会，在经济上也没有飞黄腾达，直到四十多岁了仍在砍柴卖柴。但朱买臣为人豁达，深信天生我才必有用，所以在砍柴的途中还大声歌唱，和他同行的妻子感到很自卑就劝阻他，朱买臣反而唱得声音更大。朱买臣的妻子觉得这样很丢人，于是要求离婚。朱买臣耐心劝说她，说自己总有一天会被人发现重用，那时就让患难之妻过上好日子。而朱买臣的妻子却鄙视地说道："你都快五十岁的人了，还说做官，不饿死喂狗就不错了。"于是弃朱买臣而去。

然而没过多长时间，朱买臣得到了求贤若渴的汉武帝的重用，被任命为会稽太守。而就在朱买臣上任之时，他的妻子羞愧难当自杀了。

很多时候我们也有这样的处境，自己的真才实学没有发挥之处，身边的亲人朋友也不能体谅，在这种情况下，就需要我们能够坚守自己的信念，用豁达和乐观来保护自己的自信，这样才能最终改变自己的处境，如果在暂时的困难面前，我们首先放弃，甚至破罐子破摔，那么即使有了成功的机遇，也会被我们错过。

那么，该如何培养自信呢？主要可以从两个方面来进行锻炼。

用积极的心理暗示告诉自己——我能行。

其实每个人都有自信，只是在很多时候，我们自己发现不了，或者是被自卑的心理所压制而得不到发挥。

有一位才华横溢的画家，但他却很自卑，总觉得自己的画画得不好。

当他把画了三天三夜的作品拿到街上卖时。因为自卑，所以他开出的价格很低，而且说如果买主指出哪里画得不好，他就回去修改后再卖给这个人。围观的人越来越多，大家都把自己不满意的地方做了个记号，而且表示如果他把标出来的地方修改一下就会买下这幅画。没过多长时间，画上就布满了顾客做出的标记。看着这幅画，画家觉得自己处处都是败笔，失望极了，认为自己没有画画的天赋，甚至决定就此放弃画画。

画家的一个朋友听说了这件事，就对他说，你按照我说的再上街去卖一次你的画，肯定和上次的结果不一样。画家听从了朋友的话，于是他再次来到街上，站在路口自信地说："这是我最得意的作品。如果哪位能说出这幅画的妙笔，我会把这幅画便宜两成卖给他。"这一招果然灵验，路人纷纷说出自己最为欣赏的地方，并要求买下这幅画。这时，画家的朋友在一旁说："既然大家都想买这幅画，依我看，谁出的价钱高就卖给谁吧！"最后这幅画以原来的20倍的价格被买走。

诸子百家——墨家

从这以后，画家逐渐自信起来，甚至认为自己的确有画画的天赋。

这是一个由自卑转为自信的故事，同样的画，当画家只看到缺点的时候，他会越来越自卑；而当他换个角度，欣赏自己画的优点的时候，就变得自信起来。我们也一样，都会有自卑感，其实我们每个人也有自信，只是我们把注意力放在自卑上的时候就忽视了自信。如果我们也能像故事中的画家一样，能够把被自卑压制的自信解救出来，每个人都能成功。

我们每个人都有这种经历，当作一件事情的时候，若是不断地在心里对自己说，我能行，我一定能做到，那么我们往往比平时更具有勇气，也常常高效地完成这件事。这就是心理暗示的作用。一个人如果总对自己说，我长得不好看、自惭形秽，时间长了就会真的变丑；而一个人总是暗示自己是一个善良的人，那么他在生活中就会不断地做善事，从而成为一个善良的人。

这就是心理暗示的作用。在培养自信上也是这样，当我们不断地对自己说，我能行，他就会慢慢地建立起自信心，从而为自己的成功树立一个坚不可摧的信仰。

用自信培养自信。

一个人如果缺乏自信，或者一直做些看起来没有自信的举动，就会逐渐的失去自信。因此，心理学家给出了"用自信培养自信"的方法。

用自信培养自信，就是先从那些我们能够轻易做到的小事做起，当我们能够轻松地完成一件事的时候，会觉得自己还是具有成功能力的，一次小小的成就能够为我们带来自信。而如果我们一开始就把目标定的很大，一开始就想做伟大的惊天动地的事情，一般来说很难取得成功。而同样是失败，如果仅仅是较小的事情，可以说给我们的八级并不是太大，还在承受范围之内，而大事就不同，我们很可能因为一次较大的失误就一蹶不振。因此，要先从小事做起，通过小事的成功来培养自己的自信，进而为取得较大的成功做好铺垫。

用自信培养自信，还需要从自己能够做到的事情做起，如果我们给自己的目标是自己的能力根本达不到的，那样非但不会有利于培养自信，反而会让我们受到更大的打击。因此，做自己力所能及的事情，这样我们就可以在日常的生活实践中，慢慢地发展自己的能力，逐步的培养自信。

一口吃不成胖子，生活中如此，在事业让也是同样的道理，没有人能够一步登天，只有那些踏实埋头苦干的人，在小事的不断成功上，积累经验培养自信，最终才取得成功。因此，我们也需要通过微小的成功来培养自信，当我们逐步恢复自我形象，用自信代替自卑后，也就为自己打下了成功的坚实基础。

用自信培养自信的小窍门：

1、积极自我暗示，相信自己能行。别人能行，要相信自己也能行；其他人能做到的事，相信自己也能做到。要善于在课桌上、床沿边上激励语："我行，我能行，我一定行。"

"我是最好的,我是最棒的。"每天早晨起床后、临睡前各默念几次,上课发言前、做事前,与人交往前,特别是遇到困难时要果断、反复地默念。这样,就会通过自我积极的暗示机制,鼓舞自己的斗志,增加心理力量,使自己逐渐树立起自信心。

2、注意仪表,保持精神风貌。一套干净整洁西装会使得一个男子汉庄重起来,一袭长裙会使得一个姑娘的举手投足都显得靓丽、迷人。因此,漂亮的仪表能够得到别人的夸奖和好评,提高人的精神风貌和自信心。所以,自卑的人特别要注意学会从头到脚扮靓自己。在宿舍起身前,或者在课间、工间,要多照镜子,保持发型美观,衣着整洁、大方。当你的仪表得到别人的夸赞时,你的自信心一定会油然而生。

3、挑前面的位子坐,敢于引人注目。不管是会议室,还是教室,后面的座位总是先被坐满。大部分占据后排座位的学生,都是希望自己不会"太冒",这也是信心不足的常见表现。但是,有意识地练习坐在前面,能够引起教师和同学们的关注,拉近你与台上领导、师长的心理距离,赢得他们的赏识,激发自信心,集中注意力。当然,坐在前面比较显眼,但是我们要记住,有关成功的一切都是显眼的。

4、练习正视别人,提高自我胆识。一个人的眼神可以透露出许多有关他的信息。不敢正视别人是胆怯、心虚的表现。而大大方方地正视别人,等于告诉他人:"我是诚实,而且光明正大,毫不心虚。"因此,在学习和工作中经常提醒自己要面带微笑,正视别人,用温和的目光与别人打招呼,用点头表示问候,用聚精会神、专心致志的听讲表示对他人的理解与支持。这种练习不但能增强你的亲和力,而且能为你赢得别人的信任,强化你的自信心。

5、坚持当众说话,勇敢吐露见解。当众说话是建立自信心最快的手段。在课堂上或公开场合要尽量举手发言。不管回答问题有无把握,是否全面,站起来大胆说,说错了也没关系,尽管把自己的想法说出来就行。相信老师和同学们都会为自己鼓掌。记住,只要敢讲,就会比那些不敢讲的同学收获大。这样做不但能够增加我们的知识,锻炼我们的勇气,而且能够增强自信心。

6、挺起胸膛,让步履轻松稳健。心理学家告诉我们,步态的调整,可以改变心理状态。你若仔细研究就会发现,那些稍微遭受教师批评,受到同学排斥的学生,走路时都是懒懒散散、拖拖拉拉的,完全没有自信感。自信的人走起路来则是胸膛直挺,步子稳健轻松。挺起胸膛,你的自信心会慢慢增长。

7、学会善待他人,融洽人际关系。首先,要善于对师长和同学微笑。微笑是友善的信号,会给别人带来温暖和欢乐,也会得到别人的喜欢,从而赢得别人与自己主动交往,使自己摆脱孤独感和寂寞感,内心充实,心情舒畅,不断产生信心和力量。其次,在与他人交谈时,适当、真诚地赞美别人的优点,会使别人感到高兴,别人也会投桃报李,夸赞你的闪光点,使你有如沐春风之感,信心大增。再次,在生活上、学习上主动帮助他人,这样,不仅赢得了别人对自己的好感、赞扬和帮助,也使自己增强了社会责任感;同时,自信

諸子百家——墨家

791

心不仅得到了调动，而且可以得到社会性的升华。

8、切勿求全责备，学会变换视角。信心不足的人总是看到自己的缺点，而很少看到自己的优点。总喜欢用自己的缺点与别人的长处相比较，常常导致情绪低落，自信心缺乏。其实，我们不需要为自己的不足而整天自责，而要相信"天生我材必有用"，"天行健，君子以自强不息。"即使自己因失败而陷入自责时，请你提醒自己，不要做唯美主义者，换一个角度看问题，把它变成表扬。

9、循序渐进，让自己体验成功。体验成功的诀窍就是为自己确立小的奋斗目标。当每一个子目标完成时，都要奖励自己，如看一会儿电视，听一段优美的音乐，吃一个苹果，买一本向往已久的书等等。这样通过一个又一个子目标的实现，就会越来越接近成功。小目标的制定可以让自己明显地感觉到进步，更容易体会成功，同时也增强了自信心。

10、积极参加集体活动，不怕失败自觉磨炼。信心不足的学生应参加各种集体活动，一定要注意克服怯懦、优柔寡断等不良意志品质，培养意志的果断性、自制性和坚韧性。特别要鼓起勇气，大胆参加班级活动，进而参加学校组织的各项活动。在集体活动中见贤思齐，虚心向别人学习，开动脑筋，集思广益，尽力做好每一件事，尽心恪守本职工作。不怕犯错误，犯了错误立即纠正。不怕失败，失败了从头再来。"不经历风雨，长不成大树；不受百炼，难以成钢。"坚持经受集体活动的锻炼和经受失败的磨炼，可以使我们开阔眼界，增长才干，丰富人生阅历，增添成就感，提高耐挫力，激发和巩固自信心。

（六）两权相害取其轻

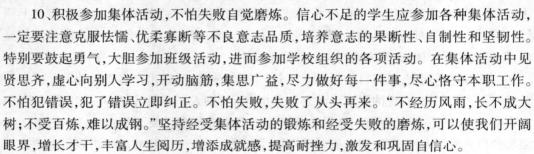

墨子主张，在所做的事体中，首先要衡量它的轻重，即"权"。所谓的权衡，就是对自己所处的环境做一个理智的判断。墨子认为，在害中选取小的，并不是取害，这是取利。比如说砍断手指以保存手腕，就是在害中选取小的，相比较断腕来说，砍断手指就是利。因此说遇上强盗是害，但砍断手腕以免杀身之祸就是利。

遇到强盗的害，是别无选择的困境，但我们选择断腕以保全生命，就是两害中取其轻者，在某种意义上说也是求"利"，墨子把这种观点推广到他的学说中，认为如果杀一个人能够保全天下，那么即使对于这个人本身而言，是有害的，但对于整个天下而言，却是有利的，在这个时候，就应该做到舍己以利天下。

墨子的这种"两害相权取其轻，两利相权取其重"的思想在我们的现实生活中也有积极的指导意义。人都有趋利避害的天性，因此，当面对两个坏的结果时，则取害处较小的那个；当面临两个好结果时，则取好处较大的那个；这就是人的权衡轻重、利害之后得出的最佳选择。

一个越国人为了捕鼠，特地从别处弄回一只善于捕老鼠的猫，这只猫善于捕鼠，也喜欢吃鸡，结果越国人家中的老鼠被捕光了，但鸡也所剩无几，他的儿子想把吃鸡的猫弄走，做父亲的却说："祸害我们家中的是老鼠不是鸡，老鼠偷我们的食物、咬坏我们的衣物,挖穿我们的墙壁、损害我们的家具,不除掉它们我们必将挨饿受冻,所以必须除掉它们！没有鸡大不了不要吃罢了,离挨饿受冻还远着哩！"

这个越国人就在猫吃老鼠也吃鸡的利和害中做出了理智的选择,猫吃老鼠是利、吃鸡是害,当利害不能协调时,那么就选择利最大的,这样才会使自己受到的损失降低到最小。自然界中这样的例子也很多,有一篇这样的报道：

在一个干旱而食物短缺的季节里,为了争夺狮子吃剩下的一头野牛的残骸,一群狼和一群鬣狗发生了冲突。尽管鬣狗死伤惨重,但由于它们在数量上占优势,因而很多狼也被鬣狗咬死了。最后,只剩下一只狼王与5只鬣狗对峙。

而且这只狼王在混战中被咬伤了一条后腿,这条拖拉在地上的后腿,是狼王无法摆脱的负担。面对步步紧逼的鬣狗,狼王突然回头一口咬断了自己的伤腿,然后向离自己最近的那只鬣狗猛扑过去,以迅雷不及掩耳之势咬断了它的喉咙。

其他4只鬣狗被狼王的举动吓呆了,都站在原地不敢向前。经过一阵对峙后,4只鬣狗终于拖着疲惫的身体一步一摇地离开了怒目而视的狼王,狼王得救了。

狼王在生命和后腿之间,选择了咬断腿而保全生命,也正因为它这种"壮士断腕"的悲壮,震撼了鬣狗,最终拯救了自己。在危险来临的时候,狼王的这种选择可谓是最优的方案了。我们的现实生活种也常常会遭遇类似的事情,在这个时候,我们能有这种"舍小取大"的冷静和理智吗？

利中取大,是每个人都能够做到的,因为人趋利的本性决定了人们在面对利益时常常会选择大的,甚至创造条件实现利益的最大化,然而要做到害中取小并不是很容易的事,它首先需要有勇气,就像狼王咬断自己的腿来保全生命一样,我们所选取的"小害"常常需要我们承受身体或者物质上的痛苦和损害,只有有勇气舍弃,才能够避免更大的伤害。生活中常有这样的例子,一个得病的人必须舍弃身体的某一部分才能保住生命,在这个时候,失去生命的"大害"并不是马上需要面对的,而且痛苦是隐的,而舍弃身体的某一部分,则是马上就需要做出决断而且需要承受身体和心理两方面痛苦,因此,做到"害中取小"首先需要决断的勇气。

做到"害中取小"还需要有睿智的判断,要能够对自己目前的处境做出清楚的判断,明确地知道怎样的选择才是对自己最有利的,只有这样才能避免最差的结果出现,才能在害中取利。

做到"害中取小"除了需要有"壮士断腕"的勇气之外,更需要对自己的处境做出周全的考虑,这样才能实现利益的最大化,避免最大的害。生活中的选择如此,在当今日益激烈的竞争中,企业也常常面临着如何在利害关系中做出最有利于自己的选择。

企业在做出"害中取小,利中取大"时,还应该考虑到企业之间的协作和互相依存关系,考虑到趋利避害所带来的长远影响,只有考虑了综合方面的因素之后做出的决策,才是最优的抉择。

在商业竞争中,企业不可避免要和其他的企业打交道,也就不可避免会遇到类似的两难境地,

在发生利益冲突的情况下,一方得到的利益等于另一方所失去的利益,两者之间有赢有输,而且在输赢的量上基本是相等的。在这种情境下,解决利益冲突的传统方式是直接的面对面的对抗,然而这样的结果很可能是两败俱伤,因此,企业在遭遇到利益冲突时,应该寻求找到一种最佳的解决方案,以便在利益均衡的基础上取得各方都可接受的结果。在这个时候需要企业之间有足够的了解与信任做基础,需要有诚意的行为和共赢的意识,如果一个企业太过于追求财富,尤其是在自己的"利"成为别人的"害"时,还追求利益的最大化,那么一旦自己的"害"成为他人的"利"时,别人就会采取相同的选择,追求"利"的最大,而这个企业就必须面对最大的"害"。

"趋利避害"是人们在面对生活需要做出选择时普遍存在的心理,因此,在我们"两害相权取其轻,两利相权取其重"时,需要有狼王断腿的勇气、有周全考虑的睿智、有长远利益的预测,做到了这些,就能够真正地做到"害中取小,利中取大",才能在各种环境中做出最优的选择。

(七)机遇:一定不要放过

五行学说是我们古代哲学中的一个重要范畴,起源于春秋战国时期的阴阳家学说,他们认为金、木、水、火、土是构成世间万物的基础,这种观念是古代朴素唯物主义的源头,阴阳学家们认为,五行之间是相生相克的,只要符合一定的条件,事物是可以相互转化的。关于五行之间的相生相克,阴阳家给出了这样的关系:

五行相生:

金生水,因为少阴之气(金气)温润流泽,金靠水生,销锻金也可变为水,所以金生水。

水生木,因为水温润而使树木生长出来,所以水生木。

木生火,因为木性温暖,火隐伏其中,钻木而生火,所以木生火。

火生土,因为火灼热,所以能够焚烧木,木被焚烧后就变成灰烬,灰即土,所以火生土。

土生金,因为金隐藏在石里,依附山津润而生,聚土成山,有山必生石,所以土生金。

五行相克:

金克木,刚胜柔,故金胜木。

木克土,专胜散,故木胜土。

土克水,实胜虚,故土胜水。

水克火,众胜寡,故水胜火。

火克金,精胜坚,故火胜金。

处在同一时期的墨家,对于这种相生相克的关系,认为并不是一成不变的,只要条件

适宜,就能够改变。比如说,金克木,是因为刚能胜柔,而在现实环境中,火也能克木,只要条件达到了就能够实现。墨子把这种观点也运用在自己的"非命"观中,他认为"官无常贵,民无中终贱",人的命运是可以改变的,而改变的条件一个是自身的不懈努力,一个就是善于抓住外界的机遇。

五行相克图

因此,我们可以说一个人命运能否得到改变,在很大程度上取决于他是否善于抓住机会。我们无法选择自己的出身,但我们在后天的努力过程中,如果能够抓住那些能够改变我们境遇的机遇,就能够摆脱困境。在先天的条件上,人与人之间可能存在着某些差别,但在生活中,每个人的机会是均等的,只要我们懂得把握,就会用后天的优势来弥补先天的不足。从而改变别人说的所谓的"命中注定"。

《道德经》上曾说:"物或行或随,或戏或吹,或强或羸,或挫或隳。"就是告诉我们,任何一件事情的取舍,都要拿定主意,在机遇面前,人就要有主见,该决断时候就应当机立断。从来只有人去把握机会,没有机会去等某个人的。我们生活中因为犹豫不决而和机会擦肩而过的例子实在是太多了,大凡那些能够在关键时刻抓住机遇的人往往实现了自己的目标取得成功,而那些在机遇面前犹豫徘徊的人,等到做出选择时,机遇已经成为他人成功的筹码了。由此可见,在关键时刻能迅速而准确的抓住机遇,对于一个人一生的发展实在是太重要了,在很多时候,它可甚至可以改变人的一生的命运。

有个关于两兄弟看雁的故事:

兄弟两个在田里劳动,看见一只大雁从天上飞过,哥哥说,我们把它打下来,然后煮着吃该是多么的美味啊。弟弟反驳道,应该烤着吃更好。两个人各不相让,为煮着吃还是烤着吃争论不休,甚至快要打起来了。这时候,他们的父亲过来了,于是弟兄两个请父亲做评判,父亲说,这还不简单,一半煮着吃,一般烤着吃不就行了?弟兄俩高兴地赞同了,这时父亲又问,可是你们的大雁在哪里呢?兄弟俩异口同声地说,在天上,可是抬头望时,大雁早已没有了踪影。

这个故事对那些坐视机遇溜走的人来说,是一个绝好的讽刺。我们生活中也有很多这样的人,他们在看得到、能够把握的机遇面前犹豫,甚至像故事中的弟兄两个一样,做无谓的争吵,等到明白过来是,机遇已经像大雁一样,飞得无影无踪了。由此可见,机会是绝对不会停留在那里等待我们做出决定后才去把握的,就像大雁不会停留在天上等待被人射杀一样,我们只有积极主动地去抓,才能在最佳的时机抓住机遇。

然而,在我们的现实生活中,并不是所有的机遇都像大雁这样显而易见,尤其是那些能够对我们一生造成重大影响的机遇,更是隐藏的很深,需要我们用心去发现,用行动去挖掘。

有两个同乡的青年外出打工,他们在候车厅等车时,听到人们的议论,说上海的人十分精明,给外地人指路都收费;而北京人十分纯朴乐善好施,看到吃不上饭的人,会接济他们衣食。

于是一个想,还是去北京好,即使挣不到钱也不至于饿死,于是他选择了去北京;而另一个人想,还是去上海好,给人带路都能挣钱,还有什么不能挣钱的? 于是就选择了去上海。

到北京的人发现,北京果然好。他初到北京的一个月里,什么工作也没有找,凭借着银行大厅里的纯净水和大商场里免费品尝的点心,他竟然也没有挨饿。

到上海的人也发现,上海果然是一个可以发财的城市。只要想点办法,再花点力气,无论做什么行业都可以赚到钱。这个年轻人凭着乡下人对泥土的认识和经验,他首先在建筑工地包装了一些带有沙子和树叶的土,当作"花盆土"卖给那些不懂得泥土知识而又爱花的上海人。凭借这些没有成本的泥土,一年后,他在上海拥有了一间小小的门面。接下来,他又细心的发现一些商店楼面亮丽而招牌却暗淡无光,经过探听得知,原来清洗公司只负责洗楼不负责洗招牌。于是他立即抓住这个缝隙办了一个小型清洗公司,专门负责擦洗招牌。没过多久,他的公司就发展壮大,业务也逐渐由上海发展到周边城市。

于是他决定把自己的事业往北京发展一下,于是就坐火车去北京考察清洗市场。在火车站,一个收废品的人把手伸进软卧车厢,向他要桌子上的啤酒瓶,就在递瓶时,两人都愣住了,因为五年前,他们同时出来闯天下,而如今,结局却是这样的悬殊。

这个故事给我们很多警示,首先他们的创业观念不同,去北京的人贪图安逸,不想付出自己的劳动反而想不劳而获,而去上海的人却通过自己的双手开创了一番事业,这是最表层的东西,让我们回到起点,当他们在候车室听到别人的议论时,一个是积极的抓住了机遇,既然上海赚钱容易,那么我也能够做到,而另一个却被隐藏着机遇的困难吓倒了,害怕承受失败而选择了没有挑战性的北京。其实,他们的不同结局在当初面对同样机遇而做出不同选择时就已经决定了。

由此我们也可以看出,机遇很多时候是隐藏的,甚至以困难为包装,当我们被困难吓倒时,也就措施了机遇。一个人要想成功就需要不断地抓住自己身边的那些机遇,正是这些机会成为我们改变自己命运的关键。也因此,一个人获得成功在很大程度上取决于自己是否抓住了这些可以使自己人生飞跃的关键点,这些关键点并不是显而易见的,也不是一蹴而就的,而需要拥有敏锐的洞察力,有丰富的人生阅历,只有这样,才能在最佳时机抓住那些改变自己命运的机遇,实现自我人生的飞跃。

我们生存的这个世界,本身就充满了变化,但这种变化并不是莫测的,只要我们有一

诸子百家——墨家

双锐利的双眼，有一个睿智的大脑，那么即使我们出身低微，也一样能实现自己人生的辉煌，而帮助我们踏上这段辉煌历程的前提条件，就是抓住身边哪怕微不足道的机遇。

（八）高瞻，让自己看得更远

我们做事情的时候，千万不能只看到眼前的利益，一定要高瞻远瞩。因此，墨家告诉我们不能"知小不知大"，意思就是说不能只看到了眼前的利益，而不顾忌长远的利益。

运用到企业中，就要不被眼前的利益所局限，只有这样才能在瞬息万变的市场中做出准确的判断，每个人都会遇到诸多的利益之争，短期利益的冲击力强大，但长期利益才是真正可以持久的，短期利益冲击力再大也只是一阵风，刮过就算了；长期利益却可以集腋成裘，让你赢到最后。想要成功就要学会放弃，只有放弃眼前的利益，才能获得长远利益。想成功，考虑问题就要结合眼前利益和长远利益，从大处着眼，小处着手，战略上藐视敌人，战术上重视敌人，原则上独立自主，策略上敢于拿来，大局上统筹，优先发展壮大自己，只有如此才能让自己立于不败。树立全局观，全局就是指在考虑问题时，从企业的整体利益出发，比较全面的思考所要解决的问题，并且在日常工作中时常保持这样的思维观点。

首先，从企业的角度出发分析，企业是个有机的整体，其最终获得成功取得利润？取决于这个整体的有效运作，而不仅你是某个员工，或者领导人的个人努力，所以一个企业在做出一个指令或决策时，都是从企业全局出发来考虑的，作为一个有机整体，决定了员工的个人利益和集体利益是统一的；集体利益受损，个人利益也得不到保障，从这个意义上讲，个人必须有很好的全局观，事事从企业的全局出发，这样才能争取个人利益的最大化。

其次，全局观是个人在企业工作的基本素质之一，对员工而言是获得晋升的条件之一，对企业领导人而言，是顺利开展工作获取上级信任的条件之一。企业领导人和员工具备全局观，就有助于协调各部门的矛盾，能更好地应付对市场环境中的种种变化，提高工作技能和工作效率，从而使整个企业取得和谐发展的强大动力。作为企业中的一员，要获得提拔获得更大的发展空间，全局观是不可缺少的，作为某个部门的员工或者领导人，本位主义是常见的，因为自己所处的位置和从事的工作，考虑问题时会自觉地从本部门的利益出发，这种做法对于整个企业来说是不够全面的，因为我们要坚决反对本位主义。

一个具有全局观的员工，更容易受到领导的赏识，获得更好的发展机会。另外，具有全局观的员工考虑的是整个企业的利益，因而一般不会触犯企业其他部门的利益，这样的员工更容易获得其他员工的支持，开展工作会比较顺利。全局观可以保证员工之间的信任和谅解，有统领全局的共识，首先让人感到踏实，继而会让人精神奋发。每一位员工都拥有全局观念并为企业整体利益而努力时，企业就拥有强大的凝聚力，从而能够持续发展。树立全局观可以使我们更好的认清事物及发展规律，可以使我们的目标更明确，可以使我们的工作进展得更顺利。

登高不仅能够望远，还能够鸟瞰眼下。远处的景致，肯定是很可以观赏的，外面的世界很精彩嘛！人家先进的东西，优秀的东西，通过看，经过考察，发现了，也可以觉察到。了解了人家先进或优秀的东西，也就知道了自己落后的一面与糟粕的存在。于是，学习有了方向，赶超也就有了具体的目标。看自己的眼下，到底是高山应该保护，还是河道需要疏通，或是道路需要加宽，基本清楚明了。

站得高，看得就远。对全局有了统揽的把握，大事可以办好，细节问题，也能够顺利解决。

但是，站得不高，看得也就不远，也就无从统揽什么全局，更无从知道"艰苦奋斗与勤俭节约"先从什么地方抓起了。

看一个人的水准，衡量一个人的素质，关键就是要看发现、认识、分析、解决问题的能力。有能力的人，不管对什么，看待什么事物，都能从高处往下看，而不是平视。缺少或没有能力的人，也就只能就事论事、头疼医头、脚疼医脚了。

著名学者季羡林先生有一篇关于读书的文章，讲的是对他影响最大的几本书。他小的时候，感兴趣的是三侠五义之类的书，连《红楼梦》都是后来读到的。可谓武侠小说，是他的启蒙。后来，做学问对他影响最大的是中国的陈寅恪和外国的吕德斯。虽然这样一中一外两个学者，都有著作在，但更重要的是他们严谨的治学精神对他的影响。季羡林先生所以能够成为著名的学者，与他最初接触的中国武侠小说和后来认识了两位中外著名的学者有着直接的关系。治学的成就与书籍的影响与导师的点播与自身的悟性有着直接的关系。

接受了顶尖的思想，把握了高瞻远瞩的思维方式，有所成就与建树，是可能可以的。

（九）墨家的实践观

墨家是一个注重实际行动的实践家，在墨家的学说里，对劳动十分推崇，认为劳动是实现天下治理的必要手段。如果不努力听狱治政，那么天下就会混乱而不安宁，而勤于政事就能获得高贵和荣耀；如果农夫不努力从事耕种，就会面临饥饿；如果妇人不努力纺纱织布，那么就要忍受寒冷。正是所用的人对自己的工作不敢倦怠，天下才得以安宁。

墨子这种注重实际行动的思想在我们今天依然有教育意义，要知道，无论是想要改变自己的命运，还是实现自己的理想，不付出艰辛的努力是不行的。墨子在自己的非命观中就提出，努力工作是改变命运唯一行之有效的方式，因而，在当今充满竞争的社会中，行动是走向成功的必由之路。

每个人都想做一个成功的人，然而成功是需要条件的，首先，我们要选择一个合适的目标，这个目标应该具有发展前途，更是我们自身条件能够做到的事情。其次还需要有

诸子百家——墨 家

坚持不懈的毅力和持之以恒的精神，从来没有半途而废的成功者。最后，也是最重要的一点，就是做一个"耕者"，付出自己切实的行动，只有行动才能体现目标和精神的价值，空中楼阁只能是幻想。

一个人只有计划和策略、只有豪情壮志是没有用的，成功源于具体的行动，人若想得到成功和收获就必须付诸行动，唯有行动才是实实在在的，才有收获希望。农民只有在播种之后付出辛勤的劳动，才能在秋天收获硕果累累，事业上的成功也是同样道理。

有两个和尚分别住在相邻的两座山上的庙里。两山之间有一条溪，这两个和尚每天都会在同一时间来溪边挑水，时间长了，两个人就熟识起来。

有时候天气不好，他们下山挑水时往往要摔跟头，两个和尚在想对方抱怨挑水的辛苦之后，就决定要在山上挖一眼井，这样就不会再忍受下山挑水的辛苦了。

在接下来的时间里，他们还是在同一时间下山到溪边挑水，一开始，还相互说一下自己挖井的进度，没过几天，西山的和尚说，又要挖井又要挑水，太累了，我决定放弃挖井了，还是挑水吃吧。东山的和尚没有说什么。

一晃三年过去了，忽然有一天，东山的和尚没有按时下山来挑水，西山的和尚也不以为意，然而接下来的几天，东山的和尚一直都没有来，于是西山的和尚想，是不是出什么事情了，他是不是生病了啊，我还是过去看看吧。于是他便去东山看望这个和尚。

等他来到东山和尚的庙里一看，却大吃一惊。因为东山的和尚正在打太极拳，精神奕奕。于是他好奇地问，你这么长时间没有下山挑水，你是怎么过的啊？东山的和尚把他带到寺庙的后院，指着一口井说，我在三年里每天挖一点，终于挖出水了，我也就不用再下山去挑水喝了。

从此只有西山的和尚自己一个人去溪边挑水。

我们的人生也像挖井，能否取得成功与否，不是看我们计划了多少，而是看我们做了多少。只有目标而不付出行动，只能像西山的那个和尚一样，只能下山挑水喝，而如果我们认准了一件的事情，然后付出坚持不懈的行动，就会像东山的和尚一样，在三年的辛苦之后，就永远不用下山挑水。

俗话说"一次行动胜于百遍胡思乱想"，如果给成功做一个比喻，我们可以这样说：梦想是成功的起跑线，决心则是起跑的枪声，行动则是在跑道上的全力奔驰。只有坚持到最后一刻，才能撞到成功的终点线。

然而还有很多人，仅仅把成功停留在语言上，他为自己描绘的前途十分的光明美好，也有面对困难和挫折的勇气和决心，但就是不把自己的这个伟大目标付诸行动，于是就只能一事无成。

从前有一个年轻人有很多抱负和想法。在当他还很小的时候，他就说，当我长大了，我要成为一个清正廉洁的官员，为百姓们谋福祉，青史留名。于是他的父母说，那你从现在开始就努力地念书，考上举人才能够做官。年轻人说，我不需要看书，将来我一定能够一鸣惊人，干出一番事业的。

　　等他长大后，因为没有扎实的知识功底，他连一个秀才也没有考上。他有些失望地说，也许我注定不是做官的料，我还是安心地做一个农民吧，我一定会过上富足的生活。于是他的父母给了他种子要他播种，对他说，你好好地劳动，在秋天就会收获粮食。年轻人把种子种在田里，对自己说，它们会自己长出来的，不用我操心，于是就四处游荡。等到秋天时，别人的田里一片丰收的景象，而他的田里只有稀疏的几棵庄稼，上面结着干瘪的稻穗。

　　"一分耕耘一分收获"，先人们流传下来的经验总结是我们做事情时应该遵循的总结，在我们生活的田地上，只有做一个辛勤的农夫做一个"耕者"，才能收获人生的粮食。只有在播种耕耘中付出了心血和汗水，才能在秋天有粮食满仓的丰厚收获。所谓的"春华秋实"，不仅仅是大自然的运行规则，还渗透了人类在这个过程中所付出的劳动，是"耕者"的行动使得"春华"成为"秋实"。

　　人生在于实践，做一个勤劳的人，你会收获到人生的意义。

五、管理智慧

（一）墨家的"尚贤"

　　墨子有尚贤之说，为什么要尚贤呢？

　　墨子在《墨子·尚贤上》中指出："……国有贤良之士众，则国家之治厚；贤良之士寡，则国家之治薄。故大人之务，将在于众贤而已。"意思是说，一个国家拥有贤良人士多，那么国家的治理就厚重；一个国家拥有的贤良人士少，那么国家的治理就衰薄。因此大人们的当务之急，就是使贤良人士增多罢了。

　　对此墨子先向统治者们，也就是"王公大人"提出一个问题："今者王公大人为政于国家者，皆欲国家富、人民之众、刑政之治，然而不得富而得贫，不得众而得寡，不得治而得乱，则是本失其所欲，得其所亡，是何故也。"

　　这是一个因果关系的问句，我们从墨子所设立的这个因果关系中不难看出，他把人才与社会的强弱贫富和治乱设立成因与果的关系，把人才与国家存亡兴衰联系起来。统治者在管理国家时都想使其富强、人民众多、政治严明，但是的事实却与统治者的想法相违背。

　　那么造成这种因果负效应的原因在哪里？墨子有明确的回答了王公大人们："是在王公大人为政于国家者，不能以尚贤事（使）能为政也"。

　　墨子在通过历史事实证明"尚贤为政之本也"的同时。通过"今王公大人有一牛羊之则,不能杀,必索良宰。有一衣裳之财,不能制,必索良工。当王公大人之于此也,虽有骨肉之亲,无故富贵,面目美好者,实如其不能也,是何故""今天下士君子,居处言语皆尚贤,建至其临众发政,而治民,莫知尚贤而事(使)能。我以此知天下之士君子,名于小而不名于大也"。

这两段话尖锐地指出"王公大人"们在实际治理国家时自相矛盾的表现,并讽刺"王公大人"们为"名于小而不名于大"。

关于墨子的人才标准主要包括以下三个方面:

一是厚乎德行,这是对贤士道德品行方面的要求。

在古代中国,对一个人的评价主要取决于社会伦理道德方面的因素,在普遍的社会观念中,"德"被看作是一个人最崇高的品质,很多学说都主张"有德者居天下"。士人大夫都把个人品行操守的修养看作是做人之本、把社会道德作为自己行为的规则,道德高尚、品行端正的人往往被视为君子。在上古时期实行禅让制的时候,尧、舜、禹被列为有德者的典范;皋陶、周公也因为自己的美德而青史留名。因而,墨子所提出的人才标准,把"厚乎德行"放在了首位。

二是辩乎言谈,这是对贤才办事能力方面的要求。

墨子是我国历史上第一次把"谈辩"作为贤才不可缺少的专门职业和技术的人,墨子认为,贤才仅仅具有高尚德行是不行的,辅佐君王还需要有实际的处理事情解决问题的能力,因而主张贤才要"辩乎言谈"。作为一个治理国家的臣子,必须有出色的交际和办事能力,在外交际能维护国家尊严、在内施政能够说服民众,这样才能够把自己的制度主张让百姓明了并遵守,一个善于"言谈"的贤才才能够真正地把自己的才能用于辅佐君王。

在诸子百家中,还有名家也是非常重视辩论的,但他们所提倡的"辩"和墨子重视"辩"在本职上是有区别的,名家的"辩"是自己学说的核心、是名家推行自己学说的工具、"辩"也是名家弟子的职业;而墨子所说的"辩"主要侧重于贤士在交际方面的能力,是实现自己政治理想所应该具备的素质。

三是博乎道术,这是度贤才知识学术方面的要求。

墨子还认为贤才应该具备广博的知识和精通的专业,所谓"既博又专"。学识对于人才的重要性是不言而喻的,作为一个行政长官,要有广博的知识积累作为自己施政的基础,只有对各方面都有所了解,才能不脱离现实妄加臆断;只有精通某一种"术",才能有所业绩。因而墨子把道术看作是贤才必备的硬性条件。

在我国古代的教育制度中,就有"六艺"的学科之分,即:诗、书、礼、乐、数、御。这就是对道术"博"的要求,君子对六艺应该都掌握,达到"博"的要求;在此基础上再进行"术业"的"专攻",比如作为一个将军,"御"应该是他的精通,但如果对历史地理等方面一无

诸子百家——墨家

所知,同样打不了胜仗。墨子"博乎道术"的贤才标准可以说是要求人才的"综合性"。

在举荐贤才方面,墨子也提出了三条原则:

1、举义不避贫贱。

墨子提出举荐人才不考虑他们的出身,无论是皇亲国戚,还是普通民众、甚至是当时社会地位低下的手工业者和商人,只要有能力,就提拔并任用他。这种人才观在当时具有进步意义,墨子提出这种观点,主要是对儒家"尊尊"思想的批判,儒家认为人是有高低贵贱之分的,那些身份尊贵的人就应该受到尊敬,不管有没有才能都应该受到重用。而墨子代表的下层劳动人民,儒家的"尊尊"思想剥夺了他发挥自己才智的机会,因而,墨子提出了"举义不避贫贱"代表下层民众思想的呼声。

2、举义不避亲疏。

儒家和"尊尊"相连的就是"亲亲"的思想,儒家把血缘关系看作是社会伦理的维系,支持以血缘亲属关系为依托的等级制度,认为爵位应该世袭,在举荐任用人才时,常常以亲疏关系为标准,针对这种思想,墨子提出了"举义不避亲疏"的人才举荐标准,主张应该平等公平的选拔人才,这样不但能使真正的贤士得到任用,更有利于统治者施政。

3、举义不避远近。

这是从人际关系角度考虑而提出的原则,一些善于逢迎拍马的人并不一定具备出众的才能,但因为能够"投上级所好",因而得到了任用,而一些有真正才能的人,因为不擅长这些交际,因而才华得不到施展。作为领导者,应该理智地对待自己身边的"近臣"和"远臣",让真正有才能的人得到重用。

墨家的"尚贤"对于现代企业有重要的借鉴意义。企业成败的关键也在于人才的发掘、吸引、提拔和利用。作为领导者应懂得怎样来发掘人才、用好人才并留住人才,让他们成为盘、业发展的顶梁柱。对于如何吸引并留住人才,两千多年前的墨子就用"善射御之士"的例子生动地说明其中所隐含的深刻道理:"譬若欲众其国之善射御之士者,必将富之,贵之,敬之,誉之,然后国之善射御之士,将可得而众也。况又有贤良之士,厚乎德行,辩乎言谈,博乎道术者乎,此固国家之珍,而社稷之佐也,亦必且富之,贵之,敬之,誉之。然后国之良士,亦将可得而众也。"(《墨子》)就是说,譬如想要他的国家善于射箭、驾车的人士增多,就必定要使他们富贵、使他们受到尊敬、受到赞誉,然后国内善于射箭、驾车的人士将会获得并且增多。何况又有贤良人士,德行敦厚,言谈思辨,道术广博,这本来就是国家的珍宝,社稷的辅佐,也必将使他们富贵,受到尊敬和赞誉。然后国内的贤良之士也将可以得到并且会增多。墨子在此提出的吸引并留住人才的方法,小仅有助于国家的治理,也有助于现代企业人才观的建立和改善,因为一个企业的用人之道和一个国家的用人之道有许多相似之处。对真正德才兼备的贤才,无论其出身的高低、贵贱,都应该广而招之,举而用之,使企业对人才产生巨大的吸引力和向心力,使人才乐于投奔到

诸子百家——墨家

企业中,为企业的发展、壮大发挥出他们的一切聪明才智。

(二)如何使用人才

墨子在人才的使用上,强调要因人之才,合理分工,让每个人都能发挥自己的特长,最终实现效益的最大化。因为在这个世界上,每个人的才能和特长是不相同的,这就要求在具体的分工上要能够人尽其才,如果让烧陶器的人去买猪肉,让木匠去制造皮革,所得的结果只能是社会分工混乱,劳而无功。

墨子的这种因人之才合理分工的思想,在两千年后的今天,依然有着深刻的现实意义。尤其是在现代企业管理中,更是发挥着巨大的作用。

当前的企业在用人和管理制度上,总体存在两种方式:

因事设人,是根据职位的需要来选择合适的员工,给下属安排能发挥其特长的职业,从而达到人与事的最佳结合,实现效益最大化。

因人设事,职位是为人而设,先有人后有职位,这种情况往往是人情因素在企业用人制度上的体现。

因事设人与因人设事的相互对立,是管理方面两种不同的用人态度和方法。作为一个明智的管理者,不应该无视公司的实际需要而安置多余人员,因为多余人员只能给公司带来人事管理上的不良效果。而因人设事恰好能弥补这方面的不足,根据工作岗位的需要来安排人员,是一种行之有效的用人原则,因而也是管理者不可不重视的管理戒律。

无论是一个体系还是一个团体,职务的数量是有一定限度的,如果根据取长补短的原则,每个人安排职务是不可能的;而在现有人员能够完成工作任务的情况下,还硬要往里安排人,则会出现人浮于事的现象。这两种情况都属于因人设事的表现。

因人设事对一个企业的危害是很大的:

首先,使公司出现"超员"现象,公司不但要支付数倍于正常的公司支出,而且因为员工过多,会影响到工作效率;而且会破坏公司具体工作的秩序,使得员工不知道自己应该做什么,失去工作的目标。

其次,会导致公司正常的人员管理秩序破坏,丧失内部管理机制的作用;因为人情关系的影响,使得公司在复杂的人际网络中失去内在的人才竞争力,最终阻碍公司的正常发展。

最后,当"僧多粥少"的管理困境出现时,任人唯亲的机制会引发公司内部的某些不正当竞争,使真正的人才受到伤害,不能发挥自己的才干,最终导致公司的重大损失。

高明的管理者懂得如何避免因人设事,即使他不能做到按照"取长补短"的原则来安排每个人的职位,但是他能够从公司的具体需要出发,尽量给下属安排一个合适的职位,把合适的人才放到合适的职位上,在职务的限制下,给职员自由发挥的空间,以此来提高

諸子百家——墨家

工作效率，从而做到因事设人。

因事设人在管理过程中是需要不断调节和修改，最终确立唯才善用的人才管理原则。

首先，根据公司和职位需要来用人。

在公司的创业过程中，事业是最根本的目标，而人才是推动事业前进的直接动力，因此，公司最重要的用人原则就是人事两宜。这就要求管理者按照需要量才使用，从工作分析与岗位特征中找出所需特长的要素，然后运用配置与校对的方法，找出公司内部积压的人才，所用非学的人才，最终把适用的人分配到最能发挥其专长的职位上去。管理者还需要对人才有客观而全面的了解，要在顾全大局的基础上，对人才的志趣、气质、专长、品德等因素进行综合考虑，使人的才干、特长、品质和岗位、职务、责任协调统一起来，使职能与责任和谐一致。

其次，要用当其时并用当其愿。

合理选择人才，只是调动员工积极性的起点。在具体的工作过程中，用人不当和用人失误的管理，同样会挫伤员工的积极性。要想真正调动所选人才的积极性，发挥他们的最大效用，就要用人之长于盛时，用人之长于愿时。

用人之长于盛时。每一个人的才智都会有一个发挥的顶峰时期，在这段时间内，个人的才能会达到自身的最高限度，而这个高峰是用人者和人才共同造就的。人才之所以能成为人才，与管理者的启用和激发是分不开的，所谓用当其时就是实现这个巅峰的方法，这就需要管理者能够把握人才的启用时机。人才的启用应该在精力最充沛的时期；人才的启用的应是最能激励人才成长、进步的时候。当人才在精力充沛的时候，企业为他们提供一个更好的发展平台，他们就会把自己的成长与公司的前途紧密联系起来，在自己的创造性得到最大程度发挥的时候，也就为公司的发展注入了强大的活力。

用人之长于愿时。无论是做什么事情，主动性都是至关重要的一个因素，如果一个人被动的做事情，那么即使他有超常的才智，也不会得到高效的施展。所以，管理者在用人时，要尽可能多地考虑人才的意愿，要最大限度地调动他们的主动性。在条件许可的情况下，尽可能满足被使用对象的兴趣、爱好和个人志愿，来合理安排他的工作。这样的管理手段比违背他的意愿，或者单纯靠运用命令手段强制，会获得更好的人才效益和企业效益。

因事设人和因人设事，在人才管理上作为对立的两个方面，表面看起来并没有太大的区别，但实质上却关乎企业的兴衰存亡，这就要求管理者做一贯和现代的伯乐，在人与事的主次上能够恰当把握，做到因事设人。这就能够使得公司的每个人都能施展自己的才智，每个职位上都是合适的人员，最终提高公司的整体效益。

诸子百家

——

墨家

（三）举贤不避亲仇

墨子在自己的"尚贤"主张中提出了"有才者上、无能者下"的先进用人观，认为对有才能的人就举荐，对没才能的人就撤职；在举荐人才时主张应该推荐那些具有"义"的贤人，而不是凭借君王的个人好恶，应该举公义，辟私怨，做到任人唯贤，公正选拔，辟除私怨，才掌握了"尚贤"的真义。

墨子在《尚同上》篇中还提出了"选天下之贤可者，立以为天子。"认为应该让德才兼备的人做领导人。这可以说是中国文化里最早的民主选举思想了。墨子认为古时圣王在施政时，就是做到了"举公义"才广揽天下贤才，成就了自己的伟业。如果不义的人不能够富裕、得不到显贵、没有人和他亲近，那么富贵的人听到了就会想：我所依靠的是富贵，而现在举义不避贫贱，那我就不能不义了；和上司是亲戚的人听到了就会想：我所倚仗的就是与上有亲，现在举义不避疏远，那我必须为义了。当国家的民众都这样想时，从朝堂之上的显贵到边鄙郊外的臣僚，包括四野的农民、工肆的匠人听到，都会争先为义，以求得到提拔。这样发展的结果就是国中多贤士而无不义。

然而要做到"举公义、辟私怨"并不是一件很容易的事，这要求统治者首先要知道什么是"公义"，对贤士的才干能够清楚，还需要克服在举荐人才过程中克服个人的好恶，不把私人恩怨和个人感情色彩掺杂在内。

而祁黄羊"内举不避亲、外举不避仇"的故事则是"举公义、辟私怨"的典型代表：

晋平公问祁黄羊："南阳缺个县官，你看谁当合适？"祁黄羊说："我觉得解狐最合适。"晋平公很奇怪地问："解狐不是你的仇人吗？你为什么还要推荐他做官？"祁黄羊回答道："您只问我当县官的人才，并没问谁是我的仇人。"于是解狐就被派去做了南阳的县官，他在任上时为百姓做事，政治清廉、政绩斐然，得到了百姓的交口称赞。

又有一天，晋平公问祁黄羊："朝廷里缺个掌管法制的官员，你看谁当合适？"祁黄羊说："我觉得祁午合适。"晋平公又奇怪地问："祁午不是你儿子吗，你就不怕别人说你以权谋私，为儿子走后门吗？"祁黄羊回答道："您问的是谁可以为朝廷执掌法制，并没有问谁是我的儿子。"于是祁午就做了执掌法度的官员，他在任时秉公执法，铁面无私，得到了朝臣们的一致赞扬。

祁黄羊举荐官员时不避亲仇，只看重能力和才干，因而得到了人们的尊重，在历史上有这样宽广胸怀的统治者不在少数。很多统治者在任用封赏人才时，常常先考虑自己的族人、和自己相交好亲近的人，而不是根据贤士的才能和做出的贡献。这样的统治者得不到真正的人才，因而也无从使自己的国家强大富强起来。

历史上著名的明君仁主唐太宗"封赏不私亲"就是做到了这一点，因而他能够得到诸多贤才能人的相助，才有了"贞观之治"的盛世。

李世民平定天下称帝后,对有功之臣进行封赏,作为股肱之臣的房玄龄、杜如晦等人都受到了重用,而他的这种做法却引起了许多旧部尤其是本族弟子的不满。

被封为淮安王的李神通是李世民的叔叔,他对李世民说:"我最先拥戴高祖,起兵关西响应,如今,连房玄龄、杜如晦这样的文臣都位居我上,而且我是李氏家族的长辈,你的这种封赏怎能让我服气?"李神通的话得到了那些不被重用的秦王府旧人的支持。对于这种情况,李世民对李神通说:"叔父是至亲,我非常的尊重您。您虽然率先起兵响应义军,但您起兵是为了避患,而且在刘黑闼作战时不战而逃,于国家并没有大的功绩。而如果没有房玄龄等人的辅佐,我也得不到天下。我不能因为您是我的叔父,就把您和开国重臣同功论赏。"

一席话说得李神通面红耳赤,闭口无言,众将也心悦诚服。对李世民的大公无私十分钦佩,从此断了凭借关系得到封赏的非分念头,而是尽力报效国家以图官爵。

李世民为政之道的成功之处就在于,他不但做到论功行赏而不是依据血缘关系的亲疏,而且还做到了不计较个人恩怨任用人才。

唐太宗时期有名的谏臣直臣魏徵,原本是太子的部下,但太子不听从他的劝告,最终被李世民取而代之。李世民知道魏徵是个人才,因而数次去拜访他,希望魏徵能为国效力。要知道魏徵曾经给太子出计谋要除掉李世民,在这个意义上可以说是李世民的敌人,然而李世民不计前嫌,重用魏徵。成就了魏徵忠臣的美名也给自己带来了贤君的荣誉。

只有心底无私才能让天下人心服,只有胸怀宽广才能让天下才士归附。俗话说"泰山不拒累石方成其高、江海不择溪流方成其大"。作为一个统治者就应该有这样的胸怀和气度,这样才能得天下之才为我所用。如果在选拔人才上,以关系亲疏为凭借,那么就会造成所赏非贤,所罚非暴的后果,当作贤人的得不到勉励,而作恶的人也得不到阻止,社会上对人才的追求就会减少,整个社会也就走向了混乱。因而,在举荐任用人才时要能够做到"举公义辟私怨"。

在人才管理的艺术上,古代和现在时同样的道理,国家和企业是相似的情况,因而,在当代的企业管理中,作为一个优秀的管理者,也应该做到"举公义、辟私怨"。

管理者在举荐任用人才时首先要做到"举公义"。

什么是"公义"呢?应该说谁也不能给出一个确切的定义,因为人才的内涵是多方面的,没有固定的模式和章程可供遵循,只要在大致方向和原则上不偏离就行了。而既然是"公义",那么就不是一个管理者的个人意见,而应该是得到整个企业届和社会共同认可的一些标准。总的来说,"公义"主要包括以下方面的内容:

有综合能力。

能力的内涵也是多方面的,作为一个优秀的人才,需要具备多方面的能力,主要有判

诸子百家——墨家

断能力、决策能力、处理危机的能力等。一个合格的企业人才，要能够明确、分清事物的轻重缓急，抓好关键的业务；要对企业之间的竞争保持敏锐的观察力，能够预测可能发生的情况，做到见微知著，为企业实现自己的目标做出周密的计划；应该能够认清危机，并及时果断的进行处理。除此之外，还需要具备和同事沟通协作的能力，具有团队精神。

有较高的知识水平和专业技能。

优秀的人才不但应该具备全面性的知识，还必须具备相应的独到的专业知识，在"博"的基础上"专"，这样才能对工作进行生态上的把握，才能做出比较正确的决策。另外，人才还应该具有较强的学习能力，随着社会发展步伐的加快，企业之间的竞争也越来越激烈，因而，人才要经要随时进修，不断地扩充自己的知识，以跟上时代的节拍，因此就需要人才有较强的学习能力来接受新的知识，不断给自己充电，提升自己的专业技能和知识素养。

有正直而诚实的品德。

我国历来重视人才的品德，甚至认为一个人的品德比能力更为重要，这种观点在今天仍然有借鉴意义。整个社会伦理规范都要求人应该具有较高的思想道德素养，作为企业中的人才，更应该有这种良好的品质，如果一个人的品质不好，那么他越是有才能对社会构成的威胁也就越大，这样的人即使有能力，也不能称之为人才。作为一个优秀合格的人才，必须具备有正直、诚实、廉洁的品德，这样才能在工作中择善固执、据理力争，在自己的过失面前勇于认错、接受批评并承担责任，才能廉洁自律、为企业的发展做出贡献。

管理者了解了"公义"标准，那么在举荐的过程中如何"辟私怨"呢？这是一个更难做到的事情。古人在这个问题上提出了"内举不避亲、外举不避仇"的理想方案，但在具体实施的过程中，往往会遇到很多阻力。管理者很轻易地就能做到"内举不避亲"，在人才的举荐和任用上，很多管理者都对自己的亲友优先考虑、提拔那些顺从自己的下属，如果管理者的亲友真的具备某个职位所需的才能，那么这样的举荐就和祁黄羊推荐自己的儿子做官一样，不带个人的私利，是为了企业的大局，是应该受到赞扬的。

然而很多人任用自己的亲友并不是"内举不避亲"，而是为了自己管理上的方便，甚至是以权谋私，给亲友好处自己也得利，这样的举荐非但不能给公司带来效益，反而影响企业的正常运作。

至于"外举不避仇"更是难做。很多管理人员在任用人才时，往往凭借主观感情个人好恶来进行取舍。比如给那些平日里不顺从自己的下属安排沉重的任务、给那些对自己工作有意见的员工穿小鞋、甚至找机会公报私仇，排挤那些和自己意见不合的下属同僚。这样的管理者把个人恩怨和工作纠缠在一起、把手中的职权当作是解决个人私怨的利器，而不是为了企业能得到更好的发展。

诸子百家——墨家

这就需要管理者具备较高的个人素质，在工作中摒弃个人情感色彩，对于同事之间的矛盾不睚眦必报，而是用宽容的胸怀坦诚接纳别人的优点和长处。当我们能像祁黄羊那样真诚的举荐自己的仇人时，仇人也就成为朋友。

（四）体察下情

墨子认为，统治者位居高处，在施政时如果能得到下边实情，对百姓的情况了解得很清楚，能够奖赏善人、惩罚暴人，那么国家就必然治理。如果居上位者在施政的时候，不能得知下面的实情，对百姓的善恶不清楚，得到善人而不知赏赐他，遇到暴人而不进行惩罚，那么国家民众就必定发生混乱。统治者在进行赏罚时，首先应该得到下面的实情，考察实际的情况，这样才能巩固自己的统治。

如果身处上位、管理国家的行政长官不能体察民情，那么他认为可以奖赏的人，可能正是大家所非议的人，众人都认为他不好，那这种奖赏就不能起到劝勉作用；而如果他认为应该得到惩罚的人，恰恰是大家所交口称赞的贤士，那么，这种惩罚反而会阻止人心向善。由此可见，统治者能否真实的了解下面的情况，对于施政有着不可小觑的作用，因而墨子说"得下情则治，不得下之情则乱"。

中国古代的统治者很早就意识到"得下情"的重要性，纵观历史上各个朝代的明主贤君，无不具有全面真实体察民意的智慧。

早在两三千年前的周朝，虽然当时的信息传递技术非常落后，但周天子还是采取了很多方法体察民情，除了通过各诸侯的上书了解各地民情外，还特意微服私访，进行采风。史书记载说，周天子每五年就要到各地视察一次，每到一处，都命采诗官陈述民间的诗歌，通过这些诗歌来了解民间对国家治理的态度。中国的诗歌经典《诗经》中的《十五国风》都是"采风"得来的。这些诗歌从各个侧面深刻地反映和揭示了周代五百年的社会生活，反映了当时人民的思想，在为位统治者提供政治借鉴的同时，也给我们后世留下了宝贵的历史资料。

在历史上的诸多朝代中，几乎都有几个喜欢微服私访的帝王，他们隐藏自己的真实身份，通过亲身体验，得知民间疾苦，为自己指定方针策略提供了最为直接也最为真实的依据。清代的康熙皇帝可以说是中国历史上到地方上巡察社会、了解民情最多的皇帝之一。《清圣祖实录》中，有关康熙皇帝巡幸的记载连篇累牍，他东巡山东，西巡陕西，北巡塞外，南巡江浙，京畿之地更是频繁巡视之地，康熙皇帝的足迹几乎遍布了当时的中国。他私访民间的目的不是为了游山玩水，而出于巩固江山统治的政务目的。乾隆皇帝继承祖父的传统，继续微服私访，体察民情，严整吏制，于是才出现了国泰民安的"康乾盛世"。

古人说"得民心者得天下"，是历代统治者总结出的宝贵经验，然而，民心如何得呢？就是要"得下情"，在了解基层情况，倾听大众呼声之后，所制定的政策才能顺乎民心，自

诸子百家

——墨家

然也就得到了民众的拥护。大凡历史上出现的昌盛时期，无不出现在能体察民情的君王统治时期。我国历史上著名的贤德明君唐太宗曾这样说："朕每一食，便念稼穑之艰难；每一衣，则思纺绩之辛苦。"这反映出了唐太宗的"知福、惜福"之心，由于他懂得民众"粒粒皆辛苦"得辛劳，明白"一丝一线，恒念物力维艰"的来之不易，因此，才在生活铺张奢华时想到节俭，在施政治国时考虑到国计民生，所以才有了百姓安居乐业、国家繁荣昌盛的"贞观之治"他自己也青史留名。

康熙

而如果对下情不能够明察，那么官吏就步能够为民做主、伸张正义；皇帝就会被蒙蔽双目、不辨善恶；而那些善于投机取巧、欺上瞒下的奸佞小人就会大行其道、祸国殃民；社会风气、政治廉明也会因此而受到污染和亵渎。在现实中"得下情"并不容易。"下情"指的就是下层的情况，而处在社会最底层的是老百姓，他们并不知道该如何准确地把关系到自己切身利益的问题反映上去，倘若再遇上了诸如奸佞小人之类的中间环节故意歪曲事实、营私舞弊，下情就更难为上层所得知。因此，就需要据高位的统治者主动地去探寻"下情"，以有利于做出正确的认知，制定正确的法度，巩固自己的统治。

不但国家需要"得下情"才能实现"治"，在当今社会，企业也需要掌握这种管理的大智慧，一个企业就是一个国家的缩影，因而，企业的管理者要想实现有效的管理，就需要善于运用管理的智慧。

了解民情，掌握基层的心声，是领导者重要的工作之一。作为领导者，如果与基层距离太远甚至脱离基层，就不会知道下层人员所关注的事、所在意的需求，不会了解到他们的思想、对工作的建议和看法。而当下层人员感受到自己的需求被忽视、创造性就会受到打击，这对于企业的健康发展是十分有害的。

管理者无论想完善公司制度改革、还是做出决策建议、甚至是发布一个小小的文件，都需要对基层进行广泛、系统的调查研究，在准确了解基层一线真实情况的基础上，所做出的决定才是真实可行的。

作为一个企业管理者，必须要了解下层的情况，知道员工们的思想倾向，那么，无论在工作效率，还是人际关系上他都将会是个一流的管理者。

然而，在企业中实现"得下情而知"并不是一件很容易的事，这是一个循序渐进的过程。

諸子百家——墨家

首先要了解员工的基本情况。

管理者对员工的学历、经验以及生长环境以及背景要有一个具体的掌握；另外要了解员工的兴趣、专长，这对于做到知人善任有很大的帮助，让每个员工能够从事自己擅长的业务，那么他们的潜能就能得到最大限度的发挥，进而为公司创造更大的财富。

管理者还要聆听基层人员的心声。

作为企业的管理者，往往都有强烈的自我意识，对自己的能力很自负，这种倾向有助于果断、迅速地解决问题；但同时也会把管理者带到刚愎自用、一意孤行的思维误区，如果管理者不能放下身段去倾听员工们的意见，就可能导致决策失误，给企业的发展造成危害。

如果管理者在管理的过程中，能虚心聆听员工们的认识和看法，对自己做出正确的决策有建设的意义，所谓"旁观者清"，员工们站在旁观的立场也许更能清楚地发现制度中的弊端，因而他们所提出的建议更有助于企业的健康发展。

另外，倾听员工们的声音也是团结员工、调动他们积极性的重要途径。如果一个员工的思想出现问题，就会失去工作热情。如果管理者在员工们需要帮助的时候适时的给予引导和关爱，那将有助于实现自己的管理目标，员工们会因为管理者对他们的关爱而卓越的完成自己的工作任务。

管理者要能够制定并实施有效的管理策略。

其实企业管理人员的工作就像开汽车，司机在开车时需要及时的查看指示器和路面，当道路情况发生变化、指示器发生异常变化，他就应该随时转动方向盘，调节速度，以保证车辆的安全顺畅运行。管理企业的员工也是同样的道理，管理人员要想实现自己的管理目的，要员工在制定的轨道上运行，就要仔细观察、不断调整管理策略，才不会出现偏误，公司才能在稳步发展。

"得下情则治"还有另一层面的意思是，"得下情"是实现"治"的前提和基础，但管理者仅仅停留在"得下情"上，而不去制定相应的策略并有效的实施，那么依然不能实现"治"的目的。就好像一个人把菜谱背得滚瓜烂熟，但并不曾做出一道菜，我们能说他是一个优秀的厨师吗？一个企业的管理者，他对自己员工的情况了如指掌，对企业现状的分析鞭辟入里，但就是拿不出来管理制度，或者不去实行自己的管理制度，这个企业能取得好的业绩吗？因而，一个优秀的企业管理者，不但要能够"得下情"，还要制定有效的管理策略并实施，才能实现自己的管理目标。

（五）善用口

墨子在提出贤人标准的时候，就认为有才能的人应该"辩乎言谈"，即是说贤才应该懂得说话的技巧，这样才能有效地沟通人际关系，为实现自己的施政目标做好准备。墨子很注重说话技巧在人际交往中的重要性,他认为口是人说话的工具,善于说话的人,能够借助语言实现自己的目的,作为一个辅佐君王的贤才,掌握了良好的说话技巧,上可以说服帝王、下可以安抚百姓;如果贤才笨嘴拙舌甚至词不达意,很可能引发治国的危机,因而,贤士要能够"辩乎言谈",才能够帮助君王有效的管理国家。

古人说"祸从口出",一句话如果说得不合适,很可能引发人与人之间的矛盾。在封建时期,伴君如伴虎,有多少臣子因为口舌而惹祸端,葬送了自己的政治前途甚至身家性命,又有多少能言善辩之士凭借着言语技巧转危为安。即使是普通民众,如果不讲究说话的技巧,也会导致众叛亲离的结局。因而,在为人处世的过程中,我们应该谨慎自己的言语,尽量"口出好"而不是"口惹祸端"。

我们先看下面这样一个故事:

有个人请客,有一部分客人先到,看看时间过了,还有一大半的客人没来。

主人心里很焦急,便说:"怎么回事啊,该来的不来?"一些敏感的客人听到了,心想:"该来的不来,那我们就是不该来的。"于是就愤然离去。

主人一看走掉好几位客人,越发着急了,便说:"怎么不该走的走了呢?"剩下的客人一听,又想:"走了的是不该走的,那我们这些没走的倒是该走的了!"于是也起身走了。

最后只剩下一个跟主人比较亲近的朋友,看了这种尴尬的场面,就劝他说:"你说话应该讲究一下方式,看把人都得说走了吧。"主人听了急忙解释说:"我并不是叫他们走啊!"朋友听了勃然大怒,说:"既然你不是叫他们走,那就是叫我走了。"说完,头也不回地离开了。

这样的例子在我们生活中随处可见,很多人也许是无意的说话,但却对别人造成了伤害,也许他本人并没有意识到,因而在周围的人都离自己而去的时候还不知道因为什么。就像故事中的那个主人,把客人都得罪光了还不知道是自己错了。俗话说"言者无心,听者有意",说话时掌握一定的技巧,才不会无意伤人、产生一些不必要误会,影响自己的人际关系。

掌握说话的技巧在我们的日常生活中十分重要,我们通过语言向别人表达自己的思想和愿望,也通过语言和别人进行沟通、了解别人,可以说,语言是我们生活中和吃饭睡觉同样重要的事情。而在现代企业管理中,掌握说话技巧的重要性更甚于在生活中,日常中我们说话的对象是自己的亲朋,语言上偶尔的伤害他们是可以接受的,而在工作关系中,不合适的一句话甚至会让我们失去同事的信任、得罪上司、影响自己的发展前途。因而,在职场中,无论身处管理阶层还是普通的员工,都应该掌握说话的技巧。

一项历时三年关于员工离职情况的调查结果表明,员工离职的原因跟薪酬的关系并不大,排在第一位的原因是员工们和中层领导的不和谐,其中包括管理者说话伤人等因素;排在第二的原因是员工工作做好了没人表扬、而出现失误却备受指责。从中我们不难发现,说话的技巧在管理中所起的主要作用。

作为管理者,在与下属交谈时应该注意两个方面:

要有平等的态度。

因为说话除了通过语言本身的内容外,还通过借助语气、语调、表情等体现出来。上级在和下级谈话时,首先要力求避免采取高高在上的命令、训斥甚至使粗暴的口吻,而是应该放下架子,平易近人的对待下级。

因为上下级的关系只是存在于工作之中,两个人在人格和尊严上是平等的。对下级颐指气使不但会引起下级的抵触情绪,不利于工作的开展,更会影响到自身的发展。不要以为说话是自己的事情,不拘小节是自己的个人习惯,不会影响上下级之间的关系。实际上,上下级关系很大程度上都与管理者说话的态度有关,一个平易近人、态度和蔼的上司,往往更能得到下级的拥护;而那些自视高傲、摆谱端架子的上级,和下属的关系常常很紧张。

因而,作为管理者在和下属交谈时,要端正自己的态度,平等、诚恳亲切的态度更利于双方的互相沟通,当员工们感觉到自己被尊重的时候,往往有更大的工作热情。而管理者的目的正在于此。

间接指出下属的错误。

人非圣贤,孰能无过。在职业中,几乎每个人都有过犯错误的经历,即使是管理者也不例外,正是在教训中使得员工们不断地提升自己。

作为管理者,不要对下属的一丁点问题就抓住不放,大加训斥和指责,而应该首先保持冷静,对员工所犯的错误做出客观的评价,在按管理制度进行必要处罚的同时,更多的应当给予帮助和教育。如果一定要进行批评,也要注意自己说话的方式,应该对事不对人,只针对错误本身进行批评,绝对不能进行人身攻击。

作为管理者,要有这样的意识:事情做得越多,犯错误的机会才会越多。如果员工们什么事情也不做,肯定不会犯错误,下属的失误往往是进步的前提。管理者应该有博大的包容心,宽容下属的错误,鼓励他们不要害怕错误和问题,要敢于去想、去做事情,同时给予适当的指导和帮助,这样才会提高下属的工作积极性和信心。

另外,管理者还应该多赞扬和鼓励下属,每个人都有被肯定的心理需求,当他们的工作业绩得到肯定时,往往有更大的热情去工作。因而作为一个优秀的管理者,要善于对下属的成绩提出赞扬,从而激发他们的创造性。

而作为下属,如何让上司知道自己的工作成绩?如何向上司诉说自己的委屈?怎么说话才能让上司感觉到自己的忠诚?怎么指出上司的缺点?怎么和不同性格的上司交谈?都和自己事业上的发展有着密不可分的关系,因而,作为下属更应该掌握和上级交谈的技巧。

诸子百家——墨家

在实际生活中,下级和上级讲话需要讲究技巧的重要性,更甚于上级对下级。因为管理者的地位和身份毕竟和普通员工不同,即使他们在语言上有欠斟酌,或者对下属造成某些伤害,下属也只能承担。而下属和上级讲话,如果不讲究方式和技巧,轻者会影响到自己在事业上的发展,重者会导致自己失去一份职业。

因而,下属更应该掌握说话的技巧,在和上司讲话的时候,主要掌握以下几个方面:

态度要不卑不亢。

下属跟上级说话,尊重、慎重是应该的,但并不等于对上司的话一味附和,做应声虫。在公司内部,尽管个人在能力和成就上有所差异,但人格是平等的,虽然对上司必须持有敬意,但这并不表示和上司说话要态度卑微,千方百计讨好他,而应该保持自己独立的人格。一味地阿谀奉承只会引起上级的反感和轻视,反而损失了自己的人格却得不到重视与尊敬。因而,和上级说话或者表达自己的观点时,只要从工作实际出发,不卑不亢,用事实把自己的主张观点陈述出来,既不畏畏缩缩也不傲慢无礼,才是最好的态度。

很多上司并不喜欢职员太过谦卑,反而希望自己的职员能自信地表达自己的想法及见解;同时,上司也需要职员对自己表现出一定的敬意,因而下属们就应该掌握好这个尺度,不能过于谦卑以至于失去自我,也不能过分的曲意逢迎、刻意讨好。

不要代替上级做决定。

小张年轻干练,进入公司没几年,就成为单位里的主力干将。而不久前来了新经理,经理在了解部门情况之后,就把小张叫了过去对她说:"小张,你经验丰富,能力又强,这里有个新项目,你就负责一下吧!"受到新上司的重用,小张欣欣鼓舞。

第二天,小张要陪经理去另一个城市谈判,同行有好几个人。小张在考虑出行方案时分析:坐公共汽车不方便人也受累,会影响谈判效果;如果打车,一辆坐不下而两辆花费又太多;如果包车的话,经济又实惠。因而决定包车前往。

小张懂得职场的程序,遇事向上司汇报一下是应该的。于是,小张来到经理办公室向经理把几种方案的利弊分析了一番,接着说:"所以呢,我决定包一辆车去!"汇报完毕,经理的脸色很难看,生硬地对她说:"是吗?但我认为你的决定不太好,你们还是买票坐长途车去吧!"小张愣住了,她没想到自己合情合理的建议竟然被否决了。

在接下来的工作中,小张也没有受到经理的器重。

在这个例子中,小张向上司汇报工作是没有错的,她的建议之所以被否决,就是因为她的措辞不当。在向上级汇报时,小张说的是:"我决定包一辆车!"要知道,上级最忌讳的就是下属在自己面前说"我决定如何如何"。而如果小张能这样说:"经理,我们今天要出去,现在有三个出行方案,我个人认为包车比较可行,但我做不了主,您经验丰富,帮我做个决定行吗?"如果我们是那个经理,能接受哪种说话方式呢?我们绝对会做个顺水人情,答应她的请求,两全其美。

下属在和上级交谈的过程中，一定不要自以为是，更不能代替上级做决定。即使自己的建议十分合理，也应该学会委婉的表达，通过说话的技巧把上司的思路引导过来，让上级说出自己的建议是可行的，这样，既能保全上司的尊严，也有利于自身的发展。

不要和上司开过分的玩笑。

客户来找老板签字，连连夸奖老板："您的签名龙飞凤舞，可真是气派！"小李恰好走进办公室拿资料，听了随口说道："能不气派吗？这可是我们老板专门找人设计的签名，苦练了三个月呢！"此言一出，老板和客户都陷入尴尬的境地。

虽然上下级之间关系应该融洽而轻松，但这并不意味着下级就可以随便和上司开玩笑，尤其是一些涉及上司脸面和尊严的话题，更不能随意调侃上司。上面例子中，如果小李是和同事开这样的玩笑，无伤大雅，反而拉近了彼此只之间的关系；而用在上司身上，尤其是在客户面前和上司这样说话，不仅仅让上司下不来台，也破坏了自己的形象。

上司更为忌讳的一点就是下属揭自己短处的言语。

相传朱元璋当皇帝以后，当年和他一同要饭的两个乞丐来找他，其中一个说，想当年，陛下和我共同经历的那些事，真是刻骨铭心，陛下最喜欢吃的是翡翠白玉汤，我一直都想再给您做一次。而另一个说，你忘了我们一起讨饭的日子了吗？你从别人地里偷青菜、我去别人家偷豆腐，做的青菜豆腐汤你整整吃了四碗。

结果，朱元璋封第一个人做大官，而砍了第二个人的头。

这就是说话技巧不同带来的截然相反的后果，当然，在现代企业中，上司不能因为下属揭短的行为就官报私仇开除下属，但肯定对这个下属有看法。我们每个人都不愿意有人在人前揭露自己的短处，这是羞耻心和虚荣心在起作用。因而，下属如果知晓上司某些隐私，最好的方法是视而不见，而不是把它作为和同事之间的笑谈。

掌握说话的方式和技巧，是一件既困难又容易的事。困难是因为很多时候，我们无法把握别人的心理、无法控制自己的语言；容易是因为只要我们努力去做，在日常生活的细节中和注意改变自己，就能够做到。

一个人要想在自己的生活工作环境中建立良好的人际关系，就必须掌握说话的技巧，因为"善用口者出好"，只有做到了"善用口"，才能在各个环境中游刃有余的生活工作。

（六）令行禁止

墨子认为，圣人治理天下，需要有制定一些法度作为施政的依托，就像丝线要有一个总束，网罟要有纲领一样，君主治理天下也是一样的道理。墨子认为，不依靠法则而能把事情做好，是从来没有的事。工匠们用矩划成方形，用圆规划圆形，用绳墨划成直线，用悬锤定好偏正，按照自己行业的法度工作，才能建造出房屋。士人做官治理国家，也必须依照法度。

　　而仅仅有法度是不够的，还要在施政处理事情的过程中贯彻执行，才能起到约束民众的作用。法度根据施政者的运用而有不同的体现，善于用刑罚可以治理人民，因而天下稳固；而如果不善用刑罚，则成为杀戮民众的工具了。其实并不是法令不好，而是执行得不好，因而墨子主张统治者在施政过程中要做到令行禁止。

　　实现令行禁止的首要条件就是维护"令"的尊严和权威，有"令"就要行，而且不能有所偏颇，这样才能树立"令"的威严和约束力。

　　《左传》中记载了这样一个故事：

　　孙武去见吴王阖闾，与他谈论带兵打仗之事，说得头头是道。吴王心想，纸上谈兵不一定有真才实学，因而想考验一下他的实力，便出了个难题，让孙武对嫔妃宫女们进行训练。孙武自信地说没有问题，但他需要吴王给他权力，就是在训练的过程中，大家必须听从他的命令，否则军法处置，吴王欣然答应。

　　于是孙武挑选了一百个嫔妃宫女，并让吴王宠爱的恋歌妃子担任队长。在训练时，孙武先将列队操练的要领和军队的法令做了讲解，但在正式操练时，这些宫女们笑作一团，谁也不听他的。孙武再次讲解了当作要领，而且要求两个队长以身作则。但再次训练时，宫女们还是满不在乎，那两个吴王的妃子更是带头说笑。

　　孙武严厉地对两个队长说道：这里是训练场，你们现在是军人，我的口令就是军令，你们不按口令操练，而且不听我的命令，这是藐视军纪，按军法应当斩首。于是，让武士把两个妃子处死。

　　训练场上顿时安静下来，宫女们谁也不敢出声，规规矩矩的按孙武的口令进行演练，没过一会儿，她们步调动作就整齐划一，宛然是一支训练有素的军队。孙武派人请吴王检阅，吴王失去两个宠妃但又不能指责孙武，那还有心思看宫女操练，只是派人告诉孙武：先生的带兵之道我已领教，由你指挥的军队一定纪律严明，能打胜仗。

　　故事之中孙武之所以能够把宫女训练的和军人一样，就是因为他懂得法度在治军中的作用，如果在战场上退缩的士兵不受惩罚，那么就没有士兵去奋勇杀敌了，即使是普通的训练，也应该把它当成正式的战场对敌。

　　在现代的企业管理中也是这样，一个企业要想稳健的发展，没有一套完善的体制是不行的，而有了制度不去遵守的危害更甚于没有建立制度。

　　在企业公司中，担任管理职务的中层干部，也常常遇到孙武这样的问题，制定出的政策在出推行的时候，往往会触及一些人的私有利益，影响制度的施展法令的推行。触犯规则的这些人，要么职位比自己高、要么有自己开罪不起的背景，而如果给他们开绿灯，就会削弱了制度的威严，在以后管理他人时就会进退两难。

　　这就需要管理者有孙武的智慧和勇气，在进行训练之前先向吴王要这种"特权"，即

諸子百家——墨家

在训练过程中所有的人都要听从自己的命令，即使是吴王的宠妃也不例外，这样就给自己执行制度设置了一个保障；在具体的实行中，吴王的两个妃子不能以身作则反而扰乱军纪，是在军法上是应该处死的，但她们首先不是真正的军人，而且身份又比较特殊，在这种情况下，孙武能够勇敢的维护制度的尊严而不惜得罪吴王，这种勇气实在是令人钦佩。

古语说"慈不掌兵"，作为管理者，就应该做到令行禁止，坚持正确的原则，即使会触及某些高层人士的利益，但自己是在推行制度不是为了私利。这样的话，明智的上司不会过分的加以为难。管理者只要能客观公正地执行政策，那么即使触犯了某些人的权威，也不会给自己造成多大的影响，毕竟，这个制度本身是为了公司更好的发展而制定的。

纪律是一切制度实现的基石，一个组织或者团队要想长久存在，最重要的维系力就是团队纪律，而纪律的维系作用是通过严格执行来实现的，也就是我们常说的令行禁止。

在现代经济学上，人们把执行企业的制度表述为"火炉法则"，在生活中，如果我们把手放在燃烧着的热炉子上，就会有被烫伤的危险，而在企业中，制度就是"火炉"，任何违反规则的人，都会受到"烫伤"的惩罚。

我们可以从以下三个方面来认识企业中的"火炉法则"：

一火炉会烫伤人，这不用通过亲身体验，是每个人都知道的常识，因而当人们知道自己有被灼伤的危险时，是不会主动用手去摸炉子的。在企业管理中，领导者也要有这种预防意识，要经常对下属进行规章制度方面的教育，让他们知道违反的后果。犯错后的处罚是不能弥补损失的，只有事前预防才是最有效的，"防患于未然"就是这个道理。而令行禁止的根本目的就是约束人们不去违反"令"，而不是在触犯了制度之后去惩罚。

二如果我们不小心碰到了火炉，肯定会被灼伤，这也是生活的常识，因而人们在自己被烫伤后会采取一些措施。在企业推行一种制度的时候，一定要坚持这种必然性原则，只要触犯单位的规章制度，就一定要进行惩处，这样才能维护制度的正常实施，如果一个员工违反了组织纪律而没有受到相应的惩罚，那么其他员工就会认为，既然犯了错也不会受到惩罚，那自己何苦要去遵守。因而制度就逐渐地失去了约束力。

另外，当我们碰到火炉时，是立即就被灼伤的，因而管理者在处罚有过错的下属时，也应该当机立断而不是拖泥带水。如果处理事情的时间太长，就会给员工留下不重视维护制度的印象，也不利于制度在日后的实施，而且，不能达到帮助员工及时改正错误的目的。

三不管谁碰到火炉，都会被灼伤，这种惩罚极具公平性。对公平的追求是每个人的天性，制度只有公平了才能得到大家的认可和拥护。在企业内部推行某种制度时，最为重要的就是公平原则。一种制度的制定，应该是以全体人员为约束对象的，而不是上级

诸子百家——墨家

一套下级一套,管理者凌驾在制度之上。公平性还体现在它的具体实施上,在公司里,难免会有人违反规定,就像我们生活中经常有人被火炉烫伤一样,在这种情况下,更能体现一种制度是否公平。因而,作为管理者在处理违反制度的事件时,一定要坚持公平的原则,不能因为犯错误的人职位的高低而有所折扣,也不能那个因为违反纪律的人和自己私交好或者是上级的亲属而网开一面,应该做到一视同仁,这样才能保证制度的可行。

每个企业都应该有自己的"火炉",还应该让员工们知道"火炉"放在哪里,这样才能有明确的规章制度让员工去遵守,而且让员工知道自己那些事情是可以做的、那些事情是自己不该做的,这样员工在工作时就会有章可循。

三国时期诸葛亮挥泪斩马谡的故事就是"火炉法则"的一个典型案例。

马谡是诸葛亮的爱将,诸葛亮在与司马懿对战街亭时,马谡自告奋勇要出兵守街亭。

诸葛亮虽然很赏识他,但知道马谡做事有失稳重,因而没有答应他的请求。但马谡表示愿立军令状,说如果自己失败就处死全家,诸葛亮只好同意给他的请求,并指派王平将军随行,要求马谡随时汇报情况,凡事要与王平商量,马谡一一答应。可是军队到了街亭,马谡不听王平的建议,执意在山上扎营,而且没有按诸葛亮的要求把安营的阵图送给诸葛亮过目。

司马懿在派兵进攻街亭时,切断了马谡粮食和水的供应,把他困在孤山上最终大败而归,而蜀国的军事重地街亭也因此失守。

面对马谡的严重失误,诸葛亮虽然舍不得这员爱将,但还是按照军法处死了他。

火炉面前人人平等,谁摸了谁就挨烫,在制度法则面前也是如此,不管是谁,只要违反了就要付出相应的代价。诸葛亮不因为马谡是自己的爱将就网开一面,保证了惩罚的平等性,这给其他人也敲响了警钟:军法是不可违背的。

孙武把"智、信、仁、勇、严"作为选将用将的标准,把"令行禁止"看作是治军的首要前提,在当今的企业中,也应该做到这一点。制定了规章制度一定要严格遵守,在实施的过程中要一视同仁、坚持平等性,管理者也好,员工也好,只要违反了都应该受到惩罚,都要一视同仁。

做到了"火炉法则"法则中所提到的预防性、必然性、公平性,才能做到令行禁止,企业才能在健全的制度下快速发展。

(七)如何留住人才

墨子在自己的政治理想中,极力强调此贤才在国家治理中所起的重要作用,认为贤士是国家真正的"宝",君王若能得到贤士的辅佐,比得到多少财富都有意义。有贤才帮助君王施政,国家才能昌盛、政治才能清明、民众才能富足,因而墨子主张广招贤才,把使贤才增多作为国家治理的前提。那么,如何使贤才增多呢?墨子认为,在"唯才是用"的

诸子百家——墨家

选拔基础上，还应该留住人才。

只有留住人才，贤士的才智才能为我所用，如果得到了人才而不能够长久的留住，那和没有得到一样。那么怎样才能留住人才呢？我们不妨先看看下面的例子：

刘备在安居新野小县，得到了军师徐庶。曹操得知徐庶是天下难得的人才，如果为刘备所用，自己统一天下的过程将会受到阻碍，因而想把徐庶拉拢过来，增加自己的力量。

于是派人送来徐母的书信，信中说要徐庶做曹操的谋士。徐庶明知是曹操用计，想借他的孝心来要挟他，徐庶是有名的孝子，因而不得不走。刘备得知后伤心大哭，说道："百善孝为先，我不能阻拦你，你放心去吧，等救出你母亲后，有机会我再向先生请教"。

在徐庶离开时，刘备为他摆酒饯行，又亲自为他牵马，送出很远，徐庶感动得热泪盈眶，为报答知遇之恩，徐庶在临走之前想刘备举荐了诸葛亮，并发誓终生不为曹操献一计谋。

而徐庶母亲得知他投降曹操，自缢而死。徐庶虽然留在了曹营，却真的没有为曹操设计献谋。后世也有了了"身在曹营心在汉"的说法。

这个故事可谓耳熟能详，曹操为了得到徐庶，拿他的母亲做要挟逼他就范。作为孝子的徐庶，人虽然离开了，但心却留在了刘备这边。刘备知道徐庶是无法强留的，于是洒脱的放手，用自己的真诚、大度感动了徐庶，因而得到了徐庶"终身不为曹操施一计谋"的承诺，而曹操虽然通过强硬手段迫使徐庶归降，但得到的却是"一言不发"的徐庶，对自己的统治并没有帮助。在这场人才争夺战中，刘备才是最终的胜利者，因为曹操得到的是徐庶的人，而刘备得到的是徐庶的心。

在漫长的历史画卷中，求才和留才的记载数不胜数，发展到今天，如你留住人才对于一个企业来说，仍然是至关重要，人才对于企业的重要性，无论怎么形容都不过分。现在社会上把人才称为"人力资源"和"人力资本"，当人才成为资源和资本，那么他们在企业发展中所起的作用也就不言而喻了。

虽然企业都认识到了人才的重要性，广泛的招揽人才、重视人才，然而人才的高跳槽现象却有愈演愈烈的趋势。随着市场经济制度的逐渐完善，市场对资源的配置更加高效，而作为特殊资源的人才，也允许在一定范围内进行合理流动。但对于企业而言，人才的流动就意味着企业的损失，浅层次的损失是表面现象，人才跳槽后暂时没有合适的人能接替他的工作，给企业眼下的发展造成影响；而从长远来看，人才在离开公司之后，也把一些无形的资源带走了，比如说公司某个项目的研发材料之类的。所以，很多企业为了当前的利益和长久的发展，都把如何留住人才放在了人才管理的首位。

人的心理有各种层次的需求，作为企业员工也不例外。人的心理需求主要有五个方面，分别是生存需求、安全需求、社交需求、尊重需求、自我实现需求。这五种需求是逐渐上升的，人只有在实现了自身的生存和安全需求之后，才具有了生活和事业的基本条件；而社交和被尊重，属于较高层次的情感需求；在前面四个需求都满足的情况下，人会产生实现自我价值的需求，表现在事业上，就是为企业创造商业价值。

针对人的上述心理需求，很多企业提出了相应的留住人才的策略，主要包括三个方面：

用待遇留人。

这主要针对人的生存和安全层次的心理需求而言的，一般是物质方面的待遇。即使是人才也需要满足生存生活的需要，从本质上说，人们工作就是为了让自己有饭吃，因而，薪金酬劳就成为留住人才的硬性指标。一流的人才需要一流的薪酬待遇，员工们会根据自己的薪酬来判断自己在公司的地位和价值，如果感觉公司提供的待遇和自己的能力之间有较大差距时，往往很容易选择跳槽，所谓"鸣禽择良木而憩"。因而，薪资仍可以说是现阶段留才的主要手段。

在薪资之外，待遇还包括福利方面的，福利留才也是企业主要的留才手段，一般说来，企业为员工提供的福利主要有两种，一种是外在的硬性福利，即包括医疗保健、文娱康乐、图书报刊、电话邮政、班车服务在内的能够为职员提供生活上便利以条件的福利待遇；一种是内在的软性福利，主要包括进修学习机会、商业保险、节假日补贴、子女教育基金、带薪休假、旅游计划、住房公积金等等，这些往往体现出公司对员工生活的人性化关怀。很多单位给职员的实际工资并不高，但福利待遇特别好，因而也能留住人才。

用情感留身。

虽说员工和企业之间是一种交换关系，职员们付出自己劳动来获得薪资，但很大程度上，这种关系还需要情感的维系，因而，需要管理者能够从感情上获得员工的认同。就像上面提到的徐庶，虽然刘备最终没有得到他的人，但在感情上已经得到了他，因而即使曹操得到了徐庶这个人，但却得不到徐庶的才能。企业管理中也是如此，要想真正留住员工，很大程度上取决于员工对公司感情的身后程度，如果职员们把公司看作自己的事业，从内心希望自己能为公司的发展做出贡献，那这个公司的发展前景一定是一片光明。

而在情感上留住人才，主要取决于管理者的功利策略，据统计，有近乎一半的雇员选择跳槽是因为上下级之间、同事之间的关系处理不好。这就需要管理者不但要懂得获得职员的情感认同，还需要具备调节下属之间关系的能力。如果管理者在人格、信誉、信用、思想、观念、价值观上有独特的个人魅力，自然会得到员工们的认可和追随；如果上司能公平、公正的对待、评价下属，自然能在情感上捕获员工的心。

感情投资在留住人才方面，具有潜移默化的感恩效果，需要在日常的工作中慢慢培养，获得下属情感认同的最佳时机是在他们最困难、最需要帮助的时候，给予扶持；在他们工作偶尔失误的时候，给予谅解和宽容。

诸子百家——墨家

用事业留心。

然而作为一个真正的人才,工作并不仅仅是为了赚钱、养家糊口,他们还有更高层次的追求,那就是在事业上有所建树,即上面所说的自我价值实现的需求。因而,企业要想留住人才,还应该用事业上的成就来留住职员的心。

管理者在给下属布置任务时,要意识到这个任务是否具有挑战性、能否激发员工的创造力?尤其是给那些能力才华比较出众的下属布置任务时,更应该给他们以重任,这样,职员在努力工作的过程中才会感觉创造的乐趣、自我价值实现的满足。

就像我们让一匹千里马在磨坊拉磨,对它来说绝对是屈才,这样做的后果是,我们不但没有发挥它的特长,反而压抑了才能。企业中那些人才也是如此,管理者只有给了他们发挥自己才智的舞台让他们发挥,才能让他们感觉到自己在事业上的自我实现。如果我们是千里马,是选择在磨坊拉磨呢?还是在广阔的空间里任意驰骋?千里马没有选择的权力,但是人有。

企业只有留住了员工的身心和情感,员工才能把工作当成事业、把任务当成乐趣,才能主动的贡献自己的才智为公司的发展做出贡献。能利用的资源才是真正地拥有了资源,一个企业每年招收多少人才并不值得夸耀,能真正留住人才的企业才能在竞争中立足。

企业需要留住人才,才能实现自身的不断发展;企业需要留住人才,才能获得更多的人才为自己的事业添砖加瓦,这是一个不断发展相互促进的良性发展。

(八) 如何任用人才

墨子的尚贤思想中,最具有价值的就是他主张"虽在农与工肆之人,有能则举之",认为无论出身如何,只要有才能,即使是低贱的农民和手工业者,也应该任用他们,给他们职位和权力。这种平等思想在当时具有很大的进步意义。

在春秋战国时期,墨子生活的时代,贵族政治是主流,盛行的用人制度还是任人唯"贵"、任人唯"亲",爵位世袭。各诸侯国君在选用官员时基本上还是采取这种方法,一些人仅凭着贵族身份或是与当权者的血缘姻亲关系,甚至由于"面貌姣好"就得到国君的任用。在这种情况下,普通人是很难跻身于政治中的。

墨子对这种状况很不满。他认为,不少诸侯国之所以政治混乱,就是因为当权者不能做到任贤使能。墨子作为下层民众的代表,针对这种情况提出了唯才是举的用人观点。提出"使能以治之"的用人原则,主张任用有才能的人,而不再将选才局限于"富贵""亲戚"的狭小范围内。而是应该不拘出身,即使出身低微,只要有才能,就要选用。他还主张在用人上要效法古代的圣王,要把那些真正有才能和德行高尚者挑选出来,给他们适当的职位和相应的物质待遇。

诸子百家

——墨家

"任人唯亲唯贵"的选才制度,在很大程度上制约了人才的脱颖而出,因而墨子"任人唯贤唯能"的主张不但得到了下层阶级的拥护,也得到了一些统治者的认可。

为了使自己的主张更有说服力,墨子还举出了很多古代圣王得贤才而治天下的例子:尧把舜从服泽之阳拔举出来,授予他政事,结果天下大治;禹把益从阴方之中拔举出来,授予他政事,结果天下统一;汤把伊尹从庖厨之中拔举出来,授予他政事,结果计谋得行;文王把闳夭、泰颠从狩猎者中拔举出来,授予他政事,结果西土大服。

历史上的秦穆公也是这样一位"任人唯贤唯能"的开明君主。当时秦国在政治经济文化各方面都很落后,为了改变这种局面,使秦国强盛起来,秦穆公开始广招人才,在访求贤士的过程中,他打破了"非亲贵不用"这种陈腐的人才观,而是不拘一格求人才。

他对百里奚的任用就是一个很好的证明:

百里奚出身贫贱、经历坎坷,空有满腹才华远大志向而不遇明主。他到齐国谋职时被拒绝;到周国也不被重用,只得了个养牛的差使;他被楚国抓去后被当作俘虏看待。秦穆公得知百里奚的境况后,立即派人用五张羊皮将他换回来,并委以重任。

百里奚十分感激秦穆公的知遇之恩,积极为秦国献计出力,而且为秦穆公招来了大批难得的人才,在这些人的辅佐下,秦国逐渐强大起来。

百里奚不是贵族出身,也没有显赫的背景,但他却得到了秦穆公的重用。秦国的用人之道

百里奚

让那些"怀才不遇"的贤士们看到的希望,因而许多"才高位卑"的贤士都竞相投奔。秦穆公也因为自己独特的人才观念而得到了众多能臣的辅佐,实现了国富民强的政治理想。

然而很多人在任用人才时,还是做不到一视同仁,无论是古代还是现代,很多管理者在用人上常常"以貌取人"而忽视了人才的内在品质。然而那些外表漂亮的不一定就有真才实干,而相貌丑陋的也不一定没有雄才大略。

传说,杨朱和弟子在一个小客栈投宿,发现店主两个老婆的长相与身份地位的差别极大,于是想店主人询问原因。店主人回答说:那个长得漂亮的老婆,自以为漂亮所以举止傲慢、目中无人,可是我不认为她漂亮,所以就让她干粗活;那个长相普通的老婆,认为自己不美丽因而谦虚恭敬,而我并不认为她丑,所以就让她管钱财。

这样的老板无论古今都不多见,现代有很多管理者,对于手下那些外表出众的女员

工，也不管是否具有才能，都给他们安排轻松的工作，付给优厚的待遇；而那些长相平凡的员工即使能干、谦逊，却被分配干粗活，工资待遇也低。这样的用人制度，怎能不让那些有才干的下属寒心，怎能创造出的业绩？我们平时生活中都抵制华而不实的东西，更何况企业用人呢？如果公司任用的都是有华丽外表但没有实际内涵的人，那谁来做具体的事情呢？

我们都知道"晏子使楚"的故事，齐国的晏婴是个侏儒，但他却机智勇敢不辱国威，历史上这样的例子还很多，像蜀国的庞统长相丑陋却能日理万卷，指挥千军万马。在现实中，类似的事例也是屡见不鲜。因而，作为领导者应该唯才是用，而不是"以貌取人"。

人的外表是天生的，后天只能在气质举止上做弥补，而且生活中真正漂亮的人所占的比重并不大。然而有些管理者就是非常看重员工的外表，尤其是女性职员的外表，在录用人才时，甚至以影响单位形象为名，将那些其貌不扬的人才拒之门外，殊不知，就是这些被自己放弃的人，往往是具有真实才学的人。

根据专家调查，管理者40%的判断失策都是因为管理者对人才不能做出客观的判断。这是一个不容忽视的问题，如果管理者能有秦穆公的胸襟，何愁自己的企业不强大？因而，管理阶层在任用人才上，一定要打破常规、抛开偏见，做到一视同仁、唯才是举，只有这样才能得到真正的人才，推动企业的发展。

一个优秀的管理者，常常以探求与发现人才为乐的；一个优秀的管理者，也是真正的用人大师。在如何任用人才上，他们能做到一视同仁、不以外表论人才；他们也能做到任人唯贤，既可以坦然的举荐自己的亲朋，也能够宽容的举荐和自己有过节的人。

一个企业，能够得到这样的管理者，何愁得不到优秀的人才，得到了优秀的人才，企业自然能够稳健快速的发展。

（九）如何激励人才

春秋战国时期，"世卿世禄"的官员任用体制还是主要的行政方式，这种制度是奴隶主阶级享受的一种特权，作为平民代表的墨子，对这种体制是持批判态度的，因此，他提出了"官无常贵、民无终贱"的平等思想，主张在选拔官员时要"唯才是举"，以"贤"为标准。

墨子的人才观中，在涉及如何给贤才安排职位时认为，应该"因能授官"。要根据人才不同的特长加以利用，"可使治国者使治国，可使长官者使长官，可使治邑者使治邑"，根据个人的才能来加以任用，有雄才大略的就任命他治理国家，懂得管理技巧的就让他负责官吏任命，有具体工作经验的就让他到地方施政，这样，每个位子上的人都是这一方面有专长的贤才，他们能够发挥所长，自然会取得成就。

而在对于贤才的奖赏方面，墨子在《七患》中提出"赏赐无能之人，民力尽于无用，财

诸子百家

——墨家

宝虚于待客"，如果赏赐那些没有真才实学的人，不但耗费民力、浪费国家财产，而且收不到积极作用，有才能的人得不到赏赐、无才能的人反而拥有奖赏，对于国家推行"尚贤"的主张是一种反向的推动。因而墨子主张在人才的奖赏方面要论功行赏，这样才能安抚人才，激发他们更大的积极性。

因能授官

每个人的才能是有差别的，所谓"术业有专攻"，人没有全才，但每一个人都有自己的特长。一个人可能不善于人际交往，但可能在研究方面有出众的才华，在一个团体中，一些人适合做外交的工作，而一些人适合做研发的工作，如果让一个人放弃自己的专长而去从事自己不擅长的事情，肯定不会有好的业绩。所以应该根据人才能的不同，而委之以不同的事，授之以不同的官。

古人曾对人的才能进行了详细的分类，包括清节家、法家、术家的学派之分，有国体、器能、臧否、伎俩的技能之分，有儒学、口辩、雄杰等专长之分。清节家德行高妙，法家建法立制能强国富人，术家思通道化、策谋奇妙，因而商鞅、管仲和范蠡、张良各有所长。因而有清节德行的人，应该担当教化的责任；法家之才，应该负责司寇的工作。统治者做到了根据人才的不同才能授以不同的职务，才能使人才各尽所长。

唐太宗曾让善于鉴别人才的王珪对朝中诸臣做一个评价，把自己和他们做出一个比较。

王珪回答说：孜孜不倦地办公，一心为国操劳，尽心尽力去做事，在这方面我比不上房玄龄。敢于向皇上直言建议，能指出皇帝的过失，认为皇上能力德行比不上古代圣王，这方面我比不上魏征。文武全才，在外可以带兵打仗做将军，在内可以安诸臣任宰相，在这方面，我比不上李靖。向皇上报告国家公务，详细明了，宣布皇上的命令或者转达下属官员的汇报，能坚持做到公平公正，在这方面我不如温彦博。处理繁重的事务，解决难题，办事井井有条，这方面我也比不上戴胄。而在批评贪官污吏，表扬清正廉署，疾恶如仇，好善喜乐这些方面，他们几个都不如我。

唐太宗非常赞同他的话，而大臣们也认为王珪的话客观而公正，因而都赞同这些评论。

从王珪的评论中，我们不但可以看出唐太宗的臣子们各有所长，更应该看到唐太宗知人善任、因能授官的高超管理技巧，他能根据这些人各自的专长，授以不同的职务，运用到最适当的职位，使其能够发挥自己所长，所以实现了整个国家的繁荣强盛，也开创了"贞观之治"的伟大盛世。

试想，如果唐太宗让魏征去打仗，安排李靖去做戴胄的工作，他还能在军事上取得胜利，在政治上实现安定吗？得到人才还需要善于运用，就像盖一栋房子，如果让装修工人搞设计、让设计人员做建筑工人的事情，这个房子能盖好吗？在任用人才上也是同样的道理。

　　"因能授官"不但是我国古代任人的一个重要的原则,对于现代企业的用人制度,也有很强的借鉴意义。

　　企业的发展需要团队协作才能实现,而竞争环境的变幻万端要求企业的经营管理者能够随时改变自己团队的协作方式,而不是依靠一种固定组织的形态。因而,企业的领导者应该学会组织、掌握、管理自己的团队,能够依照每个员工的专长,安排适当的位置,根据员工的优缺点,对职位做机动性调整,进而发挥团队的最大效能。

　　曾有个大学任命一个教授为后勤处长,安排他管理食堂,结果可想而知,食堂被管得一团糟。这就是不量才录用的典型例子。教授的才干在于教学和科研,而不是去搞管理,教授在学术上会有突出的贡献,但他绝对不是一个管理方面的人才,更不可能是管食堂的人才。

　　因而,管理人员最大的任务就是知人善任。优秀的领导人能够发现人才的优点和专长,懂得因能授职、量才录用的原则。发现人才只是一个基础性的前提,用好人才才能创造效益,拥有人才而不懂得任何任用,才是企业最大的浪费。

　　企业对人才"因能授官",根据人才的专长来安排职位布置工作,往往更能激励人才的创造性。因为管理者了解了人才的专长并且给他发挥才干的机会,会使人才产生"士为知己者死"的心理暗示,进而出色地完成自己的工作。

论功行赏

　　在春秋战国时期,传统的"世卿世禄"任官体制受到了强烈冲击,下层阶级为了实现自己的政治理想,提出了"论功行赏"的授官方式。很多世袭贵族文不能治国,武不能治军,在这种情况下,凭借军功来获得官爵就成为下层人士的主要呼声。

　　而健全的赏罚制度,在一定程度上是激励和鞭策下属的有效方法,尤其是在当时特定的战争环境中,奖励军功对于提高将士的积极性更是最为有效的手段。著名军事家孙武就明确提出:"故车战,得车十乘以上,赏其先得者"。这种"赏",不仅是物质财富上的奖赏,更多的是授予官职和加官晋爵。在"军功等于官爵"的赏赐制度下,将士们建立战功便可跻身贵族行列,"重禄重赏"成为将士们奋勇作战的动力。

　　另外,"论功行赏"的奖赏制度,还有利于优秀人才的脱颖而出。身处下层的人才,有这样一种实现自我价值的途径,自然会主动积极地发挥自己的才智,争取改变自己命运的机会。这样"有才者便上"的局面更有助于统治者实现自己的统治,从而形成一个良性的循环发展。

　　传说刘邦打败项羽平定天下后,封赏众臣。他首先封韩信、萧何、张良等人为侯,这引起了很多将领和本族弟子的不满。他们认为,韩信作为大将军开疆掠地,战功无数,功当封王。而萧何、张良无丝毫战功,怎么能列在功臣之首?

诸子百家

——

墨家

对此，刘邦特意举办了一个宫廷宴会，在会上他首先问大家，在打猎时候，是人的功劳大呢，还是狗的功劳大。刘邦说，猎人去打猎要借助于猎狗，但所获得的猎物应首先归功于人，因为是人指挥猎狗去捕捉猎物的。而自己之所以能取得天下，打败项羽，都是依靠韩信、萧何、张良三人的力量。韩信统大军，攻必克、战必胜；萧何稳定后方，镇抚百姓，保证前方的粮草供应、补充兵源；而张良则运筹谋划，制定决胜于千里之外的作战方略，这才保证了自己夺取天下的胜利。

刘邦还这样解释：如果还用打猎做比喻，那么萧何和张良就是猎人，而各位大将就像捕获猎物的猎狗。萧何和张良是"功人"，而各位大将则是"功狗"，因而，萧何、张良位居于群臣只让是论功行赏，诸臣不应该有什么意见。

也许刘邦的比喻不太恰当，但我们知道刘邦兵没有多少的文化修养，因此对这个粗俗的比喻不需要从侮辱大臣人格的角度去分析，这个例子给我们的启示就是在奖赏下属时，做到论功行赏容易，而正确区分"功"的大小，却是一种大智慧。

在现代企业的用人制度上，也要采取"论功行赏"的奖励措施。当人才为企业创造出利益时、在工作上做出突出贡献时。都应该给予适当的奖励，可以是去外地旅游的休假、也可以是和工作相关的进修班，人都有被承认和被赞扬的心理需要，尤其是高层次的人才，这种需求如果得到满足，会加倍的主动去完成工作创造价值。因此，一个优秀的管理者应该掌握这种有效的激励机制，对人才创造的成就进行奖励，以便他们做出更好的成绩。

能发挥作用的人才才是真正的人才，因而管理者需要了解人才的优长，然后"因能授官"；人才所创造的价值得到认可，在精神物质各方面得到奖励，才有更大的积极性和热情去发挥自己的才干，因而管理者需要对人才做出的业绩进行奖励，并且做到"论功行赏"。这样，才能给人才提供更大的发展空间、最大限度地开发人才的智慧、激发人才的规则主动性和积极性，为企业的发展提供动力。

（十）如何保护人才

墨子"尚贤"的人才观中，不但列举了贤才应该具备的德行和技能，还对统治者如何人有效地利用人才、培养人才、保护人才提了种种策略。墨子认为，得到了贤士而不去保护，就会被小人中伤，而且"盛才易毁、贤士易伤"，越是才能出众的贤士，受到攻击的机会越是大，因而，君王要采取有效的方式来保护人才。

墨子提出的保护人才方法是"贵爵封地"，在地位和物质上给他们保障，而且还主张给贤才以实权和充分的信任，远离奸佞小人对贤士的攻击，这样才能让贤才在宽松而安定的环境里治理国家。

俗话说"出头的椽子先烂"，圣人也有"木秀于林风必摧之"的教训，意思是出头的椽子经受的风雨比普通的橡子多,因而最先烂掉;一棵树若是比周围的树长得粗壮,就最容易受到风的摧毁。在现实生活中,也是这样的道理,"人秀于众众比毁之"。如果一个人的才能出众,就会成为周围某些小人诋毁的对象,尤其是在政治斗争比较激烈的朝廷中,贤臣往往更容易受到同僚的排挤和背后的攻击。

历代统治者,身边都有这样两种臣子,一种是真正的贤士能臣、是国家栋梁,一种则是善于玩弄权术、为自己谋利益的奸佞小人。而常常,贤士们在人际关系上没有投入太多的经历,或者是自己的成就让别人嫉妒、由嫉妒而心生怨恨;相反,这些没有治理国家才能的臣子们却懂得任何讨帝王的欢心,把自己的能力都用在取悦逢迎上,也能得到了君王的宠爱。如果这些人在帝王面前数次中伤贤士,君王和贤臣之间不能不心生间隙,甚至因为一念之差而错杀人才。

这就需要统治者们能够用清醒和理智的头脑来判断舆论对贤才的评价、保护贤才不受侵害,只有这样,自己的统治才能长治久安。历史上因为错杀忠良而导致国家衰亡的例子并不少,而因为善于保护人才而使得国家昌盛的君王也大有人在。

春秋战国时期群雄并起,在富国强兵争霸天下的过程中,贤才的重要性更是被提到了历史的高度,当时的社会,得一人才胜于得千军万马。白起是就是这样一个人才,他是继孙子最出色的军事家和将军。

在秦始皇统一全国的进程中,白起起到了举足轻重的作用。他指挥的长平之战,坑杀赵国四十万人马,使赵国一蹶不振;在讨伐楚国的战争中,他又指挥军队攻克了楚国都城郢都,自己也成为继孙子之后第二个攻克楚国都城的大将,这次使东方六国心惊胆战,奠定了秦王朝统一大业的基础。

然而当时秦国的著名文臣范雎,却也犯了小人之过——嫉妒。他觉得白起的功劳超过了自己,对自己构成了威胁,因而,利用自己和秦王的交好,总是找机会说白起的谗言。

有一天,秦王在外面征战,命令白起带兵来协助,而白起认为这次战争没有发动的必要,就给秦王提了个建议,说自己还是不去为好。本来只是军事行动上的意见分歧,却被范雎钻了空子,在秦王面前诬陷白起想图谋造反,秦王本来就对战无不胜的白起有所顾忌,于是就借这个机会,赐白起宝剑让他自杀。

历史上这样因为小人的谗言而误杀忠臣的例子很多,宋高宗用"莫须有"的罪名杀了岳飞,因此葬送了自己的江山;崇祯皇帝不辨真伪中了敌人的奸计,草率杀死袁崇焕,导致自己成为丧国之君而自缢身亡。如果他们能够对自己手下的人才给予信任和保护,也不至于落得如此下场。

而那些懂得保护人才的君主,往往在能使自己的国家治理。春秋时期齐国大夫宁戚就是这样一个例子。

齐桓公在去卫国的路上,听到有人在唱歌,歌词迂回颇有郁闷不得志之意。齐桓公循着歌声而去,发现了宁戚,在交谈之后觉得宁戚是一个不可多得的贤才,于是把他留在军中,准备回国之后封官封爵。

而在当天晚上,齐桓公突然改变主意,让内侍点上蜡烛,在行李中寻找封爵需要的东西。内侍问:"主公这样匆忙,是给宁戚封官吗?"齐桓公回答说:"是啊,我等不及回到国中再给他封爵。"内侍说:"前面就是卫国,宁戚以前在这个国家生活过一段时间,您为什么不去打听一下他的为人,然后再封爵也不迟啊。"齐桓公明白他的意思,内侍是担心宁戚只是能说会道,并不一定有真才实学。于是齐桓公感慨地说道:"你不知道,大凡贤士多半不拘小节,单看他的行为举止,就知道关于他的流言蜚语一定不少。但我看重的是他的才华,至于别人的评价议论,我不在乎。"因而当晚就给宁戚封了爵位。

后来,宁戚果然辅佐齐桓公成就了一番霸业。

魏文侯用吴起,汉高祖用陈平,都是摒弃了世人的偏见,看重他们的才华而加以任用和保护,进而成就自己的事业。像齐桓公这样,任用贤才连背景都不调查,有这样保护贤才胸襟的明主,成就霸业是理所当然。

在我们的现实生活中,也存在这样的现象,一些人看到身边的人在某些方面超过自己,便产生一种嫉妒甚至憎恨的感觉,并随之会做出一些消极的行动。比如,同样是买彩票而邻居中奖了,自己没有得到这种"意外之财",就会大发牢骚甚至和邻居的关系恶化;在工作中,同事完成了自己做不到的任务,心理就会产生愤懑情绪,甚至肆意造谣、恶意诽谤。这种"见不得别人比自己好"的行为是人类普遍存在的一种忌妒心理,理智的人应该善于控制,能用赞赏的心态来为别人的才能成就喝彩。

在现代企业管理中,身为上层管理者,也需要保护好那些有才干的下属,这样才能给他们发挥自己的才干提供一个良好的工作环境。

管理者要给人才以充分的信任。在公司内部,员工们在才华、技能、知识水平等方面有高下之分,那些能力不如人的员工可能会对比自己强的人产生抵触心理,甚至联合起来去对付那些优秀的人才,由忌妒而对人才孤立、掣肘、甚至造谣中伤,在这种情况下,管理者更应该对人才加以保护,给予充分的信任,并且要调和下属之间的关系,努力建造一个和谐团结的团体,这样才能保证企业健康稳定的快速发展。

"盛才易毁、贤士易伤",只有对人才实施了有效的保护,才能让他们最大限度地发挥自己的才智,为公司的发展做出贡献。无论是古代还是当代、无论是治理国家还是管理企业,人才都是最根本的因素,拥有了人才就拥有了成功的资本,而对人才的有效保护,是利用人才资本的首要前提。

(十一) 如何评价人才

墨子认为,贤才是治理国家的根本,如果帝王能得到贤士的帮助,那么在自己施政的

诸子百家——墨家

过程中，就能够得心应手，实现自己的宏图伟业。然而，墨子也认识到"金无足赤、人无完人"的道理，即使贤士努力的提升自己的道德修养、增加自己的知识技能，也难免会有不足之处、在治理国家的过程中也会出现各种失误。也有很多贤士恃才傲物、性格上放荡不羁，不为种种制度规则所约束，在这种情况下，墨子认为应该对人才进行正确的评价。

墨子在《亲士》篇中，提出这样的人才评价观点："良弓难张，然可以及高入深；良马难乘，然可以任重道远；良才难令，然可以致君见尊。"好的弓很难张开，但可以射得高没得深；良马不容易乘坐，却可以载重行远；真正的人才不容易驾驭，但可以使帮助国君治理国家，士君王获得美名。认为对于人才的评价，不能仅仅看到贤士的不足，更应该侧重于他们的才智为国家治理所做的贡献。要用正确而全面的观点来看待人才的缺失和优长。

司马光曾经这样说："才德全尽，谓之圣人；才德兼亡，谓之愚人；德胜才，谓之君子；才胜德，谓之小人。"他把人分为四种类型，才德兼备的人是理想的贤人，是治国的栋梁；无才也无德的人称之为愚人，这类人很难在事业上有所成就；德胜于才的人是君子，这类人是现实中较为常见的人才，可以说是治理国家的中坚力量；才胜于德的人是小人，司马光主要是针对那些不把自己才能发挥在正确地方，而是用来祸国殃民的人。

在这四类人中，有才无德和有德无才着两种人是比较普遍的，很多统治者在才与德不可兼得时，常常各有所重，因而也得到了不同的结果。曾国藩认为："与其无德而近于小人，毋宁无才而近于愚人"，当才和德不能兼有时，宁可取愚者，而不可取小人。

我国是一个注重社会道德的国家，对人才思想品德方面的要求十分严格，优良的品德观、高度的事业心和责任感对于国家的治理尤其重要，如果治理国家的是"才胜于德"的小人，就可能危害国家。而任用那些德胜于才的人，也许不能够做出杰出的贡献，但对于维持社会的稳定是必不可少的。

当代企业在人才的选择和评价上，也应该借鉴古人的智慧和经验。时代变了，对人才的标准和评价也在改变，企业对人才的评价不能拘泥于某些固定的规则和要求，而是应该把握时代节拍，能够驾驭各种情势，抓住工作的关键和重点，正确而客观的对人才做出评价。

然而评价人才不是做数学题，有固定的公式可以套用、具体的模式去参考。所谓的人才在统治者看来是能为自己解决实际问题的人，就像孟尝君依靠鸡鸣狗盗之徒帮助自己夜渡函谷关一样，在当时特定的环境中，擅长口技的人就成了不可或缺的人才。关于人才的定义，古往今来不同阶级的人给出了不同的定义，也由此出现了各种人才评价标准。

在当代社会，人的复杂性和社会的复杂性，带来了人才评价工作的复杂性。什么样的人才称得上是人才？该用什么样的标准去衡量、评价人才？学历还是职称？人才的评价受不受环境变化的影响？等等，这些问题都是在对人才做出评价时需要考虑在内的。

另外，大凡人才都有特殊性格或者偏好，甚至在拥有过人才智的同时，也具有某些和常人不同的行为方式。古今中外的历史上，这类"问题"人才俯首既拾，他们一般具有独思、独智、独创精神，在行为和思想上有偏激，这些特征被世人看作是怪异或者缺点，因为他们思想的超前性和特立独行的处世方式不能被社会所接受，因而在被称为"缺陷性"人才。

我们现实生活种也常常存在这些人，企业对人才的评价也主要是在他们的优点和缺陷之间进行权衡，在这个时候，就要求管理者能用客观而现实的态度去看待。俗话说："骏马能历险，犁田不如牛；坚车能载重，渡河不如舟"，十指有长短，术业有专攻，世界上不可能存在所谓的"全才"，现实中更多的还是"人才"，即在某一方面有专长的人。

管理者在评价人才时，主要是看他的主流和本质，而不是求全责备，苛求人才全知全能；也不能因为人才性格或某些方面的个性或缺陷就全盘否定；更不能因为他们曾经让自己难堪而耿耿于怀。对人才评价的正确可观与否，会影响到人才在工作中的积极性，有些人才甚至因为企业不能给自己以正确的评价而选择跳槽，因而，管理者能正确的评价人才，是留住人才的方法，也是实现自己管理的有效手段。

然而人才的评价并没有一个固定的标准，管理者同样也没有固定的标准和模式，只要在评价的过程中掌握几个原则，就能够给人才一个正确的评价。

要看重能力而不是实力。

现在社会上有这样一种说法"博士里面有庸才，工人里面有人才"。学历在一定程度上代表着一个人受教育的程度，从某个侧面反映出一个人的学识和修养，但学历和能力之间并不画等号，应试教育产生的"高分低能"的"人才"并不是真正意义上的人才。很多企业在引进人才时往往有学历方面的硬性指标，这种做法有一定的可取性，但并不是绝对的观点，在企业的管理，也不应该时时把学历看作能力，而应该根据实际的工作能力做出评价。

在企业内部，还有一种论资排辈的潜规则，这对于正确评价人才有着很大的负面作用，很多管理者认为"资历等于能力"，的确，丰富的工作经验对于提高一个人的能力有着不可小觑的作用，但这并不意味着只要有资历的人就一定有能力。在一个职位上做了十年而没有提升的人，绝对不是一个有能力的人。

因而，企业在评价人才时，首先要排除学历、资历等于能力的误区，而应该实事求是的根据人才对企业做出的贡献和业绩做出客观的评价。

要采用一分为二的观点。

就像司马光所说的，在这个世界上德才兼备的"圣人"是理想的人才标准，现实中更多的是不完美的人才，因而对于人才的评价，就需要用一分为二的眼光，能看到人才对企业的贡献，肯定其才智和能力，也要看到人才身上的缺点。优秀的企业管理者能够用才之长而避才之短，在评价人才时，不忽略人才的贡献、也不夸大人才的失误缺陷。

历代人们对曹操这个人褒贬不一，的确，曹操是一个残忍而具有雄才大略的奸雄，有过有功。但不可否认，从历史观来看，曹操对社会的发展确实起了一定的推动作用。而且他在用人方面也有过人之处。他的手下人才济济，甚至于过去的仇人和敌营的人都奔集于他麾下献智效劳，最终统一北方。如果曹操计较个人恩怨得失，在用人上吹毛求疵，他也无法成就自己的伟业，有人因曹操的奸诈性格而将他归结为邪恶之徒，这种观点是片面而不可取的，对待历史人物，我们不能仅从个人道德品质方面去考察，还应该看他对社会所做的贡献。

曹操

在现代企业的人才评价中，也应该有这样的方法，综合一个人的各个方面，优点和缺点都要考虑到，只有看问题全面了才能找出有效的解决办法，评价人才也是如此。

管理者要有宽大的胸襟。

只要是人参与的活动，不可避免都要受到主观意识的影响，管理者对人才的评价也是同样道理，即使再客观也不能丝毫不带个人的感情色彩，因而这就要求管理者拥有一个宽广的胸怀。

要容纳人才的缺点和失误。每个人性格中或多或少都存在着某种缺陷，也许人才不善于表达、也许做事没有次序、也许没有时间观念、也许不懂得经营人际关系，管理者要能够接受这些无关大局的缺点，而能从工作的大局出发来评价人才。即使是优秀的人才，在工作中也不可能没有失误，这就要求管理者能用宽容的态度来对待，而不是一棍子打倒，因为偶尔的一次失误而否定整个人。

要容纳人才对自己的某些伤害。大凡真正有才华的人，常常恃才傲物，在工作中，可能对上司有些傲慢无礼、可能言辞激烈的攻击上司的错误、可能在人前让上司下不来台，针对这种情况，管理者应该有虚怀若谷的胸襟，宽容和原谅他们的行为。在对人才作评价的时候，不能把人才对自己"伤害"考虑在内，因为个人私怨而做出有失偏颇的论断。

总之，掌握了上述几个原则，基本上就能够对人才做出正确而客观地评价了。

六、修心智慧

(一)心性的修养

儒家认为"君子务本,本立而道生。"又说"孝悌也者,其为仁之本",儒家把孝悌看作是斜身直奔,这是和他们儒家尊尊、亲亲的政治主张密不可分的。儒家讲究积极入仕,而且给出了具体的途径,那就是修身、齐家、治国、平天下,这个过程是逐层递进的,因而儒家把修身看作是实现政治理想最根本的前提。

道家也讲修行,但他们修行的目的是为了实现治身的目的,并不是为了推行自己的政治理想,他们更讲究个人道行的修炼,而治国治天下则在其次,这和道家无为的思想观念也密不可分。

墨家更重修身,墨子把《修身》放在学说中的第二篇,由此可见他对修身的重视程度。墨家也把修身看作是治世之本,但墨家所提倡的修身和儒家的侧重点不同,和儒家把孝悌作为修身的主要内容不同,墨家更重视在"行"方面的修身。墨家认为,学和行作为治世的先决条件,行是更基本、更深层的修养,因此主张修行在先,博学在后。

在墨家的修身观中,他们把内心道德操守的修炼看作是所有应为规范的前提,君子贤士首先应该将具备的德行是心存善念、对自己的要求首先从克己内省做起。

是故先王之治天下也,必察迩来远,君子察迩而迩修者也。见不修行见毁而反之身者也,此以怨省而行修矣。谮慝之言,无入之耳;批扞之声,无出之口;杀伤人之孩,无存之心,虽有诋讦之民,无所依矣。(《修身》)

所以先王治理天下,必定要明察左右而招徕远人。君子能明察左右,左右之人也就能修养自己的品行了。君子不能修养自己的品行而受人诋毁,那就应当自我反省,因而怨少而品德日修。谗害诽谤之言不入于耳,攻击他人之语不出于口,伤害人的念头不存于心,这样,即使遇有好诋毁、攻击的人,也就无从施展了。

在春秋战国时期,诸子百家都提出了自己的政治主张,希望自己的社会理想能得以实现,在推行自己学说的同时,各家也非常重视个人的修养,认为高尚的道德情操是君子贤人必备的品质,然而同样是修身,各家也有自己不同的标准和方法。

墨子对自己的修身观念进行了论证,他把人在行为上的修身比作建筑,如果基础不牢固,是建立不起千尺高屋的。统治者也是如此,本国人民还没有亲附,就没有条件招徕远方之人;亲朋之间还不团结,就不要贪图建立远交;同样的道理,行未修成,就是基本未固,因而博学、高蹈之事也就无从谈起。

在谈及如何修身时,墨子认为,统治天下要讲究悦近而来远,自己身边的人认可了,

諸子百家——墨家

远方的人自然会来归附,因此君子处世也应该先修己以悦众。做到克己内省。

克己内省的含义就是严格要求自己;在看到不修善行的人被人攻击时,不应该讥笑或者憎恨别人,而要反省一下自己是不是也有不修之行,是不是也有得罪人之处。

修身首先要做到克己,就是严格要求自己。

在君子要处处严格要求自己这一方面,儒家和墨家有相通之处,孔子认为,君子要提高自我修养,就应该用"戒、畏、思"这几项标准来严格要求自己。他说"君子有三戒:少之时,血气未定,戒之在色;及其壮也,血气方刚,戒之在斗;及其老也,血气既衰,戒之在得。"提出了君子在不同的年龄阶段应该注意的几个方面;"君子有三畏:畏天命,畏大人,畏圣人之言。"主张君子在修身时要遵循的三个规则;"君子有九思:视思明,听思聪,色思温,貌思恭,言思忠,事思敬,疑思问,忿思难,见得思义。"据君子修身几个方面的具体要求做了规定。而且特别强调要严格要求自己。

《韩非子·外储说右下》才那个记载了"公议休不受鱼"的故事。

春秋时,鲁国相国公议休很喜欢吃鱼,于是,很多人就送鱼给他,但他一概谢绝。他的学生问他原因,他说,如果我收了鱼,为报答他就必然要满足他提出的要求,甚至做出违法的事……最终会把自己的官职丢了,那就更吃不到鱼了。因而我拒绝别人赠给我的鱼。

由此可见,严格要求自己不但能够提高个人的修养,还有利于治理国家。墨子也十分赞成克己,他认为,看到修行不高的人,应该给予劝导,而不是讥讽和嘲笑,在日常的生活中应该严格要求自己,给别人树立榜样。

很多墨家子弟都严格的遵守这一要求,在春秋战国时期,墨者的修行是最为世人称道的。墨家严格要求自己的这种主张,即使在今天也有现实意义,一种道德要养成习惯,首先应该从小事做起,对自己的严格要求也是如此,应该从细节上开始、从生活中的小事开始,比如随地吐痰、乱丢垃圾果壳、说脏话等等之类,看起来无关大局,其实就是在这些小事上体现出一个人的修养和内涵。因此我们应该从小事开始,严格要求自己。

修身还应该做到内省,这是对自我内心的反省。

墨家的这种内省法,与儒家的"见贤思齐,见不贤内自省","吾日三省吾身"的修身方法,有着异曲同工之妙。

古人对自己的品德修养,十分强调"慎独"。一个人在大众面前,可能会有意识的约束自己的行为,真正体现一个人道德修养水平的时候是他独处的时间,在这段时间内,他内心的真实才会暴露无遗,因而,各家在都主张"内省",认为这是最重要的修身方法。

儒家也十分重视"自省""省察克治"之类的修行,孔子曾说:"吾未能见其内自讼者也",意思是说很少有人在内心里,依据道德的标准对自己进行审判,由此可见,内省对于君子的修身来说,是很难做到的一件事。我们很容易指出别人的缺点而对自己的缺点视

诸子百家——墨家

而不见,因此就应该做到"见不贤内自省",通过别人言行上的失误来审视自己的内心,并改正自己的缺陷。

古今中外,大凡那些取得成就的人,无不具有良好的个人修养,也正是他们高尚的道德情操,成就了他们事业上的辉煌。彭德怀就是这样一个代表。

彭德怀在生活上处处为战士着想,同时又处处严格要求自己,不愿意接受别人对他的特别照顾。他曾经提出了"一个月一省我身"的建议。他说:"曾子曰:'吾日三省吾身',曾子做了没做,我不知道,但这话说得很有道理。我们共产党人以解放全人类、实现共产主义为目标,比古人高明得多,能不能一星期一省我身? 一个月一省我身? 我一个月总是要抽出半天一省我身,想一想自己对党对人民对革命应尽的责任尽到没有? 有什么缺点错误? 怎么克服?"

克己内省就是对我们心性修养的要求,就是要求我们敢于面对自己内心自私、阴暗的角落,敢于改正自我修养上的缺陷,在严格要求自己的修养过程中,逐渐完美自己的道德修养。

克己内省是君子修身最难做到的事情,也是最重要的步骤,因而应该首先培养自己的这种品德。

(二)心存善良

中国传统思想中是十分重视"善","善"几乎涉及人们生活的各个方面:为人处世要心存善良;人际交往讲究与人为善、乐善好施;修身养性主张独善其身、善心常驻。"善"几乎成为一个人道德修养高下的标准。

在诸子学说的争鸣中,他们唯一达成一致的观点恐怕就是善了,儒家主张"勿以恶小而为之,勿以善小而不为",认为君子修身要从小善做起,并且孔子还提出了"非礼勿视,非礼勿言,非礼勿听,非礼勿动"的君子修仁的标准,在这里,儒家所说的礼在很大程度上就是善,不过是表述的不同。

墨家也同样强调"善"在君子修身中的重要性,墨子主张君子要"存善防邪",他曾经把"潛慝之言,无入于耳;批评之声,无出之口;杀伤人之孩,无存之心"作为君子修"善"的标准,认为心存善念的贤士,不会听诋毁之言、说攻击之话,生害人之心理,自己心思清明了,就会影响身边的人去做善事。

善良是任何社会任何时代都需要的崇尚品德。心存善良的人必有善行,将自己的善惠及他人甚是万物生灵。就像孔子所说:"勿以善小而不为",善事没有大小的区分,善行也没有先后顺序,只要心存善念,什么时候开始做小善都不晚。

曾经有这样一个人尽皆知的故事说明了人心中善念的力量:

一场暴风雨后,成千上万条鱼被卷到海滩上,一个小男孩不厌其烦把鱼捡起送回大

诸子百家——墨家

海。一旁路过的老人很不理解,对他说:"你这么辛苦一天也捡不了几条,谁在乎呢?"小男孩并没有停止,而是一边把鱼送回海里,一边说:"这条在乎,这条也在乎。"

是的,小男孩送回海里的鱼实在是微不足道,但对于那些因为他的善念而重新回到海里的鱼来,他的善良就是生命。看到善良在这个小男孩身上的闪光,难道我们能够不被人性的善所感动吗?

善行惠及他人也惠及自身,我们今天所做的善事,也许明天会被人忘记,但善良却在人的心底扎下了根,他的人性也因此得到了提升和完善。相反,那些心中有邪恶的人,会在危害别人的时候也伤及自己。

一日,佛祖闲坐在花园井边,无意间向井下望去,看到那里无数生前作恶多端的恶人,正在饱受地狱之火的煎熬。

这时,一个生前作恶多端的恶鬼看到了慈悲的佛祖,于是高声呼救。佛祖锐利的目光发现了此人虽然生前杀人无数,但在一次途中,他对脚下一只蜘蛛心生恻隐,移开脚步使蜘蛛得以生还,这是他一生中唯一所做的善事。于是佛祖决定用蜘蛛的力量,拯救他脱离地狱的苦海,就把一根蛛丝从井口伸下去。

那恶人发现了这根细细的蛛丝,于是拼命地抓住蛛丝往上爬,而其他恶鬼也发现了这根蛛丝,于是大家一哄而上,都想通过蛛丝逃离地狱。那个恶人怕游丝不堪重负断了,为了抱住自己唯一的希望,他回头砍断了身后的蛛丝,其他的恶鬼掉下去了,而这个恶人也重新跌入了万劫不复的深渊。

也许这只是一个对恶人的告诫,然而我们从中不难发现,善念是一瞬间的思想,恶念也是一瞬间的思想,但两者的后果却截然不同!心存善念,会救自己于危急关头,心存邪恶,会丧失自己唯一的机会。

君子修身更应该存善防恶,以此来完善个人的道德修养。

然而在现实生活中,心存善良,简单而朴素的一句话,在物欲横流的世界里,却被人束之高阁,在善良蒙尘的时候,有多少人能心存而善又有多少人能坚持"为小善"呢?

我们的生活不仅仅是一个人的事,社会是一个共同体,其中的每一个成员都要为整个社会的发展肩负自己应该付出的责任。

行善事不是为了结果,当然有得到想要的结果是理想的结局。一个人受朋友之托费尽辛苦帮查寻资料,可没想到几天后朋友突然说不需要了,而朋友甚至没有对他表示谢意。这个人的善意之举没得到回报,但我们能说他不乐于助人吗?虽然没有得到结果,但在这个过程中,他的行为是对自己的一种尊重。心存善良,可能我们依旧要面对生活中的种种不如意,但我们的人生的风景因为善良的存在而亮丽。

在我们的社会伦理观中,"善有善报,恶有恶报"的因果循环思想还是对人们的生活有着深刻的影响,因此,人们在这种社会意识的支配下,会趋善避害。

善良也因此成为人类道德中最耀眼的珍珠，善良的人甚至比伟大的人更值得人们尊崇。

然而生活中确实还存在着很多的阴暗，邪恶在某些人的心里还顽固地占据着某个位置，那么。我们如何做到存善去邪呢？

先说这样一个生活中的事实，一块田地，上面长满了杂草，应该怎样清除这些杂草呢？拔掉还是烧光？要知道"野火烧不尽"的道理，也许这样做能暂时把草除去，但来年仍然还会发芽。农民们给出了最好的方法：在田地上种粮食。是啊，土地上长满粮食的话，杂草救没有了生存的空间。

我们每个人的心，就是这样一块田地，如果我们不在上面播种粮食，它就会被杂草所侵占，而善良就是种在我们心底的粮食，如果我们的心灵充满了善良，那么杂草就没有了生存之地。

在我们的现实生活中，很多人不知道如何消除自己思想上各式各样的苦闷与烦恼，这就像我们的心田里长满了杂草。于是我们应该用上面办法来解决这种困扰，让善良进驻自己的内心，这样，我们心中悲观、偏激、仇恨的杂草，就会为乐观、善良、友爱的粮食所取代。要知道，仅仅把邪恶驱逐出自己的心灵是不够的，还应该让善良给自己的心灵建构一道坚实的防护，这样邪恶才永不能入侵。

心存善良需要做到宽容，无论别人怎样的蛮不讲理、自以为是，都可以原谅他们；心存善良需要坦诚，即使别人误解我们、指责我们、虚伪的对待我们，都能够坦诚相待；心存善良需要度量，面对别人的伤害、生活的不公平，都能够付之一笑。

心理学上说，善良是心理养生的营养素。心存善良，会给人带来愉悦感、轻松感；生理学上讲，邪恶愤怒使神经系统受伤，而愉悦、善良、友爱会增进细胞的活力。我们说，在道德价值上看，心存善良是修身的重要方向，让我们的人格逐渐完善、我们的人性散发光辉。

善良是清除我们内心杂草的植物；是驱逐我们内心黑暗的光亮，当我们的内心充满了善念，我们的人生也就一片鸟语花香。

（三）要做思想的巨人，行动的伟人

诸子百家之中，能将仁爱天下的思想和信念付诸行动的人，当首推墨子。如果说墨子的"兼爱、非攻"思想还让人觉得像是理论上的说教，那么墨子止楚攻宋的成功就是实践这种理论最有利的证明。墨子如果仅仅是进行游说，希望用自己的主张来阻止战争的发生，那么他只能算一个纵横家而已，但墨子并没有停留在这个层面上，他还有更让人敬佩的举动——帮人守城。当墨家的非攻思想制止不了战争的时候，墨者们就会挺身而出，帮助弱小者抵御外侵。历史上这样来描述墨家弟子们的行为：赴汤蹈火，死不旋踵。

墨子不但是思想上的巨人，也是行动上的伟人。墨子不愿意停留在议论和清谈上，而是将治国安邦的事付诸在具体的行动。因而墨家的修身之道，把"行"放在了"学"的前面，认为具体的行动才是君子贤士修身的基本。

力事日强，愿欲日逾，设壮日盛。（《修身》）

所以君子本身的力量一天比一天加强，志向一天比一天远大，庄敬的品行一天比一天完善。

墨家认为，君子贤士最伟大的操守就是能够自强自立，只有在不息奋斗的过程中，个人的志向才能更加远大，自己的品行才能日趋完善。因而墨子认为修身应该自强不息，而自强不息首先要做到"力事日强"，只有通过不息的自强奋斗，才能得到"愿欲日逾，设壮日盛"的结果，信念才会更坚定、道德修养会得到提成。

《周易》说"天行健，君子以自强不息。"用天道的周而复始、永不停息来激励世人奋斗不止。古往今来，学子们为了追求真理、实现理想而悬梁刺股，荧囊映雪；英雄豪杰为了抵御外辱、捍卫国家而视死如归、血洒疆场；仁人志士为百姓谋福祉、为天下求太平而孜孜追求、奋斗不已……在他们身上，都体现出这种自强不息的民族精神。正是这种精神的激励下，中华民族才生生不息、中华文明才历代延续。

墨家所倡导的"自强不息"的精神，正是和上面"君子终日乾乾""君子以自强不息"是同样的道理。即使如理论家孔子，也十分赞赏"刚毅自强"，孟子说"自弃者，不可与有为也"，从反面说一个人即使有天纵奇才，自暴自弃也不能成就大事业。自强不息，已经作为中华民族的群体意识，深深扎根于民众的内心。

古人有诗说："眼前多少困难事，自古男儿当自强。"纵观历史长河，自强是所有仁人志士的共同特点，自强给了司马迁含垢忍辱、发奋著书的坚忍；给了曹操"老骥伏枥，志在千里"的雄心；给了岳飞的"待从头、收拾旧山河"的爱国激情……

自强不息，和时代与环境无关，而是在追求真理的漫漫长途之上，在人生的曲折坎坷之中，永不言放弃的进取奋斗精神。

洪战辉作为感动中国 2005 年度人物，他就是凭借着自强和自立一步步实现了自己的梦想，他的人生路上布满了荆棘坎坷，可他用自己坚定执着的自强精神，硬是走出了一片光辉灿烂。生活所压在他肩上的无法承受之重，他凭借着无畏的勇气承担了起来，在家里每天要洗衣做饭，在学校要做些小生意挣钱，又不能耽误自己的学业，他承担着本不是自己这个年龄应该承担的责任，可是他从来没有想过要退缩，生活的艰辛，别人的嘲讽，反而激起了他克服困难的决心和继续奋斗的勇气。

纯朴的洪战辉就这样坚忍而平静地走着自己的人生之路。没有豪言壮语，也没有豪情壮志，但是就在他给妹妹换尿布、为父亲穿衣服的生活琐碎中，我们看到了细小平常的坚忍、无言的自强不息。这不是一个正在上学的孩子应该承受的重负，然而洪战辉却用

诸子百家——墨家

他稚嫩的肩膀和自强的信念肩负起了这一切。

在社会逐渐被冷漠、享受所侵蚀的今天，洪战辉对妹妹的养育和关爱、在苦难中的自强不息，让我们感受到了人性中善良的温暖、奋斗的力量。

自强不息需要有坚定的毅力，而在坚持和放弃，常常只是一念之差。洪战辉选择了自强也就选择了对命运长久的抗争、选择了坚忍的面对生活。在社会各界给予他物质上的帮助时，他说"接受捐款，会让我失去自立"，质朴的话将自强不息解说得如此透彻。别人的援助和捐赠也许能解决自己的一时之难，然而漫长的一生道路，谁知道下一次会出现什么样的苦难，谁也不可能在别人的帮助庇护下度过，而应该自己去面对生活的风雨、命运的挑战。

我们没有理由要求人们都和洪战辉一样，小小年纪就肩负起生活的重担，担负那些这个年龄本不该承担的责任。因为在某种意义上讲，社会上承担苦难重负的人越少，社会的文明和富足程度就越高。我们学习的应该是他自强自立的坚忍精神，因为我们每个人都要面对自己的人生坎坷，而能帮助我们走出困境的，只有不抱怨、不放弃、坚忍不拔的自强精神。

当然，我们生活中的苦难毕竟还是少数，大多数人还是生活在平淡中，自强也并不是非得身处困境时才会出现。作为一个人，我们要担负的责任很多，比如对父母对家庭对社会的责任，都需要我们拥有自立自强的精神才能够承担得起。然而我们都比洪战辉幸运，毕竟我们生活的环境不需要我们付出那样艰苦卓绝的艰辛，但我们应该能够从他身上学到我们自身所缺少的。

人生于天地之间，自立自强才是人生最重要的含义。著名教育家陶行知老先生有一首诗写得好："滴自己的血，流自己的汗，自己的事情自己干，靠天靠地靠父母，不算是好汉。"人生最可依赖的是什么？不是亲人给予的物质帮助，也不是金钱的支撑，而是自己拥有的知识和智慧，是自己付出的心血和汗水。常言道"靠天种地满地草，靠人盛饭一碗汤"。当我们跌落进苦难的枯井里，应该做的不是痛苦等待，而应该设法自救，用自强抗拒的生活的艰难险阻。

自强不息是我们祖先留下来的最宝贵的人生财富。黄帝教民养蚕，制作舟车；炎帝斫木为耒耜，课民以农桑；尧帝设官定历，率民战胜旱灾；大禹为了治水，"三过家门而不入"，足迹遍布九州五湖，最终制服了水患。正是这种自强不息的精神，使得我们的社会不断地进步，我们的人民创造出更多的优秀成果，使得我们的民族巍然屹立于世界民族之林。

鲁迅说"我们从古以来，就有埋头苦干的人，有拼命硬干的人，有为民请命的人，有舍身求法的人"，正是先辈们致力于社会的奋斗，才有了我们今天的安宁。然而社会的进步、生活条件的提高，更需要我们发扬自强不息的奋斗精神，才能使中华民族在我们这个

诸子百家——墨家

837

新的历史时期实现伟大的复兴。

藏于心者,无以竭爱;动于身者,无以竭恭;出于口者,无以竭驯。畅之四支,接之肌肤,华发隳颠,而犹弗舍者,其唯圣人乎!(《修身》)

凡是存在于内心的,是无穷的慈爱;举止于身体的,是无比的谦恭;谈说于嘴上的,是无比的雅驯。如果上述的种品行能畅达于四肢和肌肤,直到白发秃顶之时仍不肯舍弃,大概只有圣人吧!

墨家十分注重言行上的修炼,在具体的修身过程中,墨子主张持之以恒。反对一曝十寒,而保证持之以恒得以坚持的条件就是适中的原则。墨子认为君子贤士修身,内心需要有仁爱但不能随意施舍;行为举止要应该谦恭但不能过分驯顺,因为一旦过分了就难以持久。即使是好心善意也应该适度,所谓的过犹不及就是这个道理。心有常爱,行有常谦,言有常雅,才是修身所要达到的境界。

墨家修身所讲的"持中守常"主要包括两个方面的内容:

首先要做到"持中",就是适度的原则。

在我国古代的思想中,和谐适度是一个重要的范畴,儒家讲修身,主张适度控制欲望,将人欲引向道德仁义的约束中;道家讲养性,追求自然之道,和无欲的逍遥境界;佛家对人的欲望更是深恶痛绝,主张清心寡欲。这种种所谓的"欲"其实就是我们生活中各个方面的需求,精神层面上的追求。

先说这样一个故事:

孔子带领弟子到鲁国的祠庙进行祭祀,看到有一个容器歪歪斜斜地放在几案上,这是一个形状很不规则的容器。子路于是就问孔子这是什么器皿呢,孔子说:"这是欹器,是放在座位右边,用来警戒自己的。"

子路又问:"既然是用来警戒人言行的,它为什么是歪斜的呢?"孔子停了一下对子路说:"你往里面倒水看看就知道了。"子路听后,便好奇地把欹器摆在一个果盘里,慢慢地向器皿里灌水。果然,当水装得一定程度的时候,这个器皿就端端正正地立在了盘子中;子路又接着往里灌水,不一会儿,水灌满了,而欹器却翻倒了;等里面的水流光了之后,它又像原来一样歪斜在那里。

孔子说,明白了吧,没有水会倾斜,水满了它就要倒,只有刚好合适的时候,它才会端正的竖立。做人也是如此,要中庸,过犹不及。

在哲学上也有关于适度原则的范畴,这就是质变与量变。当量的发展超过一定的限度之后,就会发生质的改变,这个原则说起来容易而做起来却很困难,任何事情只有做到恰到好处才能达到预期的目的,然而人们却很难恰到好处的把握这个度,因而常常得到和现实相差很远甚至产生相反的结果。

生活中也常常有这样的例子,适度的运动可以保持脑力和体力协调,预防、消除疲劳,然而如果无视自己具体情况而过分加大自己的运动量,反而会对身体造成伤害。饮食也是如此,食物再怎么色香俱全,也应该根据肠胃的承受能力来进食,否则就会伤及脾胃。

同样的道理,在我们日常生活的人际交往中,适度原则也应该成为人们言谈举止的规范。我们对待别人的态度应该谦恭,这是对人对己的尊重,但如果超过了"度",就会变成奴颜婢膝;我们和人交谈,应该学会赞扬别人的优点,但如果不考虑适度的原则,就变成了阿谀奉承。可见,在我们的生活中,适度原则是一个很有实用价值的原则。

在我们的工作和事业的奋斗上,在我们道德情感的修身养性上,同样也需要掌握适度的原则。

猴子种葡萄的例子就是不懂得掌握适度原则而一无所成的典型例子:

猴子想学种葡萄,便走到葡萄园里向园丁请教。

它见园丁正给葡萄苗浇水,就说:"原来种葡萄需要水、这还不容易! 只要给葡萄苗浇更多的水,让它结更多的葡萄!"于是,他把一棵葡萄秧子插进河里,葡萄秧被淹死。

猴子又来到葡萄园里,它看见园丁在给葡萄秧施肥料,就说:"原来葡萄需要肥料。只要给葡萄施更多的肥料,就能结更多的葡萄!"于是,它把葡萄秧栽在粪堆上,葡萄秧被烧死了。

猴于再次来到葡萄园里,这时已到了冬天,猴子看见园丁用稻草把葡萄秧包起来埋在地下,就说:"原来我的葡萄秧栽不活,是因为葡萄秧苗害怕寒冷。这次我一定要注意保护,使它免受风霜!"次年春天,猴子种上一株葡萄秧,而且学着园丁对葡萄秧越冬的管理技术,用稻草把葡萄秧包得结结实实的埋在地下,不几天葡萄秧就闷死了。

我们都知道,浇水、施肥是葡萄生长所必须的条件,猴子虽然认识到水分、肥料乃葡萄秧生长之必需,却没能掌握适度的原则,因而使得葡萄秧因为水分过剩、营养过旺而死亡。俗话说:"物极必反",这个故事就生动地向我们说明了这个道理,事物都必须保持在一定的界限发生变化,才不会改变事物的本质,只有在"度"允许的范围内改变,才会只不断促进事物发展。

其次要做到守常,就是持之以恒。

荀子云:"锲而不舍,金石可镂;锲而舍之,朽木不折。"就是告诉我们,做事情要有持之以恒的精神,才能够取得成功。持之以恒是古人通过自己的智慧总结,给我们留下的宝贵经验。俗话说,"绳锯木断、水滴石穿"讲得就是这个道理。

体现在我们日常生活中,就是要认定一个目标,坚持不懈的行动贯彻下去,就一定能够跑到重点。人的聪慧程度可能有高下之分,但坚持的精神往往能够弥补这方面的不足,兔子虽然跑得快,然而他不能坚持到终点,因而输给了坚持到底的乌龟。很多马拉松长跑比赛的获胜者,往往也不是那些跑步速度快的人,反而是那些能够坚持的人取得了

诸子百家——墨家

最终的胜利。

一个年轻人去拜访一位大师,向大师请教为人处世之道。大师给他讲了一个故事:

从前有两个青年,一个笨拙、一个机巧。两个人在同一块地上挖井找水。工作了一天之后,井挖了很深但并没有出现有水的迹象。

第二天,笨拙者继续在原地深挖,而机巧者则换了个地方重新开始挖,两个人仍旧没有挖到水。

第三天,笨拙者依旧在原地挖,而机巧者又换了一个地方。

就这样,笨拙者的井越挖越深,而技巧者一直在不断地更换挖井的地点,最终,笨拙者挖到了甘甜的井水,而机巧者劳而无得。

这是一个广为流传的故事,它告诫我们做人应该持之以恒,不能朝三暮四,认定了一个目标就要坚持不懈地为之奋斗,这样才有可能获得成功,那些三心二意、不能坚持的人注定将一事无成。

俗话说:"不怕慢,就怕站",速度慢但还是在不断地前进,而站就是中止就是停步不前、半途而废,一个人即使是飞毛腿,如果他不迈步前进停留在原地不动的话,永远也不可能到达终点。任何人的禀赋不一,但只要又持之以恒的信念和行动,也一样能取得人生的成功。

一个人取得成就的大小,一定程度上取决于他是否有恒心和毅力、有百折不挠的勇气,因为持之以恒在另一个层面上的意思就是能够战胜挫折。很多人做不到坚持到底,不是因为个人没有你能力,而是在困难挫折面前退缩不前了。因而坚持最能体现一个人的意志。

明代著名的历史学家谈迁,家里十分贫穷,买不起书籍,为了完成自己的著作《国榷》,他常常四处求人借书来抄,甚至为了得到一点材料,冒雨走了100多里路。

经过27年的不懈奋斗,他六易其稿,终于写成了《国榷》这部500万字历史巨著。然而命运多舛,在一天夜里,一个小偷将这部书稿偷走了,56岁的谈迁伤心欲绝,受到了严重的打击,很多人认为他将一蹶不振。

然而谈迁并没有被不幸击倒,没过几天,他又开始重新写作。历经了10年的艰辛之后,又一部《国榷》诞生了,甚至比上一部更加完备翔实。

这时的谈迁已白发苍苍,老态龙钟,但他高兴地对人说:"虽死而瞑目矣。"

这就是持之以恒最好的解说,一个人的能力可以不如别人,聪慧可以不如别人,但只要又了持之以恒的精神,用行动为着自己的目标不懈奋斗,那么无论做什么事情,都能取得成就。

然而很多时候,我们常常缺少持之以恒的精神。要知道,现实和理想之间,总是存在着一定的距离,我们要想消除这段距离,就必须坚持不懈的付出行动,如果不肯迈步向前或者半途而废，那么将永远无法到达理想。

　　两千年前的墨者们就是用持中守常作为自己行为的准则，因而成就了墨家"世之显学"的地位。在各种条件都便利于古代的今天，我们的理想和现实之间的距离已经缩得很小，小到我们只要迈出步子坚持走就能够到达。那么还在犹豫什么？只要把持中守常付诸行动就可以实现自己的目标。

　　据财不能以分人者，不足与友；守道不笃，遍物不博，辨是非不察者，不足与游。（《修身》）

　　拥有财富而不肯分给人的，不值得和他交友；守道不坚定，阅历事物不广博，辨别是非不清楚的，不值得和他交游。

　　古人说"物以类聚，人以群分"，就是说能够成为朋友的人往往是相似的人，他们在价值观上有相同的取向，在言谈举止上有相同的准则，甚至在个人的爱好习惯上也有着相似之处。甚至于有人说，要想了解一个人，从他交什么样的朋友就可以看出来。

　　孔子曾说："益者三友，损者三友。友直，友谅，友多闻，益矣。友便辟，友善柔，友便佞，损矣。"认为朋友的好坏对于一个人的损益是十分巨大的，正直、体谅、博学的朋友对于我们的人生十分有益；而乖戾、奸佞的朋友则会给我们带来不利的影响，会对我们道德修养有所损害，因而应该选择那些品行高尚的人做自己的朋友。

　　墨子在《所染》篇中也提到，一个人的成长受环境影响的因素很大，而朋友就是有个非常重要的因素，我们都知道"近朱者赤，近墨者黑"的道理，朋友对一个人的影响是十分巨大的，因而墨家主张在君子贤士修身的过程中一定要慎交择友。

　　对于择友的标准，墨家给出了两方面的要求，一个是物质层面，应该和那些"以财分人"的人做朋友；一个道德修养层面，要和那些守信用、辨是非的人为友。

　　墨家认为"贤者有分财之义，朋友有通财之谊"，真正的贤士应该能够把自己的财富分给天下需要之人，真正的朋友应该在财物上互相帮助。

　　历史上传为美谈的管仲和鲍叔牙之间的友情就是朋友有财互济的典范：

　　管仲出身贫寒，在他没有涉足政治之前，曾经和鲍叔牙合伙做生意，在分红利的时候，管仲常常多拿一些给自己，鲍叔牙并不以此为意，而且常常主动多分给他一些。因为鲍叔牙知道管仲多拿钱财不是因为贪婪，而是因为家庭贫困，而自己并无财物上的困窘。

　　后来鲍叔牙首先出仕做官，管仲就给鲍叔牙做部下，鲍叔牙并没有因此而歧视管仲，他认为这是机遇的问题。

　　管仲曾经三次被罢官驱逐，鲍叔牙也不认为这是因为管仲没有能力，而是劝他说是运气不佳。

　　管仲曾三次战败而逃，鲍叔牙也不认为管仲没有勇气，因为胆怯而临阵脱逃，而是认为管仲家有老母，这是为了尽孝；

管仲辅佐公子纠，鲍叔牙辅佐公子小白，在争夺王位的过程中，公子纠败给小白，管仲被囚，而鲍叔牙在小白也就是齐桓公面前，极力推荐管仲的治国才能，齐桓公采纳了鲍叔牙的建议重用管仲，因而成就了一番霸业。

管仲也因此得以青史留名，而鲍叔牙却默默无闻，但他们之间的友谊却彪炳千古，成为后世的楷模。管仲在贫困时多取而无愧，就是因为他有鲍叔牙这样一个能够"以财分友"的朋友，也是因为相知，鲍叔牙在位居管仲之上时，两人可以坦然相交。正是鲍叔牙有"据财能以分人"的胸襟，才帮助管仲解决了生活的困顿；有举荐朋友之才的无私，才使得管仲有施展抱负的机会，管仲的成功很大程度上得益于鲍叔牙这个朋友。也因此，他们的友谊成为千古美谈。

古人说："同门曰朋，同志曰友"，这是对朋友的一种注释，认为朋友更应该在道德志向上意趣相投。明朝的苏浚在《鸡鸣偶记》把朋友分为四种类型：道义相砥，过失相规，畏友也；缓急可共，死生可托，密友也；甘言如饴，游戏征逐，昵友也；利则相攘，患则相倾，贼友也。认为在道义上能够相互指正对方过失的朋友是畏友，能够同甘共苦、生死相托的朋友是密友，而物质上的酒肉之交、共同享乐游玩的朋友是昵友，那些有利益就争夺、有灾祸就相弃的朋友是贼友。显而易见，真正的朋友是那些能让自己的道德修养得到提高、在危难来临之际能够不离不弃的朋友。

墨家也把这类人作为朋友的有限选择对象。墨子说："守道不笃，遍物不博，辨是非不察者，不足与游。"就是对朋友的道德素养和知识水平方面的要求。

首先，朋友之间的交往要以德为先、以道交友。和一个有道德、有修养的人在一起，我们会以他自勉，在相处过程中自己也会受到潜移默化的影响，进而提升了自己的人生修养。而和那些不能坚持道义，识见浅薄，是非不分的人在一起，我们也会在不知不觉间趋同于他们的价值观和道德意识，进而是自身受到损害。因此，应该选择那些道德品行高尚的人为友，才对自己的发展有所帮助，所谓"与善友交，如入芝兰之室，久而不闻其香，即与之化矣"。

其次应该选择那些博闻广识的人做朋友。我们知道，在先秦时期，文化知识的传播依靠的方式就是口口相传，那时没有我们现在这么发达的资讯技术，也没有我们现在这么多的信息传递渠道，人们获取知识的主要方式就是通过老师的传授，所获得的相对有限。因而，交到博学多才的朋友对于一个人知识水平的提高有很大的帮助。我们可以把朋友的间接经验转化为自己的经验，多一个有知识的朋友就好像多了一套知识系统。因此孔子曾把"友多闻"当作人生益友的标准。即使在信息传高速发展的当今社会，结交一个"多闻"的朋友对我们的生活也是很有帮助的，朋友的内涵可以充实我们的内涵，朋友的经验可以在我们彷徨无措时给我们以指点，朋友的广博知识可以扩充我们的知识积淀、甚至启发我们的思维灵感。

諸子百家——墨家

所谓"尺之木必有节,寸之玉必有瑕",人不可能是完美无缺的,因此我们需要通过朋友来取长补短,只有从那些和自己旗鼓相当或者胜于自己的人身上,我们才能取其之长补己之短。那些在品行操守上有所欠缺的人,非但不能给我们以帮助,反而会损害我们已有的长处,因而交友不可不慎重。

选择一个益友,犹如选择了一面光洁的好镜子,我们的价值可以通过朋友得以体现,我们的缺点也可以得到朋友真实的提醒。

我们选择朋友时,其实就是在选择自己的价值观和道德观,我们选择朋友的标准,就是我们要求自己的标准,因而,君子贤士要想修好身就应该慎交择友。

言无务为多而务为智,无务为文而务为察。故彼智无察,在身而情,反其路者也。(《修身》)

说话不图繁多而讲究富有智慧,不图文采而讲究明白。所以既无智慧又不能审察,加上自身又懒惰,则必背离正道而行了。

孔子和墨子是先秦时代中国思想界的巨匠,是儒家和墨家的创始人和精神导师。然而两家在很多问题上都存在着分歧。就文与质的关系问题而言,两家各持己见,孔子说:"质胜文则野,文胜质则史。文质彬彬,然后君子。"君子应该时先天才智和后天修饰、内在修养与外在行为的完美结合体,认为一个人"质"的方面超过了"文"就会变得粗俗,而如果文采多于质朴,就会流于虚伪、浮夸,只有质朴和文采配合恰当,才是君子的标准。因而儒家认为在注重人的内在本质的同时,更应该重视外在仪表的修行,尤其是礼乐文化方面的教化,认为一个人"兴于诗、立于礼,成于乐",只有通过外在礼乐的引导,个人才能了解生命的意义和价值,按照道德的要求过理想的生活,为政者才能找到长治久安之道,实现天下大治的愿望。因而,应该重视质的修行。

而墨子与儒家的观点不同,墨子主张先质后文,注重人行为的功利实效性。他说:"故食必求饱,然后求美;衣必求暖,然后求丽;居必求安,然后求乐。为可长,行可久,先质后文,圣人之务。"墨子认为只有实现了本质上的需要,才可以有能力去发展外在的因素,他的这种观点和自己的思想立足点是相吻合的。墨家的行为目的是"兴天下之利,除天下之害"因而他们更注重实际效果。

墨子曾在《非儒》中说:"孔某盛容修饰以蛊世,弦歌鼓舞以聚徒,务趋翔之节以观众。博学不可以议世,劳思不可以补民,累寿不能尽其学,当年不能行其礼,积财不能赡其乐。繁饰淫术,盛为声乐,以淫遇民。其道不可以欺世,其学不可以导众。"认为孔子用盛容修饰来惑乱世人,用弦歌鼓舞招集弟子,用礼节来约束世人的行为,即使民众有学问也不允许他们言论世事,把累积的钱财花费在音乐上。用言辞华丽的邪说来迷惑当世的国君;用繁缛的礼节来惑乱愚笨的民众。墨子把矛头直接指向了儒家言辞的华丽和礼节的繁缛,批判它们是伤时害事的祸乱根源,并且提出了自己的修身主张——朴质无华。

我们知道,墨子时是以上古时期的贤人大禹作为自己的效仿对象,以大禹吃苦耐劳、热心救世的精神与实践作为墨家学派行事的宗旨,因而在源头上可以追溯到质朴、节俭的"夏政"。从另一个层面上说,墨子出身与下层劳动人民,他所代表的是下层民众的利益,因而墨子和墨家子弟们无论在生活方式上还是在物质消费上都比较简朴,墨家甚至要求自己的弟子必须穿粗布衣服。也正因为生活上的简朴,墨子自己著作中的语言也是质朴无华,这也在一定程度上直观地呈现于墨子的价值取向。

"文质"之辨由来已久,一般说来"文"是指外在表现,而"质"是指道德品质。墨子认为,君子贤士修身的关键是道德品质方面的提升,不需要有华丽的外表,也不需要在言行上进行修饰。在墨家看来,语言不在于多寡而在于是否有见地;文章不在与华丽与否而在于是否见解透辟,语言多而无智就是废话连篇;文章华而不察就是华而不实。

因而要注重本质上的提高,而不是把精力放在外部的装饰上,这种思想在某一个侧面反映了墨家注重实际的思想。后世人在谈及墨子言辞的质朴时常常用两个事例来说明墨子言论上的无华:

从前秦伯把他的女儿嫁给晋国的公子,秦伯的女儿穿着简单的衣饰,而陪嫁去的婢女却穿着华丽衣服。来到晋国后,晋国人喜欢陪嫁的婢女,却看不起秦伯的女儿。这可以叫作善于嫁婢女,而不能说善于嫁女儿。

楚国人中有一个在郑国卖珍珠的,做了一个木兰的匣子,这匣子用肉桂花椒熏过,用珠子和宝玉点缀着,用红色的美玉装饰着,用绿色的翡翠环绕着。而郑国人再买了他的匣子之后把珍珠还给了楚国人。这可以说是善于卖匣子,而不能说是善于卖珍珠。

支持墨家学说的人认为,现在社会上的很多言论,仅仅是一些巧辩华丽的话,君主却只看重华美的言辞,而忽略了它们是否具有价值。墨子的学说是用先王的

买椟还珠

道理、圣人的话语,来宣传自己的救世主张,如果他注重言辞的修饰,就会让人把注意力放在文采上而忽略了它的价值,因为言辞而损害了实用,这和那个楚国人卖珍珠,秦伯嫁女儿完全一样,这正有价值的东西反而得不到重视。

墨家强调质朴无华,除了反对外在形式上的华而不实外,还讲究应该把道德品行的"质"根植在内心。他认为,暂时行为善言善行并不是真正的修养,因为在某些时候,人们会为了实现某些目的而做出一些善事,就像用华丽的文采来装饰自己的语言一样,这种善是不能持久的,只有养成乐善之心、并付诸自觉的行动中,才能永久为善,才是真正的

根植于个性中,成为道德操守的一部分,用墨子的话说,就是"善无主于心者不留,行莫辩于身者不立"。

在君子贤士的修身过程中,讲究质朴无华,可以陶冶素朴的气质,使人在简朴实用中趋向至善,趋向境界的崇高。在当今充斥着利益和物质的社会环境中,在物质生活愈来愈富有的情况下,质朴往往能帮我们守住人的精神家园,不为外界声色所诱惑、不苟取、不奢靡,保持自己的真性情生活。

(四)要做到志功合一

墨子在《鲁问》中提出"合其志功而观焉",把志功看作是评价一个人的标准,其中"志"指的是人的行为动机,而"功"指的是行为的实际效果。墨子重视动机,然而更注重实际的行动和效果。

一个人即使胸怀大志,然而不肯付诸实践,只把理想挂在嘴上而不去行动,肯定不会实现自己的"志",而一个人为了实现自己的愿望,不择手段,甚至违背道德损害别人的利益,那么他即使实现了"功"也是为人所不齿的。

因而,墨家主张君子贤人在修身是,要做到志功合一,用力行务实来实现自己的"志",用义予义取来得到自己的"功"。

义取义予

君子之道也:贫则见廉,富则见义,生则见爱,死则见哀;四行者不可虚假,反之身者也。(《修身》)

君子之道包括如下方面:贫穷时表现出廉洁,富足时表现出恩义,对生者表示出慈爱,对死者表示出哀痛。这四种品行不是可以装出来的,而是必须自身具备的。

墨家在君子的修身标准中提出,贫穷时能够坚守自己的节操、廉洁自律;富足时能够把财物分给他人;对生者行仁爱之道;对死者真心哀悼。这就是君子应该具备的四种品行,而这些品行是无法伪装的,只有内心具备了这些真实的情感才能做到,因而,君子贤士修身,就必须在这些方面下功夫。

墨家的弟子们大都出于社会下层,墨子本人也是一个手工业者,因而他十分注重贫者的地位,他分很多主张就是从下层民众的角度出发而提出来的。在君子修身的诸多方面中,涉及经济物质方面时,墨家主张义予义取,贫者要取之以"义",富者要予之以"义"。

居贫有节操,不贪取他人之物。

墨家认为,君子在贫穷时能够坚守廉洁的节操、不贪图财物,是最应该具备的品质。在先秦时期,有"君子忧道不忧贫"的观点,认为生活上的困顿并不是真正的穷,真正的贤人君子不会因为生活的困苦而忧虑,相反,是为自身修养和道德的缺憾而忧虑。一个人身处贫穷的境地,虽屋舍简陋但能做到整齐清洁;虽衣食缺乏但能做到坚守节操,也获得了精神上的富有。

因而，贤士君子应该做到"居贫有节操"，不贪求他人之物、而应该廉洁自律，古人曾对廉洁之士进行了分类：一种是按照规则办事不妄自收取财物的人，一种是看重自己的名誉、节操不贪取财物的人，一种是害怕受到法律的惩罚、为保住自己的官职俸禄不敢收取财物的人。在这中间，按规则办事的人没有掺杂个人目的意图，因而是上等廉洁之士；不为利益而损坏自己名声的人是为了自己的荣誉因而是中等廉洁之士；为保住自己的官位俸禄而不敢收受财物的人，是为了不受惩罚勉强做到廉洁，因而是下等廉洁之士。

虽然廉洁的境界有高下之分，但所得到的结果是一样，因此，君子贤士在修身的过程中，首先要做到廉洁自律。

古话说"穷当益坚"，在我们的生活中祸福无门，任何人的一生都难免有时运不济的时候，因此越是身处困境也要坚强自己的意志和操守，越是身处贫穷低下，越要表现出人格的高尚，所谓的"人穷志不穷"一个人在贫穷的境地中丧失了自己的节操、为了钱财而失去了义，气才是真正的贫穷。

《后汉书·袁安传》记载的"袁安困雪"的故事就有力地证明了"居贫有节操"的贤士修养。

有一年冬天，大雪一连下了十余天，地上积雪有一丈多厚，封路堵门。洛阳令到州里巡视灾情，访贫问苦，看见家家户户都扫雪开路，出门谋食。而来到袁安家门口时，大雪封门，无路可通，洛阳令以为袁安已经困顿冻馁无力清雪，就派人铲除积雪挖出一条道路，只见屋内袁安奄奄一息。洛阳令忙给他喂粥，然后问他为什么不出门乞食，袁安答道："雪灾时人人饥饿，我不应该再去打扰他们。"洛阳令对他这种居贫不改节操的品德十分嘉许，就举他为孝廉。

在后来楚王英的谋反之乱时，朝廷因为袁安执法严明，就拜他为楚郡太守。袁安在任十年，京师纲纪肃然，袁安也因为自己的政绩而步步高升，位至三公。袁安一家也成为世家望族，汉末三国初的一代枭雄袁绍、袁术皆出袁门。

袁安的故事就告诉我们，物质上的贫穷不怕，越是在艰苦时刻能做到廉洁刻苦，坚守自己的节操，个人的道德修养就越是能得到提升。一个人品质的高尚与否，不是体现在他春风得意之时，而是在命运困顿的人生低谷。因而，当我们身处困境，更应该坚持自己的操守，做到穷而益坚，这样，才能真正地得到道德素养上的提高。历史上大凡那些品行高尚的人，多是经过了苦难的磨炼，正是居贫时他们坚持了自己的操守，才成就了自己高尚的节操。

而且，我国传统道德对于从政者的规范最重要的一个要求就是廉洁，人们把廉洁看作是"仕者之德"，要求施政者在治理国家时，能够见利思义，循礼合法。施政者如果能做到廉洁奉公，社会就会稳定而民心就会向善，因而说廉洁是为政之本。而廉洁的养成，主要是在贫贱之时，一个人在身处贫贱时能够不贪求钱财、坚守自己的节操，那么即使他身处高位，也一定能够廉洁自律。

居富有爱心，能分财以济贫。

墨家认为，能够做到"以财分人"时君子贤士最大的"义"，一个人的社会地位越高、物质财富越丰厚，就越需要提升自己的德业修养，才能时自己的人格更加完善。

儒家认为富者的社会地位越高、拥有的物质财富越丰厚，就越应该加强自身礼仪方面的修养，做到"富而好礼"。而墨家则认为，富者不仅仅应该拥有一颗仁爱之心，更应该把这种仁爱落实到具体行动上，能够把做到"以财分人"，这才是富者修身最大的"义"，墨家还认为，社会财富是社会人所共有的，因而那些掌握财富较多的人应该将自己的财富分人济贫，这在一定程度上体现了"平均主义"的思想，也有人认为墨家这种"分财济贫"的主张有些大侠的意味，是想要劫富济贫，其实墨家的本意是通过提高富者的道德修养水平，让他们主动意识到这种"义"，"济贫"是目标，但"劫富"并不是手段。

富者应该懂得"只知取之为取，而莫知与之为取"的道理，掌握"取"和"予"之间的辩证关系，否则就会成为柳宗元《蝜蝂传》中那只虫子：见物即取，背之于身，因为只知道索取而不知给予，最终累死在行程中。

我们从古今富人成败的经历中可以看到，如果贵富太盛就会因骄佚而生过，富人凭借自己拥有的财富而盛气凌人，甚至恃"财"辱人，就会走向事情的极端。儒家就对财富问题提出了自己的观点"不患寡而患不均，不患贫而患不安。"当社会上贫富差距过大，而且强凌弱、富辱贫，整个社会的稳定和发展就会受到影响，而在这种情况下，富者的财富也是得不到保障的，因为社会是一个错综复杂的综合体。

因此，富者应该义仁爱为本分。墨家讲究"交相利"，正是富者在这种"济贫"的行动中得到了财富以外的"利"。社会上不乏这样的例子，富者用自己的财富做助人为乐的善事，而在财富解决不了问题的危急关头，往往得到来自贫者的帮助，这就是作为的"善有善报"，也许贫者在物质上不能对富者的接济做出回报，但肯定会在其他方面给予回报，因为凡是那些真心助人者，最后都会帮到自己。

然而社会上的很多人都有这样的观点，认为"为富不仁"，富者一般都没有仁爱之心，甚至孟子也说"为富不仁矣，为仁不富矣"。从商人追逐利益的角度来说，也许"仁爱"会影响到自己物质利益上的得到，但聪明的富人，都明白"取"和"予"之间的关系，知道自己的财富是来源于国家、社会、他人，只有对社会国家有所回报，才能得到更多的利益。

也有很多富者，把富人之仁看作是一种乐善好施，但如果仅仅是为了得到"富人有仁"的名声，那这种行为就会变质为"怜悯和施舍"，真正的"以财分人"不是为了名义而是为了"义"，这个"义"就是对社会的责任。

李嘉诚捐资 2800 万在上海修建了一所养老院，落成当天，和他一起出席典礼的很多人，都以视察的姿态走进老人中间时，只有他弯下身来，用传统的作揖方式和老人们打招呼。在记者们强烈要求他讲话时，他说，"建一座完善的长者护理院，绝不是对老弱人士的怜悯和施舍。我们不能坐视一些老人在社会的急速变化里，成为被遗弃的一群人。"

在商言利是商人们的本性，但我们不可否认李嘉诚的确是做了一件善事，而他的言语证明了自己的行为的动机：他不忍心看到老人们因为没有生活能力而成为被遗弃的群体。

当今开放竞争的市场经济社会里，尤其是富者，对社会和国家的依赖程度更高，那些依靠社会、人与人之间相互服务关系而拥有财富的富人更应该感恩社会。并把这种感恩化作接济贫者的仁爱行动，为社会负担一分富者的责任。

早在两千年前，墨家就提出了"不贪即廉，能分则义"的思想，只有做到了居贫有节操，不贪取他人之物；居富有爱心，能分财以济贫，贤士君子的修养才能得到真正地体现，个人的道德才真正地高尚。

善无主于心者不留，行莫辩于身者不立；名不可简而成也，誉不可巧而立也，君子以身戴行者也。思利寻焉，忘名忽焉，可以为士于天下者，未尝有也。（《修身》）

善不从本心生出就不能保留，行不由本身审辨就不能树立，名望不会由苟简而成，声誉不会因诈伪而立，君子是言行合一的。以图利为重，忽视立名，（这样）而可以成为天下贤士的人，还不曾有过。

在先秦诸子中，墨子不仅仅是一个伟大的理论家，更是一个实干家，很多人对墨家的学说持批判的态度，但对于墨子"摩顶放踵，以利天下"一生为扶危济困的正义事业奔忙走的实干精神，都一致的认同赞扬，班固《答宾戏》中说："孔席不暖，墨突不黔"，就是说墨子像孔子一样为天下事而终日奔劳，连将席子坐暖和将炉灶的烟囱染黑的功夫都没有。班固生活的时代已经是"罢黜百家，独尊儒术"的时代，他还给与墨子如此高的评价。世人对墨子实干精神的赞赏由此可见一斑。

墨家认为，一个名副其实的君子首先是一个力行之士，修身的主要目的是为了有助于行动，努力为天下办实事才是墨者的本色。庄子曾对墨者做出了这样的评价：以绳墨自矫，而备世之急、形劳天下、以自苦为极，把力行务实看作是墨者的主要特色。

墨家的这种务实精神，在一定程度上还和他们所处的阶级有一定的关联。墨子与墨家的子弟们大数从事社会上低级的工作，中国古代社会分为士、农、工、商四个阶层，墨者大多属于"工"这个阶层，他们有丰富的生产和工艺技能，也因此为儒家所轻视。然而墨者们也鄙视那些自视清高但不会劳动地过寄生生活的儒家子弟。儒墨两家相轻很大一个原因就是因为生活阶层的不同。

而墨子把这种务实的精神运用在推行自己的政治主张上，长期奔走于各诸侯国之间，宣传他兼爱、非攻的主张。相传他曾经止楚攻宋、南游使卫，曾宣讲"蓄士"以备守御的重要、曾拒绝越王五百里封地的奖赏，这些所作所为都是为了实现自己的政治抱负和主张。墨子把这种务实精神运用在教导弟子上，要求他们贯彻兼爱、勤、俭的墨者品质，并身体力行的去实践，墨家的弟子就常常帮助弱小国家守城义抵御外侵，甚至牺牲自己的生命，正是墨家兼爱非攻精神的最好诠释。

墨家的这种力行实干精神，对于施政者来说也是必须具备的一种修养，力行实干在为政者身上，体现为不尚空谈、不务虚名、兢兢业业、埋头苦干，身体力行地为人民谋福祉、为百姓做实事。古代史官周任曾说："陈力就列，不能者止"，就是对为政者提出要求：在其位就要谋其政，施展自己的才智为百姓做实事，如果不能做到，就应该离职。

其实不管古今，作为一个施政者，无论担任什么职位，要想在个职位上施展才智、有所作为，不力行务实是什么建树也不会有的。而为政务实的关键在于实干，只有先做一个实干家，才能有所成就。

古代的李冰就是这样一个很好的例子

战国时期的李冰在担任蜀郡守期间，为政讲究实际、注重实干。虽然史书上对他的生平事迹没有详细记载，而他却以自己主持建造的伟大工程都江堰而名垂千古，他为民兴利、造福一方的政绩得到了历代人民的称颂。

李冰刚被任命为蜀郡太守时，川西平原水旱灾害连年不断，涝时农田、房屋、人畜被冲毁淹没；旱时庄稼颗粒无收，赤地千里。面对着严重的水旱灾害，李冰认识到治蜀必先治水，只有人们不受水旱灾害的威胁，才能过上富足安定的生活。

在上任不久，李冰就带领有治水经验的人沿岷江察看实地情况。发现岷江因为水流湍急所以携带了大量泥沙，而在流经灌县平坦开阔的平原时，水速减缓致使泥沙淤积、河床增高；而河水又被灌县城外的玉垒山所阻隔，因此每到涨水季节，岷山两岸的大片良田就会被洪水淹没，而干旱时岷山东岸田地又得不到灌溉。了解到旱涝发生的原因，李冰决定开凿玉垒山，把一部分水引到东岸，这样既可分洪水减灾，又可引水灌田。

经过一年多的时间，玉垒山终于被凿开一个二十米宽的大缺口，岷江水由这一缺口可流入新开的河道。原来的岷江称作"外江"，新开的河道称作"内江"，也叫"都江"，被凿开的缺口叫作"宝瓶口"。可是，宝瓶口的实际分洪效果并不理想。

李冰并没有灰心气馁，而是重新对玉垒山附近和岷江进行了仔细的观察，他发现宝瓶口的地势太高，所以流入的水量不大，要解决这一问题，需在玉垒山前面的江心筑起一道分洪堰，在那里就将水分为两股。这样，江水流到分洪堰前，会分别进入外江和内江，不仅可增大流进宝瓶口的水量，而且还可减少外江的水量，不致再漫出堤岸成灾。

找到了解决的办法，李冰就开始组织当地百姓进行这项伟大的工程，经过了数次失败和艰辛的努力，李冰终于带领蜀郡百姓在湍急的江水中成功地筑起了一道分洪大堤。江心筑堰的成功使得岷江水患得到了控制。从此，蜀郡旱涝保收，百姓们安居乐业，蜀郡

諸子百家——墨家

也成为"天府"。

直到两千多年后的今天,都江堰还在发挥着重要的作用,为四川平原提供着巨大的水利效益,使之成为物产富饶的地区。李冰也因为治水的功绩为后世所敬仰。

翻开我国的历史,像李冰这样勤政爱民、力行实干的为政者数不胜数,他们不是为了自己的名声和利益,而是为了百姓为了国家,兢兢业业地发挥自己的才干,正是这些"脊梁"式的人物使得我们的国家逐步强盛,我们的民族更加伟大。

他们的身上都体现着一种可贵的实干精神,为百姓实实在在地做具体工作的力行精神,这些说起来容易、看起来简单的事情,真正做起来却也并非易事,需要有为国解难为民分忧的强烈责任感,有不图安逸、肯于吃苦的坚韧毅力、有鞠躬尽瘁、踏实肯干的具体行动,为政者做到了这些,才能真正地为民为国做出贡献。

可以说,力行务实的精神是中国农耕文化形成较早的一种民族精神,已经成为一种民族意识深深的扎根在国人的心中,正是这种注重现实、崇尚实干精神创造了中国古代社会灿烂的文明。

力行务实作为中华民族的一种民族性格心理,已经成为一种传统美德代代相传,在物质文明高度发达的今天,这种精神更应该得到重视,在我们的当代生活中熠熠生光。

(五)态度决定一切

一个人为人处世的态度,在很大程度上体现着一个人的品德和内在修养,我们往往可以通过一个人言谈举止上的态度来判断他的人品,通过一个人做事情的态度判断他的成就。而很多时候,一个人做事为人的态度正确与否,往往决定着他能否取得成功、赢得良好的人际关系。

因而,墨家在君子贤士的修身方面,十分重视态度的修行,认为一个端正的态度,往往是做成事情的关键因素,一个谦虚的人,常常能取人之长补己之短;一个谨慎的人,做事才会考虑周全避免失误;一个求实的人,常常会取得真正的成就;一个戒虚的人,才会有真正的人生内涵。

本不固者末必几,雄而不修者,其后必惰,原浊者流不清,行不信者名必耗。名不徒生而誉不自长。功成名遂,名誉不可虚假,反之身者也。(《修身》)

根本不牢的,枝节必危。光勇敢而不注重品行修养的,后必懒惰。源头浊的流不清,行为无信的人名声必受损害,声誉不会无故产生和自己增长。功成了必然名就,名誉不可虚假,必须反求诸己。

墨家在讲到君子修身时,非常注重"固本",也就是君子修身的目的是为了"实干"这个"本",而不是为了得到声誉,因而应该在行为上严格要求自己,而不是流于形式。所谓"桃李不言,下自成蹊"就是这个道理,君子的声誉是凭借着自己实际的劳动得来的,而不

诸子百家

——

墨

家

是靠花言巧语欺骗得来。因此君子不可贪图虚名虚誉，更不能投机取巧，要知道，是先有行动后得声誉的，只有脚踏实地，踏踏实实的付出行动，才能实至而名归。在君子贤士修身的问题上，从来没有捷径。

虚名会使一个人放弃努力，停留在已经取得的成绩上而不思进取，甚至反而会连得到的东西也失去，最终一事无成。我国古代"伤仲永"的故事，说明的就是被虚名所误的人生教训。

仲永小时候聪颖过人，过目不忘，能吟诗作赋，被人称颂，被誉为"神童"，成为一时的名人。可是在成名之后，他终日陶醉在别人对自己的盛赞中，沉醉在虚名之下，不再刻苦努力学习，随着年龄的增长，他的那些天赋、才能也渐渐地消失，等到长大成人，他也就和普通人没有什么区别了。

仲永最终"泯然众人"的结局就给了我们这样的警醒：一个人，即使天赋才华过人，但如果汲汲于声誉而不发挥自己的优长，停留在一时的成就上而不思进取，终将落于人后。而且还有一些人，在取得名誉之后，就不在想做得更好，反而是拼死拼活维护已得的名誉，最终为名誉所累，成为虚名的奴隶。

要知道，名誉虽然重要，但只是虚浮而没有实际意义的身外之物，我们更应该做的是那些具体的事情，而不是追求虚名的泡沫。然而很多人总是给自己带上名誉的枷锁，想着自己的言行要时刻符合自己的身份，除了失去生命的本真和自由之外，人生毫无价值。

然而现实生活中，总有这样的例子，明知道是没有意义的虚名，但还是乐此不疲，为了所谓的形式甚至不惜劳民伤财。

某学校接到上面教育局的通知：明天检查学校的卫生安全工作。

校长马上召开全校教师紧急会议，布置下午全校师生打扫卫生的工作。

下午全校师生听课以便把以"全部精力"放在卫生清理工作上。经过一下午的打扫，学校面貌焕然一新，校领导在检查完毕之后，下命令说，要保持到明天下午，谁破坏谁负责。

第二天上午，大家都心神不宁的等待着上级领导的检查，然而过了中午还没有消息，校长派人中午把操场上零星的纸片拣了起来。下午又继续等，直到将近5：00，检查的领导们才姗姗来迟，只用了几分钟，就检查完毕。

像这样的检查，在我们现实生活中时有发生，下面兴师动众忙碌半天，只为了上级的几分钟视察，不但影响正常工作，而且使得形式主义的歪风愈演愈烈。当然，这种现象也不是广泛的存在，我们的生活中，务实的人、戒虚的人到底还是多一些，正是这些中流砥柱的存在，才推动了我们社会的不断进步。

戒虚求实，坚持办实事、求实效、不图虚名，才是为政者应该奉行的施政准则，而那些为了搞自己的政绩工程而劳民伤财的、为应付检查说违心话、干违心事的施政者，应该深

諸子百家 —— 墨家

刻的检讨自己，认识到追求虚名并不是自己在政治上有所建树的正确途径。

务实戒虚，于个人而言，有利于提高道德修养，实现人生的真正价值；于为政者而言，有利于做出政绩，为社会做出奉献。因此，应该得到提倡和发扬。

务言而缓行，虽辩必不听。多力而伐功，虽劳必不图。慧者心辩而不繁说，多力而不伐功，此以名誉扬天下。（《修身》）

专说而行动迟缓，虽然会说，但没人听信。出力多而自夸功劳，虽劳苦而不可取。聪明人心里明白而不多说，努力做事而不夸说自己的功劳，因此名誉扬于天下。

墨家认为君子修身的最好态度是谦虚谨慎，做人要谦虚，做事要谨慎，做到了这两点，才能称得上是一个品行完备的人。

夸夸其谈而不力行，没有人会相信他们的话语；居功而自傲的人，没有人会对他们尊敬；而那些聪慧但不烦言絮语，居功而谦逊处世的人，反而能得到人们的赞赏而名扬天下。因而君子为人处世必须要谦虚谨慎。

谦虚谨慎是一种高尚的传统美德。

所谓"行谨则能坚其志，言谨则能崇其德"，纵观历史上那些取得突出成就的仁人志士，无不具有谦虚的做人品德、谨慎的做事原则。一个德高望重的人会"畏盈守谦""劳谦虚己"，博学多才的人能够"慎而思之，勤而行之"。唐代的著名谏臣魏徵说："低洼下，水流之；人谦下，德归之。"水洼正是因为处在地处，才能汇聚水流，而君子只有谦虚，才能完善自己一个人的成功是需要具有真才实学、雄韬伟略，谦虚谨慎各方面能力和品质的，然而在这些因素中，最重要的就是谦虚谨慎的态度。因为他们有"海纳百川，有容乃大"的谦虚胸襟，才能够真正做到礼贤下士，正因为他们有"三思而后行"的谨慎行为，才能够取得成功。

汉高祖刘邦就是这样一个做人谦虚做事谨慎的人，刘邦原本是一个市井之徒，既无强大的军事实做后盾，本身也没有真才实学的人，然而他懂得用人之长，能谦虚的接纳别人，还善于利用别人的意见来修正自己的不足之处，正是因为他这种品质使得他的身边聚集了很多能人贤士，最终帮助他夺取了天下。而西楚霸王项羽，应该算是一个有真才实学的人，他自幼熟读兵书，还练就了一身好武艺，常年带兵打仗的实战经历培养了他较强的军事指挥能力，然而他有一个致命的毛病——刚愎自用，他不允许部下对自己有一丝异议，不能接受部下的任何建议，总认为自己才是正确的，因此引起了部下的不满而军心不稳，最终导致了垓下之败，造成了自己的悲剧命运。

我们的生活中常常有这样两种人：骄者和谦者。项羽就是这样一个骄者，这类人觉得自己是世界上最有才华、最聪明的人，因而常常自以为是、甚至恃才傲物，殊不知正是这种目中无人的骄傲常常给自己带来祸端。因而骄者自视颇高因而锋芒毕露，在为人处世时不懂得给自己和他人留有余地，甚至自己有十分的才聪要表现出十二分，也因此在生活中屡屡碰壁,甚至给自己的命运造成悲剧。三国时期的杨修就是这样一个例子。

三国时期,在曹操手下为官的杨修,十分聪明。

一次,杨修和曹操一同骑马路过曹娥碑前,见碑上有几个字:"黄娟、幼妇、外孙",杨修一看就明白了,而曹操却不解其意。因此,曹操不让杨修说出答案,他要自己想一想。直到走了三十里,曹操才想通,和杨修一对答案,乃"绝妙好辞"四字。操叹道:"我的智慧比杨修差了三十里啊。"因此心里不太舒服。

一次,曹操下令建造一座花园,造成后,他去观看,没有发表什么意见,只是在门上写了一个"活"字就一言不发地离开了。众人都不知其意,杨修说:"'门'内添'活'乃'阔'字也,丞相是嫌门太窄了"。于是监工马上命令工匠们改换。等曹操再去看时,非常高兴大喜,问:"谁知我意?"身边的人告诉他:"杨修也。"曹操表面上赏赐了杨修,而心底却有些顾忌。

一次,曹操在酥盒上写了"一盒酥"三个字,放在案头。曹操一走,杨修便取出盒中之酥分给大家吃,曹操回来后发现酥被吃光了,就问是谁吃的,大家都推到杨修头上,杨修不慌不忙地回答说:"盒上明写'一人一口酥',我不过是遵从了丞相的命令啊!"曹操没有说什么,但已经开始嫉恨杨修。

杨修就这样一次次在曹操面前表现自己的"才能",曹操对杨修也就越来越嫉恨,于是就想找机会惩治这位"能人"。

又一次,曹操的军队与刘备在汉水作战,二军对战,久战不胜,曹操在是进还是退的问题上犹豫不决,正好庖厨送进鸡汤,曹操看到碗中有鸡肋,因而有感于怀,正沉思时,夏侯淳入账问夜间口令。曹操随口说道:"鸡肋"。而行军主簿杨修一听夜间口令为"鸡肋",就立即让士兵收拾行装,准备归程。夏侯停忙问其故。杨修曰:"鸡肋者,食之无味,弃之可惜。丞相的意思是,今进不能胜,退恐人笑,在此无益,不如早归;来日魏王必班师矣。"本来曹操在进退两难之际,真有班师北归之意,但见杨修又说破了他的心思,非常气恼,便大声呵斥道:"汝怎敢造言,乱我军心。"于是喝令刀斧手把杨修推出去斩首了。

这就是"杨修之死",可见,即使一个人身怀过人才智,如果不懂得谦虚,也一样难逃悲剧的结局,杨修的死真可谓是"聪明反被聪明误"。先人们也教训我们"谦受益、满招损",一个人只有懂得谦虚,懂得人外有人,才会不断地让自己的才智更充实,像杨修一样,有了一点聪明就到处卖弄,殊不知在无意中就犯了统治者的大忌讳。

可见,谦虚谨慎不但是人生修养德性之基础,更是成功人士必备的品格,具有这种品格的人,在做人时才能温和有礼、平易近人,在做事时才能善于倾听他们人的意见、虚心求教,谦虚的人有自知之明,在功绩面前不居功自傲,在失误面前不文过饰非,做到了谦虚谨慎,一个人也就达到了德行修养上的高境界。

所谓"川泽纳污,所以成其深;山岳藏疾,所以就其大。"只有谦虚而谨慎的人,才能有山川一样广阔的胸襟。只有那些勤勉敬业、埋头苦干的人，才能时自己的品行高尚、修养完善，才能在人生和事业上有所成就。

那么如何才能做到谦虚谨慎呢？应该做到以下三点：

慎言。所谓"高者不说，说者不高"，谦虚谨慎首先应该做到的就是谨慎自己的言语，俗话说"言多必失""祸从口出"，很多人修身不懂得在语言上约束自己，想说什么就说什么，知道的不知道的都要说，殊不知正是这样口无遮拦，会让人觉得没有涵养。古人说"敏于行而讷于言"就是这个道理，事情是做出来的而不是说出来的，只有行动才能让人信服。慎言还要求我们在看到别人的过失时，不要直言不讳地说出来，而应该顾忌一下别人的尊严，而这样做，既是对别人的尊重也对自己的尊重。

熟思。古人说"三思而后行"，这是一个真理，我们无论做什么事情，都要先进行周密的思考，然后再付诸行动，否则很有可能因此而酿成大祸。"事无大小，先当孰思"，统治者行事如有不慎，可能造成民众忧虑、社会动荡，个人做事不进行详细思考，很可能"一失足成千古恨"，改变自己的人生命运。古语说"差之毫厘。失之千里"，因此我们在做事之前不能不熟思。

节制。做任何事情都要讲究个度，过分谦虚就会对自己失去信心、失去自我，而过分谨慎就会导致顾虑太多而畏缩不前，因而培养自己谦虚谨慎的品行时，一定要把握"节制"的原则。正如《礼记·曲礼上》所言："傲不可长，欲不可纵，志不可满，乐不可极"。

七、信仰智慧

（一）墨家的"天"

在中国思想史上，"天"的含义相当复杂，没有一个人能够给出确切的定义。著名学者冯友兰曾把历代对"天"的诠释概括为五种：与地相对的物质之天；按法度运行的自然之天；有人格的主宰之天（所谓皇天上帝）；不以人的意志为转移的命运之天（孟子所谓的"若夫成功则天也"的"天"）；宇宙最高原理的义理之天（《中庸》所说的"天命之谓性"的"天"）。当然，辨别这五种"天"的具体含义需要以具体的语境为前提。

墨子所信仰的"天"，主要是指"主宰之天"。在我国的文化史上，"天"的主宰含义出现的最早、最原始，"天"的命运、自然、义理等含义是人类的智力和文化发展到一定阶段才出现的。天的主宰作用是上古人民认识愚昧懵懂的产物，发展到墨子生活的时代，天的主宰意味已经变淡，而传统的天命论观点正面临着一场变革。

就是在这种情况下，墨子重新抬出了"主宰之天"，看起来有些不合时宜。但墨子的天命观点是"旧瓶装新酒"，他对传统的天志论进行了改造，使得"天"成为论证自己思想的有力工具;而且,墨子所倡导的天志,和当时流行的天命论中以民意代天意的总体趋势相一致。

墨子主张"天志",志,知也,天志即是天智,天有智、有知;志,择也,天志也是天择。墨子所说的天有意志,即是认为天是有智慧、感情、知觉、意志,能主动有所作为的天。墨子用自己的天志论来否定孔子所信仰的天命论。孔子所提倡的天命论,是必然论、决定论,认为天数已定,人在命运面前是无能为力的。而墨子的天志论则是选择论、反决定论,认为天是有知觉和判断力的,命运也是可以通过自身的后天努力得到改变的。

墨子的"天志"观点主要有三个方面的含义:

首先,"天"有意志、有好恶,是万物的主宰。《天志上》篇中说:"然则天亦何欲何恶?天欲义而恶不义。"说天有自己的好恶,喜欢义而厌恶不义,那么,民众在效法上天的时候,自然要做上天喜好的事情而避免上天厌恶的事情了。墨子还认为,天子是天下最富最贵的人,所有的人都得臣服于他,但是天子也会受到来自上天的赏罚,"天"才是万物生灵的主宰。

其次,"天"是全知全能、无所不在的。《天志下》中说"今人皆处天下而事天,得罪于天,将无所逃避之者矣。"整个世界都是"天"的掌管范围,"天"能够洞察世间的一切善恶真伪。一个人得罪了家人,可以先到邻居家躲避;得罪了国君,可以逃到国外;但一个人如果得罪了"天",他能够逃到哪里躲避呢?因为"天"是无所不在的。

最后,"天"对人的行为能够进行赏赐和惩罚。墨子认为天对人的赏罚完全取决于人是否服从了天的意愿,如果顺从天意,则会得到风调雨顺、五谷丰登的赏赐;而如果违背天意的话,那么天灾人祸、灾难瘟疫就会接踵而至。

因为天有欲求有意志,全知全能,而且赏善罚暴,是万物的主宰,所以人的行为活动必须效法于天,天判断是非善恶的标准是人的言行规范。墨子的天志论就这样表述:"我有天志,譬若轮人之有规,匠人之有矩。"

那么,天的标准有谁来制定呢?

这就是墨子的高明之处,墨子所谓天志论中的天意其实就是墨子之意!具体说就是墨子一直倡导的兼爱、非攻、尚同、尚贤等思想。墨子将自己之意转化为天之意,实现了"旧瓶"(传统天命论)装"新酒",(墨家主张)的转换,从而把天志变成了宣扬自家学说的工具。

墨子之所以这样做,是为了给自己的政治主张和社会理想寻求更高层次的保障,给自己的学说披上一层合理的外衣。墨子所倡导的天志,是衡量天下人的尺度,这个尺度是平等的,可以度王公大臣,也可以量庶民百姓,这个尺度在人类社会中的标准就是尚贤、尚同。然而墨子不愿意让世人认为这是墨子的个人私,因为这样就落入了不平等的境地,不利于学说的推广。因此,墨子把这个尺度还原到上天,抬高为上天的意志,使自

诸子百家——墨家

己的言论获得更大的说服力。

因为"天"至高无上，是人和万物的主宰，"天意"也就是唯一而绝对的，没有任何人的意志能和它相比。如果人类社会贯彻了"天意"，就会在一个统一而平等的标准下发展，国家自然得到治理，民众也安居乐业，墨子的政治理想也同时得到了实现。因此，墨子对传统的天命论进行了改造，把自己倡导的兼爱、非攻的政治主张提升为"天意"，给自家学说穿上公正而神圣的彩衣。

墨子的天志论带有明显的功利主义色彩，他对传统天命论的改造，对天人关系的重新梳理，只是为了替自己的政治主张寻求更坚实的基础，让自己的学说更加合理而让人信服。即使在力图证明天志存在的时候，墨子仍是以推行自己的政治理想实现自己的学说价值为目标的。这些都决定了墨子的天志观并不是纯粹的，而是带有了浓厚的现实功利特征。

墨子对天的信仰是朴素的，但墨子所信仰的"天"其实就是他自己的政治主张和社会理想。墨子在传统天命论这个"旧瓶子"中，装入了自家学说主张的"新酒"，本身也属于对天命论的改造和发展，而这种改造和发展，正好吻合了春秋战国时期盛行的以民意代天意的天命论演变趋势。

（二）墨家的鬼神观

鬼神崇拜是中国古代原始的宗教意识之一，早在原始社会便已普遍存在，发展到殷商时演变成为天命信仰，并且建立了以上帝为至上神的天神系统。遇到大事便由巫祝通过卜筮向上帝请求答案。上古先民们无法解释人的生死病死现象及做梦等生理活动，便以为有独立于人的个体之外的灵魂，自然界种种现象是因为天神们的举止造成的；而人死之后会变成鬼，就这样，产生了鬼魂崇拜，而这种崇拜又和祖先崇拜交融在一起。周代就把祭拜祖宗神灵和祭祀上天统一，称为敬天尊祖。

在春秋战国时，各种思潮撞击争鸣，理性主义的旗帜得到高扬，但社会上仍有很多人力图证明天的意志和鬼神的存在，墨子就是这样一个代表人物。这从他的《天志》《明鬼》等篇章即可看出。

按照墨子的说法，鬼神有三类："古今之为鬼非他也，有天鬼，亦有山水鬼神者，亦有人死而为鬼中。"（《明鬼下》）这与周人所崇拜的天神、人鬼、地祇三个鬼神系统基本上相吻合。因为墨子的鬼神观念就是以先人的天命论观点为依托，进行加工改造而得来的，是旧瓶装新酒的"为我所用"。

那么，在墨子所提倡的鬼神观中，鬼神的作用是什么呢？

很多学者通过考察研究认证，发现在墨家学说中，鬼神的特征，作用和"天"大致相同，鬼神和天一样，有意志和目的，也是全知全能无所不在，而且他们的行事"宗旨"也同样是赏善罚暴。如果非要在两者之间找出不同的话，那就是天是最高的主宰，而鬼神是天的辅佐，天和鬼神一起承担着惩恶扬善的职责。可以这样说，鬼神在一定的范围内，有天赋予的独自行事的权力，但遇到大事情，则要奉天命行事；就像一个国家中的大臣，大事情必须遵照君主的旨意，而普通的事情则按照例律法度解决。

但是，由于天和鬼神只是判定人们行为善恶的标准和法仪，天和鬼神本质上是墨子用来宣传自己政治主张和社会理想的工具和媒介，因而。即使是墨子本人，在有的时候也对鬼神的存在有些怀疑，甚至在自家学说的某些观点中出现了自相矛盾的情况。

《墨子》中有几篇讲天志和明鬼的。其中的观点认为，天帝存在，而且天帝爱人，天帝的意志是要求一切人彼此相爱。天帝也经常监察人们的行动，尤其是统治者的所作所为。他用祸患来惩罚那些违反天意的人，而以福祉来奖赏那些顺从天意的人。在天帝之外，还有许多鬼神存在着，他们也同天帝一样，奖赏那些实行兼爱的人，惩罚那些交相"别"的人。

然而在有《墨子·公孟》中却记载了这样一个关于墨子的故事：子墨子有疾，跌鼻进而问曰："先生以鬼神为明，能为祸福，为善者赏之，为不善者罚之。今先生圣人也，何故有疾？意者先生之言有不善乎？鬼神不明知乎？"子墨子曰："虽使我有病，鬼神何遽不明？人之所得于病者多方：有得之寒暑，有得之劳苦。百门而闭一门焉，则盗何遽无从哉？"

既然认为疾病祸祟都是鬼神对人的惩罚，那么，像墨子这样为天下兴除利害而四处奔波的人为什么也会得病呢？这是因为自己的主张有不合理的地方呢，还是因为鬼神不能够明察？而且，墨子的回答也并不能结实跌鼻的疑问，他的答案也趋向于自然主义的解释，如果用现代逻辑的术语来表述，墨子的话可以这样理解：鬼神的惩罚是一个人得病的充足原因，而不是必要原因。

另外，在对待鬼神的存在和祭祀鬼神的态度上，墨家的学说也好像存在矛盾。一方面，墨家相信鬼神存在；而另一方面，墨家又反对厚葬久丧和烦琐祭祀的礼仪制度。

然而，如果我们从本质去考察就会发现，墨家的观点中并没有实际的矛盾，因为墨子坚持鬼神的存在，本来是为了给他的兼爱学说设立一种宗教的制裁，并不是出于对超自然的实体的真正兴趣。

所以他把天下大乱归咎于"疑惑鬼神之有与无之别，不明乎鬼神之能赏贤而罚暴也"，并且接着问道："今若使天下之人偕若信鬼神之能赏贤而罚暴也，则夫天下岂乱哉？"（《墨子·明鬼下》）认为导致天下乱的原因是因为人们怀疑鬼神的存在，不相信鬼神能够赏善罚恶，如果大家都有"鬼神赏善罚恶"的信仰，那么天下就会大治。

归根到底，墨子的"天志""明鬼"等天命论之说都是为了诱导人们相信：实行墨家学说则受赏，而不实行则会受到上苍的惩罚。

在人心之中建立这样一种信仰,对于墨家政治主张和社会理想的宣传和推行是有帮助的,因此墨子需要用鬼神的存在来做为实现自己目的的媒介和手段。

虽然,墨子的尊天明鬼论形式上是对商周以来原始宗教信仰的继承和回归,但不可否认的事实是,墨子的天人观带有浓烈的功利主义色彩。尽管墨子极力证明鬼神的存在,但建立一个令人信服的宗教体系并不是他的根本目标,他的终极理想是推行自己的学说。墨子所描绘的鬼神世界,虽然无法经受理性的考验,但在当时的条件下,却迎合了普通民众的心理经验和需要,因而具有积极的意义。

我们对待历史遗留的文化,不能只从现实的经验和判断出发,更多的应该联系当时的具体社会背景和历史环境。就像对待墨子的鬼神观,从当代的角度看,这些都是封建迷信,是思想的糟粕,然而在当时,正是鬼神观帮助了墨子推行自己的学说。诚然,我们对待先人的精神遗产应该采取扬弃的态度,那么对于墨子,我们在否定其思想缺憾的同时,更应该将其中的精华发扬。

(三) 敬畏神明

在墨子的鬼神观中,上天和鬼神是全知全能的,他们赏善罚恶,能够洞察人世间的一切事情。墨子强调鬼神之明,旨在让人们相信鬼神无所不在、无所不知,进而产生对鬼神的畏惧和敬畏感,以此来约束自己的行为,避恶向善。

墨子认为鬼神之明首先体现在他的全知全能上,民众虽然在平时里看不到鬼神,但鬼神是无处不在的,他在人们生活的各个角落观察着人们的行为举止。政府官吏不清廉、盗贼流寇残害无辜,鬼神都看得见,并且会对他们进行惩罚。因而,官吏施政时不敢不廉洁,见善不敢不赏、见恶不敢不罚,盗贼抢夺车马,残害人命的事情也就不再发生。因而人也就不能依仗富贵为非作歹,不能倚恃有利地形抢夺财物,因为鬼神之明能够洞知世间所有的善恶。

墨子还对鬼神进行了分类,他认为古往今来所说的鬼神,无外乎三类:有天鬼、有山水之鬼神,也有人死后所变的鬼。这三类鬼神也是有等级之分的,天鬼拥有最高的赏罚权力。然而在全知全能方面,他们是相同的,因而鬼神可以无所不在而且互通有无、相互联系,在这样多鬼神的监视下,有人若是想为非作歹不可能逃过鬼神的眼睛。

鬼神之明还体现在鬼神的赏罚标准是赏善罚恶,在执行的过程中公正无私。

墨子认为鬼神对于人的赏罚,不会因为人地位的高下、身份的尊卑而有所不同,相反,鬼神常常为那些受到侵害的人伸张正义。无论恶人有多大的权势、财富,也不管多么勇猛顽强,鬼神都能够处罚他。墨子列举了几个这样的例子来证明鬼神的公正性:

从前的夏桀,贵为天子,富有天下,但他对上亵渎天帝、侮辱鬼神,对下祸害忠良、残杀百姓,违背上天之功,抗拒上天之道。所以上天就派商汤对他进行惩罚。

从前的商纣，贵为天子，富有天下，但他对逆天道而行、祸国殃民。抛弃父老、屠杀孩童、用炮烙之刑处罚无罪之人、庶民鳏寡无数冤屈而不能申诉。所以在这个时候，上天就派周武王对他实行惩罚。

由此可见，即使位及人君，若是违背天意，也一样受到惩罚，而那些积善行德的人，即使是普通百姓，鬼神也会记住他的善举，并且会给予奖励。所以有"积善得福，不嫌微贱；积恶灭宗，不避高贵。"的说法。鬼神不会因为地位微贱而不去赏赐善良之人，也不会因为地位尊崇而不去惩罚残暴之人。

墨子不但认为鬼神对人的奖赏是公正无私的，还认为鬼神是赏善罚恶的，他同样也列举了几个古代的例子：

周宣王的臣子杜伯并没有犯罪，而周宣王杀了他。杜伯在临死之前说："我无罪而君主杀我，假若人死之后无知无觉，那么就算了；倘若死而有知，那么三年之内，我必定让我的君上知道后果他这样做的后果。"

周宣王

果然，在第三年周宣王会合诸侯在打猎时，遇到了杜伯的鬼魂，当时，猎车数百辆，人群布满山野，就在太阳正中时，杜伯身着红衣乘坐着白马素车，追赶周宣王，一箭射中宣王的心脏，使他倒伏在弓袋之上而死。

人们将这件事记载在周朝的《春秋》上，人们得知这件事情之后，君王以此教导臣下、父亲以此警戒儿子，告诫他们说，凡是杀害无罪的人，必定得到不祥的后果，鬼神的惩罚是无法逃脱的。而另一件是也证明了鬼神赏善罚恶的公正：

秦穆公有一天中午在庙堂里，看见有一位神进来，长着鸟的身子，穿白衣戴黑帽，脸是正方形，秦穆公见了十分惊恐想要逃走，这时那个神说："你不要害怕，我是句芒，上天知道你的明德，因而派我来，让我赐给你十九年阳寿，使你的国家繁荣昌盛，子孙兴旺，永不丧失秦国。"后来秦国果然强大起来，最终统一六国，称雄天下。

这些故事在今天看来，也许有些像痴人说梦，毕竟现代科技的发达证明了鬼神的虚妄，然而，我们不是要批判墨子的迷信思想，而是从中找出一些对我们现代生活有价值的东西。从本质上说，墨子的鬼神观也是为了他推行自己的政治主张服务的，墨子要求人们"兼爱非攻"，仅仅从理论上进行说教是不能让人信服的，而采用鬼神的赏善罚恶，则能让民众产生畏惧感，因为怕受到鬼神的惩罚而不去作恶，相反，希望得到鬼神的奖励而去做善事，如果大家都这样去做，墨子的政治理想也就得到了实现。

在科技高速发展的今天，再向人们宣扬鬼神的存在已经没有意义，然而墨子的这种思想还值得我们扬弃的继承。对冥冥中不可控制的那种力量心存敬畏,会引导人心向善,这对于提高整个社会的伦理道德水平,无疑是较为可行的方法。而且,生活中的很多例子也证明了这一点,好人有好报、帮助别人就是帮助自己。

　　某家报纸曾报道了这样一个真实的故事:

　　张某带着妻子和5岁的儿子到云南某县工地干活。一天,他的儿子去一家电子游戏机室看人玩游戏后就再也没有回来。张某夫妇连忙找人帮忙寻找但一无所获,丢失了唯一的儿子,夫妇两人悲痛欲绝。

　　一晃几年过去了,张某靠勤劳和智慧赚了些钱,但他并没有放弃寻找儿子的念头,于是他对妻子说想去寻找儿子。夫妻俩合计好后,张某就当上了串街走村的卖货郎,一个人踏上了万里寻儿的路。在卖货时,每当看到与自己儿子差不多的孩子就看一看,问一问。一年的时间里,他几乎走遍了云南,然而没有丝毫的消息。

　　一次,张某无意中听一位老乡说,有些人贩子拐走孩子后,不是卖到云南,而是卖到与云南相邻的缅甸去。于是张某决定出国找儿子,在异乡的一年里,他吃尽了苦头,最终也没有得到有关儿子的消息,于是决定回国。

　　在乘车前,他去上厕所时发现了一个钱包,打开一看,里面竟有两万元人民币。张某心想:丢了这么一大笔钱,失主一定心急如焚。于是他就在厕所旁等失主。两个多小时后,一位中年人满面愁容来到厕所。张某忙迎上去询问,果然是钱包的失主。

　　失主是一位华侨,他对张某的善举感激不尽,一定要请张某去家里坐坐。在摆酒款待张某的同时,两个人自然拉起了家常,在他们问道张某为何来缅甸时,张某声泪俱下的诉说了自己的遭遇。听到这些,失主沉吟了半晌,问张某有关儿子走失的年龄以及相貌特征等情况,张某一一告知,失主走到内屋,领出一个年龄约十四五岁,穿一身学生服的少年。并告知张某,十年前,有位过路客人带这个孩子路过这里,说他妻子亡故,他有3个儿子,因经济困难,想给儿子找个好人家。于是他就收留了这个孩子,听到张某的叙述后,正好和自己收养的这个孩子吻合,因而让他们认认。这个孩子果然就是张某十年前丢失的儿子。

　　次日,张某起程回家,失主决定让他带回儿子,他说,你有还款之德,难道我就不能做到还子之义,否则就真是禽兽不如了。

　　这个故事也许带有一定程度上的偶然性,但不可否认的是,正是张某的善良帮助他找到了自己丢失的儿子,试想,他当时要是把钱装进自己的口袋,也没有人知道,但他肯定也就失去了和自己儿子重逢的机会。类似的故事在我们的生活中经常发生,一个司机为了救助路边一位生病的人,掉头开往医院,而他所经过的路上发生了山体滑坡,如果不是救助这位病人,他就会被泥石流埋没。一个富人用自己的钱财资助一个学生上学,当他身染重病、医生无计可施的时候,新分来的医生为他做了成功的手术,而这个医生就是他当初资助的人。

很多时候,正是我们的善举将我们从危难之中拯救出来。在这个时候,因果轮回的报应常常成为解释这种现象的借口。

在当今社会,人们因为有对末日审判的畏惧,才会行善积德,正是心中有所敬畏,人们的行为才有所约束。在法制解决不了问题的时候,就让鬼神之明成为防范人们为恶的最后一道防线吧。

(四)以上正下——墨家的社会管理观

墨子在自己的学说中指出,百姓要按照地方官吏的要求去做事,而不能恣意妄为;官吏们施政要按照三公和诸侯的规定,而不能自作主张;三公和诸侯则要听从天子的意志,不能独断专行,而天子则需要顺从上天的旨意,这样才能安邦治国。在这个逐级递增的过程中,我们不难发现,墨子的观点是"以上正下",即用上级的法度规则来匡正约束下级的言行。

墨子认为,天子向三公、诸侯、士、庶人施政,是士君子们都明白的道理,而上天向天子施政,天下的百姓却并不清楚。所以从前三代的圣君禹、汤、周文王、周武王,都想把上天向天子施政的事,告知天下百姓,因而百姓喂牛羊、养猪狗,用酒醴粢盛祭祀上天鬼神,以求得福祥。也因此知道天子是天下极尊贵、极富有的人,所以民众想要成为贵富的人,就要顺从天意,相爱而交互得利。这就是"以上正下"的作用。

墨子的天志观中认为,如果统治者能够按照上天的意志施政、管理国家,就好像制车轮的有了圆规,木匠有了方尺,轮人和木匠用他们的规和尺作为量度方和圆的工具,凡是符合的就是对的,不符合的就是错的。上天的意志就是天子的"规矩",天子按照"规矩"来施政就能上顺天意、下顺民心,得到上天的奖赏。

墨子的这种观念,发展到今天,可以从社会伦理道德方面进行理解。

一般说来,国家都有一定的法度作为治理国家的规范,而一些不在法制管理范围之内的事情,则需要人们自己内心的道德水准来评判。法制会奖励善人,惩罚恶人,但这只属于外缘,就像一个人居住在某个地区,这个地区有执法的人,人们如果犯罪,警察、法官就会惩罚他们;要是做了好事,政府首长会奖励他们。但这只是外缘,法律的惩处是在事情发生之后所做的弥补,并不能真正解决问题,要想不犯罪,仅仅靠法制对犯罪结果的惩罚是不够的,而应该从源头上,即人的内心来解决,如果人们没有犯罪的意识、就不会有犯罪的行为,自然也就不需要法制的事后制裁了。

而实现这种愿望的方法,就是让人人心中都有一个"神",这个所谓的神代表着一种不可忽视道德的力量,它能引导人心向善。

那么如何建造这种"道德之神"呢?这就需要"以上正下"。

我们都知道"上有所好、下必从焉"的道理，就是说在下位的人会对上级的言谈举止进行模仿，所谓的上行下效。这种模仿有些是行为上的，有些是精神上的，我们不妨先看这样的两个例子：

《韩非子》记载：齐桓公喜欢穿紫色衣，于是国人争相仿效，都穿紫衣服，导致市场上紫衣供求关系被打破，紫衣价格十分昂贵。桓公对此现象十分担忧，就向管仲求教。管仲说：如果你想禁止这种局面，那就先从自己做起，你试着不穿紫衣服，并公开宣称不喜欢紫衣服气味，大家出于仿效心理，也就会跟着你不喜欢紫衣服。齐桓公依言而行，果然不出三天，齐国境内再也看不到穿着紫衣服的人。

春秋时期吴越争霸，越王勾践战败，在吸取教训，经历了卧薪尝胆的准备之后，勾践率领部队起兵伐吴。军队刚出国都不久，勾践就看到路边的一只青蛙，这只青蛙目睛腹胀、似有怒气，勾践立刻满脸恭敬之色，从车上站起来对青蛙恭敬地施礼。众人大惑不解，勾践于是向将士们解释说，我看到了这只愤怒的青蛙身上所体现出来的勇气，就好像看见了勇敢的斗士，因而对他表示尊敬。士卒们听了，很受激励，认为自己的君主对一只有勇气的青蛙都这么敬重，何况是人呢？因而互相劝勉，士气大振，最终灭掉了吴国，洗刷了越国的耻辱。

从这两个事例我们不难看出，上级的行为对下级的影响力是多么的强烈，在行动的速度上，下属紧随上行者之后，无论是好的还是坏的，只要上级喜好，下属就一定会跟从，甚是发展为病态的逢迎。这就需要在上位者能对下属的这种效仿、盲从给予正确的引导，对这种资源进行整合。勾践是充分发挥了君主行为对军心的影响，作为一国之君，对一只好斗的青蛙都表示尊敬，更何况对于在沙场上奋勇杀敌士卒？这种领导行为导向作用起到了'激励军心、鼓舞士气作用，也正因为勾践有这样英勇的部下，才灭掉了吴国。

古人曾说"为人君者犹盂也，民犹水也。盂方则水方，盂圆则水圆"，把君主的行为看作装水的盂，而老百姓的行为就是盂中的水，盂的形状决定水的形状。因而君主的言行会成为民众行为的榜样，既然上级的言行对下级有这么重要的影响力，作为统治者、管理者，就应该对这种力量加以正确的运用，做到"以上正下"，从而使得整个社会的伦理道德更加完善。

（五）顺天而行

墨子认为，天下的治理需要有一定的法度，那么这个法度是如何确立的呢？墨子认为应该遵从上天的意志，以上天的好恶为标准，为了证明自己论断的正确性，他还进行了这样的推理：如果选择以父母的行为当作效法的准则，但是天下的父母真正称得上仁者的并不多，效法他们就是效法不仁；以自己的师长为效法对象，而天下的师长真正称得上贤士的也不多，效法他们就是效法不贤；以君王的言行为标准，天下君王中宽厚仁爱的更少,效法他们就是效法不义。在效法对象这些都行不通的时候,墨子提出了效法上天的观点,认为上天宽广无私,厚施于人,却不自居其德,是人们应该效仿的榜样。

提出了效法的对象,那应该效法上天什么呢?

墨子认为有天是有意志的。就像制轮的人有圆规,木匠有方尺一样,天也有自己的法度。轮匠用自己的圆规,来量度车轮的圆与不圆,凡是符合圆规的就是圆;不符合圆规的就是不圆;木匠拿着他的方尺来衡量木材的方与不方,凡是于方尺吻合的就是方,不吻合方尺的就不方。方圆与否的确定,是根据圆规方尺来判定的,而这个规则是十分明确的,因而很容易辨别。

而上天也同样有这样的"规矩"来量度天下王公大臣的施政行事、量度天下的民众的行为举止,凡是顺从天意的,就是明君贤臣、忠良之士;而违反天意的,则是暴君乱臣、奸佞小人。而且,上天还会根据王公大臣施政治理天下的得失来进行赏罚,顺从天意的君王,上天会让他的国家富裕强大、国泰民安,而那些违背天意乱施暴政的人,就会受到上天的惩罚、会被解除治理天下的权力。

历史上这样的故事很多,许多君王上应天意、下顺民心,因而可以带领人民走向真正的太平盛世,而一些君王逆天行事,落得国家衰败、民不聊生。上古时期的尧、舜、禹等圣王,勤政爱民、顺天行事,仁德遍于四海、威武震慑八方,因为他们敬天知命,从而得到了上天的任用。而那些身在其位但不能够按照上天的旨意治理国家的君王,上天就会降下灾祸对他进行警示。气候的寒热不调,雪霜雨露降得不是时候,五谷不熟,六畜不蕃,疾疫流行,暴风久雨等等异相的一再来临,就是上天降下的惩罚,来惩戒那些逆天行事的君王。许多史书记载,在暴君的统治时期,常常日食、地震、山崩之类的异常天象,这恰恰从某个侧面反映出上天对暴君的惩罚。而那些德行良好君王统治时期,无不风调雨顺、民众安居乐业,甚至于发生蝗灾时,连蝗虫也会避境不入。

既然天有意志,人如果不遵从就会受到惩罚,那么天的意志是什么呢? 上天对王公大臣进行赏罚的标准又是什么呢?

墨子认为,天意就是人类之间要彼此相爱、彼此相利,这样的爱才是博爱,这样的福才是厚福。上天兼爱天下所有的人,而那些作恶的人违背了上天造福人间的旨意,因而上天会对其进行惩罚。

所以墨子论述天志,而且天的意志就是世人言行的法度标准,墨子还引用先人的观点来作为旁证:《大夏》(即《诗·大雅》)中这样记载:上天对文王说:我思念有光明德行的人,他不大显露声色,也不崇尚侈大与变革,不识不知,顺从天帝的法则。这是上天告诫周文王要以天志为法度、顺从天帝的法则来治理国家。

墨子认为天志,主要是针对当政者说的,因为普通的民众有统治者制定的法度去依循、官员有上级制定的法则去遵守,那么,作为制定这些法度规则的统治者,最需要明确

诸子百家——墨家

863

天的意志，顺从天意来制定让臣下遵守的法则。如果置天命于不顾、一意孤行，就会受到上天的惩罚。对此，墨子用生动的例子做了论证：

一个人进入别人的果场菜园偷窃人家的桃子、李子、瓜菜和生姜，上面抓住了将会惩罚他，大众听到了就指责他。这是因为治理地方的官员可以依照法度来惩罚他的偷窃行为，民众可以按照道德的标准指责他不劳而获的思想。如果施政的官员杀掉一个无罪的人，帝王就会对他进行惩处，同僚们也会指责他，这是因为帝王可以依照国家的法度来治他的罪，官员们可以凭借施政的准则来批判他。而如果帝王昏庸无道、忠奸不辨，又有谁来惩罚他呢？惩罚他的依据又是什么？

墨子认为，对帝王进行赏罚的是上天，所依照的标准就是天的意志。民众的上级是官员、官员的上级是帝王、而帝王的上级是上天，民众要遵循官员制定的法度、官员要依从帝王的规定、而帝王要按照上天的意志行事，这样一层层的制约，整个天下就会遵从上天的法度。

我们知道，墨子的天志思想，主要是为了给自己的学说找到一个超常力的支撑，所谓的天的意志就是墨家所倡导的政治理想和社会主张，掌握了墨子思想的精粹，也就知道的上天意志的内容。但从对于社会政治治理方面来说。上天有意志、天命不可违的思想还是有一定积极作用的。

墨子的这种思想在今天，仍然有某方面的积极意义。自然界的日出日落有定时、潮涨潮退有秩序，自然的规则不会因人的意志为转移。而在冥冥之中，也有天意的存在，小到生物的生老病死，大到人类文明发展的规律，都有一定的规律。当现代社会人们的道德出现滑坡、对上天的畏惧感逐渐消失的时候，重提一下墨子的天志观，对于阻止道德的缺失是有一定的推进作用的。

在中国传统的社会中，人伦与超自然的天象之间存在这某种联系，这是一种群体意识和思维的表现，当我们对自然的认识越来越清晰的今天，保持一些对天命的敬畏，是确保人向善的最后一道防线。

（六）举头三尺有神明

在墨子的鬼神观中，他认为鬼神是全知全能而又无所不在的，鬼神的职责是赏善惩恶，以此来劝导人们向善弃恶。也许墨子宣扬鬼神的本意是为了实现推行自己学说的功利目的；也许墨子的观点在今天看来是封建思想应该否定和抛弃，然而不可否认的是，有关鬼神的信仰在一定程度上影响着世人的生活。

俗话说，举头三尺有青天。人可欺，天不可欺。其实，我们每个人的头顶上都有一个神明。他注视着我们的言行举止，或许，我们可以用语言来掩饰自己真实的想法，可以用行动来隐藏自己真正的意图，可是当我们在深夜扪心自问时，我们无法逃避来自心灵深

诸子百家——墨家

处的责问,这个声音便来自我们头顶上的神明,我们心中的神明。

这个神明不是神话中无所不知的天仙地神,也不是得道的仙佛,而是我们内心的信仰,关于人生道德、为人准则的标准。

也许我们无法给出一个明确的定义或者界限,但当我们在做出某个判断或者选择时,不自主的就会参考这个标准,看自己的所作所为是否让自己问心无愧?

也许我们在做完某一件事情之后,会认为没有人知道自己所怀的真正目的和意图,其实这不过是掩耳盗铃、自欺欺人,我们可以掩饰一时,甚至可以瞒天过海永远不让人知道,但我们不能逃开自己内心的审视,终将接受来自心中神明的审判。

所谓的举头三尺有神明,就是叫我们时刻检讨自己的起心动念、所作所为,看是否符合内心道德的标准,要止恶行善,让自己的心灵更加纯净。曾有这样一个故事,或许带有一些迷信色彩,但却能告诉我们,在很多时候,内心那个神明会给我们带来意想不到的力量。

清朝末年,有一个举子要到京城去考状元,状元是春榜,是过了年才考的。所以一般远地方的人,就要在冬天时出发赴京,这样才能赶上春天的考期。然而一到冬天,北方就是冰天雪地,一片白茫茫,根本分不出路在哪里,外出的人,若是遇上了大雪封路,就只有等,根本没地方可走。这位举子在赴京城的途中,就遭遇到这种情况,无法前行,于是只好住到一家客栈里面。

这家客栈的老板娘是位年轻的寡妇,丈夫刚去世不久。

这位举子原来只打算在这家客栈住一晚,第二天就继续赶路,没想到大雪连绵不断,积雪掩埋了道路根本无法行走,举子就只好继续在客栈住下去。

然而孤男寡女,天天相间,自然日久生情,两个人都有了一些想法。在某一个夜晚,举子起身走向老板娘的房间,就在他要举手敲门时,这个举子想到:"不可以!我是去考状元的,这一进去就是犯了淫戒,天庭会除名的,回去吧!"于是他就回去了。第二天晚上,老板娘来到了举子的房间门前,当她要举手敲门时,她听到了举子正在念圣贤书,于是心里想:"这样做不好,我是个寡妇,应该为丈夫守住贞节,怎么能看到年轻人就忘了妇德?"于是,她也回去了。

后来,举子果然中了状元,并且,八抬大轿娶客栈老板娘为妻。

这固然是一个皆大欢喜的结局,我们也无须去考证故事的真实与否,在那个风雪夜,即使两个人之间发生了一些事情,也是无可厚非的,在两相情愿的条件下,只要他们两个人不说,是没有人知道的。但是他们都克制住了自己,因为他们两个都相信,在现实社会之外,还有冥冥中的神灵在注视着他们的举动,也许他们可以得到一时的欢娱,但最终无法逃避神明的裁判。我们无意宣扬故事中提倡的因果报应的迷信思想,但我们至少应该明白:神明不可欺,自己的心更不可欺。

諸子百家——墨家

"举头三尺有神明"我们应该给自己的内心设立一个神明,作为我们为人处世的原则。而且,这个原则不是说在嘴上的炫耀,也不是在日记中表达内心真实这样的小事上,而是应用在整个做人的原则上。

现实中,没有任何人能真正干涉他人心中的生活态度,每个人都应该对自己负责,确立自己的生活态度。然而,我们常常拿别人的例子来比照自己,尤其是喜欢用那些干了坏事却没有受到惩罚的人来做例子,给自己某些行为做旁证和借口。我们身边常常有这样的人,他们占了便宜,也活得有滋有味。如果我们羡慕这种生活方式并决定也要这样生活时,首先要做好这样的思想准备:最终有一天,我们会受到惩罚,也许是法律的,也许是道德的,也许是自我良心的,但终将无法逃避。

科技的高速发展早已证明了鬼神的虚妄,很多人都会置疑,头顶三尺上的神明到底在哪里?其实真正的神明在我们自己的心中,是自己心中的那股浩然正气。

古语说:"平生不做亏心事,半夜不怕鬼敲门。"其实,半夜敲响我们心灵的,不是鬼神,而是心中的道德感。三尺之上的神明,也并不是真正的鬼神,而是我们内心的评判标准,是潜意识里最纯粹的人性。当我们自己的所思所想、所作所为能够放置在阳光底下而自己毫无愧意时;当我们在夜深人静、扪心自问而坦荡无惧时,我们头顶上的"神明"也一定在欣慰的微笑。

举头三尺有神明,是我们给自己心灵安放的一个警钟,当我们的某些思想言行偏离正常的轨道时,可以给我们以警示和鞭策;是我们给自己心灵设置的一个调节器,当我们看到别人的行为阴暗而不可告人时,可以让我们平衡而自得。

我们应该相信,在每个人的头顶,都有一个惩恶扬善的神明,他会公正的裁判每个人的命运。当我们心中存在了这样一个神明,当我们在内心道德和责任的指引下生活时,那么,无论是平淡如水还是狂风暴雨的日子,我们都能活得坦荡无愧、心安理得。

八、教育智慧

(一)为天下"大义"的教育目的

春秋战国之际,百家争鸣,提出了不同的教育理念,它们对中华文明的发展,对开发民智、提高人们的文化意识,起了巨大的作用。

儒家的教育目的是培养"士"也就是"君子",孔子认为"士"的标准是既有远大政治目标而又能"躬行"的君子,是能够真正把儒家之"道"运用到实践中去革除时弊的人。然而儒家的"躬行"有很大的局限性,它把实践的范围规定在政治、教育、文艺等方面,认为"士"应该为统治者提供政治上的服务,而不需要从事农业和商业的活动,儒家甚至对生产劳动抱极端轻视的态度。

道家主张培养"上士""隐君子"。老子曾说:"上士闻道,勤而行之",把培养"道法自然"的人才作为教育的目的,认为那些能体会自然之道、能"辅万物之自然而弗敢为"的人,作为"上士"。道家主张人们听凭自然,回到返璞归真的人性原始自然状态中。而且道家不主张读书,也没有书本教材,而是把自然之道(天道)的"无""常""柔"作为教育内容,必须抛弃所谓的文化、道德、智慧,回到"复结绳而用之"的原始社会中去。

法家的教育目的是培养"耕战之士"和"智术能法之士",法家反对家仁义道德、墨家兼爱非攻、道家的无为自然,而主张以法治国。法家认为"无书简之文,以法为教;无先王之语,以吏为师"。突出了"法"的重要意义,法家重视军事、强调提高实际作战的能力、培养英勇善战精神的教育,就是为了培养能"耕战、智术"的人来治理国家。

墨家的教育在于培养"贤士"或"兼士",以备担当治国利民的职责。墨翟认为贤士或兼士是否在位,对国家的治乱盛衰有决定性的影响。作为贤士或兼士,必须能够"厚乎德行,辩乎言谈,博乎道术"。在这三项品德中,德行一项居于首位,因为"士虽有学,而行为本焉",这与儒家的说法颇为类似。但墨家所强调的是"有力者疾以助人,有财者勉以分人,有道者劝以教人",则又与儒家有所区别。关于言谈,墨家认为在学派争鸣时代,立论能否言之成理,持之有故,能否具有说服力,关系到一个学派势力的消长,因此作为贤士或兼士,必须能言善辩,能够奔走说教,转移社会的风气。兼士还必须"好学而博",而且所学不仅是墨家的中心思想,并且包括技术的掌握。总的说来,墨家所要培养的贤士或兼士,必须具有"兼爱"的精神,长于辩论,明辨是非,又是道术渊博,有益于世的人才。

墨家还特别注重学生全面发展,全面提高素质。从教育内容看,《墨子》和《墨经》中的十二大类内容包括了当时社会科学和自然科学的全部内容,可以说是墨学教育的大纲。墨子的教育内容既有社会科学、人文教育,又有自然科学、理工教育,可以说墨子是如今学科教育的先驱。他的学生全面发展,他甚至还教授农业、军事方面的知识。墨家弟子上马能打仗,下马能种田,还个个是能工巧匠。墨家学派的弟子军团,是守城专家,威扬天下。电影《墨攻》中,刘德华饰演的墨家弟子革离墨子期望通过培养"兼士"来实现墨家的政治主张。一个人就敢去救梁城,可见墨家弟子当时的风采。

墨家的强调教育方法要突出教师的主导作用和学生的主体作用。墨子曰:"唱而不和,是不学也。智少而不学功寡。和而不唱,是不教也,智而不教功适息。"墨子所说的是教与学须产生师生互动,教学才能达到成功。这个思想与我们现代人提倡的在教与学的双项活动中,充分发挥学生的主体能动性的素质教育思想是吻合的。

(二)墨教墨法

墨子是先秦时期和孔子齐名的教育家,而他之所以伟大,是因为他还是一个教育改革家。据《淮南子·要略训》记载："墨子学儒者之业,受孔子之术,以为其礼烦扰而不悦,厚葬靡财而贫民,久服伤生而害义,故背周道而用夏政",这很清楚的体现出墨子的创新思想,破旧立新的勇敢精神,即使是自己的老师,在发现了教育上的弊端之后,经过独立思考、革弊立新,最终创建了创立代表"农与工肆之人"这个群体的利益的墨家学派。

而在对待墨家弟子的教育问题上,墨子也在教育目的和原则、教学方法和内容上进行了卓有成效的改革,并建立了一套独具特色的墨家教育体系。在教育方法的改革上,墨子经过具体的实践在吸取他人优长的基础上进行了革新,从而建立了四种独具特色的墨家教育方法。

1、强学强教

在阐述教育的目的时,墨子认为教育是为了实行天下的"大义",学生的学习是为"义",老师的教学也是为"义",那么作为学生就必须强学,作为老师就必须强教。"强学强教"的方法体现了墨子对教和学两个方面所提出的基本要求。

墨子以撞钟为例来论证强学强教的重要性,他说钟只有人们撞击它的时候它才会响,不击打它就不发出声音,人也是如此,如果外界不强求,他也不会主动的学习,因而学还算能够和老师都要在这方面改进自己,能做到"不扣亦鸣"。学生应该主动的向老师求教,而不是被动地等待老师来灌输知识,而老师更应该主动地去教导学生,不能处于"待问后对"的被动地位。因为作为学生可能没有意识到学习的重要性,因此需要老师去强教,让学生强学,以此来实现教育的进行。

在《公孟》篇中记载了一个关于墨子劝人"强学"的例子:

有游于子墨子之门者,子墨子曰:"盍学乎?"对曰:"吾族人无学者。"子墨子曰:"不然,夫好美者,岂曰吾族人莫之好,故不好哉。夫欲富贵者,岂曰吾族人莫之欲,故不欲哉。好美欲富贵者,不视人犹强为之。夫义,天下之大器也,何以视人?必强为之!"

墨子在劝说自己的一位弟子去学习时,这位弟子以"自己的族人中没有爱学习的人"为理由来推托,对此,墨子通过类比的方法来论证了学习的正当性,墨子说,如果一个人爱美,他不会因自己的族人都不爱美而放弃自己对美的追求;一个人向往富贵,也不会因自己的族人都不想富贵而放弃自己对富贵的追求。而学习时天下的"大义",是最应该做的事情,你不应该因为周围人不学习而放弃了自己的追求。墨子的话最终说服了这个学生,由此可见,在学生不明白学习意义的时候,老师的强教在一定程度上能起到推动教育进行的作用。

墨子不但在言语上劝导别人学习,他自己也身体力行的去"强教"别人。在《墨子》一书中就记载了很多关于墨子主动施教的例子,比如墨子听说鲁国南部有一位名叫吴虑的隐者,冬陶夏耕,自比尧舜,就马上前去会见他,和他进行辩论;比如墨子发现自己的弟子中有天资聪慧的可塑之才,就会有主动地劝说他去学习;比如墨子听说禽滑厘喜欢勇

诸子百家——墨家

时,就亲自上门给他讲解勇的真正含义;在比如人尽皆知的墨子止楚攻宋的事,当墨子听说楚国即将攻打宋国时,就日夜兼程的赶到千里之外的楚国,向公输般和楚王讲解兼爱非攻的道理,最后终于阻止了这场战争。很多事例都证明了墨子在强教过程中"摩顶放踵,以利天下"的伟大情怀。

墨子曾列出了老师应该具备的三个行为原则,即"静则思,言则诲,动则事",认为君子贤士如果能做到"在沉默的时候自己努力思考,在讲话的时候主动教诲别人,在行动的时候符合天下之义",就达到了圣人的境界。这是墨子关于"强学强教"教育方法的经验总结,也是他自己遵循的教学行为准则。

2、专攻一科

先秦时期各家的教育主张中,都提到了"因材施教"的方法,墨子也注意到了,他也主张根据学生素质的不同,本身优缺点的差异来挖掘他们的潜力,通过给予分别教育,使学生的特长得以发挥。墨子本人也在长期的教育实践中,因人、因时、因事、因地的不同,对弟子施于不同的教育方法。

然而更为难能可贵的是,墨子在因材施教的基础上,还主张学生应该根据自身的特长专攻一科,他要求弟子"能谈辩者谈办、能说书者说书、能从事者从事",墨子认为人的精力和能力都是有限的,因此不主张培育全才,而是根据因材施教的教育原则,发展学生的专长,使其在某一方面变得突出。墨子在培养学生专攻一科的教育过程中,既不盲目的下结论给学生指定方向,也反对弟子不考虑自身的条件,随心所欲的盲目学习,而是考察被教育者的具体情形,进行区别对待,使他们学有专长。

《公孟》中就有关于这方面的记载:

二三子有复于子墨子学射者,子墨子曰:"不可,夫智者必量其力所能至而从事焉。国士战且扶人,犹不可及也。今子非国士也,岂能成学又成射焉?"

在几个弟子告诉墨子,自己既想要跟随墨子学习知识,又想练习射箭时,墨子拒绝了他们,告诫他们说,智慧的人应该衡量自己的能力和现实情况,选择自己力所能达到的地方,然后再进行实践。即使是国士,也不能做到一边作战一边去扶人,何况你们想既学好学业又学好射技呢?

从墨子的回答看,很显然他并不主张学生贪多鹜广,而是希望自己的弟子们能够根据自己的能力"量力从事""专攻一科",因而实现"专精一科"的结果。

墨子的"专攻一科"的教育方法是"因材施教"的进一步延伸,因为"专"所以才能"精",因而也更具有实用价值。

3、量力而为

墨子的教育方法中还提到了"量力所能至"的自然原则。他要求老师在教育学生的过程中,要根据学生自身的自然发展规律安排教学程序,以学生个人程度的不同来安排

诸子百家——墨家

课程的深浅,做到"深其深,浅其浅",使学生能"浅者求浅"而"深者求深",进而"浅者入深,深者入专"。这是墨子对教学过程由浅入深的发展规律的正确认识,而他根据这个原则提出的量力性原则更是我国教育史上的首创。

墨子认为教学应该是"学生力所能及"的学习过程,提出了量力性的原则,这个要求主要包含两方面的意义。一方面,从学生精力有限的角度出发,人不可能同时进行几方面的学习,因而要"量力";另一方面,从学生知识水平有高下之分的角度出发,老师应该针对学生的不同知识结构,"量其力而教之"。

量力性教学的方法,是墨子把握了教学的客观规律后所提出的正确方法。

4、学以致用

墨子十分强调学以致用,他说:"士虽有学而行为本",认为学习的目的在于行,学习到的知识只有运用于实践才算是真正的掌握了,知识的价值才能够得以体现。并且,墨子在提出评价人的标准时说"合其志功而观焉",其中"志"指的是动机,而"功"指的是结果,一个人行为好坏的判定,需要把行为动机的"志"和行为效果的"功"结合起来。在学习上也是如此,"学"能"致用"才算成功。

墨子也注重实践,认为实践才是学习的目的,只有通过实践才能体现学习的意义。并且,墨子的实践观十分的宽泛,除了道德和社会政治方面,还包括生产、军事、科技等方面。

注重学以致用的实践性有多方面的原因,墨家认为"爱天下"的"兼士"必须具备实际的生存能力和坚定的意志,在严酷的社会环境下,人如果懒惰就会有"赖其力者不生"的命运;而"志不强者智不达",没有在艰苦实践中磨炼出来的顽强意志,兼爱天下的社会理想将失去实行的动力,因此墨子在教育学生时十分强调学以致用的重要性。

强学强教、专攻一科、量力而行、学以致用的教学方法,成为墨家独特而有效的教育方法,通过这种教育,墨子培养出了一大批优秀的人才,为实现兼爱天下的社会理想而奋斗,身体力行的实践着"非攻"的政治主张。墨子的这些教育方法,不仅在古代教育史上有独特的价值,在今天,仍为我们的教育思想提供了多方面的借鉴,值得我们继续沿用。

(三)丰富多彩的墨家教育

墨家的教学内容是丰富多彩的,可以说墨者个个都是全才。放在现在,绝对是抢手的精英人才,那么墨者们都学习哪些内容呢?

1、生产技术

墨家弟子有很多是从事工匠技艺等体力劳动或守城保卫的。(1)对于从事工匠技艺的弟子。在墨子的教育过程中,直接和生产相关的知识和技能的教育占了很大的比重。墨子要求弟子学会一定的生产技术,还包括农业和手工艺的生产。墨子自身为人师表,直接从事生产,并且具有很高的技艺。墨子虽然很谦虚,有高超的制造飞行器的技术,墨子在军事器械的制造上表现出过人的技能,但是墨子重实用,以利于民之用为最高标准。墨子把这些知识和技能毫无保留的传授给了自己的弟子,使得他们能够学会技能去实践墨家的理想。(2)对于守城保卫的弟子。墨子一生极力从事非攻的止战活动,在制作军事攻防器械方面,也积累了十分丰富的经验。《备城门》以下各篇,较为全面的记述了防御的技巧,内容涉及城墙的建筑要求、守御设施的安排、兵力的部署、将卒的选拔、器械装备等各个方面。

2、口才教育

墨家有一部分"说书"类弟子,即将来要传墨子之学的一类弟子,墨子则十分强调他们向文献典籍的学习。向典籍学习,既是墨子自身的做法,也是墨子教"说书"类弟子的学习方式。"说书"类弟子以传墨子之学为要务,"谈辩"类弟子与"说书"类弟子的学习方式有所不同。"谈辩"类弟子以游说诸侯、出仕为官为要务,各有目标。强调自身的分析能力和体悟能力的提高,以便面对纷纭复杂的政治形势和各类棘手问题时,制定行之有效的方案。墨子教授弟子时注重因材施教、因能分工,让学生"能谈辩者谈辩,能说书者说书,能从事者从事",因而形成了墨子弟子中"从事""说书""谈辩"的不同层次的人才。

《墨子》一书中有六篇"墨辩",专门介绍言辞和辩论的技巧。墨子十分重视辩论的方法,他所提出了察类明故的原则和三表法来作为言谈辩论的逻辑支撑,这些技巧为后期墨家研究逻辑和辩论的规律提供了基础。墨家之所以重视谈辩,是因为墨家需要培养一批长于言辞的专门人才到各国宣传墨家的学说,并和当时的百家进行学术等方面的辩论。居后世墨家研究者推测,墨子当时甚至专门设立了"谈辩"作为专门的学科培养弟子的辩论技巧。

说书。墨子虽然反对儒家以"六艺"作为教学的内容,但对于《诗》《书》还是能够接受的,和儒家注重《诗》《书》中的礼仪教化不同,墨子把《诗》《书》看作是史学资料,通过它们让学生掌握丰富的文史知识。而且墨子本人也十分重视《诗》《书》,并经常引用古代的文化典籍来为自己的学说辩护,在墨子提出的著名的"三表法"中就有一表是"上本之古者圣王之事",而"古者圣王之事"就主要是通过书籍留传下来的。因此墨家把"说书"看作是教学中必不可少的内容。

也有部分学者认为"说书"指的是"陈述墨学",即在社会上陈述、解说墨家的主张,使得墨家思想为更多的人所了解,这种说法也又它的合理性,因为墨家的确需要这么一批长于"说书"的人在各地办学传道,阐述墨学。

从事。这是就具体的知识和技能而言的,墨家除了需要培养宣传、教育两方面人才之外,还需要培养一些在劳动、科技、军事方面有实际能力的人才。因为墨家坚持"非攻"

的主张,为了实现这种社会理想,墨家经常帮助弱小国家守城,因而常常面临制械、守城等任务,这就需要墨家弟子具备一定的专门技术和知识,才能确保防守的有效性。因此墨家在培养这些"守城之士"时,就要把技能作为主要的内容。从占《墨子》一书很大篇幅的军事理论和技巧就可以看出墨家对技能教育的重视程度。其中《备城门》以下各篇讲的就是一些如何防守抵御的技巧谈辩、说书和从事三方面的分科教育,为墨家培养了大批专业人才,正因为墨家有了大量的宣传者、教育者、实行者,墨学才成为"显学",墨家才成为当时维护和平、实行兼爱的重要力量。

3、科学技术教育

墨子把总结出来的科技知识也融入墨家的教学中去,科技的教育也成为墨家教育重要的内容。墨家的科技教育的内容,主要集中在《墨子》的《经上》《经下》《经说上》《经说下》以及《备城门》等篇幅,内容包括天文学、数学、物理学等诸多方面。(1)天文学方面,墨子及其弟子对天体的运行、空间的远近和实践的久暂等问题都进行了论述。(2)数学方面,墨子及其弟子对于算学和几何学都有论及,尤其对于几何学中的点、线、面、体等几何学的概念都做出了较为科学的定义。(3)物理学方面,墨子及其弟子论及了力学、光学、热学等诸多方面的问题。墨子对小孔成像等问题在《经下》和《经说》也有详细的解释,并进行了世界上最早的小孔成像的光学实验(4)技术方面,墨家的实用科学技术知识的教育也很出色,墨家弟子们在学习这些科技知识后,在具体的实践中运用,都取得了出色的成就,尤其是在器械制造方面。墨家常常帮助弱小国家进行防御,在帮人守城的过程中,墨者们常常凭借着先进的机械制造来实现防御的成功,墨家的守城之所以被称为"墨守",很大一部分原因就是他们掌握了先进的科学技术。墨子在教育实践中,把科技教育作为教育的一项重要内容,有助于墨家弟子素质能力的大幅度提升。

墨家的教学内容,即使放在当代的教育体系中,也丝毫不会逊色。丰富的教育内容为墨家培养出很多具有真才实学的"贤士",也正是这些"贤士"的存在,壮大了墨家学派,使墨家成为"显学"。

（四）完善的墨家教育方法

在墨子的教育思想中,对于教育的类别也进行了独特的分类。墨子认为学校的教育只能给人提供基础的知识和技能方面的教导和培训,教育的对象大多是来自于社会下层、平民百姓的墨家弟子,因此依靠他们的力量是不能够实现墨家的政治理想的,于是墨子提出了社会教育的方式,他认为社会教育具有学校教育所不能达到的作用,墨子的社会教育方式主要体现在多王公贵族的"上说"和平民百姓的"下教"上,通过对整个社会各个阶层的教育,将能够使墨家的政治主张得到推行。另外,墨子还提出了"终身教育"的主张,这主要是针对墨家子弟们而言的,求学的墨者们即使学业有成,到各地出仕或者从政,依然要坚守墨家的社会理想和政治主张,遵循墨家的原则,将墨家的思想贯彻到底。

墨子的这些主张,可谓集先秦时代教育类别之大成,墨家用这种庞大而完善的教育体系培育出大批的社会精英,墨家也因此成为当时一个最具影响力的学术学派和社会团体。

1、学校教育

墨子把学校教育看作是培育人才的摇篮,通过严谨而有序的培养学校教育,墨家为社会培养出来一批又一批的墨者,他们成为传播墨学的中坚、为天下兴利除害的主流力量。

在课程设置方面,墨家的学校教育设置的比较全面。墨家一方面注重学生文史知识的学习,一方面注重学生实际技能的培训。因此,墨家将《诗》《书》《春秋》以及墨子所编的讲义《墨经》作为学生的"教科书",通过这些文献典籍积累一些基础知识底蕴;而在技能教育方面,墨家把包括天文、数学、物理、军事等在内的科学技能通过实践的方式让学生掌握。

墨家学校教育的宗旨是培养博学多能、文武兼备、能强力办事的"兼士",并在学校教育中贯彻执行严格的组织纪律教育,以培养学生高尚的道德修养和优秀的个人品质。通过这种教育为天下培养成能履行墨家道义,为"兴天下之利,除天下之害"的政治目的而服务的"兼士"。

墨家学校教育的对象主要是"农与工肆之人",墨子主张面向天下,在民间广泛招生。这种平民主义思想在当时具有先进性。墨家的招生办法也是灵活多样的,有通过他人推荐入学,有墨者动员他人上学,通过这种平民式的教育,墨家学派迅速得以壮大,成为当时颇具影响力的一个团体。

墨家学校教育的理念是宣传墨家"兴天下之利,除天下之害"的社会理想。培养学生以天下为己任、忧国忧民的伟大意识、为社会的利益而奋斗的侠义胸怀、赴汤蹈火死不旋踵的无私奉献精神。

2、社会教育

墨子认为仅仅依靠学校的教育式不能在全社会范围内推行自己的政治主张和社会理想的,指头通过对社会各个阶层的广泛教育,才能够使自己的学说被更多的人所知晓、认同、接受,因此,墨子在学校教育之外,又提出了社会教育。

墨子的社会教育的对象主要是上层施政者和下层民众,对于这两个阶层,墨子采取了不同的教育方式。

对上层施政者应该"上说"。在社会政治中,王公贵族们掌握着治理国家的权力,他们的道德素养和价值观念会影响到他们的施政方针,因而上层领导的个人品行会影响到整个社会的发展。因为他们又决策权，所以墨子十分注重对他们的说服，希望通过自己的教导，能让他们接受墨家尊天、事鬼、兼爱、非攻、尚贤、尚同、非命、非乐、节用、节葬等具体的政治主张，而且墨子也亲自去实行对上层施政者的"上说"。墨子在鲁国时听说楚国要攻打宋国，于是组织弟子帮助宋国防御，而且亲自步行十天十夜，赶到楚国"上说"楚王放弃攻宋的计划。

对下层民众应该"下教"。墨子认为这个阶层的人是社会的主要组成部分，同时也是社会价值的主要创造者，如果能通过教育唤醒他们的思想，那么建立"兼相爱、交相利"社会的理想就很容易得到实现。以此墨子主张通过对下层民众的"下教"，提高全社会人的素质，给自己政治这张的实行培养坚实的社会基础。《公孟》篇中就记载了一个墨子"下教"的例子：有一个身体健壮、思路敏捷的人来到墨子门下，墨子劝他跟自己学习，在学成之后告诉他：我教你学是行义，你学习也是行义，你不学习，人家就会笑话你，因此我们所做的事是天下之"大义"。

无论是对上层施政者还是对下层民众，墨子都讲究"择务而从事"，提供他们所缺少的东西。墨子认为对一个国家统治者的劝导，应该首先选择现实所需要的重要的事情，假如一个国家混乱，就给当政者讲述尚贤尚同的道理；假如一个国家贫穷，就告诫他们要节用节葬；假如一个国家的人都喜好声乐、沉迷于酒，就告诉他们非乐非命的好处；假如一个国家荒淫不讲究礼节，就教导他们应该尊天事鬼；假如一个国家欺侮、掠夺、侵略、凌辱别国，就警示他们"攻"的害处。

墨家的社会教育方式害十分注重教育网络的形成。墨子认为无论做什么事情仅仅依靠个人的力量是不能够成功的，教学也是如此，只有培养出更多的人才，才能实现墨家的政治理想，因而墨子不仅仅自己到各国进行游说，还派墨家弟子到各地讲学、做官，以此来宣传墨家的主张，形成墨家遍布社会各地各阶层的教育体系。

3、终身教育

墨家的终身教育思想是针对学校教育的短期性提出来的，墨子认为学校的教育受时间的限制，很多学生从学校走出去之后，并没有把学到的思想和技能用到实际的生活中，因此墨子主张把教育延伸到学生的终身。

《鲁问》篇中就记载：子墨子使胜绰事项子牛。项子牛三侵鲁地，而胜绰三从。子墨子闻之，使高孙子请而退之。曰："我使绰也，将以济骄而正嬖也。今绰也禄厚而谲夫子，夫子三侵鲁，而绰三从，是鼓鞭于马靳也。翟闻之：言义而弗行，是犯明也。绰非弗之知也，禄胜义也。"

墨子在弟子胜绰学有所成后，就推荐他到项子牛那里去做官。而项子牛三次侵犯鲁国的领土，胜绰三次都跟从了。墨子听说这些事后，就派自己的弟子高孙子，去请求项子牛辞退胜绰，他说：我推荐胜绰去，是为了制止骄横、匡正邪僻。然而现在胜绰却贪图俸禄的丰厚，忘记了自己的原则，你三次侵犯鲁国，他不但没有劝阻制止你，反而三次都跟从你一起去。这种嘴上讲仁义却不实行，违背了墨家的主张，因而要辞退他。而墨子在请求项子牛辞退胜绰之后，并没有置胜绰于不顾，而是墨子继续关心教育胜绰。

墨子的这种做法，正是终身教育的鲜明体现，不能因为学生离开学校就放弃了对他的教育，如果他没有实践墨家的思想主张，墨子还是把他召回对他继续进行教育。这不但是正规教育的一种延续，也是墨子的一种为义之举。墨家子弟们之所以有"赴汤蹈火、死不旋踵"的侠义精神，正是墨家实行终身教育的成果。

墨家的学校教育、社会教育、终身教育的模式，不仅仅为墨家培养出大批优秀的"兼士"，推动了当时社会的发展，对于我们当代的教育也有着很大的借鉴意义。现代教育制度中所提倡的学校、家庭、社会三方面结合的教育思想，很大一部分就来源于墨家的教育理念。

因此，对于墨家教育体系中的精华思想，我们应该在当代的教育建设中有所借鉴。

（五）实践出真知

墨子主张把知识的来源分为"闻知""说知""亲知"三类。"闻知"是传授过来的知识；"说知"是通过推论得来的知识；"亲知"是通过感觉器官得来的知识。墨子认为学习主要包括两个方面：感觉经验、间接经验。墨子努力把这种认知的方法传授给学生，内化成学生自己的学习能力。

通过以上三种方法获得的知识，并不一定是正确的，墨家还强调实践出真知。在探求理性的真知的过程中，首先应该研究事物的现象产生的原因，由此一层层向上推论，需要从具体上升到抽象而求其同，再以抽象回到具体而知其异，才能得到最后的真理。墨子这种认识失去的原理和逻辑，兼用了归纳与演义两种方法，这对于古代唯物主义的认识论有着积极的意义。

然而墨子并没有停留在对事物的科学认识上就止步不前，他还致力于检查这种认识的正确性，为此，墨子提出了历史上著名的"三表法"学说：于何本之？上本之于古者圣王之事。于何原者？下原察百姓耳目之实。于何用之废（发）以为刑政，观其中国家百姓人民之利。此所谓三表也。这也是检验认识的三个标准。

一本，即"有本之者"，标准是"上本乎古者圣王之事"，即判断事物的是非要有根据，要把古人或历史所记载的事例作为论据。

二原，即"有原之者"，标准是"下原察百姓耳目之实"；即判断事物的是非要以人民而亲身耳闻目见的事实做依据。

三用，即"有用之者"，标准是"废（发）以为刑政，观其中国家百姓人民之利"，即判断事物的是非，还需要把这种理论用于政治上，观其对国家与人民是否有利。

这三表都以客观事物作为根据,来论证事物的是非。

其中第一表、第二表是解答"怎么思考"的问题的,墨子认为:"思必有所本,必有所原",即思想一定要有根据,思维一定要合乎逻辑。而"古者圣王之事"和"百姓耳目之实",就是墨子为人的思维所提供的两个逻辑前提。第三表是解答"为何思考"的问题的,墨子给出的答案是:为"刑政"符合"国家百姓人民之利"而思考。

墨子这种考察、辨别、推理的逻辑思维方式,不但形成了深切著名的理性认识。也在自己的文学创作和写作风格中有所体现。后人在评价墨子著作是做出了"文学朴实有余而文采不足"的结论。虽然墨子的文章的确在辞采上有所缺失,但他的论文却成为古代论说文的先河。

墨子论文对古代散文发展做出的贡献,主要是"三表法"的论证过程。

墨子的散文"十论",(《尚贤》《尚同》《兼爱》《非攻》《节用》《节葬》《天志》《明鬼》《非乐》《非命》)就体现了这种完整的逻辑性,这些散文首尾完整,有代表中心思想的标题,逻辑性很强,除了在文采上有所欠缺外,已然是成熟的论辩散文。

在这些文章中,墨子非常善于运用具体的事例说理,用严密的逻辑来使人信服自己的观点。

以《非攻》为例:

今有一人,入人园圃,窃其桃李,众闻则非之,上为政者得则罚之。此何也?以亏人自利也。至攘人犬豕鸡豚者,其不义又甚入人园圃窃桃李。是何故也?以亏人愈多,其不仁兹甚,罪益厚。

解释就是:如今有这么一个人,到人家的果园子里去偷人家的桃子、李子,众人听说后就反对他。在上面管理百姓的官吏得知后,也要处罚他,为什么会这样呢?是因为偷东西的人是损害别人而只知利于自己。更有偷人家的狗鸡和猪的人,他的不义超过了到果园子里去偷桃李的人。这是为什么呢?这是因为他损害别人的越多,他的心地不善良,不道德性质更加严重,他的罪过也就更重。

接下来,墨子又说:

杀一人,谓之不义,必有一死罪矣。若以此说往,杀十人,十重不义,必有十罪矣;杀百人,百重不义,必有百死罪矣。

大意是:杀一个人,称他为不义,必然判他为死罪。按照这个来类推,杀十人就有十倍的不义,就有十个死罪了;再杀百人就有百倍的不义,必有百死的罪恶。

墨子通过列举窃人桃李、偷人牛马的不义,引申到杀人的罪恶,让人们明白了这些行为的"亏人以自利"的不义性之后,墨子把话题转到了统治者发动的掠夺战争上,并由此推论出战争是比偷窃杀人更为残酷的罪行。

墨子就这样从首先论证每个人都能认识的道理为出发点,然后由浅入深,由小到大的逐步推论，最终得出发动战争的大国诸侯，比强盗、杀人犯更为罪恶，战争是不义的，而实行"非攻"的主张才能够使国家富强。

其实《墨子》中的每篇散文的论证方法都是如此严谨，一环扣一环，一层深一层，只要承认了他的第一步，就不得不认同他接下来第二步、第三步的推理，并最终被他说服。

另外，《墨辩》中还有《经上》《经下》《经说上》《经说下》《大取》《小取》六篇文章，虽然是后期墨家学者的著作，但也是讲述墨家的认识论，逻辑学的，其中还包括了一些自然科学的知识。通过墨子和后期墨家的著作，不难看出，墨家除了在学术上有所建树之外，在哲学，科技等方面也做出了很大的贡献。

墨家重视诱导学生从认知走向实践，注重实际应用的能力，反对空谈，体现了唯物主义哲学观。在现代以培养生产、建设、管理、服务第一线技术应用型专门人才和熟练劳动者为目标的职业教育，其专业不仅具有学术性、理论性、基础性的特点，更重要的是强调理论和实践相结合，学以致用。实践性教学不仅可以通过动手与动脑筋相结合为学习专业理论提供感性认识，巩固专业理论知识，而且还可以形成和开发学生动作技能和心智技能，并开发人的潜能，从而形成多种能力，特别是职业能力—从业能力、适应能力和创业能力。

（六）墨家的教育方法

墨家学派在争鸣的过程中积累了丰富的教育教学管理经验，形成了独特的教育管理思想，为后人留下了宝贵的精神财富，值得我们深入探讨和研究。

1.学生管理——法仪从事，规矩绳之

《墨子·法仪》中记录：天下从事者，不可以无法仪，无法仪而其事能成者无有也。虽至士之为将相者，皆有法，虽至百工从事者，亦皆有法。百工为方以矩，为圆以规，直以绳，正以县，无巧工不巧工，皆以此五者为法。巧者能中之，不巧者虽不能中，放依以从事，犹逾已。故百工从事皆有法所度。

从这里可知，墨子认为，没有法度礼仪，事情不可能成功。他以工匠从事的形象比喻，说明规矩对于团体管理的重要性。墨家弟子基本来自下层民众，社会地位与文化水准均不高，但墨家私学对弟子们的管理却令人叹服。墨家首领称巨子，墨者须竭诚拥戴，奉若圣人。墨家组织严密，招之即来，令行禁止。墨家私学纪律严明，具有一定的成文法，巨子与门下弟子共同遵守，无条件服从团体的法规和命令，否则将受到制裁，即使巨子对他的儿子也不能徇私枉法。《淮南子·泰族训》云：墨子服役者百八十人，皆可使赴火蹈刃，死不还踵。化之所致也。虽为近乎愚昧的盲从，却使墨家得以从众多门派中脱颖而出，形成带有宗教色彩的政治和教育集团，与儒家抗衡，并称显学。对规章制度的遵守、执行力度的强调，使墨家私学具备了强大的教育转化力量。据《吕氏春秋·尊师》载：

高何县子硕原是齐国横行乡里的暴者,后来成了墨子的学生。索卢、参原为东方之巨狡,刑戮死辱之人,后经墨家的严格教育和管理,成为天下名士显人,受到了王公大人的礼遇。

2.教师管理——富之,贵之,敬之,誉之

《墨子·尚贤上》说:此固国家之珍而社稷之佐也,亦必且富之贵之敬之誉之,然后之良士亦将可得而众也。高予之爵,重予之禄,任之以事,断予之令。《墨子·大取》又说:利人者,为其人也;富人,非为其人也,有为也以富人。富人也,治人有为鬼焉。《墨子·尚贤中》还有:贪于政者,不能分人以事;厚于货者,不能分人以禄。事则不予,禄则不分,请问天下之贤人将何自至乎王公大人之侧哉?

所有这些均说明,墨家非常尊士,在教师管理上采取了一系列行之有效的措施。墨子认为,国家的栋梁,辅佐社稷的人才,应使之富裕,令之显贵,尊敬他们,赞誉他们,之后国家的贤良之士就会增多。具体而言,则是授其高官,予以厚禄,委其重任,给以实权。但令人凭空变得富有并非好事,让人有所为而后富裕才是最佳方式。如若贪权爱财,不能分人以事并予以报偿,天下的贤才便不可能汇聚到身边来。教师管理一直都是教育管理的重要内容之一,教师素质的高低、教师管理的优劣决定着一个学校的教学质量。在民办高校,教师就是学校的支柱和栋梁,对待他们,应当采取国家对待贤士的态度和方式,富贵之,礼遇之。

3.教学管理——强力为学,不扣必鸣

《墨子·公孟》说,公孟子谓子墨子曰:君子共己以待问焉则言,不问焉则止。譬若钟然,扣则鸣,不扣则不鸣。子墨子曰:虽不扣必鸣者也。《庄子·天下》盛赞墨子:周行天下,上说下教,虽天下不取,强聒而不舍也。故曰上下见厌而强见也。墨子认为不强说人,人莫之知也,教师须承担传义布道的重任。他提倡强力说教,且身体力行。《墨子·鲁问》中记载,鲁国人吴虑为人谋事、分人钱财,自比于舜。墨子闻而见之,亲自向他讲解教天下以义比独自为义更有功绩的道理;《墨子·耕柱》中记录,骆滑厘好勇,自谓听闻某乡有勇士必从而杀之。墨子前往教诲他说,天下人皆愿助其所好,去其所恶,使他明白好勇与恶勇的区别。墨家这种坚韧的教风使教师主体作用发挥到了极致。

墨子虽倡导强力为学,但并不固执古板,而教学管理颇为灵活。《墨子·大取》中有:子深其深,浅其浅,益其益,尊其尊。他们认为,教学应当依据学生学习能力在内容上进行深浅及增删等调节,因材施教。墨子也是中国教育史上最早提出量力这一教学原则的人。

《墨子·公孟》中记载,曾有学生要求学习射箭,墨子曰:不可! 夫知者必量其力所能至而从事焉。他认为学生学习应视情况量力而行,切忌贪多好胜,杂而不精。

在教育目的上,墨家的"教育救世"主张体现了教育在改造国民性格上的作用。墨子十分强调对劳动人民的教育,墨子认为处在社会下层的民众是推动社会发展的主要力量,如果他们蒙昧无知、不懂实行"天下大义"的重要性,社会就不会快速的发展,因而墨家把用教育来实现"国家百姓人民之利"作为教育的最高目标,通过教育培养出大批为义的"兼士"来实现"兴天下之利,除天下之害"的社会理想。

为了推行墨家"兼相爱,交相利"的社会主张,墨子把教育作为手段,他本人和自己的弟子们也身体力行地实践着这种理想,墨子就把上说下教看作是自己随社会实施教育的方法,他不辞辛苦的劝告勉励人们"行义"的重要性和人"为义"的责任。

墨家之所以坚持教育可以救世的主张,是因为墨家的人相信,人的本性是可以被后天的生活环境所改变的。墨子在《所染》一篇中对此做了专门的论述,他认为,人的本性就像一束白丝,染于青则青,染于黄则黄,这是因为染料的颜色不同而致。人的本性在本原状态时也没有善恶的分别,而在成长的过程中,由于交友的影响而有善恶之别,因为周围环境的好坏而又价值取向、道德操守上的高下。因此,墨子主张人应该审慎交友,以贤人为自己效仿的对象,应该选择有利于自身发展的生活环境,以提高个人的修养。如果社会上的人都能受到良好的教育,就会形成有利于人性发展的社会环境,国家也就得到了治理。

墨子这种教育救世的思想,在今天仍然对我们有很大的启示作用,欲想富裕国家,必先发展教育。教育可以为国家培养出各种类别的人才,教育能提高全民族的道德素质和修养,凡是那些教育发展水平比较高的国家,往往是富裕而强大的。教育的救世作用是无须讳言的,在充满了竞争的现代社会,我们的国家和民族要想不断地发展强大,就必须重视教育的作用。

在教育对象上,提倡平民教育。在春秋战国时期,"官学"在教育形式中还占有统治地位,学习成为贵族的特权,下层平民百姓根本没有受教育的机会,而上层阶级就是依靠教育来维护世袭的统治。

随着社会的发展,私学的出现打破了贵族对文化教育的垄断地位,出现了诸子百家各学派本质上属于私学的教学形式,这就为平民提供了受教育的机会,然而,各家的教育对象也是有不同阶级之分的,这中间最具代表性的就是儒墨两家。

据《淮南子·要略训》记载:墨子学儒者之业,受孔子之术,以为其礼烦扰而不悦,厚葬靡财而贫民,久服伤生而害义。故背周道而用夏政。这说明墨子一开始求学于儒家,墨子对儒家所提倡繁文缛节的礼仪制度逐渐不满,因而从儒家分离出来,自立门户,建立了代表"农与工肆之人"利益的墨家学派。

大家知道,春秋时期的等级之分十分明显,主要有士、农、工、商四个阶层,而孔子的教育主要针对的还是"士"的阶层,儒家鄙视从事实际劳动的人民。相比之下。墨家的教育更倾向于一般平民。墨子在《尚贤》中说:"古者圣王之为政,列德而尚贤,虽在农与工

诸子百家——墨家

肆之人，有能则举之……"这种"官无常贵，而民无终贱"平等思想在当时是非常进步的，而如何实现"民无终贱"的理想呢，墨家给出的方法是实行平民教育。

在教学方法上，提倡量力性与因材施教相结合。墨子是中国教育史上第一个明确提出"学必量力"教学原则的教育家。墨子曾以弟子请学射为例子，阐述在教学中贯彻这一原则的重要性：二三子有复于子墨子学射者。子墨子曰："不可。夫知者必量其力所能至而从事焉。"墨子认为教师施教，应该从学生的实际情况出发，顺从学生在自然天性，根据学生在才智、能力、知识基础、个性品质等多方面的不同，量其力而教之，做到"深其深，浅其浅，益其益，尊其尊。"

墨子虽然没有直接提出"因材施教"的理论，但他在实际教学过程中所采取的方式正是因材施教的体现，墨子主张，那些在言辞上有优势的学生，应该学习谈辩的技巧，在动手和实践方面能力出众的学生，可以去学习实际的技巧。并主张在教学的过程中，根据学生的实际接受能力和程度，来随时调整课程的内容和难易程度。

墨子这些量力性和因材施教相结合教学原则，不但在当时具有独创性，也为后世教育积累的宝贵的经验，在现代的教育教学过程中，教师也应该遵循这个原则，使教育取得理想的成果。

在教学的内容上，墨家把科学技术纳入教学的范围。在先秦时代，像墨家这样教学内容如此丰富的学派很少，墨家的教育几乎涉及社会生活的每个方面，在此基础上，墨家对教育内容进行了详细的分科，包括农学、纺织学、手工学、机械学、建筑学、商业学、军事学等诸多方面。在教学的过程中，墨子主张学生专攻一科，墨子认识到人的能力和精力都是有限的，不可能做到样样精通，因而墨子认为学生应该根据自己的特长，专攻一科，这样往往容易取得成功。

从墨子对教学内容的分科我们就可以看出，墨子十分强调技能教育，这和墨家所处的阶层有关，墨家弟子大都是社会先下层的民众，他们在仅仅依靠道德和文化知识教育，是无法解决生计问题的，而通过技能教育，他们能够掌握一种谋生的手段。在生存的问题解决之后，才能够实行"兼爱天下"的政治理想。

墨子分科教育的方法，在今天也有借鉴作用，随着社会发展速度的加快，社会分工也越来越细，这就需要有各种专业的人才来从事新出现的分工。而同时，技能型也面临着短缺的局面，因而现代教育要想更稳健的发展，为社会培养需要的人才，首先应该考虑到分科和技能教育。

墨家私学和墨家学派在历史上昙花一现，但却发出了独特的耀眼光芒，其独具特色的教育管理思想在几千年后的今天，仍然对当前教育的管理与发展具有不可多得的借鉴意义。墨家私学的兴起、发展给我们以正面的启示，给现代提供了学习借鉴的材料。如果认真学习墨家教学方法，那么整个社会教育也会得到有力的推动。

诸子百家——墨家